탐정학개론

Introduction to Private Investigation

이상수 · 염건령

도서출판 대영문화사

머리말

새로운 학문의 등장은 그 시대의 요구와 맞닿아 있다. 기존 학문으로는 새로운 시대적 변화와 사회적 수요를 온전히 담아낼 수 없을 때, 새로운 학문의 출현과 생성 · 발전이 이루어진다.

학문적 패러다임이 성립한다는 것은 그 학문의 지식체계가 형성되고, 이러한 지식이 사회적으로 가치가 있을 때 그 학문이 현실적인 과학으로 성립될 수 있다. 학문의 정체성이 확립되기 위해서는 학문공동체 구성원들의 해당 학문에 대한 공통적인 개념 정의와 더불어 그 학문에서 활용되는 고유이론, 연구범위, 연구방법 등에 대한 공통의 가치관인 과학적 패러다임이 정상과학으로 확보되어야 한다.

그러나 학문의 이상과 목적, 개념, 이론 구축 등을 논한다는 것은 상당한 노력과 시간이 필요하고 논리적인 체계를 갖추기도 쉽지 않다. 특히, 신설 학문의 경우 그 정체성을 확립하기 위해서는 다양한 요건과 기준이 충족되어야 한다. 탐정학은 이제 막 학문적 맹아(萌芽)를 트고 있는 상황이다.

다행히 기존 경찰 등 법집행기관을 통해 제공되던 공공안전서비스를 보완 · 대체하는 민간보안서비스가 세계적으로 확대되면서 국내에서도 탐정업 관리법안이 지속적으로 발의되고, 신직업으로 탐정업이 각광받으면서 학문으로써 탐정학을 연구하는 흐름이 고조되고 있다.

탐정학(探偵學, Private Investigation Studies)은 사회과학의 한 분과학문으로 탐정이라는 현상과 관련된 보편적 진리나 법칙의 발견을 목적으로 하는 체계적 활동과 그 결과 발견된 지식체계를 정립하기 위한 지식과 기술을 연구하는 학문이다. 탐정학은 탐정업 및 탐정이 당면한 여러 문제들의 해결을 위하여 탐정을 둘러싼 주요 내용과 법제도, 정책 등을 연구대상으로 하며, 탐정학의 질적 수준을 제고하기 위하여 여러 사회과학의 이론, 기법 및 논리를 통합하는 문제 해결 지향적 성격을 가진다.

학문 발전의 여정에서 세분화와 전문화의 흐름은 중요한 기여를 해왔다. 탐정학은 우리나라의 경우 경찰학의 인접학문으로 분류할 수 있다. 경찰학 역시 비교적 신생학문으로 아직까지 학문적 정체성 논란에서 완전히 자유롭지 못하다. 혹자는 행정학의 한 분과학문으로 분류하기도 하고, 최근에는 범죄학이 새롭게 대두되며 경찰학과 범죄학의 경계 구분이 모호해지는 상황이 전개되고 있기도 하다.

탐정학은 아직까지 학문으로써 기틀을 정립하지 못한 상태다. 기존 국내 · 외의 탐정 또는 민간조사 관련 연구 중 탐정학을 하나의 독립적인 지식체계를 갖춘 학문으로 접근한 교과서는 찾아보기 힘들다. 이러한 문제 인식에 기초하여 이 책은 사회과학의 분과학문으로서 탐정학의 개념 정립과 이론적 틀을 체계화하고 과학화하고자 하는 취지에서 출간되었다. 이를 위해 국내 · 외의 문헌들을 검토한 후, 가톨릭대 대학원 탐정학 석 · 박사과정생들을 대상으로 한 강의 경험을 토대로 탐정학을 전공하는 학도들이 알아야 할 기본적인 내용을 중심으로 기본틀을 구성했다.

이 책은 총 16장으로 구성되어 있다. 탐정의 개념과 의의, 탐정학의 학문적 정체성 이해, 탐정의 기원과 발전과정, 탐정학의 기초 이론으로 탐정조사활동의 이해, 탐정 관련 법제도, 역대 국회 탐정업법 제도화 경과 및 법제화 방향, 외국 탐정제도의 업무범위 및 역할 비교, 탐정의 조사과정과 현장조사활동, 개인정보 및 위치정보 보호와 탐정, 탐정의 직업윤리, 탐정기업의 창업 및 경영관리, 탐정의 의사소통과 보고, 공익탐정 및 공익조사와 공익신고자 보호 등을 담고 있다.

이 책은 탐정학도 및 탐정업 종사자가 숙지해야 할 탐정으로서의 이론과 실제를 아우르며, 탐정사무소의 창업 · 경영에 이르기까지 전문적이고 체계적인 교육과정에 활용될 수 있도록 구성되어 있다. 대학교 및 대학원의 강의 교재로서, 탐정업을 창업 · 경영하고자 하는 실무 교과서로서, 탐정 자격 교육과정의 교재로서 유용하게 활용되길 기대한다.

지난 수년 간 탐정학의 체계를 정립하기 위한 첫 걸음으로 이 책의 집필에 나름 각고의 노력을 기울였으나 여전히 미진한 점과 오류가 많으리라 생각한다. 부족한 점은 앞으로 독자 여러분들의 질책과 조언을 달게 받아 지속적인 개정 · 보완을 약속드린다.

끝으로, 이 책의 출간에 후원을 아끼지 않은 대영문화사 임춘환 사장님과 임현준 부장님, 그리고 임직원 여러분께 진심으로 감사의 뜻을 전한다.

2022년 2월

대표 저자 이상수 씀

차례

CHAPTER 01

탐정의 개념과 의의

제1절 탐정의 개념 정의

1. 탐정의 개념 정의

1) 탐정의 역할과 기능 중심의 개념 정의

탐정의 개념 정의는 탐정이 수행하는 역할과 기능을 중심으로 규정할 수 있다. 일반적으로 탐정은 '사실조사를 의뢰받고 이를 수행해 의뢰인에게 제공하는 업무를 행하는 자'로 탐정업은 각종 위법행위 및 사고 피해 확인, 행방불명자 소재 파악, 소송증거수집 등을 수행하는 직업으로 정의할 수 있다.[1)]

즉, 탐정이란 '사실조사를 의뢰받고 이를 수행해 의뢰인에게 제공하는 업무를 행하는 자'로 의뢰인으로부터 일정한 보수를 받고 법을 위반하지 않는 적법한 범위 내에서 의뢰받은 사실에 대하여 조사하거나 정보를 수집·분석하여 의뢰인에게 제공하는 업무 또는 이러한 업무를 행하는 자라고 할 수 있다.

요컨대, 탐정이란 의뢰인으로부터 계약에 의한 보수를 받고 적법한 범위 내에서 위임받은 업무의 조사활동을 통하여 의뢰인의 필요한 자료 및 정보를 수집·분석하여 제공하는 업무를 수행하는 사람이다.[2)] 여기서 조사(Investigation)란 범죄의 존재와 특정한 행정상의 부정행위, 개인의 특성, 사실여부나 확인 등을 탐지하기 위하여 프로그램화된 근거에 의해서 통상적으로 수행하는 신뢰할 수 있는 증명 혹은 특정 기능이나 활동에 대한 검사 등을 말한다.[3)]

---

1) 탐정을 영어로는 Inspector General, The Detective Service, Private Investigator, Private Detective, Detective, Private eye 등으로 쓰이고 있다. 미국에서는 지역에 따라 경찰권을 가진 사람을 가리킬 때만 Detective agency라는 용어를 사용하나 통상 Private Investigator나 Private Detective를 구분없이 사용하고 있다. 또한 미국 뉴저지주 등 일부 주에서는 탐정을 공인탐정에 해당하는 'Licensed Private Detective'와 일반탐정인 Private Investigator를 구분하기도 한다.

2) OECD 국가에서 탐정은 private investigator 또는 private detective, private eye 등의 용어로 표현된다. 그간 국내에서는 민간조사관 또는 민간조사사, 민간조사원, 사설탐정, 사립탐정 등으로 표현해 왔다. 그러나 지난 2020년 8월 5일자로 개정 시행된 신용정보법에 따라 이제 탐정이란 상호를 사용하는 것이 법적으로 가능해졌다. 이후 한국직업능력연구원에서 탐정 관련 민간자격증도 대부분 탐정이란 용어로 전환되어 발급되고 있고, 지난 제20대 국회와 제21대 국회에서 발의된 탐정업법 명칭도 '탐정업 관리법' 등으로 통일되고 있어 탐정이란 용어로 통칭하도록 한다.

3) 'investigate'라는 단어는 'to track or trace'를 의미하는 라틴어의 'vestigare'로부터 유래되었으며, '추적하다, 수색하다, 조사하다, 정보와 사실들을 수집하다'는 뜻이 있다.

즉, 일반적으로 탐정은 범죄의 존재와 특정한 행정상의 부정행위 등의 사실여부나 확인 등의 업무를 수행하는 자로서 국가에서 규정한 모든 사건에 대한 조사업무를 담당하는 공인탐정과 법률탐정, 보험탐정, 사이버탐정 등 특정 분야에서 전문적인 지식과 경험을 갖춘 전문탐정으로 구분된다.

일본의 '민간조사업무의 적정화에 관한 법률' 제2조 제1항에서는 탐정을 "의뢰인의 의뢰를 받아 특정인에 대한 정보를 입수하여 해당 의뢰인에게 수집된 정보를 제공할 목적으로 면접, 미행, 잠복 및 그 밖의 유사한 방법으로 사실을 조사하고 그 결과를 당해 의뢰인에게 보고하는 업무"로 정의하고 있다(김현수, 2014: 86).

탐정업(또는 민간조사업)이란 민간 영역에서 사인(私人)의 다양한 권리구현을 위해 의뢰인을 대리하여 사실을 확인해 주고 누구나 접근 가능한 정보의 수집을 대행하는 서비스업으로 정의한다. 구체적으로 국가기관의 수사력이 미치지 못하거나 미흡한 각종 범죄나 사건에 대한 사실관계 조사, 각종 위법행위 및 사고 피해확인, 실종자 및 행방불명자 소재 파악, 소송에 필요한 각종 증거의 확보 등에 있어서 의뢰인의 다양한 권리구현을 위해 의뢰인을 대리하여 사실을 확인해 주고 정보의 수집을 대행하는 직업이다. 즉, 의뢰인의 다양한 권익보호를 위하여 다른 사람의 의뢰를 받아 관련 자료 및 정보수집을 대행하는 서비스업이라고 하겠다.[4]

이는 다시 사립탐정과 공인탐정으로 구분해 볼 수 있다. 사립탐정의 통상인 개념으로 "수익자 부담원칙에 의해 의뢰인으로부터 계약에 의해 보수를 받고, 위법하지 않은 범위 내에서 위임받은 업무의 조사활동을 통해 자료 및 정보 분석한 결과를 의뢰인에게 사실대로 제공하는 업무를 수행하는 사람"이라 할 수 있다(권창기 외, 2011: 15-16).

공인탐정이란 공인사립탐정 또는 공인사설탐정으로 국가가 자격을 인정하여 국가의 관리·감독을 받고 탐정업무를 수행하는 사립탐정을 가리키는 것이다(황정익, 2005: 7). 즉, 공인탐정은 국가로부터 일정한 자격을 얻어 사람 또는 물건의 소재, 권리보호·피해사실에 관한 사실조사를 한 후 의뢰인에게 제공하는 업무를 행하는 사람이다. 그러나 우리나라에서는 아직까지 탐정업법이 미제정 상태라 공인탐정은 존재하지 않는다.

---

4) 국세청에서 분류한 탐정 및 조사서비스업의 적용범위 및 기준에 의하면 "특정인의 재산, 신용 등을 비밀리에 조사하여 의뢰인에게 알려주는 업"으로, 탐정은 "특정인의 재산, 신용 등을 비밀리에 조사하는 사람"이라고 보고 있다.

2) 민간보안서비스 제공 주체로써 탐정(探偵)의 정의

탐정(Private Investigator)은 공공 영역에 해당하는 경찰(警察)이나 검찰(檢察), 특별사법경찰기관(特別司法警察機關) 등의 사법기관이 수행하는 범죄수사(Criminal Investigation)와는 별개로 민간 영역에서 발생하는 분쟁이나 문제점에 대해서 의뢰인이 제공하는 비용을 받거나 또는 공익적 목적에서 무상으로 사건에 대한 조사행위를 수행하는 전문가를 의미한다. 기존의 탐정에 대한 정의는 난해하거나 탐정의 품격과 지위를 낮추는 방향으로 정의를 내리고 있는 측면이 있어 민간보안서비스 제공 주체로써 탐정의 역할과 공익적 기능을 강조한다는 차원에서의 개념 정의다.

탐정은 인류의 역사가 기록된 이래로 음지 또는 양지에서 많은 활동을 해왔다. 가정문제부터 시작해서 민사적인 문제, 심지어는 국가의 안보와 관련한 문제와 군사문제, 사법기관이 해결하지 못한 문제들도 탐정이 개입하여 해결한 경우가 많다. 문제는 우리나라의 법체계가 대륙법계의 영향을 받은 일본의 시스템을 그대로 도입함으로 인해 관(官) 주도의 수사나 조사만이 합법적인 것으로 인식되어왔다는 점이다. 우리나라에 직접적인 영향을 미친 일본조차 사설탐정제도를 시행하고 있음에도 불구하고, 정작 우리 사회는 일본의 이러한 민간주도의 사실조사제도에 대해서 부정적인 인식을 많이 가지고 있었다.

이러한 상황의 근본에는 사법통제를 통한 국가의 질서 유지라는 독재적 사고 내지는 사법권을 권력의 한 유형으로 보고 있는 기득권층의 조직적 방해 내지는 저항의 산물이라고 사료된다. 민간 영역의 활성화를 통해 서비스산업의 확장이라는 경제적 논리보다는 정부나 정권에 반대하는 사람을 사법권력을 통해 제압하고 통제해야 한다는 인식이 '조사'라는 행위 자체를 관청과 관청소속의 공무원만 해야 한다는 식으로 논리를 정리해버리는 상황을 초래하였던 것이다.

물론, 일부 탐정제도에 대해서 부정적인 견해를 내세우는 학자나 전문가들은 탐정제도를 수용할만한 사회적 환경이나 수준이 안 되기 때문에 '시기상조(時機尙早)'라는 단어를 사용하며 반대입장을 내세우고 있다. 일부 법학자들이 관청이 해야 하는 조사행위를 민간에서 하는 것은 자칫 공적 권한에 대한 침해를 불러옴과 동시에 개인의 인권이 침해당하는 상황을 초래할 가능성이 크다는 논리를 내세운다.

하지만 경제규모가 비약적으로 커지고 있는 우리나라의 내부적 상황과 세계적인 기술선진국으로서 기술의 불법적 해외유출을 방지해야 하는 입장에서 본다면 시급하게 산업기술유출과 산업스파이를 적발하여 고발 또는 고소할 수 있는 전문조사인력의 양성과 별도의 서비스 산업화가 시급하다고 사료된다. 탐정활동과 관련하여 현행 경찰청의 기준은 개인 간의 사적 영역에서 이뤄지는 사실조사행위에 대해서는 사법기관의 조사행위와 유사하지 않고, 개인의 사생활을 침해하지 않으며, 조사서비스를 위해 받은 급여나 비용에 대해서 세금신고만 정확하게 한다면 별도의 규제를 굳이 가하지 않겠다는 쪽이다.

물론 여기에는 가칭 '탐정서비스산업법' 또는 '탐정업법', '탐정산업관리법' 등이 법률로 국회를 통과해야 한다는 전제조건이 있어야 할 것이다. 하지만 대법원에서 탐정업을 개인자유신고업종으로 진행하는 것까지 규제하는 것은 헌법(憲法)상 직업선택의 자유를 침해한다는 판결이 나오면서 탐정서비스업을 법률의 테두리 안에서 얼마든지 할 수 있는 상황이 되었다. 문제는 탐정업을 하고 있는 현업 탐정업자들도 탐정의 개념 정의에 대해서 정확하게 알지 못하고 일을 하는 경우가 많다는 점이다. 따라서 탐정의 개념에 대해서 명확하게 이 책에서 정립해야 할 필요성이 크다고 생각된다.

(1) 일반적(사회적) 정의

국회에 발의된 탐정법률안에 따르면, 탐정(Private Investigation)이라 함은 형사, 민사사건 또는 개인의 신상과 관련된 내용을 파악하기 위해 탐정이 관련된 자료를 조사, 발견, 수집, 보전하는 일련의 과정을 말한다. 또한 이러한 과정과 관련된 절차를 탐정조사절차(Private Investigation Process)라고 하며, 이러한 절차를 포괄하여 탐정업, 탐정 분야라고 부르기도 한다.

탐정업이나 민간조사업이냐는 명칭에 대해서는 논란이 일부 있기는 하지만 대부분의 법률안에서는 민간조사라는 표현을 사용하고 있으며, 지난 제20대 국회부터 일본의 용어인 탐정을 따라서 공인탐정법안, 탐정업 관리법안 등의 법률명으로 법안발의가 이루어지고 있다. 다만, 탐정이라는 용어에 대한 일부 사법기관 출신자들의 반발과, 이들에 의한 과도한 인권침해의 가능성 있다는 점에서 상대적으로 반발이 적은 민간조사라는 표현을 혼용하고 있는 실정이다.

국가의 사법권을 기반으로 하는 범죄사건을 조사하는 것을 범죄수사(Criminal Investigation)라고 한다면, 민간 영역에서 개인 간의 분쟁이나 문제와 관련하여 조사를 벌이는 것을 민간조사 또는 탐정조사라고 부른다. 국민이 부여한 사법적 권한을 바탕으로 하여 공무원 신분을 가지고 있는 경찰관, 수사관 또는 사법경찰관이 수행하는 범죄수사와 내용적인 부분에서 유사할 수 있지만 원칙적으로 탐정조사는 사법 영역의 범죄수사나 범죄조사 등과 중첩되거나 그 영역을 침범해서는 안 된다.

다만, 미국의 경우에는 탐정조사와 관련하여 계약사법(Contract Law Enforcement)의 개념을 가지고 있다. 계약사법이라 함은 민간인 신분을 가지고 있는 전문탐정을 고용하여 사법적인 업무를 수행하도록 하는 것으로서 일시적인 수사관 신분을 부여하는 것을 말한다. 우리나라의 경우에도 소위 특별검사법률로 불리는 특검법에 의거하여 민간인을 특별검사의 수사를 지원하는 수사관으로 임명, 활용한 경우가 있었다. 사법권에 대한 국가전속주의가 점차적으로 해제되고 있는 상황 하에서 자치경찰제도의 시행과 맞물려 우수한 조사능력을 가진 탐정에 대한 계약사법제도의 도입도 조만간 멀지 않았다는 생각을 해보게 된다.

일반적 의미의 탐정이 가지는 개념은 미국의 각 주에서 입법 시행하고 있는 탐정법(Private Investigation Act)을 근간으로 한 것으로 현재 전 세계적으로 통설적으로 인정되는 개념이다. 현실적으로 정보를 수집, 조사하기 위해서는 조사대상에 대한 사전조사가 명확하게 이루어져야만 한다. 사전조사를 범죄수사 분야에서는 내사(Internal Investigation)라고 부르는데, 탐정업에서는 사전조사 또는 기초조사(Elementary Investigation)라고 부르고 있다.

탐정이 제대로 일을 하기 위해서는 사전에 조사대상자에 대한 기초정보(Basic Information)와 사진(Photograph), 경력사항(Career), 현거주지(Residence) 또는 현업(Job)과 관련된 사항에 대한 내용들이 사전에 제공되어야만 한다. 만약 기초정보가 제대로 제공되지 못하는 경우에는 탐정이 조사작업을 수행하는 데 상당한 어려움을 겪을 가능성이 높다. 일반적인 의미의 조사 전단계에서 이루어지는 사전정보조사나 관련 정보조사도 적극적인 의미에서 탐정조사 개념에 포함해야 한다.

(2) 법률적(규범적) 정의

탐정의 법률적 정의는 기존의 탐정업법안을 기반으로 해야 한다. 과거 제20대 국회에 상정된 탐정업법안에 의하면 “탐정은 의뢰받은 사항에 대해서 정보를 수집하고 사실을 조사하여 의뢰인에게 그 내용을 제공하는 자”를 의미한다. 이는 윤재옥 의원이 제20대 국회에서 대표발의한 「공인탐정법안」에 기초하는 정의이다. 언뜻 간단하게 보일 수 있지만, 법률적으로 탐정의 성격을 전부 담고 있는 개념 규정이라고 할 수 있다. 탐정의 정의를 보다 구체적으로 정의하면 다음과 같다.

첫째, 탐정은 의뢰인으로부터 '의뢰(依賴)'를 받아 업무를 해야 하는 전문가로서의 성격을 가진다. 의뢰인이 없는 상태에서 자의적으로 타인의 문제를 조사하는 행위는 법률적으로 문제가 되는 행위가 될 수 있다는 내용을 담은 정의일 것이다. 특정인의 불법행위나 민사적인 유책행위 등에 대해서 피해자 또는 관계인의 의뢰를 받아 조사행위를 하면 이는 합법적인 영역 안에서 충분히 허용될 수 있는 부분이고, 정당한 자구행위나 권리행사행위의 일환이라면 더욱더 정당성을 가질 수 있다. 하지만 '의뢰'라는 요소가 없이 특정인의 뒤를 캐거나 문제가 있는 행위를 찾기 위해서 표적조사를 진행한다면, 이는 스토킹(Stalking)에 해당할 뿐 정당한 탐정행위로 정의할 수는 없다.

둘째, 정보를 수집하는 전문적 행위를 하는 자가 탐정이다. 여기서 또 두 가지 개념에 대한 정의가 필요하다. 하나는 '정보(情報)'이고, 다른 하나는 '수집(蒐集)'이라는 개념이다. 먼저, 정보는 탐정업법안에 그 유형에 대한 제한을 두고 있다. 즉, 국가안보에 관한 정보, 기업의 연구개발과 영업 등에 관련한 정보, 개인정보 보호법에서 규정하는 보호대상이 되는 정보 등에 대해서는 원칙적으로 수집을 금지하고 있다. 따라서 탐정이 수집하는 정보는 헌법과 다른 법령에서 금지하는 내용들을 제외하고 가능하다고 해석하는 것이 옳을 것이다.

대표적인 예로, 채권과 관련한 탐정의 수집 가능 정보는 조사대상자의 은닉재산에 대한 정보, 개인의 소비성향(백화점 쇼핑, 고가 자가용의 이용, 가격이 높은 집에서 거주 등), 주변인에 탐문을 통한 은닉재산이나 금전의 소재 파악 등이 해당될 수 있다. 이러한 정보는 일반의 상식선에서 불법적인 요소는 거의 없다고 볼 수 있는데, 피해자가 조사대상자의 채무 불이행(돈을 갚지 않는 행위)에 대해서 스스로의 권리를 구제하고자 하는 차원에서 탐정을 고용하여 이러한 정보를 취득할 수 있는 것이다.

'탐정윤리론'에서도 탐정이 바라보는 업무대상 정보의 성격에 대해서 바른 관점을 가져야 함을 강조한다. 그만큼 불법적 요소가 없는 정보에 대해서 이를 수집하고, 분석하며, 가공하여 의뢰인에게 제공해야 한다. 탐정이 수집하는 정보가 국가안보와 관련한 사안이라면 이는 절대로 용납될 수 없다. 이는 이적행위 또는 반국가 행위로 인식되어 처벌될 수 있으며, 민간 영역의 서비스업자인 탐정에게도 전혀 맞지 않는 내용이다. 기업의 연구 및 개발, 영업 등에 관한 정보를 수집하는 것은 산업스파이를 잡아야 할 탐정이 오히려 산업스파이 활동을 하는 것이 될 수 있다는 점에서 절대적인 주의가 필요하다.

물론 여기에도 예외는 존재한다. 피해가 발생한 불법적 영업에 대해서는 비록 연구

개발이나 영업과 관련한 정보라고 하더라도 이에 대해서 충분히 조사가 가능하다. 예를 들어, 신약을 개발하였다면서 투자자를 모집하는 불법 유사수신업체가 있는데, 이 업체에 투자한 사람들이 원금이나 수익을 회수하지 못하고 피해자가 되었다면, 이는 부당하고 불법한 행위이기 때문에 피해자 입장에서 사기나 기타 투자 관련 법령을 위반한 위법행위에 대한 사실조사는 해야 한다. 전혀 과학적으로 입증되지 않는 허위의 정보를 이용하여 투자자를 유치하고 이들에게 큰 금전적 피해를 입힌 사안에 대해서는 얼마든지 의뢰를 받아 정보를 수집하고 이를 의뢰인에게 제공함을 통해 법적 조치가 가능하도록 도와야 한다.

「개인정보 보호법」과 관련한 정보도 원칙적으로 탐정의 조사대상 정보가 되지 않는다. 의뢰인에게 공개되어 있는 이름이나 휴대폰 번호 등은 별 문제가 없을 수 있겠으나 조사대상자의 전혀 공개하지 않는 학력사항이나 직업경력, 개인고유식별번호(주민등록번호, 여권번호, 외국인등록번호, 운전면허증번호 등) 등은 수집대상 정보에서 배제된다. 일부 심부름센터 업자나 불법 흥신업자들이 공무원이나 개인정보를 취급하는 업무담당자에게 뇌물이나 수수료 등을 주고 이들 정보를 취득하는 경우가 있을 수 있는데, 이에 대해서는 법적인 엄단을 해야 한다. 탐정이 자유화 또는 합법화되어 있는 대부분의 국가들도 공개되지 않은 개인정보에 대해 수집행위를 하면 강력한 처벌과 제재를 가하고 있다.

2. 업무범위를 중심으로 한 탐정의 개념 정의

탐정의 개념 정의는 탐정의 업무범위를 규정한다는 점에서 중요하다. 탐정의 개념을 협소하게 규정하면 업무범위 자체를 제한하게 되고, 반대로 광의로 규정할 경우 업무범위가 구체화되지 않아 타 직역(職域)의 업무를 침해할 수도 있다. 이 점에서 개념 정의를 어떻게 하는가는 중요한 의미를 갖는다. 개념 정의는 업무범위를 담고 있으면서 가급적 단순 명확하고 간결한 것이 좋다.

1) 국내 학자들의 정의

국내 학자들의 탐정에 대한 개념 정의는 다음과 같이 내리고 있다. 탐정은 "수익자부담원칙에 의해 의뢰인으로부터 계약에 의한 보수를 받고 위법하지 않은 범위 내에서 위임받은 업무의 조사활동을 통하여 의뢰인에게 필요한 자료 및 정보를 수집하고 분석하여 의뢰인에게 사실대로 제공하는 업무를 수행하고 있는 사람",[5] "타인으로부터 보수를 받고 개인의 자격으로 수사 또는 조사를 하는 것을 직업적으로 하는 사람"[6]이라고 정의하고 있다.

또한 "타인(의뢰인)으로부터 계약에서 정한 보수를 약정하고 법률이 허용한 범위 안에서 민간인 자격으로 전문적이고 합법적인 조사업무를 직업적으로 수행하는 사람",[7] "사적 주체인 민간인 기업이나 개인 등 타인의 의뢰를 받아 계약을 맺고 보수를 받으며, 의뢰받은 사건에 대한 조사활동으로 사실관계 확인 및 관련 정보 등을 수집 · 분석하여 그 결과를 제공하는 것을 직업으로 하는 자"로 정의하면서 "공인탐정은 정부가 주관하는 자격시험에 합격하고 소정의 연수교육을 수료하여 공인탐정의 자격을 취득한 자, 즉 탐정업을 할 수 있는 자격을 갖춘 자"이고, "탐정업자란 공인탐정으로서 주무관청에 등록하고 법에 규정된 탐정업무를 직업으로 하는 자"라고 정의하고 있다.[8]

기존 탐정이란 용어로 명칭이 통일되기 전 민간조사를 중심으로 한 개념 정의는 이렇게 하고 있다. "민간조사란 민간이 주체가 된다는 점과 수익성을 목적으로 국가공권력이 미치지 않는 범위에 한하여 국민치안 수요를 확보하고 국민의 권리보호와 같은 범죄피해를 구제하는 것"으로 정의한다.[9]

유사한 개념 정의로, "민간조사는 공적인 주체가 아닌 사적인 주체로서, 즉 개인이나 업체가 사적인 신분으로 타인으로부터 의뢰받은 사건을 조사하는 제도를 말하며, 이러한 민간조사업무를 '민간조사업'이라 하며, 국가로부터 자격증을 부여받아 민간조사업을 할 수 있는 자를 '민간조사원'이라 칭하며, 민간조사업으로 경제생활을 영위할 목적으로 하는 자를 '민간조사업자'라고 한다"고 정의하고 있기도 하다.[10] 한편, "민간조사산업이란 정부기관에 속하지 않는 영리기업이 의뢰자가 알고자 하는 내용이나 정보를 찾아내 고객에게 제공해주는 서비스업"[11]으로 정의하고 있다.

---

5) 강영숙(2006). "한국의 공인탐정제도 도입에 관한 연구", 용인대 박사학위논문, p.14.
6) 황정익 외(2005). "공인조사(공인탐정)제도의 도입에 관한 연구", 치안정책연구소 연구보고서(2005-01), p.6.
7) 이상훈(2018). "신 직업으로서 탐정제도의 필요성과 업무 영역에 관한 연구", 『한국경찰연구』 제17권 제4호, 한국경찰연구학회, pp.187-188.
8) 박해주(2014). "공인탐정제도의 국내 도입방안에 관한 연구", 한세대 박사학위논문, pp.15-16.
9) 조성구(2011). "한국 민간조사업 도입에 관한 경찰관의 인식연구", 경기대 박사학위논문, p.7.
10) 김원중(2006). "민간조사제도 도입 필요성에 관한 연구", 『한국공공관리학보』 제20권 제1호, 한국공공관리학회, p.64.
11) 박동균 · 김태민(2012). "미국 민간조사산업의 특징 및 함의", 『한국민간경비학회보』 제11권 제4호, 한국민간경비학회, p.108.

대체로 업무내용을 중심으로 서비스 수요자는 주로 민간의 개인이나 기업으로 한정하고 있고, 대가를 받고 의뢰인이 필요로 하는 정보를 조사 · 수집 제공해 주는 서비스업으로 탐정업을 정의하고 있으며, 이 같은 업무를 수행하는 사람을 탐정으로 개념 정의하고 있다.

그러나 미국을 비롯한 OECD 국가의 사립탐정은 영리목적의 업무만 수행하고 있는 것이 아니라 공익과 공공 복지에 봉사하고 이에 적합하게 업무를 수행해야 하는 공적인 의무도 부여하고 있다. 아직까지 국내에는 탐정에 대한 인식이 결여되어 있고, 법제정도 이루어지지 않은 상황이라 입법 가능성을 높이기 위하여 탐정업무범위를 가급적 좁게 규정하고 있는 상황이라 탐정의 공익적 기능에 대해서는 인식과 이해의 폭이 넓지못한 결과 이 같은 개념 정의가 이루어지고 있는 것으로 판단된다.

2) 국내 법률(안) 정의

제21대 국회 윤재옥 의원 대표발의 '탐정업의 관리에 관한 법률'에서 "탐정이란 사람의 생사나 그 소재, 도난 자산 등 물건의 소재, 또는 권리 · 의무의 기초가 되는 관련 정보와 사실관계의 존부 등을 확인할 정당한 이해관계가 있는 사람이 관련 사실조사를 의뢰한 경우에 이에 대해 정보를 수집하고 사실을 조사하여 의뢰인에게 제공하는 것을 말한다"고 정의하고(안 제2조 제1호), "탐정업이란 탐정을 업으로 하는 것을 말한다"고 정의하고 있다. 이어 탐정의 업무를 다른 사람이 의뢰한 다음 각 호의 사무로 한다고 규정하고 있다(안 제3조).

1. 미아, 가출인, 실종자, 도피한 불법행위자 등 소재 불명인에 대한 소재 파악과 관련된 사실조사
2. 도난, 분실, 은닉자산의 추적 및 소재 확인과 관련된 사실조사
3. 의뢰인의 권리보호 및 피해사실과 관련된 사실조사

한편, 제20대 국회 이완영 의원 법안에서는 탐정의 업무범위를 별도로 규정하지 않은 채 "공인탐정업무"란 "다른 사람의 의뢰를 받아 사람의 생사나 그 소재, 재산상 이익의 소재 또는 권리 · 의무의 기초가 되는 사실관계 등에 대하여 관련 정보를 수집하고 사실을 조사하여 의뢰인에게 제공하는 업무를 말한다"(안 제2조 제1호)라고 규정하고 있다.

제21대 국회 이명수 의원이 대표발의한 '탐정업 관리에 관한 법률안'에서는 탐정에

대한 별도 규정없이 탐정업무를 "탐정사가 기업이나 개인 등 타인의 의뢰를 받아 계약을 맺고 보수를 받으며, 위법하지 않은 범위 내에서 의뢰받은 사건에 대한 조사활동을 통하여 사실관계 확인 및 관련 정보 등을 수집·분석하여 그 결과를 의뢰인에게 제공하는 업무"로 개념 정의하고 있다(안 제2조 제1호).

이를 종합하여 여기서는 "탐정이란 사람의 생사나 그 소재, 재산상 이익의 소재 또는 권리·의무의 기초가 되는 관련 정보와 사실관계 등에 대하여 정당한 이해관계가 있는 사람으로부터 사실조사를 의뢰받아 적법한 범위 내에서 관련 정보를 수집·분석하고 사실관계를 조사하여 의뢰인에게 제공하는 업무 또는 이러한 업무를 행하는 자를 말한다"로 정의한다.

제20대 국회까지 발의된 탐정업 관련 법안은 모두 철회 또는 임기 만료로 폐기되었다. 탐정 용어의 변화를 법안 제목으로 흐름을 살펴볼 수 있는 바, 제19대 국회까지 발의된 법안은 모두 탐정이 아닌 "민간조사"의 명칭을 사용하고 있었다. 그러다가 제20대 국회부터 발의된 탐정업 관련 법안부터는 탐정이란 법률명으로 통일되고 있음을 알 수 있다. 제20대 국회 이완영 의원이 발의한 「공인탐정 및 공인탐정업에 관한 법률(안)」에서는 이전과 달리 "공인탐정"의 명칭을 쓰고 있다는 점을 알 수 있다.

기존 법안을 살펴보면, 대체로 탐정의 규정과 업무 규정을 별도로 두어 법률안마다 탐정(민간조사원)의 업무에 차이가 있다. 제21대 국회에서는 윤재옥 의원이 발의한 「탐정업의 관리에 관한 법률」과 이명수 의원이 대표발의한 「탐정업의 관리에 관한 법률안」

[표 1-1] 탐정업 관련 법률(안) 발의 현황 및 탐정 개념 정의

대표의원	법률(안)	정의	비고
윤재옥 의원 (2021.11.26)	「탐정업의 관리에 관한 법률」	공제2조(정의) 이 법에서 사용하는 용어의 정의는 다음과 같다. 1. "탐정"이란 사람의 생사나 그 소재, 도난 자산 등 물건의 소재, 또는 권리·의무의 기초가 되는 관련 정보와 사실관계의 존부 등을 확인할 정당한 이해관계가 있는 사람이 관련 사실조사를 의뢰한 경우에 이에 대해 정보를 수집하고 사실을 조사하여 의뢰인에게 제공하는 것을 말한다. 2. "탐정업"이란 탐정을 업으로 하는 것을 말한다. 3. "공인탐정"이란 제6조에 따른 공인탐정 자격을 취득한 자를 말한다. 4. "공인탐정업자"란 탐정업을 할 목적으로 제11조에 따라 등록된 공인탐정과 제28조에 따라 인가를 받은 공인탐정법인을 말한다.	계류

이명수 의원 (2011.11.10)	「탐정업의 관리에 관한 법률안」	1. "탐정업무"란 탐정사가 기업이나 개인 등 타인의 의뢰를 받아 계약을 맺고 보수를 받으며, 위법하지 않은 범위 내에서 의뢰받은 사건에 대한 조사활동을 통하여 사실관계 확인 및 관련정보 등을 수집·분석하여 그 결과를 의뢰인에게 제공하는 업무를 말한다. 2. "탐정사"란 제6조에 따른 탐정사 자격을 취득한 자를 말한다. 3. "탐정업"이란 탐정업무의 전부 또는 일부를 행하는 영업을 말한다. 4. "탐정업자"란 제10조 제1항에 따라 탐정업을 등록한 탐정사와 제13조에 따라 인가를 받은 탐정법인을 말한다.	계류
이완영 의원 (2017.7.13)	「공인탐정 및 공인탐정에 관한 법률(안)」	1. "공인탐정업무"란 다른 사람의 의뢰를 받아 사람의 생사나 그 소재, 재산상 이익의 소재 또는 권리·의무의 기초가 되는 사실관계 등에 대하여 관련 정보를 수집하고 사실을 조사하여 의뢰인에게 제공하는 업무를 말한다. 2. "공인탐정업"이란 공인탐정업무를 업(業)으로 하는 것을 말한다. 3. "공인탐정"이란 제6조에 따른 공인탐정 자격을 취득한 사람을 말한다. 4. "공인탐정업자"란 제10조 제1항에 따라 공인탐정업의 등록을 한 공인탐정과 제13조에 따라 인가를 받은 민간조사법인을 말한다.	임기 만료 폐기
윤재옥 의원 (2016.9.8)	「공인탐정법(안)」	1. "탐정"이란 사람의 생사나 그 소재, 도난 자산 등 물건의 소재, 또는 권리·의무의 기초가 되는 관련 정보와 사실관계의 존부 등을 확인할 정당한 이해관계가 있는 사람이 관련 사실조사를 의뢰한 경우에 이에 대해 정보를 수집하고 사실을 조사하여 의뢰인에게 제공하는 것을 말한다. 2. "탐정업"이란 탐정을 업으로 하는 것을 말한다. 3. "공인탐정"이란 제6조에 따른 공인탐정 자격을 취득한 자를 말한다. 4. "공인탐정업자"란 탐정업을 할 목적으로 제11조에 따라 등록된 공인탐정과 제28조에 따라 인가를 받은 공인탐정법인을 말한다.	임기 만료 폐기
윤재옥 의원 (2015.11.13)	「민간조사업의 관리에 관한 법률(안)」	1. "민간조사업무(이하 "조사업무"라 한다)"란 사람의 생사나 그 소재, 재산상 이익의 소재, 또는 권리·의무의 기초가 되는 관련 정보와 사실관계의 존부 등을 확인할 정당한 이해관계가 있는 사람이 관련 사실조사를 의뢰한 경우에 이에 대해 정보를 수집하고 사실을 조사하여 의뢰인에게 제공하는 업무를 말한다. 2. "민간조사업"이란 조사업무를 업으로 하는 것을 말한다. 3. "민간조사원"이란 제6조에 따른 민간조사원 자격을 취득한 자를 말한다. 4. "민간조사업자"란 민간조사업을 할 목적으로 제10조에 따라 등록된 민간조사원과 제27조에 따라 인가를 받은 민간조사법인을 말한다.	임기 만료 폐기

송영근 의원 (2013.3.19)	「민간조사업에 관한 법률(안)」	1. "민간조사업"이란 다른 사람의 의뢰를 받아 제3조[12)]에서 규정한 업무의 전부 또는 일부를 업으로 영위하는 것을 말한다. 2. "민간조사원"이란 제3조에서 규정한 업무를 행하기 위하여 제6조에 따른 민간조사원 자격을 취득한 자를 말한다. 3. "민간조사업자"란 민간조사업을 영위할 목적으로 제9조에 따라 법무부 장관에게 등록한 자를 말한다.	임기 만료 폐기
윤재옥 의원 (2012.11)	「경비업법 전부개정법률(안)」	"민간조사원"이란 제3호 각 목의 민간조사업무를 수행하는 사람으로서 제27조에 따른 자격시험에 합격하여 민간조사원 자격을 취득한 사람을 말한다.	임기 만료 폐기
강성천 의원 (2009.4.10)	「민간조사업법(안)」	1. "민간조사업"이란 다른 사람의 의뢰를 받아 제3조[13)]에서 규정한 업무의 전부 또는 일부를 업으로 영위하는 것을 말한다. 2. "민간조사원"이란 제3조에서 규정한 업무를 행하기 위하여 제6조에 따른 민간조사원 자격을 취득한 자를 말한다. 3. "민간조사업자"란 민간조사업을 영위할 목적으로 제8조에 따라 법무부 장관에게 등록한 자를 말한다.	임기 만료 폐기
이인기 의원 (2008.9.24)	「경비업법 일부개정법률안」	"민간조사관"이란 제1호 바목의 민간조사업무를 수행하는 자로서, 제18조의3의 규정에 다른 자격시험에 합격하여 민간조사관 자격을 취득한 자를 말한다.	임기 만료 폐기
최재천 의원 (2006.4.5)	「민간조사업법(안)」	1. "민간조사업"이라 함은 다른 사람의 의뢰를 받아 제3조[14)]에서 규정한 업무의 전부 또는 일부를 업으로 영위하는 것을 말한다. 2. "민간조사원"이라 함은 제3조에서 규정한 업무를 행하기 위하여 제5조의 규정에 따른 민간조사원 자격을 취득한 자를 말한다. 3. "민간조사업자"라 함은 민간조사업을 영위할 목적으로 제8조의 규정에 따라 법무부 장관에게 등록한 자를 말한다.	임기 만료 폐기

12) 송영근 의원, 「민간조사업법(안)」 제3조(업무) 민간조사원의 업무범위는 다른 사람이 의뢰한 다음 각 호의 사무로 한다.
1. 미아, 가출인, 실종자, 소재 불명인 불법행위자에 대한 소재 파악과 관련된 조사
2. 도난, 분실, 도피자산의 추적 및 소재 확인과 관련된 조사
3. 의뢰인의 피해사실에 대한 조사
4. 변호사가 수임한 사건과 관련하여 해당 변호사로부터 의뢰받은 자료의 수집

13) 강성천 의원, 「민간조사업법(안)」 제3조(업무)
1. 미아, 가출인, 실종자, 소재 불명인 불법행위자에 대한 소재 파악과 관련된 조사
2. 도난, 분실, 도피자산의 추적 및 소재 확인과 관련된 조사
3. 변호사가 수임한 사건과 관련하여 해당 변호사로부터 의뢰받은 자료의 수집

14) 최재천 의원, 「민간조사업법(안)」 제3조(업무) 민간조사원의 업무범위는 다음 각 호와 같다.
1. 사이버범죄, 보험범죄, 지적재산권침해, 기업회계부정 등 각종 범죄 및 위법행위의 조사
2. 사람의 사망・상해, 화재, 교통사고, 물건의 멸실・훼손 등 각종 사고의 원인 및 책임의 조사
3. 분실・도난・도피자산의 추적 및 소재 확인

이상배 의원 (2005.9.8)	「민간조사업법(안)」	1. "민간조사원"이라 함은 제3조[15]에서 규정한 업무를 행하기 위하여 제5조의 규정에 의한 민간조사원 자격을 취득한 자를 말한다. 2. "민간조사업"이라 함은 다른 사람의 의뢰를 받아 제3조에서 규정한 업무의 전부 또는 일부를 업으로 영위하는 것을 말한다. 3. "민간조사업자"라 함은 민간조사업을 영위할 목적으로 제8조의 규정에 의하여 경찰청장에게 등록한 자를 말한다.	임기 만료 폐기

출처: 국회 의안정보시스템(http://likms.assembly.go.kr/bill/main.do, 2019.8.30 검색).

또한, 별도의 업무 규정을 두고 있지 않고 정의 규정에 포함하여 규정하고 있으며 내용상 양 법안의 정의는 큰 차이가 없다는 것을 알 수 있다.

3. 탐정조사와 구별되는 개념

1) 범죄수사활동과 탐정조사활동

탐정조사활동은 범죄사건을 해결하는 수사활동과 명확하게 구별되어야만 한다. 범죄수사활동(Criminal Investigation)은 이미 발생한 범죄(Crime)를 진압 또는 통제, 처벌할 목적으로 진행되는 행위로서, 사회질서 유지와 개인에 대한 권리를 보호하고자 하는 탐정조사활동과 그 성질 면에서 상당한 구분이 지어진다. 범죄수사활동은 형사소송법(刑事訴訟法) 또는 사법경찰관의 권한에 관한 여러 가지 법률에 근거하여 진행된다. 반면에 탐정조사활동은 개인의 신용 또는 사적 권리의 침해라는 법익을 보호 또는 지원하기 위해 자구적 차원에서 행해지는 행위로 이해가 가능하다.

영미법계 국가에서는 범죄수사활동이 탐정조사활동에서부터 시작되었다고 보는 것

---

4. 행방불명자, 상속인, 소유불명재산의 소유자, 국내·외 도피사범 등 특정인에 대한 소재 탐지
5. 법원 등에서 사용될 증거 자료의 확보
6. 그 밖에 대통령령이 정하는 사항의 조사

15) 이상배 의원, 「민간조사업법(안)」 제3조(업무) 민간조사업의 업무범위는 다음 각 호와 같다.
1. 범죄 및 위법행위와 관련된 조사
2. 분실 또는 도난당한 재산의 소재 확인
3. 화재·사고·손실·명예훼손의 원인과 책임의 조사
4. 사람의 사망·상해 및 물건의 손상에 대한 원인과 책임의 조사
5. 소재가 불명한 친족의 소재 파악 등과 관련된 조사
6. 법원 등에서 사용될 증거의 확보
7. 개인에 관한 정보 중 사생활을 침해하지 아니하는 범위 내에서 대통령령이 정하는 사항의 조사

이 통설이다. 현대적 개념의 경찰제도가 영국의 로버트 필 경(Sir. Robert Peel)에 의해 창설된 후, 초기의 현대적 경찰은 방범 및 순찰에 집중하였다. 하지만 점차적으로 런던시(City of London) 내에서 여러 살인사건과 강간사건이 발생하면서 그 범인을 전문적으로 잡아야 하는 전문가 집단이 필요하였으며, 당시 개인 간의 사적 영역에 대한 조사활동만을 전문적으로 하고 있던 민간탐정 집단을 채용 또는 계약 형식으로 제도권 안으로 수용하여 본격적인 범죄수사를 진행하였던 것이다.

미국의 사례 또한 영국과 유사하다. 미국 동부지역에서 본격적으로 서부로의 개척이 시작되면서 핵심적인 교통수단으로서 역마차와 기차가 도입되었는데, 이들 교통수단을 대상으로 하는 강도사건이 빈발하였다. 이에 핑커톤사(Pinkerton Inc.)와 같은 민간경비회사(Private Security Company)에 무장강도에 대한 대응 및 강도범의 검거와 관련한 조사와 검거, 처벌권을 부여하였으며, 핑커톤사 요원들의 활동이 본격적인 미국 범죄수사의 효시(嚆矢)로 인정되고 있다. 따라서 미국에서는 수사관의 범죄수사활동과 민간탐정에 의한 조사활동이 거의 동일한 기원에서 갈라진 것으로 보고 있고, 이로 인해 탐정활동에 대한 강력한 규제나 제재에는 거리를 두고 있는 실정이다.

우리나라의 경우에는 과거 '심부름센터'나 '흥신소(興信所)' 등으로 불리는 부정적 이미지의 개인업무 대행업이 탐정 분야를 대리하는 상황이 오랫동안 지속되었다. 이는 일제강점기 시대의 잔재로서 사법권이나 수사, 조사, 사실확인 업무 모두가 국가의 공권력에 의해서만 진행되어야 한다는 편협된 시각이나 사고가 탐정산업의 도입이나 발전, 제도화 등에 큰 장애요인으로 작용한 것이다. 유사탐정으로 불리는 합법적인 채권추심업체 직원들의 활동과 보험회사들의 전문보험범죄 조사관 활동, 정보보안업체의 산업스파이 적발활동, 각 기업의 감사실 직원에 의한 내부비리자 조사활동 등이 다양한 형태로 존재해왔고, 이러한 활동을 불법의 영역이나 비제도권 영역으로 두었던 것은 탐정 분야 전반에 대한 사법당국의 무지와 이해부족에서 나온 문제로 사료된다.

2) 신용조사활동과 탐정조사활동

탐정조사활동은 또한 신용조사활동과도 구별되어야 한다. 국내의 「신용조사업법(信用調査業法)」에서는 개인의 신용과 관련된 정보를 합법적으로 조사가 가능하도록 하고 있다. 신용조사에 관한 법률은 대부분이 채권 또는 채무, 신용카드 및 대출 연체 등과 관련하여 이를 갚을 의무를 가진 자가 그 의무나 책임을 회피하는 경우에 추심 또는 조사를 목적으로 진행할 수 있도록 하는 권한을 부여한다. 반면에 탐정조사활동은 이러한 신용조사활동과는 별개로 각 사안에 대한 실체적 진실 파악 또는 대상자의 소재 파악 등이 주요한 조사대상이기 때문에 조사대상의 성질에 있어서 명확하게 구분이 된다.

탐정업법안의 내용에도 이와 같은 부분에 대해 명확히 규정되어 있다. 사실조사와 소재 파악이 바로 그것이다. 사실조사는 위법행위, 개인의 권리를 침해하는 행위, 의도적으로 불법을 저질렀음에도 불구하고 과실로 위장한 행위 등에 대해서 조사할 수 있도록 하고 있다. 반면에 신용조사활동은 경제적인 문제에 대해서 깊이 내용을 파악하는 활동이고, 은닉 재산이나 자산 등에 대해서 정밀하게 법적인 절차를 걸쳐 확인하는 행위라는 점에서 탐정조사활동보다 법률상으로 더 명확성이 보장되는 내용으로 볼 수 있다.

반면에 탐정조사활동은 법률에 의거한 자료요청이나 열람요구 등이 제한되며, 기본적으로 미행과 추적, 탐문 등을 통해 자료를 수집하고 이에 근거한 분석내용을 의뢰인 또는 의뢰기관에 알려주게 된다. 이 때문에 난이도 부분에서는 서로 비교하는 데는 다소 무리가 있지만 탐정의 조사활동이 더 어렵다고도 볼 수 있다. 다만, 최근에는 신용조사업체와 탐정업자들이 상호 업무협력을 통해서 공격적으로 은닉자산에 대한 추적, 차명 자산에 대한 확인, 위장 파산신청 등에 대한 확인작업에 나서고 있어, 바람직한 방향으로 협업이 진행될 것이라 예상된다.

3) 정보수집활동과 탐정조사활동

탐정조사활동은 기업이나 국가기관이 수행하는 정보수집활동과 구별되어야 한다. 정보(Intelligence) 또는 첩보(Information)[16]는 아주 다양한 형태로 존재한다. 산업정보나 금융정보, 인력정보, 군사정보, 안보정보, 경제정보, 기상 및 환경정보, 재난정보, 교육정보 등 실로 다양한 형태로 존재하고 있는 정보를 수집・분석하는 것을 정보수집활동이라고 부른다. 이들 정보수집도 안보와 관련된 정보수집과 산업, 상업목적 정보수집, 공익적 목적의 민간정보수집 등으로 구분된다.

단순 정보수집행위는 정보제공을 서비스업으로 하는 정보제공업자(Information Providing Company)나 통계정보제공자, 그리고 설문조사 정보제공자(리서치사) 등에 의해 수행된다. 이러한 기관에서 수집한 정보는 탐정조사 분야에서 수집한 정보와는 그 내

16) 국가정보학 또는 경찰정보학에서는 강학상 '정보'와 '첩보'를 구분하고 있으나, 일반적으로 정보는 첩보를 포함하는 광의의 개념으로 사용되는 경향이 있으므로, 이하에서는 편의상 정보의 개념이 첩보를 포함하는 것으로 폭넓게 해석하여 사용하고자 한다.

용 면에 있어서 확연하게 다른 양상을 보여준다. 또한 광범위한 정보 내지는 시장에 대한 동향파악 등이 주된 내용이기 때문에 탐정조사 분야에서 활용가치는 거의 없거나 많이 떨어진다.

국가가 수행하는 정보수집활동과 탐정조사활동은 성질 면에서 확연히 다르다. 탐정 관련 법률안에서도 탐정조사활동에서 절대 해서는 안 되는 영역으로서 국가기밀, 안보, 방위산업 등과 관련한 내용들을 정하고 있다. 이는 민간 영역의 탐정조사활동이 자칫 국가안보에 위해를 가하거나 문제를 일으킬 수 있다는 점을 우려한 조치로 해석된다. 탐정조사는 철저히 개인적 분쟁이나 다툼과 관련한 영역 안에서만 진행되어야 한다. 만약 조사진행 과정에서 국가기밀이나 국가안보, 방위산업 등과 관련한 내용이 발견된다면 그 즉시 조사활동을 중지하고 관련 국가기관이나 경찰청에 신고를 하는 것이 옳다. 결론적으로 탐정조사활동은 국가기밀과 관련한 모든 내용에 대해서는 절대 접근이나 취급을 해서는 안 된다.

제2절 탐정업의 의의

1. 일반적인 탐정업의 의의

1) 탐정업의 개념 및 탐정 직무

(1) 탐정업의 개념 정의

탐정업(또는 민간조사업)이란 의뢰인으로부터 일정한 보수를 받고 법을 위반하지 않는 범위 내에서 의뢰받은 사실에 대하여 조사하거나 정보를 수집·분석하여 의뢰인에게 제공하는 업무로 사인(私人)의 다양한 권리구현을 위해 의뢰인을 대리하여 사실을 확인해 주고 누구나 접근 가능한 정보의 수집을 대행하는 서비스업이다.

특정 문제의 해결에 유용한 정보나 단서·증거 등 자료를 수집·제공하는 서비스업으로 탐문과 관찰 등 합법적인 수단을 동원하여 정보수집과 사실행위에 대한 조사를 하거나 소송 관련 증거수집을 통해 '사실관계를 파악하여 의뢰인에게 제공하는 일'을 주로 하는 직업이다.

구체적으로 국가기관의 수사력이 미치지 못하거나 미흡한 각종 범죄나 사건에 대한 사실관계 조사, 각종 위법행위 및 사고 피해확인, 실종자 및 행방불명자 소재 파악, 소송에 필요한 각종 증거의 확보 등에 있어서 의뢰인의 다양한 권리구현을 위해 의뢰인을 대리하여 사실을 확인해 주고 정보의 수집을 대행하는 직업이다. 요컨대, 의뢰인(私人)의 다양한 권익보호를 위하여 다른 사람의 의뢰를 받아 사람 또는 물건의 소재, 권리보호 · 피해사실에 관한 사실조사를 한 후 의뢰인에게 관련 자료 및 정보수집을 제공하는 조사서비스업이라고 하겠다.

탐정업무는 그 구체적 내용에 따라 매우 다양하며, 일반시민이 국가로부터 충분한 보호를 받지 못하고 있는 영역에서 국가기관의 업무를 보조 · 보완하거나 국가가 간섭할 수 없는 영역에서 국가나 기업 또는 개인이 타인으로부터 받은 침해나 손해의 규명 또는 은폐된 사실관계를 밝혀내는 것을 목적으로 하는 것으로서 제4차 산업혁명 시대를 맞이하여 새로운 직업군으로 주목을 받고 있다.

한편, 국세청에서 분류한 탐정 및 조사서비스업의 적용범위 및 기준에 의하면 "특정인의 재산, 신용 등을 비밀리에 조사하여 의뢰인에게 알려주는 업"으로 탐정은 "특정인의 재산, 신용 등을 비밀리에 조사하는 사람"이라고 정의하고 있다.

고용노동부와 한국고용정보원이 운영하는 구인 정보와 직업, 진로 정보를 제공하는 대한민국 취업정보사이트인 워크넷(www.work.go.kr) 직업사전에서 탐정을 민간조사관(Private Investigator, Private Detectives and Investigators) 또는 사설탐정(Private Detective)으로 정의하고, 다음과 같이 설명하고 있다.[17]

① 생성배경

사고가 발생했을 때 가해자와 피해자의 구별이나 범죄의 예방 및 근절은 수사기관의 역할이다. 그러나 공권력의 사각지대가 존재하게 마련으로 사건 사고에 관한 정보를 모든 사람들에게 제공해 줄 수 없다. 특히 최근 사회문제로 부상한 보험사기, 지적 재산권 침해 사범, 사이버 범죄 등은 별도의 조사 전문인력이 필요하다는 것이 사회적 중론이다. 의뢰인의 요청에 따라 사건, 사고, 정보 등을 조사하는 전문 인력이 민간조사관이다. 사설탐정, 사립탐정 등으로도 불린다. 서방 국가들과 달리 우리나라에서는 민간조사관이 법적으로 인정되지 않고 있다. 탐정활동과 탐정명칭 사용 모두가 불법이다. 그러나 날로 심각해지고 있는 지능 범죄나, 민 · 형사 분쟁에서 각종 정보 및 자료의 수집 등과 관련해 민간 분야의 전문조사관이 필요하다는 목소리가 꾸준히 제기되고 있다.

17) https://100.daum.net/encyclopedia/view/70XC00310001, 2021.9.15 검색.

② 수행직무

민간 사업체에 종사하면서 규정위반이나 불법적 사건을 탐지하고 개인이나 조직에 관한 정보를 수집, 분석, 편집, 보고한다. 단, 국가의 안보 또는 기밀에 관한 정보, 기업의 영업비밀과 독창적인 연구개발 정보, 개인의 정치적 사상, 종교적 신념 그 밖에 민간조사관의 업무와 무관한 사생활 정보의 수집 및 조사는 엄격히 제한을 받는다. 의뢰를 받은 민사 또는 형사 사건의 신고 대행 및 관련된 조사 · 소재가 불명한 실종자, 불법행위자 등 특정인의 소재 확인과 관련된 조사 · 도난, 분실, 도피자산의 추적 및 소재 확인과 관련된 조사 · 변호사가 수임해 의뢰한 사건과 관련된 조사 등이 있다.

(2) 탐정의 직무

이같이 민간보안 영역의 조사서비스를 제공하는 탐정의 역할은 방대하고 복잡하다. 기존 탐정에 대한 인식은 탐정 영화나 드라마 등 대중 매체에서 볼 수 있는 것과 같은 가상의 조사자나 셜록 홈즈와 같은 전설적인 가상의 인물에 의해 형성된 것이라 할 수 있다.

각국의 탐정업법에서 탐정에 대한 개념 정의는 조금씩 다르나, 대체로 탐정은 보수를 받고 조사, 감시활동 수행을 통해 정보를 찾거나 획득하는 업무를 수행하는 사람으로 정의하고 있다. 예컨대, 캐나다 앨버타 주의 '보안서비스 및 탐정법(Alberta Security Services and Investigators Act)'에서 탐정은 다음 각 호의 일을 하는 사람으로 규정하고 있다.[18]

(a) 범죄, 규정 위반(offences), 법령 위반 또는 위법행위 또는 주장에 대한 조사
(b) 사고, 사건, 재산 피해의 원인, 개인 상해 또는 건물 손상에 대한 조사
(c) 사람의 활동, 행동, 성격 또는 평판에 대한 조사
(d) 재산의 위치, 또는
(e) 사람의 소재 조사

많은 국가에서 탐정은 대체로 위와 같은 서비스를 수행하고 있으며, 탐정활동을 하기 위해서는 각국의 법규에서 규정한 적절한 면허증을 취득해야 한다.

탐정은 다음과 같은 그룹에 대해 문의하고 정보를 수집하며 보고한다.

18) Alberta Ministry of Justice and Solicitor General(2012). *Alberta Professional Investigator Training Course, Participant Manual*, pp.11-13.

- 개인
- 변호사 및 법률회사
- 보험회사
- 기업
- 정부 및 공공기관
- 전문협회 및 규제기관
- 지방 및 국외 조사관

탐정은 감시, 표적 인터뷰 및 공개정보(open source intelligence) 수집과 같은 조사 기법과 기술을 사용하여 대체로 다음과 같은 업무에 대해 조사한다.

- 사적인 가족문제
- 보험 또는 기타 금융 사기 혐의
- 도난당한 재산 또는 금융 자산 찾기
- 실종자 수색
- 직장 내 괴롭힘, 차별 또는 인권침해 혐의 조사
- 재산, 데이터 또는 기타 자산의 내부 절도 사건 조사

탐정은 사기 가능성이 있는 청구를 조사하는 보험회사, 또는 일반 및 전문 서비스를 제공하는 전문탐정회사에서 일할 수도 있고, 사업장 내 부정행위 혐의를 조사하는 관련 협회에서 일할 수도 있다. 탐정의 조사업무는 흥미롭고 다양하며 보람있는 직업이 될 수 있다.

의뢰받은 사건해결을 위해 탐정은 다양한 산업 및 상황에 대한 실무 지식을 포함하여 광범위한 지식과 기술이 필요한 다양한 자료를 처리해야 한다. 따라서 우수한 탐정은 동료 및 멘토와 상담하고, 전문 잡지를 구독하여 읽고, 조사 관련 업계 행사에 참석하며, 지속적인 전문성 개발에 투자한다. 이를 위해 전문교육과정을 이수하는 등 전문성 배양을 위해 지속적인 학습과정에 참여하여 조사 전문가로써 역량을 축적해 나가기 위해 부단히 노력한다. 유능한 탐정은 항상 탐구하는 마음을 갖고, 상식을 가진 사람으로 끊임없는 정보 탐구와 함께 철저히 관계법규와 절차를 준수하며 객관적이어야 한다.

탐정의 직업, 역할, 책임, 지식 또는 기술에 대한 권위 있는 단일 지침은 없다. 오늘날 탐정조사산업의 업무범위는 각 국가별로 대단히 다양하다. 각국에서는 국가직업분류시스템을 구축하여 노동시장에서 인적 자원 및 기술 개발을 위한 표준화된 지침을 제공하고 있다. 탐정의 구체적인 임무는 각국의 특수성과 전문 분야에 따라 다르지만 일반적으로 다음과 같은 업무를 수행하고 있다.

1. 직접 방문, 전화, 우편 또는 이메일을 통해 새로운 과제를 수락한다.
2. 필요한 정보를 입수하여 기록하고 행정팀과 협력하여 사건 자료파일을 생성한다.
3. 필요한 경우 의뢰사건에 배정된 탐정을 지원하는 데 필요한 자료 또는 정보를 수집한다.
4. 자료 및 정보수집 과정에서 정중하고 전문적인 방식으로 고객과 연락하고 의사소통한다.
5. 의뢰받은 사건을 착수할 때, 지정된 일정에 따라 의뢰인에게 모든 조사의 현재 상태에 대하여 일일보고 및 주별로 업데이트된 보고를 제공한다. 이는 구두 또는 이메일로 이루어진다.
6. 조사작업이 시작되기 전에 고객에게 사전 조사보고서를 제공하고 예상되거나 예측 가능한 어려움과 조사계획, 진행상황 보고서 및 최종 업데이트된 조사계획서를 요약하여 보고한다.
7. 조사목표 달성 및 기한 내 조사를 완료하기 위해 의뢰인과 사건 담당 조사자 및 연구원 모두와 협력하고 상시 연락한다.
8. 회사와 고객과 약속된 마감 시간 내에 과제를 완료한다.
9. 과제 검토가 완료되면 간결한 보고서, 비디오 테이프, 사진 및 기타 수집된 증거와 정확한 자료를 포함한 증거목록을 작성한다.
10. 진행 중인 모든 자료의 정확한 목록과 최신상태를 유지한다.
11. 자신의 차량과 장비를 작업 및 기능에 적합한 양호한 작업 상태로 유지한다.
12. 과제가 주어졌을 때 탐정은 과제의 목표와 고객의 목표가 명확하게 이해되었는지 확인할 책임이 있다.
13. 의뢰받는 과제의 해결을 위해 전략적이고 합리적으로 부합하고, 고객의 의도에 맞게 적절한 최선의 방식으로 조사를 수행한다.
14. 의뢰사건 할당 전 계획, 할당 시 평가 및 증거수집, 할당 종료 준수사항을 포함하여 적절한 조사 순서에 따라 과제를 수행한다. 이 모든 작업은 향후 소송을 고

려하여 증거능력이 있는 정보와 증거수집이 될 수 있도록 조사업무가 수행되어야 함을 의미한다.

15. 정확한 상황 인식 및 수집된 증거가 의뢰받은 사건목표를 달성할 수 있도록 가능한 한 "실시간"에 가깝게 관리자에게 진행 보고서를 제공한다.
16. 배정 일정과 예산을 면밀히 모니터링하여 조사일정이 예산 내에서 제 시간에 완료되도록 한다.
17. 기업 증거의 경우 "관리 연속성(chain of custody)"[19] 정책을 준수한다.
18. 보고 및 회계 정책에 따라 정확하고 상세한 메모 및 보고서를 작성하고, 내부 및 외부 수준에서 증거를 검토할 수 있는 모든 사람을 고려하는 방식으로 보고서를 작성한다.
19. 모든 필수 내부 양식을 작성하고 정책에 따라 증거 패키지를 제출한다.
20. 탐정사무소 관리자의 지시에 따라 예산 계획과 협력하여 판매 및 사업 개발 계획에 참여한다.

위 사항은 일반 탐정을 위한 직무기술서로 탐정에게 필요한 지식과 기술 외에도 탐정의 의무, 역할 및 책임에 대해 이해할 수 있는 시각을 제공해 준다. 다만, 탐정의 직무는 관련된 전문 분야와, 탐정이 민간기업, 전문협회 또는 준정부 기관 어디에 소속되어 있는지 여부에 따라 다를 수 있다.[20]

2) 탐정업 종사자 현황

OECD 회원국 대부분은 사법권과 준사법권의 영향 아래 민간조사관(PI) 제도를 법률로 명시하고 있다. 나라별로 최소 5만 명에서 10만여 명에 이르는 민간조사관이 활동 중이다. 미국의 경우 공인민간조사관 또는 공인사설탐정으로 불리며 많은 주에서 면허제를 실시하고 있다. 주정부별로 약간씩 다르지만 대체로 근무경험, 범죄경력 등 배경을 검증받고 민간조사와 관련된 2시간의 필기시험을 통과해야 면허를 발급받을 수 있다.

---

19) 관리 연속성(chain of custody)이란 기록이 생산된 이래 그것을 보유한 개인 또는 기관들의 연속적 승계가 이루어지는 것을 말한다. 관리의 단절이 없음을 보여주는 것은 기록의 진본성을 판정하는 중요한 기준 중 하나이다.

20) Alberta Ministry of Justice and Solicitor General(2012). *Alberta Professional Investigator Training Course, Participant Manual*, pp.19-20.

(1) 국내 현황

국내 민간조사관의 업무범위는 공권력의 수사와는 구별되는 개념이다. 민간조사관과 경찰, 검찰과의 관계는 협력적 관계 또는 상호 보완적 관계로서 사건의 수사나 조사가 경합할 경우 공동 수사의 형식을 취할 수 있다. 민간조사관은 체포, 강제 조사권의 권한은 없다. 국내 민간조사 또는 탐정협회에 따르면 민간자격증을 따고 활동 중인 사람들은 2021년 현재 약 8,000여 명으로 추산되고 있다.

(2) 주요 외국 현황

21세기 제4차 산업혁명 사회에서 각종 범죄 및 사회문제, 정보보안의 문제들이 급증하고 있으며, 이에 대한 국가기관 및 사법기관의 대응능력에 한계가 발생하고 있는 상황에서 탐정을 활용하여 국민의 권익을 더욱 보호할 수 있게 된다(King, 2020). 특히, 인력과 예산 등의 한계로 인하여 국가의 수사력만으로 모든 사건 · 사고를 해결할 수 없는 현실에서 공권력의 도움이나 개입을 기대하기 어려운 사적(私的) 의문과 궁금증 해소에 그 기여도가 높이 평가되고 있다.

이는 탐정제도를 도입 운영하고 있는 외국에서도 실증적으로 검증되고 있다. 예컨대, 호주에서 민간조사 사업은 지난 20년 간 크게 성장한 산업 분야로 더 이상 탐정업은 민간 치안 유지를 위한 불명확한 형태의 업무가 아니라 탐정을 활용하면 의뢰인이 사법 제도(justice system)로부터 자신의 권익을 더욱 보호할 수 있는 것으로 조사되었다(King, 2020).[21] 최근 주요 외국의 탐정은 사회정의, 공공 치안 유지 및 규제서비스를 제공하고 있으며, 기업 사기 및 금융 조사, 위험 자문, 사이버 및 위법행위 조사 등으로 서비스 영역을 확장하고 있다. 탐정은 이 같은 새로운 서비스를 충족시키기 위해 학문적으로나 전문적으로 높은 자격요건을 갖춰나가고 있기도 하다(King, 2020).

이에 경제협력개발기구(OECD) 35개 회원국과 유럽연합(EU) 28개 회원국 등 대부분의 나라에서는 보편적 직업으로 뿌리내린지 오래다(김종식, 2019). 대부분의 OECD 국가에서 민간조사업 또는 탐정업을 법제화 · 제도화하여 공공안전인 치안서비스의 보완

---

21) 이 논문은 호주 퀸즐랜드, 뉴사우스웨일스, 빅토리아주에서 활동중인 탐정(민간조사관) 33명을 심층 인터뷰한 결과, 탐정을 활용하면 의뢰인이 사법제도(justice system)로부터 자신의 권익을 더욱 보호할 수 있는 것으로 나타났다는 조사 결과를 제시한다. King, Michael(2020). Out of obscurity: The contemporary private investigator in Australia. *International Journal of Police Science & Management*, 22(3): 285-296.

재・대체재로 민간안전 확보를 위한 제도로 정착하였다. 각국의 탐정 현황은 [표 1-2]와 같이 추산되고 있다.

[표 1-2] 주요 외국의 탐정 현황

국가	미국	영국	독일	일본
탐정 인원	6만 명	1만 7천 명	2만 2,300명	6만 명
(인구)10만 명당	19명	27명	28명	50명

우리나라도 현재 자치경찰제도의 시행과 검경 수사권 조정, 국가수사본부 신설, 국민참여 형사재판제도의 도입 등 여러가지 형사사법제도의 변화가 진행되고 있는 상황에서 탐정(Private Investigation) 제도의 양성화에 대한 요구가 증가하고 있다. 더욱이 최근 법률시장의 활성화로 인해 전문법조인인 변호사의 현장조사 및 증거수집능력을 보완해 줄 전문 조사사무장 시장이 확대되고 있으며, 범죄수사가 아닌 민간 영역에서의 조사 및 증거수집기법을 전문적으로 교육받은 전문조사인력을 필요로 하고 있어 탐정의 수요가 증대되고 있는 상황이다. 또한 경찰 1인당 치안담당인구가 증가하고 있는 상황에서 국가 수사기관은 민생치안안전에 치중하고, 미아・가출인・실종자 수색 등 장기 미제사건의 처리와 피해자보호 및 개인의 피해회복을 위한 권익보호 차원에서도 탐정업무 확대의 필요성이 증가하고 있는 현실이다(이상수, 2019).

2. 탐정직업의 특징

1) 탐정직업의 특징

탐정의 권리와 의무는 탐정직업이 갖는 특별한 사회적 기능과 역할에 근거하고 있다. 탐정직업의 특징은 대체로 다음과 같이 정의할 수 있다.

첫째, 직무의 수행에 조사 관련 고도의 숙련이 요구되고, 사실에 기초한 정보수집과 판단 결과를 토대로 의뢰인에게 보고를 해야 한다.

둘째, 의뢰인은 자신이 제공받는 조사서비스의 질을 정확히 평가할 수 없는 경우가 많으므로 자신들이 찾아간 탐정을 신뢰해야 한다.

셋째, 의뢰인의 탐정에 대한 신뢰에 전제가 되는 것은 탐정이 그의 개인적 이익을 뒷전으로 미루고, 의뢰인의 이익 및 공익을 위해 전심전력을 기울이는 것에 있다.

넷째, 탐정직업의 직업윤리는 자율적으로 규제된다. 따라서 이 직업에 종사하는 사람들이 충분한 자질을 갖추고, 의뢰인의 신뢰를 저버리지 않으며, 그들 자신의 이익을 앞세우지 않는다는 것을 의뢰인과 잠재적인 고객에게 확신시켜야 한다. 이를 요약하면 탐정 개인의 이익을 의뢰인의 이익 및 공익에 우선해서는 안 된다는 것이다. 즉, 비즈니스 차원의 상업적 고려가 전문직(professionalism)의 직무보다 중요시되어서는 안 된다. 그랬을 때 고객의 신뢰를 토대로 탐정산업의 건전한 육성·발전이 가능하다.

2) 탐정업무의 특성과 역량

(1) 탐정직업의 특성

'탐정업무'는 법률적 지식이나 일반상식, 사회시스템의 이해, 인간행동 심리학, 탐정장비 및 기자재 취급 기술, 미행·잠복·감시 기술 등 다양한 분야에 있어서 고도의 지식과 기술이 요구되는 업무이다.

따라서 탐정은 의뢰받은 탐정사무를 효과적으로 처리하기 위해 탐정업무 분야의 전문성과 제반 자격요건을 갖추어야 한다. 여기에는 불규칙하고 돌발적인 업무, 통상적인 근무시간을 벗어난 비정형적인 업무 특성상, 전문성을 넘어 탐정직업에 대한 열정과 의지가 따라야 하는 직업이기도 하다.

(2) 탐정 자격 취득 요건 및 탐정업무 수행 역량

탐정법제도가 정착된 OECD 국가에서 탐정이 되기 위해서는 기본적으로 탐정자격증 취득과, 실무조사 역량 및 탐문·수색·감시 기술 연마, 책임보험 가입, 개인정보 보호법·신용정보법·위치정보법 등 관련 법령의 준수, 탐정 직업윤리의 이해와 내면화, 비즈니스 마케팅 등의 자격과 역량이 요구된다.[22)]

22) 탐정업무 수행 시 필요로 하는 10개 항목은 다음과 같다.
1. 보험 및 라이선스
2. 최신 컴퓨터, 가급적이면 노트북
3. 웹사이트(홈페이지)
4. 전문 명함 및 브로슈어
5. 무채색과 눈에 띄지 않는 외관의 신뢰할 수 있는 차량
6. 클라이언트 및 대상 정보를 안전하게 보관하고 컴퓨터, 프린터, 분쇄기가 구비된 사무공간
7. 손떨림 보정, 줌 렌즈 및 자동 제어 기능이 있는 저조도 비디오 캠코더
8. 다양한 삼각대
9. 통신장비, 무전기, 좋은 성능의 휴대전화

탐정은 조사, 미행, 추적, 잠복, 감시 등을 하고 수임료 혹은 보수를 받을 권리가 있다. 예컨대, 위장(pretext)을 사용하는 것은 탐정에게 귀중한 도구가 될 수 있다. 속임수는 일부 사람들에게 파렴치한 것으로 간주될 수 있지만 실제로 올바르고 현명하게 사용되면 합법적이고 윤리적인 것으로 간주될 수 있는 것이다. 이는 다른 방법보다 쉽고 빠르게 원하는 정보를 얻을 수 있는 생산적인 수단이 될 수 있다.

위장은 원하는 정보를 얻기 위해 다양한 방식으로 다른 사람인 척 가장하는 것이다. 수리공, 판매원, 은행이나 신용카드 직원, 배달원, 전화 설문조사원 등으로 가장(假裝)하여 정보를 수집하는 조사를 수행하기도 한다. 신문사, 기업, 은행 등의 직원에게 정보를 얻기 위해 위장을 하는 것은 드문 일이 아니며, 신중하게 수행하는 경우 비윤리적인 것으로 간주되지 않는다.

다만, 탐정이 어떠한 사유로 변호사에게 선임된 경우에는 그 위장을 용납할 수 없다. 일단 변호사에게 고용되면, 해당 변호사의 대리인으로 간주되며 변호사가 실행해야 하는 법적 윤리 및 행동에 구속된다. 변호사는 탐정이 조사과정에서 발생할 수 있는 제한사항이나 조사에서 하지 말아야 하는 영역에 대해 탐정에게 사전에 설명하는 것이 좋다. 변호사가 특히 새로 고용된 탐정에게 신중을 기하기를 원한다면 서면 계약서에 열거된 모든 제한사항을 명시할 수 있다. 예를 들어, 상대방 변호사가 알지 못하는 상태에서 상대방 증인의 인터뷰를 들 수 있다.

또한 경찰 또는 법집행기관과 협력하는 탐정(PI)은 해당 기관의 대리인이 되며, 공공안전부문의 경찰관이 준수해야 하는 제반 윤리규정을 준수해야 한다. 그렇지 않으면 탐정과 변호사[탐정(PI)이 대리인 역할을 하는 경우]를 형사 및 민사상의 위험에 빠뜨릴 수 있다.

탐정은 자신의 직업과 관련된 변화하는 규칙과 법률을 따라야 한다. 특히 연방제 국가에서는 면허를 취득하고 고용한 주정부의 제반 법규를 준수해야 한다. 민간조사 및 보안 기관을 다루는 지역, 주정부 및 국가 전문 조직 및 협회에 가입하여 회원이 되면 탐정은 민간조사관으로서 가질 수 있는 새로운 법률, 절차, 문제 및 정보에 대해 보다 쉽게 접근하여 알 수 있다. 더욱이, 탐정협회 회원이 되면 동료탐정과의 네트워킹으로 사업을 촉진하고 다양한 조사 및 조사 분야에서 다른 사람들과의 접촉을 향상시켜 탐

---

10. 웨어러블 또는 휴대용 은밀한 카메라

Stephens, Sheila L.(2008). *The Everything Private Investigation Book: Master the techniques of the pros to examine evidence, trace down people, and discover the truth.*

정업 활성화에 보탬이 될 수 있다.[23)]

3. 탐정의 업무범위

1) 탐정의 업무범위

탐정직업의 특성은 각 국가별 탐정의 업무범위에 기초하여 약간씩 달리 정의할 수 있다. 탐정의 업무범위에 기초해 탐정의 권리와 의무도 달리 규정될 수 있다. 탐정의 역할과 업무는 각 국가와 지역에 따라 약간씩 다르게 규정되고 있다. 미국 등 선진 외국의 경우, 탐정은 다양한 정보를 수집하고 조사업무를 수행하게 되는데, 형사 또는 민사사건의 업무 중 민간 영역(private sector)의 업무는 물론, 경우에 따라서 공공기관의 의뢰나 요청으로 공공 영역(public sector)을 대신하거나 공공범죄 조사업무를 수행할 수도 있다.

탐정에 의한 민간 영역의 조사 결과는 재판 시 원고나 피고의 이익을 위해 제공되지만, 공공 영역을 대신해 증거를 수집하기 위하여 지시받은 때나 정부에 의해 고용된 때에는 형사사건, 행정사건에 대해서도 조사활동을 할 수 있다. 탐정은 각종 사건사고조사, 분석, 탐지, 경호, 행정지원 등의 광범위한 업무를 주요 대상으로 활동한다.[24)]

탐정은 21세기 유망 전문직으로 공권력이 미치지 못하는 분야의 각종 사건사고 등 다양한 사건에 대해 법률이 허용하는 범위에서 개인, 단체, 기업에 관한 자료, 증거수집, 정보탐색, 사실확인, 추적조사 분석, 추심 업무를 적법한 범위 내에서 수행한다.

21세기 제4차 산업혁명 사회에서 각종 범죄 및 사회문제, 정보보안의 문제들이 급증하고 있으며, 이에 대한 국가기관 및 사법기관의 대응능력에 한계가 발생하고 있는 상황에서 탐정을 활용하여 국민의 권익을 더욱 보호할 수 있게 된다(King, 2020). 특히, 인력과 예산 등의 한계로 인하여 국가의 수사력만으로 모든 사건·사고를 해결할 수 없는 현실에서 공권력의 도움이나 개입을 기대하기 어려운 사적(私的) 의문과 궁금증 해소에 그 기여도가 높이 평가되고 있다.

선진 외국에서는 탐정이 사법제도(justice system)로부터 자신의 권익을 더욱 보호할 수 있는 보안산업(security industry)으로 정착되어 활발히 성업 중이다. 최근 선진 외국

23) Manley, Anthony D.(2010). *The Elements of Private Investigation*, pp.9-10.

24) Hess, Karen M. & Henry M. Wrobleski(1996). *Introdutionto Private Security*(St. Paul, MN: West-Publishing Company), p.33.

의 탐정은 사회정의, 공공 치안 유지 및 규제서비스를 제공하고 있으며, 기업 사기 및 금융 조사, 위험 자문, 사이버 및 위법행위 조사 등으로 서비스 영역을 확장하고 있다.

탐정업무의 영역은 범위가 넓고 다양하다. 세계적으로 민간보안산업(Private Security Industry)에서 수행되고 있는 탐정의 역할은 확대되고 있다. 각 기업마다 예방적 역할이 강조되면서 보다 전문적인 탐정을 요청하는 가운데, 조사에 관련된 책무들은 상당한 수준으로 성장하였다. 오늘날 많은 기업 및 조직체들은 직접적으로 자체 프로그램의 일부로서 조사관들은 고용하거나 일시적 임무를 수행하기 위하여 계약을 통해 탐정을 고용하고 있다.

예컨대, 호주에서 민간조사사업은 지난 20년 간 크게 성장한 산업 분야로 더 이상 탐정업은 민간 치안 유지를 위한 불명확한 형태의 업무가 아니라 탐정을 활용하면 의뢰인이 사법제도(justice system)로부터 자신의 권익을 더욱 보호할 수 있는 것으로 연구 결과가 제시되기도 했다.[25)]

오늘날 전 세계 주요 도시에 지사를 운영하고 있는 미국의 핑커톤 탐정사무소(Pinkerton National Detective Agency)의 경우, 탐정업무뿐만 아니라 경호경비, 위기관리, 채용심사, 보안설계, 경영전략 수립 등의 업무를 수행하고 있다. 이 중 탐정 분야의 세부 내용으로는 기업내부 조사, 금융조사, 잠복수사, 사이버 수사, 심층면담, 자금추적 등을 업무범위로 하고 있다.

영국탐정협회(Association of British Investigators)는 특정 인물에 대한 정보수집활동 또는 소재에 대한 조사, 사기조사, 사건처리 서비스 및 소송 지원 정보수집, 교통사고 조사, 전문 포렌식서비스, 감시, 추적, 신용조회 등 포괄적이고 광범위한 범위에서 업무를 처리하고 있다. 반면에 독일, 프랑스, 일본의 경우에는 탐정의 업무범위를 추상적이고 개괄적으로 규정하고 있지만 미국처럼 넓지 않고 제한적이라고 평가할 수 있다.

2) 탐정의 역할과 책임 및 제한사항

탐정산업이 정착되어 있는 외국의 경우, 보안산업의 다른 부분과 마찬가지로 탐정은 해당 국가와 지역주민들의 안전에 중요한 역할을 하고 있다. 탐정은 때로 결함이 있는 위험한 제품을 조사하고, 괴롭힘이나 차별과 같은 잘못된 직장 관행과 행위를 조사하여 근로자를 보호하고, 회사가 사기보험 청구의 재정적 위험을 완화하도록 돕고, 법률

25) King, Michael(2020). Out of obscurity: The contemporary private investigator in Australia. *International Journal of Police Science & Management*, 22(3): 285-296.

회사가 실종자를 찾는 데 도움을 줌으로써 국민의 권익보호와 안전을 수호하는 역할을 수행한다.

예컨대, 캐나다 앨버타 주 정부 직업 프로필 분류에 따르면 탐정은 다음과 같은 업무를 수행할 수 있다.

- 기업 및 사업체의 도난이나 사기로 인한 손실을 조사하고 방지하는 업무 수행
- 장애 보험 청구인이 장애를 청구하는 동안 다른 직업에서 일하고 있는지 또는 그들의 활동이 청구된 장애와 일치하는지 확인하기 위해 장애 보험 청구자를 관찰 및 감시하는 업무 수행
- 실종자 수색
- 형사 및 민사소송에서 피고인 또는 증인에 대한 정보를 변호사를 위해 수집 제공
- 이혼 또는 자녀 양육권 분쟁 관련 자료 또는 증거수집
- 고용 전 경력 및 배경조사 등 실시
- 법집행기관과 협력하여 기업범죄 또는 보험범죄 조사

한편, 탐정은 필요한 정보와 증거를 수집하기 위해 다음과 같은 조사방법을 실시할 수 있다.

- 경찰 등 법집행기관에 연락
- 고용주, 친구, 친척 및 기타 출처 인터뷰
- 사진 및 비디오 테이프로 특정 상황 및 장면 촬영
- 증인을 찾고 그들로부터 진술 획득
- 공개정보 조사 또는 고객의 기록 검색
- 감시

탐정은 편견없이 상황의 실체적 사실을 조사·확인하고, 이러한 사실을 제안(recommendation)사항과 함께 의뢰인에게 보고한다. 따라서 외국의 경우, 탐정은 적절한 교육을 받은 후 다음과 같은 다양한 임무를 수행한다.

- 조사 계획 및 수행–형사 및 민사소송 사건 모두
- 감시
- 증인, 목격자 또는 피해자 인터뷰
- 자산, 정보 및 사람의 위치 조사

- 법적 및 기타 절차를 뒷받침하는 증거수집

따라서 탐정은 조사 전문가로서 임무를 수행하는 데 필요한 지식과 기술을 익히고 지속적으로 발전시켜 전문성을 제고시켜야 한다.

전문탐정은 특정 전문 분야에서 조사업무를 수행한다. 탐정의 전문 조사 영역에는 다음이 포함된다.

- 실종자 수색
- 작업장 건강 및 안전사고 조사
- 직장 내 부정행위 조사
- 환경사고 조사
- 보험사기 및 보험분쟁 조사
  - 상해보험 조사
  - 재산보험 조사
  - 회복
  - 생명 및 건강보험 조사
- 기업 조사
  - 경제 범죄
  - 실사 및 재정적 배경
  - 직장 조사
  - 독점 전자 파일 및 데이터 도난
  - 컴퓨터 파일과 관련된 사기 또는 도용
- 법률 조사(민사 및 형사)
  - 기업 및 상법
  - 소송 지원 및 재판 준비
  - 가족 및 재산법 서비스
  - 민사소송
- 지적재산 조사
  - 위조 및 불법 복제 조사
  - 저작권 및 특허 조사
  - 상표 조사

조사 유형에 관계없이 탐정의 작업은 일반적으로 다음과 같이 동일하며 의무를 준수하는 가운데 업무수행이 이루어져야 한다.

- 정보 검색 및 수집
- 정보 취합 및 증거수집
- 정보 및 수집된 결과에 대한 분석 및 보고
- 신중하고 윤리적이며 전문적인 방식으로 업무수행
- 기밀 유지
- 절차적 공정성 유지
- 객관성 유지

어떤 경우에는 탐정이 조사 결과를 보고하기만 하면 된다. 그러나 다른 경우에는 사실관계 조사 및 특정인의 신뢰성을 평가하고, 사건 및 사건발생의 근본 원인에 대한 결론을 도출하거나, 의뢰인에게 권고 및 제안을 제시하는 임무를 맡을 수도 있다.

이러한 탐정의 업무수행 과정에서 기본 책임은, 업무수행 과정 전반에 걸쳐 전문적이고 철저하며 합법적인 방식으로 행동하는 것이다. 이때 탐정의 역할과 의무에는 한계가 있음을 아는 것이 중요하다. 탐정은 공권력을 행사하는 경찰이 아니기 때문에 면허가 있는 탐정은 다른 일반시민보다 조사를 수행할 법적 권한이나 특권을 별도로 갖고 있지 않다. 범죄 기록과 같은 기밀 데이터베이스에 접근하거나 사적(私的)인 통신을 가로채거나 수색 영장을 집행하거나 총기를 휴대하거나 법을 위반할 수도 없다.

때로는 의뢰인이 탐정에게 자신의 법적 권한을 벗어나도록 요청하거나 비윤리적인 행위를 요구하는 경우가 있을 수 있다. 실제 다음과 같은 요청이 있을 수 있다.

- 회사 회의실에 은밀한 도청장치 설치
- 가정폭력을 행사하는 남편의 구체적 증거수집을 위해 학대를 당하는 아내에 대한 추적 · 감시
- 경쟁 회사의 지적 재산을 불법적으로 취득하는 행위

이러한 권한을 벗어나는 조사 요청이 있을 경우, 탐정은 항상 적법하고 윤리적으로 행동하고, 처리할 수 있는 적법한 요청만을 수행하도록 하는 것이 탐정의 의무이다. 예컨대, 불법적인 개인정보의 수집 · 제공이나, 위치정보, 통신정보 등을 불법적인 수단을 동원하여 수집 · 제공할 경우 면허정지나 취소, 또는 형사사법적 처벌을 받을 수 있다.

대부분의 국가에서 탐정 관련법에 따라 면허가 있는 탐정에 대한 윤리강령 및 행동강령을 제정 · 시행하고 있다. 탐정으로 근무하는 동안 모든 면허 소지자(탐정기업 또는 개인탐정)는 행동강령을 준수하고 적법한 범위 내에서 조사업무가 수행되어야 한다.

CHAPTER 02

탐정학의 학문적 정체성 이해

제1절 탐정학의 학문적 정체성 정립 필요성

제2절 이론적 틀

제3절 탐정학의 학문적 정체성 현황

제4절 결어

제1절 탐정학의 학문적 정체성 정립 필요성

학문은 연구대상, 연구문제, 가치, 용어, 개념, 연구방법 및 가정들을 공유하면서 지식 추구를 위한 일정한 규칙 및 범주에 의해 지배받는 탐구의 영역으로 정의된다.

학문의 이상과 목적, 개념, 이론 구축 등을 논한다는 것은 상당한 노력과 시간이 필요하고 논리적인 체계를 갖추기가 쉽지 않다(허만용・이해영, 2012). 특히 신설 학문의 경우 그 정체성을 확립하기 위해서는 다양한 요건과 기준이 충족되어야 한다.

기존 탐정 또는 민간조사 관련 연구 중 학문으로서 탐정학의 정체성을 다룬 연구는 찾아보기 힘들다. 대체로 민간경비 또는 민간조사제도와 관련된 논문들이 주종을 이루고 있는 실정이다. 탐정학을 하나의 독립적인 지식체계를 갖춘 학문으로써 접근한 연구는 거의 없었다고 해도 과언이 아니다.

'탐정(업)'이란 특정 문제의 해결에 유용한 정보나 단서・증거 등 자료를 수집・제공하는 서비스업을 말한다. 즉, 관련 탐문과 관찰 등 합법적인 수단을 동원하여 정보수집과 사실행위에 대한 조사를 하거나 소송관련 증거수집을 통해 '사실관계를 파악하거나 의뢰인에게 제공하는 일'을 주로 하는 직업이다. 인력과 예산 등의 한계로 인하여 국가의 수사력만으로 모든 사건・사고를 해결할 수 없는 현실에서 공권력의 도움이나 개입을 기대하기 어려운 사적(私的) 의문과 궁금증 해소에 그 기여도가 높이 평가되어 경제협력개발기구(OECD) 35개 회원국과 유럽연합(EU) 28개 회원국 등 대부분의 나라에서는 보편적 직업으로 뿌리내린지 오래다(김종식, 2019). 대부분의 OECD 국가에서 민간조사업 또는 탐정업을 법제화・제도화하여 치안서비스의 일부로 정착하였다.

이 같은 실정을 반영하여 탐정업 또는 민간조사업 법제화 요구와 관련 시장규모는 나날이 확대되고 있다. 이미 지난 1999년 제15대 국회 하순봉 의원이 법안 마련은 했으나 발의에는 실패한 '공인탐정에 대한 법률(안)'을 시작으로 제17대~제19대 「민간조사업법」 제정안이 발의되었으나 회기종료로 폐기되었다. 지난 제20대 국회 윤재옥 의원과 2017년 이완영 의원 대표발의 '공인탐정 및 공인탐정업에 관한 법률안' 등 9차례의 입법 시도가 있었으나 부작용 논란과 관리・감독 주체에 대한 이견으로 입법 지연이 계속되고 있다.

제21대 국회에 들어서는 2020년 11월 이명수 의원이 대표발의한 '탐정업 관리에 관한 법률안'과, 윤재옥 의원이 대표발의한 '탐정업 관리에 관한 법'이 국회 행정안전위원회에 계류되어 있다.

공인탐정제도 법제화 노력과 별개로 업계와 현장에서는 탐정 관련 민간조사협회와 민간기관에서 탐정교육·연구개발은 물론, 민간조사 학술지 발간 및 민간조사 전문서적 발간, 민간조사 분야 대학교 최고위 교육과정 개설·운영, 탐정(민간조사) 민간자격 등록 개발 및 발급 등이 이루어지고 있다. 한편, 고등교육과정에 탐정학과가 신설되고 있다. 석사과정으로 2018년 동국대 법무대학원 탐정법무(PIA) 전공 개설에 이어 2020년부터 가톨릭대 행정대학원에서도 탐정학 전공이 개설되는 등 학문적 정체성을 정립하기 위한 다각적인 흐름이 전개되고 있다.

이러한 상황을 종합해 볼 때, 선진 외국과의 비교와 국내 관련 업종의 운영 실태, 고등교육과정의 탐정학과 신설, 학술지에 게재된 관련 논문 등을 종합적으로 검토하여, 하나의 독자적 학문으로서 탐정학의 학문적 정체성 확립이 필요한 시점이 되었다고 판단된다.

이 장에서는 탐정업의 운영실태 및 법제도화 경과를 살펴보고, 탐정학은 어떤 학문인가?, 무엇을 연구하는 학문이며, 어떤 지식이 생산되는가?, 그간 탐정학 및 민간조사학은 어떤 형태로 진행되어왔으며, 관련 연구의 특징은 어떠한가?, 관련 법제정의 흐름과 사회적 공감대 형성은 어떻게 전개되고 있는가 등에 대한 성격 규명을 통해 학문적 정체성 확립방안에 관하여 논하고자 한다. 연구방법은 문헌연구와 비교연구를 토대로 했다.

제2절 이론적 틀

1. 탐정학의 학문적 정체성 개념·분류 및 분석기준

1) 학문적 정체성이란?

정체(正體)는 사전적으로 "참된 본디의 형체 또는 본심의 모양"으로 정체성이란 "변하지 않는 존재의 본질을 깨닫는 성질 또는 그 성질을 가진 독립적 존재"로 정의된다(네이버 한컴사전). 'identity'는 자기 자신 또는 동일성을 뜻하며, 주체성, 독자성, 개성 등과 유사한 뜻으로 쓰이고 있다. 따라서 학문의 정체성은 타 학문과 구별되는 그 학문의 고유한 독자성을 나타내는 변하지 않는 본질을 갖고 있어야 한다.

학문이 정체성을 확보하기 위해서는 일정한 기준이 필요하다(권예진, 2018: 2). 즉, 학문 고유의 이론과 연구주제, 연구방법이 있어야 하고(박노섭, 2007; 이규환, 2007), 대학의 독립된 학과가 존재하여야 하며(최선우, 2014), 이를 확산하려고 노력하는 학문공동체가 구성되어야 한다(김재웅, 2012).

한 학문의 정체성이 확립되기 위해서는 학문공동체 구성원들의 해당 학문에 대한 공통적인 정의와 더불어 그 학문에서 활용되는 고유이론, 연구범위, 연구방법 등에 대한 공통의 가치관인 과학적 패러다임이 정상과학으로 확보되어야 한다(Kuhn, 1970). 연구공동체나 학문공동체가 패러다임을 서로 공유할 수 있느냐의 여부가 학문의 성장 여부와 크게 상관이 있다(김태영, 2013; 권예진 2018: 2 재인용).

학문적 패러다임이 성립한다는 것은 그 학문의 지식체계(the body of knowledge)가 형성되고(김정명, 1997), 이러한 지식이 사회적으로 가치가 있을 때 학문이 현실적인 과학으로 성립될 수 있다(이규환, 2007). 지식의 사회적 가치 여부는 학문에 대한 인식과 평가가 오랜 기간 누적되어 나타난 평가적 판단으로 살펴볼 수 있다.

요약하면 학문은 연구대상, 연구문제, 가치, 용어, 개념, 연구방법 및 가정들을 공유하면서 지식 추구를 위한 일정한 규칙 및 범주에 의해 지배받는 탐구의 영역으로 정의된다(유정애, 2014).

또한 학문의 정체성은 다른 학문 분야와 구별되는 본질적이고 고유한 특성을 의미하고, 타 학문의 변화에 종속되지 않는 고유한 논리 또는 흐름에 의해 연구활동이 이루어지는 것을 의미한다(박미정, 2006).

최근에는 학문의 본질적이고 고유한 특성이 주변 환경변화에 따라 끊임없이 재구성되고 재창조되어 변화의 특성을 지닌 것으로 보고 있다. 따라서 학문의 정체성은 학문이 지속되고 확장되는 동안 연구자들이 지속적으로 내부 및 외부적으로 인식되는 고유성, 주체성, 차별성 등을 고찰하고 검토해 학문발전에 기여해야 한다.

요컨대, 학문적 정체성(Academic Identity)은 학문공동체 구성원들의 해당 학문에 대한 정의와 그 학문에서 활용되는 고유이론, 연구범위, 연구방법 등에 대한 공통의 가치관인 패러다임을 형성한 것을 의미한다(이찬구 · 오현정 · 김은미, 2018). 또한 정체성은 내면화된 자기 구조와 외적인 사회구조를 어떻게 인식하는가의 맥락적 입장에서 이해해야 한다(Stryker & Burke, 2000).

이를 종합하여 학문공동체의 공통된 대상 및 가치관을 가지고 있는지, 고유이론 · 연구범위 · 연구방법을 가지고 있으며, 내적 가치 및 외적인 사회구조를 어떻게 인식하는지에 대한 의미로 학문적 정체성을 정의하고자 한다.

2) 학문적 정체성 확립 요건

일반적으로 학문으로써의 정체성을 확보하기 위해서는 일정한 조건 형식을 갖추어야 한다. 고유한 연구주제가 있어야 하고, 연구주제를 체계적으로 정리 · 해석할 수 있는 이론이 있어야 하며, 이를 논리적 과정을 통해 서술할 수 있는 방법론이 있는지 여부가 정체성 확립 여부를 규정한다(김재웅, 2012; 이규녀 · 이병욱 · 박기문, 2013; 박노섭, 2007; 이규환, 2007; 최선우, 2014; 홍기원, 2009).

또한 이러한 방법론을 논리적 체계로 적용할 수 있는 체제가 갖추어져 있는지, 대학에 그 학문을 가르치는 독립된 학과가 개설되어 학문의 독자성을 확보하고 있는지(최선우, 2014), 향후 정부 차원이나 학계에서 그 학문에 대한 올바른 이해와 문화적 확산 노력이 이루어지는지(양준석, 2016), 학문공동체인 학회를 중심으로 학문활동을 전개하고 그 결과를 학술지를 통해 발표 · 토론하는 학문적 연찬이 지속되어 새로운 이론 개발과 기존 이론의 수정 · 보완이 이루어지는지 등이 학문적 정체성을 확립하는 데 필요하다(권예진, 2018: 18). 나아가 다른 국가와 구별되는 한국화, 토착화도 하나의 요소로 받아들여지고 있다.

요약하면 학문의 정체성 확립을 위해서는 타 학문과 다른 독자성, 과학적 논리에 근거한 과학성, 토착화된 이론체계 구축을 통한 주체성의 확보가 필요하다.

학문 정체성 확보 요건
- **내적 정체성**: 독자적인 이론체계와 방법론 확보 및 고유한 주제나 대상을 연구하고 있는가?
- **외적 정체성**: 학자들이 공동체를 구성하여 학문의 위치와 미래에 대해 회고 · 전망하고 있는가?

학문적 정체성을 보다 세분화하면 내적 정체성과 외적 정체성으로 구분하기도 한다(허만용 · 이해영, 2012). 학문의 내적 정체성은 독자적인 이론체계와 방법론 확보 및 고유한 주제나 대상을 연구하고 있는가이고, 외적 정체성은 학자들이 공동체를 구성하여 학문의 위치와 미래에 대해 회고 · 전망하고 있는가를 말한다.

이를 종합하면 학문의 내적 · 외적 정체성은 다음과 같이 정리할 수 있다(허만용 · 이해영, 2012; 이찬구 · 오현정 · 김은미, 2018; 권예진, 2018: 20).

첫째, 다른 학문 분야와 구별되는 본질적이고 고유한 특성을 지니고 있어야 하고, 주어진 현상에 공통적인 관심을 보여야 한다.

둘째, 고유의 이론, 원리, 개념 및 범위와 이를 정리 · 해석할 수 있는 독자적인 연구방법이 있어야 한다. 구체적으로 학문의 가치체계 실현을 위해 원리를 개발하여야 하고, 당면 문제의 해결방법 및 가치체계를 정당화할 수 있는 이론의 탐구, 이를 실천하기 위해 축적된 경험을 바탕으로 연구문제와 연구방법에 적용하는 학문의 독자성과 과학성 확보, 즉 내적 정체성이 있어야 한다.

셋째, 타 국가의 학문과 구분되는 지리적 위치와 특정 국가의 상황적 특수성 등을 비교하여 공간적 특수성이 확립되어야 한다.

넷째, 연구대상에 대한 각종 이론을 검증하고 체계화하며 학술활동을 주도하는 학회가 정립되고 존재하여야 하며(백승철 · 이범관, 2003), 학술공동체인 학회를 통해 학문활동을 활발히 전개하고 그 결과를 학술지를 통해 발표하는 외적 정체성이 확립되어야 한다.

[표 2-1] 학문의 내적 · 외적 정체성

타 학문과 다른 고유한 독자성	다른 학문 분야와 구별되는 본질적이고 고유한 특성을 지니고 있어야 하고, 주어진 현상에 공통적인 관심을 보여야 한다.
과학적 정체성: 과학적 논리에 근거한 과학성	고유의 이론, 원리, 개념 및 범위와 이를 정리 · 해석할 수 있는 독자적인 연구방법이 있어야 한다. 구체적으로 학문의 가치체계 실현을 위해 원리를 개발하여야 하고, 당면 문제의 해결방법 및 가치체계를 정당화할 수 있는 이론의 탐구, 이를 실천하기 위해 축적된 경험을 바탕으로 연구문제와 연구방법에 적용하는 학문의 독자성과 과학성 확보, 즉 내적 정체성이 있어야 한다.
경계 정치성: 타 학문과 구분되는 특수성	타 국가의 학문과 구분되는 지리적 위치와 특정 국가의 상황적 특수성 등을 비교하여 공간적 특수성이 확립되어야 한다.
외적 정체성: 학문공동체의 구성 및 운영	연구대상에 대한 각종 이론을 검증하고 체계화하며, 학술활동을 주도하는 학회가 정립되고 존재하여야 하며, 학술공동체인 학회를 통해 학문활동을 활발히 전개하고 그 결과를 학술지를 통해 발표하는 외적 정체성이 확립되어야 한다.

이상의 논의를 기초로 본 연구에서 학문적 정체성 기준으로 ① 탐정학의 개념 · 패러다임 · 연구대상과 범위(연구주제) · 연구방법 등의 내적 정체성, ② 외적 정체성으로

대학 및 대학원에서의 독립된 학과의 존재, ③ 전문가들의 학회 결성과 학술 연찬 및 학술지 발간, ④ 탐정학 및 탐정제도의 입법화와 사회적 관심과 지지로 선정한다.

[표 2-2] 탐정학의 학문적 정체성 확립을 위한 내용

정체성 구분		내용
내적 정체성	과학적 정체성	• 탐정학의 패러다임 • 탐정학의 개념 정립 • 고유의 독자적 이론체계와 방법론 구축 • 연구대상과 범위의 차별성
	경계 정체성	• 타 학문과의 차별성 확보 • 타 학문과의 교류 확대 • 각 국가의 사례 축적 비교 • 탐정학의 토착화와 한국화
외적 정체성(집단 정체성)		• 학문공동체의 구성 • 학문공동체의 결속력 및 응집력 • 학문공동체의 활동성 • 대학 및 대학원의 학과 개설 · 운영을 통한 학문후속 세대 양성

2. 탐정학의 학문적 정체성 확립 기준 및 발전과제

이상의 논의를 종합할 때 탐정학의 학문적 정체성 확립을 위해서는 크게 다음과 같은 요건이 충족되어야 한다.

첫째, 탐정학의 목표, 개념, 패러다임, 독자적인 이론과 방법론, 고유한 연구대상과 범위 등이 정립되어야 한다.

둘째, 탐정학 관련 대학 · 대학원의 학과 개설이 이루어지고 학문후속 세대의 지속적 양성이 가능해야 한다.

셋째, 학문공동체 구성을 통한 탐정학의 기초연구 촉진 및 확장이 지속적으로 이루어져 이론을 검증하고 체계화하며, 그 결과를 학술지를 통해 발표 · 토론하는 학문적 연찬이 지속되어 새로운 이론 개발과 기존 이론의 수정 · 보완이 이루어져야 한다.

넷째, 향후 정부 차원이나 학계에서 그 학문에 대한 올바른 이해와 문화적 확산노력도 중요한 요건이다. 구체적으로 공인탐정업법의 제정 및 공인탐정 자격증 발급, 전문직업인으로서의 입지 확립, 전문직업으로써 탐정업의 위상 정립, 탐정에 대한 대중의 인식 개선 및 사회적 문제의 관심 등이 체계화 · 활성화되어야 할 것이다.

이에 따라 다음 물음에 대한 답변을 중심으로 논의를 전개하도록 한다.

첫째, 탐정학의 내적 정체성은 확립되어 있는가?

이 물음은 다시 탐정학 선행연구들의 과학적 정체성과 타 학문 분야와 구별되는 독자적인 학문으로서 이론체계와 연구대상 및 범위를 갖고 있는지 확인되어야 한다.

- 탐정학 선행연구들의 내적 정체성 특징은 어떠한가?
- 탐정(민간조사) 관련 연구의 학술지 대상별 연구의 지식구조는 어떠한가?
- 탐정 관련 학술지 대상별 하위주제의 특징은 어떠한가?

둘째, 탐정학의 외적 정체성의 특징은 어떠한가?

- 탐정학 관련 학회 구성과 정책연구 및 언론기사의 시기별 지식구조는 어떠한가?
- 탐정학에 대한 정책연구 및 언론기사의 시기별 하위주제의 특징은 어떠한가?

셋째, 대학 및 대학원의 학과 설립 실태는 어느 정도인가?

넷째, 탐정 또는 민간조사 관련 연구와 관련 법제정 시도는 지속적으로 이루어져 왔는가?, 공인탐정제도의 입법화와 이를 위한 사회적 관심과 지지는 어느 정도인가?

이상의 논의는 다음 절에서 살펴보도록 한다.

제3절 탐정학의 학문적 정체성 현황

다음에서는 탐정학의 학문적 정체성 실태 및 현황과 기존 관련 선행연구는 어떻게 이루어져 왔는지 보도록 한다. 아울러 탐정학의 내적 정체성(과학적 정체성)과 외적 정체성은 어느 정도 진행되고 있는지 살펴보면 다음과 같다.

1. 탐정학의 내적(과학적) 정체성

탐정학의 과학적 정체성은 탐정학의 개념, 목표, 패러다임, 독자적인 이론과 방법론, 고유한 연구대상과 범위 등의 정립 정도를 말한다. 쿤(Kuhn, 1970)은 특정 시기에 특정 분야에서 학자들이나 사회가 공유하는 이론이나 법칙, 지식체계, 가치, 지배적 사고

방식, 사고의 기초 틀이나 테두리를 패러다임(paradigm)이라고 명명했다.

새로운 학문 분야가 등장할 때마다 정체성 문제가 대두된다. 행정학의 기원은 1887년 윌슨(W. Wilson)의 「행정학 연구(The Study of Public Administration)」가 발표된 시점부터 시작된 것으로 보고 있고, 정책학은 1951년 발표된 라스웰(Harold D. Lasswell)의 「정책학의 기원(The Policy Orientation)」이란 논문을 학문의 시초로 보고 있다.

탐정학은 우리나라의 경우 경찰학의 인접학문으로 분류할 수 있다. 경찰학 역시 비교적 신생학문으로 아직까지 학문적 정체성 논란에서 완전히 자유로울 수 없다. 혹자는 행정학의 한 분과학문으로 분류하기도 하고, 최근에는 범죄학이 새롭게 대두되며 경찰학과 범죄학의 경계 구분이 모호해지는 상황이 전개되고 있는 듯하다.

그렇다면 탐정학에서 논의되는 연구 업적과 지배적인 사고방식이나 사고와 인식체계의 기초가 되는 테두리는 무엇일까? 이는 탐정학의 개념 정립과 이론 구축 정도에 대한 검토를 통해 보도록 한다.

1) 탐정학의 목표와 탐정의 역할 및 업무범위

탐정학(Private Investigation Studies)은 탐정이라는 현상과 관련된 보편적 진리나 법칙의 발견을 목적으로 하는 체계적 활동과 그 결과 발견된 지식체계로 정의하고자 한다.

탐정학 및 탐정학 교육의 목표는 탐정이론과 탐정 관련 법제도 및 사례에 대한 연구·교육은 물론, 다양한 탐정업무에 대한 실무교육을 통해 탐정이 갖추어야 할 직업윤리를 함양하고, 탐정제도에 대하여 체계적인 이론적·법제도적 지식을 습득함으로써 전문실무지식을 갖춘 탐정 분야 전문가를 양성하는 것을 목적으로 한다.

탐정의 역할은 미제사건의 조사, 보험·의료분쟁·사이버범죄 조사, 각종 사기사건·교통사고 등의 조사, 수사 및 공개수배자 검거 및 협조, 피의자 검거 인계, 도·감청 탐지확인, 유전자(DNA 조사)검사 및 조사, 민원에 의한 행정절차 업무, 실종자·가출인 등 사람 찾기, 각종 피해회복을 위한 자료수집 등을 아우른다. 이같이 탐정업무는 그 구체적 내용에 따라 매우 다양하며, 일반시민이 국가로부터 충분한 보호를 받지 못하고 있는 영역에서 국가기관의 업무를 보조·보완하거나 국가가 간섭할 수 없는 영역에서 국가나 기업 또는 개인이 타인으로부터 받은 침해나 손해의 규명 또는 은폐된 사실관계를 밝혀내는 것을 목적으로 하는 것으로서 제4차 산업혁명 시대를 맞이하여 새로운 직업군으로 주목을 받고 있다.

공인탐정의 주요 업무범위와 향후 진출 가능 업무 분야는 ① 사회안전 분야, ② 보험 분야, ③ 기업보안 분야, ④ 법률 분야, ⑤ 사이버 분야, ⑥ 기타 분야, 이상 6개 분야에 걸쳐 37개의 세부업무로 구분하여 볼 수 있다(국회, 2016).

[표 2-3] 공인탐정의 주요 업무범위

사회안전 분야
① 신변위협 등 각종 위해로부터 의뢰인 보호 필요성 확인 조사 ② 저명인사의 사생활보호 등을 위한 예방 조사 ③ 스토커, 가정폭력, 학교폭력으로부터 보호가 필요한 경우 조사 ④ 성인 실종자·가출인의 소재 조사 ⑤ 도청기, 몰카 등 사생활 침해 예방을 위한 조사 ⑥ 피해 사건 상대방의 신원을 확인하기 위한 조사 ⑦ 지역에서 발생하였거나 예상되는 범죄의 재발생 가능성 등 조사 ⑧ 기타 사회 안전과 관련된 사항 조사 등
보험 분야
① 산재 또는 교통사고를 가장한 보험사기 예방 및 대처 ② 손해사정사의 업무 외 보험사고 및 차량사고 등에 대한 피해사실조사 ③ 기타 피해 사실조사 및 보험금 지급 타당성 조사 등
기업보안 분야
① 회사 내 공금 횡령 등 피해 발생을 예방하기 위한 조사 ② 기업 거래에 있어서 사기 예방을 위한 조사 ③ 기업 관련 각종 영업권 침해 사례 증거자료 수집을 위한 조사 -불법 위조 상품·밀수품 역추적, 생산에서 출하까지의 유통경로 파악 등 -업무기밀 유출, 저작권·특허권 침해 여부 등 ④ 기업 기밀 유출을 위한 불법 스카우트 여부 조사 ⑤ 인사에 관한 자료수집 및 취업희망자에 대한 행동조사 ⑥ 회사의 직원, 계약업체, 하청업체의 진실성, 효율성 조사 ⑦ 피고용인의 허위 병가, 위장 상해 등 신뢰 위반 행위 조사 등
법률 분야
① 변호사의 의뢰를 받아 증인·목격자 소재 확인 및 증거·정보수집 ② 범죄수사, 심판위원회, 중재, 민사·형사재판에 사용될 증거 확보 ③ 친고죄에 관한 사건 조사(비친고죄의 경우 발견 시 수사기관에 신고) ④ 이혼소송에 따른 법정 증거자료 수집 ⑤ 자녀 양육권 등 가사 소송에서 상대방의 의무 위반 행위 조사 ⑥ 양육비를 지불하지 않는 상대방의 소재 등 확인 조사 ⑦ 증인이나 참고인 등에 대한 신뢰도 조사 ⑧ 결혼·재혼시 사기 예방을 위한 배우자의 행적조사 등
사이버 분야
① 온라인상에서 의뢰인이 요청한 자료의 수집 및 분석 ② 특허·실용신안 침해, 디자인 불법 복제품·위조 상품 등의 온라인 유통조사 ③ 명예훼손 등 온라인상 불법행위 감시
기타 분야
① 실종자나 주인·상속인 없는 재산의 소유자, 부동산 상속자 소재 파악

② 개인의 지불능력 등 신용 및 평판 조사
③ 각종 사건・사고, 손실, 피해, 동산 및 부동산에 대한 침해 등에 대한 원인과 책임에 대한 조사
④ 해외도피사범 및 도피재산의 소재에 대한 사실조사
⑤ 가출청소년, 자녀의 이성관계, 가족문제 등 가정 내 프라이버시 보호가 필요한 사건에 대한 조사
⑥ 민・형사 사건 외에 공인된 징계 또는 포상에 대한 사실관계 확인 조사
⑦ 부동산 임대차 계약을 위반한 임차인의 부당 사용행위 조사
⑧ 개인, 회사 또는 기관과 다른 사회 조직과의 관계 확인 조사 등

자료: 경찰청.
출처: 국회 안전행정위원회(2016.11: 20). 윤재옥의원 대표발의 공인탐정법안 검토보고서.

2) 탐정학의 학문적 성격

(1) 사회과학의 한 분과학문

탐정학은 사회과학의 분과학문이다. 교육부 학과분류 기준에서 사회과학계열은 사회의 여러 현상을 과학적・체계적으로 연구하는 모든 경험과학에 그 바탕을 두며, 인간생활의 다양한 측면과 관련된 기초학문을 교육 및 연구함으로써 인간사회의 문제를 진단하고 처방하는 기본적 소양을 육성하는 데 목표를 두고 있다. 개인 혹은 국가의 지속적인 발전은 사회변화를 분석하고 그 대안을 제시하는 사회과학의 진보가 뒷받침되어야 이루어질 수 있다.

탐정학(探偵學, Private Investigation Studies)은 탐정이라는 현상과 관련된 보편적 진리나 법칙의 발견을 목적으로 하는 체계적 활동과 그 결과 발견된 지식체계를 정립하기 위한 지식과 기술을 연구하는 학문이다. 즉, 탐정학은 탐정업 및 탐정이 당면한 여러 문제들의 해결을 위하여 탐정을 둘러싼 주요 내용과 법제도, 정책 등을 연구대상으로 하며, 탐정학의 질적 수준을 제고하기 위하여 여러 사회과학의 이론, 기법 및 논리를 통합하는 문제 해결 지향적 성격을 가진다.

이러한 점으로 미뤄볼 때 역동적인 사회환경에 대처할 수 있는 전문인 양성에 그 초점을 둔 탐정학은 사회과학계열의 분과학문으로 학문적 정체성을 보다 체계적으로 정립해 나가야 할 것이다.

(2) 응용사회과학으로 실용학문이자 응용학문 성격

학문은 그 논리적 순서에 따라 기초학문(basic science)과 응용학문으로 구분되는데 어떤 학문이 성립하기 위해 먼저 확립되어 있어야만 하는 기초학문을 이용하는 것이 응용학문이다.

탐정학은 실용학문(practical science)이자 응용학문(applied science)으로서의 성격을 갖는다. 학문을 연구하는 사람들의 동기나 목적의 종류를 기준으로 분류하면, 실용학문은 순수학문(pure science)과 달리 인간이 살아가면서 부딪치는 실질적인 문제들을 해결하기 위한 진리체계인 바, 탐정학은 의뢰인이 요청한 사실관계 조사나 정보수집을 통해 고충을 해소해 준다는 점에서 실용학문이다.

탐정학은 기존 법학, 행정학, 사회학, 경찰학, 범죄학, 심리학 등의 이론과 기법·논리 등을 재정리·수정·보완하여 하나의 통일된 논리와 체계를 지닌 틀을 정립한다는 점에서 응용학문인 것이다.

(3) 과학성과 기술성을 함께 보유

탐정학은 과학성과 기술성을 함께 갖는다. 탐정학의 연구지향은 의뢰인의 문제와 그 해결과정을 다루며, 그 과정의 개선을 다루기 때문에 규범적·경험적·처방적인 종합적 연구지향을 갖는다.

과학성이란 '왜(why)'를 중심으로 설명성(explanation)·인과성(causality)·객관성(objectivity)·유형성(pattern)을 강조하는 것이며, 기술성이란 '어떻게(how)'를 중심으로 실효성·실천성·처방성·명령성(imperative)을 내포하는 것으로 이해되고 있다.

탐정학은 의뢰인의 의뢰사항을 해결하기 위해 과학성과 함께 다양한 조사방법과 기법을 동원해야 하므로 기술성도 함께 가져야만 한다.

(4) 탐정학의 전문직업적 성격

탐정학은 지식을 응용하는 전문직업적 성격을 갖는다. 탐정은 업무를 수행하기 위해 일정한 지식과 기술, 학력 등의 자격요건을 요하며 실무를 학문적으로 이론화한다는 점에서 전문직(profession)이라 할 수 있다.

그러나 아직까지 교육부 학위분류체계상 탐정학은 정식 교육편제단위로 분류받지 못하고 있다. 참고로 경찰학이나 범죄학도 아직까지 한국대학교육협의회의 2019년 교육편제단위 표준분류체계에 포함되지 못하고 있는 실정이다.

따라서 탐정학 학위는 인접학문인 법학, 행정학과 경찰학, 범죄학, 심리학 등의 이론과 기법을 차용(借用)하고 있다는 점에서 독립적인 분과학문으로 학문적 체계를 정립할 필요가 있다.

2. 탐정학의 외적 정체성: 선행연구 검토 및 학회 구성 · 운영

1) 선행연구의 주요 내용 및 연구 경향

(1) 선행연구 검토

국내에서 탐정학 관련 체계적인 이론체계 개발은 아직까지 초보적인 수준이라 할 수 있다. 선진 외국에서는 탐정 관련법, 조사기법과 절차 등에 대한 이론서(Manley, 2010), 탐정업체의 효과적인 경영관리방법 및 고객관리기법을 제시한 연구(Cavallaro, 2011), 탐정조사기법 매뉴얼 연구(Blake, 2013) 등 관련 연구 저작물과 각종 조사기법과 실무자료들이 관련 협회와 단체에서 다양한 주제에 걸쳐 생산되고 있다.

국내에서 기존 탐정 관련 연구는 대체로 몇 가지 유형으로 구분할 수 있다. 우선, 민간조사제도의 법제화 관련 연구가 가장 많은 비중을 차지하고 있다. 경비업법 개정을 통한 민간조사제도 도입과 민간조사제도 도입 필요성 및 법제도 관련 연구(황정익, 2005; 황병돈, 2009; 이성용, 2012; 김종열 · 정원훈, 2013; 장현석 · 이승철 · 이상원, 2013; 김승태, 2014; 김현수, 2014; 장현석 · 이상원, 2014; 김규식, 2015; 김동제 · 조성구 · 한삼석, 2015; 이준복, 2017; 이상훈, 2018)가 가장 많은 비율을 차지하고 있다.

그 다음으로 공인탐정업법의 법제화 논의에 대한 연구(나영민, 2015; 김순석, 2016; 정덕영, 2017; 강동욱, 2018) 및 탐정 공인 자격화 방안에 관한 연구(김정규 · 강맹진, 2017)도 법제정이 추진되는 과정에서 연구비중이 대체로 높게 나타난 편이다. 선진 외국의 탐정 관련 법제도에 대한 비교(강영숙 · 김태환, 2008; 신재헌 · 김상운, 2019)와 선진국의 탐정 및 민간조사제도에 대한 비교연구(이영래 2009; 김규식, 2014)도 비교론적 관점에서 많이 이루어졌다.

공인탐정제도 및 민간조사제도 도입상의 쟁점 및 실행방안에 관한 연구(조규범 2013; 노진거, 2016; 승재현, 2017), 민간조사업무의 상대적 중요도 분석(이상철 · 이민형 · 장정범, 2016), 공인탐정제도의 효율적 관리 방안에 관한 연구(박해주 · 배철수, 2015). AHP 기법을 활용한 민간조사제도 도입을 위한 정책 우선순위 분석 결과, 민간조사원 윤리의식 확립, 민간조사원 전문교육기관 설립 및 대학의 역할 강화, 기본권 침해 예방수단 강구, 민간조사원 자격부여 수단 결정(자격시험과 연구 및 전문학사제), 민간조사제도 도입 필요성과 기대효과에 대한 실증적 검증의 순서로 나타났다(이민형 · 박주상, 2012).

탐정(민간조사)제도가 산업 및 경찰활동에 미치는 영향에 대한 연구도 이루어진 바, 민간조사제도가 민간경비 산업에 미치는 영향(손동운 · 김동제, 2014)과 민간조사관(탐정) 활동이 경찰활동에 미치는 영향 연구도 이루어져 민간조사관 활동이 경찰활동의 효율성 증대에 기여하는 정도를 설문조사 실시를 토대로 양자 간 업무협력 증진을 위한 정책방안을 제시한 연구도 있었다(이창훈, 2011).

(2) 경찰청과 법무부 연구용역

탐정업 법안발의를 한 국회의원실에서 주최한 학술세미나 및 공청회도 개최되었다. 2008년 이인기 의원실 주최로 '민간조사제도 및 공인탐정 도입을 위한 입법공청회'(국회의원 이인기, 2008), 제19대 윤재옥 의원실 주최 '민간조사업(탐정) 도입 관련 학술세미나'(국회의원 윤재옥, 2015), 그리고 제20대 국회 윤재옥 · 표창원 의원실 주최로 '신직업으로서의 공인탐정제도 도입방안 정책토론회'(국회의원 윤재옥 · 표창원 · 경찰청, 2018) 등이 그것이다.

제21대 국회에 들어서는 윤재옥 · 임호선 · 서범수 의원과 한국탐정정책학회 및 한국행정학회 경찰발전연구회가 공동 개최한 '탐정업법 입법 방향과 전략' 토론회가 개최되었다(국회, 2020).

법률 소관기관을 두고 논리 정립을 위해 경찰청과 법무부(검찰청) 간 양 기관을 중심으로 탐정제도 도입방안 논리를 제시한 연구용역보고서도 여러 차례 나왔다. 경찰청에서는 공인조사(공인탐정)제도의 도입에 관한 연구(황정익, 2005), 민간조사제도 법제화 필요성과 바람직한 도입방안(장현석 · 이승철 · 이상원, 2013), 민간조사업의 관리에 관한 입법정책과 자격시험 · 교육의 구체화 방향(이성용 · 최천근 · 최대현, 2015), 민간조사관 활동이 경찰활동에 미치는 영향 연구(이창훈, 2011) 등 다각적인 측면에서 탐정제도 도입방안과 그 영향에 대한 논리적 근거를 확보해 왔다. 법무부에서는 '민간조사원(사설탐정)제도의 도입방안에 관한 연구: 민간조사업법안과 경비업법안의 쟁점을 중심으로'(황병돈, 2009)라는 연구용역보고서를 통해 탐정법이 법무부 소관으로 입법되어야 한다는 논리적 근거를 확보하고자 하였다.

경찰청에서는 공인탐정제도의 입법화를 위해 2015년에 수사연구관실에서 '민간조사제도 어떻게 도입해야 하나?'라는 입법정책 설명자료도 발간하고, 인터넷 블로그도 개설 · 운영하는 등 법제화를 위한 다각적인 노력을 기울이고 있는 중이다.

(3) 선행연구 검토: 단행본 및 학위논문

탐정학 관련 단행본과 석・박사학위 논문도 지속적으로 생산되고 있다. 탐정학개론, 탐정조사실무론 등 탐정학 관련 단행본은 이미 10여 권이 넘게 출판되고 있다(김종식, 2010; 권창기・김동제・강영숙, 2011; 송하성, 2014; 김종식, 2015; 이세환 외, 2015; 강영숙, 2016; 김종식 외, 2016; 강동욱, 2019; 강동욱・윤현종, 2019; 이상원・이승철, 2019; 이건수, 2019). 한편, 민간조사 및 탐정 관련 대학원 석사학위논문(안동현, 2007; 장정범, 2010; 노진거, 2016; 박재욱, 2016)과 박사학위논문(강영숙, 2006; 박해주, 2014; 황요완, 2017)도 계속 배출되면서 이론적 기틀을 다져나가고 있다.

(4) 최근의 연구 경향

최근 들어 탐정업법 제정 논의가 무르익으면서 신규일자리 창출 관점에서 사회적 기여와 관련된 연구(정문성・김명엽, 2016), 공인탐정제도의 실행방안(승재현, 2017)에 대한 연구와 민간조사제도 도입논의에 관한 비판적 검토와 입법적 제언(탁희성, 2018), 그리고 민간조사업의 관리에 관한 입법정책과 자격시험・교육의 구체화 방향(이성용・최천근・최대현, 2015)에 관한 연구도 생산되고 있다.

탐정 교육훈련제도에 대한 연구와 대학의 학과 개설・운영과 관련되어 탐정 및 민간조사 학과의 교과과정에 대한 연구도 이루어졌다(이상원・박윤규, 2007; 이종엽, 2014; 김계원・서진석, 2016).

또한 그간 입법지연의 주요인이 되어온 민간조사업 주무관청 설정에 대한 연구도 이루어지는 등(조성구, 2017) 입법논의에 대한 연구가 보다 구체적으로 진행되고 있다.

(5) 연구자의 전공 분류

관련 연구자는 주로 경찰학, 범죄학 연구자가 가장 많은 비율을 차지하고 있고, 법학 전공자가 그 다음으로 높고, 행정학 및 기타 학문 전공자 순(順)으로 비율을 차지하고 있다. 법학자의 연구논문이 높은 이유는 공인탐정업법과 민간조사제도 도입에 대한 논의가 주로 법제도 분석을 해야 하고 민간조사제도의 문제점으로 지적되는 개인정보・사생활 침해, 초상권 침해, 주거의 자유와 평온 침해 등을 해소하기 위한 법률적 검토와 변호사법, 법무사법, 보험업법, 신용정보의 이용 및 보호에 관한 법 등 유사 직역의 다른 법률과의 상충 가능성 및 해결방안을 제시(이준복, 2017)해야 하기 때문으로 판단된다.

(6) 주제별 유형 분류

기존 연구의 주제별 유형은 대체로 탐정(민간조사)제도의 도입과 관련된 법제화 및 입법정책 방향, 도입 시 민간경비산업과 경찰 치안서비스에 미치는 영향, 탐정제도 도입상의 업무범위, 관리·감독기관, 탐정의 자격기준 및 지도·감독 등의 쟁점사항에 대한 연구와 이를 위한 논리적 근거로 주요 외국의 탐정(민간조사)업 법제도 및 관리제도를 중심으로 문헌연구와 선진 외국과의 비교연구, 설문조사 등의 연구방법을 이용하여 연구가 이루어졌다.

(7) 연구대상별 유형 분류

연구대상은 주로 사설탐정(민간조사사)과 공인탐정을 중심으로 한 법제화 논의와 제도개선 등 제도론적 연구에 초점이 모아져 있다. 법제화에 대한 이해관계집단을 대상으로 한 설문조사 등 행태론적 연구방법을 비롯해 탐정의 업무행태, 탐정 인사조직관리, 업무처리 과정에서 부딪히는 갈등관리, 조사실무 등에 대한 연구는 아직까지 매우 부족한 편이다.

그러나 기존 탐정 또는 민간조사 관련 연구 중 학문으로써 탐정학의 정체성을 다룬 연구는 찾아보기 힘들다. 대체로 민간경비 또는 민간조사제도와 관련된 논문들이 주종을 이루고 있는 실정이다. 제도 도입을 중심으로 한 제도론적 연구와 선진 외국 제도와의 비교론적 연구, 그리고 일부 제도 도입 전후의 영향을 실증조사를 통해 분석한 단편적 연구가 이루어진 것으로 판단된다. 탐정 관련 단행본 역시 탐정 분야에 대한 심층적 연구결과물로 제시된 학술연구라기보다는 민간조사원 등 관련 자격증 발급을 위한 교재로 발간된 실무활용을 위한 저작물이 다수를 점유하고 있다. 따라서 아직까지 탐정학을 하나의 독립적인 지식체계를 갖춘 학문으로써 접근한 연구는 거의 없었다고 해도 과언이 아니다. 향후 대학 및 대학원 탐정학과 개설·운영 및 학회 구성을 통한 지속적인 이론 개발을 통해 극복해 나가야 할 과제가 아닐 수 없다.

2) 학회 구성·운영

탐정학이 하나의 학문으로써 정체성을 확보하기 위해서는 관련 학문공동체가 구성되고 학술지의 발간이 이루어져 다양한 이론을 개발·축적해 나가야 한다. 2019년 말 현재 한국연구재단에 등록된 탐정 관련 학회는 총 9개였다. 그러나 2021년 9월 현재 민간조사원, 민간경비, 민간조사를 포함한 탐정 관련 학회는 20개로 증가했다. 그러나 이들 학회에서 정기적으로 발간되는 발행논문이나 학술대회 개최 실적은 전무하다. 이들 학회에서 발간되는 탐정 분야 학술지도 없다. 다만, 경찰학 관련 학회로 한국경호경비학회, 한국민간경비학회, 한국공안행정학회, 한국경찰학회 등이 탐정(민간조사) 관련 학술대회와 학술논문이 지속적으로 양산되고 있기는 하나 엄밀한 의미에서 탐정학 관련 학문공동체라고 보기는 힘들다.

탐정 관련 학회가 설치되어 있는 것은 일단 탐정학에 대한 다양한 관심을 반영한다는 점에서 긍정적으로 평가할 수 있으나 아직까지 학회 본연의 기능은 수행하지 못하고 있는 실정이다. 다만, 한국탐정정책학회는 국회에서 탐정업법 입법방안 세미나를 개

[표 2-4] 탐정 관련 학회 현황(2021년 9월 기준)

기관명	기관 구분	설립일	대분류	중분류
DK탐정연구소	연구소	2021.2.1	사회과학	행정학
한국사립탐정학회	학회	2008.9.26	사회과학	행정학
한국사립탐정학회	학회	2010.1.1	사회과학	행정학
한국 탐정협회	학회	2004.8.1	인문학	기타인문학
한국탐정학회	학회	2017.7.1	사회과학	사회과학일반
한국탐정정책학회	학회	2020.3.3	사회과학	사회과학일반
대한탐정학회	학회		사회과학	행정학
한국탐정연구학회	학회		사회과학	사회과학일반
한국공인탐정학회	학회	2016.6.18	사회과학	행정학
한국특수행정탐정학회	학회	2001.3.13	사회과학	행정학
탐정학회	학회		사회과학	행정학
대한사립탐정학회	학회		사회과학	행정학
한국전문조사학회	학회	2008.9.26	사회과학	행정학
한국민간조사학회	학회	2003.10.21	사회과학	기타사회과학
대한시큐리티연구소	학회	2002.2.7	사회과학	행정학
대한민간조사연구학회	학회	2010.3.15	사회과학	사회과학일반
KSPIA	학회	2001.3.13	사회과학	행정학
한국민간특수행정학회	학회	2001.3.13	사회과학	행정학
한국특수행정학회	학회	2001.3.13	사회과학	행정학
한국민간경비학회	학회	2000.12.19	사회과학	행정학

출처: 한국연구재단, 학술지인용색인(https://www.kci.go.kr/kciportal/po/search/poInsiSearList.kci)

최하고, 탐정학 교과목 교재 발간, 그리고 탐정실무 전문교육의 체계화, 과학화를 위한 학문 연찬 등을 통해 독자적인 분과학문으로써 탐정학의 학문적 정체성 확립을 위한 다양한 노력을 기울이고 있다.

3. 탐정학의 외적 정체성: 독립된 학과 존재

영미권 등 선진 외국의 경우 탐정(민간조사) 관련 교육과정은 교육의 전문성 및 체계성에 따라 다양하게 구분된다. 대학 관련 학과에서 학위과정으로 운영되거나 또는 평생교육기관이나 대학부설 사회교육기관, 독립적인 민간조사아카데미 형태로도 운영되고 있다(김계원 · 서진석, 2016: 19).

미국 탐정소개 전문 사이트인 PInow에서 선정한 미국 내 우수 탐정교육훈련기관 25개로 선정된 곳은 대체로 대학교다(PInow Staff, 2012). 미국 전 지역에 걸쳐 각 주별로 지역 전문대학(community college)에서 2년 간의 교육수료 후 전문학사학위(associate degrees)를 수여하거나, 학부과정의 4년제 대학에서 범죄학과 · 경찰학과 등에서 학사학위(bachelor's degrees)과정이나 석사학위과정(master's degrees)도 개설 · 운영 중이다(Learn How to Become, 2019).

한국에서 대학 및 대학원의 학과 설립 실태는 아직 미미한 정도이나 전국적으로 서서히 학과 설립이 추진되고 있으며, 민간경비, 경찰, 경호 관련 학과에서 일부 관련 교육이 이루어지고 있는 실정이었으나 최근 들어 탐정학과가 속속 신설되고 있어 향후 공인탐정업법 제정 시 급속한 확대가 예상된다.

현재 국내 탐정학과를 운영하는 대학은 다음과 같다. 2021년에 중부대학교에 경찰과학수사학과와 서울디지털대학교에 탐정학과가 신설되었고, 대구가톨릭대에도 2022년부터 탐정학과가 신설된다. 전문직업학교 교육과정으로 서강전문학교 경찰행정계열에 탐정학과가 있으며, 학사과정은 경희대학교 글로벌미래교육원에 탐정실무과정이 있다.

그리고 석사과정은 동국대 법무대학원에 탐정(PIA) 법무전공과 2020년 가톨릭대 행정대학원에 탐정학전공이 신설되었다. 이외에 동방대학원대학교 및 부산외국어대학교에도 석 · 박사학위과정이 개설되어 운영되고 있다. 그러나 아직까지 교육부의 학과 개설 허가가 난 게 아니어서 학과분류코드를 받지 못해 기존 학과분류 내에서 학위를 수여하고 있다. 그러다 보니 가톨릭대의 경우 행정학석사(탐정학전공)와 행정학박사(탐정학전공), 동국대의 경우 법학석사(탐정법무전공)와 법학박사(탐정법전공), 동방문화대학원대학교는 교육학석사(탐정정보전공)로 학위가 수여되고 있다.

이와 함께 민간조사사(PIA) 자격을 취득하는 방법으로 PIA 탐정(민간조사) 최고과정을 수료하는 방법이 있다. 이미 단국대 경영대학원, 동국대 평생교육원, 동의대 평생교육원, 오산대 평생교육원 등에서 최고위과정이 운영되고 있다. 이외에도 탐정 관련 PIA 자격을 취득하려면 PIA 일반공개시험에 합격한 자에 한하여 3일(24시간) 동안 기본교육을 수료하면 자격이 주어진다(강동범, 2019: 5).

2021년 현재 독립된 학과로 탐정학과가 정식 개설된 대학은 중부대와 서울디지털대가 있으며 지속적으로 탐정 관련 학과가 신설되고 있다. 대체로 탐정 관련 자격증(민간조사원 등) 취득을 위한 전문교육과정 수준에서 운영되고 있다.

그러나 체계적인 교육을 통해 탐정 분야 전문가를 양성하기 위해 대학원에서 탐정학 전공 석·박사학위 과정이 신설되고 있는 현상은 탐정업계의 요구와 사회적 수요를 반영한 결과로 판단된다.

4. 탐정업(민간조사업)의 사회적 관심과 지지: 실태 및 제도화

탐정학 및 탐정제도의 입법화 수준과 사회적 관심과 지지 정도를 살펴보면 다음과 같다. 국내 탐정업은 관련 법령이 없고, 체계적인 관리감독 부족 및 규제 공백으로 인해 '심부름센터' 등 음성적 형태로 성업 중이다. 심부름센터는 자유업종으로 분류되며, 현재 정확한 종사자 수 확인은 어려운 실정이나 경찰청 자료에 의하면 2012년 말 현재 전국에 걸쳐 1,574개가 존재하는 것으로 추정되고 있다.

국세청의 과세를 위한 업종분류상으로는 '심부름 용역원'(분류코드: 940917), '탐정 및 조사서비스'(분류코드: 749200)로 분류하고 있으며, 통계청의 한국표준산업분류상으로는 '탐정 및 조사서비스업'(분류코드: 75330)으로서 흥신소·사설탐정 서비스, 필체감정·지문조사 서비스 또는 거짓말탐지기 서비스를 제공하는 산업으로 정의되어 있다.

이와 같이 탐정업이 산업적 측면에서는 서비스업의 일종으로 존재하고 있음에도 불구하고, 이를 관리·감독하는 법적 체계가 미비한 실정이다.[1] 현재 「신용정보의 이용 및 보호에 관한 법률」[2]에 따라 신용정보업으로 허가를 받은 업체를 제외한 대부분의

1) 참고로, 「경비업법 시행령」 별표 1의2에 따르면 특수경비업자(공항 등 국가중요시설의 경비 및 도난·화재 그 밖의 위험발생을 방지하는 업무에 종사하는 경비업자)는 '탐정업'을 겸업할 수 있음.
2) 신용정보의 이용 및 보호에 관한 법률

탐정업체가 컨설팅, 탐정사무소, 심부름센터 등의 상호로 특별한 법적 규제 없이 영업활동을 하고있는 것으로 파악되고 있다. 그러나 탐정 및 민간조사 관련 업체는 과세정보 보호를 위해 등록업체 수 현황을 공개하고 있지 않아 정확한 현황 파악이 어려운 실정이나 2021년 말 현재 약 3,000여 개로 추산되고 있다. 현장에서는 이미 흥신소, 심부름센터 등의 형태로 활발하게 사업이 추진되고 있고, 최근 관련 사업자등록은 가파르게 증가하고 있는 실정이다.

한편, 일부 업체들은 협회를 결성하여 2021년 11월 현재 한국직업능력연구원에서 인정하는 민간자격증은 탐정 및 민간조사 관련 협회와 단체 83개에서 탐정 또는 민간조사원 등 11개의 탐정 관련 자격증을 발급해 주고 있다. 특히 지난 2020년 8월 5일부터 개정 시행된 신용정보법에 따라 탐정 명칭을 사용한 상호와 직함을 사용한 영리활동이 가능해지면서 민간기관이 발급하는 등록 민간자격증이 빠르게 증가하고 있다. 한국직업능력연구원 민간자격센터에 따르면 탐정 명칭을 사용하는 민간자격증은 2021년 말 현재 65개로, 이 가운데 49개(75%)는 2021년에 신설되었다. '민간조사' 명칭을 쓰는 자격증까지 포함하면 83개로 늘어난다. 관련 업계 · 학계에서는 국내에 탐정 명칭을 사용하는 사무소가 약 3,000여 개, 민간 탐정 관련 자격증 소지자는 8,000여 명에 달할 것으로 추정한다.

그러나 신용정보법 내에서 '탐정' 명칭을 사용할 수 있게 된 지 1년이 지났음에도 이를 관리하기 위한 법안 제정이 이뤄지지 않으면서 법적 공백이 계속되고 있다. 이를 틈타 탐정 관련 민간 자격증만 우후죽순 난립하는 실정인 것이다.

제4조(신용정보업의 종류 및 영업의 허가) ① 신용정보업의 종류 및 그 업무는 다음 각 호와 같다. 이 경우 제2호 및 제3호의 딸린 업무는 대통령령으로 정한다.
1. 신용조회업: 신용조회업무 및 다음 각 목의 업무
가. 본인인증 및 신용정보주체의 식별확인업무로서 금융위원회가 승인한 업무
나. 신용평가모형 및 위험관리모형의 개발 및 판매 업무
2. 신용조사업: 신용조사업무 및 그에 딸린 업무
3. 채권추심업: 채권추심업무 및 그에 딸린 업무
② 신용정보업을 하려는 자는 제1항 각 호에 따른 업무의 종류별로 금융위원회의 허가를 받아야 한다.
③ 제2항에 따른 허가를 받으려는 자는 대통령령으로 정하는 바에 따라 금융위원회에 신청서를 제출하여야 한다.
④ 금융위원회는 제2항에 따른 허가에 조건을 붙일 수 있다.
⑤ 제2항에 따른 허가와 관련된 허가신청서의 작성방법 등 허가신청에 관한 사항, 허가심사의 절차 및 기준에 관한 사항, 그 밖에 필요한 사항은 총리령으로 정한다.

국회 의안정보시스템에 따르면 2020년 11월 국민의힘 이명수 의원과 윤재옥 의원이 각각 대표발의한 '탐정업 관리에 관한 법률(탐정업관리법)안'은 2021년 2월 국회 행정안전위원회 회의에서 한 차례 논의만 이뤄졌을 뿐 현재까지 별다른 진척 없이 1년 가까이 계류 중이다. 이에 따라 문재인 대통령의 후보 시절 공약 중 하나였던 '공인탐정제도' 도입은 사실상 불가능할 것으로 관측되고 있다. 1년 넘게 법적 공백이 이어지며 정부 차원의 관련 실태조사도 제대로 이뤄지지 않는 등 관리의 사각지대에 놓인 상태다. 이를 틈타 탐정 관련 민간자격증 발급단체만 급속도로 증가하고 있는 상황이다.

이로 인해 일부 심부름센터 등에서 사생활 침해 등 불법행위 사례가 발생하고 있는 바, 민간조사업의 양성화를 통해 불법행위를 최소화하고 국민의 권리를 보호할 수 있다는 점에서 탐정업의 관리에 관한 법률을 조속히 제정할 필요가 있다.

[표 2-5] 탐정업의 제도화 관련 찬반양론의 주요 논거

찬성[3]	반대[4]
• 현대사회의 복잡성·다양성으로 인해 권리구제 및 피해회복을 위한 사실관계 조사의 필요성이 점차 증대되고 있는 바, 변호사에 의한 고비용 법률서비스만으로는 그 수요를 충족시킬 수 없음.	• 빈부의 격차에 의한 민간조사원 활용 기회 차이로 인해 정보격차가 예상되며 이로 인해 사회에서의 양극화가 더욱 심화될 것임.
• 사실조사 서비스 등의 필요성으로 인해 그동안 심부름센터 형식의 용역서비스가 이루어져 왔으나, 자유업 형태로 이루어지다 보니 설립 초기부터 행정당국이 관여할 수도 규제할 수도 없어 실제로는 합법적인 대행업무 외에 불법행위도 자행됨에 따라 사회문제가 되고 있음.	• 민간조사제도를 도입하게 되면 이들에 의한 합법을 가장한 인권침해 등 불법행위 행태가 오히려 심화될 우려가 있고, 경미한 범죄에서부터 기업범죄에 이르기까지 많은 범죄들이 민간 영역에서 조사되고 타협되는 등 국가의 형벌권 행사가 감소하게 되어 사법정의가 퇴색될 우려가 있음.
• 영세업체들이 아무런 규제 없이 난립함으로써 용역을 제공받고자 하는 국민이 오히려 의뢰 시 제공했던 정보로 인해 사생활 침해를 받을 우려가 있다는 점 등에서 국가에 의한 자격제도 운영 및 영업등록 등을 통해 전문가에 의한 사실조사 서비스를 제공할 필요성이 있음.	• 경찰 등 공무원이 수행하여야 하는 직무이거나 변호사의 직무에 속하는 사항으로 새로운 직업이 생기게 된다면 기존 직업에 대한 침해로서 직업간의 갈등이 우려됨.

출처: 국회 안전행정위원회(2016.11: 7). 윤재옥 의원 대표발의 공인탐정법안 검토보고서.

이상과 같은 점들을 종합하여 볼 때, 제정안의 입법 여부를 논의함에 있어서는 ① 기존 심부름센터 등의 사생활 침해 등 불법행위 근절을 통한 국민의 권리보호 강화 측

3) 문경환(2009: 13) 참조.
4) 안동현(2007: 44-47) 참조.

면, ② 부작용을 최소화하면서 양질의 탐정서비스를 보장할 수 있는 제도적 방안의 마련 가능성, ③ 변호사 · 신용정보업 등 탐정업 관련 직역과의 조화 가능성 등을 종합적으로 고려할 필요가 있다(국회, 2016).

제4절 결어

탐정학의 학문적 정체성은 향후 관련 학회의 지속적인 학문적 연찬을 통해 기틀을 확립해 나가야 할 것이다. 기존 경찰학 · 범죄학과 독립된 새로운 독자적 학문 분야로 탐정학은 그 내적 · 외적 기반을 다져나가야 할 것이다. 경찰 치안서비스의 새로운 지평 발굴이란 현실적 이유에서도 탐정학은 대학 및 대학원의 학과개설 · 운영을 통해 관련 분야 전문가 양성과 신규 일자리 창출을 통한 고용효과 증대에 기여해 나갈 필요가 있다.

CHAPTER 03

탐정의 기원과 발전과정

제1절 탐정제도의 발전 배경과 과정

1. 사립탐정의 역사와 탐정제도의 기원

동서양을 막론하고 고대사회부터 현대에 이르기까지 탐정은 존재해 왔다. 기원전 로마 시대에도 개인스파이 등을 통한 정보수집이 언급될 정도로 탐정 및 민간조사업은 오랜 역사를 갖고 있다. 옛날에는 염탐꾼, 전쟁 중에는 밀정·간첩·스파이 등이 있었으나 이것들은 본래의 탐정과는 그 기능이 다르다.

자기보호적인 민간활동은 인류의 역사와 함께 시작되었으므로 다른 사람의 의뢰사항을 조사하거나 정보를 수집하는 탐정활동은 명칭과 관계없이 본질적 활동은 역사 이래 오래전부터 시작되었다고 할 수 있다.

특히, 자본주의가 급속하게 발전하고 전쟁과 산업의 발달 등으로 인해 공권력만으로는 자신의 이익을 보호받지 못한다는 위기의식으로 19세기 후반 이후부터 국가안보와 관련한 군사, 사법기관에 의해 해결되지 못하는 문제의 해결뿐만 아니라 민간 영역에서 정보수집 수요증가 및 다양한 사회문제 해결을 위해 탐정업은 지속적인 발전을 이루게 되었다.

가상의 사립탐정인 셜록 홈즈의 1904년 삽화

출처: https://en.wikipedia.org/wiki/File:Sherlock_Holmes_Portrait_Paget.jpg

탐정은 추리소설이 선풍적 인기를 끌면서 급속히 일반인들에게 알려졌다. 19세기 중반인 1841년 에드거 앨런 포(Edgar Allan Poe)가 쓴 『모르그가의 살인사건』에서 등장한 주인공 오귀스트 뒤팽 이후, 영국의 작가 코난 도일(Authur Conan Doyle)이 1854년 발표한 추리소설 『셜록 홈즈』 시리즈가 공전의 히트를 하면서 탐정에 대한 대중적 관심이 폭발했다.

지난 170여 년 동안 사설탐정(PI)은 탐문요원, 사설 탐문요원, 상업요원, 사설탐정, 사설탐정, 그리고 최근 도로교통사고조사, 보험사기 및 보험범죄 조사, 화재 및 기타 수많은 사건 등 전문적인 각 분야에서 활동하고 있는 전문탐정으로 발전되어 오고 있다.

탐정은 이제 거의 모든 대륙과 국가, 주요 도시에서 활발히 활동하고 있다. 전 세계에 걸쳐 탐정(PI)이 맡은 사건의 종류는 매우 다양하다. 여기에는 부정행위, 소재 파악 및 부채와 관련된 조사들, 사기 조사 등에 걸쳐 광범위한 업무를 수행하고 있다. 탐정은 민·형사 소송과정에서 새로운 또는 공개되지 않은 증거를 확보하는 업무를 수행하고 있다.

최근에는 탐정업무를 포함한 민간보안산업의 급속한 성장에 따라 많은 국가에서 민간조사를 포함한 민간보안(Private Security)에 대한 규제를 강화하고 있는 상황이다. 구체적으로 라이센스가 부여된 면허 및 자격증 취득, 정보 및 자료수집과정에서 개인정보보호 및 사생활 보호 강화 등 엄격한 법적 및 윤리적 기준을 강화하고 있는 실정이다.

다음에서 각국 탐정의 기원을 살펴보자.

2. 주요 국가 탐정제도의 기원과 발전 배경

1) 영국 탐정의 기원

헨리 필딩(Henry Fielding)

탐정의 시작은 그 기원이 다양하게 논의되고 있으나 역사적으로 가장 오래되었다고 보도된 탐정은 1748년 영국의 소설가이며 치안판사였던 헨리 필딩(Henry Fielding, 1707~1754)[1)]이 런던의 보우 거리(Bow street)에 만든 것이라고 할 수 있다.

즉, 세계 최초의 탐정기관은 'Bow street runner'라는 영국의 자치제에 속한 소수의 조직이었다. 범죄가 급증하고 있던 상황인 1748년 영국 보우가(Bow street)의 치안판사로 임명된 헨리 필딩이 시민들에게 범죄예방을 위해서는 시민 스스로가 단결해야 한다는 개념을 창시하면서 타락한 보우가의 치안유지와 상업을 보호하

1) 헨리 필딩(Henry Fielding, 1707년 4월 22일~1754년 10월 8일)은 영국의 소설가이다. 명문 집안에서 출생하여 학식도 풍부하였고 고전에도 정통했다는 점에서, 작품에서와 같이 전기 면에서도 리처드슨과 대조적인 소설가였다. 처음에 법률을 배웠으나 한때 희곡에 뜻을 두어 20편 이상의 풍자적인 희곡을 썼다. 그러나 때마침 정부의 극장 탄압 때문에 변호사로 전업하는 한편 신문 편집에도 종사했다.

기 위해 시민들 중 지원자에 의한 소규모 단위의 상인경찰과 같은 범죄예방조직을 만들고 그들의 활동에 대한 보수를 지급하였다.

그 후 1785년경 세계 최초의 형사기동대라 할 수 있는 'Bow street runner'를 창설하여 정보수집, 신속한 범죄해결, 분실한 재산의 회수활동 등의 경찰활동을 통한 범죄예방활동을 하다가 1829년에 창설된 스코틀랜드 야드(런던 경찰국)에 흡수되었다. 그러나 이것은 엄밀한 의미에서 국가조직을 토대로 한 것이므로 오늘날 말하는 탐정과는 그 의미가 다르다.

2) 프랑스 탐정의 기원

외젠 프랑수아 비도크(Eugène François Vidocq)

최초의 사립탐정이라 할 수 있는 사람은 프랑스의 외젠 프랑수아 비도크(Eugène François Vidocq, 1775~1857)[2]로 1833년 창설한 '정보회사(Le bureau des renseignements)'라는 사립탐정업체다. 비도크는 이 기관을 시작하기 전 경찰의 정보원으로 활동했으며, 프랑스 교도소에서 21개월 동안 지역 수사기관에 정보를 전달하는 일을 하였다. 1811년 석방되어 여단 드 라 사레테(보안단체)를 창설한 경험으로 사립탐정이 시작되고, 오늘날에도 여전히 사용되는 많은 범죄수사학과 관련 용어들을 개척하여 왔다.

비도크는 유럽 최초의 사립탐정 기관을 설립하였으며, 현대 범죄학의 아버지로 여겨진다. 역사상 최초의 사립 탐정, 현대 범죄학의 아버지, 진정한 의미에서 프랑스 경찰을 완성한 인물이다.

비도크는 파란만장한 인생을 살아온 사람이다. 그는 평민으로 태어나 도둑, 강도, 인신매매, 밀매, 위조 등 온갖 범죄를 저지르면서 감옥을 들락거렸고, 탁월한 변장술로 50여 차례나 탈옥을 하였다. 경찰 스파이 노릇을 하다가 1817년 출감한 이후에는 파리시 경찰국 산하 신설 조직으로 범죄수사국(Sueretee)을 창설하여 초대 과장직에 취임한

2) 외젠 프랑수아 비도크(프랑스어: Eugène François Vidocq, 1775년 7월 24일~1857년 5월 11일)는 프랑스의 범죄자이자 범죄학자이다. 전직 사기꾼이 최초의 사립탐정이 되어 종래에는 근대 범죄학의 아버지이자 프랑스 경찰의 실질적 창시자가 된 비도크의 극적인 삶은 빅토르 위고, 오노레 드 발자크 등 많은 작가들에게 영감을 불러일으켰다.

다. 범죄자야말로 범죄자의 심리와 행태를 누구보다도 잘 안다는 논리였다. 그는 취임 8년 만에 파리의 범죄율을 무려 40%나 떨어뜨리는 실적을 낸다. 놀라운 점은, 이 실적이 오직 그의 개인적인 추리와 수사의 결과라는 사실이다. 루이 18세(Louis XVIII) 국왕이 비도크의 공로를 인정, 그가 저지른 과거의 죄와 기록을 모두 사면한다는 문서에 서명했을 정도였다.

그 후 비도크는 1827년 자신의 지위를 이용하여 절도를 저지른 혐의로 파면되었는데, 그는 활동을 접는 대신 1833년 탐정 기관과 사설 경찰을 혼합한 '정보회사(Le bureau des renseignements)'라는 프랑스 최초의 사립탐정회사를 만든다. 일종의 사립탐정회사로, 3,000명 정도의 고객이 그에게 '사건 해결'을 의뢰했다는 기록이 있다. 전과자들을 고용하는 것으로 유명한 비도크의 탐정업체는 지역 법집행 윤리에 어긋나는 수단과 방법을 동원하여 문제 해결에 나서며 당시 큰 각광을 받았다. 비도크가 사용한 조사방법들은 종종 경찰의 개입과 압수수색으로 이어졌고, 그 결과 그는 기만과 공무원의 부정부패로 돈을 받은 혐의로 기소되었다.

그가 체험한 기이한 범죄들을 기록한 『회상록』(1829)은 이후 에드가 앨런 포, 코난 도일, 모리스 르블랑 등 많은 추리작가들에게 영감의 원천을 제공했으며, 지금의 프로파일링(Profiling) 기법에 해당하는 범인의 유형 및 범죄자의 특징 등을 정리하기도 하는 등 탐정으로서의 기초를 공고히 한 사람이다.

비도크는 역사상 최초의 사립탐정, 현대 범죄학의 아버지, 진정한 의미에서의 프랑스 경찰을 완성한 인물이다. 비도크 이전에는 모든 경찰이 경찰복을 입고 근무를 했다. 비도크는 사복을 입고 거리에서 정보를 수집, 사건을 해결하는 '형사'의 개념을 처음 도입했다. 당시로서는 혁신적이었던 이러한 방식으로 그가 평생동안 체포한 범죄자는 무려 2만 명인데, 잠복수사도 비도크가 창안한 수사기법이다. 범죄 기록을 꼼꼼하게 기록하고 분류하여 사건 해결의 자료로 활용한 것도 비도크가 최초다.

비도크 이후 유럽 각국에서 탐정업계가 탄생했다고 할 수 있다. 초기에 사립탐정의 업무는 경찰이 담당하지 않거나 할 의향이 없다고 느끼는 문제에 대해 경찰 역할을 보조하는 것이었다. 초기 민간조사업의 역할은 주로 노동분쟁에서 기업을 지원하는 것이었다. 일부 초기 사립탐정은 무장 경비원을 제공하여 사립 민병대 역할을 하기도 했다.

3) 미국 탐정의 기원

19세기 후반 미국은 극심한 노동조합 분규시기 동안 많은 회사들이 파업주동자들로부터 공장을 보호하기 위하여 핑커톤회사나 여타 민간조사회사들로부터 탐정이나 무장 경비원들을 고용하였다. 1920년대는 지속적인 경제성장에 따라 그리고 공공의 급변하는 요구에 따라 민간조사업은 더욱 발전을 거듭하였고, 1989년에는 미국에서 국제민간조사연합(IPIU)이 설립되었다(박동균 · 김태민, 2012: 112).

미국은 연방국가로 주와 주간에 발생하는 문제들을 해결하면서(철도경비 등) 민간조사사업이 발전하기 시작하였으며, 그 뒤 경제성장에 따른 각종 사회문제 해결 및 1980년대부터 경찰의 한계(예산, 인력 부족 등)로 인한 민간조사업에 대한 수요가 더욱 확대되면서 민간조사제도는 발전되었다.

미국의 경우 최초의 민간조사회사라고 할 수 있는 핑거톤 탐정회사가 1850년 앨런 핑커톤(Allan Pinkerton)에 의해 설립되었다. 핑거톤은 철도경비 등의 업무수행과 함께 링컨(Abraham Lincoln) 대통령의 경호임무까지 맡으면서 공적 영역뿐만 아니라 사적 영역에서도 능력을 인정받아 다양한 업무처리를 했다. 다음에서는 핑거튼에 대해서 자세히 살펴보자.

제2절 주요 탐정기업의 발전 배경과 현황

1. Pinkerton社

1) Pinkerton社 탐정의 기원

탐정을 자랑스런 하나의 직업으로 삼은 창시자는 미국의 앨런 핑커톤(Allan Pinkerton, 1819~1884)이다. 핑커톤은 스코틀랜드 출신으로 1819년 스코틀랜드 글래스고에서 출생하였다. 집안 형편이 어려워 일찍부터 통제조업체 견습공으로 일하다가 1842년 미국 시카고에 정착하여 나무통 제조업을 했다. 인근 작은 섬에서 재료로 쓸 목재를 조달하던 중 위조 동전 현장을 목격하여 보안관에게 이 사실을 알려 위조범들을 모조리 체포하게 된 일을 계기로 시카고 경찰서의 보안관이 되었다.

이후 1850년 독립해 노스웨스트 경찰대행사를 설립하였는데, 이것이 훗날 핑커톤 탐

앨런 핑커톤(Allan Pinkerton, 1819~1884)

정회사로 이름을 바꿔어 세계 최초의 탐정기업으로 탄생한 것이다. 핑커톤은 미국 미드웨스턴(Midwestern)에서 핑커톤 전미탐정사무소(Pinkerton National Detective Agency)를 설립하여 미국 내 첫 탐정업체가 되었다. 1800년대 중후반까지 가장 잘 알려진 탐정이 앨런 핑커톤으로, 전미탐정사무소는 견실·신속하고 대중적인 일처리로 명성을 얻었다.

핑커톤은 남북전쟁 때 북군의 첩보활동 및 미국의 초대 정보국장을 역임하였으며, 1850년 독립하여 사립탐정사무소를 설립하였다. 세계 최초의 탐정회사 핑커톤은 미국 서부개척 시대에 철도경비 등의 임무를 수행하였다. 동시에 남북전쟁 속에서 에이브러햄 링컨(Abraham Lincoln, 1809~1865) 대통령의 경호 임무까지 맡으면서 암살 음모를 사전에 밝혀내는 정보활동 등의 조사업무를 통하여 그 명성을 얻게 되었다. 범죄수사와 같은 공적 능력은 물론 사적 영역에서도 그 역할과 능력을 인정받아 그가 설립한 'Pinkerton Agents'는 미국 전역에서 영향력과 명성을 얻게 되었다. 사설경비 및 탐정업무를 내세운 이 회사는 범죄자 사냥과 철도 경비를 수행했다.

남북전쟁 기간 동안 핑커톤은 연방정보부서(Union Intelligence Service)의 수장이 되

에이브러햄 링컨(Abraham Lincoln) 대통령과 핑커톤 국립 탐정국(Pinkerton National Detective Agency)의 앨런 핑커톤(Allan Pinkerton)(왼쪽)과 존 A. 맥클러넌드(John A. McClernand) 장군이 1862년 10월 메릴랜드주 샤프스버그에 있는 연합 캠프를 방문하고 있다.
출처: https://www.pinkerton.com/

어 1861년 볼티모어에서 링컨 암살음모를 막아내서 유명해지고 링컨도 핑커톤을 신뢰하여 남북전쟁 기간 내내 핑커톤 탐정사무소의 탐정들을 고용해 자신의 경호를 맡겼을 정도였다.

남북전쟁 후반에는 남군이 발행한 위조화폐 적발 임무까지 수행하게 되며, 이러한 활동은 이후 미연방 조직으로 발전되었다.

탐정회사를 세운 핑커톤은 수많은 열차강도와 현상수배범을 잡아들였고, 1861년에에 연방 분리주의자들이 대통령 당선자 링컨을 볼티모어역에서 암살하려는 계획을 알아내어 이를 저지함으로써 유명세를 타기 시작하였다.

사설경비 및 탐정업무를 내세운 핑커톤 탐정사무소는 범죄자 사냥과 철도 경비를 수행했다. 방범, 도난품 수색, 철도경찰, 경호, 위조화폐 단속 등의 활동이 사적 자치의 개념으로 민간에 의하여 행해지다가 점차 국가기관화되는 과정을 거친 것이다. 그러나 국가가 아닌 민간에 의하여 이러한 활동들이 행해지는 것은 영미법계에서는 자연스런운 현상으로 볼 수 있다.

독일, 프랑스 등의 성문법주의의 대륙법계에 비해서 영국과 그 연방 제국 및 미국 등을 위주로 한 영미법계(Anglo-American law)에서는 판례법주의를 특색으로 한다. 하지만 현대 국가에 들어 영미법에서도 판례법주의를 원칙으로 성문법의 중요성이 증가되고 있는 상황이다.

19세기 후반 미국의 노동 조합 결성과 노조운동이 일어나자 기업들은 핑커톤사(Pinkertons사)의 요원과 무장 경비원을 고용했다. 1892년 철강노조 파업인 홈스테드 파업(Homestead strike)의 여파로 여러 주에서 노조 파업 중에 개인 경비원의 고용을 제한하는 소위 "핑커톤 방지"법을 통과시켰다. 1893년 연방 핑커톤 방지법은 "Pinkerton사 또는 유사한 조직에 고용된 개인"이 "미국 정부 또는 컬럼비아 특별구 정부"에 고용되는 것을 금지한다"는 내용이다.[3)]

2) Pinkerton社의 상징

핑커톤은 24시간 잠들지 않는 사람의 눈, 일명 'Private Eye'를 '핑커톤전미탐정사무소(Pinkerton National Detective Agency)'의 상징으로 삼았고, 이후 미국에서는 'Private Eye' 또는 'Eye'가 사립탐정을 나타내는 대명사가 되었다.

---

3) https://en.wikipedia.org/wiki/Homestead_strike

초창기 로고　　현재 사용되는 엠블럼

핑커톤전미탐정사무소(Pinkerton National Detective Agency)의 로고는 "PI"(Private Eye)로 '우리는 결코 잠들지 않는다(We never sleep)'라는 문구가 들어가 있다. 사람의 눈썹이 그려져 있는 눈을 로고로 사용하였던 관계로 사립탐정을 Private Eye라고도 한다. 이는 오늘날 영미권 국가에서 탐정을 표현할 때 private investigation, detective와 함께 private eye로도 불리워지는 계기가 되었다.

3) Pinkerton社의 현재

핑커톤은 종합위기관리(comprehensive risk management solutions) 선도 혁신자(The leading innovator)를 표방하며 국제적 보안기업으로 성장하였다.

Pinkerton社는 '결코 잠들지 않는다(We never sleep)'는 슬로건처럼 한쪽 끝과 다른 한쪽 끝을 잇는 '끊임없는 연결서비스 모델(end-to-end service model)'을 표방하며 신개념의 다양한 보안서비스 제공을 홍보하고 있다.

즉, 사건대응서비스(Incident/response services; 예상치 못한 사건이나 사고에 대한 즉각적인 통지가 있는 신속하고 안정적인 지원), 일시적 서비스(Temporary service; 시작 및 종료 날짜가 있는 모든 프로젝트 또는 특정한 문제 해결 및 목적 달성을 위한 계획된 지원), 임시 파트타임시간제 서비스(Part-time service; 일정한 시간범위 내에서 반 전담 지원), 상시 서비스(Full-time service; 24시간 전담 인력 지원 제공)의 네 가지 서비스 형태를 제공하고 있다.

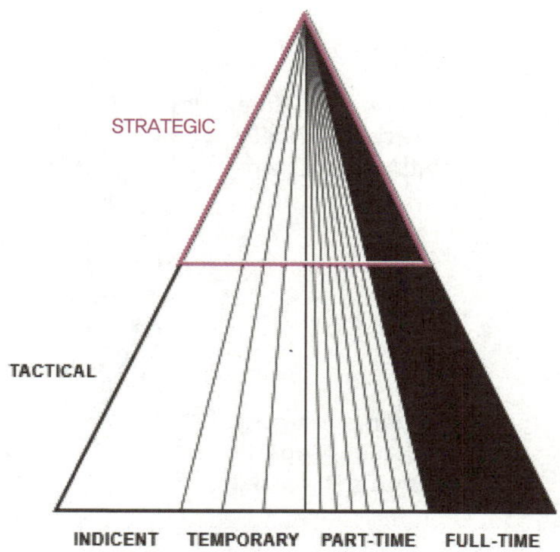

출처: 핑거톤 탐정사무소 홈페이지
(http://www.pinkerton.com/참조)

현재 Pinkerton社는 100개국 이상에 지사를 두고 있으며, 14개국(미국, 멕시코, 브라질, 영국, 네덜란드, 독일, 체코, UAE, 인도, 싱가포르, 인도네시아, 홍콩, 중국, 대만) 52개 도시에 지사를 운영 중이며, 직원수는 10만 명 이상으로 추정되고 있다.

핑커톤은 학자들과 보안 전문가들이 수년 간의 협업 작업을 통해 만들어졌으며, 17개의 고유한 출처의 데이터를 바탕으로 한 글로벌 위험 상황을 상세히 설명하는 포괄적인 보고서인 위험 지수를 소개한다.

2018년 핑커톤은 고객의 비즈니스 위험을 식별, 관리 및 완화하기 위해 빅데이터 및 머신러닝 기술을 사용하는 독점적이고 분석적인 접근 방식인 응용 위험과학(Applicated Risk Science)이라는 새로운 개념을 도입하였다.4)

4) Pinkerton社의 서비스

Pinkerton社의 주요 사업범위는 탐정, 경호경비, 위기관리, 채용심사, 보안설계, 경영전략 수립 등의 임무를 수행하고 있다. 이 중 탐정 분야의 세부 내용으로는 기업내부조사, 금융조사, 잠복조사, 사이버 조사, 심층면담(심문), 자금추적 등을 내용으로 하고 있다.

4) Pinkerton, Our Story(http://www.pinkerton.com/).

Pinkerton社는 다음과 같은 종합적 위기관리서비스를 제공하고 있다. 위기자문(Risk Advisory), 안전관리(Security Management), 방호서비스(Protective Services), 기업조사(Corporate Investigations), 신원조사 및 실사(實査)(Background Checks & Due Diligence),[5] 침입방지 등 대응서비스(Response Services), 경호정보(Protective Intelligence) 등에 걸쳐 있다.

이외에 비상 관리(Emergency Management), 위기 관리(Crisis Management), 위험 관리(Risk Management), 정보수집(Intelligence), 비즈니스 연속성(Business Continuity), 위기 대피(Crisis Evacuations), 사이버 보안(Cyber Security), 리더십(Leadership), 정책 및 절차 개발(Policy & Procedure Development), 고객 참여(Customer Engagement),[6] 밀접경호(Close Personal Protection) 및 경영진 보호, 조사, 협상(Executive Protection, Investigations, Negotiations) 등의 서비스를 제공하고 있다.

170년의 역사를 갖고 있는 이 회사는 현재도 혁신적인 안전과 종합적 위기관리 해결책을 발전시켜 나가고 있으며 보안 분야의 지평을 넓혀 나가고 있다.

5) Pinkerton社의 추구 가치

Pinkerton社가 추구하는 가치는 성실성과, 경계심, 그리고 탁월함에 대한 헌신에 의해 결합된다. 성실성(Integrity)에 초점을 맞춘 덕분에 170년 역사를 통해 서비스, 표준, 공정성에 대한 약속을 지킬 수 있었다. 핑커톤은 어느 누구도 따라올 수 없는 수준의 주의력과 경계심(Vigilance)으로 보안서비스를 제공한다. 핑거튼의 임무는 함께 일하는 회사들을 보호하고 가치를 창출하는 것이다. 이를 위해 모든 프로젝트와 과제에서 높은 수준의 탁월성(Excellence)을 확보한다는 가치를 표방하며 종합적 위기관리서비스

5) 실사 확인(due diligence check)은 고용 전 심사가 아닌 상업적 및 조사 목적으로 수행된다. 일반적으로 고용 전 심사보다 더 철저하며 고객이 고용하지 않은 기업과 개인 모두에 대해 수행된다. 표준 고용 전 배경 조사는 소비자의 개인정보를 보호하는 공정신용보고법(Fair Credit Reporting Act: FCRA)에 의해 규제된다. 미국의 FCRA(공정신용보고법)는 소비자에게 불리하게 사용될 수 있는 잘못된 정보로부터 소비자를 보호하기 위하여 신용 보고 기관을 규제하는 연방법으로 수집된 정보가 공정하고 정확한지 확인해야 한다.

6) 고객 참여는 다양한 온라인 또는 오프라인 채널을 통해 외부 소비자, 고객(B2C 또는 B2B)과 조직(회사 또는 브랜드) 간의 상호작용을 말한다. 고객 참여는 브랜드, 제품 또는 서비스, 회사 및 기타 고객과 고객의 상호작용을 파악하거나 브랜드에 대한 잠재고객의 관심을 유도하기 위하여 미스터리 쇼퍼(mystery shopper) 등 다양한 조사방법을 동원하여 고객의 인지, 감정 및 행동 투자 수준 등을 조사하는 것을 말한다.

제공 보안회사로 성장하고 있다.

2. Kroll社

핑거톤 외에 현재 전 세계 각국의 도시에 지사를 운영하고 세계적인 탐정업체로 크롤사(Kroll社)가 있다. 1972년 줄스 크롤(Jules Kroll)이 기업 구매 부서의 컨설턴트로 설립한 미국의 민간보안산업업체인 Kroll社는 미국 뉴욕시에 본사를 둔 기업 조사 및 위험 컨설팅 회사로, 2021년 현재 전 세계 30개 국가와 지역에서 약 5,000명의 전문가를 보유하고 있다.7)

크롤은 1980년대 뉴욕시의 개인과 기업들을 대상으로 투자자, 구혼자 및 인수 대상 기업의 평판, 의심스러운 비즈니스 관행, 진실성(integrity) 문제 또는 기업 배임, 금융 부문에 대한 조사 작업을 의뢰받아 조사서비스를 시작했다. 1990년대 들어서는 크롤은 법의학, 회계, 배경조사, 약물검사, 전자 데이터 복구 및 시장 정보수집으로 업무범위가 확장되었다.

2000년대 이후 기업 위험 자문, 탐정, 사이버 보안, 감사, 재무조사, 경영전략 수립, 경호경비 등으로 사업 분야를 확대하고 있다. 이 중 탐정 분야의 세부 사업내용으로는 사기 및 기업내부 조사, 금융조사, 사이버 조사, 부패비리 조사, 보유자산 검색, 지적재산권 침해 조사, 소송 및 분쟁 대응 등을 하고 있다.

오늘날 크롤은 거버넌스, 위험 및 투명성과 관련된 보안서비스 제공업체로 평가, 전문가 서비스, 조사, 사이버 위험, 기업 금융, 보안, 구조 조정, 법률 및 비즈니스 솔루션, 데이터 분석, 실사 및 규정 준수 분야 등에 걸쳐 다양한 분야의 서비스를 제공하고 있다.

크롤의 서비스는 대체로 다음과 같다.

- **배경조사**: 크롤의 배경조사는 고용, 공급업체 선정, 투자 심사 및 직원 채용, 신원조사를 통한 신분도용 보호 및 신원조회 등에 대한 조사서비스를 제공한다.
- **보안 컨설팅**: 크롤은 보안 컨설팅 및 보안 엔지니어링 부서를 통해 보안컨설팅 서비스를 제공한다. 보안 컨설팅 서비스에는 위협 평가, 취약성 평가, 물리적 보안 조사, 보안 재해 계획, 보안정책 및 절차 개발, 보안인력 연구 등이 포함된다. 또

7) https://www.kroll.com/en

한 2020년 크롤은 미국 텍사스(Texas) 주 오스틴(Austin) 시 경찰청의 의뢰를 받아 인종차별에 대한 경찰당국의 정책과 규약(protocol)을 평가하고, 오스틴 시의회에 조사 결과를 발표하기도 했다.

- **소셜 미디어**: 크롤의 비즈니스 및 조사 관행은 공개적으로 접근할 수 있는 온라인 정보를 사용하여 문제가 있거나 잠재적으로 평판에 대해 조사하거나 각종 소셜 네트워크 서비스(SNS)의 콘텐츠에 대한 배경조사를 제공한다.
- **기타 작업**: 크롤은 각국 정부의 자산환수나 대학교의 성폭행 사건 조사 등에 대한 서비스도 제공하고 있다.

구체적으로 제공되는 유형별 보안서비스는 다음과 같다.

- **사이버 위험**
  - 거버넌스 및 위험 자문
  - 사고 대응 및 소송 지원
  - 시스템 평가 및 테스트
  - 알림, 콜 센터 및 모니터링
  - 관리되는 보안서비스
  - 크롤 파트너 솔루션
- **평가 자문**
  - 평가 서비스
  - 대체 자산 자문
  - 부동산 자문 그룹
  - 세금 서비스
  - 이전 가격
  - 고정자산관리 및 보험 솔루션
- **법의학 수사 및 정보수집**
  - 사기, 부패 및 자금 세탁
  - 인텔리전스, 거래 및 실사
  - 평판 위험
  - 규정 및 규정 준수 위험
  - 소송 및 분쟁

- 정보 및 IP 위험

■ 기업 금융
- 기업인수합병(M&A) 자문
- 공정성 및 해결 의견
- 거래 자문 서비스[M&A 및 특별 상황, 보조 시장 자문 서비스, ESOP 및 ERISA 자문(직원 주식 소유 계획(ESOP) 거래 및 비공공 자산에서 구조화, 자금 조달 및 주식 평가), 금융 스폰서 그룹 및 프라이빗 캐피털 시장분석]

■ 금융 서비스 규정 준수 및 규정
- 미국 규정 준수 서비스
- 영국 규정 준수 서비스
- 아시아 규정 준수 서비스
- 유럽 규정 준수 서비스
- 규제 자문 및 컨설팅 서비스

■ 전문가 서비스: 주요 전문가 서비스 제공
- 상업적 소송 및 국제 중재
- 건설 전문가 서비스
- 사기 조사 및 지적재산권 회복 전문가 서비스
- 지적 재산권 컨설팅 서비스
- 규제, 회계 및 경제 분쟁
- 기술 전문가 서비스

■ 규정 준수 위험 및 근무 성실도
- 심사 및 실사(컴플라이언스 프로그램 컨설팅)
- 자율준수(compliance) 모니터

■ 보안 위험 관리
- 보안 컨설팅
- 운영 보안서비스
- 보안시스템 컨설팅
- 자산회복 컨설팅
- 법집행 및 공공 안전
- 구조조정, 파산 및 파산 보안서비스

■ 구조조정 자문
- 구조조정 자문 지역사회 역량(community competence)
- 펀드 및 자산 관리
- 결혼, 신탁 및 유언 검인
- 국경 간 파산
- 파산 소송 및 지급 불능 분쟁
- 대량 불법 행위 책임 관리

■ 정보 관리 및 거버넌스
- 자문 및 컨설팅 서비스
- 기술 구현 서비스
- 관리 서비스
- 법률 관리 컨설팅

3. Hill & Associate社

이와 더불어 영국계 민간보안산업업체인 힐 앤드 어소시에이츠사(Hill & Associate 社) 역시 홍콩과 싱가포르에 본사를 두고 있으며, 위험 컨설팅 회사로 전 세계적으로 80만 명 이상의 직원을 보유하고 있다. 전 세계 80여 개국에서 지사가 운영되고 있으며 매년 180억 달러 이상의 매출을 기록하고 있다.[8)]

1990년대 초 홍콩에 설립된 힐 앤 어소시에이츠(H&A)사는 전 세계 자산 500대 기업의 50% 이상에게 위험 관리, 보안, 조사, 교육 및 프로젝트 관리 솔루션을 제공하고 있다. 현재 중국 본토, 홍콩, 싱가포르, 인도, 인도네시아, 말레이시아 및 태국에 지사를 두고 있다.

H&A의 서비스는 기업 보안서비스로 취업 전 심사, 인수 합병 또는 경쟁에 대한 연구 및 분석 등 기업 보안서비스, 규정 준수 서비스, 사기 탐지 조사 및 보고, 디지털 보안 평가, 디지털 자산보호, 환경사회지배구조(ESG)에 영향을 미치는 기업 행동에 대한 물리적 보안 및 디지털 보안, 맞춤형 위험 모니터링 및 분석, 경호 경비 및 위험관리 등에 대한 보안서비스를 제공하고 있다.

8) https://www.hill-assoc.com/

CHAPTER 04

탐정학의 기초 이론

제 1 절 탐정조사활동의 목적

1. 사건의 진상 파악

탐정은 의뢰사건의 진상 파악을 위해 활동을 한다. 즉, 탐정조사활동의 일차적인 목적은 의뢰인이 요구하는 사건의 진상(real figuration)을 파악하여 실체적으로 어떠한 일들이 일어났으며, 그 과정과 문제점은 어떠한 부분이 있는지를 확인하는 것이다. 또한 조사대상자의 관련 정보를 파악하여 법률적으로 저촉되는 사항이 없는 한도에서 행동이나 행적, 관련된 인물이나 사건 등에 대한 정보를 제공하는 목적을 가진다.

사건의뢰인(client)은 본인 스스로 확인하기 어려운 내용이나 사안에 대해서 탐정업체(Private Investigation Agency)에 의뢰하는 것이 일반적이다. 이 때문에 의뢰인이 원하는 사항에 대해서 정확하게 이해하고 이에 따라 조사과정이 전개되어야 함은 물론이거니와 다양한 상황적 변화 가운데에서 가장 진실에 가까워질 수 있도록 하는 노력과 작용이 필요하다. 다른 표현을 한다면, 허위의 사실을 각색하여 의뢰인에게 보고하는 것은 직업윤리에 절대적으로 저촉된다는 의미도 되며, 형법상의 사기죄나 탐정법안에서의 허위보고에 의한 처벌도 가능할 수 있다.

2. 형사사건 기초조사

탐정은 형사 고소 또는 고발을 위한 법률서비스와의 연계 차원에서도 조사를 진행할 수 있다. 범죄사건 가운데에는 피해자의 고소 없이도 사법기관이나 수사기관에서 적극적으로 나서서 해결해주는 경우가 있다. 대표적으로 상해나 성폭력 범죄와 같은 폭력범죄 등을 들 수 있다. 반면에 사기나 횡령, 배임, 신용 관련 자료의 불법적 제공 등의 경제 관련 범죄행위의 경우에 있어서는 사법기관의 적극적인 수사보다는 피해자 또는 이해당사자에 의한 고소, 고발이 결정적인 작용을 하는 경우가 많다.

탐정조사는 피해자 또는 이해당사자가 형사사법기관에 고소 또는 고발을 하고자 하는 경우에 사안에 대한 기초적인 정보와 자료를 제공하는 역할을 수행한다. 특히 횡령이나 배임행위와 같이 해당 조직이나 기업에 큰 피해를 준 사실에 대한 명확하고 명백한 증거와 물증이 있어야 하는 경우에 탐정에 의한 도움은 거의 절대적일 수가 있다.

또한 사기나 속임수를 이용하여 타인에게 재산상 또는 금전상의 피해를 입힌 경우에도 이에 대한 적극적인 자료수집 및 조사를 통해 가해자를 상대로 하여 형사적인 책임을 물을 수 있다.

또한 채권추심 목적으로 탐정활동을 의뢰하는 경우가 있다. 1990년대 말에 발생한 IMF 금융위기로 인해 많은 수의 신용불량자가 발생하였다. 이들은 금융전산망에 신용불량으로 등재됨으로써 다양한 경제적 불이익을 감수해야 하는 상황에 놓였다. 채권추심에 대한 사회적 관심이 일기 시작한 것도 이때부터였는데 탐정을 활용한 다양한 채권 관련 정보들이 수집되었다. 채권추심을 진행하기 위해서는 먼저 채무자가 가지고 있는 재산 상태에 관련한 정확한 자료를 확보하는 것이 중요하다.

탐정은 공식적으로 드러난 재산이나 채무 이외에 비밀리에 채무자가 은닉하거나 또는 다른 사람의 이름을 빌려 숨겨 놓은 재산을 파악하고, 이와 관련한 증거자료를 확보하는 역할을 담당한다. 당연한 이야기이지만 이 과정에서 절대적으로 불법적인 공정이 들어가서는 안 되며, 수집하거나 조사한 정보 또한 채권을 추심하기 위한 목적의 범위에서만 활용되어야 한다. 최근에는 채권추심을 방해하기 위해 전문적인 연구와 대응을 하는 채무자까지 등장하는 현실 속에서 앞으로 탐정에 의한 이러한 목적의 조사활동은 상당히 어려워질 것으로 예측해볼 수 있다.

3. 산업정보 유출실태 및 정황 파악

산업스파이 색출 및 기술정보 유출 확인과정도 탐정의 중요한 활동 영역이다. 기술(technology)과 관련된 정보의 가치는 실로 막대하다. 일반인들이 알고 있는 정보의 가치는 극히 미미할 수 있지만 이러한 정보 가운데 국가경쟁력과 관련되어 있거나 하나의 기업이 도산할 수 있는 심각한 사안인 경우에는 이에 대한 강력한 보호대책이나 사후대응책이 강구되어야 한다. 범죄자들 사이에서 산업스파이(industrial espionage)는 21세기 첨단 영역으로 각광을 받고 있다. 정보에 접근할 수 있는 사람이라면 누구나 다 산업스파이가 될 수 있으며, 이들에 의해 유출된 정보로 인해 개인이나 기업이 도산하거나 또는 파산하는 경우까지 자주 발생하고 있다.

산업스파이 색출과 이들에 대한 조사는 일반적인 기업의 업무와는 전혀 성격이 맞지 않는다. 이 때문에 기업이나 조직에서는 이를 대신할 탐정이나 탐정업체를 고용하게 되며, 이렇게 고용된 탐정이나 탐정법인은 절차에 따라 산업스파이(내부자에 의한 스파이 행위가 절대다수를 차지함)를 적발하거나 추적·확인하는 작업을 진행한다. 또한 기업이 고안해낸 지적 가치를 지키고자 하는 차원에서 기술 관련 정보의 유출 여부에 대한 확인 작업도 수행한다. 특정한 기업으로부터 유출된 기술관련 정보라고 하더라도 그 내용에 대한 명확한 확인절차 없이는 민사적·형사적인 책임을 묻기가 어렵다. 따라서 손해배상의 청구나 업무방해 등의 혐의로 민·형사상의 법적 조치를 하고자 하는 경우에도 탐정에 의한 전문적인 조사과정이 선결되어야 함은 중요한 부분이다.

4. 실종자 및 가출자 찾기

실종자의 소재와 생사 파악 및 가해자 추적 등을 위해 많은 탐정들이 활동한다. 한 해 수만 명의 사람들이 실종되고 있으며, 그 숫자는 점차적으로 늘어나고 있는 상황이다.[1)] 정보통신이 고도로 발달된 사회적 환경 속에서 실종자의 발생은 전혀 상상하기 어려운 일일 것이다. 하지만 지금 이 순간에도 많은 사람들이 집으로 돌아오지 않고 있으며, 이들을 애타게 찾는 가족들의 노력 또한 엄청난 고통을 안겨주고 있다.

경찰은 원칙적으로 실종자에 대한 신고를 접수하고 이와 관련된 수사 또는 조사작업을 벌이게 되어 있다. 그러나 실질적으로 경찰력의 제한이 있고, 단순 가출사건인 경우에 경찰이 적극적으로 나서기가 어렵다는 점에서 아주 큰 한계성을 지닌다. 경찰을 대신하여 탐정은 가족을 찾기 위해 모든 노력을 기울이고 있는 사람들에게 최적화된 사람 찾기 서비스를 제공할 수 있다.

5. 보험사기 및 교통사고 조사

보험사기 조사에도 탐정이 적극 활용된다. 보험과 관련된 사기범죄(insurance fraud)는 보험가입자 전체를 상대로 한 범죄행위로서 가입자는 물론 보험회사에 막대한 피해를 가하고 있다. 보험사기의 가장 전형적인 사례로서 교통사고 관련 보험사기를 들 수 있는데, 장기간에 걸친 입원과 허위로 작성된 진단서 등을 제시하여 많은 보험재정을

1) 국회에 제출한 2019년도 실종자 통계에 따르면, 2018년 기준으로 만18세 미만의 실종자 경찰발견 건수가 21,911건이며, 지적장애인 실종자 발견건수가 8,873건, 치매환자 실종사건 발견건수가 12,124건 등으로 나타났다. 매년 18세 미만 아동실종 발견건수는 2만여 건 정도가 일어나는 것이 평균치이며, 치매환자나 지적장애인과 관련한 사건도 많이 일어나고 있다(경찰청 국회제출자료, 2019).

축내고 있다. 보험 관련 범죄의 조사 및 정보 확보는 형사사법기관에 의해 수행되는 경우보다 보험사의 내부 조사요원 및 탐정조사 분야에 의해서 수행되는 경우가 훨씬 많다.

탐정은 보험사나 또는 보험 관련 기관으로부터 보험사기를 저지른 혐의가 있는 피보상자를 대상으로 하여 조사에 대한 의뢰를 받는다. 그러면 탐정기업이나 탐정은 이렇게 의뢰된 내용을 기반으로 하여 허위의 진단이나 피해 사실이 보험에 청구되지 않았는지에 대한 실체적인 내용을 파악하는 데 주력한다. 이러한 사실은 보험사기의 예방 및 사후조사 등에 있어서 탐정조사가 실질적으로 얼마나 큰 기여를 하고 있는지를 알게 해 준다.

제 2 절 탐정조사활동의 성질

1. 조사활동의 과정적 성질

1) 사건진상의 확인과정

탐정의 조사는 사건의 진상을 확인하는 활동이다. 탐정조사는 의뢰된 사건이나 상황의 진상을 탐지하고 이렇게 확인된 진상을 의뢰인에게 보고하는 활동이다. 탐정이나 탐정기업이 신(神)과 같이 전지전능한 존재가 아닌 이상에는 의뢰된 사건에 대해서 완전한 진상을 파악한다는 것이 사실상 불가능하다. 따라서 여기서 이야기 하는 '진상'이란 진실에 대한 고도의 근사 개념으로서 누구에게도 의심을 불러일으키지 않고 수긍할 수 있는 정도의 것을 말한다. 또한 여기서 말하는 사실의 인정은 현장에서 확인하거나 확보된 증거에 의한 것이어야 함은 물론이다.

2) 소송 지원 조사과정

탐정의 조사는 형사고소 등 소송 절차의 일환으로서의 성격도 가진다. 탐정조사는 직접적으로 고소의 제기나 고발의 진행을 위한 준비활동임과 동시에 국가가 행하는 범죄에 대한 사법적 단죄를 간접적으로 뒷받침하는 절차적 성격을 가진다. 형사고소 등 소송을 제기하는 과정에서 필요한 자료를 수집하는 것도 탐정조사의 목적이 되는 것이므로 조사활동은 고소 및 고발의 제기 전에 한정되는 것이 아니고 그 과정에서도 이루어진다.

형사소송 진행과정에서 상대방이 결정적인 허위나 허구의 사실을 기반으로 한 증거를 제시하는 경우에 이를 반박하기 위해서 또 다른 실체에 가까운 증거자료를 내놓아야 한다. 따라서 탐정조사는 이러한 부분에 대한 지원을 해줌과 동시에 소송에서 승소하도록 하는 주된 기능을 수행한다.

3) 심증의 형성과정

탐정의 조사는 심증 형성을 지향하는 활동으로서의 성격을 가진다. 탐정조사는 사실의 진상을 파악하고 이를 통해 실체적 진실에 더욱더 가까이 접근하는 활동이므로 탐정은 무엇보다도 자신이 조사하고자 하는 사건과 관련된 사실의 진실성에 대해서 확신이 있는 판단을 얻지 않으면 안 된다. 왜냐하면, 탐정조사의 목적을 달성하기 위해서는 그 조사로서 탐정이 도달한 최종적인 판단이 의뢰인의 심증을 획득할 수 있는 것이 아니면 안 되기 때문이다. 이러한 의미에서 보았을 때, 탐정조사는 의뢰인이나 탐정이 자신의 심증(心證)을 형성하는 것을 지향하는 활동이라고 볼 수 있다.

4) 심증의 증명과정

탐정의 조사는 획득한 판단을 증명하는 활동이다. 탐정이 조사활동을 행하여 확실한 실체적 진실에 도달하였을 때, 즉 탐정 스스로가 의뢰인에게 확실하게 설명할 수 있는 심증을 얻었을 때에는 이를 의뢰인에 대한 최종적인 보고로 만들기 위하여 심증의 진실성을 증명하지 않으면 안 된다. 획득한 증거에 의해 그러한 심증이 증명될 때 의뢰인에게 영향을 미쳐 그 이후의 여러 가지 법률적, 도덕적, 사회적 제재가 가해지는 상황에 영향을 미쳐, 최종적으로 상황의 종료에 이르도록 만든다.

2. 탐정조사의 하강과정과 상승과정

탐정조사에는 크게 두 가지의 성질이 존재한다. 이 두 가지 성질은 상호 간에 영향을 미치며, 주어진 상황과 환경에 따라서 그 적용과 영향을 크게 달리한다.

제1단계를 하강과정(下降過程)이라고 하여 탐정이 의뢰인이 의뢰한 사건에 대한 사실의 진상을 파악, 확인하고 심증을 형성하기 위한 과정이다. 제2단계를 상승과정(上昇過程)이라고 하여 탐정이 획득한 판단을 의뢰인이 원하는 내용확인의 단계에 따라 이를 제시함으로써 그 내용이 틀림이 없다는 심증을 가지도록 증명하기 위하여 필요한 증거자료를 수집하는 과정이다.

탐정조사는 대체적으로 하강과정을 거쳐 상승과정으로 발전하는 것이 순서이나 이러한 순서는 반드시 고정적인 것만은 아니다. 예컨대, 부정을 저지르는 현장을 포착한 경우와 같이 부정사실의 진상이 처음부터 명백한 경우에는 탐정 자신이 진상 파악을 위한 별도의 활동을 필요로 함이 없이 상승과정의 활동만이 전개되는 것이다. 이러한 이론을 전개하는 이유는 탐정은 자신의 심증을 얻기까지는 엄격한 의미에서 증거는 필요 없고, 다만 조사자료를 기초로 하여 합리적인 추리를 하여 조사과정을 진전시킬 수 있다는 것을 명확하기 하기 위한 것이다.

그러나 하강과정에서 조사가 탐정의 자유로운 추리에 따라서 추진할 수 있는 것이라 하더라도 상승과정의 조사활동이 잘못된다면 설사 조사대상자의 부정 또는 범죄현장을 잡아낸다고 하더라도 이에 대한 명확한 법률적 책임이나 형사고발을 진행시키기가 어렵다. 이러한 경우 탐정은 조사활동과 자료수집활동을 제대로 진행하지 못했다는 비난을 면치 못하게 된다.

제3절 탐정 조사대상으로서의 사실적 실체와 규범적 실체

탐정의 조사활동을 통해 무엇을 탐색하고 명확하게 할 것인가 하는 조사의 대상, 즉 실체적인 면은 크게 두 가지로 나누어 고찰해 볼 수 있다. 첫째로, 사건에 따르는 '실체적 진실'에 관한 사실적 내용이 있으며, 둘째로, 그 조사 결과가 현실적으로 여러 가지 사회적 규범에 비추어 문제가 되는 행위에 해당하는가 여부를 규명하는 사실의 '규범적 내용'이 그것이다. 여기서 전자를 '사실적 실체 면'이라고 부르고, 후자를 '규범적 실체 면'이라고 부른다. 탐정조사의 실체 면은 이러한 사실적 실체와 규범적 실체의 양면을 명백하게 함으로써 비로소 형성된다.

1. 사실적 실체

탐정의 일차적인 조사대상은 사건의 사실적 내용이다. 의뢰인에 의해 조사해야 할 사건이 발생하고, 또한 이와 관련한 확실한 심증이 있는 경우라면 조사는 사건의 관련자가 누구인가, 그리고 관련자들이 왜 그러한 행동을 하게 되었는가 하는 점을 명확히 해야 한다. 의뢰인이 의뢰한 사건(scandal)이라고 하는 것은 사람의 일상생활에서 일어나는 행위 가운데 사회적 규범이나 통념, 혹은 형법규정을 위반하는 유책한 행위가 해당될 수 있다. 형법상 처벌의 대상이 되지 않는 행위를 한 경우라고 하더라도 이러한 행위가 사회적으로 유책(有責)한 행위이거나 또는 문제를 일으키는 불미스러운 사태를 초래하는 것일 수 있다. 이 경우, 공식적으로 형사사법기관이 나서서 이에 대한 조사나 수사를 벌이는 것은 현실적으로 어렵기 때문에 탐정법인이 나서서 이 부분에 대한 내용확인 작업을 벌이게 된다.

조사를 진행하기 위해서는 사전에 문제가 되는 행위의 성립 여부와 조사대상자가 직접적으로 책임이 있는지에 관한 내용을 명확히 할 필요가 있다. 조사의 사실적 실체 면은 이와 같이 법률적인 평가 이전에 조사의 소재가 되는 개인이나 인물, 사건, 객체 등에 대한 구체적인 내용을 명확하게 하는 활동이다. 범죄수사의 대상이 되는 행위는 언제나 과거에 행해진 것이다. 반면에 탐정조사의 대상이 되는 행위는 과거에 행해진 내용뿐만 아니라 현재에 진행 중인 행위, 그리고 앞으로 진행될 행위 전부가 포함되는 광범위성을 가진다. 범죄수사에서는 범행과 범죄자의 행위를 직접 볼 수 없는 것이기 때문에 추리나 추정이 주가 되지만, 탐정조사활동은 현재에 진행 중인 상황이나 앞으로 진행될 상황을 인지한다는 점에서 직관적인 관찰력과 정확한 기억력, 그리고 분석력을 필요로 한다.

결과적으로, 조사의 실체 면에서는 조사대상자의 문제가 되는 행위를 어떠한 방법으로 알아내고 또 어떠한 방법으로 기록할 것인가 하는 것이 중요한 문제가 된다. 현재의 불법이나 잘못된 사실을 기록하는 데에는 여러 가지 매체가 사용될 수 있다. 과거에는 사진기를 통한 촬영이나 녹음이 주가 되었지만 지금은 여러 가지 복합적이고 첨단적인 방법을 통원하여 탐정조사활동이 진행되고 있다.

현실적으로 불법한 행위나 조사대상자가 일으키는 문제를 현장에서 잡는 것은 어렵고 힘든 일이다. 때문에 상시 조사대상자에 대한 감시가 필요하며, 이들에 대한 조사를 함에 있어서도 세세한 부분을 잃어버리지 않기 위한 노력이 중요하다. 극히 일부분의 실마리만을 가지고 조사대상에 대한 조사를 진행해야 하기 때문에 한두 가지 발견된 사실을 바탕으로 전체를 이해하는 노력이 필요하며, 영화적으로 상황을 재현할 수 있도록 하기 위한 기록상의 전문성이 요구된다. 이러한 점들을 기반으로 하여 볼 때 조사의 현장기록이나 과거 사실에 대한 조사는 다음의 세 가지 요소를 기반으로 해야만 한다.

첫째, 조사요소의 충족이 필요하다. 조사과정에서 사건에 대한 기록을 남기기 위해서는 그에 따르는 여러 가지 요소가 종합적으로 제대로 충족이 되어야만 한다. 예를 들어, 하나의 사건을 화면에 담기 위해서는 사전의 시작과 종결에 대한 시점이 있어야만 한다. 또한 이러한 화면에 나타나는 배우와 배경, 장소 등이 전부 있어야 한다는 점에서 일종의 다큐멘터리 촬영작업과 유사하다고도 볼 수 있다. 최근에 VJ(비디오자키)라는 직업이 각광을 받는 상황에서 탐정은 전문적인 VJ 수준의 촬영기술과 플롯 구성능력을 갖추어야 한다.

사건의 시종 또는 기록을 남김에 있어서 전후관계가 명확하지 않다면 조사된 내용에 대한 의뢰인의 신뢰를 얻기 어렵다. 이와 같은 사건이나 조사대상자에 대한 내용 확인 또는 기록의 요소를 탐정조사의 요소라고 말하며, 이러한 요소가 완비되지 않은 상태에서 정확한 실체의 확인 작업을 벌이기는 어렵다. 탐정조사의 요소는 4하의 원칙이나, 6하의 원칙, 8하의 원칙으로 설명할 수 있다.

일반적으로 탐정조사에는 6하의 원칙이 적용되고 있으나, 구체적으로 조사의 요소를 구비하고자 하는 경우에는 8하의 원칙을 구비해야만 한다. 4하의 원칙에는 ① 누가(주체), ② 언제(일시), ③ 어디서(장소), ④ 무엇을 했나(행위)가 해당하며, 6하의 원칙에는 ① 누가(주체), ② 언제(일시), ③ 어디서(장소), ④ 왜(동기), ⑤ 어떻게 하여(수단방법), ⑥ 어떻게 되었는가(결과) 등이 해당한다. 4하 원칙과 6하 원칙이 확대된 8하 원칙에는 ① 누가(주체), ② 언제(일시), ③ 어디서(장소), ④ 누구와(공동행위자), ⑤ 왜(동기), ⑥ 누구에게(객체), ⑦ 어떻게 해서(수단방법), ⑧ 어떻게 되었는가(결과)의 여덟 가지가 해당한다. 6하 원칙이 일반적으로 조사내용에 대한 보고과정에서 가장 많이 활용되지만 구체적인 내용을 파고 들어가기 위해서는 8하의 원칙을 활용하는 편이 바람직하다.

둘째, 행위의 필연성이 구성되어야 한다. 조사대상 행위나 객체가 구체적인 관념으로서 재현이 되기 위해서는 탐정조사요소를 구비하는 동시에 이러한 요소들이 생생한 현실성을 갖추고 있어야만 한다. 예컨대, 동일한 사건을 설명하는데 있어서 단순하게 "만났다", "이야기를 나누었다"는 식의 묘사는 정확한 내용을 표현하였다고 보기 어렵다. 조사대상자들이 접촉을 한다 하더라도 이들이 만난 장소와 나누었던 이야기들이 아주 중요한 모티브(motives)가 될 수 있다.

결과적인 행위만을 놓고 설명을 한 경우에 사건을 맡긴 의뢰인은 이 결과를 놓고 만족을 표하기 어렵다. 오히려 조사내용이나 과정상의 부실을 들어 탐정조사 주체 측을 상대로 불만을 제기할 가능성도 높다. 사건에 대한 객관적인 사실만을 제시하면 이는 제대로 된 탐정조사로 보기 어렵다. 오히려 조사하지 않은 것만 못한 결과로 이어질 가능성이 높다.

이러한 원리는 수사나 조사와 관련한 대부분의 분야에서 공통적으로 적용된다. 조사의 내용과 요소 하나하나에 제각각 중요한 현실성을 부여하고자 한다면, 해당 조사대상자 또는 조사대상이 다른 조사대상과 다른 부분이나 특성을 갖고 있다는 점을 잡아내야 한다. 다시 말하면, 조사대상자를 조사하지 않으면 안 될 정도의 상황이나 원인에 대한 정확한 파악이 이루어져야 한다는 것이다.

인간의 행위는 이유나 원인이 없는 상태에서 이루어지지 않는다. 기계도 동력을 제공받아야 가동이 되는 것과 마찬가지로 인간의 행위도 이유나 동기, 또는 원인을 반드시 가지고 있다. 반드시 그렇게 되지 않으면 안 되는 조건이 복잡함으로 인해 이에 대한 명확한 설명이 힘든 경우도 있다. 하지만 그렇다 하더라도 실체적 진실에 가깝게 접근함으로써 구체적인 설명이 이루어질 수 있다. 한 인간이 다른 사람의 행동을 이해할 수 있는 것은 이와 같은 조건을 전제로 한다. 동기와 이유, 원인이라는 것을 알고 있기 때문에 그 사람이 왜 그러한 행동을 하였는지에 대한 이해가 쉽게 가능하다. 탐정조사에서는 이와 같은 내용들을 일컬어 '인간 행위의 필연성'이라고 부르고 있다.

따라서 탐정조사의 요소를 명확하게 하는 데는 그와 같은 행위와 관계가 이루어진 이유와 경과 또는 조건들을 정확하게 포착하여 그 필연성을 추궁해 나가지 않으면 안 된다. 가령 예를 들어, 사건이나 개인 간의 만난 시간을 명백하게 하는 데에도 어떻게 해서 그러한 시간을 선택하게 되었는가, 그리고 그 시간이 행위에 어떠한 영향을 미쳤는가 하는 점들을 조사함으로써 그 행위의 필연성을 명백하게 설정해 주어야만 한다.

셋째, 사건의 형태성이 명확해야 한다. 탐정조사과정에서 사건이 전체적으로 집약되어 있는 것을 일반적으로 사건의 형태성이라고 부른다. 조사대상자와 관련한 정보와 내용을 전체적으로 완전한 형태로 갖추어 획득하기는 어렵다. 개인과 관련한 또는 사건과 관련한 정보는 상황에 따라 제공되는 내용과 양이 다르며, 정보를 취득하는 수단과 방법도 조사의 주체에 따라 크게 달라진다는 점에서 이러한 상황은 어쩔 수 없는 경우라 볼 수 있다.

일부의 자료나 사전정보만을 가지고 전체에 관련한 사건을 확인하고 추적하며, 조사해야만 하는 것이 탐정조사 분야의 숙명이다. 이를 위해서는 비록 적은 양의 정보라 하더라도 이것이 체계적으로 정리가 되어야 하는데, 결국에는 형태성이라는 측면에서 제대로 모습을 갖추는 것이 가장 중요한 키 포인트(key point)이다. 예를 들어, 개인에 대한 조사과정에서 단순히 직업이나 학력, 나이 등만을 확인할 수 있는 경우가 있는데, 탐정조사활동에서는 이 자체가 가지는 의미는 아주 크다. 왜냐하면, 비록 단순한 개인 신상 정보라 하더라도 조사대상자의 행위패턴이나 주변 환경에 대한 전반적인 이해가 충분히 가능함으로써 조사범위의 확대와 정확한 조사가 가능해지기 때문이다.

이를 위해서는 조사대상에 대한 내용들을 구체적으로 형태화함에 필요한 자료와 증거들을 되도록 많이 수집하는 동시에, 그러한 자료의 상호 관련성과 상관관계를 긴밀하게 연관지어 검토해야 할 필요가 있다. 이러한 자료나 증거, 정보가 상호 간에 모순이 된다거나 전체의 인정에 오히려 방해가 되서는 안 되며, 실제로 이러한 사안이 발생되는 경우에는 사건을 생생하게 재현시키기 어렵다.

2. 규범적 실체

탐정조사의 목적을 달성하기 위해서는 조사대상자의 행위나 행동 등이 사회적으로나 법률적으로 문제가 되는 경우여야 한다. 물론 불법적(不法的)이나 탈법적(脫法的)인 경우가 아닌 경우도 있을 수 있겠지만 대부분의 의뢰대상은 법률을 위반하는 경우이다. 본래 실제의 활동에 있어서 불법적인 사실의 인정과 법률에 의한 사법적 처벌의 적용은 동시적으로 상호불가분의 관계를 맺고 있다. 행위나 사건의 전모에 대한 정확하고 개괄적인 평가가 시작되면서 조사활동은 본격적인 효과를 드러내게 되는데, 그 과정에서 시간상의 전개와 함께 어떠한 부분이 법률적으로 문제가 되는지에 관한 법리적인 평가와 검토작업이 동시에 진행된다.

조사활동에 있어서 반드시 법률적으로 범죄나 불법이 성립되는 평가를 받은 행위나 사건, 조사대상자에 대해서 조사를 하는 것은 아니다. 불법이 아닌 부분이라 하더라도 개인의 프라이버시나 가정의 평화, 기업이나 조직의 이익을 위한 목적에서 조사의뢰가 들어와 조사행위에 착수하는 경우도 많은 실정이다. 탐정이나 탐정기업은 자신들이 착수하게 될 조사행위가 실정법에 위배되는 부분이 없는지에 관하여 반드시 사전에 정확한 법률적 검토와 정보의 수집활동을 벌여야만 한다. 단순하게 의뢰인의 말만 믿고 조사과정에 착수할 경우에는 심각한 문제를 경험하게 될 가능성이 높으며, 조사과정에서 불법행위로 인한 사법적인 처벌까지도 감수해야 하는 극단적 상황이 전개될 수 있다.

조사활동과 관련한 법률적인 내용은 여러 법령에 구체적으로 명시되어 있다. 따라서 이에 관련한 정보를 사전에 조사해 보고, 이렇게 확인한 내용을 바탕으로 하여 명확하게 손을 대야 할 부분과 대서는 안 될 부분을 확인하는 절차가 필요하다. 조사활동이 실정법령에 저촉되지 않기 위해서는 다음의 네 가지에 대한 사전 검토작업이 선행되어야 한다. 첫째로, 형법이나 형사특별법상 탐정조사행위가 구성요건에 해당하는지에 대한 검토를 해봐야 한다. 둘째로, 위법성이 있는 행위가 될 수 있는 가능성을 파악해야 한다. 셋째로, 법률적인 책임성이 있는 행위의 포함 가능성을 참고해야 한다. 넷째로, 가벌성이 있는 행위가 되는지에 관한 확인작업이 필요하다.

이상의 네 가지 내용에 대한 형사법적인 문제를 심도 있게 검토하여 보고, 불법적인 점이나 편법적인 점이 있다고 판단되는 경우에는 사건의뢰나 조사의뢰를 접수해서는 안 된다. 조사는 기존의 형사사법기관이 제대로 처리하지 못하는 분야의 문제들을 보완적으로 해결해주는 작용을 하기 때문에 그만큼 조심스러운 부분이 많다. 이를 탐정과 탐정기업이 인식하여 단 하나의 불법적인 내용이라도 개입할 수 없도록 원천적으로 차단하는 노력이 중요하다.

제4절 탐정조사의 기본적 이념

1. 실체적 진실의 확인

탐정업의 가장 핵심적인 이념은 실체적 진실의 확인이다. 조사를 의뢰한 의뢰인은 자신이 알고자 하는 사안을 정확하게 파악하기 위해서 탐정이나 탐정기업에 사건을 의뢰하게 된다. 이렇게 의뢰가 들어온 사건은 조사담당요원이 합법적인 범위 안에서 정확하게 그 실체적인 진실을 파악하여 의뢰인에게 보고를 해주어야 할 의무가 있다. 실체적인 진실의 발견은 기본적인 사실의 확인과 함께 정보업무와 관련된 전 분야에 공통적으로 적용되는 내용이라고 볼 수 있다. 실체적 진실은 조사대상자의 행위나 발언,

주변 인물들과의 인과관계 등을 복합적으로 파악하는 가운데 서서히 드러나는 양태를 보인다. 이는 의뢰인이 제시한 조사대상자의 일반적인 성격이나 특징에 치우치지 않고 탐정이 새롭게 대상자의 실제적 모습을 발견하는 과정과도 밀접하게 연관된다.

조사를 통해 얻게 되는 실체적 진실의 내용에는 다음과 같은 한계가 존재한다.

첫째, 인간의 능력적인 한계와 법적, 제도적으로 주어진 권한상의 한계가 있다. 개개의 사건의 진실을 발견하기 위해서 무한한 비용과 시간, 그리고 노력을 들일 수는 없다. 또한 사후에 절대적인 진실을 완전하게 확인하는 것이 대부분 불가능하므로 가능한 범위 안에서 객관적인 진실에 접근하려는 것이 '실체적 진실 발견을 위한' 조사 분야의 이념이라 할 것이다.

둘째, 조사가 실체적인 진실을 발견하고자 해도 다른 실익이나 이익, 목표 등과 상호 상충됨으로 인해 제약을 받는 경우가 있다. 군사적 목적의 비밀(군사기밀, 안보기밀)이나, 공무상의 비밀, 업무상의 비밀에 속하는 사항, 장소 또는 물건에 대한 수색이나 진입권의 부재 등이 원인이 되어 조사를 진행하는 데 많은 제약을 받게 된다.

셋째, 사법권이 주어지지 않음으로 인해 나타나는 한계가 존재한다. 탐정에 대한 권한을 부여하는 대부분의 선진국에서도 현행범에 대한 일반인들의 체포권 이외에는 어떠한 사법권도 부여하지 않고 있다. 대신에 합법적인 범위 안에서 제한적인 범위를 부여함으로써 이 안에서는 얼마든지 무제한적으로 정보와 사건조사를 할 수 있도록 권한을 부여해준다. 이러한 탐정의 권한은 제도 자체의 정책에는 긍정적인 영향을 미쳤으나, 장기적으로 보았을 때 탐정업을 우물 안의 개구리로 만드는 결과를 초래하고 말았다.

우리의 현실과 같이 탐정업을 합법화하지 않은 상황 속에서 현재도 엄청난 내부적 분란과 팽창, 그리고 어마어마한 속도의 변화상을 보여주고 있다. 반면에 이 분야에 대한 제도권의 배려와 제도적인 장치들이 마련된다면 그 이후부터 탐정업은 서서히 변화를 해가는 모습을 보이면서도 발전과 변화가 아닌 정체라는 새로운 적과의 전쟁을 벌여야만 한다. 탐정업은 합법화되건, 제도화되건, 아니면 아예 지금과 같이 합법적인 범위의 밖에서 진행되건 간에 사법권이 없다는 제한성의 멍에에서 벗어날 수 없다. 그리고 이러한 멍에가 조사내용의 정확성과 진실성에 적잖이 부정적인 영향을 초래할 수 있다.

2. 의뢰인의 실질적 지원(수익자 부담의 원칙)

탐정업은 세계적으로 엄연한 산업으로서 인정을 받는 고부가가치 서비스업이다. 핑커톤(Pinkerton)과 같은 세계적인 규모의 탐정기업들이 막대한 부를 창출하고 있으며, 인력과 기술, 장비, 심지어 서비스 상품을 다른 외국으로 판매하여 엄청난 이익을 가져가고 있다. 이는 사건의 조사를 맡긴 의뢰인들이 정보의 수집이나 조사를 위해 막대한 비용을 지불하고 있는 것과 맥을 같이한다.

수익자 부담의 원칙(You get what you pay for)을 통해 탐정업은 그만한 이익을 창출하게 되며, 이러한 이익을 통해 우수한 인력들이 탐정 분야로 대거 유입된다. 만약 경제적으로 일정한 보장이 되지 않는 상태라면 탐정업이 지금과 같은 속도로 급격하게 발달하지는 못했을 것이다. 탐정조사활동을 통해 일정한 수익이 나오고, 이러한 수익 가운데 일부가 조사방법의 개발이나 수법의 개선 등에 투입되면서 더 많은 이익의 창출로 이어진다. 의뢰인이 수익자 부담의 차원에서 비용을 부담하지 않는다면 이 자체만을 놓고 보았을 때, 경찰의 범죄수사와 별반 차이가 없다고도 할 수 있을 것이다.

경찰은 공적인 탐정이라고 보면 이해가 빠르다. 이들이 사용하는 비용과 장비는 전부 국민들이 거둬들인 세금을 통해서 조달된다. 따라서 이들은 세금을 낸 국민들이 요구하는 바대로 수사활동을 벌일 수밖에 없다. 마찬가지로 탐정이나 탐정법인들도 수익을 내야 하며, 비용을 부담하는 의뢰인들을 위해서 최선의 서비스와 노력을 다해야 하는 것이다.

3. 법률의 준수와 편법 및 불법의 배척

탐정 분야에서 가장 유념해야 할 부분의 하나는 현행 법령을 제대로 준수해야 한다는 점이다. 예를 들어, 탐정이 조사하던 사건 가운데 경찰기관이 수사 및 조사를 하는 사안과 겹쳐 곤란을 겪게 되는 경우를 종종 발견할 수 있다. 원칙적으로 탐정은 합법적인 범위 안에서 형사사법기관의 도움을 받기 어려운 의뢰인들을 지원하는 목적을 가진다. 만약 이러한 원칙에서 벗어난다면 해당 탐정과 탐정법인은 사법적, 제도적인 제재를 받게 됨은 물론이고, 다른 여러 부분에서 어려운 상황을 동시다발적으로 겪게 될 것이다. 불법적인 행위의 배척을 통해 탐정업은 형사사법기관의 수사기능을 보완해주는 상호 보조적인 기능을 수행할 수 있는 것이다. 일찍부터 탐정업을 허용해 온 미국에서는 이러한 기능적인 장점을 충분히 이해한 경우라고 하겠다.

미국에서는 막대한 양의 범죄사건이 벌어지고 있으며, 경찰의 나라라고 하는 미국에서조차 모든 경찰력을 동원해도 곳곳에서 일어나는 범죄사건에 효과적인 대응을 하지 못하는 실정이다. 따라서 범죄사건의 피해자나 당사자 또는 이해관계인이 스스로 비용을 들여 피해의 내용을 확인하고 상대방을 형사고발하기 위해 탐정을 고용하는 사례가 흔하게 일어나고 있으며, 이를 통해 범죄수사의 한계성을 크게 극복하고 있다.

4. 관련 정보의 비공개원칙 준수

사건에 대한 조사를 탐정이나 탐정법인에 의뢰한 의뢰인은 그만큼 개인적으로 사안에 대한 보안성이나 비밀엄수가 필요하기 때문에 이러한 결정을 내린 것이다. 만약 관련된 정보나 각종 내용의 비밀을 지킬 필요성이 거의 없다고 할 경우에는 굳이 사안의 처리를 탐정 분야에 맡길 필요성이 없을 수 있다. 오히려 모든 조건을 무시하고 경찰이나 검찰과 같은 형사사법기관에 조사나 수사를 의뢰하는 편이 훨씬 나을 수도 있다.

의뢰인이 비용을 들여가면서 특정한 사안에 대한 조사를 맡기는 과정에서 의뢰인의 사생활(privacy)에 대한 보호는 물론이고 다른 관련 내용 전체에 대한 보안성을 최대한도로 보장할 수 있도록 노력해야 한다. 사건에 대한 조사가 완벽하게 이루어졌다 하더라도 의뢰인 개인이나 관련된 다른 여타의 내용에 대한 비밀이 보장되지 못했다면 이 자체만으로도 모든 탐정조사과정은 실패한 것으로 간주될 수 있다.

보안성을 보장해 주어야 하는 정보의 유형은 아주 다양하다. 의뢰인의 성명이나 주소, 직업 등의 매우 기초적인 정보와 자료에서 시작하여, 조사대상자 또는 추적대상자의 신상정보 및 관계인에 대한 정보에 이르기까지 방대한 양의 정보를 보안성을 기반으로 유출되지 않도록 주의해야 한다. 미국이나 영국의 탐정기업들은 특정 의뢰인을 전담하는 요원 이외에 다른 그 어떠한 조사요원도 자신이 담당하지 않는 의뢰인과 관련한 신상정보를 취급하지 못하도록 규정하고 있다.

또한 자신이 가지고 있는 의뢰인과 관련한 정보를 관련된 자나 또는 같은 조직 내의 다른 탐정에게 공개하는 경우에는 이에 대한 철저한 내사와 징계를 수행한다. 아무리 좋은 내용을 의뢰인에게 제시하더라도 이미 자신과 관련한 또는 사건과 관련한 정보를 다른 사람이 알아버린다면 이것만으로도 큰 실패를 자행한 것이라고 판단할 수밖에 없다.

의뢰인이나 사건에 대한 정보가 가장 쉽게 유출되는 경우는 주로 이들이 유명인이거나 웬만한 사람들도 잘 아는 사람인 경우이다. 연예인이나 유명정치인, 기타 사회적으로 어느 정도의 인지도를 가진 사람을 담당한 탐정이, 아는 사람과의 술좌석이나 기타 여러 공적·사적 장소에서 의뢰인에 대한 조사과정이나 조사 결과를 자랑삼아 이야기하는 경우가 대표적인 정보유출 패턴이다. 특히 우리나라와 같이 술을 매개로 하여 인간관계의 형성이 잘 이루어지는 사회적 환경 속에서 이러한 과정을 통한 정보의 유출은 너무 쉽게 이루어지는 형편이다.

탐정에 의한 직접적·간접적 유출 이외에도 컴퓨터나 기타 정보통신매체를 이용한 정보의 유출도 있다. 일반적으로 사무나 기타 용도로 사용되는 모든 컴퓨터(computer)는 인터넷(internet)이나 인트라넷(intranet)에 연결되어 있다. 최근 들어 가볍게 들고 다니는 노트북컴퓨터(notebook computer) 또는 PDA 컴퓨터가 크게 늘어나면서 언제든지 다른 사람과 쉽게 무선으로 정보를 주고받을 수 있는 상황이 되었다.

아주 쉽게 정보를 주고받을 수 있다는 것은 역으로 생각했을 경우에 언제든지 쉽게 정보를 외부로 유출 가능하다는 의미이기도 하다. 결과적으로, 의뢰인이나 조사 관련 사안에 대한 정보의 유출을 마음먹을 경우에는 너무나도 쉽게 이러한 정보들을 내보낼 수 있다는데 문제의 핵심이 존재한다. 탐정기업이 아무리 강력한 보안책을 활용한다고 하더라도 요원이나 행정직원 또는 관련된 정보원이 이를 유출하고자 마음먹었다면 거의 막기가 어려울 수 있다.

제5절 탐정제도 공인화에 대한 찬반양론

1. 공인탐정제도 입법화 찬성 측의 입장

2015년까지는 민간조사업(民間調査業)으로 불렸던 공인탐정업은 제19대 국회에 새로 법률안이 발의되면서 '공인탐정업법'으로 변경되어 제출된 상태이다. 따라서 2015년 이전까지의 대부분의 학술논문이나 학술자료는 민간조사 또는 민간조사업이라는 명칭을 쓰고 있었다. 하지만 새로 개원된 국회에서는 '공인탐정(Certificated Private Investigator)'이 정식 명칭으로 변경된 상황이다. 공인탐정업의 합법화를 주장하는 측에서는 다음의 논리적 근거와 내용을 제시하고 있다. 이를 세부적으로 분석하면 다음과 같다(조규범, 2013: 2).

1) 미아·가출사건 지원

미아사건과 가출사건에 대한 조사에 있어서 경찰력의 접근이 부족하거나 어려운 점을 공인탐정제도의 도입을 통해서 충분히 보완이 가능하다는 점을 강조한다. 실제로 경찰청의 공식 발표에 따르면 2016년도 한 해 동안 실종으로 신고된 아동은 모두 19,870명이며, 이 가운데 2017년 8월 말까지 가정으로 돌아오지 못한 아동의 숫자는 무려 182명에 달하고 있다.

통상적으로 국가에서 정의하는 실종아동이란 실종신고 당시에 만 18세 미만 아동으로서 약취, 유인, 유기, 사고 등으로 인해 또는 가출을 하거나 길을 잃는 등의 이유로 보호자로부터 이탈된 아동을 뜻하고 있다. 최근 5년 간의 실종아동 숫자만 보더라도 이 문제가 사회적으로 큰 이슈임을 알 수 있다.

실종아동은 2012년 27,295건, 2013년 23,089건, 2014년 21,591건, 2015년 19,428건으로 매년 감소하는 추세를 보이다가 2016년에 다시 늘어나는 상황을 보이고 있으며, 특히 장기미아 사건이 늘어남으로 인해 해당 아동의 가족과 부모가 입는 정신적 피해와 상처는 극히 심각하다. 특히, 아동을 아예 찾지 못하는 장기미아 사건의 경우에 계속 늘어나 2012년 4명, 2013년 0명, 2014년 5명, 2015년 9명이었던 것이 2016년 들어 182명으로 크게 증가한 것으로 나타났다(경찰청, 2017).

물론 '원영이 사건'으로 불리는 아동학대치사사건으로 인해 장기미아에 대한 경찰청과 교육청의 전수조사과정에서 182명이 나타나기는 하였지만 여전이 집에 돌아오지 않는 아동의 문제는 사회적으로 방치할 수 없는 문제이다. 따라서 찬성을 주장하는 측에서는 이러한 미아뿐만 아니라 가출인에 대한 직접적인 행적 추적을 위해서 공인탐정제도를 시급히 도입해야 한다는 논리를 펼치고 있다.

경찰청에서는 미아와 가출인에 대한 추적을 위해 다각도로 노력을 하고는 있지만 실제로 이러한 업무에 투입되는 경찰력은 형편없는 수준이다. 일선 경찰서에서 전담인력이나 팀을 구성하여 한 두 사건을 수년 간 수사하는 데에는 여러 가지 제한이 있기 때문이다. 2017년 8월 현재 전국에 학대예방경찰관(APO) 200명이 편성되어 업무를 수행하고 있지만 아동학대, 성범죄수사, 학교폭력 등의 업무를 중첩적으로 담당함으로 인해서 장기 실종자에 대한 추적과 수사에 제대로 집중하기 어려운 현실이다.

2) 전문적 지식과 조사능력이 필요한 사건의 증가

다음으로, 제기되는 찬성 측의 논리적 근거로서 전문지식이 필요한 범죄사건의 증가를 들 수 있다. 범죄의 전문화, 지능화는 수사기관의 조직변화만 보더라도 쉽게 알 수 있다. 기존의 형사, 수사로 구분되던 기능이 점차적으로 세분화되어, 형사와 수사의 구분이 아닌 범죄 영역별 세분화 방향으로 나아가고 있다. 지능범죄수사, 보안수사, 사이버수사, 지적재산권수사, 국제범죄수사, 아동여성범죄수사, 마약수사, 불법도박수사, 보이스피싱범죄 수사 등으로 다양화되는 경향이 그것이다.

그만큼 수사관의 입장에서도 전문성이 필요할 뿐만 아니라 첨단화, 지능화되는 범죄자들의 수법에 대한 다년 간의 경험과 연구가 요구된다. 문제는 범죄자들의 빠른 변화상을 경찰이나 검찰과 같은 수사기관이 제대로 뒤따라가지 못하고 있다는 점이다. 검찰도 경찰이 송치한 사건에 대해서 법리적용에 어려움을 겪는 사건이 있을 정도이며, 많은 법률지식과 전문지식으로 무장한 범죄자들의 범죄행위를 파악하고 이에 대해서 처벌을 가하기 위해서는 민간 영역 전문가들의 전문지식을 적극 활용하는 조치가 있어야 한다. 여기에 사설탐정의 활용은 민간영역의 전문지식을 조사업무에 수혈할 수 있는 좋은 영양제가 될 수 있으며, 특히 사이버범죄 및 보이스피싱범죄 수사나 불법 다단계범죄, 불법여수신범죄에 도움이 될 것이라 찬성 측은 보고 있다.

3) 기존 불법 심부름센터의 일괄 정비효과

우리 사회에 암암리에 운영되고 있는 심부름센터나 흥신소 등은 대부분이 불법업체이다. 따라서 이들을 정리할 필요성이 법률 분야를 중심으로 제기되고 있으며, 특히 변호사와 변리사, 법무사 등의 전문자격증을 가진 전문가들의 사업 영역에 큰 악영향을 미치고 있다. 현재 불법 조사업무에 대해서는 변호사법 위반이나 법무사법 위반, 개인정보보호법, 통신비밀보호법, 정보통신망 이용 등에 관한 법률, 신용조사업법 등의 여러 법률을 통해 분산된 처벌이 이뤄지고 있다(경인일보, 2017.9.12).

물론 각각의 불법업자나 불법업소들이 하고 있는 일이 각양각색이기 때문에 이를 처벌하는 형사사법기관의 입장에서는 개별적인 불법 영역에 맞는 법률을 적용하여 법원에 처벌을 구할 수밖에 없을 것이다. 하지만 일본과 같이 전격적으로 공인탐정업법을 시행한다면 그에 맞춰서 처벌의 내용이나 수위가 정비될 수 있다는 점에서, 한번에 많은 수의 불법업자나 업체들을 처벌하고 정비할 수 있는 근거가 될 수 있다는 주장이 제기된다. 이러한 점에서 공인탐정업법의 제정을 통해서 불법업자와 불법업체의 출현을 어느 정도 통제할 수 있다는 논리가 점차적으로 사회적 설득력을 얻고 있다.

4) 사회적 약자 대상 범죄문제의 지원

공인탐정업의 개시를 주장하는 측에서는 '주먹보다 먼 법(法)'을 느끼는 일반서민들에게 가까운 합법적인 자기구제방법으로서 탐정이 큰 도움이 될 수 있다는 논리를 제시하고 있다. 실제로 사기를 통해 서민들의 돈을 사취(詐取)한 사기범의 행적을 모르는 피해자의 입장에서 탐정은 좋은 구제수단이 될 수 있다. 서민의 입장에서는 법적으로 처벌해야 할 사람이 누구인지 모르고, 어디에 사는지를 제대로 모르며, 사기를 당하는 사람들이 생각보다 많기에 탐정은 범죄자의 실체를 알려주는 좋은 자료원으로서의 역할을 할 수 있다고 보는 것이다.

성범죄 또한 마찬가지로서 최근에 경찰, 검찰, 형사법원의 성범죄를 바라보는 인식이 많이 개선되기는 하였지만 여전히 성폭행범의 범죄혐의와 증거를 입증하기가 어려운 상황이 많다. 이를 전문지식을 갖추고 있는 전직 수사관이나 조사관이 일정한 수임료를 받고 증거수집활동에 도움을 주거나 또는 공익적 차원에서 자격을 갖춘 공인탐정이 무보수로 지원조사를 할 수 있도록 한다면 사회적 약자의 보호 차원 및 사회공익적 관점에서 공인탐정제도가 커다란 도움이 될 수 있다고 주장한다.

일부 공인탐정을 부정적으로 바라보는 측에서는 돈만 바라보고 일을 하는 집단이기 때문에 사회적 폐해와 해악의 합법적 조장이 강화될 수 있다는 논리를 제공한다. 하지만 변호사 사회 안에서도 공익적 목적으로 무료변론을 해주는 변호사 집단이 존재하듯이 공인탐정의 경우에도 무보수로 사회적 약자에 대한 무료조사를 지원해주는 탐정이 존재할 수 있다는 점에 대해서는 부인의 여지가 없을 것이다.

5) 직업적 영역의 확대를 통한 사회적 일자리 창출

탐정산업은 기존에 없던 새로운 직역을 창출함으로써 사회적 일자리를 제공하고 부가가치를 생산할 수 있는 경제적 효과도 가진다. 문재인 정부도 출범 이후 '일자리 창출'을 주요 정책으로 내걸고 역점적으로 추진하고 있으나, 문제는 기존의 직업군만으로는 일자리 창출의 효과가 그리 크지 않다는 점이다.

일자리 정책의 한계를 극복하기 위해서는 기존에 존재하지 않던 새로운 유형의 직업군을 만드는 것이 필요하며, 그 범위에 있어서도 청년층의 일자리뿐만 아니라 중장년

층의 일자리 창출을 위한 영역이 제시되어야만 정책의 효과가 커진다는 점이다(류호진, 2015: 8-9).

공인탐정업을 찬성하는 측에서는 공인탐정이 양질의 일자리가 될 수 있다는 점을 역설하고 있다. 특히, 고령의 퇴직 사법공무원이나 과학기술자, 금융인들이 탐정업으로 들어옴으로써 연령에 어느 정도 구애를 받지 않고 일을 할 수 있으며, 이는 사회 전반적으로 고용구조의 개량에 큰 효과가 있을 것으로 내다본다. 물론 여기에는 아직 구체적 데이터가 존재하는 것은 아니지만, 이와 비슷한 다른 직역의 사례를 비교 · 검토할 경우 일정한 효과성이 나타나는 것으로 해석된다.

대표적으로 국세청에서 근무경험이 있는 전문 퇴직공무원들이 세무사 자격을 취득하여 세정업무에 많은 도움을 주고 있으며, 관세청 출신이 주로 유입되고 있는 관세사, 특허청 출신이 많이 유입되고 있는 변리사, 경찰관 출신이 많이 유입되는 경비지도사 등의 여러 선례들이 긍정적 효과를 간접적으로 입증하고 있다(박규종, 2012: 50-51). 매년 2만 명 이상의 경찰관과 해양경찰관, 특별사법경찰관이 정년퇴직을 하는 상황 하에서 이들이 수십 년 간 체득해 온 조사기법과 경험을 탐정 영역에 투입할 수 있는 기회를 제공하는 것은 사회적으로도 유용하며, 대학 졸업 후 청년 취업난을 겪고 있는 젊은 고급인력들의 새로운 직업 영역을 구축한다는 차원에서도 공인탐정은 그 효과가 실로 막대하다는 주장이 설득력을 얻고 있다.

2. 공인탐정제도 입법화 반대 측의 입장

1) 변호사 등과의 업무중복으로 인한 갈등 발생

가장 많이 대두되는 지적으로서 기존의 법률서비스 전문가인 변호사나 변리사, 법무사 등과의 업무중복으로 인한 갈등양상이 있다는 설명이다. 현재 변호사법에서는 거의 광범위한 의뢰인 관련 조사업무가 가능하도록 되어 있다. 다만, 불법적인 방법이나 개인의 프라이버시 등을 침해하는 것은 처벌하도록 하고 있다. 문제는 공인탐정업이 법제화되어 신임 공인탐정이 출현하게 되면, 현장조사나 소송 및 사건 관련 실제조사 대부분이 변호사나 로펌에 의뢰되지 않고 탐정에게 이러한 시장이 넘어갈 수 있다는 법률업계의 위기의식이 작용하는 것으로 분석된다(박규종, 2012: 52).

물론 이와 같은 우려에 대해서 논리적 근거가 약하다고 볼 수만은 없다. 찬성을 주장하는 측에서는 변호사들만의 침범 불가능한 고유 영역이 있으므로 문제가 없고, 불성실한 조사와 변론으로 인해 유무형의 피해를 입는 의뢰인의 숫자 또한 만만치 않다는 점에서 선의의 경쟁관계와 공존관계 형성을 위해 공인탐정이 필요하다는 반박논리를 제시하고 있다. 공인탐정이 제대로 정착하기 위해서는 기존의 직업군에 대한 피해가 최소화되어야 한다는 전제조건이 반드시 있어야 할 것이며, 특히 공인탐정법 내에 변호사의 업무 영역을 침해하는 행위는 하지 못하도록 하는 금지규정이 들어간다면 이러한 문제는 일정 부분 해소될 수 있을 것으로 전망된다.

현재의 법률서비스 시장은 변호사 정원의 급증으로 인해 큰 변혁을 보이고 있다. 특히 변호사의 숫자가 로스쿨 출범 이후로 급증하면서 치열한 서비스 경쟁도 이뤄지고 있다. 이 때문에 변호사업계 종사자들은 수년 내에 5만 명이 넘어갈 것으로 예상되는 변호사만으로도 충분히 탐정서비스와 동일한 수준의 법률서비스 제공이 가능한 것으로 보고 있다(경인일보, 2017.9.12).

변호사법에서는 변호사가 아닌 자가 일정한 대가를 받고 소송, 심판, 조사사건 등에 대한 정보를 제공하는 경우에 변호사법의 규정에 의거하여 처벌하도록 규정하고 있다. 실제로 공인탐정법이 시행될 경우에 일부 공인탐정들이 소송사건과 관련한 정보를 수집, 분석, 제공하는 경우에 기존의 변호사법과 상충하는 문제가 발생할 수 있으며, 이에 대한 정비가 없는 상태에서 공인탐정은 불법행위를 합법적인 자격증을 가지고 저지르는 괴이한 상황이 발생할 수 있다는 일각의 목소리도 짚고 넘어가야 할 부분이다(아시아경제, 2017.6.19).

2) 수사기관과의 유착문제

수사기관과의 유착 가능성도 큰 반대이유가 되고 있다. 공인탐정법안이 여러 의원에 의해서 입법발의되었지만 공통적으로 경찰, 해양경찰, 검찰, 특별사법경찰, 국가정보원, 군수사기관 등에서 사법경찰업무를 10년 이상 경험한 경력자를 대상으로 하여 1차 시험을 면제해주는 내용이 포함되어 있다. 이는 기존의 행정사나 경비지도사, 세무사, 변리사, 관세사 등의 전문면허제도와 비슷한 혜택이라고 볼 수도 있다.

그런데 문제는 이러한 식으로 장기간 사법경찰업무를 수행한 수사경력자들 상당수가 수사간부일 수밖에 없고, 만약 이들이 대거 공인탐정시험에 합격하여 업무를 보는 경우에 자신이 관리하던 후배 수사관들과의 유착관계를 통해 문제를 일으키는 상황이 많이 나타날 수 있다는 우려다. 실제로 대한변호사협회는 이와 같은 수사경력자의 1차

시험 면제는 중요 개인정보수집에 유리한 전직 수사관들이 대거 탐정그룹으로 들어오게 된다는 것을 의미하며, 이는 국민의 중요 개인정보가 탐정과 수사관의 유착관계 또는 전관예우관계로 인해 위험에 노출될 수 있다는 문제점을 강하게 제기하기도 하였다.

지금도 일부 퇴직경찰관들이 불법 채권추심이나 정보수집업무에 개입하다 처벌되기도 하며, 이는 공인탐정제도의 시행에 큰 걸림돌이 되고 있다. 단순하게 탐정들의 윤리의식 제고나 교육만으로 해결될 수 있는 일은 결코 아니며, 제도적으로 윤리규정에 대한 처벌을 변호사법 수준으로 강화하여 문제를 일으키는 탐정이나 탐정법인을 시장에서 그 즉시 퇴출시킬 수 있는 안전장치의 마련이 담보되어야만 한다(김원중, 2006: 12).

3) 합법을 가장한 인권침해나 사생활 침해 등의 문제 발생

이 부분도 결코 무시할 수 없는 내용이다. 현재 탐정제도의 도입을 주장하는 측에서는 힘이 들고 고독한 피해자를 도울 수 있는 일종의 등대불로 공인탐정을 비유하고 있지만, 자칫 잘못하면 합법적인 면허를 받아 불법을 행하는 '양의 탈을 쓴 늑대'가 될 수 있다는 것이다. 우리 헌법에는 명확하게 개인의 사생활과 프라이버시, 이동의 자유, 표현의 자유, 통신의 자유 등 기본적 인권을 명시하고 있다.

문제는 수단과 방법을 가리지 않고 공인탐정이라는 자격 하에서 헌법상 개인의 권리를 침해하는 행위를 자행하는 경우가 발생할 수 있다는 점이다. 이미 일본의 경우에도 이러한 문제로 인해 '원아웃제도(One Strike Out)'를 시행하고 있을 정도로 법률상 규정된 내용 이외의 행위로 인한 사생활 침해 등에 대해서는 강력한 처벌을 하고 있다. 공인탐정법 시행 초기에 문제가 되는 부분을 수정하면 된다고 찬성 측에서 주장하고 있지만, 실제로 국민 개개인의 인권이 달린 문제라는 점에서 절대로 시행착오나 초기의 시행미숙이 존재해서는 안 된다.

아울러 불법적으로 업무를 수행하던 기존의 심부름센터나 흥신소 업주나 구성원, 관계자 등이 시험을 통과하여 합법적인 탐정 영역으로 진입하게 될 경우에 이들에 의해서 시장의 질서가 문란해지고, 여러 가지 위법적인 행위를 자행할 수 있는 가능성에 대해서도 정확하게 여러 가지 상황을 가정해보고, 이에 대한 확실한 예방책을 마련해야만 한다(김원중, 2006: 13). 물론 찬성 측에서는 교육과정이나 신원조회 등을 통해 철저하게 필터링(filtering)이 가능하다고 보지만, 실제에서는 신원조회 과정에서 불법적 마인드를 가진 인력이 통과할 가능성도 배제할 수 없다.

대표적인 탐정업무의 하나인 특정 인사에 대한 미행과 추적의 경우에 법률상으로는 합법적인 범위 안에서 적법한 미행, 추적이 가능하도록 하고 있지만 그 세부적인 내용이 제대로 구성되기 어렵다는 점에서 잦은 법률적 분쟁과 소송발생의 우려가 크며, 이에 대한 법원의 해석을 일일이 받아야 한다는 점도 결코 쉬운 과정이 아니다.

이러한 문제를 일찍이 경험한 스페인의 경우에는 탐정이 되는 자격을 까다롭게 함으로써 고객과 시민의 이익을 동시에 보호하고자 하는 노력을 기울였다. 일단 만 18세 이상의 스페인 국적을 가진 자로서 반드시 학사학위(Bachelor Degree: BA)를 가진 경우에만 탐정시험에 응시하여 탐정자격을 취득할 수 있도록 하고 있다. 사회적·법률적 지식이 적은 자에게 공인탐정의 자격을 부여할 경우에 발생할 수 있는 부작용을 미연에 차단하기 위한 극단적 학력제한 조치로 판단된다. 아울러 사생활 침해나 폭력범죄, 신용관련 범죄에 최근 5년 간 처벌받은 경력이 있다면 이를 사유로 탐정자격의 취득을 제한하는 것도 같은 맥락에서 이해할 수 있다(권영희, 2007: 119-120).

탐정학개론

CHAPTER

05

역대 국회 탐정법제도의 도입 필요성과 법제화 방향

제1절 탐정업 제도화 논의 경과

과거 민간조사로 불렸던 공인탐정제도는 그간 국회에서 수차례 입법추진이 진행되었으나 여러 가지 사정에 의해서 법률이 본회의를 통과하지 못하고 좌절되는 상황이 발생하였다.

역대 국회에서 탐정업의 제도화 방향에 대한 입법정책적인 결정이 지연되고 있는 주요 원인은 대한변호사협회 등 관련 단체의 반대와 경찰청과 법무부 간 탐정업의 관리·감독 권한을 둘러싼 이견으로 인해 정부 차원의 단일한 의사결정이 이루어지지 못하였기 때문이었다. 즉, 기존의 경찰청과 검찰청, 법무부 및 대한변호사협회 등의 서로 다른 이견(異見)이 존재한다는 문제와 심부름센터 및 흥신소 등으로 불리는 불법적 사업에 대한 강한 부정적 이미지적 문제가 동시에 작용함으로 인해 나타난 결과로 볼 수 있다. 문제는 과거의 부정적 이미지와 기존의 사실조사 관련 업계의 강한 반발만으로 탐정시장을 그대로 방치하는 것은 국가적인 손실일 뿐만 아니라 향후 탐정업의 국제적인 개방에 국내 탐정기업 및 탐정업자들의 경쟁력을 떨어뜨리는 원인이 될 수 있다는 점이다.

이미 많은 학자들이 국내 탐정업의 공인화가 절실하게 필요함을 강력하게 주장하고 있으며, 이에 대한 학술세미나와 포럼도 다양하게 진행되고 있는 실정이다. 가장 먼저 민간탐정제도를 운영한 PIA 협회를 비롯한 여러 민간단체가 업자협력단체, 교육전문단체 또는 사단법인의 형태로 운영되고 있고, 많은 수의 민간탐정업자가 세무서에 신고하는 자영업자의 형태로 영업을 실행하고 있다. 이미 다수의 탐정업자들은 세무서에 탐정업종을 일종의 서비스업 세부 유형으로 등록 가능하다는 점에 대해서 만족하고 있으나 향후, 외국의 유명 탐정기업들이 국내로 진출하는 상황이 도래한다면 경쟁력을 상실한 채 국내 탐정시장을 고스란히 내주어야 한다는 우려를 내놓고 있는 실정이다.

지금 이 시점에서 탐정업의 경쟁력 제고 및 불법업무의 차단, 외국 탐정기업의 국내 진출에 대한 대비를 하기 위해서는 시급하게 탐정업을 국가공인으로 바꾸기 위한 입법과정 및 조치가 진행되어야 하며, 각급 직능단체 및 국가기관이 머리를 모아 발전적인 설계를 하는 쪽으로 노력을 해야만 한다.

최근 들어 지적재산권 침해 및 정보탈취와 관련하여 사회적 문제가 일고 있다. 특히 많은 비용을 들여 개발한 지적정보나 재산을 중국이나 동남아시아 지역으로 몰래 파는 사건들이 자주 발생하고 있으나 이에 대한 정확한 국가기관의 단속 및 처벌을 제대로 이뤄지지 못하고 있다. 국제 기술스파이 및 조직에 대해서 국가정보원(National Intelligence Service: NIS)이나 경찰청(National Police Agency: NPA) 등이 단속을 위해 노력하고 있으나 현실적으로 은밀한 기술유출 및 정보유출을 색출하지 못한다는 점에서 별도의 대응방안이 필요한 상황이다.

여기에 공인탐정은 아주 좋은 대안이 될 수 있다고 생각되며, 해외의 지사를 설립하거나 또는 전문탐정을 해당 국가에 파견하여 기술유출 및 산업스파이 행위 등에 대해서 적극적으로 사실조사 및 이에 대한 법적 조치의 강구 등을 해야만 한다. 역외탈세나 해외자산 은닉 또는 국제적 불법금융거래에 있어서도 공인탐정의 역할은 중요한 것이다. 하지만 이와 같은 업무들을 수행하기 위해서는 일정한 제도적인 뒷받침이 이뤄져야만 한다. 지금과 같은 방식으로 탐정제도를 완전 민간의 자유 영역으로 방치한다면 그에 따르는 부작용 및 손해를 국가와 국민들이 전부 볼 수밖에 없다고 생각된다. 이 장에서는 국내 탐정제도 공인화의 문제와 이를 위해 필요한 제도적 장치들이 무엇인지에 대해서 논의해보고 합리적인 활성화 방안을 모색해 보는 것을 주된 목적으로 한다.

제2절 역대 탐정업법 입법발의 내용과 쟁점

1. 제17대 국회

가장 먼저 탐정제도와 관련한 입법발의를 한 국회의원은 하순봉 의원이었다. 1999년 미국의 탐정제도와 일본의 탐정제도, 독일의 탐정제도 등을 적극적으로 참고하여 탐정법안을 제출하였으며, 크게 여섯 가지 영역의 업무를 수행할 수 있도록 정하였다. 첫째로, 범죄조사 및 위법행위와 부당행위에 대한 조사업무, 둘째로, 사람의 사망사건이나 상해사건, 물건이나 재산의 훼손이나 손상 관련 사건조사업무, 셋째로, 법정 증거와 관련한 조사업무, 넷째로, 분실 또는 도난당한 재산의 소재와 위치 등에 관한 조사업무, 다섯째로, 사생활을 침해하지 않는 범위 안에서 이뤄지는 대통령령으로 정한 조사업무, 여섯째로, 화재사건, 교통사고, 재산손실, 명예훼손 등에 대한 원인과 책임의 조사업무가 법안에 명시되었다. 당시로서는 파격적인 법률안이었으나 범죄 관련 조사가 사법기관의 업무범위를 침해한다는 비판이 일어 논의가 제대로 이뤄지지 못하였다.

공인탐정제도와 관련한 입법논의는 본격적으로 제17대 국회부터 시작되었다. 당시 2개의 탐정 관련 법안이 국회에 제출되었는데, 그 하나는 이상배 의원 대표발의안이었고, 다른 하나는 최재천 의원 대표발의안이었다. 먼저, 이상배 의원이 대표발의한 탐정 관련 법안의 명칭은 '민간조사업법안(2005년 9월)'이었다. 당시 탐정이라는 명칭이 생소하였음은 물론 공공 영역의 수사를 민간업자들이 하게 된다는 오해로 인해 가장 완화된 표현으로 민간조사업이라는 명칭을 사용하였다. 이 법안에서 탐정업에 대한 관리・감독기관을 경찰청으로 지정한 관계로 경찰청 소관 상임위원회인 행정자치위원회에 법안이 제출되었다. 하지만 이에 대한 논의가 제대로 이뤄지지 않았으며, 여당과 야당의 협의 또한 정확하게 진행되지 못함으로 인해 국회임기만료로 폐기되었다.

이상배 의원의 법률안 내용을 핵심적으로 요약하면 다음과 같다. 우선, 범죄 및 위법행위에 관한 조사를 탐정이 할 수 있도록 하였고, 분실 또는 도난당한 재산의 소재와 처분 등에 대한 확인업무가 가능하도록 규정하였다. 사망사건이나 상해사건, 물건의 손상과 관련한 원인과 책임조사업무와 소재불명의 친족 소재 파악 등에 관한 조사도 탐정이 할 수 있도록 명기되었다. 핵심적인 부분으로서 법원에 제출하고자 하는 사실을 증명할 수 있는 증거조사업무도 가능하도록 함으로써 법률서비스의 성격을 유지하는 데 역점을 두었다(이대선, 2019).

다음으로, 최재천 의원이 대표발의한 법안이 있는데, 이 역시도 명칭이 '민간조사업법안(2006년 4월)'이었다. 최재천 의원 측에서도 공인탐정이라는 명칭이 부담이 되었다는 부분을 엿볼 수 있으며, 앞의 이상배 의원 법안과 마찬가지로 민간조사 및 민간조사업자, 민간조사원 등을 공식적인 명칭으로 사용하였다. 최재천 의원의 법안은 경찰청이 아닌 법무부를 감독기관으로 지정하는 내용을 담고 있었다. 당연히 법제사법위원회를 소관 상임위원회로 지정해야 했으나 법안의 제출 및 시행에 대한 의지가 약한 관계로 소관 상임위원회 미지정 법안이 되어 국회의 임기만료로 폐기되고 말았다.

최재천 의원의 법안에서 특징적으로 볼 수 있는 부분은 행방불명자 및 상속인의 소재 파악과 소유불명재산의 실제 소유자확인 등과 같은 민법상의 재산권 관련 조사업무를 적극적으로 수행할 수 있도록 한 점이다. 아울러 국내・외 도피사범에 대한 소재 파악 및 신고업무를 정함으로써 형사사법서비스의 보조적인 임무도 가능토록 하였다. 대부분의 내용에 있어서는 이상배 의원의 법안과 거의 유사하지만 이와 같은 부분에서 차별성이 나타났다. 추가적으로 사이버범죄, 보험범죄, 지적재산권 침해범죄, 특허권

침해범죄, 기업의 회계부정범죄, 산업스파이범죄 등에 대해서 탐정의 조사업무 수행을 가능하게 함으로써 선진국의 전문탐정과 같은 수준의 업무부여가 인정되는 양상을 보였다.

당시 이상배 의원의 법안과 최재천 의원의 법안은 탐정업에 대한 경찰청과 법무부의 밥그릇 싸움으로 비춰졌다. 이는 감독기관의 지정 부분에서 여실히 드러나는데 그동안 탐정업의 공인화를 장기적으로 추진하였던 경찰청을 지지하는 입장에서 나온 법안이 이상배 의원 측의 법안이었으며, 이에 대응하고자 하는 법무부 측의 입장을 담은 법안은 최재천 의원 측의 법안이었다. 양쪽의 입장이 언뜻 보기에는 큰 차이가 없는 것 같지만 사실조사업의 입장에서 경찰청은 탐정 분야를 바라보는 반면에, 법무부는 법률서비스의 일환으로 탐정업을 바라보는 견해적 차이가 분명하였다.

또 다른 차원에서 제17대 국회의 탐정 관련 법안이 받고 있는 비판은 사생활을 침해하지 않는 범위 안에서 개인 관련 정보를 조사할 수 있도록 한 부분이다. 탐정의 업무가 자칫 잘못하게 되면 개인의 사생활을 과도하게 침해하거나 개인정보 보호법을 위반하는 상황이 발생하게 되는데, 이를 탐정업법의 일종의 시행령이라 할 수 있는 대통령령을 통해서 제한하도록 한 부분이 비판을 받았다. 사생활(privacy)은 법률에 정해진 개인의 권리가 아닌 헌법(憲法)에 규정되어 있는 핵심적 가치이다. 때문에 이와 관련한 제한사항을 법률이 아닌 대통령령으로 정하도록 한 것은 사생활의 보호라는 헌법적 가치를 보호하는 데 부족하다는 점에서 법률안 속에 그 내용을 명확하게 넣는 과정이 필요했다고 판단된다.

2. 제18대 국회

제18대 국회에 들어오면서 역시 마찬가지로 탐정업에 대한 입법발의는 계속되었다. 앞서 언급한 제17대 국회와 마찬가지로 경찰청의 입장을 대변하는 법안과 법무부의 입장을 대변하는 법안 두 가지가 동시에 제출되어 입법과정이 험난함을 예고하였다. 먼저, 경찰청의 입장을 대변하는 법안을 이인기 의원이 대표발의하였다. 이인기 의원 측 법안의 내용이 제17대 국회의 이상배 의원 법안과 확연하게 다른 부분은 별도의 민간조사업법을 제정하는 것이 아니라 기존의 유사한 성격을 가진 경비업법 안에 탐정업 영역을 두어 이를 제도화하려는 것이었다.

실제로 이인기 의원의 법안을 보면 그 명칭이 '경비업법 일부개정법률안(2008년 9

월)'으로 되어 있다. 기존의 경비업이 인력경비와 시설경비, 경호업 등으로 세분화되는 것에 추가하여 민간조사업(탐정업)을 추가하고자 하는 시도였다. 당연히 감독기관으로 기존의 민간경비업을 담당하던 경찰청을 주무감독기관으로 지정하였으며, 이 개정 법률안의 심의에 대한 권한도 국회 행정안전위원회로 지정되었다. 이에 대응하는 법무부 측의 법률안도 다음 해에 국회에 제출되었다. 이인기 의원의 법률안은 행정 소관 상임위원회를 통과하는 성공을 거두었다. 당시 행정안전위원회에서 경비업법 개정안이 통과되어 업계 종사자들의 큰 기대를 얻었으나 다음 단계인 국회 법제사법위원회에서 체계자구심사를 하는 과정에서 국회임기가 만료되는 상황에 직면하여 폐기되었다. 강성천 의원의 법률안 역시도 국회 임기만료로 폐기되고 말았다(승재현, 2017).

이인기 의원 법률안의 핵심적 가치는 신속하게 공인탐정제도를 제도화하는 것이었다. 법률을 별도로 만들어 제출하던 방식에서 벗어나서 기존의 경비업법의 틀 안에 새로운 경비업 영역으로 만들어 빠른 제도화를 이루고자 한 것이 중요한 내용이라고 생각된다. 이 법안에서는 탐정업을 민간경비의 하부 영역으로 규정하였으며, 미아와 가출인, 실종자 등의 소재 파악, 소재가 불명확한 물건의 소재 파악, 의뢰인의 피해 확인 및 그 원인에 대한 조사를 수행할 수 있도록 극히 간단하게 탐정의 업무 영역을 규정하였다.

물론 탐정업의 법제화가 필요하다는 현실적인 문제로 인해 경비업법 일부개정안이라는 변종적인 탐정법 통과를 시도하였다는 의미는 어느 정도 부여할 수 있겠지만 탐정업의 고유한 영역과 범죄예방업무를 담당하는 민간경비업의 고유한 영역이 분명히 다르다는 점에서 좋은 선택은 아닌 것으로 해석된다. 더욱이 탐정업이 민간경비 관련 협회와 기관의 통제를 받아야 함은 탐정업의 고유한 특성을 무시한 결정으로 비춰질 가능성이 높다는 점에서 이에 대한 비판도 분명히 제기될 수 있다고 생각된다. 연구자들의 생각으로는 민간경비업계가 새로운 성장동력으로서 탐정업을 선택한 것이 일부 영향을 미친 것으로 추정된다.

강성천 의원이 대표발의한 '민간조사업법안(2009년 4월)'은, 기존의 제17대 최재천 의원의 법안을 승계한 것으로 볼 수 있다. 강성천 의원의 법안은 법무부의 주장을 충실하게 담고 있으며, 주무감독기관으로 법무부를 지정하였고, 이를 심의하는 국회의 소관 상임위원회로 법제사법위원회를 지정하였다. 여하 간에 양측에서 법률안이 제출된 것은 탐정업의 제도화라는 측면에서는 좋은 일이었지만 기존의 제17대와 같은 상황이 벌어짐으로 인해 제대로 입법화되지는 못하였다.

강성천 의원 법안의 핵심은 기존 제17대 법안에서 과도하게 범위를 넓혔던 탐정의 활동범위를 현실성에 맞게 축소하고 세밀화하였다는 점이다. 대표적으로 개인의 사생활을 침해하지 않는 범위 안에서 개인정보수집이 대통령령에 의거하여 가능하도록 한 조항을 과감하게 삭제하였다. 이는 법안을 구성하는 과정에서 헌법적 가치인 개인의 사생활에 대해서 무차별적인 침해행위가 탐정에 의해 발생할 수 있다는 우려를 불식시키기 위한 조치로 분석된다.

아울러 업무의 세부적인 규정도 많은 부분 조정·변경되었는데, 대표적으로 미아·가출인 및 실종자의 소재 파악과 같은 공익적 목적의 업무를 정한 점, 불법행위자의 소재 파악을 구분하여 정한 점, 변호사가 정식으로 수임한 사건과 관련하여 증거자료를 변호사의 위임을 받아 수집·조사가 가능하도록 한 점이 큰 변화로 평가된다. 기존의 제17대 법안에서는 변호사와의 협업구조에 대한 언급이 법률안에 전혀 없었는데, 강성천 의원의 법안 안에서는 정상적인 변호사 사건에 대한 보조적 조사업무를 합법적으로 탐정이 할 수 있도록 명문화하였다.

또 다른 문제점으로 지적할 수 있는 부분은 변리사(辨理士)와의 협업부분이 빠졌다는 점이다. 변리사는 변호인의 특수 영역으로서 특허분쟁 및 유사한 법률분쟁에서 법률대리인을 담당하는 일종의 특허전문변호인 제도이다. 영어로 'Patent Attorney'라는 명칭을 사용한다는 점에서 오히려 일반적인 변호사보다도 산업스파이 및 지적재산권 전문탐정과 업무협업이 적극적으로 가능함에도 불구하고 당시 법률안에 이 규정이 추가되지 않은 부분은 아쉬운 점으로 남는다.

변리사와의 협업부분이 빠진 것의 연장선상으로 당시에 학계로부터 가장 큰 비판을 받은 부분이 있다. 보험범죄와 사이버범죄, 기업의 회계부정이나 내부비리, 지적재산권 침해범죄, 특허 관련 범죄 등에 대해서 조사업무 권한을 삭제한 부분이 문제가 되었다. 기존의 제17대 법안에서는 이 부분에 대한 정확한 규정을 둠으로써 21세기 첨단사회에서 탐정이 중요한 정보유출 및 첨단범죄 방지에 대한 협력자 내지는 파수꾼 역할이 가능하였으나, 강성천 의원의 법안 내에는 이와 같은 규정이 전부 삭제됨으로써 하이테크 탐정업무(Hi-Tech Private Investigation)가 불가능하도록 만드는 문제를 불러왔다. 물론 법안의 내용이었고 실제 입법화되지 않았지만 강성천 의원 측의 법안발의 의원들이 탐정제도에 대해서 보수적인 시각을 가지고 있다는 판단을 해볼 수 있는 내용이라고 사료된다.

3. 제19대 국회

제19대 국회에서는 본격적으로 탐정법을 제정하는 데 많은 국회의원들이 관심을 보이면서 여러 가지 방안들이 모색되었다. 대표적으로 제19대 국회에서 경찰 고위간부 출신인 윤재옥 의원이 적극적인 활동모습을 보여주었는데, 제19대 임기동안 2회의 탐정 관련 법안을 대표발의하였다. 가장 먼저 발의한 법안은 2012년 11월에 윤재옥 의원 대표발의의 '경비업법 전부개정법률안'이었다. 제18대와 마찬가지로 민간경비업의 일부 영역으로서 탐정업을 포함하는 것을 골자로 하였으며, 주무감독기관으로 경찰청을 지정하였다. 경찰청의 주무감독기관 지정으로 국회의 소관 상임위원회로 안전행정위원회가 지정되었다.

이 탐정법률안은 국회 소관 상임위원회를 통과하고 법제사법위원회의 심의를 통과하여 본회의 상정까지 이뤄졌다. 하지만 국회의 공전과 본회의 상정이 미뤄지는 과정에서 국회임기가 만료됨으로 인해 자동폐기되고 말았다. 경비업법 전부개정법률안은 경비업의 선진화를 위한 개정필요성에 따라 제기되었으며, 여기에 탐정업의 제도화를 부수적인 과제로 추진하고자 하였다. 제18대 국회의 경비업법 안에 탐정업을 포함하는 내용에 대한 비판과 마찬가지로 기본적 성격이 전혀 다른 민간경비업과 탐정업을 같은 범위 안으로 강제적으로 몰아넣는 상황을 조성하기 때문에 탐정업의 발전과 효율성 제고를 오히려 저해하는 문제점을 불러올 수 있다고 생각된다.

윤재옥 의원이 두 번째로 대표발의한 법안은 '민간조사업의 관리에 관한 법률안'이었다. 민간조사라는 명칭을 공식적으로 사용하는 탐정법안이었으며, 2015년 11월에 제출되었다. 역시 탐정업에 대한 주무감독기관으로 경찰청을 지정하였고, 법률안을 심의하는 소관 상임위원회는 안전행정위원회로 지정되었다. 이 법률안도 좋은 내용을 많이 담고 있었으나 국회의 임기만료로 폐기되었다.

이 탐정법률안은 기존의 탐정업법안에 담고 있는 탐정의 세부적인 업무내용에 대해서 광범위하면서도 불명확한 금지 또는 제한규정을 담고 있다는 비판을 받았다. 구체적으로 이 법안의 내용을 기준으로 할 경우에 탐정은 다른 법령에 금지 또는 제한되어 있는 행위는 절대로 할 수 없도록 하고 있다. 다른 법령의 세부적인 범위 규정이 없는 상태에서 무조건 금지하도록 하는 것은 탐정업의 업무수행을 과도하게 제한할 수 있는 규정으로 사료된다. 다음으로 다른 사람의 평온(平穩)을 해하는 행위를 탐정은 하지 못하도록 규정하고 있는데, 이는 미행과 추적과 같은 탐정의 필수적인 활동을 제약하는 문제를 불러올 가능성이 높았다.

다음으로, 개인의 이익과 권리를 침해하는 행위를 결코 해서는 안 된다고 규정하고 있는데, 이 역시도 광범위한 제한성이 문제가 될 수밖에 없다고 판단된다. 이 법률안이 신속한 탐정제도의 제도화라는 숙제를 해결하기 위한 목적에서 나온 것으로 볼 수 있기는 하지만, 탐정의 활동에 대한 기본적인 3대 금지규정이 너무 큰 폭으로 해석될 수 있도록 하였다는 점에서 결코 좋은 법률안이라고 보기 어렵다.

윤재옥 의원의 탐정 관련 법률안 2건이 경찰청의 입장을 대변하였다면 법무부 측의 입장을 대변하는 탐정법률안은 송영근 의원이 대표발의한 '민간조사업에 관한 법률안(2013년 3월)'으로 볼 수 있다. 이 법률안은 법무부를 탐정업의 주무감독기관으로 지정하고 있으며, 법무사업과 같은 법률서비스업의 세부 영역으로서의 성격을 강하게 나타내고 있었다. 소관 상임위원회인 법제사법위원회에 상정되어 본회의에 올라갔으나 임기만료 전에 표결을 통과하지 못하고 폐기되었다. 이 법안은 제18대 국회의 강선천 의원 법안과 거의 동일한 내용을 담고 있으며, 법무부가 탐정업을 관리·감독하는 것을 중심으로 하고 있다.

이 법안의 핵심적 문제점은 탐정업자를 변호사의 하청적 개념으로 두려 한다는 점이다. 법안 내용에 변호사가 수임한 사건에 사실조사가 필요한 경우 탐정은 해당 변호사로부터 의뢰를 받아 사건조사를 할 수 있도록 규정하고 있다(조호대, 2019). 물론 변호사와 탐정의 협업이라는 측면에서 바람직할 수도 있겠으나 탐정을 변호사에게 고용되어 사실조사업무를 수행하는 조사사무장과 성격을 동일하게 규정하였다는 점에서 바람직하지 않은 내용이라고 사료된다. 아울러 굳이 사무장 성격의 탐정 지위를 규정하고자 하였다면, 회계사 및 세무사, 변리사 등의 사실조사가 필요한 전문자격자들과 협업관계를 광범위하게 규정함으로써 오히려 탐정의 조사범위를 확대시켰어야만 했다고 생각된다.

4. 제20대 국회

제20대 국회에 들어오면서 탐정법안을 새로운 전기를 맞이하게 된다. 기존의 법률안들이 안고 있는 문제점들을 세밀하게 검토하고 조정하는 과정을 통해 어느 정도 체계성을 갖춘 법률안의 모습을 갖추었으며, 시기적으로도 탐정업을 제도화해야 한다는 여론이 적극적으로 형성되고 있기 때문에 국회에서 보다 시스템적인 측면을 강화한 법안이 제출되었다. 대표적으로 윤재옥 의원이 대표발의한 탐정법안이 많이 논의되고 있다. 윤재옥 의원은 '공인탐정법안(2016년 9월)'을 국회에 제출하였다.

윤재옥 의원 법안발의의 핵심적 주제는 다른 선진국과의 형평성과 경쟁력이다. OECD(Organization for Economic Cooperation and Development: 경제협력개발기구) 가입국가 35개국 가운데에서 우리나라만 탐정업이 입법화되지 않은 상태라는 점을 법안의 제안이유에 명확하게 기재하고 있다. 또한 미국이나 일본, 프랑스와 영국 등의 선진국은 이미 탐정시장이 크게 성장하였음은 물론 다양한 유형의 탐정업이 호황을 누리고 있기 때문에 이들이 서비스 시장 개방에 맞춰 국내에 진출할 경우 자생력이 전혀 없는 국내의 탐정업자와 탐정기업들이 전부 외국 기업에 흡수되거나 경쟁에 밀려 시장에서 퇴출될 수 있다는 점을 지적하고 있다.

과거 심부름센터나 흥신소, 용역업체 등의 부정적인 이미지를 탈피하고 선진화된 정보서비스업으로 탐정업을 육성하기 위해 법률의 통과가 반드시 필요하다는 논리와 주장을 펼치고 있으며, 법의 통과를 통해 중구난방(衆口難防)으로 형성되어 있는 탐정시장을 통합적으로 관리 · 감독이 가능하다는 점을 역설하고 있다. 특히 사생활 보호와 개인정보 보호, 평온한 개인의 생활 침해 등에 대한 명확한 규제 및 처벌조항 구성을 통해 오히려 음지에서 형성된 탐정시장의 불법을 차단할 수 있다는 점도 제시하였다.

국가자격제도의 도입과 탐정업자 및 탐정법인의 관리감독, 지속적인 교육과 정책적 지원을 통해 아시아에서 경쟁력을 갖춘 탐정업이 될 수 있도록 해야 한다는 점도 지적하였으며, 명문화된 처벌규정을 통해서 불법행위를 근본적으로 차단할 수 있어야 한다는 점도 반영한 법안으로 판단된다. 실제로 이 법안의 핵심은 탈법적, 불법적인 영업을 자행하고 있는 유사탐정업 또는 심부름센터와 흥신소 등을 정비하고자 하는 목적을 가진다는 점이다. 일반 자영업으로 등록하면서 불법영업을 일삼는 업자들을 탐정업법을 통해서 정비해야 한다는 점이 법안의 내용에 잘 반영되었다고 판단된다.

법안의 내용 가운데 가장 두드러진 부분은 탐정업법의 목적을 국민의 권익보호로 명기한 점이다. 탐정업이 영리목적의 민간사실조사업 성격을 가지기는 하였지만, 사실조사와 정보수집 및 분석이라는 영역을 담당하기 때문에 사적 이익추구보다는 국민의 권익보호를 위한 공익적 성격이 강하다는 점을 법안 초문에 명기한 부분이 중요하다고 판단된다. 아울러 탐정업자 및 탐정법인도 불법적인 업무를 결코 해서는 안 되며, 국민의 권익보호를 최우선의 목적으로 삼아 일을 진행해야 함을 의무조항으로 담았다.

다음으로, 이완영 의원 법안에서는 탐정업에 대한 관리감독을 경찰청장이 하도록 규정하였다. 이는 경찰청의 입장이 법안의 구성에 어느 정도 반영된 것으로 생각되며, 공인탐정업의 등록이나 휴업 및 폐업 등에 대한 부분도 전부 경찰청장 또는 지방경찰청장에게 하도록 되어 있다. 연수교육 및 보수교육 규정을 두어 지속적으로 탐정업자를 관리・감독함은 물론 공인탐정법인의 설립도 가능하도록 함으로써 대기업으로 탐정업체가 성장할 수 있는 근거도 마련하였다.

조사 관련 장부의 작성과 보관을 기본업무로 함으로써 관리감독이 손쉽게 이뤄질 수 있도록 함은 물론 합법적인 탐정업자 및 탐정법인이 불법적인 업무 영역에 손을 대는 것을 내부적으로 제어하는 장치도 마련하였다. 등록증에 대한 양도 및 대여는 전문자격이라는 점에서 철저하게 금지하였고, 사건이나 의뢰인에 관련한 비밀을 누설하거나 이중계약을 하는 부분에 대해서는 강력한 처벌조항도 설정하였다.

이완영 의원이 대표발의 한 법안의 공식적인 명칭은 '공인탐정 및 공인탐정업에 관한 법률안'이다. 2017년 7월 13일자로 국회에 발의되었으며, 미래의 먹거리 창출 차원에서 사실조사업에 대한 제도화가 필요하다는 점을 정리하였다. 이완영 의원 법률안에서 밝히고 있는 탐정업의 제도와 목적 내지는 필요성은 다음과 같다.

첫째로, 불법행위를 일삼고 있는 불법 심부름센터 및 정보업체에 대한 정비 차원에서 탐정업의 제도화가 시급하다. 둘째로, 미래의 신종직업으로 각광을 받고 있는 탐정업의 발전을 이루기 위해 법적인 정비가 빠르게 이뤄져야만 한다. 셋째로, 국민의 권익을 보호하고 부당한 상황에 대한 개인적 자구책 마련을 위해 탐정업을 제도화해야 한다. 넷째로, 급증하는 사기범죄나 금융범죄 등으로부터 국민을 보호하는 민간영역의 시스템 구축을 위해서 탐정업을 제도화하는 과정이 필요하다. 이상의 목적을 이완영 의원 법률안은 제시하고 있고, 실제로 법률안의 내용에 많은 부분이 담겨져 있으며, 기타 탐정업에 대한 관리감독 및 규제에 대한 내용은 다른 법률안과 대부분이 유사한 상황이다.

5. 제21대 국회

1) 제21대 국회 탐정업 관리에 관한 법률(안)의 주요 내용

제21대 국회에 발의된 탐정업법은 이명수 의원이 대표발의한 '탐정업 관리에 관한 법률(안)'과 윤재옥 의원이 대표발의한 '탐정업 관리에 관한 법률(안)'이 있다.

2020년 11월 10일 이명수 의원이 대표발의한 「탐정업 관리에 관한 법률안」(의안번호 2105157, 이하에서는 '이명수 의원안'이라 한다)은 탐정업에 대하여 필요한 사항을 규정하고 적정한 지도 · 관리 · 감독을 통해 업무수행의 적법성을 담보함으로써 국민의 권리보호에 이바지함을 목적으로 한다(안 제1조). 제안이유는 "국민의 수요를 충족시키면서 난립해 있는 탐정(민간조사사), 심부름센터의 불법 조사행위를 근절할 수 있도록 탐정업에 대한 법적근거를 마련함으로써 탐정업의 활성화를 도모하며, 탐정업자들의 활동을 지도 · 관리 · 감독하고, 탐정사의 권한 오 · 남용에 의한 불법행위 시 가중처벌을 통해 업무의 적법성을 담보하여 국민의 권리보호에 이바지하려는 것"이라고 밝히고 있다.

동 법안에서 탐정업무란 탐정사가 기업이나 개인 등 타인의 의뢰를 받아 계약을 맺고 보수를 받으며, 위법하지 않은 범위 내에서 의뢰받은 사건에 대한 조사활동을 통하여 사실관계 확인 및 관련 정보 등을 수집 · 분석하여 그 결과를 의뢰인에게 제공하는 업무로 규정하고 있다(안 제2조 제1호).

탐정사가 되려는 사람은 경찰청장이 등록심사 · 결정하여 등록한 민간자격관리기관에서 실시하는 탐정사 자격시험에 합격하여야 한다(안 제6조 제1항). 탐정사가 탐정업을 하려면 경찰청장에게 등록하여야 하고, 탐정법인을 설립하려면 경찰청장의 인가를 받아야 하며, 탐정사와 탐정법인은 탐정사협회에 가입하여야 한다(안 제10조, 제13조 및 제38조).

탐정업자의 권리 · 의무로서 의뢰건조사부의 작성 · 보관, 계약서의 작성 및 교부, 수집 · 조사의 제한, 손해배상책임, 비밀누설 금지 등에 관한 사항을 규정하고 있다(안 제24조부터 제36조까지). 탐정업자가 업무를 수행함에 있어서 고의 또는 과실로 의뢰인 또는 제3자에게 손해를 끼쳤을 때에는 그 손해를 배상할 책임이 있고, 이를 보장하기 위하여 공제사업에의 가입 또는 보험 가입 등 필요한 조치를 하여야 한다(안 제33조).

탐정업자의 자질 향상, 품위 유지 및 윤리경영을 위하여 탐정사협회를 두고(안 제37조), 경찰청장은 탐정업자 및 탐정사협회를 지도 · 관리 · 감독하도록 하고, 탐정사의 자격 취소 및 정지, 탐정업자의 등록이나 설립인가의 취소 및 영업정지 처분 등을 할 수 있도록 규정하고 있다(안 제40조부터 제42조까지).

한편, 2020년 11월 26일 윤재옥 의원이 대표발의한 「탐정업 관리에 관한 법률」(의안번호 2105766, 이하에서는 '윤재옥 의원안'이라 한다)은 탐정업에 관한 적정한 관리 · 감독을 통해 국민들에게 양질의 사실조사 서비스를 제공하여 국민의 권익보호에 이바지하고, 탐정업의 건전한 발전을 도모함을 목적으로 한다(안 제1조).

제안이유는 "우리나라도 탐정업을 금지할 것이 아니라 세계 주요 국가들과 같이 적정한 관리를 통해 국민들이 탐정업 서비스를 믿고 이용하면서도 부작용은 방지할 수 있는 제도시행이 필요하며, 탐정업무 수행과정에서 발생할 수 있는 사생활 침해 등 부작용을 방지하기 위해서 적절한 관리제도를 마련하는 것이 필요하다. 이에 탐정에 대한 국가자격제도, 탐정업에 관한 관리·감독 및 불법행위에 대한 처벌규정 등을 마련함으로써 국민의 권리보호에 이바지하고 탐정업의 건전한 발전을 도모하려는 것"이라고 밝히고 있다.

"탐정"이란 사람의 생사나 그 소재, 도난 자산 등 물건의 소재, 또는 권리·의무의 기초가 되는 관련 정보와 사실관계의 존부 등을 확인할 정당한 이해관계가 있는 사람이 관련 사실조사를 의뢰한 경우에 이에 대해 정보를 수집하고 사실을 조사하여 의뢰인에게 제공하는 업무를 수행하는 것으로 정의하고 있다(안 제2조 제1호).

"공인탐정업자"란 탐정업을 할 목적으로 경찰청에 등록된 공인탐정과, 인가를 받은 공인탐정법인을 말하며(안 제2조 제4호), 3명 이상의 공인탐정으로 구성하여 탐정법인을 설립할 수 있도록 하고, 설립절차 및 업무집행방법 등을 규정하고 있다(안 제27조부터 제38조까지). 공인탐정의 결격사유, 자격시험, 1차시험 면제 대상자 및 자격제도 운영위원회 규정(안 제5조부터 제8조까지)과, 공인탐정 자격증의 양도·대여를 금지하고 공인탐정이 아닌 사람은 공인탐정, 탐정 또는 이와 유사한 명칭을 사용하지 못하도록(안 제9조 및 제10조) 하는 등 자격관리운영 규정을 두고 있다.

탐정업을 하려는 자는 경찰청장에게 등록하여야 하고, 개·폐업 또는 휴업할 때에는 신고하도록 하고 있다(안 제11조). 공인탐정의 권리·의무로서 부당한 비용 청구 금지, 사건부 작성·보관, 계약내용 서면 교부, 수집·조사의 제한, 등록증 대여 금지, 사무원 채용, 손해배상책임, 비밀의 준수 및 교육의 의무 등을 규정하고 있다(안 제13조부터 제26조까지).

경찰청장은 공인탐정을 지도·감독할 수 있으며, 자격취소 및 등록취소 등과 경찰청장의 권한의 위임 및 위탁에 관한 사항을 규정하고 있다(안 제41조부터 제45조까지).

2) 제21대 국회 탐정업 관리에 관한 법률(안)의 비교

양 법안 모두 적정한 관리·감독을 통해 탐정업의 적법성을 담보하고, 국민권익보호와 건전한 탐정업 발전을 도모한다는 데에 법안 목적이 일치하고 있다. 전반적인 법안의 내용은 대체로 유사하나, 이명수 의원안은 탐정제도를 신고제에 의한 민간자격으로 탐정사를 경찰청에 등록하도록 하고 있고, 윤재옥 의원안은 국가공인자격으로서 면허제를 근간으로 한 공인탐정사를 경찰청에 등록하고 지도 · 감독을 하도록 하고 있다는 차이점이 두드러진다.

주요 내용으로는, ① 탐정사(또는 공인탐정)가 탐정업을 하기 위해서는 경찰청장에 등록하고 지도 · 감독을 받도록 규정하고, ② 탐정업무로 인한 사생활 침해 등을 방지하기 위하여 탐정업무의 범위를 설정하고 수집 · 조사 정보의 범위를 제한하며, ③ 탐정사(또는 공인탐정)가 되려는 사람의 결격사유 설정과 자격시험 제도 도입에 관한 사항, ④ 탐정사(또는 공인탐정)의 권리 · 의무에 관한 사항, ⑤ 법인, 협회 설립에 관한 사항 등을 규정하고 있다.

[표 5-1] 제21대 국회 발의 탐정법안 비교

구분		이명수 의원안	윤재옥 의원안
제명		탐정업 관리에 관한 법률안	탐정업의 관리에 관한 법률
본칙	총칙	목적(제1조) 정의(제2조) 다른 법률과의 관계(제3조) 기본원칙(제4조)	목적(제1조) 정의(제2조) 업무(제3조) 다른 법률과의 관계(제4조)
	자격	결격사유(제5조) 탐정사 자격시험 등(제6조) 탐정사자격제도심의위원회(제7조) 자격증 등의 양도 · 대여 금지(제8조) 유사명칭 사용 금지(제9조)	결격사유(제5조) 공인탐정 자격시험 등(제6조) 시험의 일부면제(제7조) 공인탐정 자격제도 운영위원회(제8조) 자격증 등의 양도 · 대여 금지 등(제9조) 유사명칭 사용 금지(제10조)
	등록	등록(제10조) 사무소 설치 및 명칭 등(제11조)	공인탐정의 등록 등(제11조) 사무소 설치 및 명칭 등(제12조)
	법인	탐정법인의 설립(제12조) 인가(제13조) 구성원 등(제14조) 정관기재사항(제15조) 설립등기(제16조) 법인 명칭(제17조) 분사무소(제18조) 업무집행방법(제19조) 설립인가의 취소(제20조) 해산(제21조) 합병(제22조) 준용규정(제23조)	공인탐정법인의 설립(제27조) 설립절차(제28조) 구성원 등(제29조) 정관기재사항(제30조) 법인 명칭 등(제31조) 설립등기(제32조) 분사무소(제33조) 업무집행방법(제34조) 설립인가의 취소(제35조) 해산(제36조) 합병(제37조) 준용규정(제38조)

권리·의무	수수료(제24조) 의뢰건조사부의 작성·보관(제25조) 의뢰인의 확인(제26조) 계약의 체결(제27조) 수집·조사의 제한(제28조) 위법한 사실조사에 대한 거부 등(제29조) 탐정업의 수행원칙(제30조) 의뢰범위 초과행위의 금지(제31조) 사무원(제32조) 손해배상책임(제33조) 등록증 등의 게시(제34조) 비밀의 준수 등(제35조) 탐정사 및 사무원 교육(제36조)	부당한 비용 청구 금지 등(제13조) 사건부의 작성·보관(제14조) 의뢰인의 신분 확인(제15조) 계약사항 서면 교부의 의무(제16조) 수집·조사의 제한(제17조) 위법한 사실조사에 대한 거부 등(제18조) 업무의 수행원칙 등(제19조) 의뢰 범위 초과행위 및 등록증 대여 등의 금지(제20조) 사무원(제21조) 손해배상책임(제22조) 겸직신고(제23조) 등록증 등의 게시(제24조) 비밀의 준수 등(제25조) 공인탐정 및 사무원 교육(제26조)
협회	협회의 설립 등(제37조) 가입의무(제38조) 공제사업(제39조)	공인탐정협회의 설립 등(제39조) 공제사업(제40조)
지도·감독	지도·감독(제40조) 자격취소 등(제41조) 등록취소 등(제42조) 청문(제43조) 권한의 위임 및 위탁(제44조)	지도·감독 등(제41조) 자격취소 등(제42조) 등록취소 등(제43조) 청문(제44조) 권한의 위임 및 위탁(제45조)
벌칙	벌칙(제45조) 양벌규정(제46조) 과태료(제47조)	벌칙(제46조) 양벌규정(제47조) 과태료(제48조)
부칙	시행시기(제1조) 자격 취득에 관한 경과조치(제2조) 탐정업에 관한 경과조치(제3조)	시행일

(1) 등록 및 지도·감독

양 법안은 탐정사(또는 공인탐정)가 탐정업을 하기 위해서는 경찰청장에 등록하고 지도·감독을 받도록 규정하고 있는데, 이는 현행 탐정업을 자유업에서 관할관청의 등록 및 지도·감독 대상 영업으로 변경하고, 그 관할관청을 경찰청으로 한다는 두 가지 입법취지를 밝히고 있다.

[표 5-2] 제21대 국회 발의 탐정법안의 등록 및 지도 · 감독 비교

이명수 의원안	윤재옥 의원안
제10조(등록) ① 탐정사가 탐정업을 행하고자 하는 경우에는 경찰청장에게 등록하여야 한다. 등록된 내용을 변경하거나 폐업하려는 경우에도 또한 같다.	제11조(공인탐정의 등록 등) ① 공인탐정이 탐정업을 하려면 경찰청장에게 등록하여야 한다. 등록된 내용을 변경하려는 경우에도 또한 같다.
제40조(지도 · 감독) ① 경찰청장은 탐정업자의 업무가 적법하게 수행될 수 있도록 탐정업자를 지도 · 감독하여야 하며, 필요한 조치를 강구하여야 한다.	제41조(지도 · 감독 등) ① 경찰청장은 탐정의 업무를 적절하게 수행하도록 하기 위해서 공인탐정업자를 지도 · 감독하며, 필요한 조치를 요구할 수 있다.

(2) 탐정업무의 범위

이명수 의원안은 "탐정업무"란 탐정사가 기업이나 개인 등 타인의 의뢰를 받아 계약을 맺고 보수를 받으며, 위법하지 않은 범위 내에서 의뢰받은 사건에 대한 조사활동을 통하여 사실관계 확인 및 관련 정보 등을 수집 · 분석하여 그 결과를 의뢰인에게 제공하는 업무로 개념 정의만 하고 있고, 구체적인 업무범위를 세부적으로 규정하지 않고 있다.

이에 비해 윤재옥 의원안은 "탐정"이란 사람의 생사나 그 소재, 도난 자산 등 물건의 소재, 또는 권리 · 의무의 기초가 되는 관련 정보와 사실관계의 존부 등을 확인할 정당한 이해관계가 있는 사람이 관련 사실조사를 의뢰한 경우에 이에 대해 정보를 수집하고 사실을 조사하여 의뢰인에게 제공하는 것으로 규정하고, 그 업무를 다른 사람이 의뢰한 다음 각 호의 사무로 한다고 구체적으로 제시하고 있다.

1. 미아, 가출인, 실종자, 도피한 불법행위자 등 소재 불명인에 대한 소재 파악과 관련된 사실조사
2. 도난, 분실, 은닉자산의 추적 및 소재 확인과 관련된 사실조사
3. 의뢰인의 권리보호 및 피해사실과 관련된 사실조사

이명수 의원안은 탐정의 업무범위를 개방적 관점에서 규정하고 있는 반면에, 윤재옥 의원안은 구체적인 업무를 폐쇄적으로 규정하고 있음을 알 수 있다.

[표 5-3] 제21대 국회 발의 탐정법안의 탐정업무범위 비교

이명수 의원안	윤재옥 의원안
제2조(정의) 이 법률에서 사용하는 용어의 정의는 다음과 같다. 1. "탐정업무"란 탐정사가 기업이나 개인 등 타인의 의뢰를 받아 계약을 맺고 보수를 받으며, 위법하지 않은 범위 내에서 의뢰받은 사건에 대한 조사활동을 통하여 사실관계 확인 및 관련정보 등을 수집·분석하여 그 결과를 의뢰인에게 제공하는 업무를 말한다.	제2조(정의) 이 법에서 사용하는 용어의 정의는 다음과 같다. 1. "탐정"이란 사람의 생사나 그 소재, 도난 자산 등 물건의 소재, 또는 권리·의무의 기초가 되는 관련 정보와 사실관계의 존부 등을 확인할 정당한 이해관계가 있는 사람이 관련 사실조사를 의뢰한 경우에 이에 대해 정보를 수집하고 사실을 조사하여 의뢰인에게 제공하는 것을 말한다.
	제3조(업무) ① 탐정의 업무는 다른 사람이 의뢰한 다음 각 호의 사무로 한다. 1. 미아, 가출인, 실종자, 도피한 불법행위자 등 소재 불명인에 대한 소재 파악과 관련된 사실조사 2. 도난, 분실, 은닉자산의 추적 및 소재 확인과 관련된 사실조사 3. 의뢰인의 권리보호 및 피해사실과 관련된 사실조사 ② 탐정업에 종사하는 자는 다른 법령에서 금지 또는 제한되어 있는 행위는 할 수 없다는 점을 유의하여야 하며, 다른 사람의 생활의 평온을 해하는 등 개인의 권리이익을 침해하는 일이 없도록 하여야 한다.
제28조(수집·조사의 제한) 탐정업자는 다음 각 호와 관련된 정보를 수집하거나 조사하여서는 아니 된다. 1. 국가의 안보 또는 기밀에 관한 사항 2. 기업의 영업비밀 또는 연구개발 사항 3. 그 밖에 대통령령으로 정하는 사항	제17조(수집·조사의 제한) 공인탐정업자는 다음 각 호와 관련된 정보를 수집하거나 조사하여서는 아니 된다. 1. 국가의 안보 또는 기밀에 관한 사항 2. 기업의 영업비밀 또는 연구개발 사항 3. 그 밖에 의뢰범위를 벗어난 타인의 사생활 등 대통령령으로 정하는 사항

(3) 결격사유

양 법안 모두 탐정 자격 결격사유는 다음과 같이 유사하다. 연령은 19세 미만인 사람, 민법에 의해 피성년후견인 또는 피한정후견인이거나, 파산선고를 받고 복권되지 아니한 사람, 금고 이상의 실형을 선고받고 그 집행이 종료되거나 집행이 면제된 날부터 5년이 경과되지 아니한 사람, 금고 이상의 형의 집행유예를 선고받고 그 유예기간이 만료된 날부터 2년이 경과되지 아니한 사람, 금고 이상의 형의 선고유예를 받고 그 유예기간 중에 있는 사람, 법원의 판결 또는 다른 법률에 따라 자격이 상실되거나 정지된

사람, 탐정 자격이 취소된 후 3년이 경과되지 아니한 사람 등으로 선진국 탐정업법에 규정하고 있는 결격사유를 대체로 반영하고 있다.

[표 5-4] 제21대 국회 발의 탐정법안의 탐정 결격사유 비교

이명수 의원안	윤재옥 의원안
제5조(결격사유) 다음 각 호의 어느 하나에 해당하는 사람은 탐정사가 될 수 없다. 1. 19세 미만인 사람 2. 피성년후견인 또는 피한정후견인 3. 파산선고를 받고 복권되지 아니한 사람 4. 금고 이상의 실형을 선고받고 그 집행이 종료(집행이 종료된 것으로 보는 경우를 포함한다)되거나 집행이 면제된 날부터 5년이 경과되지 아니한 사람 5. 금고 이상의 형의 집행유예를 선고받고 그 유예기간이 만료된 날부터 2년이 경과되지 아니한 사람 6. 금고 이상의 형의 선고유예를 받고 그 유예기간 중에 있는 사람 7. 법원의 판결 또는 다른 법률에 따라 자격이 상실되거나 정지된 사람 8. 제41조 제1항에 따라 탐정사의 자격이 취소된 후 3년이 경과되지 아니한 사람	제5조(결격사유) 다음 각 호의 어느 하나에 해당하는 사람은 공인탐정이 될 수 없다. 1. 19세 미만인 사람 2. 피성년후견인 또는 피한정후견인 3. 금고 이상의 형(刑)을 선고받고 그 집행이 종료(집행이 종료된 것으로 보는 경우를 포함한다)되거나 집행이 면제된 날부터 5년이 경과되지 아니한 사람 4. 금고 이상의 형의 집행유예를 선고받고 그 유예기간이 만료된 날부터 2년이 경과되지 아니한 사람 5. 금고 이상의 형의 선고유예를 받고 그 유예기간 중에 있는 사람 6. 법원의 판결 또는 다른 법률에 따라 자격이 상실되거나 정지된 사람 7. 제42조 제1항 제1호·제2호·제3호에 따라 공인탐정의 자격이 취소된 후 3년이 경과하지 아니한 사람

다만, 결격사유 관련 주요 국가의 탐정 면허제도와 비교할 때 범죄경력자에 대한 영구적 자격 미부여와, 국적보유를 탐정의 자격요건에 추가하는 것이 필요한 것으로 사료된다.

양 법안 모두 범죄경력자인 경우에도 형벌의 집행·면제 또는 유예기간 만료 후 일정기간이 경과하면 탐정사(또는 공인탐정)가 될 수 있도록 규정하고 있는데, 탐정업무 수행 과정에서 사생활 침해 등 불법행위 발생에 대한 우려가 제기되고 있는 상황인 점을 고려할 때 입법정책적인 관점에서 사생활 침해와 밀접한 관련이 있는 범죄경력에 대해서는 보다 엄격한 결격사유로 규정하는 것이 필요한 것으로 판단된다. 외국의 경우 전과기록이 있는 사람에 대해서는 기한 경과와 관계없이 탐정 자격을 부여하지 않고 있는 것을 참고할 필요가 있다.

[표 5-5] 탐정 결격사유 관련 주요국 탐정 면허제도

국가	면허제도	주요 내용
미국	있음	• 주마다 상이하나 미국 시민권 소지자로 면허시험에 응시하기 위해서는 수사경력, 3년 이상의 조사보조원 경력 등 일정자격을 요구함
스페인	있음	• 스페인 국적을 보유하고 18세 이상의 학사학위 이상의 학력소지자로 최근 2년 내 공직에 근무한 자는 일정 기간 제한
프랑스	있음	• 전과기록이 없어야 하고 외국인도 면허취득이 가능하나 자국에서 활동할 경우 프랑스 면허취득자의 도움을 받아야 함
독일	없음	• 전과기록이 없어야 하고 법인에서 이론, 실무, 법률, 법과학 등을 6개월 이상 교육받은 후 법인에서 발급한 면허를 받아 활동하고 취득된 면허는 국가에서 공인하며 면허취득자에게 준사법권이 부여됨
호주	있음	• 전과기록이 없어야 하고 사설기관에서 교육을 받은 후 일정 수준이 되면 정부에서 주관하는 면허시험에 응시 가능함
일본	없음	• 탐정업을 신고제로 전환하고 탐정 결격사유를 명시하여 폭력단원 등 전과자의 탐정업계 유입을 차단할 수 있는 근거 등이 마련되어 있음

출처: 경찰청.

다만, 이 경우 과거 범죄경력의 유형에 따라 차등적으로 적용할 필요는 있을 것이다. 중범죄거나 개인정보 보호법, 위치정보법 등을 위반한 경우는 영구적 결격사유로 하고, 경범죄인 경우 일정 기간 경과 후 자격을 부여하는 방향으로 입법정책적 고려가 필요할 것이다.

한편, 공인탐정의 결격사유와 관련하여 미국, 스페인 등의 경우에는 국적보유를 탐정의 자격요건으로 하고 있다는 점에서, 이에 관한 규정을 둘 것인지에 관한 입법정책적인 논의도 필요하다.

(4) 탐정 자격시험 및 탐정자격 운영제도

탐정 자격시험 및 등록은 양 법안 모두 경찰청을 소관 부처청으로 규정하고 있다. 다만, 이명수 의원안은 탐정사가 되려면 경찰청장이 등록심사・결정하여 등록한 민간자격관리기관에서 실시하는 탐정사 자격시험에 합격하여야 하며, 탐정사 자격시험의 과목・문제・선발인원 등을 정하기 위해 경찰청에 탐정사자격제도심의위원회를 두도록 규정하고 있다. 이에 비해 윤재옥 의원안은 공인탐정이 되려면 경찰청장이 실시하는 공인탐정 자격시험에 합격하여야 하며, 공인탐정 자격에 관한 기본정책과 제도, 자격시험 운영 등에 관한 사항을 심의하기 위하여 경찰청장 소속으로 공인탐정 자격제도운영위원회를 두되, 동 위원회에는 법무부 장관이 추천하는 자를 위원의 2분의 1 이상

이 되도록 하는 것으로 규정하고 있다.

이명수 의원안은 「자격기본법」에 따른 민간자격 제도로 신고제에 의거한 탐정사 제도를 도입하자는 입장인 데 비해, 윤재옥 의원안은 경찰청장이 자격시험을 주관하는 국가공인자격으로서 공인탐정사 제도 도입방식을 담고 있다. 탐정업법 도입과정에서 탐정 자격 도입방식은 중요한 쟁점사안 중 하나로 인접 직역인 대한변호사협회의 입법 반대 논거로도 제시되고 있는 상황이다. 경찰청은 탐정에 의한 사생활 침해 우려가 높은 점을 고려할 때 국가가 시험제도 등을 통해 엄격하게 자격관리를 하는 것이 타당하므로, 윤재옥 의원안과 같이 경찰청장이 자격시험을 주관하는 방안이 적합하다는 입장이다.

다만, 이 경우 「자격기본법」에 따른 민간자격 제도를 활용하여 탐정관련 민간자격증을 발급받아 탐정업에 종사하고 있는 기존 종사자들의 직업선택의 자유를 침해할 소지가 있다는 점에 대하여 검토할 필요가 있을 것이다.

한편, 윤재옥 의원안은 경찰청 산하에 공인탐정 자격시험의 운영 및 관리를 위한 '공인탐정 자격제도 운영위원회'를 둘 수 있도록 하고 위원의 1/2 이상을 법무부 장관이 추천하는 인사로 구성하도록 규정하고 있다. 이는 탐정업의 등록 및 감독관청 관할 문제를 해소하려는 취지로 인접 직역인 변호사, 법무사와의 관계를 조정하고 갈등을 조율하기 위한 방안으로 제시된 규정으로 판단된다. 향후 입법과정에서 탐정제도 도입방식과 자격제도 운영위원회 구성 및 운영과 관련하여 보다 세부적인 논의를 거쳐 합리적인 방안 도출이 필요한 사항이다.

[표 5-6] 제21대 국회 발의 탐정법안의 탐정 자격시험 및 자격제도 운영 비교

이명수 의원안	윤재옥 의원안
제6조(탐정사 자격시험 등) ① 탐정사가 되려는 사람은 경찰청장이 등록심사·결정하여 등록한 민간자격관리기관에서 실시하는 탐정사 자격시험에 합격하여야 한다. ② 제1항에 따른 시험의 응시자격·시험시기·시험과목·시험방법·시험의 일부면제 및 자격증의 교부 등에 필요한 사항은 대통령령으로 정할 수 있다.	제6조(공인탐정 자격시험 등) ① 공인탐정이 되려는 사람은 경찰청장이 실시하는 공인탐정 자격시험에 합격하여야 한다. ② 경찰청장은 매년 1회 이상 공인탐정 자격시험을 실시한다. ③ 공인탐정 자격시험은 1차 시험과 2차 시험으로 실시한다. 이때, 2차 시험에는 필요한 범위 내에서 인성·적성검사를 병행할 수 있다. ④ 부정한 방법으로 시험에 응시하거나 시험에서 부정한 행위를 한 자에 대해서는 그 시험을 무효로 하고, 그 처분이 있은 날부터 3년 간 시험의 응시자격이 정지된다.

	⑤ 제1항 및 제3항에 따른 시험의 응시자격 · 시험시기 · 시험과목 및 시험방법 등에 필요한 사항은 대통령령으로 정한다. 제7조(시험의 일부면제) ① 다음 각 호의 어느 하나에 해당하는 자는 1차 시험을 면제한다. 1. 경찰공무원, 검찰청, 국가정보원, 군수사기관 직원 중 수사 · 정보 등 유사업무 종사 경력이 10년 이상인 자 2. 「형사소송법」 제197조의 특별사법경찰관리로서 수사업무 종사 경력이 10년 이상인 자 ② 제1항에 해당하는 자의 근무부서, 경력 산정방법 등에 관하여 필요한 사항은 대통령령으로 정한다. ③ 제1차 시험에 합격한 자에 대하여는 다음 회의 시험에 한하여 제1차 시험을 면제한다.
제7조(탐정사자격제도심의위원회) ① 탐정사 자격 취득과 관련한 다음 각 호의 사항을 심의하기 위하여 경찰청에 탐정사자격제도심의위원회를 둔다. 1. 탐정사 자격시험의 과목, 문제 등 시험에 관한 사항 2. 시험 선발인원의 결정에 관한 사항 3. 시험의 일부면제 대상자에 관한 사항 4. 그 밖에 탐정사 자격의 취득과 관련된 중요 사항 ② 탐정사자격제도심의위원회의 구성과 운영 등에 필요한 사항은 대통령령으로 정한다.	제8조(공인탐정 자격제도 운영위원회) ① 공인탐정 자격시험의 운영 및 관리에 관한 다음 각 호의 사항을 심의하기 위하여 경찰청장 소속으로 공인탐정 자격제도 운영위원회를 둘 수 있다. 1. 공인탐정 자격에 관한 기본정책과 제도에 관한 사항 2. 공인탐정 자격시험 운영 및 관리에 관한 사항 3. 그 밖에 탐정 제도의 원활한 운영을 위하여 위원장이 회의에 부치는 사항 ② 공인탐정 자격제도 운영위원회의 구성과 운영 등에 필요한 사항은 대통령령으로 정한다. 다만, 공인탐정 자격제도 운영위원회에는 법무부 장관이 추천하는 자를 위원의 2분의 1이상이 되도록 하여야 한다.

3) 제21대 국회 탐정업 관리에 관한 법률(안)의 한계와 비판

양 법안은 역대 국회에서 발의된 탐정업법 중 가장 다듬어지고 세련된 내용을 담고 있다. 그러나 다음과 같은 사항에 있어서는 미비 또는 불비되거나 흠결된 규정이 있어 향후 입법과정에서 보다 정치(精緻)한 법규 제정이 검토될 필요가 있다.

첫째, 탐정업 등록의 유효기간과 갱신제도에 대해서는 별도의 규정을 두고 있지 않고 있는 바, 탐정사무소의 실질적인 폐업, 부실 및 탈법업체 등을 정비할 필요가 있다. 탐정 및 탐정업체 관리 · 감독 강화 차원에서 탐정업 등록의 유효기간을 설정하고 등록 갱신제도를 도입할 필요가 있을 것으로 보이며, 갱신제도 도입과 함께 보수교육을 추가하는 방안에 대해서도 검토할 필요가 있다.

둘째, 대한변호사협회의 양 법안에 대한 검토의견(2021.1.19. 국회 행정안전위원회 제출)에서, 「변호사법」 등 관련 법률과의 저촉 가능성, 사생활에 관한 기본권 침해, 경찰관·검찰수사관 등의 재취업 기회로의 활용 가능성, 외국 전문업체의 국내 시장 잠식 가능성 등을 이유로 반대의견을 제시하고 있는 상황이다.[1] 그러나 탐정법제화를 통해 탐정산업이 안정적으로 정착·운영되고 있는 외국의 사례를 볼 때, 이 같은 반대 논거는 그 타당성을 인정받기 힘들다. 탐정법제를 운영하고 있는 선진 외국의 경우, 탐정의 개인정보 보호법규 준수 및 비밀준수 등 제반 직업윤리와 규제를 강조하며 탐정산업의 건전한 성장을 도모하고 있는 점을 감안할 때 법제화를 통해 제도적 안정성을 기하는 것이 국가사회적인 실익이 훨씬 크다. 나아가 국민의 권익 구제(救濟)를 보다 폭넓게 보장하고 각종 범죄행위로부터 국민과 기업의 안전을 강화하는 한편, 민간조사 시장분야의 일자리 창출 차원에서도 탐정산업은 유용하다는 점에서 조속한 시일 내 입법이 시급하다.

제3절 탐정업 제도화 관련 논란

기존 여당과 야당에서 각각 발의한 탐정법안의 내용은 상당 부분 유사한 내용이 많다. 다만, 이를 관리·감독하는 기관의 주체에 대해서 상이한 부분이 있으며, 이는 실제 법안의 국회 본회의 통과에 있어서 가장 핵심적 주제라고 판단된다. 경찰청을 관리·감독 주체로 보는 입장과 법무부를 관리·감독의 주체로 보는 입장이 첨예하게 대립하고 있으며, 이는 실제 입법에 대한 청문회와 세미나 등에서 충돌양상을 빚고 있는 실정이다.

1) 2021년 1월 19일 제출된 국회 행정안전위원회의 법안심사 소위원회에 제출된 대한변호사협회의 의견은 다음과 같다. 「변호사법」 제109조는 변호사가 아니면서 감정·대리·중재·화해·청탁·법률상담 또는 법률관계 문서 작성, 그 밖의 법률사무를 취급하거나 이를 알선하는 사람을 처벌하도록 규정하고 있다. 여기서 '그 밖의 법률사무'는 "법률상의 효과를 발생·변경·소멸시키는 사항의 처리 및 법률상의 효과를 보전하거나 명확화하는 사항의 처리"를 의미하고(대법원 2018.8.1. 선고 2016다242716판결 등), 여기에는 직접적으로 법률상의 효과를 발생·변경·소멸·보전·명확화하는 행위는 물론이고, 이러한 행위와 관련된 행위, 즉 사실조사행위 또는 자료수집행위도 포함된다(대법원 2015.7.9. 선고 2014도16204판결 참조). 따라서 소송 사건이나 심판 사건, 조사 사건 등에 대한 정보를 대가를 받고 제공하는 행위는 변호사법 위반이 되어 본 법률안과 충돌하게 된다고 할 것이다.

1. 법무부 측 입장

먼저, 법무부의 입장을 보면 사생활 보호(Protection of Privacy)라는 헌법의 대원칙을 훼손할 우려가 있다는 점을 강력하게 비판하고 있다. 개인의 사생활에 대한 침해와 조사를 빙자한 공격적 사생활 수집행위들이 얼마든지 탐정제도의 도입을 통해서 발생 가능하기 때문에, 이에 대한 안전장치가 없는 상황 하에서 섣불리 탐정을 제도화하는 것은 바람직하지 않다는 주장이다. 탐정업무 자체가 인권침해의 소지가 많고 이를 관리하기 위해서는 국민의 인권보호기관 역할을 담당하고 있는 법무부가 적격 기관이라는 논리를 내세우고 있다.

또 다른 측면에서 법무부는 경찰청이 관리・감독의 주무기관으로 지정될 경우에 자칫 전관 탐정[2]과 현직 경찰관들의 유착관계로 인해서 시장질서의 교란은 물론 불법행위가 민간과 관의 협작(協作)으로 발생 가능하다는 점을 제기하고 있다. 전직 경찰관이 향후 탐정자격을 취득하여 다수 활동할 것으로 예상되는 상황에서 이를 제대로 통제할 규제나 방법이 존재하지 않는다면 심각한 유착현상이 나타날 수 있음을 법무부는 경고하고 있다. 따라서 제3의 기관인 법무부가 이 영역에 대한 관리・감독권을 행사함으로써 전관(前官) 탐정과 현관(現官) 경찰관 사이의 유착고리(link of corruption)를 차단할 수 있다고 주장한다.

특히, 정규 경찰관이 14만 명을 육박하는 상황에서 가장 거대한 형사사법조직과 탐정업자들 간의 사소한 유착이나 비리라도 발생한다면 이는 국민의 심각한 기본권 침해 상황을 초래함은 물론 공정한 사회질서를 훼손할 가능성이 높기 때문에 적극적으로 법무부가 나서서 균형점을 찾아야 한다고 보고 있다. 아울러 법무부 출신 전직 공무원(변호사나 법무사로 진출)이 탐정활동을 많이 할 것으로는 보이지 않기 때문에 객관적 입장에서 탐정업에 대한 통제가 가능함을 역설한다.

법무부가 제시하고 있는 탐정산업에 대한 관리감독권 행사 주장의 또 다른 논리는 형사소송법상의 대원칙을 지켜야 한다는 점이다. 현행 기소독점주의(起訴獨占主義) 체제 하에서 모든 기소는 검사가 하도록 명시되어 있다. 이는 모든 사법경찰관의 수사에 대한 지휘권과 기소결정권을 검사가 가지고 있다는 의미로서, 이를 바탕으로 경찰업무의 민간협업적 형태를 띠게 될 탐정업무에 대해서도 검찰청 상위기관인 법무부가 나서

2) 전직 경찰관 출신 탐정을 지칭함.

야 함을 제기하고 있다.

마지막으로, 변호사 업무와의 충돌을 균형적으로 조절할 수 있는 전문성과 기술을 가지고 있는 국가기관이 법무부 밖에 없다는 점도 강조한다. 변호사와 탐정 사이에서 직역 간 업무충돌이나 권한충돌이 발생하게 되면, 법조시장에 대한 전문성이 약한 경찰청이 조정과 문제 해결에 적극적으로 나서기 어려울 것이라는 점을 지적하고 있다. 더욱이 사회적 갈등이 발생할 경우 변호사단체와 탐정단체의 중간자적 위치에서 적극적인 분쟁조정자 역할을 법무부가 월등히 잘할 수 있기 때문에 당연히 법무부가 탐정업에 대한 관리·감독기관으로 지정되어야 함을 제시한다.

2. 경찰청 측 입장

법무부의 논리에 반하여 경찰청도 적극적인 자기 입장을 내놓고 있다. 우선적으로, 탐정업은 사실조사에 국한하기 때문에 형사소송법의 적용을 받는 대상이 아니며, 기소독점주의를 내세워 법무부가 탐정업에 대한 관리감독권을 가진다는 것은 논리적 모순이라는 점을 지적한다. 탐정법안 내용 전부가 경찰이나 검찰의 수사과정에 개입해선 절대로 안 됨을 명기하고 있고, 민법상 상대방의 권리의 남용이나 권리침해, 권리행사에 대한 방해사실을 확인하는 것이 주업무로 되어 있다는 점에서 수사통제의 주체인 검사와 검찰청, 법무부가 이 부분에 개입할 여지는 거의 없다고 본다.

또한 변호사업무뿐만 아니라 대부분의 전문조사 영역 업무가 제각각 법령에 의거해 수립된 기관에 의해서 관리감독을 받고 있기 때문에 이들 영역에 탐정업무가 영역침범을 하면 그 즉시 제재가 가해질 수 있다는 점을 제시하였다. 예를 들어, 탐정이 신용조사업무 영역에 침범을 하면 신용조사업법에 의거하여 이를 관리·감독하는 금융감독위원회에서 제재와 처벌을 가할 것이고, 손해사정인의 업무에 탐정이 영역침범을 하면 손해사정협회에서 이에 대한 적극적 대응조치를 할 것이라는 점에서 법무부의 우려는 논리적 근거가 떨어진다고 지적한다(이대선, 2019).

공무원 직군 사이의 차별에 대한 내용도 경찰청은 제시하고 있다. 공무원으로서 퇴직 후 직업선택의 자유와 전문성의 사회 환원이라는 측면에서 경찰이 그간 많은 불이익을 안고 있었다는 점을 지적하였다. 법무사와 관세사, 세무사, 변리사, 도선사 등의 전문직종 관련법에서는 유사 직종에 근무한 전·현직 공무원에 대해서 시험 일부에 대한 면제를 시행하고 있다. 이는 해당 공무원들이 퇴직 후에 다년간 공직생활에서 얻은 경험과 지식을 사회에 환원시킬 수 있도록 길을 열어줌은 물론 재취업을 통한 인생 설계를 보장하기 위함이다.

경찰의 경우에는 이러한 제도의 혜택이 전혀 없을 뿐만 아니라 수년 또는 수십 년간 수사활동을 통해 얻는 전문기술과 지식을 사회로 환원시키기 위한 제도는 전무한 상황이다. 이에 탐정제도의 도입을 통해서 개인의 재산권과 권리행사와 관련하여 부당함이나 억울함을 호소하는 고객에게 도움을 줄 수 있는 제도가 합법적으로 구성되어 있어야 하며, 여기에 탐정제도는 가장 적합한 시스템이라고 주장한다.

탐정업자 또는 탐정법인과 현직 경찰관 사이의 유착관계 형성에 대한 법무부의 우려에 대해서도 다음과 같은 논리로 반박한다. 가장 완벽한 안전장치로서 개인정보 보호법이 존재하며, 탐정업자 또는 탐정법인이 불법행위를 하면 이에 대해서 개인정보 보호법의 처벌근거를 통해 수사, 기소, 처벌하면 된다는 점을 제시한다. 또한 경찰의 개인정보 조회 관련 시스템이 전부 전산화되어 있고, 사전승인을 받지 않은 상태에서 개인정보를 임의로 보는 것이 불가능하며, 조회 후에도 그 기록이 남아 감사를 받고 있기 때문에 법무부가 우려하는 경찰의 유착에 의한 개인정보 유출이나 수사정보 유출은 원천적으로 불가능하다고 주장한다.

마지막으로, 경찰청은 항시 감시와 감독을 소홀히 해서는 안 되는 영역이 탐정업이기 때문에 방대한 조직과 많은 인력을 동원하여 강력한 경찰행정력을 동원하여 통제기관으로의 역할 수행이 가능함을 역설한다. 법무부와 검찰청은 민생치안에 대한 예방과 조사업무 능력은 전무하며, 시민과 직접 접촉하고 이들의 어려움을 해결하는 역할을 경찰이 주로 담당하기 때문에 탐정업 내에서 발생하는 부조리와 불법에 대해서도 빠른 인지와 규제, 처벌이 가능하다는 장점을 내세운다. 많은 인력과 전국적 조직, 기초자치단체(시 · 군 · 구) 단위로 설치되어 있는 경찰서 등을 활용하면 얼마든지 지역적으로 발생하는 탐정의 불법문제에 대해서 규제와 제어가 가능하다는 부분을 강조하고 있다.

3. 탐정업연합회를 지지하는 입장

최근 들어, 탐정업의 관리감독 기관으로 제3의 기구를 설립해야 한다는 의견이 많이 제시되고 있다. 일부 탐정 민간자격 발급단체는 법무부와 경찰청이 직접 탐정업에 대한 규제와 감독을 하기보다는 일본식 제도의 도입을 통해 빠른 제도화가 필요함을 역설하고 있다. 기존의 중앙정부기관 관리감독제가 아닌 탐정업연합회의 법정단체화를 통해서 탐정업에 대한 규제와 감독을 담당하도록 하고, 불법행위를 저지른 탐정에 대한 규제와 제재, 자격박탈, 불법행위에 대한 형사고발권을 부여하는 것이 신속한 법률 통과의 방안임을 역설하고 있다.

실제로 많은 학자들이 중앙부처 간 이기주의나 권한충돌로 보일 수 있는 관리감독 주체에 대한 논쟁과 갈등보다는 현재 10여 개가 넘는 탐정 관련 협회의 연합체를 별도로 구성하여 이를 통한 자율적 규제를 일본식으로 도입하는 것이 유리하다는 점을 제시한다. 물론 이에 대한 문제점과 부작용에 대한 지적도 있기는 하지만 일본의 탐정제도가 시장자율규제 형식으로 잘 운영되고 있는 점을 참조한다면 하나의 서비스업 영역으로서 연합회 구성을 통한 통제가 적절한 방향이 될 수 있다고 사료된다.

변호사업에 대한 규제와 관리감독을 법무부가 직접 하지 않고 대한변호사협회를 통해 진행하고 있고, 세무사업에 대한 규제와 관리감독 역시 국세청이 아닌 대한세무사협회에서 담당하듯이 한국탐정업연합회(가칭)를 구성하여 이에 대한 관리감독을 맡기며, 불법이나 문제가 되는 탐정업자 및 탐정법인에 대해서는 경찰 및 검찰의 수사와 처벌을 통해 일정 부분 외력에 의한 통제가 가능함을 제시한 것으로 해석된다(김태수 · 염건령, 2018). 다만, 이를 위해서는 탐정업연합회 구성 및 운영에 대한 정치적 외압이나 기관의 개입이 있어서는 안 되며, 시장의 자율질서를 규제하기 위한 협회 구성원과 탐정업자 및 회원사 탐정법인들의 의지와 노력이 담보되어야만 한다.

제4절 탐정업의 제도적 정착을 위한 방향성 모색

1. 국회 탐정법안 통과를 위한 합리적 방안 마련

기대를 모았던 제20대 국회에서 탐정 관련 법안의 처리는 결국 무산되었다. 제21대 국회에서 경찰청과 법무부 등 관계부처를 중심으로 탐정업법 제정에 대한 논의가 심도 있게 진행되기를 기대한다. 탐정업과 관련한 기관 및 각 단체와 탐정업자들도 법률 통과를 위한 의견 합치에 많은 노력을 기울여야 할 것이다.

경찰청은 법무부와의 협의를 통해서 탐정업에 대한 관리 · 감독 관청 지정과 관련한 기관 사이의 갈등을 해소해야 할 것이다. 이를 위해 탐정업법의 통과가 아닌 자격관리업법으로의 방향전환에 대해서도 심도 있는 고민이 필요하다고 사료된다. 이미 일부 민간 탐정자격 발급기관들이 공인탐정업법보다는 탐정자격관리법으로의 전환에 대한 입장을 밝힌 바 있으며, 다른 단체와 기관에서도 신속한 법률 처리를 위해서 국가공인 자격법안인 공인탐정업법안보다는 탐정자격 관리에 관한 법률안의 구성 및 통과를 원하고 있는 실정이다.

일본의 경우 탐정제도에 대한 국가자격제도를 포기한 상황 하에서 우리나라의 일부 단체와 협회들이 주장하고 있는 민간자격제도로 선회하였다. 다만, 이에 대한 관리·감독 관청으로서 공안위원회(우리나라의 경찰위원회)를 지정한 상황이다. 조직범죄단이나 금융범죄단, 사채업자 등이 탐정업에 유입되어 시장질서를 교란하는 것을 막기 위한 목적에서 공안위원회에 그 감독권한을 맡기고 있으며, 무자격 탐정업이나 불법적인 행위를 일삼는 탐정업자 및 탐정법인과 탐정자격협회에 대해서는 지방경찰청에 수사를 의뢰하여 제재를 가하고 있는 실정이다.

우리나라도 이미 OECD 가입 국가 중에서 그 경제수준이나 사회적 수준, 국민들의 의식수준이 아주 높아진 상황이며, 이에 따라 신고제에 따른 자율규제 방식으로 탐정제도를 도입할 경우, 입법 가능성을 높일 수 있다. 일본과 미국의 탐정업 운영내용을 살펴보면 자율규제형을 채택하면서도 불법업자에 대해서는 강력한 제재와 응징을 하는 방향을 잡고 있다. 이러한 체제는 법무부와 경찰청 사이의 갈등관계와 무관하게 탐정업의 제도권 진입을 보장할 수 있다는 점에서 긍정적 방향이라고 판단된다.

한편, 탐정법제도의 완성도를 높이고, 관리·감독의 효율성을 높이기 위해서는 면허제를 기반으로 하는 공인탐정제도로 도입하는 것이 좋다. 현재 경찰청의 입장이기도 하다. 입법과정에서 반대 여론을 극복하는 것이 과제다.

2. 직업윤리 강화에 대한 협회의 방안 마련

탐정업에 대한 가장 큰 우려는 국민의 사생활 침해 문제일 것이다. 실제로 법무부와 일부 인권단체에서도 탐정업이 자칫 개인의 사생활에 대한 이익추구자들의 사생활 침해문제를 불러올 수 있다는 우려를 제기하고 있다. 탐정업이 제도화되고 활성화가 진행되기 위해서는 고도의 직업윤리를 탐정업자와 탐정기업이 가지고 있어야 한다. 미국의 거대 탐정기업들이 특정 회사나 정치인 등에 대한 광범위한 정보를 가지고 협상카드로 사용한 전력이 있음으로 인해 현재는 국가안보나 정치관련 정보에 대한 수집행위는 처벌하고 있다.

우리도 탐정자격관리법안을 마련함에 있어서 윤리규정 위반에 대한 처벌조항들을 많이 만들어 놓아야만 할 것이다. 특히 제21대 국회에 발의된 탐정법안에 포함되어 있는 이중계약 또는 이중거래 금지, 변호사법 위반에 해당하는 브로커 행위 금지, 의뢰인과의 부적절한 이성관계 금지, 사건이나 의뢰인 관련 자료의 유출 또는 의도적인 배포행위 금지 등에 대해서는 그 어떠한 자격관리법에서도 찾기 어려운 수준의 강력한 처벌내용이 담겨 있어야만 한다.

이를 통해서 탐정업자 스스로도 윤리적 기준을 위반하는 경우에 큰 처벌을 받을 수 있다는 점을 인식해야 하며, 윤리적 기준을 위반하는 행위를 한 탐정업자나 탐정법인에 대한 신고자에 대해서도 신고포상을 할 수 있는 여건이 확고하게 만들어져야만 한다. 이러한 탐정업의 자정노력과 불법 탐정업자에 대한 처벌, 윤리적 안전장치의 구축 및 준수를 제대로 해야만 국민들이 탐정업의 활성화에 대해서도 많은 지지와 격려를 할 수 있을 것으로 판단된다.

3. 학제적 연구의 강화

2020년부터는 가톨릭대학교 행정대학원에 탐정학 석사과정이 개설되었으며, 2021년부터는 박사과정이 개설·운영 중이다. 동국대학교 법무대학원에도 탐정법무학 전공이 운영 중이며, 동방대학원대학교 및 부산외국어대학교에도 탐정학 학위과정이 개설되어 운영되고 있다. 학제적 접근성이 강화된다는 것은 그만큼 이 영역이 학문적으로나 산업적으로 발전 가능성이 크다는 것을 의미한다. 따라서 각 대학원의 교수와 연구진들이 총의를 모아 학제적 발전을 모색함은 물론 탐정산업의 발전을 위해 다양한 아이디어를 제시해야만 할 것이다.

향후 법학적인 접근은 물론이거니와 행정학적, 문화학적, 경영학적, 공학적 접근이 한층 더 강화되어야 하기에 이들 영역에서 탐정과 관련한 교차학문적 접근을 하고자 하는 학자층을 유인하도록 해야 할 것이며, 이들과의 협업을 통해 새로운 탐정 분야의 영역을 개척할 수 있도록 하는 노력이 있어야 한다고 사료된다. 아울러 각 대학과 연구기관, 협회가 선의의 경쟁관계를 설정하면서 탐정학 및 탐정산업의 정착을 위해 협업을 하는 것도 필요할 것이다.

CHAPTER

06

탐정 관련법의 이해

제1절 탐정 기초법

1. 헌법

1) 헌법의 개념

헌법(憲法, Constitutions)은 모든 법률의 모법(母法)이라고 불리며, 흔히 '모법(Mother Law)'이라고도 부른다. 헌법은 해당 국가의 모든 법률을 규율하는 일종의 표준법이자, 그 나라의 국가체제와 정치체제, 경제체제, 사회문화체제 등을 담고 있는 일종의 선언적 법률이기 때문이다. 국가와 정부를 가지고 있는 대부분의 국가들은 이 헌법을 가지고 있으며, 해당 국가 내에서 만들어지는 법률, 명령, 규칙의 대부분이 이 헌법의 원리를 따르게 된다.

우리나라의 헌법은 국민의 기본권과 평등권, 자유권, 사회적 약자에 대한 보호, 문화예술의 발전 등에 대한 내용을 담고 있으며, 국민으로서 반드시 지켜야 할 의무의 원칙도 담고 있다. 헌법의 핵심은 국민의 기본권에 대한 명시이며, 이동의 자유, 거주의 자유, 통신의 자유와 비밀보장, 정치적인 사상의 자유, 종교적 자유 등이 포함된다.

헌법의 내용이 언뜻 어렵거나 추상적인 내용만을 담은 것으로 이해될 수 있으나, 이러한 내용들이 헌법에 제대로 반영되지 않으면, 국가나 공공기관으로부터 제대로 국민으로서의 권리를 보장받지 못할 가능성이 있다는 점에서 모든 법률과 공공기관, 공무원들의 업무활동에 기본적인 지침 역할을 담당한다고 볼 수 있다.

1950년대 이후로 접어들면서 다수의 국가들이 헌법의 중요성을 강조하기 시작하였으며, 국가주의가 아닌 헌법주의를 기반으로 한 애국을 강조하고 있다. 제2차 세계대전을 일으킨 독일의 경우에 히틀러(Adolf Hitler) 정부 이전의 바이마르 공화국의 헌법이 가지는 가치를 전부 부정하고 국가에만 오로지 충성해야 한다는 국가주의적 애국사상을 널리 고취시켰으며, 그 결과 유대인에 대한 차별적 공격과 세계대전이라는 비극이 발생하였다는 점을 반성하여, 국가에 대한 애국이 아닌 헌법에 대한 사랑과 이를 기반으로 한 국민으로서의 국가에 대한 애정을 기본적 방향으로 변경하였다.

헌법에는 국가권력기관의 업무수행에 대한 기준도 제시하고 있다. 다름 아닌 헌법을 벗어나는 행정이나 업무수행, 권력의 행사는 결코 해서는 안 된다는 점이다. 입법이나 사법, 행정의 3대 국가권력은 모두 헌법을 기반으로 운영되어야 하며, 이를 위반하는 모든 행위는 반헌법적 권력행사로 볼 수 있다. 우리나라의 헌법재판소가 입법, 사법, 행정기관의 모든 행정과 결정 등에 대해서 위헌 여부에 대한 재판을 시행하는 것 역시도 헌법의 규정에 따른 위헌 행위에 대한 제재를 위한 대응방법으로 볼 수 있다.

헌법이 가지는 국가법률로서의 최상위법으로서의 지위는 불변하며, 모든 법률과 명령, 규칙 등을 만듦에 있어서 헌법의 기준을 위반하는 것은 있어서는 안 되는 일이다. 헌법이 가지는 최고법으로서의 지위와 가치를 존중하여, 헌법을 만들거나 개정하는 절차를 대부분의 국가들이 아주 까다롭거나 쉽지 않게 하고 있고, 특히 개정과정에서 정부의 과도한 자기중심적 개헌을 할 수 있는 가능성이 크다는 점에서 개정 부분에 대한 강한 제한이 가해진다.

우리나라는 국가체제가 단일정부로 되어 있기 때문에 '대한민국 헌법'이라는 하나의 헌법만이 존재한다. 하지만 연방정부 체제(Federal Government System)를 가지고 있는 국가들은 연방정부의 헌법 이외에도 자치권을 명확하게 부여받은 각 주정부의 헌법이 별도로 존재한다. 대표적으로 미국을 들 수 있는데, 미국 연방정부의 헌법이 따로 있고, 독립적인 정부운영을 하고 있는 각 주정부의 헌법 역시도 따로 존재한다. 헌법을 가지고, 있는 외국의 주정부는 강력한 자치권을 기반으로 외교권과 국방에 대한 권한만 없고 대부분의 행정운영은 주헌법을 기초로 지방정부가 담당하고 있다고 해석하면 된다.

헌법(憲法)이라는 명칭에 대한 개정논의도 일부 학계에서 일고 있는데, 이는 헌법이라는 용어 자체가 일본의 법제도에서 따온 것이기 때문이다. 영국이나 미국의 Constitutions를 헌법이라고 번역하는 것은 일본의 영향을 받은 것으로서, 상당수의 국가들은 기본법의 개념으로 번역하고 있다.

이 때문에 일부 학자들과 학계에서는 차기 헌법 개정과정에서 기본법이라는 용어를 사용해야 한다고 주장하기도 한다. 하지만 헌법이라는 용어가 일본의 법체제를 들여오는 과정에서 사용되었지만 이미 대한민국이 건국된 지 무려 70여 년 이상이 지났고, 국민 대부분이 헌법이라는 단어를 오랜 기간동안 사용하였기 때문에 헌법이라는 표현을 그대로 유지하자는 것이 다수의 의견이다.

2) 헌법과 탐정

그렇다면 헌법과 우리 탐정업은 어떠한 관련성을 가지고 있는지에 대해서 깊은 생각을 해보아야 할 것이다. 헌법이 국가의 정치체제와 사회체제, 경제체제 등에 관한 기본적인 원리 원칙을 담은 법이라고 앞서 설명한 부분에서도 알 수 있듯이, 헌법이 우리

탐정업을 인정하지 않거나 탐정업에 대해서 반대의 원리를 담고 있다면, 현 시점에서 탐정업은 반헌법적인 직업이 되기 때문에 제대로 그 영업을 하기 어려울 것이다.

하지만 우리 탐정업은 헌법이라는 일종의 보호막 아래에서 정상적인 영업을 수행할 수 있다. 이미 이 책의 다른 부분에서도 나와 있듯이 우리나라의 탐정업이 공식적으로 업무를 수행하게 된 것은 국회의 입법이나 정부의 탐정업에 대한 승인발표가 아니었다. 헌법재판소의 탐정업 시행불가에 대한 위헌판결이 결정적인 원인이 되어 탐정업이 본격적으로 업무를 개시하게 된 것이다. 따라서 헌법은 우리 탐정업의 입장에서는 아주 중요한 법일 뿐만 아니라, 탐정업의 존립 근간(根幹)이 되는 핵심이라고 볼 수 있다. 우리나라의 가장 기본이 되는 법인 헌법이 탐정업 자체를 헌법재판소의 판결을 통해서 인정해주었다는 점을 이해하는 것이 더 중요한 부분이라고 판단된다.

우리 헌법에는 직업선택의 자유 규정이 존재한다. 대한민국 국민이면, 자유롭게 불법적인 직업 이외의 직업에 대해서는 선택의 자유가 있다는 뜻이다. 예를 들어, 음식을 판매하는 음식업, 배달을 하는 배달운송업, 자신의 지식을 다른 사람들에게 알려주는 강의업 등 무수히 많은 직업을 자신의 적성과 기술, 관련 지식, 자본 등을 기반으로 선택할 수 있도록 하고 있다.

우리나라의 헌법은 이러한 측면에서 탐정업이라는 직업을 제한하는 것이 헌법에 분명하게 존재하는 직업선택의 자유를 침해한다고 보았으며, 이를 기반으로 탐정업이 국가와 사회로부터 인정받는 직업이 되었다고 본다. 다만, 탐정업의 제도화 내지는 사회적 공인을 반대하였던 집단은 반헌법적인 직업군으로서 탐정업을 매도하였다는 점에 대해서도 분명한 인식이 필요하다.

그동안 탐정업의 제도화 내지 사회적 공인화를 반대한 집단은 헌법상 거주이전의 자유, 행동의 자유, 통신의 자유 등에 있어서 탐정이 불법적인 미행, 추적을 통해 이를 침해할 여지가 있다는 점을 제시하였다. 물론, 그러한 불법적 행위를 하는 일부 탐정이 존재할 수도 있지만 이들에 대해서는 탐정업 관리와 관련한 법률을 제정하여 강력하게 제재하거나 처벌하면 된다고 사료된다.

자신의 권리를 침해받을 경우에 이를 구제하기 위한 스스로의 노력이 가능하도록 한 권리를 자력구제권이라고 하며, 이는 광범위한 헌법 원리 안에 들어가 있는 개념이다. 자신의 재산권이 침해되었거나 인격권이나 초상권 등이 침해되었거나, 열심히 장기간의 노력을 통해 개발한 지식재산권이 침해되었거나 피해를 받았다면 이를 원상회복하고 피해를 보상받기 위한 노력을 모든 국민은 헌법상의 권리로 할 수 있다.

탐정은 이러한 자력구제의 노력을 도와주는 일종의 조력자로서의 지위를 헌법상 가진다. 이는 본 저자들의 주장이 아닌 헌법의 규정을 그대로 해석한 것이다. 탐정의 전문성을 용역이라는 개념으로 사용자가 빌리는 것이며, 이를 통해서 자신의 침해된 권리를 일정 부분 구제받거나 원상회복시킬 수 있는 것이다. 자본주의 시장경제체제 하에서 항상 발생하고 있는 재산권 침해와 초상권을 포함한 인격권 침해, 사기 등의 범죄행위 등으로부터 자신이 입은 피해를 회복하기 위한 일종의 자구적 수단으로서 탐정이 존재하며, 이는 헌법상에 개인에게 부여된 권리를 행사하는 것으로 해석해야 할 것이다.

2. 민법과 민사소송법

1) 민법

(1) 민법의 의의

민법(民法)은 사회생활을 하는 개인과 법인의 권리와 의무에 관련한 모든 법률을 의미하며, 공적인 영역을 규제하는 형법이나 행정법과는 달리 개인의 사적인 관계에 관한 법률로 보면 된다. 민법의 발전은 『나폴레옹 법전』이 탄생하면서 본격화되었으며, 대륙법계 국가인 프랑스가 이를 체계적으로 정리함으로써 지금까지 이르고 있다.

민법을 프랑스에서는 'droit civil', 독일에서는 'Bürgerliches Recht', 영국이나 미국에서는 'civil law'라고 부르며, 국제용어로는 영국과 미국의 용어를 따라서 Civil Law라는 표현을 주로 사용하고 있다. 민법은 사회생활을 하는 모든 개인과 법인의 계약 및 금전거래 관련 내용을 규율하기 때문에 광범위한 성격을 가지며, 법률의 내용이 극히 제한적이라 하더라도 이와 관련한 판례는 무수하게 법원을 통해서 쏟아져 나오고 있다.

프랑스나 독일과 같은 대륙법계 국가들은 민법과 관련한 모든 법률 내용을 성문법 형식으로 정하고 있으며, 미국이나 영국 등의 영미법계 국가들은 법률도 존재하지만 불문법 형식으로 존재하는 규정들도 많이 있다. 민법의 핵심적 내용이 사적 자치의 원리, 다시 말해서 사회 안에서 사적으로 하는 모든 계약 및 금전 관련 내용들은 국가나 정부의 규제가 아닌 개인 간의 행동으로 자유롭게 할 수 있다는 점을 포함한다. 따라서 모든 계약이나 금전거래 등에 민법이 일일이 개입하는 것은 아니며, 문제가 있는 영역에 대해서 원칙을 정해주고 이에 따라서 개인 간의 거래가 이뤄질 수 있도록 돕는 역할을 담당한다.

우리나라 민법은 일본의 민법을 받아온 측면이 강하며, 최근 들어 미국이나 프랑스, 영국 등의 다른 국가들의 민법규정 가운데 좋은 내용들을 받아들이는 방식을 취하고 있다. 다만, 다수의 대륙법계 국가들이 사용하고 있는 판덱텐(Pandekten) 구성체계를 따라서, 민법총칙과 채권법, 물권법, 가족법(친족상속법)의 체계를 유지하고 있다. 민법을 공부하거나 연구하고자 할 때 가장 당황하는 부분이 이 부분인데, 민법이라는 하나의 법률만을 보고 공부를 하고자 해도 민법총칙이라는 책이 따로 있고, 물권법, 채권법, 친족상속법이 따로 있는 것에 난감해 하는 경우가 많다.

이는 민법이라는 큰 테두리 안에 사실은 다른 세부 법률 영역이 존재한다는 것을 잘 몰랐기 때문이다. 크게는 민법으로 불리는 이 법률 안에 채무와 그 변제에 관한 내용을 주로 담은 채권법, 동산과 부동산 등의 재산과 관련한 물권법, 그리고 증여나 상속, 친족으로서의 신분에 관한 내용을 담은 가족(친족상속)법 내용들이 별도로 구분되어 존재한다는 점을 알아야 하며, 탐정학을 공부하고자 하는 학생이나 연구자들도 이러한 민법의 법률체제를 혼동하지 않고 정확하게 구분하여 접근하는 방법이 필요하다.

(2) 민법의 구성

첫째, 민법총칙(民法總則)이 있다. 민법총칙은 광범위한 민법 전반에 적용되는 일종의 원칙을 담아 놓은 내용을 말한다. 민법총칙은 민법의 세부 내용보다는 적용되는 기본적인 개념과 그 원리를 담고 있기 때문에 반드시 정확하게 알아야 민사 관련 업무에 접근이 가능하다. 민법총칙에는 법의 연원(법원; 法源), 법률의 기본적 원칙, 법률행위, 자연인과 법인 등의 법률 주체, 법률행위가 추구하는 목적, 법률에 대한 해석, 법률행위의 대리, 법률상의 기간의 계산법, 기한의 개념, 계약과 계약의 조건, 소멸시효 등에 대한 내용이 담겨 있다.

이상의 민법총칙 안에 담겨 있는 세부적인 내용에 앞서서 민법이 구현하고 있는 두 가지의 원칙을 반드시 알아야 한다. 그 하나는 신의성실의 원칙이며, 다른 하나는 권리남용 금지의 원칙이다. 신의성실의 원칙은 모든 민사적 행위는 상대방에 대한 신의와 성실을 지키면서 해야 한다는 의미이며, 권리남용 금지의 원칙은 자신이 가지고 있는 모든 민사적 권리를 반사회성을 보이지 않는 범위 내에서 행사해야 한다는 의미로 보면 된다.

둘째, 물권법(物權法)은 동산, 부동산 등의 각종 재화(財貨)와 관련한 지배관계를 규율하는 사법(私法)을 말한다. 채무와 채권을 기반으로 하는 채권법과는 달리 지배라는 개념을 중심으로 법률의 관계성이 정립되며, 채권은 이행의 문제가 있지만 물권은 이행의 문제가 아닌 지배(점유나 소유권 등기 등)를 통해서 이행의 문제가 발생하지 않는다.

예를 들어, 시계를 구입하였다면 그 시계의 구입과정을 통해 소유한 사람에 대해서 동산(動産)으로서의 시계에 대한 소유권이 인정되며, 건물을 구입한 사람이 건물에 대한 소유권 이전등기를 마쳤다면 건물이라는 부동산(不動産)에 대한 소유권이 인정된다. 이와 같이 움직일 수 있는 재산으로서의 동산에 대한 소유권, 움직일 수 없는 땅과 건물과 같은 부동산에 대한 소유권과 관련한 내용들을 담은 법률이 물권법이라고 보면 된다.

물권의 종류에는 점유권과 소유권, 지상권, 지역권, 전세권, 유치권, 질권, 저당권 등이 있다. 먼저, 점유권(占有權)은 동산과 부동산과 같은 물건에 대해서 실질적으로 지배하는 사람에 대해 부여되는 법률적인 지위를 말한다. 물건을 가지고 있는 경우, 물건을 빌려서 가지고 있는 경우, 타인으로부터 위탁을 받아서 물건을 가지고 있는 경우 등이 전부 점유에 해당하며, 가지고 있는 자의 권리를 규정한 것을 점유권 규정이라고 한다.

소유권(所有權)은 자신이 가진 물건에 대해서 전면적인 사용, 수익, 처분을 할 수 있는 권리를 말하며, 물권법 규정의 대표적 권리로 인정받고 있다. 동산과 부동산 등에 대해서 전면적으로 지배를 할 수 있으면서, 해당 물건의 사용가치와 교환가치를 전면적으로 지배할 수 있다. 건물을 소유한 소유자는 해당 물건을 임대하여 사용수익을 얻을 수 있으며, 해당 건물을 팔아서 그 교환가치를 자신의 돈으로 가질 수 있다. 이러한 내용들이 담긴 민법의 부분들을 소유권 편이라고도 부른다.

셋째, 채권법이 존재하는데, 이 채권법은 채권과 관련한 법률의 관계 등을 포괄적으로 담은 내용들이다. 채권과 관련한 개념으로서 계약, 사무관리, 이득, 부당이득 등의 개념이 있으며, 이와 관련한 체계적인 법률적 기준들이 담겨 있다. 돈을 빌리는 행위가 대표적인 채권법의 적용대상인데, 돈을 빌린 자는 채무자가 되고, 돈을 빌려준 자는 돈과 그 이자를 받을 권리를 가지는 채권자가 된다. 이 둘 사이의 관계에 대한 내용을 법률을 통해 규제하고 정리하기 위해서 채권법이 탄생하게 되었으며, 우리나라도 채권법을 민법의 중요한 규정으로 담아두고 있다.

넷째, 가족법이 있는데 과거에는 친족상속법으로도 불렸다. 우리 사회의 가족관계와 관련한 법률로서 이 가족관계를 기반으로 한 재산의 승계와 관련한 내용들이 주를 차지하고 있다. 대표적으로 상속과 증여 등에 관한 내용이 들어 있으며, 강제적인 집행규정을 통해서 가족공동체 사이에 발생할 수 있는 재산분쟁을 정리하려는 목적을 가지고 있다. 또한 가족법에서는 입양이나 파양, 혼인신고, 이혼, 혼외자의 자녀신분 취득 등에 대한 내용들을 담고 있으며, 법률상 가족으로서의 신분체계를 정확하게 정립하기 위한 목적을 가진다.

2) 민사소송법

민사소송법(民事訴訟法)은 앞서 설명한 민법을 기초로 한 재판의 진행과정을 정리한 재판절차법으로 정의할 수 있다. 민사적인 분쟁이나 문제가 발생하면, 이를 사적인 자치의 원리에 따라서 협의를 통해 해결할 수 있지만, 민사분쟁 양 당사자 간의 접점이나 합의점이 제대로 나오지 못할 경우에는 민사재판으로 가야 하는 상황이 전개된다. 이때에 어떠한 방식으로 민사재판을 진행할 것인지를 정리한 법률을 민사소송법이라고 부른다.

민사소송법은 크게 두 가지의 의미로 해석된다. 좁은 의미의 민사소송법은 국회에서 제정한 민사소송법이라는 법률만을 뜻하며, 넓은 의미의 민사소송법은 우리나라에서 시행되고 있는 민사소송과 관련한 법률 관련 규정 전체를 뜻한다. 넓은 의미의 민사소송법에는 민사법원의 구성과 운영, 판사의 임용과 이들의 직제, 소송당사자의 자격에 관한 법률규정, 강제집행을 위한 절차 관련 법률, 민사재판 결과를 따르지 않는 자에 대한 제재를 규정한 법률 전체를 포함한다.

민법과 민사소송법은 실제 권리관계를 규정한 법률과 이에 대한 소송의 절차를 담은 법률이라는 불가분의 관계를 가진다. 다만, 민법은 개인 간의 관계를 정한 사법(私法)이라는 특성이 있지만 민사소송법은 이를 진행하는 주체가 공공기관인 법원이라는 점에서 법원의 업무와 관련한 특성을 반영하여 공법(公法)으로 구분된다.

민사소송법이 규정하고 있는 민사소송은 권리의 다툼을 법원이 강제적으로 해결·조정하는 절차를 말한다. 민법이나 상법과 같은 여러 가지 사법상에 발생하는 신분상의 분쟁이나 경제내용과 관련한 분쟁을 뜻하며, 법원의 결정에 따라서 강제적으로 압류나 경매집행이 진행된다. 원칙적으로 압류나 경매 등의 개인 재산이나 권리에 대한 강제집행은 임의적으로 할 수 없도록 민사소송법에서 금지하고 있다. 법원의 결정에 따라서 집달관(강제집행을 담당하는 자)을 동원하여 강제집행이 가능하다. 이는 공적인 결정을 내리는 민사법원의 절대권을 인정하면서, 개인 간의 임의적 압류나 경매가 일으킬 수 있는 경제 상황의 혼란을 막기 위함이다.

3) 민법, 민사소송법과 탐정

탐정은 민법 및 민사소송법에 대한 기본적인 소양뿐만 아니라 전문적인 지식을 갖추고 있어야 한다. 이는 상당수의 탐정의뢰 사건들이 민사와 관련한 분쟁이기 때문이다. 예를 들어, 배우자의 불륜으로 인한 이혼사건이라면, 불륜사실을 조사하여 그 결과를 의뢰인에게 통보하는 탐정은 불륜사실 자체에 집중하면 된다. 하지만 의뢰인이 법률적으로 부부관계가 아닌 동거관계임에도 불구하고 탐정에게 불륜을 조사하여 달라고 한다면 이에 대한 사건 수임을 고민해 보아야 한다. 민법상 분쟁의 소지가 있는 사건만을 탐정이 해야 한다는 규정은 특별히 없지만 부부관계가 아닌 사건의 불륜사실조사를 진행하면 자칫 다른 문제로 번지는 일들이 나타날 수 있기 때문이다.

민법의 규정이 아무리 모호하게 되어 있고, 피해 상황과 규모에 대한 측정도 법원이나 재판부마다 제각각 다르다 하더라도 민사 관련 법률과 주요 판례에 대한 검토는 탐정들이 반드시 해야 할 업무이다. 법률전문가인 변호사나 법무사 수준의 민법 관련 지식을 갖추고 있지 않다 하더라도 최소한 피해사실을 조사의뢰하러 찾아온 의뢰인이 어떠한 불법행위나 권리침해 행위로 인해 얼마만큼의 피해를 어떠한 과정을 통해서 입게 되었는지를 명확하게 진단하고 이를 기반으로 사실조사업무를 진행하는 것이 중요하다.

만약 사실조사업무를 진행하는 과정에서 법률적인 구제절차를 별도로 진행해야 하거나 민사소송으로 사건을 넘겨야 한다면, 법률대리인(변호사, 법무사, 변리사, 행정사, 공인노무사 등)이 탐정이 조사한 기초자료를 근거로 민사소송 절차에 바로 들어갈 수 있도록 법률에 근거하여 보고내용을 작성하고 제공해야 한다. 만약 법률적 지식이 전혀 없는 상태에서 조사된 내용만을 나열하는 보고서를 제공한다면 조사가 마무리된 이후에 더 복잡한 민사소송과정을 거칠 수 있기 때문에 이러한 부분에 대한 세심한 주의가 요구된다.

미국에서 범죄수사과정에 참여하는 프로파일러를 선발함에 있어서 법학과 심리학을 복수전공한 자를 선호하는 것도 수사 절차와 관련한 형법이나 형사소송법의 기본적 지식을 가지고 프로파일링 업무를 수행하는 자와, 법률적 기초지식이 전혀 없이 범죄심리학적 관점에서만 프로파일링 업무를 수행하는 자의 보고서 내용에 큰 차이가 있기 때문이다. 이와 같이 탐정도 대부분의 사건들이 민사소송이나 민사절차와 관련한 내용이 많이 때문에 민법총칙과 물권법, 채권법, 친족상속법, 민사소송법의 민사소송 절차에 관한 규정에 대해서 사전에 기본적인 학습을 하는 것이 필요하다고 판단된다.

3. 형법과 형사소송법

1) 형법

간단하게 형법(刑法)은 죄와 그 죄에 대한 처벌에 관한 법률을 말한다. 이를 영어로는 'criminal law'라고 부르며, 해당 국가가 집행하고자 하는 처벌 전반에 대한 내용을 담고 있다. 형법이 나오게 된 가장 큰 이유는 절대권력자인 왕이나 영주가 자신의 마음대로 처벌결정을 하거나 형량을 결정하는 문제를 해결하기 위함이다. 과거 절대주의 왕정이 국가와 사회 전반을 지배하였을 당시만 해도 왕이나 절대자의 마음대로 처벌이 결정되는 일들이 자행되었지만 영국의 권리청원과 권리장전이 제정되면서 왕의 형사적 처벌권에 대한 제한이 개시되었다.

19세기에 의회정치가 적극적으로 구현되기 시작하면서 법률에 의거하여 처벌의 여부와 처벌내용을 집행하는 사회문화가 자리잡기 시작하였으며, 이에 따라서 범죄를 수사하는 수사기관이나 사법기관의 전문화도 진행되었다. 형법은 그 사회의 거울이라고 불릴 만큼 사회문화적 특성을 담고 있다. 외국에는 거의 없는 간통죄(姦通罪)가 우리나라에서 수십 년 간 집행되었듯이 각국의 형법을 보면 모두 동일하지 않고 사회가 가지고 있는 범죄에 대한 관점에 투영된 경우가 많다.

앞서 설명한 민법은 사법이지만 형법은 공법으로서의 성격을 가진다. 어려운 표현이기는 하지만, 국가(정부)와 범죄자들 사이에서 배분적인 정의를 규율하는 기능을 가진다. 이는 법학에서 형법이 가지는 의미를 설명할 때 많이 나오는 표현으로서 간단하게 설명하면, 죄를 저지른 범죄자에 대해서 국가가 어떠한 죄에 대한 대가를 배분하는지를 규정한 법률이라고 해석하면 된다.

민법은 법률의 규정이 모두 재판으로 이어지지는 않는다. 계약관계가 법의 규정에 따라서 계약 당사자 사이에 무리 없이 진행되었다면, 이 내용을 가지고 민사소송이 진행되지 않기 때문이다. 하지만 형법의 규정에 저촉되는 범죄행위를 저지른 자에 대해서는 형사소송이 진행되기 때문에 절차법인 형사소송법과 밀접한 관련성을 가진다. 민법과 민사소송법의 관계보다 형법과 형사소송법의 관계가 훨씬 더 가깝다는 의미도 된다.

형법은 다른 법률과 비교하여 특징적으로 가지는 여러 가지 성격들이 존재한다. 첫째, 가설규범성이 있는데 이는 가설적인 표현이 많다는 뜻이다. "살인을 저지른 자에 대해서는 ○○년의 형에 처한다"와 같이 무엇을 하면 어떠한 사법적 처벌이 해당 범죄자에게 가해질 것이라는 식의 가설적 표현이 법률상에 많기 때문에 이를 바탕으로 가설규범성이라는 용어가 탄생하였다.

다음으로, 행위규범성이 있는데, 특정 행위에 대해서 금지하도록 하는 행위제한 규범으로서의 성격을 가지기 때문에 부여된 내용이다. 우리나라의 형법에는 살인, 강도, 강간, 절도, 방화, 사기 등의 여러 가지 형법상 규정된 범죄행위를 하지 못하도록 금지하고 있다. 특정한 행위를 금지하는 행위로 법률에 지정하고 있으며, 이러한 특성을 행위규범성이라고 부른다.

우리나라의 형법은 재판 규범성의 성격도 가지는데, 법원에서 재판을 담당하는 법관의 처벌결정에 대한 판단기준으로 형법이 작용하기 때문이다. 형법의 평가규범성은 범죄자의 행위가 우리나라의 법적 가치에 반하는 것인지를 평가한다는 의미에서 부여된 특성이며, 모든 국민과 우리나라에서 거주하는 외국인에게 특정한 범죄행위를 저질러서는 안 된다는 의무를 부과한다는 점에서 의사결정 규범성이라는 특성도 부여하고 있다.

민법이 민법총칙과 채권법, 물권법, 가족법의 여러 영역으로 구분되는 것과 마찬가지로 우리 형법도 크게 두 가지 영역으로 구분된다. 그 하나는 형법총론이고 다른 하나는 형법각론이다. 형법총론은 우리 형법의 앞 부분을 차지하며 범죄와 그 처벌에 대한 일반적인 이론을 담고 있다. 죄형법정주의라는 형법의 대원칙을 시작으로 범죄의 구성요건, 범죄에 대한 형법의 적용범위, 위법성, 형사적 책임, 범죄의 미수, 범죄의 공범, 형벌의 유형 등에 대한 내용을 체계적으로 정리한 부분이다.

형법에서 가장 중요한 원칙은 죄형법정주의이다. 죄와 형벌은 법에 규정되어 있는 범위 안에서만 이뤄져야 하며, 이를 벗어난 것은 처벌대상이 되지 않는다는 원칙이다. 앞서 언급한 귀족과 평민의 처벌에 대한 왕의 절대적 권한을 제한하기 위해 나온 내용으로서 형법이나 형사특별법에 규정된 내용이 아닌 것으로 처벌될 일이 우리 사회 안에서는 없다는 이야기이다.

형법각론은 죄명과 죄명에 따른 행위의 유형, 구성요건, 그리고 이에 대한 처벌을 담은 부분이다. 살인죄와 강도죄, 강간죄, 방화죄 등의 4대 강력범죄를 시작으로 절도와 강요죄, 유기죄, 학대죄, 횡령죄, 배임죄 등의 여러 가지 죄명을 일일이 나열하여 그에 대한 처벌의 내용을 명확하게 정하고 있다. 우리나라의 모든 형사재판은 형법의 죄명과 죄의 구성요건, 가해자의 책임, 피해자의 피해정도 등을 기준으로 진행된다.

2) 형사소송법

형사소송법(刑事訴訟法)은 민법의 민사소송법과 마찬가지로 형법의 형사재판 절차를 담고 있는 법률을 말한다. 우리나라에서 발생하는 모든 범죄는 형사소송법의 형사소송 절차에 따라서 처리되어야 하며, 형사소송법에 규정된 형사재판 절차에 따라서 처벌의 내용이 결정된다. 당연히 죄가 없는 사람이 기소되었다면 형사소송 절차를 통해서 무죄를 선고할 수 있다.

형사소송법은 형사재판 자체만을 규정하는 내용이 아니며 범죄에 대한 수사 절차와 재판의 진행 상황과 관련한 공판절차, 그리고 죄를 저지른 자에 대해서 처벌을 집행하는 집행 절차 전체를 아우르는 법률이다. 형사소송법에 대해서 잘 모르는 이들은 형사재판 절차만 형사소송법에 담겨 있는 것으로 이해한다. 하지만 우리 형사소송법은 형사재판 이전의 수사 절차에 대한 내용도 담고 있으며, 재판이 끝난 이후의 집행 절차에 대해서도 명확한 규정들을 담고 있다. 이들 전체를 편의상 형사소송법이라고 부르고 있으며, 좁은 의미가 아닌 넓은 의미로 보아야 한다.

우리나라의 형사소송법은 대륙법계의 영향을 받아서 독일이나 일본과 유사한 내용들이 많다. 민법의 경우 『나폴레옹 법전』을 기반으로 프랑스의 민법체계와 유사하지만 형법은 독일과 일본의 영향을 많이 받았다. 대륙법계 형사소송은 앞서 언급한 바와 같이 사법적 수사, 형사재판, 재판결과의 집행으로 3등분된다. 수사는 범죄가 발생하였을 때, 사법경찰관이나 특별사법경찰관, 검사 등이 수사를 진행하는 내용이 담겨 있으며, 수사의 적법성과 합목적성, 공정성 등과 관련한 내용들이 담겨 있다.

경찰의 수사가 마무리 되면, 바로 형사소송법에 따라 검사에게 사건을 송치해야 하며, 송치된 내용을 기반으로 검사는 기소 또는 불기소 결정을 한다. 검사가 형사재판에 기소하면 이때부터 피고인 또는 피고인의 변호인과 법정에서 적극적인 대응을 하여 유죄판결을 받아야 하며, 유죄로 확정된 피고인은 기결수가 되어 교정기관에 수감된다.

이상의 절차가 형사소송법의 내용 대부분이며, 그 과정에서 인권을 침해하거나 또는 억울한 범죄자를 만들지 못하도록 방지하는 일종의 여러 가지 안전장치 등이 담겨 있다. 대표적으로, 변호인의 조력을 받을 권리, 체포 당시에 미란다 원칙의 고지, 영장에 기반한 체포와 압수수색의 집행, 피의자 가족의 피의자에 대한 도움과정에 대한 불처벌주의 등이 세세하게 담겨 있다.

형사소송법의 대원칙으로서 무죄추정의 원칙, 죄형법정주의, 증거중심주의, 공판중심주의 등이 있다. 무죄추정의 원칙은 용어 그대로 형사법원에서 유죄가 확정판결되지 않은 피고인에 대해서는 그 어떠한 경우에도 무죄인 상태로 추정하고 대우해야 한다는 개념이다. 죄형법정주의는 앞서 설명한 바와 같이 형사법원의 죄에 대한 유죄판단과 그에 대한 처벌 내용은 반드시 법률에 규정된 바 대로만 해야 한다는 원칙이다.

증거중심주의는 자백이나 진술만을 가지고 재판을 모두 진행해서는 안 되며, 범죄의 실체를 입증할 수 있는 증거를 기반으로 형사소송이 진행되어야 한다는 개념이다. 공판중심주의는 형사재판을 통해서 유무죄가 정리되어야 하며, 수사만을 가지고 죄가 있다고 단정하거나 여론의 내용만을 가지고 죄가 있는 사람으로 만들어서는 결코 안 된다는 의미이다.

3) 형법, 형사소송법과 탐정

탐정이 형사문제와 관련하여 개입할 일은 원칙적으로 없다고 보는 것이 맞을 것이다. 어려운 표현이지만 국가의 수사 및 조사업무가 엄연하게 존재하는데 여기에 탐정이 굳이 나서서 범죄 관련 조사를 할 일이 없다는 뜻이다. 하지만 우리나라의 수사기관과 검찰과 같은 공소기관들은 탐정의 역할을 보완적으로나마 필요하게 만드는 상황을 조성한다. 다시 말해서, 제대로 된 수사나 조사를 하지 않음으로 인해 그 피해자들이 자신의 억울함을 풀 목적으로 형사사건을 다시 조사하는 탐정들을 고용하고 있다는 점이다.

실제로 탐정의 오랜 역사를 가지고 있는 미국에서도 형사전문 조사탐정이 활성화되어 있을 정도로 탐정의 형사 영역에 대한 개입은 얼마든지 가능하다. 다만, 미국의 탐정이 현재 진행 중인 수사에 개입하는 것이 사건 수사가 마무리된 이후에 미진하거나 또는 제대로 확보되지 않은 증거를 찾거나 재고소나 사건수사 및 재판 등에 이의를 제기하기 위한 증거들을 수집, 정리, 제공하는 역할을 많이 하고 있다는 의미이다.

우리나라에서도 많은 사건들이 피해자는 있지만 범죄자가 누구인지를 제대로 찾지 못한 미제로 남고 있다. 물론, 우리나라의 과학수사 역량이 세계적으로 크게 인정받을 정도로 세밀한 부분까지 정밀하게 감식·조사하여 범인이 누구인지를 찾아내지만 지능적으로 범죄를 저지른 경우에 대해서는 범인을 제대로 특정하지 못하는 경우도 발생한다.

이러한 사건에 대해서 탐정은 충분한 개입 가능성을 가진다. 특히, 범죄수사과정에서 가해자가 누구인지를 제대로 알지 못하였다면 피해자는 자신의 피해에 대한 국가사법권의 가해자에 대한 처벌이라는 댓가를 제대로 받지 못한 것이기 때문에 어떻게 보면 권리를 침해받았다고 볼 수 있다. 돈을 받아야 하는 권리는 있는데 돈을 받지 못한 것과 동일한 상황인 것이다.

이때 피해자와 그 가족 또는 유족들이 해당 사건의 분석을 전문적으로 해온 전직 수사관 출신 탐정을 고용하여 미진한 수사내용이나 범인이 누구인지를 특정할 수 있는 결정적인 증거를 찾아낼 수 있다면, 비용이 들어가는 부담을 지더라도 충분이 탐정을 고용하여 투입할 수 있는 실익이 있다고 생각한다. 우리나라와 같이 수사권한은 경찰이나 검찰만 가지고 있어야 한다는 조사권한의 국가전속주의적 사고가 강한 나라에서 태생적으로 탐정이 범죄사건과 관련한 조사를 한다는 것은 쉽지 않은 일일 것이다.

하지만 많은 수의 수사관들이 50대 후반에 퇴직하고 있고, 민간인으로 전환된 이들의 20~30년 가량의 수사능력을 적극적으로 탐정영역으로 전환하여 활용한다면 범죄사건과 관련한 일종의 민간 차원의 도움을 받을 수 있다고 사료된다. 물론 이를 위해서 탐정도 형법 및 형사소송법 등에 대한 기본적인 지식을 갖춰야 하며, 다양한 경찰 및 검찰의 수사내용에 대한 검토(review)와 분석을 통해서 미제사건이나 사건이 제대로 해결되지 않은 범죄에 대해서 접근할 수 있는 능력을 갖춰야만 한다.

우리나라의 지정학적 환경이 일본과 같은 사실상 도서국가(島嶼國家)라는 점도 이 대목에서 중요하게 보아야 할 것이다. 일본이나 영국과 같은 섬나라는 외국으로의 입출입이 육지에 있는 국가들보다 어렵기 때문에 범죄를 저지른 사람이 외국으로 도주하는 일이 쉽지 않으며, 심각한 유형의 지능적 범죄에 대한 높은 수사력을 갖추고 있다. 하지만 이러한 폐쇄적 국경 형태의 국가에서 고도의 범죄지능을 사용하는 범죄자가 나타나는 경우에 이들의 윤곽이나 실체를 파악하는 데 실패하는 사례들 또한 많다. 우리나라도 이들 국가와 같이 범죄자를 잡기 쉬운 환경인 데 반해서, 고도의 범죄지능을 사용한 범죄는 결코 잡기 어렵다는 점에서 탐정이 가지는 범죄수사 영역의 보완성 강화가 필요하다.

제2절 탐정 관련 법률

1. 신용정보의 이용 및 보호에 관한 법률

신용정보의 이용 및 보호에 관한 법률(이하 '신용정보법')은 신용정보업이라는 사업 영역을 관리하기 위해서 나온 법률로서 체계적이고 효율적으로 신용정보를 보호하기 위한 목적에서 제정되었다. 현대 사회에서 신용정보는 아주 중요한 사회적 정보로 이용되고 있으며, 금융거래, 자산거래, 부동산거래 등에 있어서 기초적인 자료로 활용된다.

일반적으로 개인의 신상과 관련한 개인정보는 그 보호와 활용에 있어서 신중을 기해야 하지만 경제적 신상내용이라고 할 수 있는 신용정보에 대한 보호가 제대로 이뤄지지 않고 있다는 점을 우려하여 내놓은 정보보호 및 관리 법률의 하나로 이해하면 된다. 또한 개인의 신용과 관련한 정보만을 전문적으로 취급하는 업무를 하나의 비즈니스 영역으로 설정하여 이에 대한 발전과 함께 신용사회로 나아가기 위한 목적도 가지고 있다.

신용정보법에서 가장 핵심으로 보고 있는 주제들은 다음과 같다. 첫째로, 신용정보만을 취급하는 신용정보회사가 할 수 있는 업무 영역을 이 법을 통해 확장할 수 있도록 제도적으로 돕는 조치를 취하였다. 앞서 이야기한 바와 같이 신용정보는 그 사회의 혈액이라 할 수 있는 돈과 경제적 자산의 흐름을 볼 수 있는 중요한 내용이며, 이에 대한 전문업체들을 허가 및 육성함으로써 신용사회의 기본적 틀을 다지고자 하는 의도가 있다.

둘째로, 이 법을 통해서 신용정보회사가 가지는 자기 스스로의 내적인 통제를 강화하기 위한 목적을 가진다. 신용정보회사가 마음만 먹으면 개인과 법인의 다양한 신용 관련 거래내용을 쉽게 알 수 있고, 이를 바탕으로 부정이나 비리, 범죄 등을 저지를 수 있다는 측면에서 이를 감시하고 통제하는 기준을 이 법을 통해서 정비하고 집행하고자 하였다.

셋째로, 금융소비자인 국민이 신용정보의 무분별한 조회와 유통으로 인해 입을 수 있는 피해를 방지하고자 하는 목적에서 이 법을 제정한 것으로 해석된다. 이 법에서 개인의 신용정보를 합법적으로 사용・관리할 수 있는 사업 유형으로서 신용조회업, 신용조사업, 채권추심업, 신용평가업을 정하고 있다. 이와 같은 신용정보업을 영위하고자 하는 자는 업무의 종류별로 금융위원회의 허가를 받아야 하고, 양도・양수・분할 또는 합병 때에는 반드시 인가를 받아야 한다.

신용정보회사 등은 국가안보 및 기밀에 관한 정보, 기업의 경영비밀 또는 독창적인 연구개발정보, 개인의 정치적 사상과 종교적 신념 등 신용정보와 무관한 사생활에 관한 정보, 불확실한 개인신용정보, 다른 법률에 따라 수집이 금지된 정보를 수집 · 조사해서는 안 되도록 하고 있으며, 신용정보회사 및 신용정보 집중기관이 폐업할 때에는 보유한 정보를 금융위원회가 정하는 바에 따라 처분 · 소거 또는 폐기해야 한다.

신용정보제공 · 이용자가 대출, 보증에 관한 정보 등 대통령령으로 정하는 개인신용정보를 타인에게 제공하려는 경우에는 대통령령으로 정하는 바에 따라 해당 개인으로부터 서면, 공인전자서명이 있는 전자문서 등의 방식으로 미리 동의를 받아야 한다.

신용정보 주체는 신용정보회사 등이 본인에 관한 신용정보를 제공하는 경우에는 제공받은 자, 그 이용 목적, 제공한 날짜, 제공한 본인 정보의 주요 내용 등을 알리도록 요구하거나 인터넷 홈페이지를 통하여 조회할 수 있도록 하여 줄 것을 요구할 수 있다. 이 경우 신용정보회사 등은 특별한 사유가 없으면 그 요구에 따라야 한다.

신용정보 주체는 신용정보회사 등에 본인의 신분을 나타내는 증표를 내보이거나 전화, 인터넷 홈페이지의 이용 등 대통령령으로 정하는 방법으로 본인임을 확인받아 신용정보회사 등이 가지고 있는 본인 정보의 제공 또는 열람을 청구할 수 있으며, 본인 정보가 사실과 다른 경우에는 금융위원회가 정하여 고시하는 바에 따라 정정을 청구할 수 있도록 하고 있다.

신용정보회사 등과 그 밖의 신용정보 이용자가 이 법을 위반하여 신용정보 주체에게 피해를 입힌 경우에는 해당 신용정보 주체에 대하여 손해배상의 책임을 지게 된다. 다만, 신용정보회사 등과 그 밖의 신용정보 이용자가 고의 또는 과실이 없음을 증명한 경우에는 그러하지 아니하다.

2. 개인정보 보호에 관한 법률

개인정보 보호에 관한 법률(개인정보 보호법)은 사회생활을 하는 모든 자연인(개인)과 관련한 사적 정보를 보호하고, 이를 불법적으로 오 · 남용 또는 유통하는 자들을 처벌하기 위한 목적에서 탄생하였다. 먼저, 개인정보는 살아 있는 개인에 대한 정보로서 죽은 사람을 제외하고 있으며, 개인이 가지는 이름, 주민등록번호, 주소, 신체정보, 재산정보, 사회적 지위 등 개인을 알아볼 수 있는 모든 정보를 말한다. 일부 수사기관이나 신용조사기관, 금융기관, 사회복지기관 등에서 개인정보의 조회와 사용을 무분별하게 하고, 그 내용을 유출시킴으로써 심각한 피해를 불러오는 상황을 더 이상 방치하기 어렵다고 판단한 정부와 국회에서 협의를 통해 만든 법률이 개인정보 보호법이다.

우리나라에서 A라는 사람의 이름이 500명 정도 된다면, 이 A라는 이름 하나만을 가지고 개인정보라고 보기는 어려운 부분이 있다. 하지만 B라는 회사에 다닌다는 사실을 추가적으로 알아내게 된다면 A라는 이름과 B라는 회사의 직원 이름을 비교함으로써, 우리나라의 500명이나 되는 동명이인 가운데에서 1인이 특정화되는 상황이 된다. 이러한 개인의 특정화가 진행될 수 있는 두 가지 이상의 서로 다른 교차정보에 대해서도 개인정보 보호의 규정이 준용되고 있다.

개인정보 보호법에서 보호하고자 하는 개인정보의 종류는 다음과 같다. 첫째, 일반정보가 있는데, 앞서 언급한 개인의 이름과 주민등록번호, 외국인등록번호, 여권번호, 운전면허번호, 자격증번호, 주소, 전화번호, 생일, 가족관계 등이 포함된다. 둘째, 신체정보가 있는데, 개인의 지문과 홍채, DNA(유전자정보), 신장, 혈액형, 건강상태, 진료기록, 장애등급 등이 해당한다. 셋째, 습관과 취미 관련 정보가 있는데, 주로 여가활동, 선호하는 스포츠, 인터넷 콘텐츠 사용기록, 종교, 가입된 정당 등이 포함된다. 넷째, 재산정보에는 소득정보, 신용카드번호, 계좌번호, 주택, 토지, 자동차 관련 내용 등이 해당한다. 다섯째, 사회정보에는 학력, 성적, 상벌기록, 생활기록부, 자격증 보유내역 등이 포함되고 있다. 여섯째, 기타 정보라는 것이 있는데, 여기에는 개인의 통화내역, 전자우편, 개인위치, IP주소, CCTV 화상정보 등이 해당한다.

개인정보 보호법의 주요한 내용은 다음과 같다. 우선적으로 이 법의 제정을 통해서 개인정보 보호대상을 확대하였으며, 개인정보를 의무적으로 보호해야 하는 대상기관을 공공기관으로부터 병원, 동창회 등 민간부문까지 대폭 확대하였다. 이는 공공기관에서는 일정한 개인정보 보호기준에 따라서 자체적으로 개인정보의 유출 및 오·남용, 거래 등이 잘 이뤄지지 않기 시작하였다. 하지만 동창회나 종교기관, 사회복지시설, 언론사 등에서 개인정보를 제대로 보호하지 않는 사례들이 발생함으로 인해 이에 대한 적극적인 법적 보완과 안전장치의 마련이 시급하게 되었다.

다음으로, 정보처리 금지에 관한 사회적 원칙이 아닌 법률적 원칙이 이 법의 제정을 통해서 마련되게 되었다. 주민등록번호, 여권번호, 운전면허번호, 외국인 등록번호와 같은 개인은 식별할 수 있는 정보의 요구를 원칙적으로 금지하였으며, 별도로 동의를 얻은 경우에만 가능하도록 하였다. 만약, 인터넷이나 스마트폰 등에서 회원가입을 위해 본인 확인이 필요한 경우 아이핀 등의 대체 수단을 제공함으로써 개인식별번호의 유출과 오·남용을 방지하기 위한 제도적 장치를 강화하였다.

폐쇄회로 텔레비전으로 불리는 CCTV(Closed Circuit Television) 처리기기 규제에 대한 법률적 장치 마련도 진행되었는데, CCTV는 범죄예방, 범죄수사, 화재예방, 시민안전 파악, 교통사고 예방, 재난발생의 확인 등과 같이 특정한 목적을 위해 사용하는 경우 공개된 장소에 설치 가능하며, 반드시 안내판을 설치하도록 고지해야 할 의무를 부과하였다.

개인정보 유출 상황이 발생하면 이를 신고하는 제도가 이 법의 제정을 통해서 가능하게 되었는데, 개인정보가 유출되었을 경우 유출사실을 해당 개인에게 알리고 대규모로 유출되었을 경우 전문기관에 신고해야 할 의무조항을 두었다. 만약 이를 소홀히 할 경우에 대해서는 이 법에 의거하여 형사적인 처벌이 이뤄질 수 있게 되었다.

개인정보에 대한 수집 시에는 반드시 그 이유를 고지해야 하는데, 정보주체자의 동의를 얻어 정보를 수집하였을 경우, 수집된 개인정보를 목적 범위 안에서 이용해야 하며 수집 목적, 이용 항목, 보유 및 이용 기간을 고지해야만 한다. 개인정보 보호와 관련하여 여러 가지 정보주체자의 주의사항이 존재하는데, 특정 사이트나 서비스업체에 가입 시에 개인정보 이용약관을 꼼꼼히 살펴보는 자세가 필요하며, 비밀번호를 주기적으로 변경하고, 8자리 이상 문자와 숫자를 조합하여 설정하는 조치도 반드시 해야 한다. 출처가 불명확하거나 의심이 가는 자료는 내려받지 않아야 하며, P2P로 제공하는 공유폴더에 개인정보 파일을 저장하지 않는 것도 확실한 팁이 될 수 있다. 인터넷 사이트 등에 회원으로 가입 시에는 주민등록번호 대신 아이핀을 사용하는 것도 생활화하는 노력이 필요하다.

3. 통신비밀보호법

통신비밀보호법은 말 그대로 개인 또는 기관의 통신비밀을 보호하기 위한 목적에서 제정된 법률이다. 1993년에 제정되었으며, 국가에서 운영하는 우정사업 차원의 우편물과 소포, 유선전화와 무선전화, 전자우편(이메일), 회원제로 운영되는 온라인·오프라인상의 정보제공서비스, 무선호출 등을 대상으로 적용된다. 종이형식을 포함하여 전자정보형식으로 송·수신되는 음성이나 음향, 문언, 부호, 영상 등에 대해서 비밀을 보호하는 것이 법제정의 주된 목적으로 되어 있다.

이 법에 의해 보호되는 첫 번째 대상은 우편물과 소포 등이다. 편지와 고지서, 기타 우정사업법에 의거하여 발송·수신되는 우편물과 소포를 말하며, 이를 검열하거나 몰래 보는 행위 등에 대해서는 처벌토록 하고 있다. 예를 들어, 탐정이 정보 관련 조사를 진행하는 과정에서 조사대상자의 방치된 우편물이나 소포 등을 뜯어 보거나 이를 절취하여 보는 일이 벌어진다면 통신비밀보호법에 의거하여 처벌받게 된다. 이는 탐정에게만 적용되는 것은 아니며, 사법경찰관이나 수사관, 검사 등이 정당한 영장이 없는 상태에서 우편물이나 소포 등을 검열하거나 그 내용을 무단으로 보는 행위에 대해서도 적용된다.

다음으로, 무선통신 및 유선통신, 이메일 등에 대한 감청을 금지하며, 이 역시도 앞서 언급한 바와 마찬가지로 처벌대상이 된다. 자주 언론을 통해 해킹을 통한 이메일 도·감청 사건이 나오고 있는데, 일부 불법심부름업자나 불법흥신업자들이 이러한 행위를 자행함으로써 형사적 처벌을 받고 있는 실정이다. 불법적인 방법으로 이메일이나 유선통신, 무선통신 등에 대해 감청을 한 경우에 이 법의 규정에 따라서 처벌이 진행되며, 탐정업을 하거나 또는 하고자 하는 의도가 있는 탐정은 통신비밀보호법의 처벌에 대해 각별한 주의와 윤리적 무장이 필요하다.

한 대기업에서 새로운 제품의 출시와 관련하여 임원회의를 진행하는 과정에서 회의실 테이블 안에 몰래 원격 녹음기를 설치한 것이 적발되어 형사처벌이 진행된 사례도 있었다. 당시 경찰의 조사를 통해서 경쟁업체로부터 해당 기업의 제품개발, 출시, 홍보와 관련한 산업정보를 탈취할 것을 의뢰받은 불법업자가 이 원격 녹음장치를 몰래 설치한 것으로 확인되었으며, 역시 구속처벌되는 상황이 진행되었다.

타인 사이에 진행된 대화내용을 당사자들이 모르게 불법적으로 녹음하는 사례도 자주 나타나고 있는데 이 역시도 통신비밀보호법상의 처벌대상이 되는 범죄행위이다. 여기에는 녹음뿐만 아니라 불법적인 청취행위도 포함된다. 산업기술과 관련한 스파이 활동이 우리나라도 점차 늘어나고 있는 추세이며, 치열한 생존경쟁으로부터 살아남기 위해서 통신비밀보호법상의 불법녹음에 대한 유혹을 뿌리치지 못하고 이와 같은 불법행위를 자행하는 사례가 자주 나타나고 있다.

이 법의 규정을 적용하지 않는다 하더라도 헌법에는 개인의 통신 및 사적 대화에 대한 보호와 그 비밀의 유지를 기본권으로 규정하고 있다. 따라서 불법적인 녹음이나 도·감청은 원천적으로 큰 잘못이며, 이를 행한 탐정업자 또는 탐정법인이 있다면 가혹한 법적 제재와 사회적 비난에 직면하게 된다. 우리 사회가 선진화되면서 통신의 비밀을 보호하고 이를 온전히 지켜주어야 한다는 의식이 확산되고 있으며, 개인 자신의 통신에 관한 비밀보장에 대한 개인적 인식 역시도 크게 높아지고 있다. 따라서 탐정업자 및 탐정법인은 철저하게 통신비밀보호법을 지키면서 자신의 업무를 행하는 자세를 철저하게 갖춰야 할 것이다.

통신비밀보호법에는 형사 또는 민사재판 절차에서 불법적으로 확보된 통신내용을 증거로 인정하지 못하도록 통제하고 있다. 경찰이나 해양경찰, 특별사법경찰, 검찰수사부서 등이 법원이 발부한 영장을 가지고 확보한 통신내용은 재판의 증거자료가 될 수 있다. 하지만 통신과 관련한 영장이 없는 상태에서 임의적, 불법적으로 확보한 통신내용은 법률적 증거능력을 가지지 못하며, 이를 증거로 제시한다 하더라도 법원이 이를 배제할 수 있다.

기업이나 공공조직의 징계과정에도 불법적으로 확보된 통신내용이나 내역은 그 증거로서의 효력을 상실하도록 통신비밀보호법은 규정하고 있다. 예를 들어, 기업의 한 직원이 불법적 행위를 한 것에 대해 해당 기업의 감사부서가 감사조사를 진행하는 과정에서 불법적인 방법으로 해당 조사대상 직원의 통신내용을 확보하여 이를 근거로 징계를 하였다면 법적으로 문제가 있는 징계가 될 수 있다. 일본의 일부 기업들이 직원의 불법이나 비리를 확보할 목적으로 불법적인 방법에 의한 통신자료 확보를 추진한 경우가 있었으며, 일본 역시도 통신비밀보호법이 있기 때문에 이를 근거로 하여 부당한 해고에 대한 처벌을 받게 된 경우가 다수 존재한다.

통신비밀보호법은 범죄와 관련하여 통신제한 조치를 수사기관이 강제적으로 할 수 있는 권한도 부여한다. 먼저, 범죄를 사전에 모의하거나 계획하고 있다고 판단되는 경우, 범죄를 사전계획 단계에서 더 나아가 실행하고 있다고 확인된 경우, 이러한 사전계획 또는 진행을 하고 있다고 볼만한 충분하고 상당한 이유가 있을 경우에 대해서 통신제한 조치의 강제적 적용이 가능하다.

단, 단순하게 이 조건만으로 통신제한 조치가 법원에 청구되어 실행되는 것은 아니며, 범죄의 실행을 막기 위해 불가피한 경우, 또는 범죄자를 체포하기 위해 불가피한 경우, 마지막으로 증거수집을 위해 불가피한 경우에 한하여 검사의 청구를 통해 법원이 허락하고 있다. 일반인들은 통신비밀보호법이 주로 통신과 관련한 비밀이나 사적 통신에 대한 보호만을 책임지고 있는 것으로 이해하고 있다. 하지만 범죄행위와 관련해서는 통신을 보호하는 것이 아닌 통신 자체를 제어하거나 제한하는 강제력도 행사할 수 있는 힘을 가지고 있다.

일반적 범죄행위 이외에 통신비밀보호법은 정보수사기관에 의한 통신제한 조치도 가능하도록 규정을 담고 있다. 만약 정보수사를 담당하는 사법경찰관, 검사 또는 정보수사기관의 장은 국가안전 및 안보와 관련하여 긴급하다고 판단되면 법원의 허가가 없는 상태에서 통신비밀보호법의 규정에 의거하여 통신제한 조치를 강제적으로 적용 가능하다. 여기에는 한 가지 제약이 있는데, 강제적 통신제한 조치를 취한 후 36시간 이내에 반드시 법원의 사후 허가를 받아야만 한다. 만약 법원이 사후 허가를 거부하는 경우에는 거부를 통보받은 즉시 강제적 통신제한 조치를 해제해야만 한다. 통신제한 조치에 의해서 확보된 관련 자료는 수사나 손해배상 청구 등의 법률 절차와 관련한 내용으로만 사용해야 한다. 이외의 용도로 사용할 경우에는 통신비밀보호법의 규정에 의거하여 처벌된다.

일부 정보통신기기를 개발하는 업자들이 불법적으로 도·감청 관련한 장비나 설비 등을 제조, 수입 판매하는 경우가 있는데 이는 이 법에 의한 처벌대상이 된다. 우리나라의 통신비밀보호법은 감청설비의 제조나 수입, 판매를 하려는 업자나 회사에 대해서 과학기술정보통신부 장관의 인가를 받도록 규정하고 있으며, 반드시 사용자의 보호계획이나 불법적인 사용의 방지를 위한 조치에 관한 계획 등을 등록해야 한다.

수사기관의 교육과정에서 불법 도·감청은 결코 사법기관이나 사법경찰관이 해서는 안 되는 중요 행위임을 교육하고 있다. 그만큼 사법기관의 통신비밀 보호에 대한 불법의 유혹이 크기 때문이다. 과거 우리나라의 인권에 대한 의식수준이 낮을 때만 하더라도 마구잡이식의 개인 통신내용과 내역에 대한 수집이 사법기관이나 정보기관에 의해 불법적으로 자행되었다. 하지만 지금은 이와 같은 행위에 대해서 철저한 제한 및 강력한 규제가 실행되고 있으며, 민간사업자로서의 탐정 또한 이러한 원칙에 결코 자유로울 수 없음을 명심해야 한다.

언론도 이제는 탐정에 대한 긍정적 시선이 강화되고 있으며, 이에 따라서 탐정의 불법행위와 불법흥신업자의 불법행위에 대한 구분을 통해 기사를 제공하고 있다. 하지만 아직도 탐정자격을 교육과정 이수를 통해 취득한 일부 탐정들이 불법적인 도청이나 감청, 녹음 등을 자행함으로써 사회적인 물의를 일으키고 있으며, 이들에 대한 시민과 탐정업계의 강한 비난 역시도 계속 나타나고 있는 문제이다. 탐정으로서의 자부심과 자존감을 가지고 전문직업인으로 생존하기 위해서는 반드시 통신비밀보호법의 내용을 숙지하여 이에 위반되는 행위를 하지 않도록 하는 스스로의 노력과 탐정업계의 자정노력이 요구된다.

4. 위치정보의 보호 및 이용 등에 관한 법률

약칭 '위치정보법'으로 불리는 위치정보의 보호 및 이용 등에 관한 법률은 위치정보에 대한 오·남용, 불법적인 취득 및 불법적 사용 등에 대한 관리, 규제, 처벌을 목적으로 제정된 법률이다. 법률의 제정 목적에도 이와 같은 내용이 명확하게 나와 있는데, "이 법은 위치정보의 유출·오용 및 남용으로부터 사생활의 비밀 등을 보호하고 위치정보의 안전한 이용환경을 조성하여 위치정보의 이용을 활성화함으로써 국민생활의 향상과 공공복리의 증진에 이바지함을 목적으로 한다"라고 법의 제정 목적에 명시하고 있다.

위치정보법은 특정 사물과 사람의 위치에 관련한 정보로 정의된다. 과거에는 개인의 신상정보와 관련한 보호가 주가 되었으나 최근 들어, 인터넷이나 휴대폰, 이동식 정보기기 등이 많이 활용되면서 위치와 관련한 정보에 대해서 중요성이 강조되고 있는 실정이다. 어떤 사람이 어떤 장소에서 어떤 사람과 만났는지가 과거에는 그렇게 중요한 정보가 아니었지만, 지금은 이러한 정보 역시도 다양한 용도로 악용될 수 있다는 점에서 이에 대한 보호가 개인정보 보호만큼 중요한 기준이 되고 있는 것이다.

일반인의 입장에서 위치정보의 개념에 혼돈이 올 수 있을 것이다. 하지만 우리 위치정보호보법은 인터넷망을 기반으로 한 위치정보라고 명확하게 규정하고 있기 때문에, 이 이외의 위치정보에 대한 보호는 위치정보법의 대상에서 제외된다. 위치정보의 핵심은 개인의 위치정보로서 특정한 개인이 현재 또는 과거에 어떠한 위치에 있었고 이동하였는지를 기반으로 하고 있다. 이러한 위치정보를 당사자의 동의 또는 합법적인 방법으로 취득하지 않은 경우에 이 법에 의거하여 처벌을 받게 된다.

일본 탐정은 미행권, 추적권, 탐문권의 탐정 3권리를 기반으로 하여 조사대상자와 관련한 위치정보를 파악하고 있다. 다시 말해서, 자신의 노동을 통해 조사대상자의 위치와 관련한 정보를 확인하고 있으며, 불법적인 위치추적기의 부착이나 핸드폰 등의 스마트기기에 대한 해킹을 통한 위치추적 또한 하지 않고 있다. 인터넷이나 온라인을 기반으로 한 위치정보의 추적과 확보는 개인의 사적인 자유를 제약할 뿐만 아니라 프라이버시를 침해하는 불법적 행위라는 점에서 적극적으로 이를 제한하고 있다.

우리나라도 마찬가지로 위치정보법을 통해서 온라인이나 스마트기기에 지속적으로 입력되는 위치 관련 정보를 불법적 방법으로 탐정이 확보, 사용하는 것을 원천적으로 금지하고 있다. 여기에는 스마트기기 이외의 전기자동차의 온라인 네비게이션 정보나 PC방에서의 IP 접속기록 등도 포함된다. 위치정보는 소위 GPS(Global Positioning System, 위성항법장치)로 불리는 인공위성 실시간 위치확인 시스템을 기반으로 생성된다. 핸드폰의 문자메시지나 SNS에 게재한 글, 사진, 기타 결제 관련 내용들 대부분이 위치정보가 입력되며, 이를 불법적인 방법으로 확보하여 조사에 사용하는 것은 결코 용인되지 않는다.

5. 실종아동등의 보호 및 지원에 관한 법률

실종아동등의 보호 및 지원에 관한 법률(약칭 '실종아동법')은 다음의 목적을 위해 제정된 법률이다. 첫째, 실종아동법은 실종아동등의 보호대상자가 실종 상황에 놓였을 때 이들을 신속하게 발견하고 복귀를 돕도록 하는 목적을 가진다. 둘째, 실종아동등이 발생하지 않도록 예방조치 및 정책을 만들어야 할 의무를 만들기 위해 본법을 만들게 되었다. 셋째, 가정에 복귀한 이후에 신속한 복귀와 사회적응을 돕기 위한 목적에서 실종아동법을 제정하게 되었다.

이 법에서 정의하는 실종아동등이란 약취·유인 또는 유기되거나 사고를 당하거나 가출하거나 길을 잃는 등의 사유로 인하여 보호자로부터 이탈된 아동등을 말한다. 그리고 국가는 위와 같은 목적을 위한 정책 수립, 보호 및 지원 활동을 그 책무로 하고 있다.

아동·청소년·지적 장애인, 치매노인 등 보호를 요하는 자를 납치하거나 유인하는 범죄에 대해서 이 법을 적용하는 것은 아니다. 이러한 범죄적 상황은 형법상의 미성년자 유인 및 납치, 성인에 대한 납치 관련 죄명으로 처벌하게 된다. 반대로 실종아동법은 실종아동등을 발견한 신고의무 기관의 장과 직원에게 바로 경찰에 신고하도록 하는 강제규정을 담고 있다. 실종아동등을 보호하는 시설이나 시설의 종사자, 기관장들이 실종자임을 알면서 신고를 하지 않고 보호하는 경우를 막기 위해서 이 법이 제정되었다.

탐정의 경우에 실종아동 및 청소년, 실종된 성인, 치매나 정신적 장애를 가진 장애인의 탐문과정에서 이 법의 지원을 받길 원하는 경우가 있으나, 실종아동법은 신고의무 규정을 통해 빠른 실종자에 대한 수색과 찾기, 이들의 원가정으로의 복귀를 목적으로 하고 있기 때문에 탐정 영역과 일정한 괴리가 있다고 사료된다. 다만, 탐정업 관리에 관한 법률이 제정될 경우에 공익적 목적의 탐정이 실종자를 찾는 과정을 법적 지원을 통해 가능하도록 하는 법률의 개정작업이 필요하다고 판단된다.

CHAPTER

07

외국 탐정제도의 업무범위 및 역할 비교

제1절 외국 탐정의 업무를 통해본 한국 탐정의 업무범위

1. 선진 외국 탐정활동의 업무범위 비교

흔히 추리소설이나 영화에 보면 경찰수사관(Police Investigator)도 많이 나오지만 속칭 '탐정(探偵)'으로 불리는 사설조사관도 많이 나온다. 경찰수사관이 수사과정을 통해서 범인을 잡는 것도 독자나 관객들에게 의미 있는 카타르시스를 느끼게 할 수 있지만, 민간인 신분의 사설탐정이 범인을 잡거나 배후를 밝혀내는 과정은 더 큰 쾌감을 줄 수 있다는 점에서 좋은 소재거리가 되곤 한다. 하지만 미국이나 일본의 사설탐정에 관한 소설과 영화, 드라마 등은 널리 보편화되어 있는 반면에, 우리나라의 경우에는 거의 전무하다 싶을 정도로 그 사례를 찾아보기 어려우며, 일부 이에 대해서 다루는 작품이라고 하더라도 과거의 속칭 '심부름센터' 수준으로만 표현하고 있어 그 이유나 연유에 대해서 궁금해 하는 사람들이 많은 것이 사실이다.

실제로 외국의 작품에서 나오는 탐정에 대해서는 그럴 수 있다는 정도의 보편적 이해가 가능한 데 반해서 우리나라의 작품에 탐정이 출연하거나 묘사되면, 현실성이 떨어진다고 느끼거나 생각하는 이들이 많다는 점에서 이에 대한 분명한 정리가 필요하다고 생각된다. 물론 탐정의 역사가 오래된 외국의 경우에는 실제 사람들의 일상생활과 관련하여 많은 부분에서 밀접한 관련성을 맺고 있지만, 우리나라의 경우에는 정식으로 제도가 시작되지 못했을 뿐만 아니라 이에 대한 논의도 아직 국회 안에서만 이뤄지고 있는 현실에서 국민들에게 아직은 생소하거나 거리감이 느껴지는 것 또한 사실이다. 그러나 앞으로 국회에서 탐정업의 본격적인 입법화와 제도화가 이루어진다면 외국과 같은 탐정활동이 우리의 실생활에 그대로 재현될 날이 얼마 남지 않은 것이다.

외국 탐정활동의 업무범위를 살펴보면 매우 광범위한 데 반해, 우리의 경우 사설탐정이 해야 하는 일에 대해서 정부나 사법기관들이 극히 제한적인 영역으로 국한하고자 하는 점에 대해서는 재고의 여지가 있다고 생각된다. 외국의 사례와 같이 국민들이 필요로 하는 사안에 대해서는 광범위하게 조사업무를 수행할 수 있도록 하는 법적 · 제도적 장치의 마련이 필요하다.

우리나라와 같이 좁은 면적 안에 많은 인구가 살고 있고, 이미 국제화가 상당히 이뤄져 있으며, 경제적인 규모 면에서도 세계 10위권 이내에 들어가는 국가에 걸맞게 서비스 시장의 꽃이라고 할 수 있는 사설탐정 분야에 대한 분명한 위상 정립과 이에 대한 명확한 제도화가 시급히 이뤄져야 한다. 단순하게 추리문학이나 범죄스릴러 영화, 수사드라마 등을 위해서 탐정제도의 도입이 필요하다기보다는 국민의 생활편의와 멀어만 보이는 서민대상 법률서비스의 확대를 위해서도 반드시 선진국이 일찍부터 시행하고 있는 탐정제도를 도입해야 한다(이동영, 2001: 12).

2. 우리나라 탐정의 업무범위 실상과 전망

통상적으로 범죄사건이 발생하면 이에 대한 전속적인 권한은 경찰과 검찰, 그리고 특별사법경찰이 가지도록 되어 있다. 모든 법의 모법(母法)이 되는 헌법(憲法)에는 경찰과 검찰, 특별사법경찰에 대해서만 사법권(司法權)을 가지도록 명시하고 있으며, 기타의 민간기관이나 민간인에 대해서는 극히 제한적인 조사권이나 사법권, 수사권이 부여되도록 하고 있다. 개인적인 입장에서 범죄사건의 피해 당사자가 되었을 경우에 변호사를 선임하여 법적인 지원이나 조력(助力)을 받을 수 있기는 하지만, 사건내용에 대한 세부적인 조사와 피해내용에 대한 구제는 전적으로 수사관의 의지와 수사내용에 의존해야만 하는 관행이 존재하여 왔다.

그 과정에서 언론에서 지면이 닳도록 줄기차게 기사화 한 바 있는 '개구리소년 실종사건'이나 '대구 여대생 성폭행 교통사고 사망사건'과 같은 억울한 일들이 계속적으로 발생하고 있어 이에 대한 사법적 보완책의 요구가 국민들로부터 수없이 제기되어 온 것이 사실이다. 하지만 정부나 사법기관에서는 이 문제에 대해서 수수방관하는 태도로 일관하고 있으며, '재수가 없어서 범죄를 당한 것'이라는 식의 무책임한 모습을 보여주기가 일쑤였다고 해도 과언이 아니다. 국민의 세금을 받아 운영되는 기관이면서도 국민의 법감정이나 피해자들의 억울함에 대해서 보다 적극적이지 못한 모호한 입장을 보이는 사법기관의 모습에서 피해자 또는 국민 스스로가 자신의 피해를 구제하기 위한 자구책을 마련하지 않으면 안 되는 시점이 되었으며, 이는 탐정제도의 시행이 하루빨리 새로운 대안으로 도입되어야만 하는 이유이다.

사법기관 또한 나름대로의 변론 요지는 존재한다. 우선적으로, 폭증하는 범죄사건으로 인해서 기존의 인력과 시설, 장비만으로는 모든 범죄사건에 대해서 철저한 대응과 수사를 하기가 어려운 점이 많으며, 변호사 정원의 급증으로 인해 범죄자들에 대한 수사 및 기소가 적법절차의 준수라는 이름하에 더 어려워졌다는 점, 그리고 지능화되는 범죄자들의 수법으로 인해서 수사에 어려움이 많다는 점, 마지막으로 보이스피싱(voice phishing)과 같이 국제적인 네트워크를 바탕으로 하는 범죄사건의 경우에 그 관할이 우리나라 영토를 벗어남으로 인해서 수사와 단속에 제한점이 많다는 점 등을 들어 자신들에게 쏟아지는 비난을 피하고자 하는 경향을 보여 온 것도 부정할 수 없는 사실이다.

여기에 하나 더 덧붙인다면 모든 범죄사건의 수사와 해결, 처리 및 처벌 등은 국가기관과 공무원만이 해야 한다는 관료주의적 사고가 아직도 팽배함으로 인해 사설탐정과 같은 민간인 신분의 조사관 육성이나 양성에 대해서 극히 부정적인 견해를 가지고 있다는 점도 탐정제도의 도입에 큰 걸림돌이 되고 있는 실정이다(황정익 외, 2005: 3). 살인이나 강도, 강간, 방화와 같은 범죄에 대한 대응책은 크게 두 가지 방향에서 나뉘게 되는데, 그 하나는 사전예방과 현장검거이고 다른 하나는 수사를 통한 검거와 처벌이다.

공적 영역과 사적 영역을 구분하지 않고 범죄에 대한 대응을 하고 있는 미국의 경우에는 경찰(police)의 업무과중을 해소하고자 하는 목적에서 우리나라의 용역경비에 해당하는 민간경비(Private Security) 제도를 적극적으로 육성하여 활용하고 있으며, 범죄수사 영역 또한 국가기관이나 지방자치경찰의 수사기능 이외에 민간조사(Private Investigation)를 육성하여 이를 바탕으로 적극적인 범죄조사 및 단속업무를 시행하고 있다. 심지어 군대를 파견해야 하는 군사업무의 경우에도 전투까지 가능한 민간군사기업(Private Military Company: PMC)을 육성하여 자국의 군대가 큰 피해가 발생할 여지가 있는 위험한 분쟁지역이나 군사작전에 이들을 적극 활용하고 있는 상황이다.

미국이 민간경비나 사설탐정(민간조사), 그리고 민간군사기업까지 육성하여 공적인 영역의 어려운 부분을 추가적으로 지원하도록 하는 것은 그만한 이유가 있다. 공무원만으로 모든 업무의 목적 달성과 완벽한 업무수행이 어렵기 때문이다. 실제 수사나 단속업무에 있어서도 민간조사의 활용을 통해서 경찰이 하지 못하는 영역에서 큰 성과를 거두고 있으며, 일부 미국 내 지방자치단체에서는 계약사법제도(Contract Law Enforcement System)를 통해 아예 경찰관과 경찰서를 임대하여 사용하는 경우까지 존재하고 있는 실정이다(나영민, 2005: 21-24).

이미 우리나라는 1997년 OECD 가입을 통해 서비스 시장의 전면개방을 한 바 있으며, 이로 인해 민간경비와 민간조사 시장을 개방하였다. 민간경비에 대해서는 용역경비업법의 제정을 통해서 어느 정도의 제도적 정착이 이뤄진 상황이지만, 반대로 민간조사에 대해서는 입법논의 자체도 2010년대부터 본격적으로 이뤄질 정도로 크게 늦어졌다는 점에서 외국의 메이저급 탐정기업에 의한 시장 빼앗김의 위험성이 아주 큰 상황이다. 따라서 탐정업법의 조속한 제도적 뒷받침을 통해 서비스 시장의 황금알을 낳는 거위로 불리는 민간조사시장을 사수하기 위한 피나는 노력이 진행되어야만 한다.

이 장에서는 보다 구체적으로 외국과의 비교를 통해 우리나라에 본격적으로 도입되어야 할 민간조사원(사설탐정)의 개념은 어떠하며, 실제로 어떠한 일을 해야 하는지, 이의 성격은 어떠한지, 그리고 향후 탐정업의 미래는 어떠한 방향으로 나아가야 하는지 등에 대한 내용을 중심으로 서술하고자 한다. 특히 외국에서 이미 시행 중인 사설탐정과 우리나라의 민간조사원이 가질 업무내용상, 신분상, 업무 영역상의 차이점에 대한 내용을 중심으로 보다 깊이 있는 분석을 전개하여 보고자 한다.

3. 외국 전문탐정의 업무 영역

1) 소송 지원 전문탐정

외국의 탐정제도는 최소한 수십 년에서 최대 수백 년의 역사를 가지고 있다. 이로 인해 매우 다양한 영역으로 업무를 확대하여 적용하고 있다. 가장 많이 활용되는 영역으로서 우선적으로 법률 또는 소송전문탐정(Legal Private Investigator)이 있는데, 주로 소송사건을 담당하는 변호사의 의뢰를 통해서 소송 관련 내용에 대해 실체적인 진실이나 내용 등을 적극적으로 조사하는 업무를 담당한다(강영숙 외, 2009: 26-27).

소송당사자와 변호사가 좀처럼 시간을 내어 조사를 하기 어려운 경우에 탐정이 이를 대행하며, 관련 자료 및 문서, 증언의 확보, 증인이나 관계인의 발견 및 협조요청, 사진촬영 또는 비디오 채증을 통한 법정자료의 확보 등을 담당한다. 또한 불륜(不倫)에 의한 이혼소송인 경우에는 상대 배우자의 불륜사실을 입증하는 있는 자료의 확보 등도 담당하고 있다. 과거 세계적인 골프선수인 타이거 우즈의 경우도 배우자가 고용한 사설탐정에게 걸려 수천 억원대의 이혼위자료를 지급한 사건으로 유명하다.

2) 경제범죄 전문탐정

다음으로, 경제범죄 전문탐정이 있는데, 돈과 관련한 대부분의 범죄사건을 조사하여 이를 의뢰인 또는 정부기관에 제보하는 역할을 주로 담당한다. 기업과 관련해서는 배임(背任)사건이나 수재(受財)사건, 횡령사건 및 납품이나 입찰비리 등에 관련한 내용들을 조사하는 업무를 수행한다. 배임사건이란 자신이 소속된 기업에 재산상 손해를 끼치는 동시에 자신과 관계한 다른 기업이나 개인에게 큰 이익이 가도록 하는 범죄이며, 수재사건은 이와 같은 범죄를 행하는 일련의 과정에서 납품이나 계약 등과 관련하여 상대방으로부터 대가성으로 금품이나 향응(饗應) 등을 제공받은 경우가 해당되는데, 탐정은 이를 저지른 직원에 대한 조사를 수행하게 된다.

또한 회사 돈을 빼돌려 자기 마음대로 사용하는 횡령사건을 비롯하여, 기업의 운영과 관련한 내부적 부정·비리 전반에 대해서 위탁을 받아 감사업무를 비밀리에 수행하는 경우가 많다. 실제로 외국의 탐정기업들이 가장 많은 수익금을 올리는 분야가 바로 이러한 기업 관련 분야로서 우리나라의 경우에도 전문성이 있는 민간조사 영역에서 이 같은 분야가 각광을 받을 전망이다.

경제범죄와 내부비리만을 전문적으로 수행하는 탐정들 가운데에서 회계업무에 대한 주특기를 살려 회계 부정만을 잡아내거나, 기업의 비리나 정보 등을 빼내는 산업스파이를 미행추적 기법을 통해서 잡아내거나, 또는 대리점이나 하청업체를 대상으로 하여 횡포를 부리거나 부당한 리베이트를 받는 경우에 대해서만 적극적으로 잡아내는 탐정 및 탐정기업도 많이 활동하고 있다. 이처럼 회계감사 업무 등을 전문적으로 위탁받아 수행하는 감사전문탐정은 경제범죄 전문탐정의 세부 영역으로 볼 수 있다.

3) 사이버탐정

사이버탐정은 온라인상에서 발생하는 다양한 범죄행위나 일탈, 부정, 국가안보 위해 등에 대해서 전문적으로 조사활동을 벌이는 일종의 해커(hacker)라고 할 수 있다. 해커라고 하면 대부분의 경우에 나쁜 행위 또는 불법적인 행위를 저지르는 해커로 이해하는 경우가 많은데, 방어적 입장 또는 보호적인 입장에서 외부의 온라인 공격자 위치를 파악하거나 이들의 범죄행위 또는 피해발생 사실 등을 파악하여 관련 증거를 확보하는 역할을 하는 화이트 해커(white hacker)도 존재한다.

초기에는 주로 사이버보안 분야의 전문가들이 많이 활동하였으나 법률적인 사후처리와 손해배상의 입증, 그리고 추가적인 피해의 차단, 정부에 대한 피해발생 재발을 막기 위한 제도 수정의 요구 등을 전반적으로 수행해야 하는 관계로 전문 집단화하는 경향을 보이고 있다. 우리나라의 경우에도 수많은 사이버보안 기업들이 존재하는데, 본격적으로 민간조사제도가 시행되면 많은 탐정기업들이 사이버탐정 활동을 벌일 것으로 전망되고 있다.

4) 보험조사 전문탐정

우리나라는 많은 공적 · 사적 보험들이 존재한다. 의료보험이나 사회보장보험, 운전자 책임보험, 각종 법률상의 공제조합 등은 공적 보험에 해당하며, 개인연금보험이나 의료보장보험, 상해보험, 손해보험 및 자동차종합보험 등은 대부분이 사적 보험에 해당한다. 우리나라의 경제 상황이 어려워지면서 보험금을 타낼 목적으로 일부러 손해를 일으키거나 손해발생을 유도하는 범죄행위가 많이 발생하고 있는데, 이를 통칭하여 보험범죄(insurance crime)라고 부르고 있다.

이렇게 발생하는 보험범죄는 우발적인 경우보다는 전문적, 조직적, 지능적인 경우가 대부분이며, 보험금을 부정한 방법으로 타내는 순간 보험사는 물론이고 모든 가입자에게 큰 피해를 입히는 셈이 된다. 따라서 이러한 보험범죄만을 전문적으로 적발해 내는 보험전문탐정이 역시 각광을 받고 있으며, 외국에서는 이러한 업무만을 전문으로 하는 영역이 구축되어 있다. 우리나라의 경우에는 대부분의 보험사에 보험범죄조사팀이 별도로 구성되어 운영되고 있는데, 이를 별도로 특별조사팀(Special Investigation Unit: SIU)으로 부르기도 한다.

5) 상업절도 전문탐정

상업절도 전문탐정은 대규모로 점포를 운영하는 소위 대형마트의 등장으로 나타난 새로운 형태의 탐정 유형이다. 우리나라의 유통구조가 크게 변화하면서 기존의 시장을 벗어난 대형마트와 백화점, 편의점 중심의 소매업이 중심을 이루고 있는데 내부자에 의한 절도나 외부 침입자에 의한 절도문제로 심각한 골머리를 앓고 있다.

이에 대한 자구책으로 CCTV(Closed Circuit Television)를 통한 전자감시를 적극적으로 하고 있기는 하지만, 이 역시도 마음만 먹으면 충분히 속일 수 있다는 점에서 사람에 의한 범죄조사활동이 필요한 상황이다. 우리의 경우에는 보안요원을 통한 단속과 적발이 이뤄지기는 하지만 미국이나 유럽, 일본 등에서는 보다 전문적인 교육과 기술을 가진 탐정들이 많이 활동하고 있다.

6) 기타 다양한 전문 분야로의 확장

전반적으로 외국의 탐정들이 담당하는 업무 영역은 광범위하다. 대표적으로 저작권 및 상표법, 실용신안법 위반에 대한 조사, 디자인의 무단도용에 대한 조사, 원산지 표시 또는 식품의 표시 위반에 대한 조사, 상대 경쟁사에 대한 불법적인 정보수집에 대한 조사, 공정거래법 및 독과점 금지조항 위반에 대한 조사, 산업스파이의 적발 및 고발, 손해배상의 발생 여부에 대한 사건내용 조사 및 자료수집 등이 있다.

내부자에 의한 정보유출 감시, 직원의 근무태만이나 근무기강 해이에 대한 조사, 각종 사고와 관련한 세부정보의 수집과 제공, 실종자의 소재 파악, 가출자의 위치추적, 분실 또는 도난당한 문화재의 위치파악 및 회수작업, 거짓말탐지기 활용을 통한 진술조사, 최면조사를 통한 실제 사건내용의 확인, 노동 관련법 위반에 대한 조사에도 외국의 탐정들은 왕성한 활동을 벌이고 있다.

기업이나 조직의 인사와 관련하여 신규채용 직원 또는 영입대상 직원의 경력에 대한 확인, 개인의 학력사항 및 경력사항의 진실성 검증 등을 비롯하여, 사이버범죄 추적 및 고발, 변호사의 소송관련 자료의 확보, 사라진 애완동물의 생사 여부와 신변의 안전 확인 등 실로 현대 사회인이 살아가는 과정에서 발생할 수 있는 거의 모든 문제에 대한 조사업무가 탐정의 업무 영역으로 자리매김하고 있다.

제2절 외국의 탐정제도와 업무범위

1. 영국의 탐정제도와 업무범위

공인탐정제도의 역사적 전통은 영국에서 출발하였다. 영국의 탐정제도는 민간경비(Private Security)에서 경찰이 분리되었을 정도로 오랜 역사를 가지고 있다. 지역사회(community)와 마을(township)의 치안을 유지하기 위해 치안관(constable)을 두면서 이들을 보조할 목적으로 민간경비원에게 사법권을 부여하였으며, 속칭 '현상금 사냥꾼(bounty hunter)'을 대상으로 이들에게 조사와 미행추적, 체포권한을 부여하면서 점차적으로 범죄수사 경찰의 모습을 갖출 수 있었다.

이에 사설탐정 또한 경찰의 수사와는 별개로 범죄수사와 현상범에 대한 추적, 간첩의 색출과 검거 등을 위한 활동을 적극적으로 수행하였으며, 국가의 규제보다는 현실적인 필요에 의해서 제도가 발전할 수 있었다. 영국 정부는 보다 체계적으로 공인탐정을 관리하기 위해서 2001년 5월 11일자로 사설탐정을 포함하는 민간경비, 민간경호, 민간호송, 기계경비, 준군사조직인 민간군사기업(Private Military Service: PM)을 아우르는 민간보안산업법(Private Security Industry Act)을 제정하였다(이상원 · 이승철, 2007: 15).

이 법을 바탕으로 하여 별도의 민간보안산업 관리기관인 연방 경비업 면허국이 탄생하였으며, 이 조직을 통해 공인탐정과 탐정법인에 대한 관리감독이 이뤄지고 있다. 면허취득과정을 통해 공인탐정이 된 자는 영국에서 의뢰인이 지목한 특정인물의 활동상황이나 행적, 소재 등에 대해서 정보수집을 할 수 있다. 아울러 채권채무관계나 소송관계 등에서 사라지거나 은닉된 재산이나 돈에 대한 행방을 찾는 역할도 수행할 수 있다. 이외에도 민사적인 문제에서 상대방이 의뢰인에게 입힌 피해의 실제 액수를 산정하고 조회하는 업무 등도 담당한다. 때문에 영국에서 공인탐정은 변호사와의 협업관계를 형성하는 전문직으로 자리잡은 상태이다.

영국의 경우에는 셜록 홈즈로 대표되는 사설탐정의 전설적인 국가인데, 실제 내용을 들여다보더라도 탐정활동에 대해서 거의 제약을 하지 않고 많은 지원을 해주고 있다. 영국의 탐정업무는 주로 민간경비(Private Security)의 영역에 해당한다. 2001년도에 제정된 민간보안산업법에 의거하여 잃어버리거나 분실된 재산에 대한 실태와 관련 정보, 사실 등을 파악하기 위한 업무와 특정 대상자의 활동내용이나 현황 등에 대한 정보를 얻는 활동을 탐정의 활동으로 정립하였다.

2001년의 법제정 이전에는 주로 사설탐정협회에서 발급하는 자격증을 가지고 탐정활동을 벌였으나, 여러 가지 불법행위와 불미스러운 상황의 발생으로 인해서 일정한 범위 안에서만 탐정들이 활동할 수 있도록 하기 위한 목적에서 법이 제정되었다. 특히 민간경비의 영역 안에 탐정업을 넣음으로써 지속적인 관리감독이 가능하도록 하였다. 탐정에 대한 면허의 관리는 내무부 산하의 보안산업위원회(Security Industry Authority)가 담당하며, 사설탐정을 하려는 자와 사설탐정회사를 운영하고자 하는 자를 대상으로 하여 반드시 면허를 취득하도록 하고 있다.

보안산업위원회는 주로 민간경비업에 대한 관리 이외에도 사설탐정제도 전반에 대한 관리 · 감독을 관장하고 있으며, 사설탐정업의 발전을 위한 연구를 비롯하여, 탐정의 불법행위나 탈법행위, 국가기관과 상충되는 업무, 국가기관 업무 영역을 과도하게 침범하는 사설탐정 또는 탐정회사의 행위 등에 대한 규제 등을 총괄하고 있다. 또한 불법한 행위에 대해서 정보 또는 첩보가 접수되는 경우에는 이에 대한 비밀조사를 통해 형사처벌이나 행정적 규제를 할 수 있는 권한을 가지고 있다. 탐정기업의 경우에 고객에 대한 정보의 유출이나 고용된 탐정에 대한 고용노동법상의 권리를 침해하는 노동 관련 문제에 대해서도 적극적인 개입을 하고 있다.

영국 탐정제도의 또 다른 축으로서 영국탐정협회(The Association of British Investigation)가 있는데, 주로 윤리규정을 준수하지 않은 탐정에 대해서 적극적인 대응이나 징계를 행사하고 있다. 영국 탐정협회의 윤리규정은 전 세계 탐정윤리의 표준모델로서 인정을 받을 정도이며 그 내용은 다음과 같다.

첫째로, 조사를 수행하는 과정에서 의뢰인의 사건에 대한 합법성과 적법성, 도덕성, 제시된 문서의 진위성 여부를 반드시 파악해야 한다. 둘째로, 탐정의 고의 또는 부주의로 인해서 고객이나 기타 관련된 개인의 정보가 누설 또는 유출되지 않도록 모든 노력을 다해야 한다. 셋째로, 사회적 규범과 도덕에 기준하여 활동을 해야만 하며, 탐정 개인이나 협회에 비난이 올 수 있는 행위를 절대로 해서는 안 된다. 넷째로, 협회의 가입은 공인탐정의 기본적인 의무이며, 진실성과 정확성, 그리고 신중함을 덕목으로 삼아야 한다. 다섯째로, 의뢰인을 항시 존중하고 조사과정에서 확인된 모든 내용은 반드시 의뢰인에게 제공해야 한다. 여섯째로, 법률을 위반하는 계약이나 불법행위에 대한 계약은 하지 않는다. 일곱째로, 탐정업무를 지원하거나 또는 고용되어 부수적인 일을 하는 사람들 역시 탐정윤리(Private Investigation Ethics)의 적용을 받아야만 한다.

영국에서 탐정의 업무 영역은 사실상 모든 분야가 해당이 된다. 다만, 영국도 다른 유럽의 국가들과 마찬가지로 개인의 사생활에 대한 부분을 아주 중요시 한다는 점에서 개인의 사생활 보호규정을 심각하게 위반하는 경우에는 재제를 받는다. 반면에 탐정의 공익적 성격을 인정하기 때문에 국가기관이나 사법기관에서 잘하기 어려운 일들을 대행하는 것에 대해서도 원칙적으로 제재를 가하지 않고 있다. 세계적인 정보기관인 영국의 MI-6(Military Intelligence 6) 역시도 탐정을 고용하여 정보활동을 할 정도로 활성화가 잘되어 있다고 볼 수 있다.

2. 일본의 탐정제도와 업무범위

일본은 일찍부터 공인탐정제도를 시행한 국가 가운데 하나이다. 제2차 세계대전에서 패망한 이후로 맥아더(Douglas MacArther) 장군이 주도하는 미군정에 의해 사법제도가 미국식으로 구축되었는데, 그 과정에서 미국에서 활성화된 공인탐정제도도 수입되었다. 일본의 탐정제도는 1960년대부터 공식화되어 운영되었으며, 우리나라의 경찰청에 해당하는 경시청(警視廳)이 관리·감독을 수행하였다.

하지만 1990년대부터 일부 탐정 및 탐정법인에 의한 불법행위가 자주 발생하면서 그간 민간서비스업으로 운영하는 제도에 대한 강력한 관리감독의 필요성이 대두되었다. 특히, 조사과정을 통해 수집한 정보를 가지고 의뢰인을 역으로 협박하거나 협박 등을 통해 금품을 갈취하는 공갈사건이 여러 차례 일본사회를 공분케 하였다. 또한 일본 내에서도 불법으로 되어 있는 불법도청과 불법 위치추척장치의 부착을 통한 범죄행위가 일어나기도 했다.

2006년 일본 의회는 '탐정업의 업무 적정화에 관한 법률'을 별도로 제정(2007년 시행)하여 크게 세 가지 항목에 대한 정부의 집중적인 관리감독을 시작하였다. 첫째로, 탐정업무를 자격이 없는 제3자 또는 자격을 가진 다른 탐정이나 탐정법인에 위탁하는 경우를 금지하였다. 우리나라의 공인탐정 법률안에도 명시되어 있는 내용으로서 고객과의 '신의성실 원칙'에 의거하여 업무를 위탁받은 탐정은 스스로의 능력으로 문제를 해결하고, 고객이 원하는 업무결과를 내놓아야 한다. 하지만 일본 탐정업계에서 일부 제3자 위탁이나 하청을 주는 경우가 발생함으로 인해 고객의 비밀보호가 제대로 이뤄지지 않거나 여타의 예기치 않은 피해가 발생함으로 인해 제3자 위탁을 금지하게 되었다.

둘째로, 탐정과 고객의 업무 계약 시 반드시 영업소의 명칭과 의뢰업무 내용을 명시화하도록 하였으며, 아울러 고객의 비밀을 제대로 보호하지 않거나 합법적인 범위 안에서 업무를 수행하지 않고 도·감청 등의 불법업무를 수행하는 업자에 대해서는 강력한 행정제재 이외에도 형사처벌이나 민사적 손해배상을 하도록 강제하는 내용이 포함되었다. 앞의 항목에서 언급한 바와 같이 일부 탐정과 탐정법인이 고객에게 오히려 피해를 입히는 악덕업자나 기업으로 돌변하는 사례가 있어, 업무윤리를 법적 강제사항으로 변경하여 시행하는 것으로 정부가 입장을 명확히 한 것으로 해석된다.

셋째로, 일본의 각 지역에 설치되어 있는 공안위원회에 탐정업자 및 탐정법인은 신고를 의무화하도록 하는 제도를 전격적으로 시행하였다(김상균, 2007: 18). 공안위원회는 자치경찰을 관리감독하는 기관으로서 우리나라의 경찰위원회에 해당한다. 다만, 우리나라의 경찰위원회가 경찰에 대한 지도감독을 현실적으로 하기 어려운 것과는 다르게 일본의 공안위원회는 강력한 집행권을 가지는 행정감독기관으로서의 성격이 강하다. 따라서 이러한 지역 공안위원회에 탐정제도 전반에 대한 관리감독권 강화를 명시함으로써 탐정시장의 혼탁과 불법의 시비를 원천적으로 차단하고자 하는 의지가 반영된 것으로 해석된다.

일본의 공인탐정은 법령상 기준으로 여러 가지 업무 영역이 명기되어 있다. 불륜이나 상속 관련 조사, 개인이나 기업에 대한 신용조사, 조사대상자의 동선 파악과 접선자의 신원파악, 사람 찾기나 소재 파악, 채용대상자의 평판조사와 사생활조사, 특정인의 사회적 배경조사, 재판증거 조사 등 미국의 탐정 수준으로 다양한 업무를 합법적 테두리 안에서 수행 가능하다(조규범, 2013: 3).

일본의 탐정제도는 〈명탐정 코난〉이라는 만화의 내용과는 판이하게 다르다. 원래 제2차 세계대전에서 패전한 이후에 미군정의 영향을 받아서 미국식으로 자유롭게 탐정업을 할 수 있었는데, 여러 가지 부작용이 발생하여 결국 중앙정부에서 법안을 일본 국회에 제출하여 별도의 탐정법을 2006년에 통과시키는 진통을 겪었다. 일본은 아시아권 국가들 가운데 필리핀과 더불어 탐정의 천국으로 불릴 정도로 많은 탐정과 탐정기업들이 활동하여 왔다. 하지만 공무원과의 유착관계나 과도한 정보의 수집, 그리고 세계적인 조직범죄단인 야쿠자(岩組)와의 연루 문제 등으로 인해서 제도적인 범위 안에서 규제하는 방식으로 내용이 바뀌었다.

일본에서는 탐정회사를 흥신소로 부르고 있으며, 우리나라의 심부름센터와 성격이 유사하다고 볼 수 있다. 또한 이러한 회사에 소속되어 활동하는 사람들을 탐정사로 부르면서 긴 역사를 가지게 되었다. 특히, 일본이 세계 경제대국으로 성장하면서 일본의 기업 관련 정보를 유출하는 산업스파이에 대한 조사나 신용조사, 경찰이 잘하지 못하는 유형의 사건에 대한 사적 수사 등을 담당하였으며, 일본 경제부흥의 숨은 공로자로 인정받을 정도로 국익을 위한 많은 사안들을 보이지 않는 곳에서 수행하였다.

하지만 협회의 난립과 일부 흥신소의 잘못된 업무관행으로 인해 사회적인 비난이 일자 1988년에 일본 정부가 주도하여 일본조사업협회가 설립되었으며, 이때부터 영국과 마찬가지로 제도화의 과정을 거치게 된다. 일본조사업협회는 영국의 탐정협회와 마찬가지로 여러 가지 탐정업과 관련한 사안들을 관장하고 있으며, 일본 경찰청 생활안전국의 관리감독을 받는 사단법인 형태로 구성되어 있다. 주로 회원인 탐정들에 대해서 교육을 담당하고, 자격부여 사업과 시장교란행위, 불법행위 등에 대한 조사와 징계권의 행사, 탐정업자들의 고충처리와 경영상담지원, 탐정업에 필요한 장비와 도구의 개발 및 제공, 야쿠자와의 연계가능성에 대한 조사와 처리, 국민들의 탐정에 대한 긍정적 이미지 제고를 위한 홍보활동 등을 담당하고 있다.

추가적으로 일본의 탐정제도에 대한 정확한 관리·감독을 위해 2007년에 별도로 '탐정업무의 적정화에 관한 법률'을 제정함으로써 본격적인 신고제 관리를 시작하였다. 이는 미국이나 영국, 프랑스 등의 탐정기업들이 일본으로 시장진출을 꾀하면서 보다 적극적으로 국내 탐정시장을 보호하고자 하는 목적과, 일부 야쿠자와 연계되어 불법적인 영업을 수행하는 탐정들을 대상으로 하여 강력한 규제를 가하고자 하는 이중적인 목적에서 비롯되었다고 볼 수 있다.

일본탐정제도의 재미있는 부분은 표준요금표가 존재한다는 점이다. 직원에 대한 신상조사, 배우자 또는 애인의 불륜에 대한 조사, 증거수집, 전문성을 가진 조사 등 다양한 세목별로 요금표를 지정하고 있으며, 대체적으로 우리나라 돈으로 100만 원에서 500만 원 사이에서 금액이 책정되어 있다. 이러한 요금을 벗어나는 과도한 비용청구에 대해서는 별도의 제재나 처벌을 받도록 하고 있다. 이는 세금탈루에 대한 정부당국의 우려와 탐정업무의 투명성 제고를 위한 목적에서 시행되는 제도로서 많은 탐정과 고객들이 선호하는 제도로 자리잡고 있다.

우리와 극단적으로 다른 부분은 이들의 업무가 거의 범죄수사에 가까울 정도로 전문적인 부분도 가능하도록 법에 정비되어 있다는 점이다. 첫째로, 신용조사의 경우에는 개인의 자산이나 부채, 숨겨둔 재산의 확인이 가능하도록 법적 권한이 주어져 있으며, 기업에 대한 신용조사에 있어서도 거래처의 신용도나 재무제표의 확인, 부채회수 여부, 기업의 도덕성 확인, 심지어 기업주나 이사들의 불륜이나 도덕적 문제에 대한 배후조사도 가능하도록 되어 있다(조규범, 2013: 4).

둘째로, 연애활동만을 전담하는 탐정도 존재하는데 애인이나 결혼을 앞은 배우자 후보에 대해서 신상조사나 사생활에 대한 조사, 경제적 능력에 대한 조사, 가족관계에 대한 조사도 가능하다. 아울러 스토킹에 대한 상황조사 및 몰래카메라에 의한 감시상황 적발, 녹음과 도·감청에 대한 확인 및 시정조치 등도 업무 영역으로 명확하게 명시되어 있다.

셋째로, 미행과 잠복 등 소위 추적활동에 대한 광범위한 권한도 부여되고 있는데, 상대방의 불륜에 대한 증거의 확보, 인간관계 및 애정관계에 대한 조사, 특정 인물의 동선(動線) 파악 등도 가능하다.

3. 프랑스의 탐정제도와 업무범위

프랑스의 탐정제도는 영국과는 조금 다른 양상으로 발전이 진행되었다. 우리나라의 탐정법률안과 비슷한 방식으로 공인탐정 및 탐정법인에 대한 관리감독이 이뤄지고 있으며, 주 사무소 또는 탐정법인의 본사가 소재하고 있는 관할 자치경찰청이나 자치경찰서가 관리감독을 담당하고 있는 실정이다(김상균, 2007: 16-17).

프랑스의 공인탐정 서비스는 크게 기업이나 조직을 대상으로 하는 조사서비스와 개인을 대상으로 하는 조사서비스로 나뉜다. 기업이나 조직을 대상으로 하는 서비스는 주로 인사, 채용 시 지원자에 대한 신원조사업무, 보험사기 사건에 대한 피해 및 사기범죄 혐의자에 대한 조사업무가 중심이 된다. 프랑스 내 대부분의 대규모 기업들이 채용지원자에 대한 조사과정에서 탐정이나 탐정기업을 적극적으로 활용하는 것으로 알려져 있으며, 보험사기 범죄에 대한 조사 역시도 탐정의 고유한 영역으로 인정받고 있다.

다음으로, 산업스파이(industrial espionage)에 대한 조사과정에 탐정이나 탐정법인들이 많은 활동을 벌이고 있다. 기업이 개발한 정보를 외부로 유출하는 행위나 조직 내 자료를 무단 제공하는 행위, 제품에 대한 정보를 판매하는 행위 등을 미행·추적하고, 관련자에 대한 진술을 확보하는 등 적극적으로 임무를 수행하고 있으며, 특히 국가 간 및 기업 간 경쟁이 치열한 항공우주산업이나 자동차산업, 소프트웨어산업, 디자인산업 등에서 많은 활동이 이루어지고 있다.

신용조사 또한 프랑스에서는 탐정 또는 탐정법인의 몫이다. 개인의 채무이행 능력이나 채권에 대한 담보물의 담보 적정성, 개발 중인 기술이나 제품의 적정한 가치평가(evaluation) 등에 탐정들이 활동하고 있고, 채무자의 소재가 불분명하거나 채무를 면탈할 목적으로 해외로 도주하는 경우에 이들의 위치를 추적하여 찾아내는 것도 탐정들의 업무 영역이 되고 있다(김상균, 2007: 18).

개인을 상대로 하는 프랑스 탐정들의 활동 영역도 상당히 광범위하다. 이혼 시에 양육비 지불을 약속한 상태에서 양육비 지불을 고의적으로 지연하거나 하지 않는 과거 배우자에 대한 재산과 소득내역의 확인, 결혼 상대방에 대한 이혼 여부나 별거 등에 대한 결혼경력 조사, 이혼과정에서 재산분할을 위해 반드시 해야 할 채권과 채무 상태, 분할대상 재산내역에 대한 조사를 탐정 또는 탐정법인이 담당한다.

프랑스 역시 상업영화에 탐정들이 많이 등장하는 국가이다. 프랑스는 1983년에 개정된 탐정법이 시행되면서부터 국가가 나서서 탐정업을 관리감독하는 상황이 되었는데, 그 이전까지는 일본이나 영국과 마찬가지로 마음대로 탐정업을 하거나 탐정회사를 운영할 수 있었다. 프랑스 정부는 탐정 서비스의 선진화를 기하고 군수무기산업 및 용병산업(군사기업)과의 협업적 관계를 조성하기 위해서 공적 기능을 강화하는 방식으로 탐정제도 발전에 많은 지원을 하였다. 법에서 탐정은 본인 이외의 사람이 필요로 하는 보호조치를 제공하고 이들의 이익을 목적으로 정보를 수집하여 의뢰인에게 이를 성실하게 제공하는 사적인 조사활동 전문가로 정의하고 있다.

하지만 실질적으로 개인적인 부분보다는 기업이나 산업적인 부분에서 활동하는 탐정의 숫자가 많은 실정이다. 주로 우리나라와 같이 보험사기나 개인의 신용조사, 자동차사고 조사, 미아 · 가출인 찾기 등에 주력하는 양상을 보이고 있다. 아울러 돈을 빌리고 갚지 않다가 종적을 감추는 채무자의 위치 파악이나 도난차량의 수배, 밀수나 불법적인 월경(越境) 등에 대한 단속활동 대행도 담당하고 있다.

프랑스의 탐정이 되기 위해서는 여러 가지 조건이 충족되어야만 한다. 이는 법으로 규정된 것으로서 첫째로, 프랑스 또는 EU(유럽연합)의 국민이어야 한다. 따라서 이 조건에 부합하지 않는 외국인은 원칙적으로 탐정활동을 할 수가 없다. 둘째로, 경비업무를 수행하고 있어서는 안 된다. 다시 말해서, 경비업무와 탐정업무를 병행하지 못하도록 하고 있다. 이는 총기소지가 자유로운 프랑스에서 무장을 하는 경비업무와 정보조사를 하는 탐정업무를 동시에 수행하는 경우에 자칫 잘못할 경우 큰 권력이나 권한을 가질 수 있다고 판단한 결과로 이해될 수 있다. 셋째로, 국외추방 명령이나 입국금지 조치가 내려진 자국민에 대해서는 절대로 탐정면허를 주지 않고 있다. 넷째로, 범죄전과 경력을 철저하게 조사하여 관련 법령을 위반하거나 또는 심각한 범죄행위에 연루된 경우에 대해서는 원칙적으로 탐정자격을 부여하지 않도록 하고 있다.

이 나라의 재미있는 제도는 탐정이 자신의 전직을 광고문구나 고객이나 의뢰인에 대한 계약서나 문서 등에 절대로 기재해서는 안 된다는 점이다. 실제로 프랑스의 탐정들 대부분이 전직 경찰관이거나 군인, 정보기관 출신이기 때문에 이러한 금지규정을 시행하는 것이다. 이러한 조치는 과거에 공무원으로 활동한 경력과 인맥을 오용하여 불법적인 업무를 수행해서는 안 될 뿐만 아니라, 현직 공무원이나 사법기관, 정보기관의 직원으로 오인 또는 사칭될 수 있는 가능성을 원천적으로 차단하기 위함이다.

또 한 가지 중요한 부분은 탐정이 활동하거나 또는 사무실을 둔 지역의 경찰서의 관리감독을 받아야 한다는 점이다. 근무를 하고자 하는 탐정이나 사무소를 개설하고자 하는 탐정기업에서는 주소지를 관할하는 경찰서에 인원배치에 대한 신고를 반드시 해야 하며, 업무자의 신원을 보고받은 경찰서는 철저한 신원조사를 통해 문제가 있다고 판단되는 탐정에 대해서는 업무를 수행하지 못하도록 할 권한을 가진다. 따라서 우리나라의 민간경비업과 같이 프랑스에서는 경찰에 의한 탐정 통제가 철저하게 이뤄진다고 보면 된다.

4. 미국의 탐정제도와 업무범위

탐정의 천국 또는 탐정의 나라로 불리는 미국은 독특한 법집행제도의 역사로 인해 탐정제도가 일찍부터 발달하였다. 현재 미국 내에는 약 7만여 개의 경찰기관이 있을 정도로 경찰도 많지만, 탐정 또한 수만 명이 활동하고 있는 명실상부(名實相符)한 탐정국가다.

경찰과 변호사, 그리고 탐정이 미국의 치안을 거의 담당한다는 이야기를 할 정도로 탐정의 활동은 왕성하며, 이러한 세 개의 주체들이 상호보완적으로 범죄예방 및 법 정의를 구현하고 있다. 미국이라는 나라 자체가 연방제 성격을 띠고 있기 때문에 각 주마다 탐정법과 탐정의 지위도 제각각 다르게 구성되어 있다.

공인탐정은 약 3만 6천여 명 정도로 추산되며(2020년 기준), 이외에도 비공인 탐정 또한 수십만 명에 이르는 것으로 알려져 있다. 법제도를 가진 주에서는 주정부로부터 자격을 취득하여 활동하는 반면에, 탐정법을 가지지 않는 주에서는 일종의 자영업자 또는 기업법인 형식으로 활동이 이뤄지고 있다. 앨라배마 주와 아이다호, 미시시피, 미주리 주 등에서는 아예 탐정제도를 시행하지 않고 있기 때문에 이들 지역에서는 비공인 방식으로 탐정활동이 가능하다. 기타 탐정제도를 시행하고 있는 주에서는 별도의 면허를 취득하여 활동하도록 하고 있다. 다만, 탐정자격을 받지 않은 경우라 하더라도 불법적인 영역의 활동만 하지 않으면 거의 규제가 없다고 보는 편이 나을 것이다.

탐정의 주된 업무 영역은 다른 국가의 탐정들과 거의 비슷하다. 다만, 탐정이라는 자격에 대한 성격이 다르다는 것이 중요한데, 대부분의 주에서는 탐정의 자격을 자격증(licence)으로 보지 않고 있으며, 취업허가(employee registration)의 개념으로 보고 있다. 다시 말해서, 탐정의 업무를 수행하기 위해서는 탐정으로서의 취업허가를 받아야 함을 의미한다. 때문에 정식으로 탐정제도를 시행하는 주에서는 공인된 교육과정과 엄격한 신원조회 절차를 거치도록 하고 있다. 특히 범죄경력과 신용등급, 그리고 군 경력이나 정신병력, 알코올중독 여부, 마약남용 여부 등에 대한 거의 경찰 수준의 신원조회가 이루어진다.

통상적으로 탐정의 자격은 크게 세 가지로 나뉘어 부여되는데, 정식 탐정이라고 볼 수 있는 PI(Private Investigator)와 탐정보조로 볼 수 있는 PII(Private Investigator Intern), 그리고 탐정기업을 설립하여 운영할 수 있는 MPI(Manager of Private Investigation Agency) 등으로 나뉘고 있다. 탐정이 되기 위해서는 대체적으로 미국의 시민권자여야 하며, 이러한 규정이 없는 경우에는 미국인이 아닌 외국인이라 하더라도 자격을 취득할 수 있도록 하고 있다. 그리고 범죄전과가 없어야 하며, 특히 마약전과나 폭력전과에 대해서는 면허취득 자체를 금지시키고 있다.

미국의 탐정들은 경찰업무나 정보기관업무에도 개입할 수 있도록 되어 있어서 일부 경찰기능이 약한 지방도시에는 탐정기업에 아예 경찰수사권을 계약을 통해 위탁하는 경우도 있다. 또한 IA와 같은 정보기관에서도 자신들이 필요하다고 인정하는 경우에는 과감하게 탐정기업에 정보조사 용역을 주기도 한다. 그만큼 탐정의 수준과 이들의 업무활동에 대해서 미국이라는 나라 자체가 강력한 신뢰를 가지고 있다는 의미로 해석될 수 있는데, 수사대행이나 정보업무 대행은 보편적인 업무 영역에 해당한다. 다만, 정부기관이 해야 하는 업무를 수행하는 경우에는 반드시 법원의 영장이나 기관의 권한 위임장을 받아 활동하도록 범위를 제한하고 있다.

대부분의 주정부는 탐정업무의 영역에 별다른 제약을 두지 않고 있으나, 일부 주정부는 한정적인 활동을 요구하기도 한다. 이 경우에 개인의 신용 및 사회적 평판이나 주변 인간관계에 관한 조사, 실종자의 소재 파악, 경찰수사의 위탁업무 수행, 법정증인의 신뢰도 조사, 주 영역 안에서 발생하는 불법행위나 범죄행위에 대한 조사, 손해배상 사건에 있어서 사실 및 실체관계와 원인에 대한 조사, 불법적인 고용행위나 부당노동행위 등에 대한 조사, 형사재판 및 민사재판에 필요한 정보와 자료의 판사에 의한 위탁명령 조사 등을 하도록 하고 있다.

5. 독일의 탐정제도와 업무범위

독일도 프랑스와 마찬가지로 연방정부에서 공인탐정제도를 관리감독 하지는 않고 있다. 독일인 '영업법(자영업법)' 제14조의 규정에 의거하여 개별 주정부에 별도의 관리조직을 두고 탐정업에 대한 관리감독을 수행하고 있다(조규범, 2013: 3). 각 주정부의 탐정감독 부서는 탐정업을 하고자 하는 사람이나 법인의 신고를 받아 영업을 할 수 있도록 일종의 영업허가를 내주고 있다.

감독부서에서 우선적으로 하는 일은 탐정을 하고자 하는 자가 범죄경력이 있는지를 확인하는 것이다. 사기나 강력범죄, 성범죄나 마약범죄 등 탐정업을 하기에 부적합하다고 판단할 수 있는 범죄경력(전과)이 있는 자에 대해서는 원칙적으로 영업허가증을 발급하지 않고 있다. 경찰이나 검사와 같은 사법공무원의 임용에 준하는 수준으로 전과경력에 대한 조회를 하며, 이는 다른 주정부와의 공유를 통해서 철저하게 감독되고 있다.

일반적으로 독일 탐정은 법률을 기준으로 크게 두 가지 영역으로 나뉘어 업무를 수행하고 있다. 첫째로, 시민법 영역이 있는데, 혼인이나 가족관계와 관련한 업무 영역을 들 수 있다. 둘째로, 노동법이나 상법 관련 영역에 대한 업무를 들 수 있다. 독일의 탐정법인은 노동법이나 상법, 시민법, 국제법의 거의 모든 영역에서 업무를 수행하지만, 개인탐정의 경우에는 자기만의 전문 영역을 구축하여 우리나라의 전문자격을 가진 자영업자와 같은 방식으로 업무수행을 하고 있다(조규범, 2013: 4).

개인탐정은 그 영역이 극도로 세분화되어 있어 실종되었거나 가출한 동물만을 찾아내는 반려동물탐정(Pet Private Detective)까지도 존재한다. 그만큼 일상생활에서 탐정이 해결하는 업무는 상당이 많으며, 시민들이 쉽게 서비스를 이용할 수 있을 정도로 비용도 큰 부담이 되지 않는 수준이다.

제3절 민사법률 분쟁에서 외국 탐정의 역할

1. 손해배상책임과 탐정

모든 일들이 다 그렇듯이 사회생활을 하는 개개인에게 있어서 신체적 상해(injury)나 재산적 손실(loss)의 발생은 어쩔 수 없는 일이다. 탐정학을 연구하는 많은 학자들이 개인적 상해와 손실로부터 보호하기 위한 윤리적 목적에서 탐정이 존재한다고 주장하는 이유는 단순한 개인의 뒷조사나 문제에 대한 사실 확인, 가해자의 추적이 주된 탐정업의 목적이 아니고 개인의 피해를 방지하거나 또는 이들이 입은 불법행위에 기인한 피해를 원상회복하거나 복구하도록 하는데, 공익적·사익적 차원에서 도움을 주고자 하는 것이 탐정업이 가지고 있는 진정한 목적이라는 점을 강조한다.

사회적 존재로서의 인간은 항상 업무환경(business environment), 주거환경(residential environment), 여가환경(recreational environment) 속에서 어떠한 활동을 하게 되어 있는데, 여기에 안전(safety)이라는 요소는 반드시 존재해야 한다. 안전하지 않은 직장이나 집, 여가시설을 이용한다면 분명히 개인과 그 소속된 가족이나 친구, 기타의 밀접한 인간관계를 맺고 있는 주변사람들이 큰 피해를 입을 수 있다. 이는 궁극적으로 사회안전의 실패를 의미하는 것이기에 절대적으로 개인의 일상생활에 대한 안전을 국가와 사회가 담보해주어야만 한다. 그런 의미에서 탐정업은 비록 사적인 영역이라 하더라도 민간경비와 같이 개인의 안전을 담보하고 보장해주는 데 큰 역할을 해야 하며, 이러한 사회윤리적 목적이 탐정 분야의 궁극적인 존재가치라고 볼 수 있다.

재산을 가지고 있거나 사업장 또는 집을 가지고 있는 개인은 자기 스스로 안전에 대한 노력을 할 수는 있지만, 외부의 침입자에 의한 범죄피해나 상해피해, 재산상의 피해를 막지는 못한다. 또한 외부의 공격이나 범죄의 시도에 대해서 제대로 예견하거나 문제가 되는 위해요소에 대해서 무감각하거나 소홀히 한다면 역시 마찬가지로 큰 피해를 입을 수밖에 없다. (민간)탐정 분야와 민간경비 분야가 하나의 뿌리에서 나왔다고 보는 이유는 개인의 생명과 재산을 스스로 방어하거나 피해를 자구적으로 복구하고자 하는 노력을 지원하는 일종의 공적 기능에서 발원되었기 때문이다.

타인에 의해 피해가 발생하였다면 이에 대한 형사적인 처벌을 요구함은 당연한 권리이며, 이외에도 민사적인 피해의 복구와 피해보상을 요구할 수 있다. 법의 체계가 존재하는 것은 질서의 유지와 가해자에 대한 처벌, 그리고 피해자에 대한 보상이 목적이며, 이를 위해 다양한 방식의 법적인 구제 절차와 지원 절차가 존재하는 것이다. 변호사(lawyer)는 법적인 분쟁이나 소송 발생 시에 피해자를 도와 문제가 되는 부분을 적극적으로 법원에 제시하고 피해자의 입장을 법원에 대변함으로써 발생한 피해의 복구를 요구하고 형사적인 처벌이 이뤄지도록 검찰을 돕는 역할을 한다. 여기에 직접적·간접적인 증거나 피해사실 등을 확인하는 역할을 협조적 차원에서 탐정이 하게 되며, 이미 선진국에서는 피해자 구제의 중요한 조사주체로서 탐정이 확고한 자리를 잡고 있다.

우리나라의 경우에는 소위 '흥신소' 또는 '심부름센터'로 불리는 불법적인 영업세력에 의해서 탐정의 이미지가 크게 왜곡되어 왔으며, 정부당국 역시도 사설탐정을 하나의 서비스산업적인 영역으로 보지 않고 비제도권에 그대로 방치하는 실수를 범함으로 인해 극히 부정적인 이미지만 형성되는 문제를 야기했다. 이미 수백 년의 역사를 가지고 있는 유럽이나 미국의 탐정은 법률전문가인 변호사 그룹과의 협업(cooperation)을 통해서 피해자들을 구제하는 데 많은 법률적 지원자로서의 역할을 담당하고 있다. 특히 변호사가 부족함을 느끼는 직접조사와 상황분석에 대한 전문성을 보충해줌으로써 피해자들이 법률 절차에서 이길 수 있는 충분한 이론적, 논리적, 사실적인 근거를 제공하여주고 있다.

따라서 탐정은 기본적으로 법률과 소송 절차에 대한 충분한 지식을 갖추고 있어야 함은 물론 변호사들의 역할을 보조하고, 이들이 소송에서 충분히 이길 수 있도록 하기 위한 많은 양의 자료와 증거를 발굴하여 제공해주어야 한다. 우리나라에서 합법화 과정을 거친 탐정 분야가 그 구분에 있어서 인력지원 서비스가 아닌 방대한 개념에서의 법률지원서비스로 그 영역이 설정되는 것은 외국의 사례를 보았을 때 극히 바람직한 방향이라고 생각되며, 앞으로도 이러한 방향으로 나아가야만 할 것이다.

통상적으로 탐정이 법률 관련 조사업무를 수행하면서 다음과 같은 의문점을 기초로 하여 조사를 진행하는 것이 일반적이다. 첫째로, "소송당사자인 고객이 고소를 하였거나 또는 고소를 한 상대방과 법률적으로 어떠한 의무관계 내지는 법적으로 이해관계가 존재하고 있는가?", 둘째로, "고객이 현재의 법적 분쟁이 어떠한 이유에서 발생하였으며 어떠한 과정으로 진행되는지에 관해서 정확하게 상황을 이해하고 있는가?", 셋째로, "고객이 자신의 재산에 대한 위협이나 위험 상황 발생에 대해서 적절하게 대처를 하였는가?", 넷째로, "소송상대방에 대해서 고객이 손실을 끼치거나 다치게 하였을 경우에 적절한 보호조치 또는 사후조치를 하였는가?" 등이다.

이상의 의문내용은 실제 법률소송의 실증적 · 실체적 조사를 담당하는 탐정의 입장에서 아주 좋은 분석의 자료를 제공할 수 있다. 무조건적으로 소송관계인이 되는 고객을 보호하는 방향에서 조사를 하는 것이 맞기는 하지만 그렇다고 해서 심한 귀책사유나 또는 자신의 책임을 제대로 다하지 않는 고객을 완벽하게 방어해주는 것은 직업윤리와 탐정윤리에는 어긋나는 일이다. 따라서 체계적으로 이상의 질문에 합당한 답이 주어지는 고객이나 사건에 대해서 업무상 접근하는 것이 적합하며, 이러한 방식의 자기 사전질문기법은 법률소송 관련 탐정업무의 실패와 미완성 상황이 발생하는 것을 막는 데 큰 도움이 될 수 있다.

통상적으로 사고의 발생이나 인적 피해의 발생과 관련한 법률소송에서 제일 중요한 요소는 가해자 또는 사건의 책임을 지는 당사자가 미리 사전에 발생 가능한 위험에 대해서 예견 또는 예측하고 있었느냐 하는 부분이다. 사전에 예견될 수 있었던 위험을 제대로 예방하는 조치를 취하지 않았을 경우에 형사적 · 민사적으로 책임을 져야 하기 때문이며, 이러한 내용들을 채증하여 변호사 또는 법원에 제출하는 과정이 중요하다.

사고발생 시 대부분의 사업주나 고용주, 가해자, 책임자들은 자신의 책임을 부정하거나 자신은 최선을 다하였지만 막을 수 없었던 상황이라고 주장을 한다. 대표적으로 2014년에 발생한 세월호 여객선 침몰 사고에서도 선박의 운영을 책임진 선원들이나 청해진 해운이라는 회사의 임직원들이 앞에서 이야기한 방식으로 책임을 회피하는 태도를 보였다.

최근의 법적 소송에서 제일 중요한 요소는 법적인 책임성을 명백하게 입증하고, 사고에 대한 예측가능성을 분명히 인지하고 있었다는 점을 확인하는 것이다. 이를 위해 탐정은 최소한의 시간 내에 관련한 자료와 진술, 그리고 증인을 확보해야 한다. 변호사는 재판과정에 집중해야 하는 업무의 제한성으로 인해 사설탐정과의 협업을 통해 소송 등에서 이길 수 있는 가능성과 확률을 높일 수 있는데, 특히 미국이나 영국 등의 탐정 선진국에서는 이러한 패턴이 법률분쟁의 기본적인 모델로 이미 자리를 잡고 있다.

최근에는 소송에서 이겨도 제대로 피해보상을 받지 못하는 경우도 많다. 대체적으로 보상청구금액이 큰 소송에서 질 것으로 예상되는 경우에 피고 측에서 대부분의 재산을 다른 곳으로 빼돌리거나 고의파산 등의 방법을 통해서 손해배상의 책임을 면하고자 하는 사례들이 급증하기에 사전에 소송과정에서 받을 수 있는 돈이나 재산의 내역을 면밀하게 파악하는 작업도 필요하다. 이 역시도 민사전문 변호사와 부동산 및 채권 분야의 전문지식을 갖춘 탐정의 적극적인 협업을 통해서 충분히 사전 대비가 가능한 부분이며, 여기에 채권추심 전문가와 신용조사 전문가 또는 기업의 참여도 필요하다.

고소와 피고소를 떠나서 탐정은 사건에 대한 정밀한 접근과 분석을 해야 한다. 어떠한 이유에서 사전에 중재나 합의가 이뤄지지 않고 소송으로까지 발전하였는지에 대한 원인의 파악이 필요하며, 내가 담당하는 고객이 윤리적으로나 도덕적으로 비난을 크게 받지 않는 상황인지를 확인해야 하며, 사건을 진행하는 과정에서 조사에 대한 고객의 지원과 비용상의 부담이 충분할 수 있을지 등에 대한 면밀한 분석이 있어야 한다.

탐정은 고도의 두뇌와 기동성을 이용하는 서비스업이라는 점에서 보이지 않는 비용발생이 많다. 고객은 특정 법률분쟁이나 소송 건에 대해서 조사를 하는 데 많은 비용이 들어간다는 점에 대해서 이의를 제기하거나 말이 되지 않는다고 생각하는 경우가 아주 많다. 이러한 고객의 의구심은 실제 사건에 대한 조사 진행에 결코 도움이 되지 않는다. 따라서 고객의 비용부담에 대한 능력 수준까지도 세밀하게 분석하여 사건에 착수하는 지혜가 필요할 것이다.

소송의 목적은 대부분이 금전적 보상이다. 유산상속과 관련한 소송이나 손해배상 소송이나 형사보상청구소송이나 전부 다 돈과 관련한 내용들이다. 돈을 제대로 받아내기 위해서 피해자 측에서는 가해자 측에 일정한 기준에 따른 비용을 청구하며, 이에 대한 소송대리인으로 변호사가 참여하고 사건내용에 대한 조사를 탐정이 담당하는 것이다. 문제는 비용 산정이 제대로 이뤄지지 않았거나 대충 산정한 비용을 법원에 청구하는 경우에 인정되지 않거나 감액되거나 또는 기각되는 경우가 많다는 사실이다.

소송전문가인 변호사들이 산정하는 피해액은 피해자의 노동가치와 향후 기대수입 등을 기반으로 한다. 하지만 이는 실질적인 손해산정이라기보다는 기준표에 따라서 진행되는 일종의 매뉴얼적인 산정이라는 점에서 결코 바람직한 방법이라고 볼 수 없다. 미국의 전문소송 변호사들이 적극적으로 탐정의 지원을 받아서 피해액수 산정에 정밀화를 기하는 것은 실제 발생한 피해액의 측정과 관련하여 많은 자료와 증거를 탐정이 찾아내어 제공하기 때문이다. 우리나라의 경우에 아직 초보적인 단계일 수는 있지만 탐정이 세밀하게 조사한 내용을 바탕으로 하여 실제 피해가 적극적으로 반영되는 피해액의 산정을 위한 노력이 기울여져야 하며, 이를 계량화할 수 있는 다양한 손해배상 설정모델도 탐정 또는 기업들이 적극적으로 개발해야 한다.

소송에서 원고와 피고는 적대적인 관계이기 때문에 일단 법적 분쟁이 개시가 되면 서로 간의 소통이나 연락은 거의 이뤄지지 않는다고 보는 편이 좋을 것이다. 따라서 탐정이 상대 측과 관련한 자료와 정보를 확보하는 것 역시도 순식간에 차단되는 상황이 일어난다. 체계적으로 조사를 진행하는 탐정은 소송을 정식으로 제기하기 전에 상대방이 알지 못하도록 최대한으로 조심하여 충분한 시간을 가지고 조사를 하는 것이 일반적이다. 무턱대고 소송을 제기하고 소송에 맞는 자료와 증거, 증인 등을 찾아내는 것은 철문을 닫아버린 성벽을 공격하는 상황과 같다고 볼 수 있으므로, 소송의 타이밍과 조사진행을 위해 필요한 시간과 인력, 비용 등을 정확하게 산정하여 소송당사자 및 소송대리인인 변호사와 제대로 협의를 통해 법적 절차를 진행하는 것 또한 중요한 포인트이다.

아무리 조사하기 편하거나 결과가 이길 것이 명확한 사건이 탐정에게 온다 하더라도 한 번 더 숙고하고 상황을 냉철히 분석하는 정밀함이 반드시 필요하다. 소송담당 조사관으로 탐정이 활동하다 장벽에 부딪히는 대표적인 사례가 상대방이 결정적인 한방에 해당하는 증거나 증인, 증언 등을 확보하고 있는 경우이다. 모든 법률 관련 사건에 대한 조사업무가 하나도 쉬운 케이스가 없다는 점을 분명하게 인식하고, 상대방 또는 나와 같은 수준의 탐정과 변호사를 고용하여 적극적으로 법률적인 방어를 할 것이라는 전제조건을 깔아놓고 사안을 보아야만 실패하지 않는다는 것을 유념하지 않으면 안 된다.

법률분쟁과 관련하여 업무를 수행하는 탐정은 최고의 전문 영역에서 활동하는 전문가라고 볼 수 있다. 하지만 현실에 안주하거나 새롭게 변화하는 법률이나 관련 판례 등에 대해서 제대로 공부를 하지 않는다면 결코 성공을 장기간 보장해주지 못한다. 따라서 법률 영역에서 변호사와의 협업을 통해 활동하는 탐정은 최대한 많은 양의 관련 법률정보를 확보하여 지속적으로 학습과 연구를 해야 하며, 자료와 증거수집을 합법적인 범위 안에서 최대한으로 할 수 있는 방안도 마련해야만 하는 숙제를 가진다.

우리나라의 산업이 지속적으로 고도화되고, 고부가가치의 추구 쪽으로 진행되고 있기 때문에 법률분쟁이나 소송은 급증할 수밖에 없으며, 특히 로스쿨(law school)을 통해서 이전에는 볼 수 없었던 많은 수의 변호사가 법률시장으로 배출되고 있다는 점도 역시 법률소송이 늘어날 수밖에 없는 이유가 된다. 법원은 모든 증거에 대해서 개방성을 가지고 이를 검토한다. 법률전문가인 변호사가 이러한 부분에서 전문성을 가질 수 있겠지만 현장조사나 진술의 확보, 증인에 대한 설득 및 법정출석의 유도 등에 있어서는 현장경험이 많은 탐정이 더 훌륭한 경우가 많다. 이러한 조건으로 인해 미국에서는 '소송은 변호사가, 조사는 탐정이'라는 협업의 원칙이 설정된 것이며, 우리 역시도 이를 벗어나기는 어려운 상황이 도래할 것이다.

대표적으로 피해에 대한 산정과 피해사건의 내용에 대한 실증적인 조사와 관련하여 가장 유명한 판례가 있는데, 1993년 미국 텍사스 주의 블리스키 여사(Mrs. Bliskey)와 베리 부동산관리회사(Berry Property Management, Inc.) 사이에 발생한 법정 소송을 들 수 있다. 사건의 발단은 블리스키 여사의 집을 침입한 범죄사건이었다. 남성인 범인은 블리스키 여사가 사는 아파트의 관리업무를 책임지고 있는 베리 부동산관리회사의 사무실에 몰래 침입하여 블리스키 여사 집의 문을 열 수 있는 속칭 '마스터 키'를 훔쳐냈으며, 이를 이용하여 심야시간에 블리스키 여사의 집에 침입하여 그녀를 성폭행하였다.

사건이 발생한 후에 블리스키 여사는 아파트 관리 전반을 책임지고 있었던 베리사에 소송을 제기하였는데, 특히 고객의 안전을 책임져야 할 관리회사가 마스터키의 관리를 소홀하게 하여 범죄자에게 이를 쉽게 가져갈 수 있는 환경을 조성하였다는 점이 직접적인 범죄의 원인이 되며, 이에 여사에게 손해배상금을 지급해야 한다는 민사소송을 제기하였다. 당시 변호사 이외에 사건에 참여한 탐정은 베리사에 대한 은밀한 조사를 통해서 평소 입주민의 집을 관리하기 위해 모아놓은 키가 관리사무실의 벽면에 아무렇게나 방치되어 있다는 사실을 파악하여 소송의 중요한 증거자료로 활용하였으며, 법원에서는 탐정에 의해 확인된 증거를 그대로 인정하여 관리회사 측이 블리스키 여사 측에 무려 1,600만 달러의 손해배상금을 주도록 판결하였다.

법원이 1993년 당시에 막대한 돈이라 할 수 있는 1,600만 달러의 피해보상금을 지급하도록 한 이면에는 미국의 아파트와 건물관리 회사들이 입주민들의 문을 열 수 있는 마스터키에 대한 관리를 너무 소홀하게 하고 있었으며, 이로 인한 범죄사건들이 급증함으로 인해 이에 대한 일종의 사회적 경종을 울리기 위한 목적이 있었다. 당시 베리사가 마스터키를 별도의 금고에 보관하는 방법만 사용하였더라도 1,600만 달러나 되는 징벌적인 민사배상금을 물지는 않았을 것이다. 마스터키만을 별도로 보관할 수 있는 안전금고의 가격이 230달러밖에 안 되었으며, 베리사는 230달러를 아끼려다가 1,600만 달러를 순식간에 물어야 하는 처지에 놓이게 된 것이다(Mrs. Blisky vs Berry Property Management, Inc., 850 S. W. 2d 644, Texas 1993).

블리스키 여사의 성폭행 사건발생에 대한 손해배상청구 소송은 미국 내에서 탐정의 적극적인 조사에 의해 가장 큰 손해배상액을 받아낸 사건으로 유명하며, 이 이후로 안전이나 사고예방, 손실방지에 대해서 소홀한 기업이나 사업주, 관리책임자에 대한 사전조사를 통한 소송이 이어졌다. 우리나라도 최근에 손실이나 손해, 부상 등의 발생 시에 관리책임자의 무지와 방치에 대한 광범위한 법률적 책임을 묻는 경향으로 바뀌고 있으며, 실제 판결 역시도 이러한 경향을 보이고 있다. 변호사는 소송당사자의 대리인이라는 점에서 현장에서의 조사업무 수행이 극히 제한적이며, 이를 탐정의 투입을 통해서 충분히 보완하거나 심지어는 블리스키 여사의 사건과 같이 결정적인 귀책사유를 인정받을 수 있는 증거를 찾아낼 수 있다.

2. 손해배상의 일반적 요소

탐정의 법률업무에 절대적인 비중을 차지하는 손해배상은 특히 우리나라에서 2015년 헌법재판소의 위헌법률 심판에 의거하여 형법상의 간통죄가 폐지되면서 영역이 넓어진 상황이다. 개인 간의 성적인 행위에 대해서 국가의 사법권을 동원하여 처벌하는 행위에 대해서 이를 위헌적 조항이라고 헌법재판소에서 재판관 찬성 7 대 반대 2로 인정하면서 이제는 간통을 저지른 배우자를 상대로 하여 형사처벌을 구하는 형사소송이 아닌 민사적인 보상을 요구하는 배우자의 부정에 기인한 손해배상 청구로 방향이 급선회한 상황이다.

이 이전에도 혼인빙자간음죄가 위헌(違憲)으로 결정나면서 혼인을 빙자하여 성을 착취한 남성을 대상으로 하여 피해 여성이 손해배상청구를 하는 방식으로 법률적 방향이 변경되었다. 간통죄 역시도 2015년부터 폐지됨으로 인해 지속적으로 손해배상청구나 이혼청구를 하는 소송건수가 급증하고 있는 상황이다. 물론 가정에서 발생한 문제를 법률만을 가지고 정리하는 것에는 문제가 있을 수 있지만, 현재의 우리나라 사회가 가지고 있는 현실만을 놓고 본다면 별다른 뾰족한 대안도 없는 실정이기에 탐정의 활동 영역과 범위는 넓어질 수밖에 없다고 판단된다.

우리나라의 탐정들은 과거 심부름센터의 탈법적 형태를 띠며 업무를 수행하여 왔다. 때문에 업무 영역에 있어서 극히 제한적일 수밖에 없었으며, 법률서비스를 주로 담당하는 변호사와의 업무연계성이 제대로 설정되지 못했다. 또한 보험사의 전문조사집단인 SIU(Special Investigation Unit) 역시도 불법적인 보험범죄에 대해서 조사를 하더라도 역시 제대로 된 법적인 권한이나 영역이 설정되어 있지 못함으로 인해 제한적 범위 안에서의 업무수행만을 할 수밖에 없었다. 하지만 탐정의 합법화를 통해 이제는 사설 탐정업무가 법률서비스 업무의 일부 영역 또는 보완적 영역으로 자리를 잡아갈 것이며, 특히 손해배상업무와 관련하여 앞에서 제시한 사례와 같이 실제 손해배상청구의 금액을 결정하거나 손해의 실체를 입증하는 데 결정적인 증거를 확보하는 업무를 진행할 수 있게 되는 것이다.

탐정학에서 손해배상업무와 관련한 이론적 배경으로서 손해배상의 일반적 요소라는 것이 있다. 법적 의무성, 법적 타당성, 예견(예측)가능성 등이 그것인데, 이러한 요소들을 바탕으로 하여 합리적으로 타당한 내용만을 대상으로 한 직접적인 탐정활동이 이뤄져야 한다.

1) 법적 의무성과 타당성

먼저, 탐정의 손해배상 조사업무에 있어서 1차적으로 제기되는 기본적인 원리로서 법적인 의무성(duty)이 있다. 비즈니스와 업무를 수행하는 과정에서 사업주 또는 관리자, 점포의 업주 등은 그 고용원과 고객을 대상으로 한 법적인 여러 형태의 의무를 가지게 되는데, 이를 일반적으로 탐정학에서는 '법적인 의무성'이라고 부른다. 또한 모든 사회적 행위를 하는 인간에도 역시 마찬가지로 법적인 권리와 의무를 가지게 된다.

가령 예를 들어, 기찻길 옆의 자투리땅에 대해서는 당연히 우리나라의 철도공사가 법적인 소유권과 사용권을 가지게 되는데, 이러한 땅에 불법으로 경작행위를 하여 농사를 짓게 되면 법적으로 손해배상 또는 불법행위에 대한 법적인 책임을 지게 된다. 타인 소유의 땅에 무단으로 침입하는 행위에 대해서도 역시 불법행위에 따른 법적인 책임을 지게 되는데, 이러한 내용들 대부분이 법에 규정된 바를 기반으로 한다.

탐정이 특정 손해배상 관련 사건에 대해서 조사업무를 개시하고자 한다면 실제로 법적인 의무를 위반하거나 또는 손해배상을 해야 할 의무가 발생하는 사건에 대해서만 조사를 해야 한다. 무차별적으로 잘못된 행위이기 때문에 조사를 해야 한다는 식의 막연함은 탐정의 법적 영역에서는 용납되지 않을 뿐만 아니라 에너지와 탐정자원만을 낭비하는 일이 되기 때문에, 이러한 모호성을 가급적 피하는 것이 업무효율성의 향상을 위해서 필요한 것이다.

손해배상의 법적 의무는 여러 가지 형태의 행위를 통해서 발생한다. 부동산에 대해서는 불법점유나 사용, 통과 등을 이유로 하여 법적인 책임과 손해배상의 의무가 발생하며, 개인의 사적 관계나 행위에 있어서는 상대방에 대한 직접적인 손실이나 손해의 발생, 명예의 실추 등을 통해서 손해배상을 해야만 하는 상황이 전개된다. 민사와 형사가 경합되는 사건에는 민사소송과 형사소송을 동시에 진행해야 하기 때문에 탐정은 양쪽에서 필요한 증거들을 별도로 확보하는 과정이 필요하다.

21세기의 법률은 대부분이 손해배상에 대해서 광범위하게 인정하는 추세를 보이고 있으며, 특히 기념비적인 사건이나 너무 많은 권리나 재산의 침해행위가 발생하는 경우에 대해서는 소위 징벌적 손해배상을 과감하게 도입하여 민사적인 일벌백계(一罰百戒)의 개념도 활용하고 있는 상황이다. 따라서 법률시장이 포화 상황인 상태에서 손해배상의 영역은 탐정과 탐정기업의 입장에서는 더 없이 좋은 블루오션(Blue Ocean)이 될 것이 분명하며, 이에 대한 다양한 연구와 접근기법의 확립 및 개발이 필요하다고 할 것이다.

자본주의의 고도화는 모든 사물과 현상을 금전적, 재산적 가치를 기반으로 하여 바라보는 성향을 강화시킨다. 또한 구체적으로 보이는 손해나 손실 이외에도 보이지 않는 손해나 손실 등에 대해서 광범위하게 이를 인정하는 경우가 많음으로 인해 손해배상의 의무를 입증만 하면 그 순간에 손해배상을 받을 권리가 발생하는 셈이 된다. 따라서 탐정은 손해배상 관련 조사업무 수행에 있어서 고객에게 손실을 끼친 가해자에 대한 법적인 손해배상의 의무가 발생함을 입증하기 위한 다방면의 조사를 진행해야 할 것이다.

예를 들어, 인터넷에 악성 글을 써서 피해자의 명예를 훼손하였다면 얼마나 많은 사람들이 그 글을 보았는지를 정확하게 확인해야 하며, 피해자의 정신과 치료 또는 상담치료 기록을 확보하여 정신적으로나 심리적으로 얼마 정도의 피해를 입었는지를 입증해야 한다. 아울러 변호사와의 협의과정을 통해서 악성 글이 피해자의 정신적·명예적 피해와 어느 정도의 연관성이 있는지를 입증하는 데 주력해야 한다.

다음으로, 법적인 타당성이 존재해야만 손해배상 사건에 대한 조사가 가능한데, 역으로 표현한다면 타당하지 않은 사건에 대해서는 조사가 어렵다는 의미이다. 민원인 가운데 상당수는 자신의 입장만을 이야기하는 경우가 많다. 상대방이 무조건적으로 잘못을 하였으며 그 행위나 어떠한 상황에 대해서 반드시 사과하고 손해배상을 해야만 한다는 식으로 주장하는 경우가 대부분이기 때문에 무턱대고 탐정이 변호사의 면밀한 법률적 검토 없이 사건을 개시하거나 접수, 또는 접근하는 것은 바람직하지 못하다고 생각된다. 비용을 지불하는 고객이 원하는 바를 충족시켜주는 것이 탐정의 기본적인 활동목적이기는 하지만, 그렇다고 해서 법리적으로 전혀 말이 되지 않는 사안에 대해서 착수하는 것 역시도 바람직하지 않다고 할 것이다.

법적 타당성의 영역과 관련하여 제일 많이 제기되는 논란은 '탐정이 스스로 어떠한 기준에 따라서 법적인 타당성을 구성하느냐' 하는 점이다. 물론 변호사 수준의 법률전문가는 아니지만 탐정 역시도 시험을 통과하고 일정 수준 이상의 법률적 소양을 갖춘 경우가 대부분이기 때문에 탐정의 판단에 따라서 법적 타당성이 있다고 보는 것은 당연하다고 생각된다. 다만, 탐정 역시도 사람이기 때문에 상황에 대한 판단이나 접근에 있어서 큰 실수나 오류를 충분히 범할 수 있고, 자칫 잘못할 경우에 자신의 업무로 인한 일종의 손해배상책임을 져야 하는 상황도 역으로 발생 가능하다는 점에서 신중을 기할 필요성은 있다. 특히 본인이 잘 모르는 영역에 대해서는 바로 파트너 관계를 설정하고 있는 변호사에게 자문을 구하고, 법률적 성격이 더 강한 타당한 사건에 대해서는 변호사 선임 후 사건을 진행하는 것도 좋은 선택일 수 있을 것이다.

2) 예견(예측)가능성

탐정법학에서 중요하게 보는 또 다른 요소로서 예견가능성 또는 예측가능성(foreseeability)이라는 것이 있다. 예견가능성이란 특정한 탐정 사건에 있어서 법률적인 행위나 과정이 미래에 어떠한 방향으로 나아갈 것인가에 대해서 어느 정도 예상이 가능해야 함을 의미한다. 말 자체가 어렵기는 하지만 일례를 들어 설명하면 그렇게 어려운 법적 개념은 전혀 아니다. 법의 원칙에서는 반드시 법률행위가 예견 가능해야 한다는 점을 강조하고 있다.

땅을 구입하기 위해서 돈을 지불하였다면 그 다음에는 소유권 이전의 과정이 진행될 것을 예측할 수 있다. 하지만 돈을 땅 주인에게 지불하였음에도 불구하고 제대로 소유권 이전등기가 이뤄지지 않으면 법적 예견 가능성을 위반하였기 때문에 바로 계약행위

불이행 또는 지연으로 인한 원금반환과 손해배상의 의무가 땅 판매자에게 발생한다. 땅을 실제 소유하지 않고 있거나 땅을 팔 수 없는 불가능한 사유가 있음에도 불구하고 땅을 팔겠다면서 돈을 받았다면 형법상의 사기죄 성립에 의한 처벌도 가능하다.

이와 같이 법률은 어떠한 행위에 대해서 그 사후에 진행될 보편타당한 상황을 보호하는 측면이 강하며, 탐정 사건에 대한 조사개시와 진행, 보고과정 역시도 예견(예측) 가능성에서 벗어나는 사건이 중심이 될 수밖에 없다. 죄를 처벌하기 위한 형법은 원칙적으로 피해의 발생이라는 결과가 있어야지만 집행이나 적용이 가능하였다. 하지만 사회환경이 갈수록 복잡해지고 범죄 유형 역시도 지능적으로 변화하면서 어떠한 범죄행위의 모의나 계획, 실행 초기라 하더라도 범죄피해 발생의 결과가 발생하지 않은 상황에 대해서 처벌이 가능하도록 하는 미수범 규정도 발생하게 되었다. 이는 그만큼 광범위하게 미래의 피해발생에 대한 예측이 되지 않는다 하더라도 법으로 금지한 행위를 하면 이에 대해서 강력하게 처벌을 해야 한다는 사회적 의식과 다수의 요구가 적용되었기 때문이다.

탐정제도의 법제화에 대해서 수십 년 간 많은 이들이 이를 요구하였지만 다수의 국민들이 예측가능한 상황에 대해서 부정적인 입장이었기 때문에 법제화 과정에 실패한 것은 부정할 수 없는 사실이며, 탐정제도가 법제화되는 상황은 반대로 국민 다수가 이 제도의 긍정적인 측면과 미래에 대한 적극적인 필요성을 충분히 인식하였기 때문에 가능한 것으로 보면 된다.

일반적으로 손해배상 사건이 발생하면 탐정은 지체 없이 유사한 사건에 대한 민·형사상의 판례를 찾는 과정에 집중해야 한다. 법적으로 손해배상의 선례가 있다면 쉽게 사건조사에 착수하면 될 뿐만 아니라 향후 법적인 절차나 과정에서 손해배상을 받을 수 있는 가능성이 커지기 때문이다. 또한 손해배상 사건에서 승소하였을 때에 받을 수 있는 손해배상액의 수준도 이전의 판례를 참조하면 충분히 예상이 가능하다는 점에서도 반드시 판례에 대한 집중적인 자료수집이 필요하다. 만약 국내에 유사한 사건에 대한 손해배상이나 보상 등에 대한 판례자료가 없다면 소송의 천국으로 불리는 미국이나 영국, 독일, 일본, 프랑스 등의 판례를 찾아보는 것도 좋은 예일 것이다.

탐정제도의 오랜 전통을 가지고 있는 미국의 경우에는 탐정 또는 탐정기업을 대상으로 하는 법률정보 지원회사가 별도로 존재한다. 이는 탐정이나 변호사가 특정 사건에 대한 판례나 선례를 찾기가 어려운 경우에 외국의 판례나 보상사례 등을 찾아서 적극적으로 제공할 필요성이 있기 때문이다. 우리나라 역시도 탐정제도가 10년 이상 자리를 잡는 시점이 되면 탐정이나 탐정기업이 필요로 하는 외국의 법률이나 판례, 법령 관련 정보만을 정확하게 찾아서 제공하는 회사나 서비스가 분명 등장할 것으로 예상된다.

예견가능성과 관련하여 현재 법률시장의 판도 변화를 바라보는 안목도 필요하다. 특정 사안에 대해서 법원이 강경한 태도를 보인다면 그에 따라야 하는 것이 당연하고, 반대로 온건한 태도를 보인다면 이 역시도 적극적으로 참고해야 한다. 예를 들어, 최근 들어 층간소음문제에 대해서 법원은 강경한 태도를 보이고 있는데, 이는 별다른 이웃 간의 문제가 아닌 상대방을 죽음으로 몰 수 있는 심각한 문제라고 법원이 바라보는 태도를 변경하였다는 점을 의미한다. 2010년대부터 층간 소음문제로 살인사건이 자주 일어나고 있고, 심할 경우 원한에 의한 방화사건으로 일가족이 참변을 입는 일들이 일어나면서 사전 예방적 판결과 층간소음에 대한 광범위한 손해배상을 선고하고 있다.

이는 층간소음 문제를 방치할 경우에 발생할 수 있는 미래의 예측가능한 피해와 극단적인 상황을 미연에 막고자 하는 사법부의 고뇌에 찬 태도변화로 볼 수 있으며, 아파트로 불리는 탑상형 공동주택이 이제는 무제한적인 사생활 보장이 되지 않음을 의미하는 것이기도 하다. 따라서 층간소음 문제에 대한 아랫집의 손해배상청구와 관련한 조사의뢰를 받았다면 실제 발생하는 소음에 대해서 정확하게 측정하고 전문가의 자문을 구해 이러한 소음이 장기적으로 지속되는 상황 하에서 아랫집이 입을 수 있는 정신적, 정서적, 프라이버시적 침해의 내용을 정확하게 계량화하여 보상을 청구하는 작업을 진행해야 한다.

법률과 법원의 예견가능성에 대한 광범위한 인정이 어찌 보면 탐정과 변호사의 블루오션(Blue Ocean)이 될 수 있다고 보인다. 물론 소송의 남발이나 이웃 간 불화의 증폭이라는 비판이 있는 것은 사실이지만, 그렇다고 해서 개인이 너무 힘든 상황을 무조건적으로 감내하도록 하는 것은 더 큰 잘못이라고 생각된다. 탐정 스스로 사건이나 문제가 발생한 이후에만 투입된다고 생각하는 것은 큰 오류이다. 지금 설명한 바와 같이 여러 가지 측면에서 바라볼 수 있는 예견가능성이라는 요소가 사전예방적, 사건발생 시점 이전으로도 충분히 접근 가능한 상황을 조성해주기 때문이다.

결론적으로 탐정법학에서의 예견가능성은 사전에 어떠한 문제가 발생하는 것을 방지 또는 예방하거나, 겉으로 드러나지 않는 심각한 장기적인 피해 상황을 공식적으로 부상(付上)시켜 이후에 이로 인한 더 큰 문제가 발생하지 않도록 하는 선제적 작용의 논리적 근거가 된다고 볼 수 있다. 직원이나 점원에 의한 자체 도난방지를 위해 미스터리 쇼핑과 같은 형식으로 직원에 대한 감찰활동을 위탁받은 탐정이나 탐정기업은 이러한 예견가능성에 기반하여 활동하는 것이라고 볼 수 있다. 아울러 법률적인 손해배상의 영역에서는 미래의 발생 가능한 피해를 미리 산정하는 과정이기 때문에 역시 마찬가지로 좋은 성과를 낼 수 있음은 물론 장기간 방치된 해당 문제의 피해자이자 의뢰인에 대해서 적시에 도움의 손길을 내미는 좋은 상황이 될 수 있다.

3) 법적 의무 위반성

법률상 손해배상과 관련하여 탐정이 상대방에 대해서 반드시 확인하고 입증해야 할 대상이 있다. 이는 다름 아닌 '법적 의무 위반성'이다. 수영장에서 장애아동이 단체로 물놀이를 왔다가 사망하였다면 단순한 사망으로만 소송이나 법적인 손해배상청구를 해서는 안 된다. 장애아동을 대동하고 갔던 특수교사 또는 장애인복지관의 담당자들이 사망한 아동에 대한 보호의무를 제대로 이행하지 않았는가에 대한 법적 의무의 위반을 확인하는 과정이 필요하며, 수영장 역시도 안전요원을 배치하여 익사사고가 발생하지 않도록 해야 할 법적 의무가 있기 때문에 역시 이러한 의무를 위반하였는지 여부를 확인하는 과정을 철저하게 진행해야 한다.

실제로 이러한 유형의 사건이 발생하면 장애인 복지기관은 수영장 측에 안전에 대한 의무와 책임을 미루며, 반대로 수영장 운영자 측도 책임을 장애인 복지기관으로 전가하는 태도를 보이는 것이 일반적이다. 분명히 이는 잘못된 상황으로서 그 어떠한 경우에도 양측이 형사적인 책임은 물론 손해배상책임 역시도 피해갈 수 없다.

하지만 피해 사망자의 가족이나 부모 입장에서 양측에 법적인 의무를 위반하였음을 직접적으로 입증하기 위한 증거와 자료의 수집이 어렵다는 점에서 반드시 전문적인 탐정의 투입이 필요할 수밖에 없다. 이와 같은 사건의 탐정은 단시간 안에 책임이 있다고 판단되는 기관이나 대상자를 대상으로 하여 면밀한 자료수집 및 진술을 확보해야 하며, 현장에 대한 훼손 가능성을 미연에 차단하기 위해서 현장보존이나 또는 현장과 관련한 사진이나 동영상의 확보에 만전을 기해야만 한다.

교육기관이나 교육시설, 보호시설은 교육대상자와 보호대상자에 대한 법적인 보호의무를 가지게 되는데, 이를 소홀히 하여 신체상, 재산상, 정신상의 피해나 문제가 발생하면 이에 대한 변상 또는 형사책임이나 손해배상의 책임이 발생하게 된다. 법원에서는 법적 타당성과 사회적 보편성을 기반으로 하여 손해배상 사건에 관련한 내용들을 바라본다.

이 때문에 탐정이 확보하고자 하는 자료나 증언, 동영상 및 현장의 증거물 등에 대해 법원과 같은 기준과 관점을 가지고 이를 수집해야 한다. 일반적인 모든 기관이나 기업, 산업시설이나 상업시설, 금융기관 및 공공기관은 모든 고객에 대한 보호의무를 분명히 지고 있기 때문에 그만큼 손해배상이라는 측면에 대해서 민감할 수밖에 없다. 따라서 탐정의 조사과정이나 활동에 대해서 민감하거나 또는 부정적인 반응을 보일 수 있음을 사전에 인식하고 빠른 시간 내에 손해배상책임을 입증할 수 있는 증거와 자료의 확보를 위해 최선을 다해야 할 것이다.

예를 들어, 백화점 안에서 발생한 절도사건에 대해서 미국과 우리나라의 법률적 태도는 아직 다른 모습을 보여주고 있다. 손해배상의 책임을 광범위하게 인정하는 미국의 경우에는 백화점 안에서 발생한 절도사건에 대해서 일부라도 백화점 측이 배상해야 한다고 책임을 묻는 경우가 다수이다. 이는 백화점에 고객이 들어오는 경우에 그 안에서 절도범이 있을 것을 미리 예측하기가 어려울 뿐만 아니라, 시설 내에 대한 안전의 책임이 전적으로 백화점 운영자 측에 있다고 보기 때문이다. 하지만 우리나라의 경우에는 백화점 내에서 소매치기나 절도를 당한 고객에 대해서 백화점 측의 일부 또는 피해 전체에 대한 손해배상의 책임을 인정하지 않고 있다. 하지만 우리나라도 변호사의 숫자가 급증하고 있고 외국에 법률시장을 개방하는 상황 속에서 미국과 같은 시설 내에서의 안전에 대한 광범위한 책임 및 문제와 사고에 대한 손해배상책임을 법적으로 묻는 방향으로 나아갈 것으로 예상된다.

기업이나 기관 입장에서 본다면 손해배상책임을 광범위하게 인정하는 것이 어찌 보면 경영의 압박이나 이익의 감소로 이어질 수 있다는 점에서 큰 우려를 표명할 수 있을 것이다. 하지만 궁극적으로 시설의 안전은 이용객이나 고객의 만족도를 높이고 해당 기업이나 기관에 대한 재방문 또는 서비스의 재구매나 재이용률을 높이는 결과를 불러올 것이 분명하기 때문에 장기적으로는 이익 창출이나 이윤의 증대로 이어진다. 광범위한 범죄피해 관련 손해배상제도의 긍정적인 측면에 대해서 논하는 학자들 대부분이 서비스 제고를 통한 기업이익, 공공기관 만족도 제고라는 기준 하에서 안전도 서비스의 일부로 보고 있으며, 이에 대한 경고적 성격으로서 광범위한 손해배상의 인정이 필요하다는 점을 강조한다.

탐정은 손해배상의 범위와 방향의 결정에 있어서 주변의 전문가 의견을 적극적으로 청취해야 하며, 이전에 유사한 사안이 발생하였을 때 어떠한 식으로 손해배상의 범위와 내용이 정리되었는지를 분명하게 확인해야 한다. 아울러 변호사와의 협업과정을 소홀히 해서는 안 되며, 탐정의 이익보다는 피해자의 이익이나 손해의 회복이라는 측면을 기준으로 하여 모든 비용적인 부분의 산정에 노력해야만 한다. 탐정이나 탐정법인 또는 업무수행과정에서 타인에 대해 유형, 무형의 손해를 끼쳤다면 이에 대해서 분명한 손해배상의 책임이 발생할 수 있다. 따라서 업무수행 과정에서 절대적으로 손해배상 문제가 발생하지 않도록 하기 위한 노력에도 결코 소홀해서는 안 될 것이다.

4) 원인성

손해배상 사건의 탐정활동과 관련하여 다음으로 주의해야 하는 개념으로서 손해배상을 해야 할 만한 원인이 존재해야 한다는 원인성(causation)이 있다. 모든 결과에는 과정이 있으며, 인간이 한 행동에 대해서는 반대로 그에 따른 결과가 존재한다. 또한 해야 할 행위나 조치를 하지 않음으로 인해서 부정적인 결과가 발생하였다면 이는 부작위(不作爲)에 의한 결과로 볼 수 있다.

고객의 정보에 대해서 철저한 보호조치를 해야 할 은행이 실수를 하여 고객들에게 손실을 끼치는 사태를 초래하였다면 보안행위를 제대로 하지 않은 것이 원인이 되어 고객에 대한 손해배상의 결과가 발생하는 원인성을 찾을 수 있다. 차량을 운행하는 과정에서 네비게이션을 조작하려다가 운전조작 실수로 지나가던 행인을 치어 큰 부상을 입혔다면, 역시 마찬가지로 운전 중에 해서는 안 되는 네비게이션을 조작한 행위가 손해배상의 원인이 되며, 이 또한 원인성을 분명하게 찾을 수 있는 사건내용이 된다.

손해배상을 청구하기 위한 탐정활동에 있어서 원인성 규명은 우선적으로 피해자와 가해자에 대한 면밀한 조사를 통해서 확인이 될 수 있다. 과연 어떠한 내용으로 가해자가 피해자에게 손실을 끼쳤는지, 피해자와 가해자 사이에는 어느 정도의 인간관계와 친밀도가 있는지, 전혀 알지 못하는 사이임에도 손해배상을 해야 하는 사건이 발생하게 되었는지 등에 대해서 정확한 구두조사와 진술 및 증언의 확보가 필요하다. 만약 피해자가 가해자와 모르는 사이라면 우연한 상황으로 인해 손해배상을 해줘야 할 일이 발생하였다고 볼 수 있기 때문에 상대적으로 가해자의 손해배상에 대한 책임이 낮아진다고 볼 수 있다.

반대로 피해자와 가해자가 아는 사이이고 친한 관계라면 미연에 피해자의 피해 상황을 가해자가 어느 정도 미리 예방할 수 있었다는 점에서 이에 대한 가중적인 손해배상 결정이 나는 것이 일반적이다. 물론 모든 사안에 대해서 동일한 기준이 적용되는 것은 아니라 하더라도 일단 같은 피해발생 행위라고 보았을 때, 서로 아는 사람 간에 일어난 사안에 대해서 법원이 더 엄중하게 보는 것만은 분명하다.

다음으로, 중요한 내용은 가해자가 가해 상황에 대해서 인식을 하였는가 하는 부분이다. 사전에 가해자가 피해자에 대해서 피해를 입히는 행위를 한다는 점을 인식하였다면, 이는 분명히 가중적인 손해배상책임의 발생사유로 볼 수 있다. 반면에 부지불식간(不知不識間)에 일어난 일이라면 이에 대한 손해배상의 책임은 일정 부분 감경된다고 보는 것이 일반적이다. 고의와 과실에 대해서 법원이 엄정한 구분을 하는 것은 그만큼 법적인 손해배상책임의 산정에 있어서 상당히 큰 차이가 있기 때문이며, 탐정 입장에서는 피해자에 대해서 가해자가 고의성을 가지고 문제를 일으켰다는 점을 입증하는 방향으로 나아가야 한다. 다만, 어떠한 증거나 증언을 보더라도 과실이라고 볼 수밖에 없는 사안이라면 이에 대해서는 탐정의 양심의 의무에 기반하여 사실 그대로를 반영해야만 할 것이다.

대부분의 손해배상책임은 작위와 부작위 가운데에서 작위(作爲), 다시 말해서 행위를 함으로 인해 발생하는 경우가 대부분이다. 골프공을 잘못 날려 길을 가던 행인이 맞아 사망하였다면 골프채를 잡고 골프공을 친 행위가, 운전 중에 통화하는 과정에서 부주의로 지나가는 아동을 차로 치어 사망하게 하였다면 부주의하게 운전을 한 행위가, 담배꽁초를 수풀에 던져 산불이 발생하였다면 꽁초를 던진 행위가 바로 작위적 행위에 해당한다. 반대로 해야 할 행위를 하지 않음으로 인해서 발생하는 손해배상의 경우를 부작위에 의한 손해배상이라고 한다.

주로 감시의무나 주의의무, 관리의무 등에 기반한 경우가 많으며, 이는 행위를 해서라기보다는 해야 할 행위를 제대로 하지 않음으로 인해 발생하는 손해배상의 경우라고 볼 수 있다. 대표적으로 앞에서 제시한 수영장에서의 아동익사사건을 들 수 있는데, 아동들이 수영장을 이용한다면 이들에 대해서 감시하고 보호해야 할 의무가 수영장 운영자 측에 분명히 존재한다.

비록 수영 미숙이나 아동이 가서는 안 되는 수심이 깊은 쪽으로 이동하여 사망하였다 하더라도 무조건적으로 보호와 구조해야 할 의무를 위반하였기 때문에 운영자 측에서는 손해배상의 의무를 가지게 된다. 아파트의 모든 시설물에 대한 관리 및 보수책임을 가지고 있는 아파트 관리사무소가 제대로 일을 하지 않아서 가로등 고장이 발생하였고, 이로 인해 발을 잘못 디딘 주민이 발목을 다쳤다면 역시 관리행위를 하지 않은 부작위로 인해서 손해배상의 책임이 발생하는 것이 일반적이다.

탐정은 이런 사건의 경우에도 반드시 신속하게 관리가 제대로 이뤄지지 않은 가로등의 상태를 촬영 또는 녹화하는 절차를 진행해야 하고, 해당 사고장소에서 유사한 사고가 발생하였거나 또는 위험을 경험한 증인을 확보하는 과정도 처리해야 하며, 실제 본인이 피해자가 당한 사고와 동일한 상황에서 어떠한 피해를 입을 수 있는지를 실험하는 과정까지도 직접 해보아야 한다.

이러한 철저한 조사를 통해서 탐정은 명확한 원인을 찾아내고, 손해배상 주체가 어떠한 작위 또는 부작위에 의해서 사고나 문제의 원인을 제공하였는가 하는 점을 정확하게 지목해야 할 책임을 가진다. 통상 변호사는 서류와 의뢰인이 가지고 온 자료만을 바탕으로 소송을 진행하지만 현장의 생생함을 확인하는 것은 탐정의 역할이기 때문에 오히려 변호사보다 탐정의 역할과 책임이 더 크고 중요하다고 볼 수 있으며, 사건에 대한 현장조사활동에서도 원인 규명에 최선을 다할 수밖에 없다. 직접적인 조사활동에도 불구하고 원인에 대한 정확한 규명이 이뤄지기 어렵다면 해당 분야별 다른 전문가들의 지원이나 조언, 자문 등을 통해서 보다 세밀한 원인을 찾을 수 있다. 그리고 여러 탐정의 현장 투입과 관찰을 통해서 생각하지 못한 쪽으로의 발상을 통한 정확한 원인 발견이나 원인성 파악도 가능하다.

5) 주의의무 위반

주의의무 위반(negligence)이란 관리책임을 가진 자 또는 주의를 다해 사고를 미연에 예방하거나 손해가 발생하지 않도록 해야 할 사람이 제대로 일을 하지 않음으로 인해 발생하는 의무사항의 위반을 의미한다. 앞서 이야기한 사례와 같이 수영장에 배치된 안전요원이 수영미숙자가 물에 빠져 허우적대는 것을 발견하지 못해 해당 수영자가 사망하였다면 원래 안전요원이 해야 할 일이 사고의 예방과 위험한 이용객을 구조, 구난하는 것이 기본적인 의무이기 때문에 주의의무의 위반에 해당한다고 볼 수 있다.

최근에 경영이나 행정, 안전, 재정, 재무, 세무회계 등의 영역에서 개별적인 직원들이 해야 할 일을 정확하게 정해놓은 매뉴얼들이 기관별로 존재하는데, 사고나 손해가 발생하였다면 탐정은 이러한 내용들을 신속하게 확보해야 한다. 주의의무의 위반을 입증하기 위해서 제일 좋은 증거자료는 해당 기관이나 기업, 조직들이 정해놓은 매뉴얼 또는 업무지침이기 때문이다. 이를 확보하면 즉각적으로 사고나 손해의 발생에 대해서 해당 기관이나 조직, 기업의 직원이나 고용원 또는 고용주가 주의의무를 제대로 이행하지 않음으로 인해 손해배상의 책임이 발생하였다는 점을 충분하게 입증할 수 있으며, 이를 통해 소송의 제기나 손해배상에 대한 청구권 발생을 주장할 수 있다.

다음으로, 현장 상황을 보여주거나 입증할 수 있는 화면을 보여주는 CCTV(Closed

Circuit Television)의 확보과정이 신속하게 이뤄져야 할 것이다. 다른 부분에서 정확하게 다루겠지만 CCTV는 가장 확실한 증거로서의 효력과 법적인 힘을 가진다. 물론 합법적인 상황에서 촬영된 내용만이 법적으로 인정되기는 하지만 불가피하게 사용할 수밖에 없는 불법적인 증거라 하더라도 민사적인 부분에서는 재판부의 합리적 판단에 의거하여 활용되거나 간접적인 증거로 인정되는 경우도 많다.

교통사고 발생 시 해당 사고의 내용을 전체적으로 검토하여 보험범죄의 의심이 충분하다면 사고차량에 달려 있는 차량용 CCTV인 블랙박스(car black box)를 신속하게 확보하여 영상에 대한 분석작업을 진행하는 것이 탐정의 기본적 패턴이다. 물론 이들 블랙박스의 영상이 완벽하게 저장되었을 경우에는 어렵지 않겠지만 영상이 훼손되었거나 임의적으로 조작되었을 수도 있다는 점에서 빠르게 영상을 확보함은 물론 메모리의 영상이 지워졌을 경우에는 이를 복구하는 전문가를 투입하여 사고 당시의 내용들이 확인되도록 해야 한다.

주의의무의 위반을 입증하는 것은 변호사나 탐정이나 전부 어렵기는 마찬가지이다. 그렇다 하더라도 적극성을 가지고 영상 확보에 힘을 기울임으로써 해당 기관이나 직원이 소홀히 업무를 하다가 사고나 손해가 발생하였다는 점을 입증해야 한다. 미국은 광범위한 농지에서 농사를 하는 관계로 비행기를 이용하여 농약을 살포하는 것이 일반적이다. 그런데 일부 농약살포 비행기의 조종사들이 해당 농지를 오인하여 다른 농지에 농약을 살포하여 문제를 발생시키는 경우가 있는데, 이에 대한 조사를 담당하는 탐정은 신속하게 피해 농지의 작물 샘플을 채집하여 살포하지 않은 농약성분이 해당 농지에 살포되었음을 입증해야 하며, 이를 바탕으로 손해배상을 요구할 수 있다. 이러한 사건이 미국에서는 비일비재하며, 사건발생 시 해당 비행기 조종사의 과실과 주의의무 위반에 대한 추가적인 일종의 위자료적 성격의 손해배상을 크게 물리고 있는 실정이다.

3. 손해배상 사건에 있어서의 탐정의 역할

손해배상 사건을 담당하게 된 탐정은 우선적으로 손해배상을 해야 하는 측의 책임을 명확하게 입증해야 한다. 이를 위해서 여러 가지 사전 관점을 설정해야 하는데, 단순하게 잘못하였기 때문에 손해배상을 해야 한다는 식의 사고정립은 임무의 실패로 이어질 가능성이 크다. 먼저, 탐정은 피해자에 대한 가해자의 손해배상 발생행위를 분명하게 물리적 증거로 입증해야 한다. 앞에서 제시한 사례들에서 알 수 있듯이 손해배상을 해야만 하는 상황이 왜 일어났으며, 그러한 행위가 분명히 존재하였다는 점을 입증해야 한다.

다음으로, 탐정은 상황 발생 시와 관련한 여러 가지 증거들을 확보해야 하며, 철저하게 주관성을 배제하고 객관적인 입장에서 법원에 제출할 수 있도록 해야 한다. 특히 소송이나 배상청구 과정에서 무조건 이기려는 목적으로 증거를 조작하는 경우가 간혹 발생하는데, 이는 심각한 탐정윤리 위반행위이다. 따라서 설령 소송이나 손해배상을 즉각적으로 받아내는 긍정적인 결과를 얻어낼 수 있다 하더라도 향후에 이 문제로 인해 협회에서 징계를 받거나 사법방해죄 등으로 처벌을 받을 수 있다. 아울러 사문서 위조 및 행사 또는 공정증서 부실기재, 공문서 위조 및 행사 등의 죄를 받을 수 있기 때문에 지속적으로 객관성을 확보할 수 있는지에 대해서 면밀하게 검토해야 한다.

대부분의 손해배상 사건은 법적 또는 객관적인 의무를 위반하여 발생하는 경우가 대부분이다. 학교 안에서 아동이 다쳤다면 교사나 또는 학교 측이 아동의 안전을 위해 최선을 다했는지에 대해서 확인하는 과정이 필요하며, 실제 조사를 해보면 제대로 보호의무를 다하지 않아 아동이 다친 경우가 대부분이다. 따라서 객관적 사실을 기반으로 하여 주의의무나 보호의무, 관리의무 등을 제대로 하지 않았음을 확실하게 지적해야 하며, 이를 상대방이 인정하는 경우에도 그 내용을 확보해야만 한다.

손해배상을 받기 위해서 탐정을 찾는 고객들은 대부분이 가해자에 대해서 약자에 해당하거나 갑을관계에서의 을(乙)에 해당하는 경우가 대부분이다. 본인 스스로 자구적으로 증거나 책임소재를 입증할 만한 정황을 확보하기 어렵기 때문에 탐정이나 탐정기업을 찾아온다는 점을 분명하게 인식하고, 그들이 하지 못하는 조사행위를 할 수 있다는 전문성을 살려서 의무위반을 증명할 수 있도록 해야 한다. 아울러 조사업무 수행과정에서 손해배상을 받기가 도저히 어렵다고 판단되면 이를 솔직하게 고객에게 통보하고 차선책을 찾을 수 있는 여유와 기회, 시간을 제공하는 것도 필요하다.

경제적으로 어려운 탐정이나 탐정기업은 수단과 방법을 가리지 않고 사건을 끌어가려고 노력하지만, 이는 가장 어리석으면서도 위험한 행위이다. 인간의 모든 일이 기계적인 방법으로 처리되지 않으며 여러가지 방법 가운데 최선의 방법을 선택하는 것이 합리적일 수밖에 없다는 점에서 손해배상책임의 입증에 실패한 경우에는 과감하게 사건을 접거나 종료하는 태도를 가져야만 한다. 물론 의뢰인 입장에서는 오랜 시간 동안 제대로 된 손해배상책임을 입증할 수 있는 증거확보를 기대하고 있겠지만, 현실적으로 증거의 훼손이나 가해자 측의 조직적인 은폐, 시간 경과가 너무 오래 되어 증인이나 증언 확보가 불가능한 것 등이 원인이 되어 사건조사를 이어가기가 어려운 경우가 분명히 있다는 점을 탐정은 분명하게 인식하는 정직한 태도가 있어야 한다.

손해배상을 해야만 하는 상황이 법률적으로 100% 완벽하게 확인이 되었다면 다음으로 변호사와의 협업을 통해서 손해배상 의무를 가진 측이 충분하게 손해배상을 할 수 있는 경제적 능력이 있는지를 동시에 확인하는 작업을 해야 한다. 아무리 손해배상책임을 법원을 통해 100% 인정받는다 하더라도 돈이 없거나 변제할 능력이 없음으로 인해 실제로 손해배상을 못하거나 안 하게 된다면 모든 조사과정이나 법률소송과정이 수포로 돌아갈 수밖에 없다. 물론 그렇지 않은 경우가 대부분이기는 하지만 손해배상의 책임을 지고 있는 자가 악의적(惡意的)으로 모든 재산이나 금전적인 부분들을 차명으로 돌려놓거나 파산선고 등의 방법을 통해 손해배상을 면하려 하는 경우가 있기 때문에, 가압류 등의 방법을 통해서 손해배상을 받을 수 있도록 환경이나 상황을 변호사를 통해 조성하는 과정을 소홀해서는 안 된다.

손해배상은 급팽창하는 법률서비스 시장에서 일종의 블루칩이다. 아울러 앞에서 언급한 바와 같이 간통죄의 폐지나 혼인빙자간음죄의 폐지 등과 같은 법률상황의 변화 등으로 인해 탐정이 발로 뛰어야 하는 탐정의 업무 영역 또한 급팽창할 것으로 예상된다. 이러한 급변하는 시장환경 속에서 탐정은 앞에서 설명한 법률적인 손해배상의 기본적 요소와 원인들에 대해서 상시 연구하고 새롭게 나타나는 변수에 대해서 적응하기 위한 노력을 다해야만 한다.

그리고 같이 활동하거나 파트너를 맺고 있는 전문가 집단과의 교류를 통해서 정보를 얻고 새로운 방식으로 조사활동을 전개할 수 있는 기법 개발에도 소홀해서는 안 된다. 현재 우리나라 민간조사 분야에서는 아직까지 인정하지 않고 있는 '징벌적 손해배상제도' 또한 앞으로 시행될 가능성이 높기에 법률시장의 상황을 광범위한 관점에서 바라보고 자신이 특화시킬 수 있는 영역에는 어떠한 것들이 있는지를 제대로 파악하는 자세 역시도 절실하다고 생각된다.

제4절 외국 제도와의 비교를 통한 공인탐정제도 도입문제

1. 공인탐정제도의 도입에 대한 논란

탐정제도의 도입과 관련하여 그간 많은 논란이 있어온 것도 분명한 사실이다. 지금은 탐정제도를 시행해야 한다는 점에 대해서는 전반적인 공감대가 형성되어 있으나, 2010년 이전만 하더라도 탐정제도의 도입에 대해서 극렬하게 반대 입장을 표명한 사람들도 많이 있었다. 특히 변호사나 법무사 등의 법조인력들은 불법을 자행할 수 있는 가능성이 높은 집단이라고 극단적인 표현을 사용하면서 탐정(민간조사원)의 자격화를 반대하기도 하였다.

이전에 제기되었던 탐정제도에 대한 반대 논리는 나름대로 명확하면서도 정확하다.

첫째로, 민간조사제도를 도입하였을 경우에 국민들의 사생활 침해와 인권침해의 가능성이 높다는 지적을 하였는데, 외국에서 탐정제도를 시행하는 국가들도 이 문제에 대해서만은 분명히 문제의식을 가질 정도로 논란의 소지가 되고 있다(강영숙, 2006: 121).

둘째로, 국가기관의 업무와 민간조사의 영역이 상호 충돌할 가능성이 있다는 점이 있는데, 이는 대기업에서 운영하는 민간조사팀이 정부의 조사업무 영역과 경쟁을 하는 미국의 상황을 놓고 지적한 내용으로 볼 수 있다.

셋째로, 정부가 제대로 정리하여 접근하지 않을 경우에 불법행위가 만연할 수 있다는 점을 지목하고 있다. 이는 이전에 법으로 규제하지 못해서 엉망이 된 초기 다단계 영업시장의 상황을 보면 쉽게 이해가 될 수 있다.

넷째로, 합법화 과정에서 배제된 일부 심부름센터나 흥신소, 정보회사 등이 오히려 음지로 들어가 더 심한 불법적인 영업활동을 할 수 있다는 점에 대한 비판이 존재한다.

반대로 순기능 또는 긍정적인 사회적 작용에 대해서도 언급을 하는 측에서는 적극적인 논리적 방어를 하고 있다. 첫째로, 국가와 정부, 각 지방자치단체와 공공기업의 투명성 제고에 큰 기여를 할 수 있다고 보고 있다. 실제로 공익감시 분야에서 외국의 탐정들이 혁혁한 전과를 세우고 있으며, 내부제보보다는 탐정에 의한 공익제보에 의해서 큰 사건들이 드러난 경우가 아주 많았다.

둘째로, 외국으로의 탐정서비스 시장 진출이 가능해짐으로 인해 또 다른 국제적 비즈니스 모델의 창출이 가능하다는 점을 지적하고 있다. 우리나라의 인력들은 아주 우수하며 이미 세계적으로 인정받는 서비스산업 분야도 많다. 탐정시장(민간조사시장) 또한 큰 이익이 될 수 있다는 점에서 이를 방관하기에는 너무 큰 손해가 발생할 수 있다.

셋째로, 국가에서 운영하는 사법기관의 과도한 업무부담 및 공적 비용과 자원의 낭비를 막을 수 있다. 실제 교통 관련 사고에 있어서 피해자가 자비로 전문 민간조사원을 채용하여 조사를 함으로써 부족한 경찰인력의 과도한 투입을 막을 수 있으며, 보험사기의 경우에 있어서도 경찰은 민간조사원이 제공한 정보를 제대로 정리 · 분석하여 처벌하는 데만 주력하면 된다(이상원 · 박주현, 2007: 308). 실제로 미국이나 영국에서는 경제범죄나 금융범죄, 교통 관련 범죄에 대해서 민간조사 분야의 지원을 많이 받고 있으며, 과도한 사법자원의 낭비를 막는 지름길로 여기고 있다.

넷째로, 합법화와 제도화를 통해서 불법적인 흥신소나 심부름센터의 업무행위를 차단할 수 있다. 현재는 개인정보 보호법이나 사생활보호법, 통신비밀보호법 등의 여러 법령에 의거하여 불법행위를 자행하는 일부 심부름센터를 처벌하고 있으나 통일적인 관리 · 감독은 현실적으로 불가능한 상황이다. 따라서 민간조사제도의 도입을 통해서 통일적 기준 하에 민간조사 분야 전 영역을 관리 · 감독할 수 있는 기반을 마련할 수 있다. 아울러 제도화로 인해 신분이 명확하게 보장되면서 우수한 전문인력들이 대거 민간조사 시장으로 유입될 것이라는 점에서 과거에 존재하였던 불법이나 사기꾼의 이미지를 쇄신하는 데 큰 기여를 할 수 있을 것으로 전망된다.

2. 현재 국내 제도 도입과 관련한 현황

국내의 탐정제도에 대한 논의는 20년이 넘는 역사를 가지고 있다. 역사라는 표현이 적절하다 싶을 정도로 그간 많은 논의와 논쟁이 있어왔다는 이야기이다. 외국의 경우 대부분이 경찰 중심으로 탐정업이 허가되어 있는 상황에서 우리나라에서 이를 주도해야 할 경찰청은 상당기간 뒷짐만 지고 있었으며, 최근에 와서야 서둘러 입법안 마련과 민간조사 시장의 주도권을 가지기 위해 동분서주(東奔西走)하고 있는 상황이다. 하지만 이 사이에 법무부가 민간조사를 직접 관리 · 감독해야 한다고 나서고 있는 상황이기 때문에 경찰청 입장에서는 타이밍을 놓친 안타까운 모습이다.

탐정은 원칙적으로 조사업무라는 점에서 경찰청 쪽이 맞는다고 보는 것이 학자들 대부분의 시각이다. 더욱이 탐정에 대한 국민적인 인식이 크게 제고되고 있고, 향후 1958

년생부터 1963년생까지 소위 '베이비부머(Baby Boomer)'로 불리는 약 4만 명 정도의 경찰관들이 정년퇴직을 하는 상황에서 시장이 필요로 하는 양질의 인력은 충분이 공급될 수 있는 환경을 갖추고 있다고 판단된다. 문제는 실종자 가족이나 미아·가출인을 애타게 찾는 가족들, 교통사고에 대한 정확한 재조사를 원하는 피해자, 변호사의 낮은 서비스에 불만을 가지고 소송 관련 자료와 증거의 수집을 필요로 하는 국민들에게 합법화가 이뤄지지 않은 상태에서 제대로 된 서비스 제공이 사실상 불가능하다는 점이다.

우리 정부도 현재 탐정제도의 시급한 도입이 필요하다는 점을 인정하면서 2014년 3월에 대통령 주도로 '신직업 육성추진계획'을 발표하였으며, 여기에 들어가 있는 향후 우리 사회의 100여 가지 신직업군에 탐정을 1번으로 올려놓았다. 아울러 이미 2005년도에는 일부 뜻이 있는 국회의원들의 주도 하에 민간조사업법이 국회에 발의되기도 하였다. 하지만 실제 입법과정에서 논의는 제대로 이뤄지지 않았을 뿐만 아니라, 정부가 2014년에 탐정제도를 육성하겠다고 발표한 이후에는 오히려 경찰청과 법무부가 나서서 소위 '밥그릇' 싸움에만 전력투구하는 그릇된 모습을 보여주고 있다.

탐정이라는 표현 자체가 수사관의 이미지가 강하다는 점에서 이미 경찰청과 법무부에서는 완곡한 표현이자, 민간인이라는 점을 강력하게 표출하는 '민간조사' 및 '민간조사원'이라는 표현으로 순화하였음에도 불구하고 경찰청에서는 전국에 분포되어 있는 각급 경찰관서를 통해 민간조사에 대한 효율적인 관리·감독이 가능하다는 점을 들어 자신들이 주무관청이 되어야 한다는 주장을 하고 있다. 반면, 법무부는 퇴직 경찰관 출신의 민간조사원들이 기존의 경찰관들과 선후배관계로 유착되어 불법이나 비리를 저지를 가능성이 크기 때문에 자신들이 적극적으로 관리감독해야 한다며 뒤늦게 나서서 눈에 핏대를 세우고 있는 실정이다.

국민들 입장에서 경찰청이나 법무부 중 누가 관리·감독청이 되어야 하는지에 대해서는 중요하게 생각하지 않고 있다. 시급하게 개인이 스스로의 권리를 구제하고 필요한 정보를 법의 테두리 안에서 신속하게 효율적으로 받고자 하는 경우가 많기 때문에 주무관청이나 관할권은 국민들에게 별다른 의미가 없는 것이다. 오히려 불법이 판치는 민간조사 시장에서 제대로 자격을 갖추고 표준요금을 받으며, 사후에 문제가 되는 부분을 철저하게 관리해주는 공인 탐정을 필요로 하고 있을 뿐이다.

이미 우리나라를 제외한 모든 OECD 회원국가들이 직·간접적으로 민간조사제도를 법제화하고 있고, 비록 규제 방향으로 나아가고는 있지만 민간조사의 불법성을 제어하기 위한 차원에서 법제적인 노력들이 이뤄지고 있으며, 미국과 같이 공적 사법기관이 수행하기 어렵거나 시간이 많이 걸리는 수사업무도 민간조사에 위탁하는 경우도 있다는 점에서 우리나라 정부당국의 전향적인 시각과 관점의 전환이 시급하다. 그리고 외국의 사례에서 보듯이 민간조사는 고부가가치 서비스산업으로서, 특히 우리나라 경제에 큰 피해를 주는 산업스파이나 저작권 및 특허권의 침해, 민생침해, 환경오염범죄, 화이트칼라범죄 등에 있어서 경찰이나 검찰의 수사 및 조사기능을 지원해주는 공익적 역할을 충분히 할 수 있을 것으로 전망된다.

CHAPTER 08

탐정업법의 제정 필요성과 법제화 방향

제1절 탐정서비스의 성장 현황과 입법 전망[1)]

1. 민간보안산업과 탐정시장의 현황

오늘날 민간보안산업(Private Security Industry)은 빠른 속도로 성장하고 있다. 민간보안산업은 경찰 등 공공보안과 함께 전 세계 각국의 보안 및 안전의 중요한 구성요소로 작동하고 있다. 민간보안은 사람들을 보호할 뿐만 아니라 국가기관 및 주요 기반시설 안전, 지적재산 및 민감한 기업정보 보호, 다양한 위험으로부터 개인 및 사유재산 보호, 그리고 조직 또는 시설에 대한 손실 또는 피해 방지 등 광범위한 보안기능을 수행하고 있다.[2)]

제4차 산업혁명 시대에 보안서비스산업은 민간 경비원과 순찰, 경보시스템, 사이버보안, 민간조사, 기업심사 및 정보기술(IT)보안, 위험 분석 및 보안 컨설팅 서비스 등으로 구성된다. 미국 산업보안협회(American Society for Industrial Security: ASIS)는 민간보안을 "사람, 재산 및 정보를 보호하는 비정부 민간부문의 보안, 민간조사 수행 및 기타 조직의 자산 보호"로 정의하고 있다.

ASIS는 보안 분야를 물리적 보안, 인사 보안, 정보시스템 보안, 조사, 분실방지, 위험관리(risk management), 법적측면 보안, 응급 및 비상 계획(emergency and contingency planning), 화재방지, 위기 관리(crisis management), 재난 관리(disaster management), 대테러, 경쟁정보(competitive intelligence), 임원 보호, 직장 내 폭력, 범죄예방, 환경설계를 통한 범죄 예방(CPTED), 보안 아키텍처 및 엔지니어링 등 18가지 핵심요소로 구분하고 있다(ASIS Foundation, 2009).[3)]

이를 좁혀서 보면 민간보안 영역은 크게 경비, 경호, 민간조사 분야로 구분할 수 있다. 이 중 민간조사는 국가기관의 수사력이 미치지 못하거나 미흡한 각종 범죄나 사건에 대한 사실관계 조사, 각종 위법행위 및 사고 피해확인, 실종자 및 행방불명자 소재

1) 아래 내용은 다음 글을 인용하였다. 이상수(2021). 지금 시대의 탐정법: 한국형 탐정업 법제화의 방향, 『수사연구』, 2021년 8월호, pp.8-16.

2) https://www.buildingsecurity.com/blog/recent-private-security-growth/

3) ASIS Foundation(2009). Compendium of the ASIS Academic/Practitioner Symposium, 1997-2008. Retrieved July 30, 2010, from http://www.asisonline.org/foundation/noframe/1997-2008_CompendiumofProceedings.pdf

파악, 소송에 필요한 각종 증거의 확보 등에 있어서 의뢰인의 다양한 권리구현을 위해 의뢰인을 대리하여 사실을 확인해 주고 정보의 수집을 대행하는 직업이다. 요컨대, 의뢰인(私人)의 다양한 권익보호를 위하여 다른 사람의 의뢰를 받아 사람 또는 물건의 소재, 권리보호 · 피해사실에 관한 사실조사를 한 후 의뢰인에게 관련 자료 및 정보수집을 제공하는 서비스업이다.

2020년 8월 신용정보법 개정 시행 이후 탐정으로 용어가 통일되어 가고 있는 가운데, 국세청에서 분류한 탐정 및 조사서비스업의 적용범위 및 기준에 의하면 "특정인의 재산, 신용 등을 비밀리에 조사하여 의뢰인에게 알려주는 업"으로 탐정은 "특정인의 재산, 신용 등을 비밀리에 조사하는 사람"이라고 정의하고 있다.

대부분의 EU 회원국과 OECD 국가에서 민간조사(private investigation)는 민간보안산업(Private Security Industry)의 일환으로 지속적으로 성장하고 있다. 미국 노동부의 노동통계국 전망에 따르면 향후 10년 간 탐정업의 고용성장률은 8% 이상을 전망하고 있을 정도로 제4차 산업혁명 시대에 새롭게 뜨는 신성장 직업 분야로 민간조사시장을 꼽고 있다.

2. 민간보안산업의 성장 진단과 전망

민간보안산업은 지난 2010년 이후 매년 기하급수적으로 성장해 오고 있다. 특히, 디지털 기술에 대한 의존도가 높아짐에 따라 해커의 위협이 증가하면서 IT 관련 보안의 비중이 커지고, 각종 테러 활동의 증가와 전 세계 범죄율 상승으로 자산, 사람의 안전에 대한 위협수준이 계속 증가함에 따라 민간보안 시장 역시 급속하게 성장하고 있다. 보안시스템에 무선기술의 사용, 비디오 감시를 위한 CCTV를 이용한 감시, 사물 인터넷(IoT)의 확산 등은 시장 성장을 촉진할 것으로 전망되고 있다.

2021년 6월 3일 발표된 전 세계 및 지역의 민간보안서비스산업의 성장 전망을 다룬 "글로벌 민간보안서비스 시장" 보고서를 보면, 민간보안서비스 시장 매출은 2015년에 980억 달러였으며 2020년에는 1,320억 달러로 증가했다. 글로벌 보안 시장은 2028년 2,683억 달러에 이를 것으로 예상되며, 2021년부터 2028년까지 10.2% 성장할 것으로 예상되고 있다.

보안서비스 시장은 보안시스템, 개인경비원 및 보안컨설팅서비스의 세 가지 주요 부문으로 광범위하게 나눌 수 있다. 2011~2020년 지역별 전 세계 보안서비스 시장 규모

[그림 8-1] 지역별 전 세계 보안서비스 시장 규모(2011~2020년)

(단위: 10억 달러)

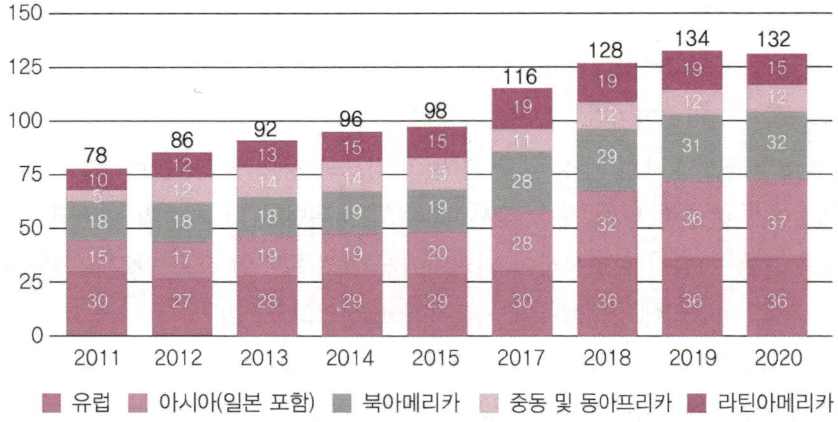

를 보면, 2020년 아시아는 유럽과 북미를 제치고 370억 달러에 달하는 전 세계 최대 보안서비스 시장이 되었다. 유럽은 360억 달러에 달하는 두 번째로 큰 보안서비스 시장이다.

아시아 태평양(APAC) 보안 시장은 2026년까지 721억 달러에 이를 것으로 예상되며, 2019년부터 2026년까지 13.82%의 증가율로 성장할 것으로 예상된다.

한편, 미국 내 보안서비스산업의 시장 규모는 2011년 이후 꾸준히 증가하여 2020년에는 약 492억 달러에 달했다. 코로나바이러스(COVID-19)의 경제적 영향에도 불구하고 2021년에는 0.2% 증가할 것으로 예상된다. 미국 보안산업은 이미 민간부문에서만 매년 2,820억 달러를 지출하고 연방정부가 지출하는 690억 달러를 포함하여 연간 3,500억 달러 규모의 시장으로 성장했다.

현재 미국 보안산업에는 2백만 명 이상의 정규직 근로자가 있다. 민간보안요원의 대부분은 경비인력과 민간조사를 담당하는 탐정이다. 탐정은 가장 큰 고용성장을 보이고 있는 바, 미국 노동통계국은 2019년부터 2029년 말까지 8% 이상 증가할 것으로 전망하고 있다.

3. 탐정서비스의 성장과 탐정업법 제정 필요성

선진 외국에서 탐정서비스는 배경조사, 산업기술정보 및 영업비밀유출 등 민감정보 보안, 미아·가출인·실종자 수색, 채용전 경력조사 등 100여 가지에 달하는 서비스를 제공하고 있다.

최근 주요 외국의 탐정은 사회정의, 공공 치안 유지 및 규제서비스를 제공하고 있으며, 기업 사기 및 금융 조사, 위험 자문, 사이버 및 위법행위 조사 등으로 서비스 영역을 확장하고 있다. 탐정은 이 같은 새로운 서비스를 충족시키기 위해 높은 자격요건을 갖춰나가고 있기도 하다(King, 2020). 나아가 기존 범죄자를 체포·구금하는 전통적인 접근 방식보다는 사전 예방조치를 개발하는 데 더 중점을 두면서 탐정에 대한 수요는 비약적으로 커지고 있는 상황이다.

탐정업무는 그 구체적 내용에 따라 매우 다양하며, 일반시민이 국가로부터 충분한 보호를 받지 못하고 있는 영역에서 국가기관의 업무를 보조·보완하거나 국가가 간섭할 수 없는 영역에서 국가나 기업 또는 개인이 타인으로부터 받은 침해나 손해의 규명 또는 은폐된 사실관계를 밝혀내는 것을 목적으로 하는 것으로서 제4차 산업혁명 시대를 맞이하여 새로운 직업군으로 주목을 받고 있다.

선진 외국에서 탐정업은 이미 민간보안산업(Private Security Industry)의 일환으로 지속적 성장을 거듭하고 있는 가운데 일자리 창출에도 크게 기여하고 있는 실정이다. OECD 회원국과 EU 회원국 대부분의 국가에서는 이미 탐정업법을 제정했고, 탐정제도는 국가 형사사법제도와 함께 공공안전의 보완재·대체재로 국민의 안전과 권익을 향상시키는 데 긍정적 역할을 담당하고 있다.

우리나라에서도 법정에서 공판 중심주의와 직접심리주의 확대, 그리고 피의자 신문조서의 증거능력 인정요건의 강화로 인해 향후 법률시장과 탐정산업 시장은 급속히 성장할 것으로 전망된다. 여기에 더해 기존 법률시장의 판도를 뒤바꿀 리걸테크(Legal Tech) 업체의 급속한 성장은 변호사업계의 송무처리 환경의 변화를 이끌고 있다. 인공지능(AI) 기술을 활용한 형량 예측 서비스와 업무거래 플랫폼 서비스 제공 확대로 법률시장에서 변호사들의 경쟁력 확보가 생존의 관건이 된 것이다.

형사사법제도와 재판 환경의 변화로 증거 물증 확보가 소송의 승패를 결정하는 시대가 열렸다. 이에 따라 변호사와 탐정의 조사 역량의 결합을 통해 제도와 환경 변화에 적극 대처해 나갈 때 치열한 송무시장에서 우위를 점할 수 있을 것이다. 영미권 국가와 유럽연합(EU) 회원국들에서 증명된 사실이다.

따라서 새로운 사법제도 환경에 적극적으로 대응하기 위해서는 형사사법기관뿐만 아니라 민간부문의 탐정의 역할이 더욱 중요하게 부각될 것이다. 선진국에서 탐정은 조사·감시 활동 수행을 통해 정보를 찾거나 획득하는 업무를 수행하는 사람이다. 탐정은 감시, 표적 인터뷰 및 공개정보(open source intelligence) 수집과 같은 조사기법과 기술을 활용해 범죄, 법령위반, 위법행위 또는 주장에 대한 조사, 사고·사건 및 재산 피해의 원인과 개인 상해 또는 건물 손상에 대한 조사, 사람의 활동·행동·성격 또는 평판에 대한 조사, 재산의 위치나 사람의 소재 조사 등과 같은 업무에 종사(從事)한다.

또한 미아나 실종자에 대한 조사, 분실·도난당한 재산의 회수 및 변호사의 의뢰를 받은 민·형사사건의 소송준비자료 수집과 조사 등의 분야에서 국민의 실질적 수요가 꾸준히 상승하고 있다. 탐정은 개인, 변호사 및 법률회사, 보험사, 기업, 정부, 전문협회 및 규제기관 등의 고객을 대상으로 위와 같은 정보를 조사·수집하고 보고한다.

탐정은 형사 고소 또는 고발을 위한 법률서비스와의 연계 차원에서 조사를 진행할 수 있다. 탐정의 조사는 피해자 또는 이해당사자가 형사사법기관에 고소 또는 고발하고자 하는 사안에 대한 기초적인 정보와 자료를 제공한다. 특히 사실에 대한 명확하고 명백한 증거와 물증이 있어야 하는 경우에 탐정을 고용해 증거를 확보함으로써 사건을 해결하고 법정에서 실체적 진실을 밝힌다. 따라서 탐정의 조사 전문역량은 대단히 중요하다.

이 같은 현실을 반영하여 탐정업관리법 제정에 대한 국민 여론이 열기를 받아 고조되고 있다. 그러나 탐정업법 제정을 하겠다는 문재인 정부의 대선 공약은 끝내 지켜지지 않았다. 지난 2020년 8월「미래 산업·직업 구조 대비 신직업 활성화 방안」을 발표하는 비상경제중앙대책본부회의에서 홍남기 기획재정부 장관은 2021년 상반기까지 법 제정을 추진하겠다고 발표하였으나 그 약속은 결국 이행되지 못했다.

결론적으로, 기존 법률시장의 판도를 뒤바꿀 리걸테크 업체의 급속한 성장에 더해 공판중심주의와 직접심리주의의 확대, 피의자 신문조서의 증거능력 인정 요건의 강화로 인해 향후 법률시장과 탐정산업 시장은 급속히 성장할 것으로 전망된다. 특히, 형사사법제도와 재판 환경의 변화로 증거 확보가 소송의 승패를 결정하는 시대가 열렸다. 이에 따라 변호사와 탐정의 조사 역량을 결합해 제도 변화에 적극적으로 대처하면 치열한 송무시장에서 경쟁력을 확보할 수 있을 것으로 판단된다. 이는 영미권 국가와 유럽연합(EU) 회원국들에서 증명된 사실이다.

따라서 현재 국회에 계류되어 있는 탐정업 관리법안의 조속한 제정을 통해 시장환경의 변화에 적극 대응하고, 신성장 산업으로 부상한 탐정시장의 활성화를 유도하고, 탐정산업의 건전성을 제도적으로 견인해 나가야 한다.

4. 한국형 탐정제도의 최적 도입방식, 어떻게 할 것인가?

왜 우리나라는 아직까지 탐정업법이 제정되지 않고 있는가? 주지하다시피 탐정업법은 지난 제17대 국회 이후 제21대 국회에 이르기까지 13차례의 법안발의와 회기종료로 자동폐기를 거듭하고 있다. 탐정업법을 둘러싼 이해관계자 간 입장 차로 인한 갈등이 첨예(尖銳)하게 대립되어 왔기 때문이다.

입법을 가로막는 주요 요인은 법령 소관행정청을 두고 경찰청과 법무부 간 다툼과 대한변호사협회의 반대로 크게 대별(大別)할 수 있다. 법무부에서도 탐정업법 제정 자체에 대해서는 반대하지 않고 그 필요성은 인정하고 있다. 다만, 법령 소관 부처를 법무부로 해야 한다는 입장을 갖고 있었다.

제17대와 제19대 국회까지는 탐정업법(민간조사업법) 소관 행정청을 달리한 법안이 경쟁적으로 발의되었다. 제18대 국회 이후 발의된 민간조사업법안은 쟁점이 되어왔던 업무범위를 모두 좁게 규정하고 있으며, 이 시기 발의된 7개 법안의 차이점은 주로 소관 행정청을 경찰청과 법무부로 양분하여 경쟁적으로 법안발의를 했다는 특징을 보인다. 그간 법무부와 경찰청 양 기관은 탐정업법 관리 소관 행정청을 자기 기관으로 해야 한다는 논리적 정당성을 담은 정책연구용역을 서로 발주하며 경쟁해 왔다.

그러나 매 국회 회기마다 법안발의를 거듭하면서 상당부분 갈등요소가 해소되고 있다. 문재인 정부 출범 이후 관계기관인 법무부와 경찰청은 탐정업에 대한 관리·감독 주체에 대한 이견이 없는 상황이다. 경찰청은 반드시 경찰청이 탐정업법 주무부처가 되어야 한다고 고집하지 않고, 다른 부처가 탐정업의 등록 및 감독관청으로 법제정이 되어도 무방하다는 입장을 갖고 있다. 법무부 역시 현재는 탐정업법 소관 부처를 주장하지 않고 있는 가운데 지난 제20대 국회와 제21대 국회에서 발의된 4건의 탐정업법은 모두 경찰청을 주무부처로 하고 있다.

이제 탐정업법 제정을 반대하는 가장 강력한 이해관계자는 대한변호사협회 등 법조계다. 대한변호사협회는 매 국회 회기마다 발의된 탐정법안에 대해 성명 발표로 입법이 가져올 사생활 침해와 개인정보유출 등의 폐해를 지적하며 반대 입장을 뚜렷하게 밝혀왔다. 대한변호사협회는 제21대 국회에 들어서 발의된 이명수 의원과 윤재옥 의원 대표발의 '탐정업 관리법안'에 대해서도 변호사법 등 관련 법률과의 저촉 가능성, 사생활에 관한 기본권 침해, 경찰관 · 검찰수사관 등의 재취업 기회로의 활용 가능성, 외국 전문업체의 국내 시장 잠식 가능성 등을 이유로 반대의견을 제시하고 있는 상황이다.[4)]

그러나 대한변호사협회의 주장은 세계적 추세와 탐정시장의 확대에 비춰볼 때 기우(杞憂)일 뿐이다. 먼저, 사생활 침해 우려는 법률을 통해 사전 · 사후적 통제를 엄정히 하면 여하히 해소될 수 있는 문제다. 이미 탐정업의 사생활조사 등 탐정의 일탈을 제어할 법률은 개인정보 보호법, 위치정보법, 통신비밀보호법, 정보통신망법, 형법(비밀침해죄, 업무상비밀누설죄 등), 민법(불법행위에 대한 손해배상), 경범죄처벌법, 주민등록법, 변호사법(기타 일반의 법률사건 취급) 등 20여 개의 개별법으로 모두 탐정업의 불법 · 부당한 행위를 용납하지 않고 있으며 실효적으로 제어도 가능하다.

다만, 탐정업의 법적 제도화와 관련하여 부처 간 이견은 어느 정도 극복되었는데, 대한변호사협회 등 관련 단체의 반대 등이 여전히 제기되고 있어 난항에 부딪혀 있는 상황이다. 그러나 작금의 상황을 돌아보면, 2021년 8월 5일 이후 개정 · 시행되고 있는 신용정보법에 따라 현재 자유업으로 '탐정' 명칭을 합법적으로 사용해 탐정업을 영위하고 있는 업무종사자가 약 8,000여 명 이상으로 추산된다. 또한 자격기본법에 따른 탐정 관련 민간자격증 발급단체도 우후죽순격으로 난립하고 있다. 2022년 1월 현재 경찰청에 등록된 탐정 관련 단체는 총 69곳으로, 탐정 관련 민간자격증은 78개로 급속히 증가하고 있는 상황이다. 이 기간까지 탐정 관련 민간자격증을 획득한 사람은 1만 3,205명이다.

현재와 같이 일정한 자격 기준과 관리 · 감독 체계가 없는 상황에서 탐정 관련 민간자격증이 무분별하게 남발되는 것을 방치할 경우 부작용이 심화될 수 있다. 즉, 기존 심부름센터나 흥신소 종사자도 탐정 명칭을 사용해 활동하는 등 검증되지 않은 탐정사무소가 개소될 수 있다. 결과적으로 무분별한 개인정보 유출과 사생활 침해 등 불법행위가 심화될 우려가 현실화될 가능성이 높다.

선진 외국에서 보듯이 탐정업은 이미 민간보안산업의 일환으로 탐정은 안정적인 사

4) 대한변호사협회, 「탐정업 관리에 관한 법률안」(이명수 의원 대표발의, 의안번호 제2105157호) 및 「탐정업의 관리에 관한 법률」(윤재옥 의원 대표발의, 의안번호 제210576호)에 대한 검토의견(2021. 1.19 제출).

회적 지위와 상대적으로 높은 보수를 받는 전문직으로 자리잡고 있다. 공판중심주의 확대와 미아나 실종자에 대한 조사, 분실·도난당한 재산의 회수 및 변호사의 의뢰를 받은 민·형사사건의 소송준비자료 수집과 조사 등의 분야에 있어서 국민의 실질적 수요가 꾸준히 상승하고 있다. 이 같은 현실에서 탐정업무의 적법성을 담보하면서 공권력의 부족한 부분을 보완·대체해 주는 역할을 수행하여 국민권익이 증진될 수 있도록 조속한 시일 내 법제화하는 것이 최선의 해결책이다.

대한변호사협회 등의 반대를 극복하기 위해서는 한국적 현실에 맞게 탐정제도 도입 방식을 결정하는 것이다. 자격기본법에 따른 자격 유형 중 현재 국회에 발의된 법안은 국가자격으로써의 공인탐정사와 민간자격으로써 탐정사이다.

다만, 양 자격제도 모두 장·단점이 있다. 이를 제도의 완성도와 법제화 실현가능성으로 나눠 살펴보면, 허가제·면허제를 근간으로 하는 공인탐정제도는 국가기관에 의한 엄격한 관리·감독이 가능해 미국과 영국, 캐나다, 프랑스, 스페인 등 탐정업법을 제정·시행하고 있는 대부분의 국가에서 운영하고 있는 제도로 제도적 완성도 측면에서는 가장 바람직하다.

그러나 현실적으로 변협의 반대가 상존하고 있는 상황에서, 공인탐정제도는 입법적 실현가능성 측면은 높지 않다. 한편, 신고제를 근간으로 한 민간자격으로 도입할 경우 이미 우후죽순격으로 난립되고 있는 탐정 관련 민간자격업체 간 무한경쟁을 유발하고 시장의 독과점을 부채질할 수 있다.

그렇다면 어떻게 할 것인가? 솔로몬의 지혜가 필요하다. 해결책은 공인 민간자격으로 탐정제도를 도입할 것을 제안한다. 국가공인 민간자격은 자격기본법에 따라 국가 외의 법인·단체 또는 개인이 운영하는 민간자격 중에서 사회적 수요에 부응하는 우수 민간자격을 한국직업능력연구원의 조사연구과정을 거쳐 국가가 공인해 주는 자격이다. 직능원에 등록된 공인민간자격은 2022년 1월 말 현재 총 96건이다. 공인민간자격 관리 운영기관은 총 59개로 기관별 유형은 사단법인이 33개로 가장 많고, 재단법인과 주식회사가 각각 5개, 학교법인 1개, 기타 15개이다.

따라서 우리나라의 탐정제도 도입방식은 공인민간자격으로 제도화하여 탐정업자에 대한 적절한 지도관리·감독과 탐정자격증 발급과 갱신, 자격취득을 위한 교육프로그램과 갱신 시 보수교육의 표준화와 질적 관리를 통해 자격의 공신력과 질을 제고할 수 있도록 하는 것이 바람직하다.

이를 위한 법정단체로 사단법인 형태로 탐정사협회와 자격제도 운영위원회 설치를 통해 탐정업자의 자질 향상, 품위 유지 및 직업윤리를 확보할 수 있도록 제도적 틀을 마련해야 한다. 다만, 이 과정에서 기존 종사자들의 직업선택의 자유가 침해되지 않도록 경과규정을 두는 것도 검토될 필요가 있다.

이때 주무행정청은 탐정업자 및 탐정사협회를 지도·관리·감독하도록 하고, 탐정사의 자격 취소 및 정지, 탐정업자의 등록이나 설립인가의 취소 및 영업정지 처분 등을 통해 제도의 건전성 확보와 탐정산업이 안착할 수 있도록 견인해 주어야 할 것이다. 이를 통해 탐정자격의 공익보호 기능을 강화하고, 사용가치와 교환가치를 일정수준 이상 확보해 주어야 한다.

5. 맺는 말

결론적으로 탐정업이 당면한 과제는 한국형 탐정업의 토대를 구축하고 중장기적 발전을 도모할 '탐정업 법제화'가 시급하다. 이미 서비스업의 일종으로 탐정시장이 급속히 성장하고 있음에도 불구하고 이를 관리·감독하는 법적 체계가 불비한 상황을 이어가는 것은 국가의 직무유기(職務遺棄)로 볼 수 있다.

따라서 적법한 범위 내에서 정당하게 탐정업무가 이루어지면서 이를 통해 국민의 권익이 증진될 수 있도록 탐정업 관리 및 직업윤리 규정과 처벌규정을 명문화해야 할 것이다. 입법을 통해 불법행위를 최소화하고 국민의 권리를 보호하며 탐정산업으로 건전한 발전을 도모할 수 있도록 제도적 기반을 조속히 마련해 주어야 한다.

모쪼록 탐정업의 합리적인 관리감독을 구체화하는 법적 기반이 조속히 마련되어 건전한 민간보안산업이 육성될 수 있기를 간곡히 바란다. 이를 통해 탐정 및 탐정업자에 대한 지도·감독 및 행정처분 규정과, 의무위반에 대한 벌칙과 과태료를 구체적으로 규정하여 기존 우려를 말끔히 해소할 수 있도록 제도를 구체화해야 한다.

제2절 공인탐정제도의 제도화 경과 및 쟁점

1. 공인탐정제도 법제정 논의 경과

우리나라는 탐정제도 도입 관련 법안이 20여 년째 국회에서 공회전하고 있다. 1998년 제15대 국회에서 하순봉 한나라당 의원이 최초로 '공인탐정 법안' 초안을 마련했지만, '공인탐정업법'과 '민간조사업법' 등 용어를 둘러싼 논란이 일어 발의하지 못했다. 이후 탐정업을 제도화하기 위한 법률안은 지난 제17대 국회부터 제출되기 시작하였다. 제17대 국회에서 이상배 의원(한나라당)과 최재천 의원(열린우리당)이 각각 민간조사업법을 발의했지만, 관리부처가 경찰청과 법무부로 달라 논쟁이 붙었다. 결국 관리부처를 둘러싼 이견이 임기만료 때까지 해소되지 않아 자동 폐기되었다. 이후에도 제18대 국회에 두 차례, 제19대 국회에 세 차례 관련 법안이 발의되었지만 모두 임기만료 폐기되거나 철회되었다. 제20대 국회에서는 윤재옥 의원과 이완영 의원(자유한국당)이 각각 발의한 공인탐정법 제정안과 공인탐정 및 공인탐정업에 관한 법률안이 국회 계류 중이다.

제출된 법률안들의 가장 큰 차이점은 탐정업에 관한 관리·감독 권한을 경찰청과 법무부 중 어느 기관에 부여하느냐에 있었으며, 그 밖의 입법사항은 대체적으로 유사했다. 제출된 법률안의 형태별로는 탐정업에 관한 독립된 법률을 제정하거나, 현행 「경비업법」의 일부개정 또는 전부개정을 통해 탐정업을 제도화하려는 시도가 있었다. 제출된 법률안들의 심사경과를 보면, 제18대 국회에서 이인기 의원이 대표발의한 경비업법 일부개정법률안이 유일하게 당시 소관 상임위원회인 행정안전위원회를 통과하였으나, 법제사법위원회의 체계자구심사에 계류되어 다른 법률안들과 마찬가지로 임기만료로 폐기되었다(국회, 2016).

신규 일자리 확보 차원에서 공인탐정업을 도입하자는 법안은 지난 제17대 국회부터 제20대 국회까지 총 9차례 발의되었지만 번번이 무산되었다. 특히 이완영 의원 대표발의 법안의 경우, 제20대 국회에서 미래일자리 창출 방안을 논의하기 위하여 구성한 「미래일자리 특별위원회」에서 7차례의 전체회의와 1차례의 제도개선소위원회를 개최하여 미래일자리 창출을 위한 과제를 심도 있게 논의한 결과 12건의 법률개정 필요과제를 의결하였는 바, 「공인탐정 및 공인탐정업에 관한 법률안」이 그 중 하나로 발의된 법안

[표 8-1] 역대 국회 탐정업 및 민간조사업 관련 법률안 현황

구분	법률안	소관 위원회	심사경과	법률안상 소관 기관
제17대	민간조사업법안 (이상배 의원 대표발의, 2005.9)	행정자치위원회	임기만료 폐기	경찰청
	민간조사업법안 (최재천 의원 대표발의, 2006.4)	소관 상임위원회 미지정	임기만료 폐기	법무부
제18대	경비업법 일부개정법률안 (이인기 의원 대표발의, 2008.9)	행정안전위원회	체계자구심사 중 임기만료 폐기	경찰청
	민간조사업법안 (강성천 의원 대표발의, 2009.4)	법제사법위원회	임기만료 폐기	법무부
제19대	경비업법 전부개정법률안 (윤재옥 의원 대표발의, 2012.11)	안전행정위원회	전체회의상정 후 임기만료 폐기	경찰청
	민간조사업에 관한 법률안 (송영근 의원 대표발의, 2013.3)	법제사법위원회	전체회의상정 후 임기만료 폐기	법무부
	민간조사업의 관리에 관한 법률안 (윤재옥 의원 대표발의, 2015.11)	안전행정위원회	임기만료 폐기	경찰청
제20대	공인탐정법안 (윤재옥 의원 대표발의, 2016.9)	안전행정위원회	임기만료 폐기	경찰청
	공인탐정 및 공인탐정업에 관한 법률안 (이완영 의원 대표발의, 2017.7)	안전행정위원회	임기만료 폐기	경찰청
제21대	탐정업 관리에 관한 법률안 (이명수 의원 대표발의, 2020.11)	행정안전위원회	행정안전위원회 계류	경찰청
	탐정업 관리에 관한 법률 (윤재옥 의원 대표발의, 2020.11)	행정안전위원회	행정안전위원회 계류	경찰청

이다.

문재인 대통령은 탐정의 직업화 차원에서 공인탐정제를 대선공약으로 포함하였으며, 정부(기획재정부)는 2018년 12월 '신서비스 분야 중심의 신직업 활성화 방안'을 발표하고,[5] 정보수집・관리 분야의 신직업으로 공인탐정을 선정하기도 했다.[6]

5) 정부는 선진국과 비교하여 우리나라에 활성화되지 못한 새로운 직업을 육성하기 위하여, 2013년부터 세 차례[1차 44개('13년), 2차 17개('15년), 3차 10개('16년)] 신직업 육성계획을 발표하였다. 새로 나타나고 있거나 미래 잠재력이 있는 직업이 민간시장에서 제대로 활성화될 수 있도록 법・제도 정비를 통해 장애요소를 제거하여 관련 산업 활성화를 도모하고 있다.

6) 기획재정부는 2018년 12월 26일 홍남기 부총리 겸 기획재정부 장관 주재로 열린 제3차 경제활력대책회의 겸 제23차 경제관계장관회의에서 '신서비스 분야 중심의 신직업 활성화 방안'을 논의했다. 정부는 새롭게 등장하거나 미래 잠재력이 큰 직업이 민간시장에서 제대로 활성화될 수 있도록 촉매제 역할을 할 정책을 2013년부터 세 차례에 걸쳐 제시해 온 바 있다. 정부는 헬스케어와 환경・여가, 정보수집・관리 분야의 법・제도를 우선적으로 정비하고 이를 통해 신직업 활성화를 꾀한다는 방침이다.

이 중 공인탐정은 정보수집 · 관리 분야에서 정보의 수집 및 안전한 활용 등을 위해 공인탐정 도입 타당성 및 도입방식, 우려사항, 부작용 방지 등 관리 · 감독방안에 대한 공청회 등 사회적 논의를 거쳐 의견수렴을 하고, 법무부 · 경찰청 · 대한변호사협회 등 협의체 운영을 통해 사생활 침해 소지 등 부작용 방지 방안을 마련한다는 계획이다. 추진일정은 2019년에 협의체 구성을 통해 전문가 · 이해관계자 간 제도 도입 타당성, 도입방식, 관리감독 등에 대해 논의하고 2020년 이후 도입 시 세부적 제도 운영방안 등을 마련한다는 계획을 수립했다.

문재인 정부가 일자리 활성화 정책의 일환으로 탐정업을 거론한 것은 실종자 · 미아 수색, 민사사건 증거수집 등에 대한 수요가 있다고 판단했기 때문이다. 정부는 2019년에 근거법령 및 관리방안 등 도입 타당성을 따져본다는 계획이었으나 2022년 임기 종료 시점까지 뚜렷한 움직임은 찾아볼 수 없다.

동 계획에서 공인탐정의 업무범위는 각종 위법행위 및 사고 피해 확인, 행방불명자 소재 파악, 소송증거수집 등을 수행하는 직업으로 명시되어 있다. 현실에서 실종자 · 미아 수색, 민 · 형사사건 증거수집 등 경찰 · 검찰 등 공권력이 수행하기 어려운 사실조사에 대한 수요는 상존하나 국내 탐정업은 관련 법령이 없고, 기존 흥신소 · 심부름센

[그림 8-2] 신서비스 분야 중심의 신직업 활성화 방안

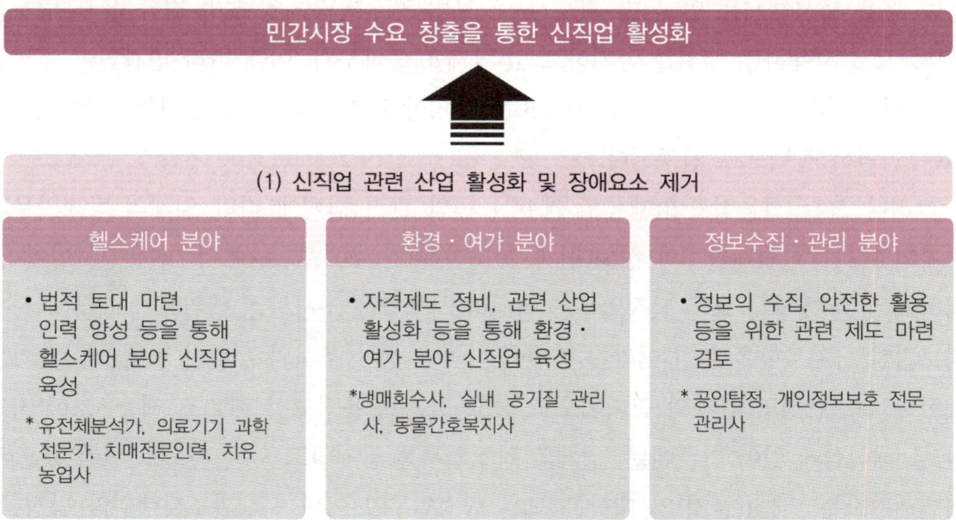

출처: 기획재정부, 제3차 경제활력대책회의 겸 제23차 경제관계장관회의 '신서비스 분야 중심의 신직업 활성화 방안' 자료, 2018년 12월 26일.

터 등에 대한 체계적인 관리감독은 부족한 실정이다.

지난 20여 년 가까이 지속되어온 입법 발의와 폐기로 점철되어온 탐정(민간조사)제도의 법제화와 함께 학문적 기틀을 정립하여 체계적인 이론과 기법, 방법론을 제공해 주고, 전문인력의 배출을 통해 우수한 탐정(민간조사)인력을 시장에 공급해 줄 필요가 있다. 현재 법무부와 경찰청 간 법령 소관 부처 문제로 공인탐정업법 제정이 매번 무산되고 있는 현실은 신규 일자리 창출이 시급한 현실을 도외시한 채 국회와 정부가 직무유기를 하고 있다고도 할 수 있다. 문재인 정부의 임기 종료로 이제 입법은 차기 정부에 기대할 수밖에 없다.

2. 제도화 과정의 주요 쟁점

이에 따라 현재 국내에는 사설탐정의 법적 근거가 마련되어 있지 않다. 관련하여 주요 쟁점을 살펴보면 다음과 같다.

첫째, 공인탐정업이 제정되어 있지 않은 상태에서 탐정업은 불법이며 허용되지 않는가?

현행 '신용정보의 이용 및 보호에 관한 법률'에 따라 신용정보업으로 허가를 받은 업체를 제외하면 특정인의 소재 및 연락처 등 개인정보를 알아내거나 상거래관계 외 사생활 등을 조사해서는 안 된다. 또 '신용정보법'으로 '탐정, 정보원, 기타 유사 명칭을 업(業)으로 사용하는 행위를 금지하고 있다(제40조 제5호). 이에 따라 민간인이 특정인을 미행하거나 당사자 동의없이 사진 또는 동영상 촬영을 하는 등 증거를 수집하는 행위는 엄연히 불법으로 간주된다.

그러나 그간 신용정보법(제40조 제4항) 등의 관련 법령에 따라 일체의 탐정업무가 금지되었으나 헌법재판소의 선고(헌재 2016헌마473, 2018.6.28)에서 "신용정보법이 금지하고 있는 대상은 모든 탐정업무가 아니라 사생활을 조사하는 행위이기 때문에 신용정보법상 금지조항은 합헌"이라는 판결에 따라 사생활 조사와 무관한 탐정업무는 가능해졌다. 즉, 탐정업 규제의 근거법으로 삼고 있는 신용정보법 제40조 제4, 5호(금지조항)를 해석함에 있어 기존에는 "일체의 탐정업무를 금지하고 있는 것으로 여겨"왔으나, 헌법재판소는 "배척(금지)의 대상은 모든 탐정업무가 아닌 사생활조사행위와 탐정 등의 호칭을 업으로 사용하는 일"이라고 판시하였다(헌재2016헌마473, 2018.6.28. 선고).

이에 신용정보법 소관청인 금융위원회와 공인탐정법 제정을 추진해 왔던 경찰청도

[그림 8-3] 탐정업무 필요성과 쟁점 개요

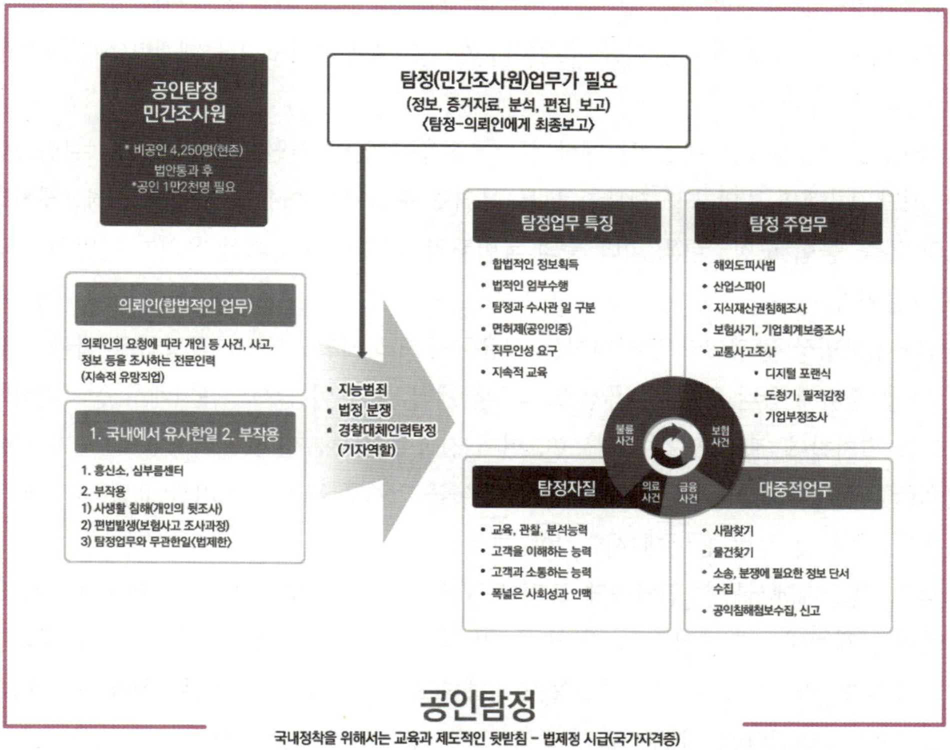

출처: 탐정교육센터(http://online.gpis.kr/license/license0.html)

“사생활 조사와 무관한 탐정업무는 신용정보법이 금지할 영역이 아니”라는 행정해석과 함께 “탐정업의 업무 영역에 속하지만 금지되지 않는 업무를 수행하는 것은 불가능하지 않다”는 헌법재판소의 주문을 탐정업 관련 지도 업무의 기준으로 삼고 있다. 이에 따라 비사생활 영역에서의 탐정업은 자유롭게 할 수 있게 되었다. 다만, 신용정보법 제40조 제5호에 의거하여 “탐정 · 정보원 등 유사명칭”은 사용할 수 없다. 이는 “탐정 또는 유사명칭을 수단으로 개인정보 등을 취득함으로써 발생하는 사생활의 비밀침해를 예방하기 위한 것”이다.

이러한 법제 환경의 변화에 따라 경찰청도 지난 2019년 6월 합당한 탐정업무까지 무조건 금기시해 온 관행은 법리와 시대상으로 보아 온당치 않다고 판단하고 ‘탐정학술지도사’를 비롯 ‘실종자소재분석사’ 등 그간 처리가 보류되어 왔던 사생활조사와 무관한 탐정업 관련 8건의 민간자격 등록신청(탐정업을 민간 차원에서 직업화하겠다는 한국직업능력개발원을 경유한 민원)을 전격 수리한 바 있다. 즉, 사생활 조사와 무관한 분야의 탐정업무는 이제 새로운 법률 제정이나 현행법 개정없이도 가능해졌다(헤럴드경제, 2019.10.21. 기사).

둘째, 공인탐정업법 제정 시 예상되는 부작용이 입법 지연을 야기시키는 걸림돌인가? 지난 9차례의 법안제정 시도가 모두 무위로 귀결되는 이유는 사생활 침해, 개인정보의 유출, 불법 도청, 폭행, 협박 등의 불법행위 등 부작용에 대한 우려가 만만치 않았기 때문이다.

신용정보법상 탐정이란 유사명칭은 사용하지 못하지만 그동안 탐정업에 대한 수요는 항상 존재해 왔다. 이들은 흥신소, 심부름센터 등의 이름으로 음지에서 공공연하게 활동을 펼쳐왔다. 관련 업계에 따르면, 현재 전국에 심부름센터는 최소 3,000개가 넘는 것으로 추정된다. 그러나 근거 법률이 없고 이들 업체를 관리하는 기관이 없는 탓에 늘 사생활 침해 및 불법 논란에 시달려야 했다.

특히, 법조계에서는 공인탐정제 도입에 부정적 반응을 보이고 있다. 이미 대한변호사협회는 제20대 국회에서 '공인탐정법'이 발의되자 두 차례 성명을 통해 '반대 입장'을 명확히 밝힌 바 있다. 국민의 사생활을 침해하고 개인정보유출, 기본권침해, 전관비리 조장 등이 우려된다는 게 주이유다.

그러나 탐정업의 사생활조사 등 탐정의 일탈을 제어할 법률은 개별 법령의 법규 위반행위에 대해 처벌이 가능하다. 대한변호사협회에서 공인탐정업법 반대의 이유로 제시하고 있는 사생활 침해 및 개인정보유출 등의 문제는 관련 법률을 통해 얼마든지 사전・사후적 통제가 가능한 것이다.

이는 이미 관련법을 제정・시행하고 있는 OECD 국가의 사례를 통해서도 충분히 설득력있게 해소된다. 이들 국가에서 탐정활동이 사생활 침해나 개인정보유출 등의 부작용이 발생한다면 입법이 되지도 않았을 것이다. 선진국에서는 합법적이고 정당하게 공인탐정업무가 이루어지면서 이를 통해 국민의 권익이 증진될 수 있도록 법적 기반이 마련되어 있기 때문이다. 하여 이 같은 법조계의 주장은 기우(杞憂)일 뿐이다. 이 같은 우려는 법안에 탐정업 관리 및 직업윤리 규정과 처벌규정을 명문화하고, 법제정 후 합리적인 관리를 통해 얼마든지 통제가능하기 때문이다.

예컨대, 이완영 의원 대표발의 법안에서 "경찰청장은 공인탐정업자 및 공인탐정협회를 지도・감독하도록 하고, 공인탐정의 자격 취소 및 정지, 공인탐정업자의 등록이나 설립인가의 취소 및 영업정지 처분 등을 할 수 있도록 하고 있다"(안 제37조부터 제41조까지). 윤재옥 의원 대표발의 법안에서도 경찰청장은 공인탐정을 지도·감독할 수 있으며, 자격취소 및 등록취소 등과 경찰청장의 권한의 위임 및 위탁에 관한 사항을 규정(안 제41조부터 제45조까지)하고 있어 개인정보유출이나 사생활 침해 등 제반 법규 위반이 발생할 경우 제재를 가할 수 있도록 되어 있다. 즉, 공인탐정업자에 대한 지도·감독 및 행정처분 규정과, 의무 위반에 대한 벌칙과 과태료를 각각 규정하고 있어 법조계의 우려는 제도적으로 얼마든지 해소해 나갈 수 있는 것이다.

나아가 기존 흥신소 등의 사생활 침해, 개인정보 유출 등의 부정적 이미지와 불법의 온상으로 전락하는 것을 방지하기 위해서도 공인탐정업법 제정을 통해 합법적 범위 내로 끌어들여 효과적 관리를 해나가야만 한다.

셋째, 공인탐정업법 제정이 20여 년째 지연되고 있는 주요인은 무엇인가?

결국, 법조계의 반대 논거는 입법지연을 위한 표면적 이유에 불과하다. 앞서 살펴보았듯이 공인탐정제가 도입되면 그간 일부 심부름센터·흥신소의 개인정보 보호법 위반 등 불법적이고 음성적인 행태를 제도권 안으로 끌어들여 합법적 범위 내에서 해결이 가능해질 것이다.

오히려 지난 20여 년 간 입법발의와 폐기로 점철되어온 탐정(민간조사)제도의 법제화가 타결되지 않은 이유는 법무부와 경찰청 간 소관 부처로 인한 첨예한 입장 차이가 도입을 지연시키는 주요 원인이라는 게 중론(衆論)이다. 즉, 역대 국회에서 탐정업의 제도화 방향에 대한 입법정책적인 결정이 지연되고 있는 주요원인은 경찰청과 법무부 간 탐정업의 관리·감독 권한을 둘러싼 이견으로 인해 정부 차원의 단일한 의사가 결정되지 못하고 있기 때문이다(국회, 2016). 이를 증명하듯 관련 법안도 법률 소관 기관을 달리해서 발의되었다.

그러나 법률 소관 기관은 대체로 경찰청이 관리·감독 주체가 되는 것이 바람직하다는 방향으로 의견이 모아지고 있다. 지난 2017년 8월 28일 제353회 국회 행정안전위원회 소위원회에서 윤재옥 의원 대표발의 공인탐정법안 회의에서 전문위원도 이런 입장을 밝혔다[7](국회, 2017).

7) 국회 제353회 행정안전위원회 소위원회에서 국회 입법조사처 천우정 전문위원의 의견은 다음과 같다. "탐정업에 관한 관리·감독 주체 문제와 관련하여 경찰청은 전국적인 조직·인력과 24시간 근무체제를 갖추고 있을 뿐만 아니라 경비업 등 유사한 분야에 대한 관리 노하우를 갖고 있다는 점 등에서 경찰청이 관리·감독하는 것이 효율적인 입장이고, 법무부는 탐정업은 인권침해 요소가 많고 법률사무와 관련되어 있어 정부조직법상 인권옹호와 법무를 담당하는 법무부가 관리·감독 소

넷째, 공인탐정제도가 도입되면 경찰의 치안서비스와 충돌을 야기할 것인가?

사회가 급격하게 발전하고 복잡화되어감에 따라 신종 범죄를 비롯하여 각종 사건과 사고가 빈발하고 있으나, 인력과 예산 등의 한계로 인하여 국가의 수사력만으로 모든 사건 · 사고를 해결할 수 없는 것이 현실이다. 공인탐정제도가 도입되면 사회의 다양한 분야에서 사설탐정이 활동할 수 있게 된다. 지난 2016년 9월 윤재옥 자유한국당 의원이 대표발의한 '공인탐정법'에 따르면, 공인탐정의 업무는 미아, 가출인, 실종자, 불법행위자, 도난물품 등에 대한 추적과 소재 확인 작업 등으로 한정하고 있다. 아울러 의뢰인의 권리보호 및 피해와 관련한 사실조사를 맡는 것도 가능해진다. 이에 따라 경찰의 업무 가중으로 인한 부족한 공권력을 보완 · 대체하고 신규 일자리 창출에 기여할 뿐만 아니라 민간안전서비스와 협력적 거버넌스(cooperative goverance)를 가능케 하여 시민의 치안만족도 향상에 기여할 것이다.

구체적인 사례를 보면, 우리나라의 경우 소송사건의 증거수집을 부족한 경찰인력에게 기대하는 것은 무리다. 경찰청 발표에 따르면 2018년 말 현재 경찰관 1인당 담당인구는 437명으로 독일 305명, 프랑스 322명, 미국 427명으로 한국보다 훨씬 낮다. 여기에 수사경과에 있는 경찰 수사인력을 기준으로 1인당 연간 사건처리 건수를 보면 문제는 더욱 심각해진다.

2018년 9월 말 기준 우리나라 전체 범죄의 발생 건수는 1,166,450건으로 사법경찰 1인당 처리 건수는 제한적일 수밖에 없다. 우리나라 총 발생범죄는 형사사법기관 중 경찰, 해양경찰, 특별사법경찰, 검찰 등에서 수집한 자료를 모두 취합하면 2016년 기준으로 총 검거건수 1,691,370건, 검거인원 2,020,196명이다. 이 중 경찰, 해양경찰, 특별사법경찰 등 사법경찰 중 경찰이 1,522,342건 검거와 1,867,707명을 검거하여 총 사법경찰 검거율 98.39% 중 90.01%를 담당하고 있을 정도로 살인적인 업무를 부담하고 있는 실정이다(경찰대 치안정책연구소, 2019: 52).

최근에는 경제난 속에서 사기, 횡령, 배임, 문서 · 인장 · 통화 위조, 전화금융사기 ·

관부처가 되는 것이 타당하다는 입장입니다.

그러나 국가경찰 업무와의 관계성(정부조직법 제34조 치안에 관한 사무, 경찰법 제3조 국민의 생명 · 신체 및 재산의 보호, 범죄의 예방 · 진압 및 수사 등), 효율적 관리 · 감독 능력, 외국 사례 등을 감안할 때 경찰청이 관리 주체가 되는 것이 적절하다고 봅니다.

법무부의 경우 정부조직법 제32조에서 업무범위를 '검찰 · 행형 · 인권옹호 · 출입국관리 그 밖에 법무에 관한 사무'로 한정하고 있음을 감안할 때 공인탐정업에 대한 관리 · 감독 업무를 관장하기에는 적절하지 않은 것으로 보입니다."

[그림 8-4] 지능범죄의 발생 추이

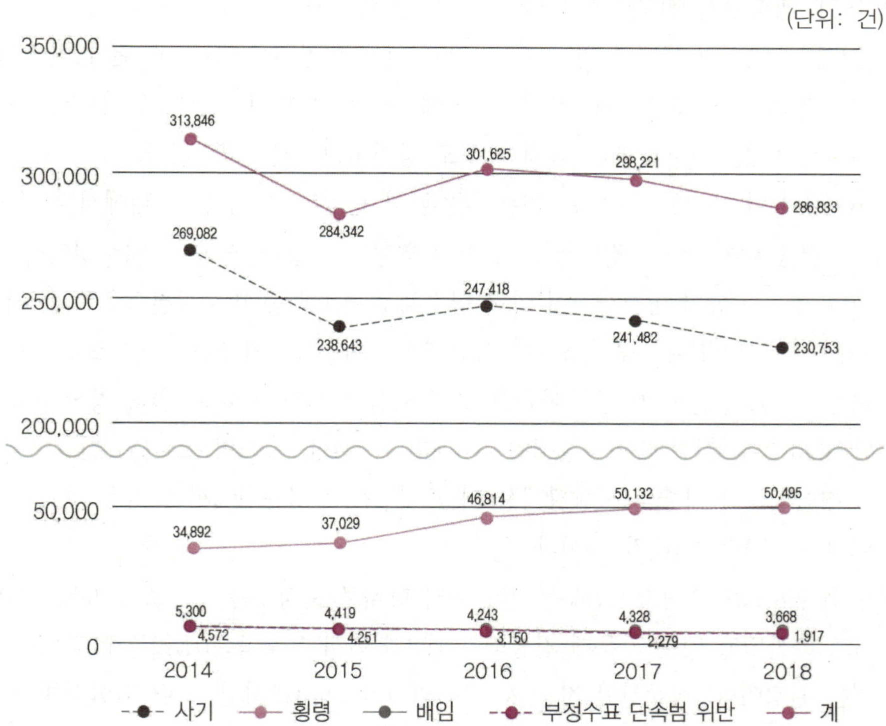

출처: 경찰대 치안정책연구소(2019: 57).

불법사금융 대출사기, 직무유기 · 직권남용 · 증수뢰 등 지능범죄가 지속적으로 증가하고 있어 상대적으로 장기간의 수사가 요구되고 있어 경찰 수사인력의 낭비를 부채질하고 있다. 전국에서 접수된 112 신고 건수 역시 최근 5년 간 평균 1,900만 건 전후를 유지하고 있다. 한정된 인력으로 관할 내의 치안을 담당하는 지역경찰 입장에서 112 신고 건수가 증가하고 있어 이 역시 업무부담을 가중시키는 요인이다(치안정책연구소, 2019: 123).

최근에는 마약범죄, 여성 · 소년 · 노인범죄의 증가와 조현병 환자 등 정신질환자에 의한 범죄의 대폭 증가, 과학기술의 발전으로 AI · 빅데이터 · 사물인테넷 IoT · 드론 · VR 등 제4차 산업혁명 시대를 맞아 과학수사 수요가 가파르게 증가하고 있다. 이에 지문감정 · 검색, DNA 검사, 폴리그래프 검사(거짓말탐지), 영상분석, 범죄행동분석(프로파일링), 지리적 프로파일링(GeoPros), 체취증거견(犬), 수중과학수사 등 과학수사 범죄분석 및 해결역량 증대도 요구되면서 검시조사관, 범죄분석요원, 화재감식, 폴리그래프, 법최면, 과학수사 전문화를 위한 수요 또한 폭증하고 있다.

사이버범죄 역시 2015년 14만 4,679건, 2016년에 15만 3,075건, 2017년 13만 1,734건으로 인터넷 이용과 모바일 기기의 확산 속에 사이버 불법행위는 더욱 지능형 신종 범죄로 진화하고 있어 이에 대한 대처 요구도 증가하고 있는 실정이다.

그러나 경찰이 해결할 수 있는 업무량은 한계가 있다. 이 같은 상황에서 부족한 경찰 치안인력을 대체하여 탐정(민간조사원)의 역할이 나날이 커지고 있는 것이다. 사기나 고소의 80% 이상이 형사사건이 아닌 단순채무불이행 등 민사사건으로 이들 사건은 경찰수사과정에서 대부분 불기소 처리되고 있다. 실종자 · 가출인 소재 조사나 미아찾기는 현실적으로 경찰이 시간적 여유를 갖고 세심히 처리할 수도 없다. 경찰청에 따르면 지난해(2018년) 실종 아동 · 장애인 · 치매환자는 4만 2,992명으로 5년 전보다 14.6% 늘었다. 경찰업무가 가중되는 상황에서 이들 업무는 우선순위에서 멀어질 것이고 가족들의 애타는 심정만 더해갈 것이다.

이미 전국적으로 흥신소 · 심부름센터 등의 형태로 운영되는 민간조사업체는 3,000~5,000개로 추산되고 있는 가운데 간통죄가 폐지되면서 우후죽순(雨後竹筍)격으로 증가되고 있는 실정이다. 경찰청이 지난 2016년 발간한 '민간조사업' 관련 입법정책 설명자료에 따르면, 공인탐정업법 통과 이후, 연간 1조 2,724억 원에 달하는 경제효과가 새롭게 창출되고 이에 따른 일자리는 1만 5,000여 명에 달할 것으로 추산하고 있다. 고용노동부도 지난 2014년 선진국에는 있고 우리나라에는 없는 신(新)직업 41개 가운데 첫 번째로 사립탐정을 꼽은 바 있다. 고용영향평가센터에서는 공인탐정제도가 활성화될 경우 간접고용 등을 합해 연간 약 3,100명의 일자리 창출 효과를 기대할 수 있다고 전망한 바 있다.

한편, 민간조사(탐정)제도의 합법화는 기존 흥신소나 심부름센터의 음성적 활동을 양성화하고 실질적으로 관리할 수 있는 제도로 기여하고, 민간조사관 활동이 경찰 1인당 월 평균 약 17.8시간을 절약할 수 있는 것으로 조사되었다(이창훈, 2011). 특히 동 연구 결과, 경찰관 1인 평균 업무부담은 낮지만, 소비시간이 높은 분야로 재산도피관계, 소재 파악, 고의입증조사, 분실, 도난 재산 소재 파악 등의 분야에서 민간조사관의 협조와 업무이양은 경찰력의 효율성 제고에 기여할 수 있는 것으로 나타났다.

따라서 경찰 치안역량의 한계를 대체하기 위해 공인탐정제도가 도입되어 탐정이 경찰 치안서비스의 보조자 · 협력자로 부족한 부분을 보완 · 대체해 준다면 경찰의 치안

유지와 범죄예방에 크게 기여하게 될 것이다.

다섯째, 공인탐정이 유사직역의 업무 영역을 침해할 것인가?

현재 사건·사고의 조사를 위한 증거수집행위는 변호사의 권한이라 유사직역의 업무침해 문제가 제기된다. 탐정업 관련 유사직역은 대체로 [표 8-2]와 같다.

[표 8-2] 탐정업 관련 직역

구분	업무범위
변호사(변호사법 제3조, 제109조)	▶위임 또는 위촉 등에 의하여 소송에 관한 행위 및 행정처분의 청구에 관한 대리행위와 일반 법률사무 ▶변호사가 아니면서 대가를 받고 소송사건·비송사건·가사조정 또는 심판사건·행정심판 또는 심사의 청구나 이의신청 기타 행정기관에 대한 불복신청사건, 수사기관에서 취급 중인 수사사건 또는 법령에 의하여 설치된 조사기관에서 취급중인 조사사건 기타 일반의 법률사건에 관하여 감정·대리·중재·화해·청탁·법률상담 또는 법률관계 문서작성 기타 법률사무를 취급하거나 이러한 행위 알선 금지
법무사(법무사법 제2조, 제3조)	1. 법원과 검찰청에 제출하는 서류의 작성 2. 법원과 검찰청의 업무에 관련된 서류의 작성 3. 등기나 그 밖에 등록신청에 필요한 서류의 작성 4. 등기·공탁사건 신청의 대리 5. 「민사집행법」에 따른 경매사건과 「국세징수법」이나 그 밖의 법령에 따른 공매사건에서의 재산취득에 관한 상담, 매수신청 또는 입찰신청의 대리 6. 제1호부터 제3호까지의 규정에 따라 작성된 서류의 제출 대행 ▶법무사가 아닌 자는 제2조에 따른 사무를 업으로 하지 못하며 법무사가 아닌 자는 법무사 또는 이와 비슷한 명칭을 사용하지 못한다.
손해사정사(보험업법 제188조)	1. 손해발생사실의 확인 2. 보험약관 및 관계법규 적용의 적정여부 판단 3. 손해액 및 보험금의 사정 4. 제1호 내지 제3호의 업무와 관련한 서류의 작성·제출의 대행 5. 제1호 내지 제3호의 업무의 수행과 관련한 보험회사에 대한 의견의 진술
신용조사업자(신용정보의 이용 및 보호에 관한 법률)	1. 신용조회업무 및 그에 부수하는 업무 2. 신용조사업무 및 그에 부수하는 업무 3. 채권추심업무 및 그에 부수하는 업무 4. 신용평가업무 및 그에 부수하는 업무 ▶"채권추심업무"란 채권자의 위임을 받아 채무자에 대한 재산조사, 변제의 촉구 또는 채무자로부터의 변제금 수령을 행사하는 행위(「상법」에 따른 상행위로 인한 금전채권 및 다른 법률에서 신용정보업자에게 채권추심의 위탁을 허용한 채권에 한함) ▶신용정보업자 등의 금지사항(제40조 제4항) ① 특정인의 소재를 탐지하거나 금융거래등 상거래관계 외의 사생활 등을 조사하는 일. 다만, 채권추심업무를 허가받은 신용정보업자가 동 업무의 수행을 위하여 특정인의 소재를 탐지하는 경우 또는 다른 법령의 규정에 의하여 특정인의 소재탐지가 허용되는 경우에는 그러하지 아니하다.

	② 정보원 · 탐정 기타 이와 유사한 명칭을 사용하는 일
변리사 (변리사법 제2조)	▸특허, 실용신안, 디자인 또는 상표에 관하여 특허청 또는 법원에 대하여 하여야 할 사항의 대리 및 그 사항에 관한 감정 기타의 사무

출처: 국회 안전행정위원회(2016.11: 30). 윤재옥 의원 대표발의 공인탐정법안 검토보고서.

그러나 탐정이 담당하는 업무는 주로 사실조사를 의뢰받고 이를 수행해 의뢰받은 사실에 대하여 조사하거나 정보를 수집 · 분석하거나 사실조사, 각종 위법행위 및 사고 피해확인, 행방불명자 소재 파악, 소송증거수집 등을 수행하는 직업이다. 따라서 법률 대리업무나 감정업무 등은 탐정의 업무 영역 외의 일이다. 이러한 업무처리가 필요시에는 변호사, 법무사, 손해사정사 등과 협조하여 처리하거나 수집된 정보나 사실행위에 대한 조사를 제공하는 등 상호 협력관계를 형성하면 업무침해 방지를 사전예방할 수 있을 뿐만 아니라 위반 시 처벌을 통해 합법적 범위 내에서 업무처리가 이루어질 수 있도록 지도 · 감독을 해나가면 될 것이다.

이와 관련하여 외국의 입법사례를 보면, 각국의 사정에 따라 업무범위를 다양하게 규정하고 있는 바, 미국의 경우에는 주법(洲法) 등에서 업무내용을 열거하고 있는 경우에도 형법 등 관련 법률에 어긋나지 않는 한 자유롭게 업무를 할 수 있고,[8] 프랑스는 국내 치안에 관한 법률에서 "제3자의 이익을 보호할 목적으로 정보를 수집하고 당해 의뢰인에게 제공하는 사적 조사활동"이라고 상당히 포괄적으로 규정하고 있다[9](국회, 2016 재인용). 다만, 관계 직역과의 갈등과 이해관계 대립을 사전 차단하기 위하여 추후 면밀한 검토와 대응이 필요할 것이다.

제3절 탐정업 관리법 제정을 위한 법제화 추진 방향

주요 쟁점사항을 중심으로 우리나라의 탐정제도 도입을 위한 입법방안을 제시하면 다음과 같다.[10]

8) 정일석(2008). 『민간경비 영역확정을 위한 민간조사제도 도입 방안』.
9) 최현락(2008). 『민간조사업의 도입모델에 관한 연구』.
10) 아래 내용은 다음 자료를 인용하였다. 이상수(2020). 탐정업법 제정, 어떻게 할 것인가?: 입법방향과 전략, 국회의원 윤재옥 · 임호선 · 서범수 · 한국행정학회 경찰발전연구회 공동주최 세미나 토론집, pp.3-69.

1. 입법방식: 개별법 제정을 통한 제도 운영

탐정법의 입법방식은 기존 법률의 개정을 통해서 할 것인지 아니면 개별법으로 제정할 것인지 결정해야 한다. 탐정법은 OECD 대부분의 국가에서 대체로 개별 입법방식을 채택하고 있다. 우리나라 역시 역대 국회 법안발의에서도 보듯이 합법적 범위 내에서 탐정업을 양성화하고 관리감독의 효율성을 확보하기 위해서는 개별법으로 탐정법 제정이 필요하다는 데 대체로 뜻을 같이하고 있다. 더구나 국민 권익보호와 효과적인 관리운영을 통한 국민의 기본권 보장을 위해서도 독자적인 개별법으로 제정하여 탐정업에 대한 철저한 규율이 되도록 하는 것이 바람직하다.

외국에서도 일반적으로 탐정제도에 관한 별도의 근거법규를 제정하여 운용되고 있다. 미국의 경우 연방차원에서 근거법규를 두고 있지 않지만 앨라배마(Alabama), 알래스카(Alaska), 콜로라도(Colorado), 아이다호(Idaho), 미시시피(Mississippi), 미주리(Missouri), 사우스다코타(South Dakota), 와이오밍(Wyoming) 등 8개 주(州)를 제외하고는 각 주에서 탐정업에 대한 근거법률을 두고 있다. 주 대부분은 탐정업에 대한 개별법을 별도로 두고 있기보다는 민간경비 등 여러 부문의 민간보안산업에 관한 법규 내에서 탐정업을 포함시켜 통합 · 규율하는 단일법 방식을 취하고 있다(이대선, 2019: 81).

영국은 「민간보안산업법(The Private Security Industry Act 2001)」이 제정 · 시행되면서 탐정업은 경비업과 함께 단일법에서 규율되고 있다. 동법에 의하여 탐정업과 경비업을 효율적으로 관리감독하기 위하여 보안산업위원회(SIA)라는 독립적인 기관이 설립되어 탐정업에 있어서 면허발급업무, 관리감독 등 전반적인 탐정관리제도 도입을 추진했지만, 탐정의 업무범위 미확정 등의 문제로 인하여 일부 제도의 시행이 보류되고 있다(최대현 · 장응혁, 2018: 102).

프랑스에서는 1983년 제정된 「민간안전활동규제법」을 2003년에 개정하면서 경비업과 함께 탐정업을 규정하였고 탐정업을 신고제에서 허가제로 변경하였으며, 탐정의 인가제도와 자격제도를 도입하였다. 그 후 2015년 국내치안 관련 규정들을 통합한 단일법으로서 「국내치안법」 제정 시에 탐정 관련 규정도 경비업 등 민간치안 관련 부분과 같이 규정되었는데, 탐정의 활동범위, 권한, 자격 요건 등에 관한 내용들이 규정되어 있다.

일본의 경우 탐정업은 일반적인 서비스업에 해당하여 특별한 규제가 없었으나 탐정업계의 무질서가 심각해지자 탐정들의 불법행위를 막기 위해 규제하기 위한 법률로서

2006년 「탐정업 업무의 적정화에 관한 법」이 제정되었다. 동법은 탐정업계에 대한 지도감독의 근거 규정의 마련과 불법행위 방지 및 개인정보 보호라는 차원에서 마련된 규제를 위한 법률이라 할 수 있다.

독일은 탐정업의 근거법으로서 개별법을 두고 있지 않고, 영업에 관한 일반법인 「영업령(Gewerbeordnung: GewO)」에 규정되어 있다. 영업에 관한 일반조항인 제14조의 '신고의무(통보의무)'에 의해, 일정한 종류의 영업을 하기 위해서는 해당 관청에 신고를 하여야 한다. 탐정업은 「영업령」 제38조 제1항 제2호에서 '감독을 필요로 하는 영업'으로 규정하고 있으며, 이에 따르면 탐정업은 "재정 상황 및 사적인 문제에 관한 정보를 제공"하는 영업이며, 탐정업을 하고자 하는 경우에는 제14조에 따라 해당 관청에 신고하여야 한다. 「영업령」에서는 영업활동에 관해서 더 자세한 사항을 규율하지 않고 있으며, 각 주별로 행정규칙으로 장부기록의 의무, 행정관청의 관리감독 의무에 관한 사항을 정하고 있다(김현수, 2014: 87-88).

탐정업의 규율을 위한 법적근거 입법에 대한 문제는 당해 제도의 도입 목적과 업무의 특성, 유사직역 여부와 통합 규율 필요성, 국민의 의식수준 등을 종합적으로 고려하여 판단하여야 할 것이다. 개별법으로 탐정업법을 제정하는 것은 그 필요성이나 당위성이 이미 충분히 주장되고 검증되었기에 재론(再論)할 필요가 없다. 주지하다시피 그간 입법이 지연된 이유는 법제정의 필요성은 충분하나 법령 소관부처에 대한 다툼이 주요인이었다.

일자리 창출 및 불법적이고 음성적으로 이루어지고 있는 기존 심부름센터의 업무를 양성화하여 국가의 관리감독이 이루어지는 가운데 합법적 범위 내에서의 탐정업이 이루어지게 해야 할 시대적 필요성뿐만 아니라 폭증하는 경찰의 사건수요를 민간 영역에서 탐정이 대행함으로써 국민권익 향상에 기여한다는 점에 대해서는 대체로 동의하고 있다. 나아가 사생활 침해나 개인정보 유출 등에 대한 우려 역시 관계법령에 이미 처벌규정이 시행되고 있고, 개별법으로 제정할 경우 탐정 자격요건과 벌칙규정을 구체화함으로써 사전에 방지할 수 있는 법적 장치를 마련하면 해소될 수 있는 문제이다.

결국 개별법으로 공인탐정업법을 제정하는 것은 입법정책적 차원에서 결정할 사안인 것이다. 이미 국회와 정부에서도 소관 부처 등의 이해관계 조정을 통해 입법을 추진하겠다는 의지를 피력한 만큼 코로나19의 대규모 감염병 극복을 위해 신규 일자리 창출과 경제활성화 차원에서 더 이상 입법을 미루는 것은 국민경제에도 부정적 결과를 초래하기에 현 정부 임기 내에 조속한 입법이 실현되는 것이 바람직하다.

2. 탐정업법 제정에 있어 쟁점사항별 입법방안

탐정업법 입법방안을 모색하기 위해 우선 지난 제20대 국회에서 발의된 윤재옥 의원 대표발의 법안과 이완영 의원 대표발의 법안의 구성을 보면 [표 8-3], [표 8-4]와 같다.

[표 8-3] 제20대 국회 윤재옥 의원의 공인탐정법(안) 구성

장	구성
제1장 총칙	제1조(목적), 제2조(정의), 제3조(업무), 제4조(다른 법률과의 관계)
제2장 공인탐정	제5조(결격사유), 제6조(공인탐정 자격시험 등), 제7조(시험의 일부면제), 제8조(공인탐정 자격제도 운영위원회), 제9조(자격증의 양도·대여 금지 등), 제10조(유사명칭 사용 금지)
제3장 공인탐정의 등록	제11조(공인탐정의 등록 등), 제12조(사무소 설치 및 명칭 등)
제4장 공인탐정업자의 권리·의무	제13조(부당한 비용 청구 금지 등), 제14조(사건부의 작성·보관), 제15조(의뢰인의 신분 확인), 제16조(계약사항 서면 교부의 의무), 제17조(수집·조사의 제한), 제18조(위법한 사실조사에 대한 거부 등), 제19조(업무의 수행원칙 등), 제20조(의뢰 범위 초과행위 및 등록증 대여 등의 금지), 제21조(사무원), 제22조(손해배상책임), 제23조(겸직신고), 제24조(등록증 등의 게시), 제25조(비밀의 준수 등), 제26조(공인탐정 및 사무원 교육)
제5장 공인탐정법인	제27조(공인탐정법인의 설립), 제28조(설립 절차), 제29조(구성원 등), 제30조(정관기재사항), 제31조(법인 명칭 등), 제32조(설립등기), 제33조(분사무소), 제34조(업무집행방법), 제35조(설립인가의 취소), 제36조(해산), 제37조(합병), 제38조(준용규정)
제6장 공인탐정협회	제39조(공인탐정협회의 설립 등), 제40조(공제사업)
제7장 지도·감독	제41조(지도·감독 등), 제42조(자격취소 등), 제43조(등록취소 등), 제44조(청문), 제45조(권한의 위임 및 위탁)
제8장 벌칙	제46조(벌칙), 제47조(양벌규정), 제48조(과태료)
부칙	제1조(시행일), 제2조(다른 법률의 개정)

양 법안의 기본적인 구성과 내용은 거의 차이가 없다. 두 법안 모두 탐정업자와 탐정업체에 대한 결격사유를 구체화하여 부적격자의 탐정업을 제도적으로 차단하고자 했고, 지도감독 규정 또한 세부적으로 규정하여 공인탐정과 탐정업체의 불법적이거나 위법한 업무처리를 차단하고 합법적 범위 내에서의 영업을 관리·감독할 수 있도록 명문화하고 있다는 점이다.

[표 8-4] 제20대 국회 이완영 의원의 공인탐정 및 공인탐정업에 관한 법률(안) 구성

장	구성
제1장 총칙	제1조(목적), 제2조(정의), 제3조(기본원칙), 제4조(다른 법률과의 관계)
제2장 공인탐정	제5조(결격사유), 제6조(공인탐정 자격시험 등), 제7조(공인탐정 자격제도 심의위원회), 제8조(자격증의 양도·대여 금지 등), 제9조(유사명칭 사용 금지)
제3장 공인탐정업의 등록	제10조(공인탐정업의 등록 등), 제11조(사무소의 설치 및 명칭 등)
제4장 민간조사법인	제12조(민간조사법인의 설립), 제13조(설립 절차), 제14조(구성원 등), 제15조(정관기재사항), 제16조(설립등기), 제17조(명칭 등), 제18조(업무집행방법), 제19조(해산), 제20조(합병), 제21조(준용규정),
제5장 공인탐정업자의 권리·의무	제22조(수수료 등), 제23조(조사부의 작성·보관, 제24조(의뢰인의 신분 확인), 제25조(계약서의 작성 및 교부 등), 제26조(수집·조사의 제한), 제27조(위법한 공인탐정업무에 대한 거부 등), 제28조(공인탐정업무의 수행원칙 등), 제29조(등록증·인가증 양도·대여 금지 등), 제30조(사무원), 제31조(손해배상책임), 제32조(등록증·인가증의 게시), 제33조(비밀누설 금지 등), 제34조(보수교육)
제6장 공인탐정협회	제35조(공인탐정협회의 설립 등), 제36조(공제사업)
제7장 지도·감독	제37조(지도·감독), 제38조(자격취소 등), 제39조(등록취소 등), 제40조(청문), 제41조(권한의 위임 및 위탁)
제8장 벌칙	제42조(벌칙), 제43조(양벌규정), 제44조(과태료)
부칙	(시행일)

탐정업법 도입상의 쟁점사항을 중심으로 입법방안을 모색하면 다음과 같다.

1) 탐정의 개념 정의

탐정의 개념 정의는 탐정의 업무범위를 규정한다는 점에서 중요하다. 탐정의 개념을 협소하게 규정하면 업무범위 자체를 제한하게 되고, 반대로 광의로 규정할 경우 업무범위가 구체화되지 않아 타 직역의 업무를 침해할 수도 있다. 이 점에서 개념 정의를 어떻게 하는가는 중요한 의미를 갖는다. 개념 정의는 업무범위를 담고 있으면서 가급적 단순 명확하고 간결한 것이 좋다.

제20대 국회 윤재옥 의원 법안에서 "'탐정'이란 사람의 생사나 그 소재, 도난 자산 등 물건의 소재, 또는 권리·의무의 기초가 되는 관련 정보와 사실관계의 존부 등을 확인할 정당한 이해관계가 있는 사람이 관련 사실조사를 의뢰한 경우에 이에 대해 정보를 수집하고 사실을 조사하여 의뢰인에게 제공하는 것을 말한다"고 정의하고, "'탐정업'이

란 탐정을 업으로 하는 것을 말한다"고 정의하고 있다.

한편, 이완영 의원 법안에서는 탐정의 업무범위를 별도로 규정하지 않은 채 "'공인탐정업무'란 "다른 사람의 의뢰를 받아 사람의 생사나 그 소재, 재산상 이익의 소재 또는 권리·의무의 기초가 되는 사실관계 등에 대하여 관련 정보를 수집하고 사실을 조사하여 의뢰인에게 제공하는 업무를 말한다"(안 제2조 제1호)고 규정하고 있다.

이를 종합하여 여기서는 "탐정이란 사람의 생사나 그 소재, 재산상 이익의 소재 또는 권리·의무의 기초가 되는 관련 정보와 사실관계 등에 대하여 정당한 이해관계가 있는 사람으로부터 사실조사를 의뢰받아 적법한 범위 내에서 관련 정보를 수집·분석하고 사실관계를 조사하여 의뢰인에게 제공하는 업무 또는 이러한 업무를 행하는 자를 말한다"로 정의할 것을 제안한다.

2) 탐정제도 도입방향: 신고제·등록제 vs. 면허제·등록제

탐정제도 도입방안은 크게 신고제와 등록제로 구분된다.[11] 탐정업을 함에 있어서 신고제도로 운영할 것인지 아니면 등록제도로 운영할 것인지에 대한 논의는 헌법상의 직업선택의 자유와 관련이 있는 것으로 탐정업을 자유업으로 보는 경우에는 신고제도로 운영하는 것이 보다 합리적일 것이나 탐정업무가 개인정보와 밀접한 관련이 있다는 점에서는 국민의 사생활 보호 차원에서 엄격한 관리 감독을 전제로 하는 등록제로 하는 것이 타당할 것이다(승재현, 2017: 36).

지난 제20대 국회 윤재옥 의원의 「공인탐정법안」 및 이완영 의원의 「공인탐정 및 공인탐정업에 관한 법률안」에서는 모두 면허제와 등록제를 기본으로 하고 있다.

제20대 국회에 발의된 윤재옥 의원안과 이완영 의원안 모두 탐정자격을 취득한 자를 '공인탐정'이라고 하고 있으며, 공인탐정이 되고자 하는 자는 결격사유에 해당하지 아니하는 사람으로서 경찰청장이 실시하는 공인탐정 자격시험에 합격하고 연수교육을 받아야 한다고 규정[12]하고 있어 국가자격으로써 공인탐정을 기본으로 하고 있다. 한편,

11) 신고제는 관련 법에 의해 원칙적으로 어떤 행위를 하는 것이 가능하지만 사전에 행정관청에 일정한 요건을 정해 신고를 하도록 하고 있는 경우를 말한다. 행정관청은 특별한 하자나 문제가 없는 한 신고한 행위를 허용해 주는 것이 원칙이며 허용 여부는 행정관청의 재량이 아니다. 따라서 신고 후 일정 시간이 지날 때까지 행정관청에서 아무런 조치가 없다면 특정 행위를 자유롭게 할 수 있다. 이에 비해 등록제는 일정한 자격 조건을 갖추기 위하여 관계 법령에 기초하여 국가기관에 등록을 하고 관리감독기관의 지도·감독을 받아야 하며, 자격취소, 등록취소, 영업정지 등의 행정명령을 이행해야 한다.

12) 공인탐정이 되기 위해서는 경찰청이 주관하는 소정의 시험(1차 시험과 2차 시험)에 합격하여야 하

공인탐정이 탐정업을 영위하려면 경찰청장에 등록을 하도록 하고 있어 등록제를 표방하고 있다.[13)]

현재 경찰청에서 추진하는 공인탐정제도 역시 국가자격시험을 통과한 공인탐정에게 면허를 부여하는 면허제와, 탐정업 영위를 하고자 하는 공인탐정은 경찰청장에게 등록을 하는 등록제를 입법 기본 방향으로 설정하고 있다. 즉, 정부(경찰청)에서 추진하는 공인탐정제도 입법방향은 면허제(공인제)와 등록제(관리제)를 근간으로 하고 있다. 이는 대통령의 정책공약에서도 공인탐정제도 도입을 근간으로 하고 있기에 이를 반영한 것으로 판단된다.

즉, 공인탐정 면허제를 허가제와 탐정영업을 하기 위한 등록제로 운영하고자 하고 있다.[14)] 생각건대, 탐정업의 사생활 침해 등의 위험성을 고려할 때 엄격한 자격요건과 결격사유를 두고 일정의 교육을 이수케 하는 것은 탐정업의 건전성 확보와 발전을 위해 반드시 필요하고 타당한 입법방향이다.

다만, 국가자격으로써의 '공인탐정자격증(면허제)' 도입은 기존 법조계의 반발 등으로 입법 가능성이 낮아 현실적으로 법제화를 장담하기 힘들다. 대한변호사협회는 2016년 11월 29일 공인탐정법 입법반대 성명서에서 "공인탐정법안은 사생활 침해 등 기본권 침해 피해를 유발할 뿐 사회적으로 불필요하고, 검 · 경 수사관의 전관예우를 조장하는 법안으로, 공인탐정제도는 그 자체로 비변호사가 대가를 받고 소송, 심판 및 조사사건 등에 대한 정보를 제공할 경우 처벌하는 현행 변호사법과 충돌하는 문제가 발생하고, 공인탐정법상 공인탐정의 업무는 개인에 대한 소재 파악, 자산 추적, 사건에 관한 사실조사 등 개인정보에 관한 것이고, 공인탐정이라고 하나 그 조사방식은 현재 음성적으로 운영되는 심부름센터 등 사설탐정과 다르지 않아, 정보주체에 대한 동의 없

며, 그 세부적인 사항은 대통령령으로 정하도록 하고 있다(안 제6조).

13) 「자격기본법」에 따라 우리나라의 자격은 ① 국가자격, ② 국가기술자격, ③ 공인 민간자격, ④ 등록 민간자격 등 4개로 구분된다. 현재 한국직업능력개발원에 등록된 탐정(민간조사) 관련 등록 민간자격은 27종은 모두 등록 민간자격이다.

14) 허가제는 일반적으로 금지되는 행위를 특정한 경우에 해제하는 것으로 관련법에 의해 원칙적으로 어떤 행위(물리적 행위나 상행위 등)가 금지되지만 행정관청에 사전에 일정한 요건을 갖춰 신청을 하게 되면 행정관청이 제반 여건을 고려해 허가 여부를 결정할 수 있는 행위를 말한다. 허가 여부는 기본적으로 행정관청의 재량에 속하기 때문에 신청 후 관청의 허가가 없다면 특정 행위를 할 수 없다. 이에 비해 등록제는 일정한 사실이나 법률관계를 행정기관에 갖추어둔 장부에 등재하고 그 존부(存否)를 공적으로 증명하는 것으로 현행법상 허가와 신고의 중간에 속하는 인 · 허가로 운영되는 사례가 많다(네이버 지식백과, 한경 경제용어사전).

는 개인정보수집행위, 도청, 비밀촬영 등 공인탐정의 조사행위는 개인정보 보호법, 통신비밀보호법 등에 저촉될 가능성이 매우 높다는 점 등"을 들어 공인탐정법안의 제정에 반대를 하고 있다.15) 이외에도 사생활 침해 등을 들어 반대하고 있으나 기실 공인탐정제도가 도입되어 공인탐정면허를 발급할 경우 변호사의 직역의 침해로 인식하여 반대하는 측면이 더 크다고 하겠다.

외국의 경우 각국의 사정에 따라 신고제와 등록제, 허가제를 혼용하고 있다. 일본과 독일, 영국은 탐정자격 발급에 있어 신고제를 근간으로 하고 있고, 미국은 각 주별로 혼용하고 있으나 대체로 허가제를 근간으로 관리·감독기관의 면허(license) 취득을 기본으로 하고 있다. 프랑스에서는 2003년 '국내치안에 관한 법률' 제정 이래로 직업 면허제가 시행되면서 탐정으로 활동하거나 탐정업(민간조사업)을 영위하고자 하는 자는 '지역 면허발급 및 감독위원회'에서 발급해주는 민간조사 면허를 발급받아야 한다.

탐정활동이 국민 생활에 미치는 영향력이나 현재 우리나라에서 이루어지고 있는 무분별한 활동에 대한 적절한 관리를 위해서는 면허발급을 위한 자격시험제도 도입이 필요하다. 또한 전문화교육을 지속적으로 병행하여 신뢰를 쌓는 과정도 수반되어야 한다. 전문화교육과 자격시험은 탐정의 자격검증을 위한 최소한의 안전장치이기는 하지만 두 가지 모두를 시행하고 있는 나라는 거의 없다(이대선, 2019: 121).

따라서 변호사 등 유사직역과 탐정제도의 조화 가능성 등을 종합적으로 고려하여 제도 도입방향을 설정하는 것이 필요할 것이다. 물론 공인탐정의 업무범위와도 밀접히 맞닿아 있지만 국가자격을 근간으로 하는 공인탐정제 도입은 이해관계자(법조계)의 반

[표 8-5] 주요 국가의 탐정업 관리감독기관 현황

구분	탐정업 영위(등록/허가 등)	탐정업 관리감독
미국	자유업/신고제/허가제	위원회 (기타 주 경찰/법무부/면허부서)
영국	신고제	보안산업위원회(SIA) (내무부 소속)
독일	신고제	주정부 허가관청
프랑스	허가제	내무부 (지방장관/파리경찰청장)
일본	신고제	도도부현공안위원회

15) 대한변호사협회(2016). 「성명서」, "국민의 사생활을 침해하고 국가공권력의 염결성을 해치는 공인탐정법안을 반대한다", 2016.11.29. 내용 발췌.

발이 커 국회 본회의 상정도 못한 기존 법안의 전철을 되풀이할 가능성이 적지 않다. 일본의 경우 6만 명의 탐정이 활동하고 있으나 국가자격증이 아닌 탐정업 관련 민간자격으로 운영되고 있다(김종식, 2019).

결국, 탐정제도의 도입방식은 이해관계자와 관계 전문가의 충분한 논의를 거쳐 최적 방안을 도출하는 것이 바람직하다.

다만, 제도 도입 가능성을 높이기 위해 일본과 독일의 탐정제도와 유사하게 신고제[16]와 탐정업 등록제를 근간으로 엄격한 관리감독을 통해 탐정업의 건전성을 제고하고 탐정제도를 활성화해 나가는 것이 현실적으로 필요한 것으로 사료된다.[17] 일정한 자격요건과 기준을 갖춘 사람이면 누구나 할 수 있는 '보편적 직업'으로 육성해 나가되 시행과정에서 오류나 문제점이 노정될 시, 미국과 프랑스의 사례와 같이 면허제로 방향전환을 검토할 수 있을 것이다. 다만, 이 경우 사생활 침해 등 불법행위 차단을 위해 엄격한 관리감독과 규제를 통해 국민 피해를 최소화하는 것이 선행되어야 할 것이다.

3) 자격요건 및 결격사유

(1) 탐정 자격요건과 결격사유의 강화

공인탐정 자격을 받기 위해서는 자격시험과 함께 일정한 소정의 교육을 이수하도록 하고, 교육을 이수한 후 자격증 교부가 되도록 하여야 할 것이다. 즉, 공인탐정이 되고자 하는 자는 국가가 시행하는 공인탐정 자격시험에 합격하고 소정의 교육을 이수하도록 해야 할 필요가 있다.

외국의 탐정 자격을 보면, 미국은 대부분의 주에서 탐정 면허를 취득하기 위한 자격요건을 엄격히 설정하고 있다. 즉, 범죄경력조회 등 배경조사뿐만 아니라 조사 분야의

---

16) 신고제는 특정한 사실이나 법률관계의 존부를 행정청에 알리는 것으로 현행법상 신고에 따른 수리(受理)제도를 두어 완화된 허가제로 운영되는 사례가 많다.

17) 현실적으로 그동안 규제를 완화하는 추세에 따라 종전에 허가제 또는 등록제가 신고제로 전환되고, 종전의 신고제의 일부는 자유업으로 바뀌는 경우가 많았다. 즉, 신고제의 대부분은 약한 의미의 허가제로 사용되고 있으며, 행정기관에 필요한 관련 자료 또는 정보를 제공한다는 의미의 순수한 신고영업은 현행법상 그 예를 찾아보기 어렵게 되었다. 즉, 규제를 완화한다는 의미에서 면허제와 허가제를 등록제로, 허가제와 등록제를 신고제로, 신고제를 자유업으로 전환하게 된 가장 큰 이유는 신청을 처리할 때 행정기관의 재량이 개입할 여지를 줄이는 데에 있었던 바, 재량행사의 폭이 적어지는 순서로 보면 면허제 · 허가제 · 등록제 · 신고제로 나눠볼 수 있다. 이는 사업활동에 관한 규제를 행정기관이 행사할 수 있는 재량의 정도에 따라 구분한 것이다(정부입법지원센터, 법령입안심사기준 "인허가제도 일반론")(https://www.lawmaking.go.kr/lmKnlg/jdgStd/info?astSeq=2218&astClsCd).

경력을 근거로 탐정자격을 부여한다. 각 주정부마다 약간의 차이가 있으나 대체로 탐정 면허시험에 합격해야 하거나 일정한 경력이 있어야 하고, 범죄경력이 없어야 하며 미국 시민일 것 등을 요구한다.

영국은 2001년 「민간보안산업법(Private Security Industry Act 2001)」에서 면허제를 규정하였으나 아직 시행되고 있지 않고 탐정으로 활동하기 위해서는 국가직업인증(National Vocational Qualification: NVQ) 3등급 이상을 받도록 하고 있다. 즉, 영국은 탐정에 대한 자격시험제도를 운영하고 있지 않으며, 탐정업을 영위하기 위한 면허도 요구하지 않기 때문에 정부의 개입 없이 자율적으로 민간조사원이 활동을 하고 있다. 다만, 국가직업인증 3등급 이상의 경우, 영국 보안산업위원회(Security Industry Authority: SIA)의 면허를 발급받아야 한다.[18]

한편, 독일의 경우에는 탐정의 면허 및 자격제도 등과 관련한 법적규제 없이 「영업법」 제14조에 따른 영업등록 후 비교적 자유롭게 탐정활동을 할 수 있으며, 영업법(Gewerbeordnung) 제38조에서 감독이 필요한 업종의 하나로 탐정업이 규정되어 있다. 독일은 탐정에게 국가에서 별도의 자격요건을 요구하지 않고 있으며, 민간업체들에 의해서 자유체제로 운영되고 있다. 영업 허가를 받은 공인탐정에 대해서는 준사법권을 부여하고 필요한 경우 무기소지가 가능하도록 규정하고 있다.[19]

또한 일본의 경우에도 별도의 자격시험 없이 영업소의 소재지를 관할하는 공안위원회에 신고서를 제출함으로써 탐정업을 비교적 어렵지 않게 영위할 수 있도록 허용하고 있다. 탐정에 대한 자격요건이나 자격시험 등을 규정하지 않고 탐정업을 영위할 수 없는 결격사유만을 규정하고 있으며, 결격사유만 없으면 누구나 탐정이 될 수 있다.[20]

---

18) 종래 영국에서는 탐정이 되는데 특별한 규제나 규정은 없었다고 볼 수 있다. 탐정은 법에 대한 지식과 조사업무에 대한 전문적인 지식이 필요하기 때문에 전직 경찰이나 군인이 많은 수를 차지하고 있지만, 경찰이나 군인의 경력이 없는 사람도 탐정이 갖추어야 할 여러 지식과 기술을 가르쳐 주는 탐정 관련 교육기관이다.

국가직업인증(National Vocational Qualification: NVQ)은 모두 5단계로 이루어지는데 ① 1단계: 매일 되풀이되는 일을 할 수 있는 능력의 수준, ② 2단계: 개인이 홀로 할 수 있는 능력의 수준, ③ 3단계: 복잡한 여러 가지 일을 수행할 수 있으며, 다른 사람을 지도할 수 있는 능력의 수준, ④ 4단계: 기술이나 전문적인 능력이 필요한 일을 할 수 있고, 다른 사람을 지도하며 수단과 정보를 전달할 수 있는 능력의 수준, ⑤ 5단계: 다양한 업무환경에서 여러 가지 일을 해낼 수 있으며, 자신의 일뿐 아니라 다른 사람의 일을 계획하고, 점검할 수 있는 능력의 수준으로 구성되어 있다. 탐정자격요건은 5단계 중에서 3단계 이상을 취득하여야 한다(송상철, 2005: 115-116. https://www.sia.homeoffice.gov.uk/Pages/home.aspx).

19) https://bdd.de/blog.php

프랑스는 2012년 국내치안법(Code de la Sécurité intérieure)으로 안전 관련 법령이 통·폐합되면서 탐정 자격요건을 엄격하게 규정해 놓고 있다.[21)]

[표 8-6] 주요 국가의 탐정 자격 및 면허제도 현황

구분	주요 자격요건·시험	국가면허
미국	• 주마다 상이하나 미국 시민권 소지자로 범죄경력이 없어야 하고 수사경력, 조사보조원 경력 등 일정자격을 필요. 24개 주는 면허시험 실시	있음(46개 주)
영국	• 면허제도가 규정되었지만 시행되지 않고 있으며, 국가의 국가직업인증(NVQ) Level 3 이상을 받으면 탐정업 등록 신청 가능	없음
독일	• 전과기록 및 신용 등 결격사유가 없어야 함 • 법인에서 이론, 실무, 법률, 법과학 등을 6개월 이상 교육받은 후 법인에서 발급한 면허를 받아 활동하고, 탐정업 등록하는 경우 이 면허는 국가에서 인정하며 면허취득자에게 준사법권이 부여됨	없음

---

20) 일본 「탐정업업무의 적정화에 관한 법률」(2006.6.8. 법률 제60호)의 탐정 결격사유
1. 성년피후견, 피보좌인 또는 파산자로 복권되지 아니한 자
2. 금고 이상의 형에 처해지거나 이 법률규정에 위반하여 금고형에 정해져 그 집행을 종료 또는 집행을 받기 아니하기로 한 날부터 기산하여 5년을 경과하지 아니한 자
3. 최근 5년 간 본 법률 제15조의 규정에 의한 처분을 위반한 자
4. 폭력단원에 의한 부당한 행위의 방지 등에 관한 법률 제2조 제6항에 규정한 폭력단원 또는 폭력단원이 아닌 날로부터 5년을 경과하지 아니한 자
5. 영업에 관하여 성년자와 동일한 능력을 보유하지 않은 미성년자로 그 법정대리인이 전조 각 항목 중에 해당될 때
6. 법인에 소속된 종업원 중 위의 제1항에서 제4항까지의 각 항목에 해당하는 자가 있을 때

21) 프랑스의 2012년 국내치안법(Code de la Sécurité intérieure) 제622-7조의 탐정 자격요건은 다음과 같다.
① 프랑스 국적이나 유럽연합국가의 국적을 소지한 자 또는 조약에 의해 이와 유사한 국적을 가진 자
② 중죄나 경죄의 범죄경력이 없을 것
③ 프랑스 영토 내 체류가 가능할 것
④ 민간경비업 업무를 수행하지 않을 것
⑤ 국참사원령에 규정된 전문자격을 취득할 것
동법 〈제622-19조〉 민간조사원에게 고용되는 민간조사 보조원의 요건
① 중죄나 경죄의 범죄경력이 없을 것, 외국인의 경우는 이와 동등한 자격이 요구되며 영업이 가능한 영주권이 있을 것
② 프랑스 영토 내 체류가 가능할 것
③ 행정조사 결과 신청자의 품성이나 행동이 명예, 성실, 미풍양속에 반하거나 개인의 신체, 공공질서, 국가의 안전에 위협을 초래할 우려가 있거나 민간조사원 보조원의 역할을 수행하는 데 부적합한 경우가 아닐 것
④ 국참사원령에 의하여 직업적 능력이 부적합하지 않을 것

프랑스	• 프랑스 또는 EU 등 국적보유 및 전과기록이 없어야 하고 국내에 체류할 수 있어야 함 • 전문화 직업교육을 통해 자격 취득	있음
일본	• 탐정업을 신고제로 전환하고 탐정 결격사유를 명시하여 폭력단원 등 전과자의 탐정업계 유입을 차단할 수 있는 근거 등이 마련되어 있음	없음

출처: 국회 안전행정위원회(2016.11). 「공인탐정법안」(윤재옥 의원 대표발의, 의안번호 2002216) 검토보고서 재구성.

제20대 국회 윤재옥 의원 법안에서는 공인탐정 자격요건을 경찰청장이 실시하는 자격시험에 합격하고 일정의 교육을 이수하고, 경찰청장에게 등록하여야 한다고 규정되어 있다. 국가자격으로 공인탐정제도를 도입할 경우 면허제와 전문교육 이수, 관할관청의 등록과 지도감독은 철저히 이루어져야 한다는 측면에서 바람직한 방향이다. 동 법안에서 공인탐정 결격사유는 대체로 명확하고 구체적으로 제시되어 있다.

공인탐정이 되려는 사람은 경찰청장이 실시하는 공인탐정 자격시험에 합격하여야 하며, [표 8-7]의 결격사유에 해당하는 경우 공인탐정이 될 수 없다. 공인탐정을 보조하는 사무원 역시 [표 8-7]의 결격사유에 해당하면 사무원을 할 수 없으며 공인탐정은 이를 위반하지 않도록 지도 · 감독할 책임이 있다(법안 제5조 및 제21조).

[표 8-7] 제20대 국회 윤재옥 의원의 공인탐정법(안)의 공인탐정과 사무원의 결격사유

공인탐정	사무원
1. 19세 미만인 사람 2. 피성년후견인 또는 피한정후견인 3. 금고 이상의 형(刑)을 선고받고 그 집행이 종료(집행이 종료된 것으로 보는 경우를 포함한다)되거나 집행이 면제된 날부터 5년이 경과되지 아니한 사람 4. 금고 이상의 형의 집행유예를 선고받고 그 유예기간이 만료된 날부터 2년이 경과되지 아니한 사람 5. 금고 이상의 형의 선고유예를 받고 그 유예기간 중에 있는 사람 6. 법원의 판결 또는 다른 법률에 따라 자격이 상실되거나 정지된 사람 7. 제42조 제1항 제1호 · 제2호 · 제3호에 따라 공인탐정의 자격이 취소된 후 3년이 경과하지 아니한 사람	1. 19세 미만인 사람 2. 피성년후견인 또는 피한정후견인 3. 금고 이상의 형(刑)을 선고받고 그 집행이 종료(집행이 종료된 것으로 보는 경우를 포함한다)되거나 집행이 면제된 날부터 3년이 경과되지 아니한 사람 4. 금고 이상의 형의 집행유예를 선고받고 그 유예기간이 만료된 날부터 2년이 경과되지 아니한 사람 5. 금고 이상의 형의 선고유예를 받고 그 유예기간 중에 있는 사람

아울러 공인탐정 등록 결격사유(안 제11조)[22]를 구체화하여 명문화하고, 공인탐정업자의 업무상 의무 및 준수사항(안 제13조 내지 제26조), 준수사항 위반 등에 대하여 자격취소 및 등록취소 등의 행정처분과 벌칙규정을 두고 있는 것(안 제42조·제43조 및 제46조 내지 제48조)도 사생활 등 부작용을 방지하고 탐정업의 건전한 관리 차원에서 바람직하다.

다만, 외국의 사례를 보면 탐정 자격요건에 자국 국민일 것을 규정하고 있다. 구체적으로 미국은 각 주정부마다 약간의 차이가 있으나 미국 시민일 것을 요구하는 주가 대부분이다. 프랑스는 '프랑스 국적이나 유럽연합국가의 국적을 소지한 자 또는 조약에 의해 이와 유사한 국적을 가진 자'로 자격요건에 명시하고 있으며, 호주의 각 주정부에서도 호주 시민권자일 것을 자격요건에 규정하고 있다. 따라서 우리도 탐정업법에 '대한민국 국적 보유자'를 포함하는 게 자국민의 권익을 보호하는 데 유리할 것이다.

또한 대부분의 국가에서 기한을 정하지 않고 과거 범죄경력이 있는 자에 대해서 탐정 자격 결격사유로 명시하고 있다. 구체적으로 프랑스는 '중죄나 경죄의 범죄경력이 없을 것'을, 호주 뉴사우스웨일(New South Wales) 주에서도 중범죄(major offence)를 저지른 사람은 탐정자격을 취득할 수 없도록 하고 있을 뿐만아니라 탐정법인(사무소) 등록도 불허하고 있다.

따라서 결격사유는 국민을 상대로 하는 업무인 점을 감안한다면, 과거 중대범죄경력(살인 등)이 있거나 사회적 고비난행위 범죄경력(성폭력범죄, 사기 등)이 있는 사람일 경우 형집행 종료 기한과 상관없이 탐정자격을 부여하지 않도록 결격사유로 포함하는 것이 제도의 건전성 확보를 위해 바람직할 것이다. 탐정의 자격을 취득하기 위한 요건을 정함에 있어서는 탐정업무의 고도의 전문성과 공익적 성격, 그 조사행위의 특성을 고려하여야 할 것이므로, 탐정의 결격사유는 이러한 점을 감안하여 엄격하게 규정할 필요가 있다.

---

22) 윤재옥 의원 법안의 공인탐정 등록 결격사유

1. 공인탐정 결격사유에 해당하는 경우
2. 신체 또는 정신상의 장애로 인하여 탐정의 업무를 수행하는 것이 현저히 곤란하다고 판단되는 경우
3. 제43조 제1항 제1호·제2호·제3호 및 제2항의 규정에 따라 등록이 취소된 날부터 3년이 경과되지 아니한 경우
4. 제43조 제2항의 규정에 따라 업무정지처분을 받고 제3항의 규정에 따른 폐업신고를 한 경우로서 업무 정지기간(폐업에 불구하고 진행되는 것으로 본다)이 경과되지 아니한 자

이와 함께 제20대 국회 이완영 의원안에서 결격사유로 들고 있는 '파산선고를 받고 복권되지 아니한 사람'이 열거되어 있지 않다. 탐정자격 또는 탐정업 인허가가 가지는 공공성, 신뢰성, 인권침해 우려 및 탐정조사업무의 특수성 등을 고려해볼 때, 파산선고를 받은 경제적 곤란상태에 있는 자에게 탐정업을 허용할 경우 권한남용이나 불법행위의 우려가 적지 않다는 점에서 '파산선고를 받고 복권되지 아니한 사람'을 결격사유로 추가 규정할 필요가 있다.

또한 탐정제도가 사인에 의한 국가의 임무, 특히 경찰의 임무인 국민의 안전과 재산의 보호, 피해의 조사 및 권익보호 등의 업무를 분담하여 수행한다는 중요한 역할의 규범체계라고 할 수 있으며, 탐정조사의 특수성 등을 고려해볼 때, 「국가공무원법」 및 「경찰공무원법」 등에서 임용의 결격사유로 규정하고 있는 징계처분에 의해 파면 또는 해임처분을 받은 사람의 경우에 대하여도 탐정자격의 결격사유로 규정할 필요가 있다. 즉, "공무원으로서 징계처분에 의하여 파면된 후 5년이 경과되지 아니하거나 해임된 후 3년이 경과되지 아니한 자"의 경우에도 결격사유로 규정되어야 할 것이다.

(2) 탐정자격 검사제도 도입

탐정업의 전문성 및 공익적 성격을 고려할 때 탐정의 결격사유 존재 여부에 대한 점검시스템이 필요하다고 하겠다. 그 방법으로는 탐정자격의 유효기간을 두고 갱신신청이 있는 경우 자격검사를 하거나 필요에 따라 감독기관이 개별적으로 수시점검을 하는 제도를 고려해 볼 수 있다. 그러나 전자의 경우처럼 자격 유효기간을 설정하여 모든 자격 보유자가 탐정업 영위 여부와 관계없이 자격을 유지하고 싶은 자는 유효기간 만료 전에 갱신해야만 하도록 하는 것은 감독 소관청의 입장에서는 예산, 인력 등 또 다른 문제점을 야기할 수 있고, 정부의 규제 완화 정책에도 부합하지 않는 것이 될 것이다.

그러므로 탐정 자격자에 대한 자격점검은 탐정업 등록신청 시 및 탐정업 등록유효기간 만료에 따른 등록갱신의 신청이 있는 경우에 소관청이 직권으로 검사하는 시스템으로 방안을 마련하여 시행하도록 하는 것이 타당하다고 본다. 탐정자격에 대한 검사를 통하여 탐정의 결격사유에 해당되는 사항이 발견된 경우에는 해당 탐정에게 사실조회를 하여 사실로 확인되면 탐정의 자격취소 및 등록거부 등 조치를 취하면 될 것이다(이대선, 2019: 138-140).

또한 자격의 갱신과 보수교육도 검토되어야 한다. 매 3년 단위로 자격 갱신과 보수교육을 의무적으로 이수하도록 규정할 것을 제안한다.

(3) 탐정업등록 갱신제도의 도입

탐정업 등록의 유효기간을 법안에 명시하는 것도 필요하다. 제19대 국회 당시 윤재옥 의원안(경비업법 일부개정법안)의 경우에는 탐정업 허가의 유효기간을 5년으로 정하고, 유효기간이 만료된 후에도 계속하여 탐정업을 영위하고자 하는 법인은 갱신허가를 받도록 규정하고 있었다(동 법안 제23조). 그러나 제20대 국회 윤재옥 의원 법안에서는 갱신 관련 규정을 별도로 두고 있지 않다(이대선, 2019: 107). 탐정업 등록의 유효기간과 갱신제도를 두는 것은 관리감독이 미치지 못하는 사이에 실제로는 탐정업이 실질적으로 폐업, 휴업 상태 여부의 점검이 될 수 있으며, 탐정업을 등록받은 공인탐정에 대한 신분적 검사도 이루어질 수 있으므로 추가할 것을 제안한다.

탐정업에 있어서 유효기간 설정에 의한 탐정업 등록갱신제도는 실질적인 폐업 및 부실업체, 명의대여 기타 탈법 업체들을 정비함으로써 탐정업의 건전한 육성과 국민의 신뢰를 향상시키는 역할을 하게 될 것이다. 따라서 탐정업에 대한 소관 행정청의 관리 · 감독 강화를 위하여 탐정업 등록의 유효기간을 3년으로 하고, 유효기간 만료 후에도 계속하여 탐정업을 영위하고자 하는 경우에는 등록의 유효기간 만료일 30일 전까지 탐정업 등록갱신을 신청할 수 있도록 규정을 두어야 할 것이다.

탐정업 등록유효기간 설정과 등록갱신제도는 탐정제도의 도입과 안정적인 정착을 위한 관리감독 강화 차원에서도 반드시 필요하며, 탐정자격의 검사제도를 실행하기 위한 실효성 있는 방안으로서도 도입이 반드시 되어야 할 제도라고 생각된다. 탐정업 등록갱신제도에 의해 만일 갱신 신청이 없는 상태에서 등록의 유효기간이 만료되는 경우에는 그 등록의 효력은 당연히 상실되게 된다(이대선, 2019: 144).

미국의 탐정 면허는 많은 주에서 갱신제를 적용한다. 오클라호마 주는 2년 간의 면허기간 동안 16시간의 교육훈련을 요구한다. 아이오와 주에서는 면허유효기간 2년 동안 12시간 교육이 부과된다. 만약 12시간 교육을 이수하지 않으면 30일 간 임시면허가 발급되고 그 기간 내에 교육을 반드시 이수해야 한다. 앨라배마 주는 2년 면허 유효기간 내에 16시간 교육을 이수해야 하고, 이 중 2시간은 윤리과목으로 정하고 있다. 텍사스 주는 최소 15년의 면허를 소지한 개인 조사관이 2년마다 12시간의 교육을 이수해야 하며, 8시간은 허가받은 민간조사업 전문 분야이고, 2시간은 윤리, 2시간은 법률 및 규정에 관련된 과목이다.

캐나다 온타리오 주에서는 2년마다 탐정 면허를 갱신해야 한다. 탐정으로서 합법적으로 계속 활동하기 위해서는 적어도 만료 30일 전에 갱신해야 하며, 면허를 갱신하거나 만료된 면허를 복원하려면 주정부(Service Ontario)를 통해 신청서를 제출해야 한다. 면허가 만료된 상태에서 탐정으로 근무할 경우 법에 따라 위반 혐의가 적용되고, 유죄판결을 받은 경우 최고 25,000달러의 벌금, 최대 1년의 징역 또는 둘 다 받을 수 있다.[23)]

우리나라는 업무와 관련된 다양한 법률의 변경주기 등을 고려하여 3년 갱신제로 하고 보수교육은 변경된 법률, 위법사례, 효율적 활동요령, 새로운 기술과 응용 등을 내용으로 14시간(2일) 수준에서 편성하는 것이 바람직할 것이다[24)](이건수, 2019 재인용).

4) 탐정의 업무범위

(1) 업무범위의 명확화 필요

탐정제도 도입에 있어서 가장 핵심이 되는 쟁점은 제도 도입의 목적에 부합하고 실효성 있는 제도 운용을 위하여 그 업무범위를 어디까지로 설정해야 하는지의 문제일 것이다. 업무범위를 구체적으로 적시하여 한정적으로 열거한다면 탐정업무의 활동이 위축될 우려가 있고, 포괄적인 방식으로 규정하게 되면 해석의 여지가 많고 경우에 따라서는 지나치게 확장 해석되어 국민의 사생활 침해 등 역기능의 문제가 발생할 수 있게 된다.

탐정업은 타인으로부터 의뢰받은 사안에 대하여 정보를 수집하고 사실조사를 하여 그 결과를 의뢰인에게 제공하는 것을 업으로 하는 것으로서, 수사기관이 아닌 민간인의 지위에서 행해지는 탐정의 조사행위에 의하여 타인의 개인정보유출 및 사생활 침해 등의 불법행위가 발생할 개연성이 매우 높다고 할 수 있다. 그러므로 탐정제도의 안정적인 정착과 운영상의 역기능을 최소화하기 위해서는 탐정의 업무범위를 최대한 구체적이고 명확하게 규정할 필요성이 요청된다고 하겠다(이대선, 2019: 117).

그러나 탐정업의 업무범위를 지나치게 구체적이고 명확하게 규정할 경우, 탐정업무의 다양성과 구체적 사건에 합리적으로 대처하기 어렵기 때문에 탐정업의 업무범위는 법률에서 대강 정하고, 구체적인 업무범위는 하위법령(대통령령)으로 위임하여 이를 세분화하여 규정하는 것이 적절하다는 견해가 있다.[25)] 이는 법률개정 절차의 경직성을

23) 캐나다 온타리오 주, 민간보안 및 조사 서비스법(Private Security and Investigative Services Act 2005).

24) 김정규(2017). 공인탐정 자격운용 및 교육훈련 방안에 관한 연구, p.48.

고려하여 구체적인 업무범위의 내용은 하위법령을 통해서 탄력적으로 규정함으로써 향후 제도 운영 중 발생할 수 있는 상황변화에 적절하게 대처할 수 있도록 하자는 것이다. 그러나 탐정이 행하는 조사업무는 조사의 대상을 전제하고 있는 것이며, 이는 곧 탐정에 의한 상대방의 사생활 침해와 같은 불법행위 가능성이 항시 내재하고 있다는 것을 의미한다.

사실상 탐정의 업무범위와 영역을 명확히 설정하는 것은 현실적으로 어려운 일이다. 그러나 탐정의 업무범위를 법률에 대강만을 규정하고 시행령에 구체적 사항을 위임한다든지 정의규정을 통해 추상적이고 광범위하게 설정할 경우 사생활 침해 등 기본권 침해의 문제가 발생할 수 있고, 다른 법률에서 정하고 있는 직역과의 업무충돌의 개연성이 그만큼 높아진다고 할 수 있다. 이러한 점에 비추어 탐정의 업무범위는 최대한 구체적이고 명확하게 설정할 필요성이 요청된다.

탐정업무의 범위와 관련하여 외국의 입법사례를 보면, 각국의 사정에 따라 업무범위를 다양하게 규정하고 있다. 미국의 경우에는 주법(洲法) 등에서 업무내용을 열거하고 있는 경우에도 형법 등 관련 법률에 어긋나지 않는 한 자유롭게 업무를 할 수 있고, 프랑스는 1983년 제정된 '민간안전활동규제법'(Loi n° 83-629 du 12 juillet 1983 réglementant les activités privées de sécurité)에서 "제3자의 이익을 보호할 목적으로 정보를 수집하고 당해 의뢰인에게 제공하는 사적 조사활동"이라고 상당히 포괄적으로 규정하였다.[26]

이후 2012년 제정된 '국내치안법(Le Code de la sécurité intérieure)'에서는 "개인을 위하여 그 신분을 밝히거나 임무의 목적을 드러내지 아니하고 고객의 이익을 위하여 제3자에 관한 정보나 자료를 수집하는 업무"로 규정하고 있다. 프랑스의 탐정업무는 대상에 따라 개인과 기업 분야로 나뉘며, 개인 분야는 가족문제(간통, 이혼중 상속재산 문제, 아동에 대한 학대 또는 배우자의 폭력 등), 실종자 찾기(미성년자, 가족, 유년시

25) 강동욱(2018). "탐정제도의 법제화에 관한 소고: 20대 국회 법안을 중심으로", 『한양법학』 제29권 제2집, 한양법학회; 김승태(2014). "민간조사제도의 양성화를 위한 입법방향에 관한 탐색적 연구", 『홍익법학』 제15권 제4호, 홍익대학교 법학연구소.

26) 프랑스는 1983년 제정된 '민간안전활동규제법(Loi n° 83-629 du 12 juillet 1983 réglementant les activités privées de sécurité)'을 근거로 운영되어 오다가 2003년 '국내치안을 위한 법률'이 제정(Loi n° 2003-239 du 18 mars 2003 pour la sécurité intérieure)되면서 1983년의 민간안전활동규제법에 민간조사관에 관한 규정(제20조~제33조)을 신설하였고, 2012년 '국내치안법(Le Code de la sécurité intérieure)'을 제정을 통해 구(舊) 법률이 폐지되면서, 국가 공권력의 치안유지 권한을 대폭 강화하는 한편 탐정(민간조사)업을 포함하여 규정하고 있다.

절 친구, 피상속인 등), 결혼전 조사(미래 배우자에 대한 능력, 이중 결혼 등 여부 등 신원 검증), 채무불이행이 있으며, 기업 분야는 특허보호, 불공정 경쟁, 성적 또는 정신적 괴롭힘(moral harassment), 도난 문제, 사기, 채용전 경력사항, 고객의 채무이행능력, 산업기밀유출 등 다양하다.

영국은 「민간보안산업법(Private Security Industry Act 2001)」 제4조 제1항에서 "특정 인물 또는 그의 활동이나 소재에 대한 정보를 얻거나, 재산이 소멸된 상황 혹은 그 원인에 대한 정보를 얻기 위해 행해지는 모든 감시, 조회 또는 조사"로 다소 포괄적으로 규정하고 있다.

[표 8-8] 탐정업 업무범위 관련 주요 외국의 입법례

구분	법률 조문상 업무범위
한국 (제20대 국회 윤재옥 법안)	제3조(업무) ① 공인탐정의 업무는 다른 사람이 의뢰한 다음 각 호의 사무로 한다. 1. 미아, 가출인, 실종자, 소재 불명인, 불법행위자에 대한 소재 파악과 관련된 사실조사 2. 도난, 분실, 도피자산의 추적 및 소재 확인과 관련된 사실조사 3. 의뢰인의 권리보호 및 피해사실과 관련된 사실조사 ② 탐정업에 종사하는 자는 다른 법령에서 금지 또는 제한되어 있는 행위는 할 수 없다는 점을 유의하여야 하며, 다른 사람의 생활의 평온을 해하는 등 개인의 권리이익을 침해하는 일이 없도록 하여야 한다.
미국 (플로리다 주)	〈Florida Statues Chapter 493.6101〉 다음 사항들에 대하여 정보를 얻을 목적으로 조사하는 활동 a. 정부로부터 위임받아 범죄나 위법행위, 그리고 미국 내 주나 지역에 대한 위협행위 조사 b. 특정 사람이나 단체에 대한 신원확인, 습관, 행동, 동기, 소재 확인, 친자 확인, 친밀도, 거래, 명성, 성격 등의 파악 c. 목격자나 기타 사람들의 신빙성 확인 d. 실종자 혹은 귀속되거나 포기된 재산의 소유자 및 부동산 상속자에 대한 소재 파악 e. 분실이나 도난당한 재산의 소재를 확인해 주거나 찾아주는 활동 f. 화재, 명예훼손, 모욕, 손해, 사고, 신체장애, 부동산, 동산에 대한 침해의 원인 파악
프랑스	〈1983년 민간안전활동규제법(Loi n° 83-629 du 12 juillet 1983 réglementant les activités privées de sécurité)〉 제3자의 이익을 보호할 목적으로 정보를 수집하고 당해 의뢰인에게 제공하는 사적 조사활동 〈 2012년 국내치안법(Le Code de la sécurité intérieure) 제621-1조〉 개인을 위하여 그 신분을 밝히거나 임무의 목적을 드러내지 아니하고 고객의 이익을 보호할 목적으로 제3자에 관한 정보나 자료를 수집하여 당해 의뢰인에게 제공하는 업무. 즉 민간조사는 개인을 위한 업무로 신분을 드러내는 경우뿐만 아니라 신분을 감추고 목적을 드러내지 않고도 가능하며 주된 업무는 고객이 의뢰한 제3자에 관한 정보나 기타 자료를 수집하는 것을 의미

영국	〈Private Security Industry Act 2001〉 특정 인물 또는 그의 활동이나 소재에 대한 정보를 얻거나, 재산이 소멸된 상황 혹은 그 원인에 대한 정보를 얻기 위해 행해지는 모든 감시, 조회 또는 조사
스페인	〈de Seguridad Privada, 사설안전에 관한 법률〉 a) 사적 행동과 사실에 관한 정보와 증거의 획득과 제공 b) 형사 절차에서 적법한 자의 요청에 따른 추적가능한 범죄의 조사 c) 축제, 숙박시설, 전시회 또는 이와 유사한 장소의 감시
일본	〈탐정업 업무의 적정화에 관한 법률〉 타인의 의뢰를 받아 특정인의 소재 또는 행동에 대한 정보로서 당해 의뢰에 관계되는 것을 수집하는 것을 목적으로 면접에 의한 탐문, 미행, 잠복 기타 이들과 유사한 방법에 의해 실지의 조사를 행하고 그 결과를 당해 의뢰인에게 보고하는 업무
캐나다	〈Newfoundland and Labrador 주의 (Private Investigation & Security Services Act)〉 탐정은 고용되거나 보상을 받고 조사 및 정보를 제공하는 사람으로 정의하고, 업무범위를 다음과 같이 규정하고 있다. (i) 개인의 성격이나 행동, 또는 사업이나 직업에 관한 정보를 조사하고 제공한다. (ii) 법위반 범죄자를 조사하고, (iii) 실종자 또는 재산에 대한 조사, (iv) 임직원의 행동, 성실성 또는 신뢰도 조사와 고객에게 보고할 목적으로 사복 차림으로 조사 또는 기타 서비스를 수행한다. (v) 소매치기의 예방 또는 탐지를 위해 민간 또는 사복으로 서비스를 제공한다. 탐정은 탐정업무 수행과정에서 발급된 면허 휴대와 명함을 제외하고 제복을 입거나 배지, 방패, 카드 또는 기타 경찰과 혼동되는 표식을 할 수 없도록 규정

출처: 경찰청 자료 및 각국 법률을 토대로 재구성.

우리나라에서 역대 국회 제출 입법안은 거의 그 업무범위를 구체적인 항목으로 열거하고 있는데 반해, 주요 외국의 경우 대부분 이와 달리 업무범위에 관하여 구체적인 항목으로 열거하지 않고 있으며, 항목을 열거하고 있다고 하더라도 구체적 범위를 제한적으로 규정하기보다는 추상적이고 개괄적으로 설정하고 있다(김원중 외, 2019).

이에 비해 외국의 탐정업무범위는 다소 포괄적이고 광범위하거나 제한적으로 업무범위를 규정하고 있다. 미국의 탐정은 민·형사재판의 소송 절차와 관련된 변호사의 법률적 판단을 보조하는 증거의 발견과 수집에서부터 사소한 개인적 의뢰사항에 이르기까지 다양한 범위와 영역에서 조사·분석하는 업무를 수행하고 있다. 미국은 각 주마다 탐정이 행하는 업무범위가 동일하진 않지만 뉴욕 주, 캘리포니아 주, 펜실베이니아 주 등 대다수의 법규에서 업무범위가 거의 동일하게 규정되고 있으므로 일반적으로 규정하고 있는 공통적인 업무를 뉴욕 주의 탐정법을 기준으로 요약하면 다음과 같다. ① 미국 연방이나 주, 그리고 미국에 속한 영토에 대한 위협이 되는 범죄나 불법행위에 대한 조사, ② 특정인 또는 단체, 협회, 조직, 사회분야, 동료, 법인 등의 확인, 습관, 생활양식, 거래, 평판, 특성 등의 조사, ③ 증인이나 그 밖의 사람의 신뢰성에 대한 조사, ④ 실종자 또는 재산의 소유자 및 부동산의 상속인 등의 소재 파악, ⑤ 분실 또는 도난 당한 재산을 회복하기 위한 조사, ⑥ 화재, 명예훼손, 비방, 손해, 사고, 신체장애, 부동산이나 동산에 대한 침해의 원인 등의 조사, ⑦ 형사재판 또는 중재위원회 등에서 사용될 증거자료의 사전확보 등을 그 예로 들 수 있다(이대선, 2019: 66). 이와 같이 미국의 경우 탐정업이 사적 영역이지만 공공의 안전과 복지에 기여해야 한다는 공적인 의무가 기본적으로 주어져 있다고 할 수 있으며, 국가 및 사회에 대한 범죄에 대한 조사까지도 할 수 있도록 규정하고 있음을 알 수 있다. 미국의 탐정은 사실상 국가 및 사회, 개인 모두에게 관련된 사항에 대하여 업무수행이 가능하도록 광범위하다고 할 수 있다.

반면에 영국, 독일, 프랑스, 일본의 경우에는 탐정의 업무범위를 추상적이고 개괄적으로 규정하고 있지만 미국처럼 넓지 않고 제한적이라고 평가할 수 있다.

탐정의 업무범위를 추상적이고 개괄적으로 설정하는 경우 탐정의 업무범위가 무분별하게 넓어져 이로 인한 개인정보유출 및 사생활 침해 등과 같은 부작용이 발생할 개연성이 그만큼 높아진다고 할 수 있다. 또한 다른 법률에서 정하고 있는 유사직역과의 업무중복 또는 충돌과 같은 문제가 발생할 수 있다는 점 역시 고려할 필요가 있다고 본다. 따라서 탐정의 업무범위를 규정함에 있어서는 구체적이고 명확하게 명시하는 방식으로 할 필요가 있다고 본다.

역대 국회 입법안들은 대부분 탐정이 수행할 업무를 구체적이고 제한적으로 열거하고 있는데, 구체적으로 각 법안에 따라 그 업무범위가 차이를 보이고 있으며, 이러한 업무범위의 설정이 탐정제도 도입상의 핵심적 쟁점이 되고 있다.

기존 법안에서 제시된 업무를 열거해 보면, ① 특정인의 소재 파악 및 조사, ② 분실·도난 재산의 소재 확인, ③ 범죄 및 위법행위 조사, ④ 화재·각종 사고·손실의 원인과 책임에 관한 조사, ⑤ 사망·상해·물건의 손상의 원인과 책임에 관한 조사, ⑥ 법원 등에서 사용될 증거의 확보, ⑦ 변호사로부터 의뢰받은 자료의 수집, ⑧ 의뢰인의 피해사실 관련 조사, ⑨ 기타 대통령령이 정하는 사항 등 다양하고 매우 광범위하다.

제20대 윤재옥 의원 법안은 탐정의 업무범위를 다음과 같이 규정하고 있다. ① 미아, 가출인, 실종자, 소재 불명인, 불법행위자에 대한 소재 파악과 관련된 사실조사, ② 도난, 분실, 도피자산의 추적 및 소재 확인과 관련된 사실조사, ③ 의뢰인의 권리보호 및 피해사실과 관련된 사실조사로 설정하고 있다(안 제3조).

한편, 이완영 의원안은 공인탐정의 업무범위에 대하여 명시적인 규정을 두고 있지 않다. 그런데 동 법안 제2조(정의) 제1호에서 "공인탐정업무"란 "다른 사람의 의뢰를 받아 사람의 생사나 그 소재, 재산상 이익의 소재 또는 권리 · 의무의 기초가 되는 사실관계 등에 대하여 관련 정보를 수집하고 사실을 조사하여 의뢰인에게 제공하는 업무를 말한다"라고 함으로써 공인탐정의 업무범위를 개괄적으로 규정하고 있다.

그러나 두 법안 모두 업무내용의 추상성으로 인하여 업무범위가 구체적으로 명확하다고 보기 어렵다. 즉, '소재불명인', '불법행위자', '도피자산'등의 개념과 내용이 무엇인지, '권리보호'의 대상인 권리는 어떤 것인지 등에 대한 구체화가 필요하다고 본다. 그렇다면 법안에서 탐정업의 업무를 열거함에 그칠 것이 아니라 이에 대하여 그 내용 구체화를 위하여 시행령에서 명확히 규정하도록 위임규정을 둘 필요가 있다.

이처럼 각 법안들이 제각기 상이한 업무범위를 규정하고 있어 합의점을 도출하기가 쉽지 않은 상태이다. 탐정업의 업무범위를 너무 좁게 설정하면 제도 도입의 취지가 무색해질 수 있고, 업무범위를 광범위하게 규정한다면 개인정보 · 사생활 침해 및 다른 법률에 의한 타 직역과의 업무상충 문제 등의 우려가 있으므로 이러한 문제점을 해소하면서 탐정제도의 실효성을 확보할 수 있도록 업무범위에 대한 검토가 이루어져야 할 것이다(이대선, 2019: 120).

탐정제도는 공권력 개입의 기대가 곤란하거나 단순한 사실조사가 필요한 사안에 관하여 계약에 의거하여 탐정에게 그 사실조사를 의뢰하고 필요한 정보를 획득하여 자신의 권익을 보호하는 제도로서 그 조사행위는 아무런 법적효과가 없는 사실행위이다.

그러므로 탐정에게는 공권력작용으로서의 수사 또는 조사활동이 일체 허용되지 않는다. 탐정은 기본적으로 영리활동을 하는 개인이므로 국가기관과는 엄격히 구별되어야 하며 준수사권(準搜査權)을 인정하는 경우 권한남용의 우려가 크다는 점을 근거로 하여 탐정에게 특별한 권한을 부여할 수 없다고 하여야 할 것이다(이대선, 2019: 122).

따라서 탐정제도의 시행에 따른 시행착오를 최소화하고 다른 법률에 의한 직역과 충돌되지 않도록 업무범위를 설정하여야 할 필요가 있으며, 적절한 관리감독을 통하여 부작용을 최소화할 수 있는 범위로 설정하는 것이 바람직하다(박해주, 2014: 81). 그러나 탐정업의 업무범위를 너무 좁게 규정하면 다른 법률과의 상충문제는 해결되겠지만 탐정제도의 입법취지를 제대로 구현할 수 없게 되고, 제도시행 이후에 새롭게 등장하는 업무에 대한 대응이 어렵게 됨으로써 상황에 따라 규정 이외의 일을 음성적 · 불법적으로 하게 되는 원인이 될 수도 있으므로 적절히 업무 설정을 하는 것이 중요하다.

그래서 탐정의 조사활동은 그 조사업무의 내용과 범위가 국가기관의 직무 영역을 침해하지 아니하는 한도 내에서 이루어져야 하는 내재적 한계가 있음을 전제로 하여야 할 것이다. 다만, 초기의 법안들이 업무범위를 넓게 잡고 있는 데 비해 최근 발의된 법안에서는 좁게 잡고 있는데, 이는 대한변호사협회 및 법무부의 반발을 예상하여 업무범위를 축소한 것으로 판단된다. 그러나 유사직역의 업무범위를 침해하지 않는 범위 내에서 업무범위를 적정하게 규정해 주어야 국민의 권익보호와 일자리 창출에 기여할 수 있다는 점에서 업무범위는 가급적 광의로 하되 세부적인 업무를 구체화해 주는 방향의 입법이 필요한 것으로 사료된다.

앞서 보았듯이 외국의 탐정 또는 민간조사 업무범위는 우리나라의 기존 법안에서 제시하고 있는 업무 영역에 비하여 매우 다양한 업무를 수행하고 있는 것을 알 수 있다. 우리나라에서도 현재 논의되는 것보다 더 다양한 범위의 제도 도입 논의가 필요하다고 생각된다. 따라서 이러한 점들을 고려하여, 탐정의 업무범위를 다음과 같이 규정할 것을 제안한다.

[탐정의 업무]

① 탐정의 업무는 다른 사람이 의뢰한 다음 각 호의 사무를 수행한다.

i) 미아, 가출인, 실종자, 도피한 불법행위자 등 소재 불명인에 대한 소재 파악과 관련된 사실조사

ii) 도난, 분실, 은닉자산의 추적 및 소재 확인과 관련된 사실조사

iii) 의뢰인의 권리보호 및 피해사실과 관련된 사실조사

iv) 증인의 소재 파악 및 증거수집과 관련된 사실조사

v) 기타 개인에 관한 정보 중 사생활 침해나 개인정보 유출 등 관계 법령을 위반하지 아니하는 범위 내에서 대통령령이 정하는 사항

vi) 사람의 사망 · 상해, 교통사고, 물건의 멸실 · 훼손 등 각종 사고의 원인 및 책임의 조사

vii) 변호사가 수임한 사건과 관련하여 해당 변호사로부터 의뢰받은 자료의 수집 및 조사

② 전 항의 규정에 의한 업무의 구체적인 내용과 범위 및 방법은 대통령령으로 정한다.

향후 법제도 도입 이후 탐정의 업무내용이 사회질서 및 공공의 이익에 부합하고 그 활동의 객관성이 보장된다는 사회적 합의가 도출될 경우 추가적으로 탐정에게 일정한 수준의 권한부여와 업무범위 조정이 논의될 수 있을 것이다.

5) 관리감독기관: 탐정업 및 탐정 자격 관리감독기관

탐정업의 관리 · 감독에 대한 소관 부처 논쟁은 그간 탐정업법 입법 지연을 가져온 핵심 이유라 할 수 있다. 외국의 경우 정부기관 주도로 엄격히 하는 나라는 영국, 프랑스, 일본 등으로, 영국은 내무부 산하의 독립적 기구인 보안산업위원회(SIA)를 두어 탐정업을 관리 · 감독하고 있다. 프랑스의 경우는 탐정업을 포함한 민간경비업 전반에 대한 관리감독을 내무부에서 담당하며, 실제적으로는 수도인 파리에서는 경찰청장이, 그 밖의 지역에서는 지방행정기관의 장(지방방관)이 탐정업 인가나 영업소 개설 허가 및 허가취소 등의 권한을 행사한다. 일본은 탐정업에 대한 관리감독을 총리 산하의 경찰감독기구로서 공안위원회가 담당하지만 실무에 있어서는 경찰이 그 역할을 하고 있다. 한편, 미국은 탐정업 관련 법규를 가지고 있는 42개 주 중 7개 주는 주경찰이, 그 외의 주는 별도의 위원회나 면허관리 부서에서 탐정업에 관한 자격증 심사 및 발급 등의 관리를 담당하고 있다.

탐정업은 계약자인 의뢰인과 조사대상자에 대한 법익침해, 서비스 분쟁, 수사 · 사법기관과의 마찰에 따른 공무집행방해 등의 가능성이 내포되어 있기 때문에 적합성 측면을 고려해 볼 때 현장성과 광범위성이라는 특성에 따라 전국적인 조직망을 갖추고 있는 경찰이 관리감독기관으로 정해지는 것이 바람직하다(이대선, 2019: 152).

탐정업의 주요 업무가 실종자 소재 파악과 사람의 사망 및 상해 등 피해원인을 조사하고 범죄 발견 시에는 경찰에 신고해야 하는 등 경찰의 업무와 밀접한 관련성이 있으며, 외국의 경우도 탐정업과 민간경비업 등의 업무수행이 경찰의 감독 하에 종합적으로 이루어지고 있는 점을 고려할 필요가 있다.

「정부조직법」상 주어진 업무와의 연관성을 고려할 때도, 치안에 관한 사무를 관장하기 위하여 행정안전부 장관 소속 하에 경찰청을 두고 있으며(법 제34조 제5항), 「경찰법」 제3조에 규정된 국가경찰의 임무[27]와 탐정의 업무범위로 논의되고 있는 소재 불명

27) 국가경찰의 임무는 「경찰법」 제3조에서 국민의 생명 · 신체 및 재산의 보호, 범죄의 예방 · 진압 및 수사, 범죄피해자 보호, 경비 · 요인경호 및 대간첩 · 대테러 작전 수행, 치안정보의 수집 · 작성 및 배포, 교통의 단속과 위해의 방지, 외국 정부기관 및 국제기구와의 국제협력, 그 밖의 공공의 안녕

인에 대한 소재 파악, 도난·분실·은닉자산의 소재 확인과 관련된 조사, 의뢰인의 피해사실과 관련된 조사, 증인의 소재 파악 및 증거수집과 관련된 조사 등의 업무는 국가경찰의 임무인 "국민의 생명·신체 및 재산의 보호, 공공의 안녕과 질서유지"의 업무와 중첩된다고 볼 수 있다.

따라서 탐정제도가 도입되어 신속한 안착과 목적에 맞는 제도의 운영, 그리고 탐정업의 효율적인 관리감독을 위해서는 전국적인 조직력을 보유하고 있고, 민간보안산업의 영역인 경비업을 관리감독하고 있는 '경찰청'이 탐정업의 관리감독을 위한 소관 행정청으로서의 역할을 수행하는 것이 합리적이라는 데 대체로 의견이 모아지고 있다.

다만, 법무부와 적절한 업무분장을 검토할 수 있는 바, 탐정업을 관리감독하는 소관부처와 관련된 논쟁을 합리적으로 해소하기 위하여 탐정 자격시험 및 교육, 관리감독 주무부처는 업무연관성이 높고 전국적인 조직·인력 및 현장 대응역량을 갖춘 경찰청이 담당하되, '탐정 자격제도 운영위원회' 소위원회로 탐정의 위법 부당한 사항에 대한 징계를 결정하는 '탐정 징계 소위원회'를 두고 그 위원은 법무부에서 추천한 인사로 구성하여 탐정업 수행의 공정성과 합법성을 보다 강화할 것을 제안한다. 제20대 국회 윤재옥 의원안 제8조에 공인탐정 자격제도 운영위원회 구성에 "법무부 장관이 추천하는 자를 위원의 2분의 1 이상이 되도록 하여야 한다"는 규정이 있어 양 기관간 협조관계를 형성한다는 측면에서 관리감독은 경찰청이, 벌칙 등 징계사무는 법무부 추천인사가 담당하게 함으로써 탐정제도 운영 관련 책임과 권한을 나눠갖는 방안이 될 수 있을 것이다.

6) 시험 및 교육훈련

탐정의 전문적인 업무수행과 자질향상을 위해 시험과 교육훈련을 체계적으로 실시하는 것은 반드시 필요하다. 외국 탐정제도에서도 시험과 일정 주기로 교육훈련을 의무적으로 이수하도록 하고 있다. 탐정 면허 발급을 위해서 자격시험제도를 운영하는 나라는 미국이 대표적이며 영국은 시행을 준비하고 있다. 프랑스는 자격시험 대신 전문화 직업교육을 통해서 자격 취득이 가능하다. 즉, 국가가 관리하는 지역 면허발급 및 감독위원회에서 발급해주는 탐정 면허의 취득과 등록을 통해 탐정으로 활동할 수 있는 전문기술과 역량을 갖추고 있다는 것을 증명해야 하는데, 면허취득과 등록은 전문화

과 질서유지로 규정하고 있다.

직업교육을 통해서 가능하다. 독일과 일본은 영업신고와 등록을 통해 민간조사업을 영위할 수 있어 기본적 자격요건만 충족되면 별도의 자격시험이나 교육없이 탐정으로 활동이 가능하다.

제20대 국회 윤재옥 의원 법안 제6조에 공인탐정 자격시험을 1차 시험과 2차 시험으로 구분 실시하고 필요한 범위 내에서 인성 · 적성검사를 병행할 수 있고, 시험의 응시자격 · 시험시기 · 시험과목 및 시험방법 등에 필요한 사항은 대통령령으로 정한다고 규정하고 있다. 이어 제7조에 1차 시험의 면제대상을 경찰공무원, 검찰청, 국가정보원, 군수사기관 직원 중 수사 · 정보 등 유사업무 종사 경력이 10년 이상인 자, 특별사법경찰관리로서 수사업무 종사 경력이 10년 이상인 자로 들고 있다.

이 경우 관련 석 · 박사학위를 취득하고 일정 기한 이상 탐정 관련 업무에 종사한 사람과, 법제정 이전에 기존 민간자격으로 탐정자격을 취득한 사람들의 경우 법시행 이후에 한시적 유예조치를 취하여 1차 시험면제가 가능하도록 함으로써 탐정업의 직업시장을 활성화하고 일자리 창출을 확대하는 것이 필요하다고 사료된다. 이에 시험의 일부면제 관련 규정을 다음과 같이 확대 · 검토할 것을 제안한다.

① 다음 각 호의 어느 하나에 해당하는 사람은 1차 시험을 면제한다.

1. 경찰공무원, 검찰청, 국가정보원, 군수사기관 직원 중 수사 · 정보 등 유사업무 종사 경력이 10년 이상인 사람
2. 「형사소송법」 제197조의 특별사법경찰관리로서 수사업무 종사 경력이 10년 이상인 사람
3. 「고등교육법」에 따른 국내 · 외 대학에서 탐정 관련 전공 학사학위를 받은 후 탐정 관련 업무에 7년 이상 종사한 경력이 있는 사람
4. 「고등교육법」에 따른 국내 · 외 대학원에서 탐정 관련 전공 석사학위를 받은 후 탐정 관련 업무에 5년 이상 종사한 경력이 있는 사람 또는 박사학위를 받은 후 탐정 관련 업무에 3년 이상 종사한 경력이 있는 사람
5. 본 법 시행 이전 자격기본법에 따라 경찰청이 소관 부처로 심사 등록하는 민간자격으로서 한국직업능력개발원이 인가하는 '탐정(민간조사원) 자격'을 취득한 후 탐정 관련 업무에 7년 이상 종사한 경력이 있는 사람 등을 면제대상으로 해야 할 것이다.

② 제1항에 해당하는 사람의 근무부서, 경력 산정방법 등에 관하여 필요한 사항은 대통령령으로 정한다.

또한 자격시험의 관리에 관한 업무를 「한국산업인력공단법」에 따른 한국산업인력공단에 위탁하는 것도 전문성을 제고하는 차원에서 검토해 볼 필요가 있다.

7) 권한과 의무 및 처벌·벌칙의 조화와 균형 유지 필요

합법적인 범위 내에서 정당하게 탐정업무가 이루어지면서 이를 통해 국민의 권익이 증진될 수 있도록 법적 기반을 마련하기 위해서는 탐정업 관리 및 직업윤리 규정과 처벌규정을 명문화하고, 합리적인 관리감독을 구체화해야 할 것이다. 탐정업법 입법에 있어서는 탐정업체와 공인탐정 등의 책임과 의무를 명확히 규정하고, 규정을 위반하는 경우에는 이에 상응하는 징계나 벌칙이 엄격히 가해지도록 함으로써 합리적인 통제가 이루어지도록 하여야 할 것이다.

윤재옥 의원안에서 보면, 행정조치와 행정형벌의 규정을 두고 있다. 경찰청장은 일정한 위반사항이 있는 경우 탐정에 대하여는 자격취소, 자격정지 등의 조치를, 탐정업자에 대하여는 탐정업의 등록취소, 영업정지 등의 조치를 취할 수 있다. 그리고 비교적 경미한 법규 위반의 경우에는 과태료를 부과·징수할 수 있도록 하고 있다. 한편, 중요한 의무위반의 경우에는 행정형벌로써 징역 또는 벌금에 처하도록 벌칙규정을 두고 있으며, 이 경우 양벌규정이 적용되도록 하고 있다.

탐정제도 도입을 위한 입법에 있어서 탐정 및 탐정업자의 책임과 의무를 명확히 규정하고, 규정을 위반하는 경우 이에 상응하는 징계나 벌칙이 엄격히 가해지도록 사전·사후적 통제방안이 확립되어야 할 필요가 있다. 유럽연합(EU)의 경우에도 탐정업을 포함한 민간안전산업에 대한 규제시스템이 더욱 정교하게 발전되고 있는 추세이다.[28] 또한 탐정법규가 형법 등 일반법에 대하여 특별법이라는 점에서 형벌을 강화하여 규정할 수 있어야 하며, 중요 범죄에 대해서는 벌칙과 함께 징벌적 배상제도 도입도 검토할 필요가 있다고 하겠다.

28) 구체적으로 EU 회원국 26개국을 대상으로 민간안전산업 분야에 대한 규제장치를 면허제, 법제화 정도, 자격시험제도, 전문교육, 전문협회 보유 등의 평가항목을 토대로 조사한 결과, 벨기에가 가장 엄격한 규제장치를 두고 있는 반면, 체코가 가장 낮은 수준의 규제장치를 운용하고 있었다 (Button & Stiernstedt, 2018: 398-414).

제4절 결어

탐정업법 제정은 입법정책적 차원에서 더 이상 미뤄서는 안 되는 시대적 과제다. 다만, 향후 공인탐정 도입방식, 업무범위, 탐정활동 과정에서 사생활 침해 등 부작용 방지, 그리고 효과적인 관리·감독방안에 대한 보다 심도있는 논의와 사회적 공론화를 거쳐 합리적인 탐정업법 제정이 이루어져야 할 것이다.

주요 이해관계 주체인 법무부·경찰청·대한변호사협회 등 유관기관·유사직역단체 등과의 협의체 운영도 필요하다. 변호사와 탐정은 직무에 있어 상충이 아닌 협조자의 관계가 되도록 방안을 모색하여야 한다. 즉, 변호사는 소송대리와 관련한 업무, 탐정은 소송에서 필요한 증거의 수집 및 사실조사 영역으로 구분지어 볼 수 있다.

자격요건과 결격사유와 관련하여 범죄경력자의 경우 탐정자격 미부여·사생활 침해와 밀접한 관련이 있는 범죄경력자이거나, 사기범죄 및 성폭력범죄 경력자, 공무원이었던 경우 파면처분을 받고 일정 기간이 경과하지 아니한 자 등에 대한 결격사유 강화가 필요하다. 또한 탐정의 수집·조사 제한사항 강화, 불법행위 인지 시 신고의무 등도 공론화 과정을 통해 입법정책적 논의가 충실히 이루어져 합리적인 방안이 도출될 수 있기를 기대한다.

앞서 살펴보았듯이 탐정업은 신규 일자리 창출의 대표적 직업으로 분류되어 있다. 우리나라만 제외한 OECD 국가 전체가 탐정제도를 보유하고 있는 점을 감안할 때, 법률 소관 기관의 주체 문제로 입법이 지연되고 있는 것은 국민의 권익을 방기(放棄)하고 있는 것이라 하겠다.

더 이상의 입법 지체는 국가 수사력이 개입할 수 없는 장기 실종사건·미제사건·민사소송 등에 대한 국민 권익침해를 야기하여 국민적 저항을 불러올 수 있을 뿐만 아니라 신규 일자리 창출을 가로막아 경제 활성화를 둔화시켜 국가경쟁력 약화를 초래할 수 있다.

따라서 세계적 흐름과 시대적 수요, 국민적 필요성에 비춰볼 때 조속한 시일내 법제화되는 것이 마땅하다. 민생경제 활성화 및 신규 일자리 창출 차원에서 이제는 입법이 필요하다는 사회적 공감대가 폭넓게 형성되어 있기에 이해관계자들 간의 합의와 정책적 의지가 더해져 조속한 시일 내 법제화가 실현되기를 기대한다.

CHAPTER

09

탐정의 조사과정

제1절 탐정조사의 의의 및 과정 이해

1. 탐정조사의 의의 및 일반적 과정

1) 조사과정의 의의

조사는 질문에 답하거나 문제를 해결하는 사실 정보를 조사, 연구, 검색, 추적 및 수집하는 것이다. 조사에 참여하는 사람은 정보수집가이므로 사용 가능한 정보를 기반으로 가설을 세우고 결론을 내려야 한다. 즉, 조사과정은 정보수집, 논리 적용 및 건전한 추론을 포함하는 포괄적인 활동이다.

조사의 최종 결과는 사건이나 문제가 과거라면 어떤 일이 일어났는지, 문제가 현재라면 무슨 일이 일어나고 있는지에 대한 사실적 설명을 제공한다.

수사 및 조사과정은 형사사법 및 보안 분야에만 국한되지 않는다. 조사는 사회의 거의 모든 영역에서 이루어지는 활동이다. 예컨대, 학자는 연구과정에서 조사를 하고, 징계 문제에 직면한 감독자, 골동품 감정사도 조사를 하고 있는 것이고, 의사 역시 질환의 원인을 조사하는 것이다.

대부분의 조사와 마찬가지로 형사사법기관의 경찰이나 탐정을 포함한 민간보안요원의 조사 역시 그 과정은 대개 유사한 공통점을 갖고 있다. 조사의 기술은 각 조사 영역별로 다르지만 그 기본과정은 대체로 정보수집, 논리의 적용 및 건전한 추론 사용, 조사 결과를 토대로 한 문제 해결 방안 도출 및 제안 등을 포함한다. 또한 조사과정에는 조사자의 직관, 운, 직감 등도 포함된다.[1)]

보안 산업과 관련한 조사과정은 문제 해결 지향적이다. 조사의 목적은 개인이나 조직이 당면한 사건 또는 조치와 관련하여, 또는 조직 목표를 달성하기 위해 질문에 대한 답변을 찾는 것이다. 결국 조사과정의 구체적인 방식은 무엇을, 누가, 어디서, 언제, 어떻게, 왜에 대하여 사실에 기초한 답변을 구하는 것이다.

대부분의 조사과정은 정보수집에서 시작한다. 이 정보 및 자료 수집은 의사소통 및 관찰을 기반으로 한다. 6하 원칙에 기초한 여섯 가지 기본 조사 질문에 대한 답변은 의

1) Sennewald, Charles A. & John K. Tsukayama(2015). *The Process of Investigation: Concepts and Strategies for Investigators in the Private Sector*, Fourth Ed., Butterworth-Heinemann publications, Elsevier Inc., p.3.

사소통을 통해 개발된다. 즉, 서면 또는 구어에 의한 의사소통 또는 관찰 등을 통해 물리적 증거를 확보하는 것이다.

탐정조사는 다양한 방법을 동원한 관찰에 의해 이루어진다. 몇 가지 예를 들자면 DNA 분석, 법의학 컴퓨터 데이터 검사, 지문 채취, 고속 및 저조도 비디오 촬영, 문서 분석과 같은 분야의 과학 기술은 현대 조사의 관측 측면에서 중요한 역할을 한다.

이 같은 정보수집 및 분석 기술을 동원하여 수집된 정보와 자료의 정확성을 기하는 것과 함께, 인간의 관찰 능력에 기초한 탐정의 종이 기록 역시 유용한 정보의 수집방법이다. 컴퓨터에 대한 지나친 의존은 장시간의 정전이나, 심각한 하드 드라이브 충돌 및 컴퓨터 바이러스가 공격하면 전체 정보가 손실되기 때문이다.

탐정의 조사는 사실 정보를 수집, 구성, 분석 및 제시하는 것이다. 이를 위해 온라인 조사를 수행하고, 산더미 같은 서류를 파헤치고, 화상회의를 개최하고, 멀티미디어 프레젠테이션을 준비하거나, 기타 모든 수단을 사용할 수 있어야 한다.

탐정은 보고, 만지고, 냄새 맡고, 듣는 등 모든 관찰방법을 동원하여 훨씬 더 광범위한 중요한 정보를 수집할 수 있다.

탐정은 관찰의 힘을 동원하여 답을 구하고 문제를 푸는 데 전문적 능력을 발휘해야 한다. 일반적으로 현대 조사기술에 의존하지 않은 초기의 전문적인 조사관은 예리한 관찰, 상식 및 건전한 비판적 분석에 기초하여 사건 해결을 주도했다. 범죄사건 수사나 조사에서 가장 정교한 상식, 전문적인 회의론, 진실에 도달하려는 탐정의 끈질긴 시도가 결합되지 않는 한 기술은 쓸모가 없다.

따라서 조사는 상당한 창의적 상상력을 필요로 하는 창의적 과정이자 상상의 과정이다. 조사자가 이용할 수 있는 모든 현대적 기술 지원에도 불구하고, 기술이 무엇을 할 수 있는지에 관계없이 성공적인 조사자의 상상력과 창의력이라는 타고난 재능을 대체할 수 없다. 사건 재구성이든, 의사소통이나 관찰에 의한 정보 개발이든, 전체 조사과정은 본질적으로 과학적이고 창의적인 과정이다.[2)]

---

2) Sennewald, Charles A. & John K. Tsukayama(2015). *The Process of Investigation: Concepts and Strategies for Investigators in the Private Sector*, Fourth Ed., Butterworth-Heinemann publications, Elsevier Inc., pp.6-8.

2) 조사의 목적과 유형 및 조사서비스 수요자

(1) 조사 목적

조사의 목적은 다음과 같다.[3]

- 공정하고 체계적·전문적으로 정보를 수집한다.
- 조사의 고유한 목적을 가장 잘 충족시키는 방식으로 모든 결과를 문서화한다.
- 진실을 밝히기 위한 공식 조사과정에 참여하여 실체적 진실을 밝힌다.
- 잠재적으로 사실적 보고서, 데이터 분석 및 해석, 또는 시정 조치에 대한 권장사항을 생성한다.

(2) 조사 유형

대체로 EU 회원국 및 선진 외국에서 민간 보안 영역의 탐정조사는 각종 범죄행위나, 법위반 행위, 위법행위 또는 위법행위의 혐의에 대한 조사, 감시 수행, 정보 탐색 및 획득 등의 업무를 수행하고 있으며, 탐정면허를 취득한 개인과 탐정회사가 이 같은 조사서비스를 제공하고 있다.

(3) 탐정 조사서비스 수요자

EU 회원국 및 선진 외국에서 전문탐정들은 다양한 조사에 참여하고 있다. 탐정은 다음 사람이나 조직을 대신하여 조사서비스 업무를 수행하고 있다.

- 개인
- 변호사 및 법률회사
- 보험회사
- 기업
- 정부 및 공공기관
- 전문협회 및 규제기관
- 지방 및 국외 조사관

---

3) Alberta Ministry of Justice and Solicitor General(2012). *Alberta Professional Investigator Training Course, Participant Manual*, p.172.

3) 조사 전문성 교육훈련의 필요성

조사 지식과 기술의 습득은 단일 교육으로는 달성될 수 없다. 조사를 성공적으로 수행하기 위한 기술은 핵심 조사 원칙과 조사방법에 대한 이해와 습득에 달려 있다고 할 수 있다. 그러나 성공적인 조사는 관련 법률에 대한 이해와 적법한 범위 내에서의 조사 수행, 효과적인 의사소통과 조사보고서 작성, 그리고 탐정의 직업윤리준수 등이 함께 결합할 때 달성가능한 것이다.4)

이 장에서는 탐정의 전문 조사에서 발견되는 다양한 문제를 살펴보고, 다음과 같은 측면의 이해를 증진하는 데 목표가 있다.

이 장은 탐정의 조사과정과 조사방법에 대하여 다음과 같은 이해를 가능하게 할 것이다.

- 탐정에게 조사의 기본, 즉 나중에 증거가 될 수 있는 정보수집방법을 이해한다.
- 누가 탐정의 조사서비스를 고용하고, 왜 그렇게 하는지 살펴본다.
- 탐정이 전문적이고 공정하고, 논리적이며 효과적인 방식으로 조사에 접근하는 방법을 살펴본다.
- 조사자가 잠재고객이 누구인지 이해하고, 그들의 요구를 명확히 할 필요성은 어디에 있는지 이해한다.
- 조사 목표 및 계획을 수립하기 위해 고객의 목적을 식별할 필요성에 대해 이해한다.

이 장을 완료하면 다음 사항에 대한 이해와 활용이 가능할 것이다.

1. 오픈 소스 정보에 접근하는 방법 이해
2. 잠재적 파일이 탐정 및 탐정업체의 조사권한(직업 관할권)에 속하는지 여부에 대한 결정능력 배양
3. 조사범위의 이해
4. 공개적으로 접근 가능한 공개정보소스를 사용하는 방법 이해
5. 조사 파일 관리의 기본 개념 이해
6. 자료의 목표 및 목표를 올바르게 식별하는 방법 이해
7. 조사를 위한 운영 계획 개발방법에 대한 이해

---

4) Alberta Ministry of Justice and Solicitor General(2012). *Alberta Professional Investigator Training Course, Participant Manual*, pp.168-169.

8. 정보의 잠재적 출처 결정방법 이해
9. 정책 및 법률이 조사범위에 미치는 영향 설명
10. 사례연구에 적용되는 법률, 정책 및 절차의 해석과 적용에 대한 이해
11. 사람이나 자산을 찾기 위한 적절한 전략 이해
12. 사례연구를 이용하여 조사와 관련되거나 관련없는 사실을 결정하는 방법 이해
13. 사람에 대한 배경조사를 수행하기 위한 적절한 전략 이해
14. 사례 관리를 위한 적절한 기술 이해
15. 비디오 및 오디오 녹음장치를 사용하기 위한 적절한 기술 및 법제도 이해
16. 비밀 출처를 관리하는 방법 이해
17. 사례연구를 사용하여 적법한 법규 및 규제범위 내에서 합법적인 문서 증거수집 방법에 대한 이해
18. 조사자의 산업과 관련된 전문 분석 보고서(예: 재무, 의료)에 대한 해석방법에 대한 이해
19. 증거 연속성 유지의 중요성 이해
20. 관련 증거 유형을 압수 및 저장하는 방법 이해
21. 인지 인터뷰의 핵심 요소 설명
22. 인터뷰 계획방법 시연
23. 피의자 또는 조사 응답자와 비암시적(non-suggestive) · 비주도적(non-leading) 인터뷰를 수행하는 방법 이해
24. 공식적인 진술을 하기 위한 적절한 기술 이해
25. 인터뷰를 진행하는 동안 녹음 장비를 사용하는 적절한 기술 숙지
26. 민간조사에서 합법적인 은밀한 감시의 목적 달성을 위한 기술의 사용 및 구성 요소, 적용되는 법률 및 활동의 제한사항에 대한 이해
27. 건물, 차량 및 사람에 대한 대면 감시를 수행하기 위한 적절한 방법
28. 감시 수행방법을 지시할 수 있는 감시에 대한 고객이나 기관의 규칙 식별
29. 사람들에 대한 은밀하고 움직이는 감시를 수행하는 방법 이해

2. 조사의 원칙과 절차

1) 조사의 일반적 원칙과 조사계획 작성5)

(1) 탐정조사의 일반적 원칙

조사의 초점, 전략 및 목표가 크게 다를 수 있지만 모든 조사를 안내하는 일반적인 원칙은 다음 사항이 포함된다.

- 전문적인 프로세스를 따르고 철저히 문서화한다.
- 조사는 적법하고 투명하며 전문적인 방식으로 수행해야 한다.
- 조사는 선입관(bias)이나 편견(prejudice) 또는 가정(assumption) 없이 객관적인 방식으로 수행해야 한다.
- 의사결정 및 핵심 조사 전략은 건전한 전문적 판단에 의해 뒷받침되어야 한다.
- 합리적인 판단을 위해 일반적으로 탐정이 접하게 되는 세 가지 유형의 자료가 있다.
  1. 사고 · 사건의 신고 자료
  2. 부정행위의 의심 또는 주장 관련 자료
  3. 준법 위반의 의심 또는 주장 관련 자료

탐정은 이들 자료들을 종합적으로 조사하여 사건의 실체적 진실을 파악하는 합리적 판단을 해야 한다.

(2) 탐정의 조사계획 작성

탐정은 보고서에 응답하거나 고객 또는 기타 제3자의 요청에 응답하거나 일부 상황 및 맥락에서 스스로 주도적으로 행동할 수 있다.

전문적인 경험, 성실성, 상식 및 건전한 판단을 바탕으로 탐정은 일반적으로 다음과 같은 조사계획을 수립하여 새로운 조사를 시작한다. 조사과정에서 사건을 조사하기 위한 조사계획은 다음과 같은 형식으로 구성된다.

- 조사의 목적이나 목표를 식별한다. 예를 들면 다음과 같다.
  - 협의 또는 소송을 뒷받침할 증거수집을 위한 조사

5) Alberta Ministry of Justice and Solicitor General(2012). *Alberta Professional Investigator Training Course, Participant Manual*, pp.21-22.

- 데이터 또는 증거의 단순 수집을 위한 조사
- 조사대상 사건의 규정 준수 여부 또는 비공식적으로 문제 해결을 돕기 위한 조사
- 문제를 해결하는 데 도움을 주기 위한 조사
- 미래의 위험을 완화하기 위한 조사
- 기타

• 조사범위를 명확히 한다.
• 조사 결과 산출물 및 조치에 대한 예정된 일정을 확인한다.
• 잠재적인 도전과제 및 극복방법을 구분·정리한다.
• 필요한 자료원을 구분한다.
  - 어떤 데이터 소스에 접근해야 하는지
  - 특수 장비가 필요한지
  - 특별한 조사 전략과 기술이 필요한지
• 예산을 확인한다.
• 보고를 위한 일정표(timeline)를 짠다.

2) 조사 착수 단계의 절차

일부 조사는 크고 복잡해질 수 있지만 조사처리 절차는 일반적으로 비슷한 패턴을 따른다. 조사는 대부분 다음 두 가지 방법 중 하나로 시작된다.

1. 탐정이 사건의 관찰 또는 보고를 기반으로 조사를 시작하거나, 또는
2. 탐정은 제3자(내부 또는 외부 인사)로부터 조사의뢰를 받아야 한다.

과제를 받으면 조사가 본격 시작되기 전에 탐정은 조사 첫 단계에서 일반적으로 다음 사항을 구체화한다. 조사계획 수립과 조사과정에서 발생할 수 있는 위험관리를 구체화하는 것이다.

1. 조사의 목적 또는 목표 식별
   • 혐의 또는 소송을 뒷받침할 증거수집을 위한 조사
   • 데이터 또는 증거의 단순 수집을 위한 조사
   • 조사대상 사건의 규정 준수 여부 또는 비공식적으로 문제 해결을 돕기 위한 조사
   • 문제를 해결하는 데 도움을 주기 위한 조사
   • 미래의 위험을 완화하기 위한 조사

- 기타

2. 조사범위
3. 인도물/조치의 예정된 일정
4. 잠재적 도전과 극복방법
5. 필요한 자원
   - 접근해야 하는 데이터 소스
   - 특수 장비 필요
   - 특별한 수사전략과 기법 필요
6. 예산
7. 보고 일정

실용적인 측면에서 초기 사건접수 단계에서는 다음 정보를 문서화하는 것이 포함된다.

- 고객 연락처 정보
- 조사할 내용 요약
- 조사대상 개인 또는 위치의 세부 정보
- 예산
- 조사 추진일정(timeline)
- 보고 일정 및 선호하는 조사방법

제2절 탐정조사의 문제 및 장애요인 극복방안

1. 탐정조사의 일반적인 문제 및 조사도구

1) 탐정조사에서 해결해야 하는 일반적인 문제

탐정이 조사에서 해결해야 하는 일반적인 문제는 다음 사항이 포함될 수 있다.

- 목적, 목표, 일정 및 예산의 완전한 이해
- 클라이언트와 지속적이고 명확한 커뮤니케이션 확보

- 무엇이 가능하고 합법적인지에 대한 고객의 기대치 관리
- 조사를 수행하거나 종료하는 데 필요한 정확한 최신 정보 또는 사용 가능한 정보의 부족
- 자신의 기술, 지식 및 자원의 한계 인정

조사를 계획하고 수행할 때 전문탐정은 조사가 철저하게 이루어졌는지 확인하기 위해 자신과 동료에게 일련의 주기적인 질문을 던져야 한다.

"조사가 전문적으로 수행되고 있으며, 법원이나 재판소, 청문회와 같은 객관적인 외부 조사를 견딜 수 있는가?" 일반적으로 전문탐정은 누가, 무엇을, 언제, 어디서, 왜, 어떻게 했는지 조사를 통해 객관적이고 공정하며 윤리적인 방식으로 밝히고, 객관적인 사실에 기초하여 보고서를 작성해야 한다.

2) 조사의 인지 장애를 초래하는 요인들

좋은 전문탐정이 되기 위해서는 특별한 마음가짐이 필요하다. 여기에는 다음과 같은 지식이 포함된다.

- 인지적 실수가 조사의 성공을 어떻게 방해할 수 있는지 이해 필요
- 조사자의 개인적인 감정, 편견 또는 과거 경험이 조사에 의식적 또는 무의식적으로 영향을 미칠 수 있는 방법 이해
- 내담자의 압력 또는 기타 외부 영향이 조사가 인식되거나 수행되는 방식에 영향을 미칠 수 있는 방법 이해

훌륭한 탐정은 사람의 유죄와 결백을 지적할 수 있는 증거를 구체화하여 수집하고 기록한다. 오이스터부르크와 워드(Osterburg & Ward, 1997)에 따르면 조사 사고방식(investigative mindset)은 선견지명을 제공하고, 수완 있는 탐정에게 통찰력을 줄 수 있다. 의심은 지식에 매우 중요하기 때문에 아무것도 믿지 않고 모든 것을 경계하는 것이 중요하다.[6)]

다른 전문가에 따르면, 우리의 눈은 종종 그들이 찾는 것만 보고 이미 우리 마음에 있는 것을 찾는다. 우리가 보고 있는 것을 더 많이 보고 기억하기 위해 공동의 노력을

---

6) Osterburg, J. & R. Ward(1997). *Criminal investigation: A method for reconstructing the past*. 2nd ed. Cincinnati: Anderson, p.361.

기울임으로써 관찰력을 훈련하는 것이 가능하다. 따라서 보통 평범한 사람은 무언가를 볼 수는 있지만 실제로는 보지 못하고 방금 본 것을 자세히 설명할 수 없다. 반면에 훈련된 관찰자는 특히 그것이 조금이라도 의심스럽거나, 이상하거나, 적절하지 않은 경우 어떤 것도 놓치지 않으려고 노력할 것이다.7)

탐정은 경미하고 중대한 사건을 포함하여 조사를 수행할 때 조사의 실패로 이어질 수 있는 다양한 사고방식, 인지적 또는 외부적 문제를 이해하고 있어야 한다. 여기에는 다음 사항이 포함된다.

다음과 같은 오류나 실수로 인해 조사가 실패로 귀결될 수 있으니 탐정은 항상 조사 과정에서 인식의 장애를 가져올 수 있는 제반요인들에 주의를 기울여야 한다.

■ **지각 및 기억 문제(Perception and memory problems)**

- 세상을 바라보는 관점이 항상 객관적인 것은 아니다.
- 때때로 우리는 의도치 않은 편견으로 세상을 인지한다.
- 우리의 기억이 항상 정확하지는 않다. 기억력이 제한되어 정보가 손실되거나 의도치 않게 변경되기도 한다. 기억은 오류가 있으며 항상 정확하지는 않다. 사실에 대한 기억도 잘못된 기억일 수 있다. 직관적으로, 우리는 우리의 신념을 반박하는 증거보다 우리의 신념을 뒷받침하는 증거에 더 큰 비중을 둔다. 그래서 확증 편향에 빠지게 되는 것이다.

■ **터널 비전(Tunnel vision) 증후군**

- 사건을 둘러싼 더 큰 상황을 보지 못하고, 터널 안에서 보이는 제한된 범위의 바깥 풍경과 같이 협소한 대안에만 초점이 있을 때 발생한다. 열린 마음을 유지하지 못하고, 선입견으로 인해 더 큰 상황을 보거나 인식하지 못한 채 한 지점, 정보 또는 잠재적인 용의자에만 집중하게 만들 수 있다.

■ **가정-결론으로 넘어가기(Assumptions-jumping to conclusions)**

- 아동의 유괴 또는 실종이 좋은 예이다. 통계적으로 아동 유괴나 실종은, 한 쪽 또는 양쪽 부모나 비양육 부모가 가해자일 가능성이 매우 높다. 하지만 이 같은 가정이 항상 진실은 아니다. 이 가정이 사실이라고 믿는 탐정은 완전히 다른 사람을 가리키는 증거를 놓칠 수 있다.

7) Peña, M. S.(1993). *Practical criminal investigation*. 3rd ed. Placerville, CA: Copperhouse.

■ **열린 마음의 유지 실패**(Failure to keep an open mind)

– 우리는 종종 경험의 전체가 아니라 기억하는 것에 근거하여 판단을 내리는 오류를 범할 수 있다.8)

■ **직관**(Intuition)

– 일반적으로 사람들은 합리적이고 직관적인 두 가지 의사결정 프로세스를 사용한다. 합리적 접근에서는 의식적인 사고가 일어나고, 증거가 고려되고, 합리적이고 신중한 결정이 내려진다. 이와 달리 직관은 과거의 경험과 정신적 판단(mental shortcuts)을 기반으로 결정이 내려지는 무의식적이고 자동적인 과정을 제안한다.

그러나 직관은 감정과 편견의 영향을 받을 수 있으며 오류가 발생하기 쉽다. 조사에서 직관은 조심스럽게 사용해야 한다. 직관은 합리적 분석에 기초한 결정을 내리기 전에 이를 통찰력으로 검증하는 데 사용해야 한다.

■ **핵심 증거에 대한 인식 실패**(Failure to recognize key evidence)

– 인간은 추상적인 자료보다 생생한 정보에 더 많은 영향을 받는다. 그래서 법의학 증거보다 증인 진술에 더 많은 관심을 기울인다. 그러나 증인 진술에 부여된 가중치가 항상 보장되는 것은 아니다. 국제적인 연구에 따르면 용의자 식별을 포함하여 증인 진술의 부정확성이 높은 비율로 반복적으로 나타나고 있다. 목격자의 식별증거의 선명함이 더 신뢰할 수 있는 다른 증거의 중요성을 가리는 것은 드문 일이 아니다. 목격자가 식별한 증거는 종종 부정확하다.

■ **자아**(Ego)

– 탐정 책임자의 자아는 자신의 실수를 인정하지 않고, 젊은 후배 탐정이 보유하고 있는 정보를 무시하는 오류를 가끔 범한다. 이 같은 자아 인식의 실수를 범하지 않아야 한다.

■ **피로**(Fatigue)

– 조사자가 피곤하고 과로할수록 실수하기 쉽다.

■ **너무 많거나 너무 적은 정보**(Too much or too little information)

– 정보나 증거가 너무 많으면 탐정이 세부 사항에 압도되어 피로해지며 더 큰 그림을 놓칠 수 있다.

---

8) Rossmo, D. K.(2006). Criminal investigative failures: Avoiding the pitfalls. *FBI Law Enforcement Bulletin*, 75(9), pp.1-8.

- 정보나 증거가 너무 적은 경우, 탐정은 증거를 토대로 추론을 도출하고 철저하고 편견이 없으며, 전문적인 조사를 거치지 않고 빠른 결론을 내리는 오류를 범할 수 있다.

■ **집단 사고(Groupthink)의 함정**

- 때때로 잘못된 가정, 부정확하거나 불완전한 정보를 기반으로 집단에서 결정을 내린다. 이러한 결정에서 개인은 더 큰 집단의 결정에 도전하거나 의문을 제기하는 것을 두려워하거나 망설이거나 주저한다. 이는 중요한 결정을 내려야 하는 압박을 받는 응집력이 높은 집단에서 발생한다. 그러나 일반적인 지혜는 의심의 여지가 없으며, 때로는 비참한 결과를 낳는다.

  집단 사고의 경우 비판적으로 생각하고 지배적인 이론에 도전하는 것을 꺼리는 경우가 종종 있다. 이 같은 오류를 방지하기 위해서는 모든 조사에서 가정, 증거 및 절차에 의문을 제기하는 것이 현명하다. 인지적 실수를 방지하고 사실에 대한 완전한 이해를 보장하기 위해 질문할 가치가 있는 질문은 “우리가 안다고 생각하는 것을 어떻게 아는가?(How do we know what we think we know?)” 하는 방식으로 증거의 타당성을 검증할 때 보장된다.

2. 조사과정의 오류 및 조사위험 관리방법

1) 조사과정의 인식오류를 극복하는 방법

조사과정에서 탐정을 비롯한 조사 관련자가 인지 장애 가능성에 주의를 기울이지 않을 경우, 다음과 같은 심각한 결과가 발생할 수 있다.

- 정보가 간과될 수 있다.
- 의문사항이 식별되지 않을 수 있다.
- 증거가 손실될 수 있다.
- 잘못된 당사자가 기소될 수 있다.

따라서 탐정은 조사과정에서 위와 같은 인지 장애가 발생하지 않도록 조사 전문성 확보와 사전·사후적 조치를 통해 조사의 성공가능성을 제고시켜야 한다.

(1) 정보 분류

탐정이 정보를 분류하는 데 도움이 되도록 일부 조사에서는 다음과 같은 개요를 사용하여 사례 정보를 분류하는 것이 좋다.

1. 우리가 알고 있는 것(사실)
2. 우리가 안다고 생각하는 것(이론 또는 추측)
3. 우리가 알고 싶은 것(추가 데이터가 필요한 주요 문제)

이러한 방식으로 조사 지식 기반을 분류하고 문서화하면 효과적인 정보 공유가 촉진되어 모든 사람(현재와 미래 모두)을 동일한 인식 기반 위에서 작업할 수 있다.

(2) 조사과정의 인식오류 극복 전략

조사과정에서 인식의 실패를 피하는 데 도움이 되는 전략은 다음과 같다.

- 사례 연구 기반 교육을 통해 이러한 문제에 대한 관리자의 인식을 보장한다.
- 조사 관리자가 공정하고 중립을 유지하도록 보장하는 열린 조사 분위기를 장려한다.
- 가능하면 충분한 데이터가 수집될 때까지 결론에 도달하는 것을 연기한다.
- 다른 관점을 고려하고 아이디어의 교차 수정을 장려하여 터널 비전을 피한다.
- 브레인스토밍 팀을 조직하고 합의보다는 창의성을 추구한다.
- 조사 관리자가 팀 구성원의 반대, 의심 및 비판을 기꺼이 수용하도록 한다.
- 탐정이 대안적이지만 인기가 없는 관점을 표현하고, 팀 구성원에게 악마의 옹호자 역할을 담당하도록 권장한다.
- 다른 작업에 하위 그룹을 사용하는 것을 고려하고 병렬적이지만 독립적인 의사결정을 용이하게 한다.
- 가정, 추론 사슬, 불확실성 지점을 인식하고 기술한다. 항상 "우리가 안다고 생각하는 것을 어떻게 압니까?"라고 묻는다.
- 조사의 적절한 시점에서 전문가 의견 청취 및 외부 검토를 받는다.
- 주요 조사 후 정기적으로 체계적인 보고를 실시하고, 조사가 실패한 이후 전면적인 "검사(autopsy)"를 실시한다.
- 범죄 조사 실패 및 예방방법에 대한 연구를 장려하고 촉진한다.

2) 조사위험 관리방법

탐정은 조사과정에서 다양한 오류를 범할 가능성이 있다. 따라서 탐정은 조사과정에서 자신, 고용주 또는 고객에게 불필요한 위험을 초래하지 않도록 주의해야 한다. 조사과정에서 야기될 수 있는 위험을 완화하는 가장 쉬운 방법은 다음과 같은 질문을 지속적으로 스스로에게 묻고, 조사과정의 각 단계의 잠재적 의미를 고려하는 것이 바람직하다. 탐정이 조사위험을 관리하기 위해 지속적으로 점검하고 평가해야 하는 질문은 다음과 같다.

1. 구체적으로 이 조사의 목적은 무엇인가?
2. 의뢰인의 요구가 조사자의 법적 권한 및 면허, 권한위임 범위 내에서 적법하고 합리적인가?
3. 고객의 요구와 기대를 충족하기 위해 조사과정에서 지출하고자 하는 제반 자원과 예산이 현실적인가? 예산 범위 내에서 조사 수행이 실현 가능한가?
4. 이 조사에 대한 고객의 사건처리 기한은 언제까지이며 기한 내 해결이 가능한가?
5. 우리는 지금까지 무엇을 알고 있는가?
6. 우리가 알고 있는 "사실"이 사실임을 어떻게 알 수 있는가?
7. 어떤 정보를 찾아야 하며, 이를 어떻게 달성할 것인가?
8. 이 조사를 수행하기 위해 어떤 자원이 필요한가? (인력, 장비, 정보원 등)
9. 이 조사에서 우리는 어떤 도전에 직면할 수 있으며, 이를 해결하기 위한 계획은 무엇인가?
10. 이 조사에서 논리적으로 예측할 수 있는 위험은 무엇이며, 각 위험을 해결할 계획은 무엇인가? 위험의 유형은 물리적 · 법적 · 재정적 · 운영적 위험에 걸쳐 발생될 수 있다.

위와 같은 질문에 충분한 답을 할 수 있어야 한다. 이를 위해 효과적인 조사방안과 훌륭한 탐정이 갖춰야 할 자질이 무엇인지 자신을 돌아보고, 부족한 부분은 교육훈련과 경험 축적을 통해 자신의 역량을 지속적으로 계발해 나가야 할 것이다.

제3절 탐정의 조사기법의 이해

1. 탐정의 조사기법

탐정이 조사작업에 사용할 수 있는 많은 기술과 도구가 있다. 탐정업이 계속 성장하고 기술이 발전함에 따라 이러한 기술과 도구는 더욱 정교해지고 변화하고 있다. 일반적인 조사 기술은 다음과 같다.[9]

1) 인터뷰(Interviews)

(1) 인터뷰의 의의

인터뷰는 짧거나 몇 시간이 걸릴 수 있다. 일부는 단순할 수 있고 다른 일부는 정교한 기술과 고급 전문가 교육을 필요로 한다.

인터뷰는 일반적으로 피해자 또는 증인과의 계획적이고 협력적이며 자발적인 쌍방향 대화이다. 인터뷰는 거리에서 진행되는 인터뷰와 같이 비공식적이고 계획되지 않은 방식일 수 있으며 직접 방문하거나 전화로 할 수도 있다. 인터뷰는 일반적이거나 구체적인 정보를 찾기 위해 고안된 것이다. 때로는 조사의 맥락과 목적에 따라 고도로 구조화되거나 구조화되지 않을 수도 있다.

인터뷰 신문(訊問, interrogations)은 용의자(피의자)에게 알고 있는 사실을 캐어묻는 것으로 어떤 사건에 관하여 증인, 당사자, 피고인 등에게 말로 물어 조사하는 것으로 다분히 계획적이고 대립적이며 비난어린(accusatory) 대화이다. 즉, 조사기관에서 범죄 혐의점을 밝히거나, 진실 규명을 위하여 사건 당사자 등을 조사하는 방식으로 피의자신문, 참고인 조사, 그리고 변론 절차에서 진행되는 피고인 신문, 증인신문 등이 있다.[10]

---

9) Alberta Ministry of Justice and Solicitor General(2012). *Alberta Professional Investigator Training Course, Participant Manual*, pp.185-186.

10) 이에 비해 심문(審問)은 자세히 따져서 묻는다는 점에서는 동일하나 이는 법관만이 당사자에게 진술기회를 부여하고 심사한다는 의미로 묻는 주체가 법관에 한정되어 있다는 점이 다르다. 이를 구속 전 피의자 심문 절차인 영장실질심사로 살펴보면, 영장담당관이 범죄 혐의자 신병의 구속 여부를 결정하기 전에 본인에게 진술할 기회를 부여하는 절차이며, 구속 전에 피의자를 심문하는 제도로 검사의 구속영장청구가 있을 때 판사는 피의자를 직접 심문하여 구속 여부를 결정하는 것이다. 이는 체포영장제 및 피의자 석방제도 등과 함께 임의동행과 보호 유치 등 탈법적인 수사의 관행을 방지하기 위해 도입된 것이다.

신문은 탐정이 통제된 조건에서 용의자를 직접 심문하여 용의자가 행한 일에 대한 진실된 정보를 공정하고 공평하게 수집하도록 고안되었다. 신문의 목적은 용의자가 사실을 인정하고 유죄를 자백하게 하거나, 거짓으로 판명할 수 있는 이야기를 제공하도록 하는 것이다. 효과적인 인터뷰를 위해서 탐정은 관련 전문교육을 이수하여 질문 및 의사소통하는 방법에 대해 숙련될 필요가 있다.

그러나 사람의 기억은 다분히 결함이 있을 수 있다. 목격자들은 사건을 불완전하거나, 순서에 맞지 않게, 또는 실제로는 직접적으로 알지 못할 수도 있는 정보를 추가하여 회상하기도 한다.

(2) 인터뷰 중 “리딩” 또는 “제안” 문제

인터뷰는 항상 성공하지 못할 가능성이 있다. 부적절하게 수행된 인터뷰는 면접담당자가 의도적으로 응답자의 답변을 “이끌거나” 미묘하게 “제안”할 수 있고, 인터뷰에서 사용 가능한 정보를 얻지 못할 수도 있다.

따라서 부적절하게 수행된 인터뷰로 인해 조사가 실패할 수 있다. 무고한 사람들을 범죄 피의자로 오인(誤認)하여 비난을 받을 수도 있다. 이상적으로는 탐정이 사전에 인터뷰(누가, 어디서, 언제, 질문의 진행, 의도한 결과 등의 사전 계획)를 신중하게 계획하고, 프로세스와 질문을 리허설하고, 인터뷰를 수행하고, 이후 인터뷰의 성공 여부에 대한 평가를 통해 향후 조사추진 방향을 새롭게 정립할 수도 있을 것이다.

성공적인 인터뷰를 위한 전략적 접근 방식은 ① 기획 및 준비(Planning and preparation), ② 참여 및 설명(Engage and explain), ③ 계산, 명확화, 도전(Account, Clarify, Challenge), ④ 종료(Closure), ⑤ 평가(Evaluation)로 요약할 수 있으며, 약어를 사용하여 PEACE로 요약할 수 있다.

(3) 인지 인터뷰(Cognitive interviews) 방법과 단계

인지 인터뷰는 사건을 회상하는 데 어려움을 겪는 증인에게 가장 효과적인 방법이다. 일반적으로 인지 인터뷰는 구체적으로 설계된 여러 단계를 따른다.[11)]

구속적부심 역시 법관이 영장실질심사에 의해 구속된 피의자의 의견을 듣고 구속의 타당성을 판단하는 심문 절차를 말한다. 즉, 구속 후 피의자에 대해 그 체포와 구속이 적법하게 진행이 되었는지 필요가 있었던 것인지에 대해 심사하는 제도로 이 과정에서 부당한 점, 예컨대 고소취하, 피해자와의 합의, 새로운 사실의 발견 등이 있었다면 구속된 피의자를 석방해야 할 것이고, 구속 결정에 이의가 있는 경우 구속적부심 청구를 할 수 있다.

1. 조사요원에 의한 사전 인터뷰 계획 수립
2. 면접관과 면접 대상자 사이의 라포(rapport) 관계 형성을 포함한 소개
3. 논의(토론) 주제 소개
4. 기본 규칙 설정

: 사실대로 말씀하십시오. 잘 모르는 사항은 "모릅니다" 또는 "기억이 나지 않습니다"라고 말하는 것이 좋습니다. "면담 시 휴식을 요구하거나 반복되는 질문을 요청할 수도 있습니다"라고 사전 인터뷰 규칙을 설명한다.

5. 자유로운 진술(narrative)

: 조사대상자가 알고 있는 모든 것을 자신의 언어로 중단없이 진술하도록 한다. 이때 면담자는 세심한 주의를 기울이고 조사대상자가 계속 말하도록 유도하고 배려를 한다. 조사를 담당하는 탐정은 인터뷰 기간동안 메모를 하며, 관련 진술증거를 기록한다. 따라서 탐정은 훌륭한 듣기 기술을 사용하여 진술의 불일치를 감지하고 답변을 유도할 수 있는 의사소통 기술을 숙지할 필요가 있다.

6. (선택적 단계) 다양한 기억 회상 기술을 사용하여 이야기의 재진술 요청

: 예를 들어, 조사대상자에게 이야기를 역순으로 말하도록 요청하여 정확한 기억을 회상하도록 한다. 이러한 방식으로 뇌는 다양한 경로를 사용하여 기억을 검토하고 새로운 정보를 수집할 수 있다. 이때 전제는 실제로 목격된 사건은 역순으로 쉽게 말할 수 있는 반면, 가상의 사건을 이야기하는 것은 매우 어렵기 때문에 속임수를 더 쉽게 감지할 수 있다. 허구의 이야기를 하는 사람들은 생성된 사건을 처음부터 끝까지 외우는 경우가 많고, 허구의 이야기를 역순으로 말해야 할 때 쉽게 혼동된다.

또 다른 전략은 증인이 다른 사람이 있는 곳에 서 있었다면 무엇을 보았을지 상상하게 하는 것이다. 즉, 조사대상자가 다른 곳에 서 있는 자신을 상상하여 답변을 요청하는 방법도 있다. 증인이나 목격자에게 이렇게 하도록 요청하면 실제로 본 기억은 답변할 수 있지만 조작한 기억은 답변을 하지 못한다. 이같이 시나리오의 다른 지점(장소)에서 자신을 투영하는 간단한 질문을 통해 기억을 더 쉽게 되살릴 수 있고 조작된 기억은 가려낼 수 있다. 다만, 이 단계는 매우 숙련된 면담자만 사용하는 것이 좋다.

---

11) Fisher, R. P. & R. E. Geiselman(1992). *Memory enhancing techniques for investigative interviewing: The cognitive interview*, Springfield: Charles C. Thomas.

7. 질문하기

: 개방형 질문과 폐쇄형 질문의 조합을 사용하여 면담자는 진술에서 정보를 명확히 하거나 새로운 정보를 질의하기 위해 특정 질문을 한다.

8. 결론

: 인터뷰 조사대상자의 시간과 협조에 감사를 표하고, "별도로 하실 말씀이나 추가적으로 질문하지 않은 사항 중에 말씀하실 게 있으면 어떤 것이라도 말씀해 주십시오"라고 면담자가 조사대상자에게 질문하지 않은 다른 질문이 있는지 묻고, 가치있는 사실을 기억할 수 있는지 질문한다. 이 같은 질문에 때로 조사대상자가 새로운 가치있는 것을 회상할 수 있다.

2) 진술서 작성(Taking statements)방법

(1) 공식 진술자 면담(Taking of formal statements) 및 진술서 작성의 의의

사건 목격자나 증인 또는 이해관계자를 대상으로 진술을 듣고 진술서를 작성한다. 일부 인터뷰는 자료를 수집하거나 다른 조사방법을 도출할 목적으로 사건 관계자 진술이 사용되기도 하고, 일부는 공식적인 진술을 도출하는 데 사용된다.

- 개인의 동의를 받아 전자적으로 기록되는 경우도 있고, 서면으로 기록되는 경우도 있다.
- 주요 방법은 잠재적인 증인이나 사건 관련 목격자 및 이해관계자를 찾고 조사 관련 특정 질문을 하는 것이 포함된다. 여기에는 일반적으로 인내심, 면담 계획, 낯선 사람이 문을 닫을 경우에도 물러나지 않고 대화를 이끌어낼 수 있는 의사소통 능력이 필요하다.

목격자나 증인의 진술을 듣는 목적은 목격자로부터 직접 사건에 대한 정확한 설명을 듣고자 하는 것이다. 그것은 다른 누구도 아닌 목격자나 사건 당사자들의 진술이다. 따라서 자유롭게 진술할 수 있도록 해 주어야 한다.

그러나 최선의 방법과 완전한 설명을 확보하는 가장 좋은 방법은 탐정이 증인을 인터뷰한 다음 진술서를 직접 작성하여 설명을 확보하는 것이다. 탐정은 면접 시 자세하게 메모한 후, 메모한 내용을 바탕으로 서술문을 작성하면 된다. 또 다른 대안은 오디오 녹음을 병행 후 녹취록을 작성한 다음 나중에 증인에게 서명을 받는 것이다. 어느 쪽이든 증인은 진술을 읽고 그것이 자신이 한 말이며, 녹취록이 진술을 정확하게 반영했다는 데 동의해야 한다. 그런 다음 증인은 진술서에 서명하고 날짜를 기입한다.

(2) 진술서 작성 팁(tips)

증인 진술서를 작성하기 위한 몇 가지 팁(tips)은 다음과 같다.

① 장비

한 개 이상의 펜과 충분한 설명 용지가 있는지 확인하라. 오디오 녹음 장비를 사용하는 경우 사전에 테스트하고 새 배터리와 예비 배터리가 있는지 확인하라.

인터뷰가 녹음되면 조사자는 날짜, 시간, 장소 및 참석한 사람을 명시하여 녹음을 시작해야 한다. 녹음에서 장시간의 침묵이 있는 경우, 첨부된 보고서에 그 이유가 설명되어야 한다. 인터뷰가 끝나면 조사자는 다시 날짜와 시간을 기록해야 한다. 녹음된 인터뷰 중에 누군가가 방에 들어오거나 나가는 경우 이 역시 소리로 기록해야 한다.

② 환경 설정

주의를 산만하게 하지 않고 증인이 편안하고 자유롭게 이야기할 수 있는 비공개 장소에 진술을 준비한다.

③ 계획

증인을 만나기 전에 인터뷰 계획 초안을 작성하여 어떤 정보를 얻어야 하는지 결정한다. 이렇게 하면 인터뷰 중에 질문하는 것을 잊어버리는 것을 방지할 수 있다. 증인은 면담자가 전문적이고 준비되어 있다는 것을 인식하고 조사에 적극 응할 마음의 자세를 돕게될 것이다.

④ 공감대 형성(rapport)

증인은 긴장할 수 있기에 면담자는 자신을 소개하고 면담과정을 설명하여 그들을 편안하게 만드는 것이 필요하다. 본격적인 질문에 들어가기 전에 가벼운 대화로 냉랭한 분위기를 깨고(ice breaking) 인터뷰에 들어간다. 조사대상자가 편안하게 진술하면 더 구체적인 증언을 확보할 수 있을 것이다.

⑤ 첫 번째 질문하기

인터뷰 시작은 매우 공개적이어야 하며 증인이 자신에 대한 설명을 하도록 유도해야 한다. 예를 들어, "지난 1월 17일에 당신이 목격한 사고에 대한 진술을 듣고자 합니다. 당시 무슨 일이 있었는지 최대한 자세히 말씀해 주세요." 조사대상자가 말하는 동안 메모를 할 것이라고 공지해 둔다.

⑥ 조사대상자가 그냥 편하게 말하게 두기

증인이 자신이 알고 있는 사실을 진술할 수 있도록 진술 도중에 방해하지 않는다. 진술 도중 고개를 끄덕이고 미소 짓는 등 비언어적 의사소통을 통해 최대한 기억을 되살릴 수 있도록 하고, 추가 질문을 하여 메모해 둔다.

⑦ 면담자의 질문

인터뷰를 계획할 때 답변이 필요한 주제와 질문 목록이 있을 것이다. 목록을 확인하고, 증인이 대답하지 않았거나 충분한 세부 사항을 제공하지 않은 경우 해당 질문을 하여 답변을 요청한다. 예를 들어, "무슨 일이 있었는지 알려주셔서 감사합니다. 일부 상황에서 조금 더 자세한 정보가 필요합니다. 사고를 목격했을 때 당신이 서 있던 위치와 그 당시 당신의 시야가 얼마나 확보되었는지 말씀해 주십시오"라고 질문한다.

⑧ 요약

이제 전체 그림을 얻었으므로 전체 진술을 다시 살펴보고 놓쳤을 수 있는 다른 것이 있는지 물어본다.

⑨ 진술서 작성

면담자는 증인에 대한 진술서를 작성한다. 이때 조사대상자가 사용한 언어와 용어를 말한 대로 그대로 기술한다. 굳이 화려할 필요는 없고, 철저히 사실적이어야 한다. 증인이나 목격자의 진술은 나중에 읽을 수 있어야 한다.

⑩ 증인의 진술서 읽기(Witness to read the statement)

증인에게 진술을 읽도록 요청하라. 모든 오류에는 선을 긋고 두 사람이 모두 이름(또는 이니셜)을 적어야 한다. 진술서에 추가하거나 변경할 사항이 있는지 증인에게 물어보고 반영한다. 증인이 진술에 만족하면 닫는 단락을 추가한다.

⑪ 종결 문구(Closing paragraph)

이것은 진술을 끝내고 이것이 그들의 사건 진술서라는 증인의 확인을 받는 것이다. 예를 들어, "위의 5페이지 분량의 진술은 자유롭게 작성되었으며, 본인은 목격한 사고와 관련된 사실에 기초하여 정확하게 진술한 것입니다. 위 진술에 서명하기 전에 진술서를 충분히 읽었습니다"라는 문구를 넣고 증인이 서명을 하도록 한다.

⑫ 서명

또한 진술서의 각 페이지 하단에 증인 서명이 있는지 확인하고 없으면 서명을 유도한다. 진술내용 중 오류사항이 있거나 변경 사항을 기록했는지 확인하라. 또한 진술서의 마지막 단어 뒤에 증인의 서명을 받는다. 조사를 담당한 탐정도 진술서에 서명한다. 진술서 양식은 탐정회사마다 다르지만 일반적으로 각 페이지 하단에 진술서를 받는 사람이 서명하는 줄이 있다.

(3) 진술서 작성 시 유의사항

전문적인 인터뷰에서는 불법적인 방법을 동원하거나 다음과 같은 여러 가지 인터뷰 접근 방식은 절대 사용하지 않는다.

구체적으로 고문을 하거나, 비인간적이거나 모욕적이거나 굴욕적인 대우 또는 언어의 사용, 폭력이나 위협의 사용, 소리를 치거나 외설적인 언어 사용, 지속적으로 진술을 방해하는 행위 등이 그것이다. 또한 장시간의 인터뷰의 경우 음식이나 물의 부족이 없게 해야 한다.

위와 같은 방식으로 진술서를 작성한 것은 법정에서 법적 효력을 인정받지 못한다. 피의자 또는 조사대상자를 조사할 때, 다음 각 호의 어느 하나에 해당하는 것을 사용한 경우에도 또한 같다.

- 자백을 유인하기 위해 거래를 제안하는 행위
- 다른 증거를 이용하여 피의자를 오도하는 행위
- 증거의 효과(strength of the evidence)를 잘못 표현하는 행위
- 적절한 성인, 변호사 또는 통역사를 제공하지 않고 진술을 받는 행위
- 치료를 제공하지 않고 진술을 받는 경우

증인이나 목격자의 동의 하에 조사자는 인터뷰를 오디오 또는 비디오로 녹음할 수 있다. 녹음을 시작하기 전에 조사담당자는 다음과 같이 말할 수 있다.

"나는 __________을(를) 조사하고 있습니다. 내가 여기에 있는 이유는 단 한 가지이

며 그것은 진실에 도달하기 위함입니다. 사실관계를 정확히 파악하기 위해서는 당신의 이야기를 들어야 합니다. 아무것도 놓치고 싶지 않아서 녹음하고 싶습니다. 우리 대화를 녹음해도 될까요?"

이때 양 당사자가 모두 동의할 필요는 없다. 그러나 동의가 없는 경우 녹음 및 녹음을 통해 얻은 증거의 향후 사용에 문제가 될 수 있으므로 조사담당자가 면담 중인 조사대상자의 동의를 받는 것이 가장 좋다. 이때 탐정은 법률 고문이나 고객 대응 안내자가 있다는 것을 사전 상의하는 것이 좋다.

3) 장소 감시 및 대인 감시(Surveillance of places and individuals)

감시는 증거수집에서 중요한 부분이다. 감시방법은 도보로 할 수도 있고, 주차된 자동차와 같은 고정된 위치에서 또는 이동하면서 수행할 수도 있다. CCTV를 이용할 수도 있고, 조사대상자 모르게 그의 행적을 추적·감시하기도 하고, 공공장소나 대중 교통으로 감시대상 목표물을 따라갈 수도 있다. 이러한 감시는 대개 은밀하게 이루어진다. 탐정은 조사대상 목표물(targets)을 관찰하고, 도보나 차량으로 바꿔가며 추적·감시하기도 한다.

(1) 감시업무 수행 시 준수사항

이때 탐정은 전문직업윤리기준을 준수하며 감시를 해야만 하고, 항상 공공의 안전을 존중하고 교통법규 등 제반 법률을 준수하는 가운데 감시업무가 수행되어야 한다.

- 비디오 녹화를 포함하여 감시 작업 중에 수집된 정보는 본질적으로 객관적이어야 한다. 관찰을 선택적으로 기록하는 것은 비전문적일 뿐만 아니라 전체 조사를 위태롭게 할 수 있기 때문이다.
- 조사 유형 및 상황에 따라 감시는 매시간 몇 분 동안 또는 주목할 만한 일이 발생할 때 지속적으로 기록될 수 있다.
- 모든 조사 기술과 마찬가지로, 비디오 녹화를 포함하여 감시 중에 수집된 정보는 클라이언트의 자산이다.

따라서 모든 감시업무는 개인정보 보호법을 포함하여 제반 법규를 엄격하게 준수하는 가운데 수행되어야 한다. 이러한 제반 법규를 준수하지 않고 얻은 모든 증거 또는 정보는 법원에서 그 효력을 인정받지 못하는 것으로 판결될 수 있으며 소송을 포함하여 법적 처벌을 받을 수도 있다.

대부분의 상황에서 개인정보 보호법은 감시 중에 은밀한 오디오 녹음을 사용하는 것을 금지한다. 또한 대부분의 국가에서 법규나 해당 국가의 탐정협회의 정책에서 비디오 감시는 거리나 공원 등의 공공장소에서만 할 수 있고 눈으로 보이는 것만 녹화하도록 하고 있다. 합법적으로 기록할 수 없는 항목의 예는 다음과 같다.

- 공공 거리의 사다리에 서서 개인 마당을 내려다 보고 감시하는 행위
- 주차된 차량 안에서 특수 야간 투시 장비를 사용하여 개인 주택의 거실 내부를 촬영하는 행위
- 피트니스 클럽의 라커룸 내부 촬영 행위

위와 같이 일반적으로 사생활 보호가 합리적으로 기대되는 곳에서는 감시 녹화가 금지된다. 또한 탐정협회의 고객 지침은 공공 운동장에 있는 아이들이나 종교시설의 예배당 내부에 대한 녹화 감시를 금지할 수도 있다. 또한 핸즈프리 설정이 아닌 한 탐정은 운전하는 동안 비디오 녹화를 금지할 수도 있다.

(2) 감시업무 수행 시 제한사항

① 사적인 대화의 가로채기 또는 녹음

개인 대화의 가로채기 또는 녹음을 포함하는 도·감청 감시는 대부분의 국가에서 법원 명령 없이는 법적으로 허용되지 않는다. 이러한 활동에 참여하는 탐정은 심각한 법적 처벌을 받을 수 있다. 일반적으로 이러한 법원명령(영장 발부)은 법집행기관에서만 사용할 수 있다.

② GPS 추적 시 제한사항

조사 회사와 의뢰인은 할 수 있는 것과 할 수 없는 것을 포함하여 감시가 수행되는 방식에 실질적인 제한을 두어야 한다. 이러한 지침 중 일부는 GPS 추적 시스템 사용 금지와 같이 매우 포괄적이다. 또한 탐정협회 등 전문 조사협회는 감시 작업 수행을 다루는 전문 업무규범을 수립하여 운영하고 있다. 이러한 모든 지침과 제한사항을 숙지하고 따르는 것은 탐정의 의무로 이를 지키지 않을 시 형사법적 처벌 이외에 탐정 면허자격 정지나 취소 처분을 받을 수 있다.

다만, 일부 국가에서는 탐정이 목표 차량에 GPS 추적장치를 배치하여 원격으로 이동을 모니터링할 수 있다. 다만, 이러한 GPS 장치를 설치하여 추적하기 위해서는 사전 사건 당사자의 동의나 법원의 영장이 있을 경우에만 제한적으로 사용할 수 있다.

따라서 해당 국가의 개인정보 보호법, 위치정보 보호법 등을 숙지하고 법제도가 허용하는 범위 내에서의 감시행위만 이루어져야 한다.

예컨대, 다음과 같은 경우 제한적으로 탐정은 법원 명령 없이 은밀한 GPS 추적 시스템을 차량 외부에 적법하게 배치하고 형법 등 관계 법령에 따라 범죄를 저지르지 않고 감시를 할 수 있다.

- 감시차량이 사유지가 아닌 공공 장소에 있는 경우
- GPS 추적장치를 설치하여 차량이 손상되지 않은 경우
- GPS 추적장치가 차량의 전원을 사용하지 않은 경우
- 탐정이 GPS 추적장치를 설치하기 위해 사유지에 침입하지 않은 경우
- 차량이 사유지에 진입하지 않은 경우

그러나 탐정회사 및 고객지침은 GPS 추적 장치의 사용을 금지할 수 있으며 탐정을 규제하는 기관의 법규와 정책이 변경될 수 있으니 탐정은 항상 해당 국가와 지역의 관련 법규를 충분히 숙지하고 업무수행이 이루어져야 한다.

③ CCTV 폐쇄회로 텔레비전을 이용한 감시

은밀한 감시에는 내부 도둑이나 기타 위법행위를 식별하기 위해 천장에 숨겨진 CCTV 시스템을 사용하는 것이 포함될 수 있다. 사적 장소에 설치되는 CCTV 시스템은 의뢰인의 요청에 따라 설치되며, 라커룸이나 화장실이 아닌 일반 작업 공간에서 녹화하는 것은 합법적이다.

다만, 이 역시 개인정보 보호법과 통신비밀보호법 등 해당 국가의 법률에서 허용하는 범위 내에서의 정보수집과 사용만 가능하다. 왜냐하면, 대부분의 국가에서 은밀한 비디오 감시는 사생활 침해로 간주되기 때문이다.

다만, CCTV를 이용한 은밀한 비디오 감시는 다음과 같은 경우에만 예외적으로 허용된다.

- CCTV 감시에 대해 입증할 수 있는 증거가 필요한 경우
- CCTV 감시에 의해 수집될 증거가 의도한 목적을 구체적으로 달성할 수 있는 경우

- CCTV 감시의 수행에서 사생활의 손실은 얻을 이익에 비례하거나 비교 이익의 큰 경우
- 사생활 침해가 덜한 조치가 이미 시도되었거나 고려된 경우

감시 목적으로 은밀한 CCTV를 사용하는 것에 관한 법률 및 정책은 해당 국가와 지역에 따라 변경될 수 있다. 따라서 탐정은 법률 및 최신 정보의 변경을 숙지하는 것이 중요하다.

4) 물리적 증거수집(Collection of physical evidence)

(1) 물리적 증거수집의 의의 및 증거 유형

물리적 증거에는 오염된 토양이나 물, 모조품 또는 결함이 있는 기계 장치가 포함될 수 있다. 조사자는 측정을 하거나 사진을 찍거나 상세한 축척 도표를 만들 수 있다. 어떤 경우에는 현장에서 물리적 증거를 수집할 수 있다. 예를 들면, 충돌 조사, 엔지니어링 실패, 환경 사고, 지역 벼룩시장에서의 위조품 판매 등이 있다.

조사 전략의 일환으로 탐정은 일반적으로 직접 증거와 상황 증거의 두 가지 증거 중 하나를 수집하려고 한다. 예를 들어, 인터뷰, 감시 또는 조사대상 항목의 물리적 수집을 통해 이 증거를 찾을 수 있다.

① 직접적인 증거

직접적인 증거는 행동이나 활동이 발생했음을 보여주는 추가 증거에 의존하지 않고 주장의 진실성을 뒷받침한다. 예를 들면, 사람을 다치게 하거나 사망에 이르게 한 산업재해를 목격한 목격자를 들 수 있다. 손님이 중상을 입는 술집 싸움을 완전히 포착한 감시 비디오도 직접적인 증거가 될 것이다.

② 간접적인 증거

정황 증거는 이용 가능한 가장 빈번한 간접 증거이다. 정황 증거는 전제 또는 주장을 뒷받침하는 증거이다. 절도 현장에서 피의자가 도주하는 것을 목격한 증인의 증언 등이 이에 해당된다.

(2) 증거의 연속성 · 무결성 확보

증거수집에 있어서 핵심요인은 탐정이 정직하고 정확하게 법정에서 증언할 때 물리

적 증거를 제시하고, 사실관계에 대한 명확한 입장을 밝히는 자료로 활용하는 데 있다. 따라서 탐정은 현장 메모를 작성하여 법정에서 진술할 수 있도록 일목요연하게 작성할 필요가 있다.

증거수집과 관리에 있어서 가장 중요한 것이 증거의 연속성(continuity of evidence) 확보이다. 증거의 연속성은 제출된 물리적 증거가 실제로 원래 발견된 것과 동일한 항목이며, 처음 발견되었을 때와 동일한 상태임을 법정에서 정직하고 정확하게 증언할 수 있는 탐정의 능력을 나타낸다. 따라서 탐정은 누가 증거를 처리했거나 증거에 접근했는지, 그리고 그것이 처음 발견된 이후 어떻게 안전하게 보관되었는지 증언할 수 있어야 한다.

물리적 증거의 연속성을 증명하기 위해 탐정은 증거물을 찾았을 때 각 증거항목별로 철저하고 완전하게 메모를 작성해야 한다. 여기에는 물품에 대한 설명, 물품의 상태, 발견된 장소, 누가, 언제, 어디서 물품을 보관했는지, 어떻게 확보했는지를 포함하여 해당 물품의 발견 시간과 물품이 제출된 시간 사이에 변조되지 않았음을 법원에 제시해야 한다. 이는 증거의 무결성(integrity)을 입증하는 책임을 수반한다.

(3) 증거의 활용 및 증거수집 요령

증거자료를 수집 · 저장 · 관리하고 법정 증거자료로 사용하기 위해 증거수집에는 상당한 준비가 필요하다. 다양한 유형의 증거수집에 대한 몇 가지 간단한 지침은 다음과 같다.

① 액체

- 화학적으로 반응하거나 액체에 영향을 미치지 않는 밀봉 가능한 용기에 넣어야 한다.
- 용기는 테이프로 봉인하고 탐정은 봉인에 시간, 날짜, 서명을 기재한다.

② 중간 크기 개체(종이, 물리적 항목)

- 일반적으로 봉투나 비닐 봉투에 넣는다.
- 탐정은 물건의 눈에 잘 띄지 않는 곳에 본인의 서명 이니셜을 새겨 입수한 물건을 식별할 수 있도록 해야 한다. 그래야 나중에 법원이나 청문회에 제출된 물건이 입수한 물건인지 알 수 있으며, 이때 자신의 이니셜을 제시할 수 있다.
- 용기는 테이프로 밀봉되어야 하고 조사자는 시간, 날짜 및 이니셜을 봉인해야 한다.

③ 큰 물건

- 탐정은 입수된 물건에 이니셜을 기재한다. 입수된 물건에 이니셜을 눈에 잘 띄지 않는 곳에 기재해 놓아 입수한 물건임을 식별해야 한다.

④ 다음과 같은 물건은 주의해서 관리해야 한다.

- 누출 또는 부식성 있는 물건
- 용해될 수 있는 물건
- 위험한 화학 물질을 포함한 물건
- 바늘이나 날카로운 물건
- 포렌식 검사가 필요한 물건

⑤ 물건에 기록할 내용은 다음과 같다.

- 어디서, 언제, 누가 증거를 찾았는지 기재
- 증거의 설명 및 조건 기재
- 증거를 수집한 사람이 누군지 기재
- "증거를 찾은 사람"이 어떻게 증거를 찾았는지 기재
- 어떻게 처리할 것인지 처리방법 기재(증거를 나중에 누가 받을 것인지)

(4) 증거 현장 설명방법

탐정은 사건 현장 장면을 가능한 한 정확하게 설명하는 것이 중요하다. 이를 위한 세 가지 방법은 주로 현장 스케치(sketches), 축척 도면(scale drawings), 사진 또는 비디오 촬영이 사용된다.

스케치는 동서남북 기본 방향을 포함하는 대략적인 도면으로 구성되며 장점은 증거가 이동되거나 인멸되기 전에 신속하게 수행할 수 있는 반면에, 단점은 장면이 스케일에 따라 어떻게 보이는지 확인하기 어렵다는 점이다.

축척 도면은 일반적으로 동서남북(NSEW) 방향을 측정하여 그 구체적 거리 등 수치를 입력하여 현장 모습을 그림으로 그리는 것이다. 장점은 축척을 기입하여 현장을 묘사함으로써 물리적으로 시각화하기가 쉬운 반면, 단점은 이를 위해서는 상당한 전문 지식이 필요하며 조사자가 증거 현장을 측정해야 하므로 현장이 오염될 가능성이 있다.

사진 및 비디오 촬영의 장점은 장면의 색상 등이 표현되어 독자나 시청자가 더 쉽게 이해할 수 있게 돕는 반면에, 단점은 망원 또는 광각 렌즈를 사용하면 시각적으로 표현

되는 것의 영향을 최소화하거나 과장할 수 있다는 점이다. 따라서 촬영장면의 방향을 결정하기 위해 계획이 필요하며 동서남북 방향에 대한 설명이 필요하다.

증거 장면 촬영을 위한 팁은 다음과 같다.

- 카메라와 비디오 장비를 사용할 계획이 있는 탐정은 적절한 사용법에 대해 사전 교육을 받아 사용방법을 숙지해야 한다.
- 피사체를 옮기거나 잃어버리기 전에 가능한 한 빨리 그 장면을 사진이나 비디오로 촬영한다.
- 보는 사람이 장면을 더 잘 볼 수 있도록 동서남북 각 방향에서 사진을 찍는다.
- 보는 사람이 방향을 찾고 어느 정도 공간 감각을 확립할 수 있도록 샷에 참조 지점을 정해서 촬영한다.
- 초기 사진을 찍은 후 증거 항목(장소 카드)에 번호를 매기고 다시 사진을 찍는다.
- 촬영 장면이 무엇인지, 왜 찍은 것인지 설명하는 모든 장면을 기록해 둔다.
- 사진은 증거처럼 취급되니 촬영 시간이나 순서를 기록해 목록화함으로써 증거의 연속성과 무결성을 확보해야 한다.

카메라 사용 시 촬영 유형은 다음과 같다.

- 롱 샷: 기본적으로 위치와 상황을 설정하는 광각 샷이며 이 샷은 시청자를 장면으로 안내한다.
- 미디엄 샷: 개별(작은) 증거 조각을 클로즈업 샷으로 촬영하지 않고 장면의 특정 요소를 클로즈업하여 촬영한다.
- 클로즈업 샷: 중요한 물체나 증거에 초점을 맞춰 촬영한다.
- 재구성 샷: 종종 다른 관점에서 보는 사람에게 또 다른 전체적인 모습을 제공하는 또 다른 롱 샷이다.

(5) 법의학 및 디지털 포렌식(Forensics)

증거에 대한 "법의학적 조사"는 법적 목적을 위해 무언가를 조사하는 데 과학적 절차가 사용되었음을 의미한다. 따라서 "포렌식 증거"는 일반적으로 과학적 조사를 받게 될 물리적 증거의 일부 형태로 이해된다. 법의학은 과학적 지식을 법적 절차나 주장에 적용하는 것이다.

증거를 조사하는 법의학 전문가는 일반적으로 일종의 고급 전문교육 또는 인증을 보유하고 있다. 그들은 일반적으로 지속적인 전문성 개발에 참여하고 법의학 아카데미와 같은 전문협회의 회원으로 활동한다.

조사 유형에 따라 탐정은 법의학 전문가에게 증거 조사를 요청할 수 있다. 종종 여기에는 증거를 찾기 위한 디지털 장치의 검사가 포함된다. 증거는 파일, 사용자 로그 또는 기타 데이터일 수 있다.

디지털 포렌식은 디지털 증거의 식별, 수집, 보존, 조사 및 분석을 포함한다. 오디오, 비디오 및 그래픽 이미지를 포함하여 컴퓨터에서 증거수집 및 조사와 관련된 컴퓨터 관련 기술 분야이다. 컴퓨터, 휴대폰 및 PDA(개인 정보 단말기)와 같은 디지털 장치에는 다음이 포함된 파일이 포함될 수 있다.

- 주소록/연락처 목록
- 오디오 및 비디오 파일
- 이미지 파일
- 약속 일정
- 데이터베이스 파일
- 문서 또는 텍스트 파일
- 이미지용 그래픽 편집 및 보기 소프트웨어
- 이메일 파일/기록
- 그래픽 파일
- 인터넷 북마크, 즐겨찾기, 사용내역
- 온라인 채팅 로그
- 이미지를 분류하는 사용자 생성 디렉터리 및 파일 이름
- 스프레드시트 파일

5) "공개" 및 "폐쇄"된 정보원에서 정보수집(Collection of information from "open" and "closed" sources)

이는 뉴스 미디어 보관기록(archives), 법원 기록, 온라인 출처 또는 기업 기록이나 도서관에서 찾은 정보와 같이 공개적으로 사용 가능한 출처를 통해 정보를 수집하는 것이다. 정보는 찾기 위해 존재하지만 기술은 무엇을 어디에서 찾아야 하는지 아는 데 있다. 이러한 종류의 조사역량을 기르기 위해서는 전문 교육훈련을 받을 필요가 있다.

"폐쇄"된 출처에서 증거를 수집하는 탐정은 정보가 합법적으로 수집되고, 조사가 합법적으로 이루어져야 하며, 클라이언트와 합법적으로 공유될 수 있는지 확인해야 한다. 수집된 정보의 일부에는 개인정보 보호법이 적용될 수 있기에 관련 법규를 숙지하고 준수하는 가운데 폐쇄정보를 수집하는 것이 탐정의 책임이다. 예를 들어, 탐정이 현재 휴대전화 회사에서 근무하고 있는 과거의 동료를 통해 조사대상의 전화 기록에 접근하는 경우, 이 정보는 법원의 명령이나 조사대상자의 동의 없이 적법하게 수집되거나 공유될 수 없다.

6) 잠복근무(Undercover work)

조사대상자에게 노출되지 않게 잠복근무를 통해 공개정보를 획득할 수 있다.

7) 비밀정보원(Confidential sources) 출처

비밀정보는 탐정이 조사작업 중인 사례와 관련된 정보를 제공하는 비밀정보 출처를 말한다. 비밀정보 출처는 일반적으로 익명성과 보상이라는 두 가지를 요구한다.

2. 탐정의 조사도구 및 장비와 사용 시 유의사항

1) 탐정의 조사도구 및 장비

탐정은 특정 자료나 정보, 증거를 확보하기 위해 조사를 수행하는 사람이다. 탐정은 종종 다른 사람으로부터 은폐되는 중요한 정보를 발견하기 위해 여러가지 조사 기술과 도구를 사용하는 특별히 훈련된 조사 전문가이다. 감시 및 조사서비스의 일환으로 탐정은 다양한 기술 장치를 사용할 수 있다. 단, 장치의 사용에 관한 규칙은 각 국가와 지역에 따라 다르므로, 해당 국가의 관련 법규를 숙지하고 적법한 범위 내에서 합법적인 방법을 동원하여 조사가 이루어지는 것이 중요하다.

탐정은 일반적으로 쌍안경, 고배율 렌즈 카메라, 디지털 카메라, 숨겨진 은밀한 카메라 및 야간 투시경 카메라를 사용할 수 있다. 또한 도청·감청 탐지(debuging) 장비, 기록 장치 및 추적 장비를 사용할 수도 있다. 밴 또는 기타 차량에 감시 장비를 장착하여 감시가 이루어지기도 한다.

탐정이 감시업무 중에 사용되는 일반적인 장비는 다음과 같다.

- 공공 장소에서 사용하기 위한 망원 렌즈가 있는 디지털 카메라
- 동료들과 조사감시작업을 작동하기 위한 무전기 및 휴대폰
- 메모와 관찰을 기록하기 위한 종이와 펜
- 일부 감시 차량에는 소형 이동식 화장실과 배터리로 작동되는 에어컨이 장착되어 있음

탐정이 사용하는 조사도구는 대체로 다음과 같다.[12)]

(1) 스파이웨어(Spyware)

스파이웨어는 다른 사람의 컴퓨터에 잠입하여 중요한 개인정보를 빼가는 소프트웨어를 말한다. 스파이(spy)와 소프트웨어의 합성어로, 본래는 어떤 사람이나 조직에 관한 정보를 수집하는 데 도움을 주는 기술을 뜻했으나 최근에는 다른 사람의 컴퓨터에 몰래 숨어들어가 있다가 중요한 개인정보를 빼가는 프로그램을 지칭한다. 대개 인터넷이나 PC 통신에서 무료로 공개되는 소프트웨어를 다운로드받을 때 함께 설치된다. 비교적 유용한 소프트웨어를 무료로 제공하므로 일반 해킹프로그램과는 성격이 다르다.[13)]

일부 탐정은 스파이웨어를 사용하여 활동을 동시에 모니터링하고 기록한다. 이것은 가정용 컴퓨터, 스마트폰 또는 기타 장치에 설치될 수 있다. 그러나 스파이웨어는 모든 국가나 지역에서 합법적이지 않다. 또한 불법 스파이웨어를 사용하여 수집된 증거는 법정에서 증거능력을 인정받지 못할 수 있다.

(2) 장치 복제(Device cloning)

스파이웨어는 대개 불법이기 때문에 많은 탐정은 하드 드라이브를 복사하기도 한다. 하드 드라이브를 복제하면 모든 디지털 데이터를 보존하는 데 도움이 되므로, 나중에 이메일 또는 문자 메시지가 삭제되면 저장된 복사본이 남아 있다. 이 도구를 사용하면 사용자의 습관을 추적하고 사건과 관련된 중요한 정보를 수집할 수 있다.

(3) GPS 추적(GPS Tracking)

GPS 추적 장치는 차량에 설치한 다음 움직임을 추적하는 데 사용할 수 있다. 이는

12) https://www.hg.org/legal-articles/private-investigator-tools-of-the-trade-42711
13) 네이버 지식백과, 스파이웨어[spyware](두산백과).

배우자의 불륜이 의심되는 경우 또는 직원이 개인적인 이유로 회사 차량을 사용할 수 있는 경우에 사용될 수 있다. 단, 차량 소유자가 추적에 사전 동의를 해야 한다.

(4) 카메라 촬영

카메라는 수십 년 동안 탐정이 활용하는 조사도구로 먼 거리에서 고배율 렌즈로 사진을 찍을 수 있다. 탐정은 사진을 찍어 특정 시간에 누가 특정 장소에 있었고, 특정 활동을 하고 있는지 정보수집을 할 수 있다. 또한 비디오 카메라를 사용하여 다른 사람의 행동을 기록할 수도 있다.

(5) 특수 데이터베이스 접근

탐정은 일반적으로 일반인이 접근할 수 없는 특수 데이터베이스에 액세스할 수 있다. 이러한 데이터베이스는 다른 사람에 대한 철저한 배경 조사를 수행하는 데 사용될 수 있다. 다른 경우에는 사람이 범죄기록이 있는지 확인하는 데 사용되기도 하고, 배우자 또는 비즈니스 파트너에 의해 숨겨진 자산을 찾는 데 사용할 수도 있다.

(6) 계층화된 음성 분석(Layered voice analysis)

계층화된 음성 분석은 인간의 음성의 정서적, 심리적, 정확성을 식별한다. 이 기술은 대면 인터뷰, 오디오 파일 또는 전화 통화 중에 실시간으로 사용할 수 있다. 이는 사람이 진실 또는 거짓말을 하고 있는지 여부를 결정하는 데 도움이 될 수 있는 도구이다. 또한 스트레스나 흥분과 같은 특정 감정을 구별할 수 있다. 보험 회사는 이러한 유형의 기술을 사용하여 조사대상이 보험청구 소송에 대해 거짓말을 하는지 감지할 수 있다. 탐정 역시 이 기술을 유사한 방식으로 사용할 수 있다.

(7) 배경 조사

탐정에게 가장 일반적으로 요청되는 조사서비스 중 하나는 배경 조사이다. 신규 채용직원이나 경력직 채용시 배경 조사를 사용할 수도 있고, 사업 파트너나 배우자의 과거 경력의 진위에 대해서도 배경 조사를 할 수 있다. 또한 조사대상자에 대한 평판 조회도 한다. 이를 통해, 협업 가능한 파트너를 구별하거나 다른 사람에게 위협이 될 수 있는 사람의 배경을 확인할 수 있다.

(8) 디지털 스캐너

탐정은 조사대상을 감시할 때 문서 또는 기타 증거를 검토하는 데 제한된 시간만 허용될 수 있다. 디지털 스캐너를 사용하면 탐정이 단 몇 분 만에 수백 페이지의 문서를 스캔할 수 있으며, 종종 검색을 통해 정보를 더 빨리 찾을 수 있다.

(9) 고급 인터넷 포털(potal) 검색 및 Big Data 분석 조사

때로는 탐정이 현장조사를 하기 전에 사무실에서 Google, Naver, Daum 검색 등 인터넷 포털사이트를 이용하여 기본적인 사무실 조사(desk investigation)부터 시작한다. 그러나 고급 검색은 종종 매우 유용한 정보를 제공한다. 사용자는 고급 검색 기능을 사용하여 특정 단어를 중심으로 한 두 개의 단어를 검색하거나 Big Data를 사용하여 특정 정보를 검색하고 분석할 수 있다.

빅데이터 분석이란 모든 원시 데이터 및 다크 데이터[14]를 사용자가 이해하고 사용할 수 있는 형태로 만드는 프로세스를 뜻한다. 다크 데이터는 기업이 정상적인 비즈니스 활동에서 수집한 데이터로 규정 준수를 위해 안전하게 저장되어야 한다. 다크 데이터는 간과되는 경우가 많지만 나머지 데이터와 마찬가지로 탐정조사과정에서 도움이 되는 가치있는 인사이트를 제공할 수 있다. 빅데이터를 활용하면 조사대상의 데이터 패턴을 분석하여 타깃의 행동과 요구사항을 추측이 아닌 예측을 할 수 있어 문제를 해결하는 데 도움이 될 수 있다.

(10) 감시(Surveillance)

카메라와 캠코더, 위치추적기 등을 사용하여 탐정은 중요한 정보를 수집할 수 있다. 탐정조사업무의 상당 부분이 감시를 통해 정보수집이 이루지고 있어 탐정교육과정에서 조사대상자에 인지되지 않은 채 은밀한 조사방법 등 다양한 감시기법을 익히게 된다.

2) 탐정의 조사 및 감시도구 사용 시 주의사항

그러나 위와 같은 조사감시장비를 활용하여 정보수집을 하는 과정에서 개인정보 보

14) 다크 데이터(dark data)는 정보를 수집한 후, 저장만 하고 분석에 활용하고 있지 않는 다량의 데이터를 말한다. 다크 데이터는 처리되지 않은 채 미래에 사용할 가능성이 있다는 이유로 삭제되지 않고 방치되어 있어, 저장 공간만 차지하고 보안 위험을 초래할 수 있다(네이버 지식백과, IT 용어사전, 한국정보통신기술협회).

호법, 위치정보보호법, 통신비밀보호법 등 제반 법규 위반이 발생되지 않도록 각별히 주의해야 한다. 오늘날 대부분의 국가에서는 사생활 보호 및 개인정보 침해를 방지하기 위하여 관련법을 제정하여 위반행위에 대해 엄격히 규제하고 있다. 미국은 각 주정부별로 개인정보 보호법을 제정 시행하고 있다. 캘리포니아 주의 경우, 2018년 6월 28일 「캘리포니아 소비자 프라이버시법(California Consumer Privacy Act of 2018: CCPA)」을 제정하여 2020년 1월 1일부터 시행 중이고, 유럽연합(EU)은 2018년 5월 25일부터 「일반 개인정보 보호법(General Data Protection Regulation)」(이하 “GDPR”)을 시행하고 있다. 영국은 GDPR 시행에 맞춰 2018년 5월 23일 「2018년 개인정보 보호법(Data Protection Act 2018)」을 개정하였으며, 독일은 GDPR 시행에 대비하여 2017년 6월 30일 「연방 개인정보 보호법(Bundesdatenschutzgesetz, Federal Data Protection Act)」을 전면개정하였다.

대부분의 국가에서 탐정조사과정에서 금지하고 있는 사항은 다음과 같다.

(1) 법규 준수 및 개인정보 보호법 등 위반 금지

탐정이 관여할 수 없거나 법률을 위반할 수 없는 특정 행위가 있다. 탐정은 본질적으로 법률과 규칙을 위반하지 않으며, 조사과정에서 제반 법규를 준수해야 한다. 탐정 고용 시, 우선 탐정면허 보유 여부를 확인하고, 관할권의 법률을 준수하는지 확인해야 한다.

(2) 법집행 담당 공무원 사칭 금지

탐정이 법집행을 담당하는 경찰 등 공무원을 사칭하는 것은 불법이다. 따라서 대부분의 탐정은 경찰로 오인할 수 있는 배지를 소지하거나, 경찰 제복과 혼동할 수 있는 복장을 착용하지 않는 등 사법당국의 법집행관임을 표시해서는 안 된다.

(3) 전화 도청 금지

미국의 경우, 연방법에서는 탐정이 개인의 동의없이 전화 통화를 도청하는 것을 금지하고 있다. 또한 38개 주에는 통화 중 적어도 녹음에 동의해야 도청이 가능하다는 주법 규정이 있으며, 다른 12개 주에서는 통화가 합법적으로 기록되기 전에 양 당사자가 동의를 제공하도록 요구하고 있다.

(4) 무단 침입 금지

때때로 탐정은 다른 사람의 소유 건물에 침입해야 할 수도 있다. 그러나 대부분의 국가에서 관계 법령에 의해 탐정이 무단 침입을 하는 것을 금지하고 있다. 타인 소유의 건물이나 시설물에 들어가기 위해서는 사전에 재산의 소유자로부터 허가를 받아야 한다. 특히, 이혼 사건에서 최소한 한 명 이상의 배우자로부터 주거 출입 동의를 받아야 가능하다.

(5) 차량 번호판 추적 시 사전 영장 발부 필요

일반적으로 탐정은 위치추적기를 활용하여 차량의 위치 추적을 하기 위해 사전 법원의 영장을 발부받아야 한다. 여기에는 조사 목적 또는 향후 법원 절차에서 활용되기 위한 것이 포함될 수 있다.

(6) 메일 변조 금지

탐정이 타인의 메일을 무단으로 조작, 열람 또는 파괴하는 것은 연방 범죄이다.

(7) 보호된 정보에 대한 접근권한 확보 필요

탐정이 당사자의 허가를 받지 않거나 정보에 대한 접근권한을 인정하는 영장을 발부받지 않고서는 접근할 수 없는 많은 형태의 비밀정보가 있다. 이는 다음과 같은 유형의 정보에 적용된다.

① 금융 계좌

탐정은 일반적으로 조사대상이 은행업무를 수행하는 위치를 식별할 수는 있지만 계정에 관한 특정 정보에 접근할 수는 없다. 그러나 법원의 영장이나 계정 소유자의 허가를 받은 탐정은 계좌 정보에 합법적으로 접근할 수 있다.

② 신용정보

탐정은 공개된 정보·기록이나 법원 판결문 및 공개된 범죄기록 등에는 접근할 수 있지만 개인의 신용정보 접근은 금지된다. 따라서 탐정은 타인의 신용정보를 수집하는 데 주의를 기울여야 하며, 조사대상이 신용정보를 접근하는 데 동의한 경우에만 접근 가능하다. 또한 처음에 신용정보조사를 실행하기 위해서는 법적인 근거가 필요하다.

③ 범죄 기록

일부 범죄 기록은 봉인되어 법집행관, 법원 직원 및 기타 제한된 사람에게만 접근권이 부여된다. 탐정은 이러한 기록의 봉인을 해제하거나 접근할 수 있는 특별한 권한이 없다.

④ 전화기록

금융 계좌에 관한 정보와 마찬가지로 탐정은 개인의 전화 통화기록에 접근할 수 없다. 그러나 파티의 주최자가 누구인지 또는 참석자 명단을 통해 특정 대상의 전화번호는 수집할 수 있다. 일반적으로 전화 통화기록은 통신비밀보호법에 의해 보호되므로 탐정은 법원의 명령이나 영장이 없이는 전화 통화내역에 접근할 수 없다.

(8) 기타 금지행위

탐정이 따라야 할 또다른 규칙이 있다. 많은 국가에서 탐정은 담당 정부기관 또는 주정부의 면허를 허가받아야 하며, 지역·주 또는 연방법을 위반하는 경우 탐정면허가 정지되거나 취소될 수 있다. 여기에는 조사대상의 사생활 침해 및 개인정보를 유출하여 괴롭히거나, 사건 이해관계자로부터 부당한 금품을 수수(授受)하거나, 개인정보에 접근하기 위해 위장(pretext)을 사용하거나, 특정 정보를 얻기 위해 다른 기만적인 수단에 관여하는 경우가 포함될 수 있다. 탐정이 모든 관련 법률을 준수하는지 확인하려면 각 국가별 자격관리 담당기관에 문의하여 확인하면 된다.

CHAPTER

10

탐정의 현장조사활동의 이해

제1절　탐정감시업무의 특성과 대상

1. 탐정감시업무의 특성 이해

1) 탐정감시업무의 성격

탐정의 감시업무(private investigation surveillance)는 수사기관의 감시업무와는 성격적인 부분에서 동일하면서도 다른 점을 가지고 있다. 일단 감시대상자를 미행, 추적함은 물론 수집목적의 정보를 얻기 위해서 지속적으로 살펴야 한다는 점에서는 동일하지만 반면에, 수사기관의 감시에서 위법행위나 범죄행위를 찾아낼 목적으로 감시업무를 수행하는 것과는 달리, 의뢰인이 원하는 정보와 관련한 내용을 파악하는 것에 집중한다는 점에서 차이가 있다.

다시 말해서, 수사기관의 감시는 오로지 범죄행위 및 그와 관련한 여러 가지 다양한 범죄정보와 첩보를 수집하는 것이 목적이라면 탐정의 감시업무는 의뢰인이 원하는 정보를 확보하기 위한 목적을 가진다. 따라서 수집하려는 객체의 성격이 다르며, 수사와 처벌을 위한 범죄정보와 의뢰인이 원하는 정보라는 차별성을 가진다.

탐정의 감시업무는 영화나 드라마에서 나오는 내용과 같이 멋지지는 않다. 오히려 고될 뿐만 아니라 일종의 하드코어 노동에 해당한다고 생각이 될 정도로 체력적인 난이도도 높으며, 고도의 인내력을 요하는 내용이다. 더욱이 의뢰인과 계약된 제한된 시간 안에서 조사대상자에 대한 감시업무를 마무리해야 한다는 점에서 탐정 개인이 받아야 하는 스트레스와 업무강도는 아주 높을 수밖에 없다. 자유신고업종으로서의 탐정업이 시행된지 얼마 되지 않기 때문에 아직도 감시업무의 전문성을 제대로 확보하지 못한 탐정업자와 탐정기업이 많은 실정이다. 이는 탐정업무 전문성에 대한 의뢰인과 국민들의 신뢰를 떨어뜨리는 문제를 야기할 수 있다는 점에서 적극적인 연구와 기법의 개발이 필요하다고 사료된다.

또 한 가지 문제점은 탐정감시업무의 매뉴얼이 개발 중인 상태이다 보니 손쉽게 얻을 수 있는 수사기관의 감시기법을 그대로 채용하는 경우가 많다는 점이다. 탐정의 감시업무와 수사기관의 감시업무는 엄연하게 근원적인 부분에서 다른 성격을 가지고 있으며, 이는 업무내용에도 고스란히 반영된다. 수사기관은 국가가 부여하는 수사권과 강제력을 기반으로 감시업무를 수행하기 때문에 아무래도 감시과정에서 법률적인 제약이나 환경의 제한성이 덜 가해진다고 볼 수 있다. 하지만 탐정의 감시는 순수한 민간인 신분에서 진행되는 내용이기 때문에 그만큼 제약이 많을 뿐만 아니라 불법의 시비에 얼마든지 휘말릴 수 있다.

따라서 감시업무를 수행하는 탐정은 수사기관의 감시기법을 참고만 하되 민간업자로서 할 수 있는 영역과 해서는 안 되는 영역을 구분하여 적용하는 지혜가 필요하며, 계속 진행되는 감시업무를 통해 자신들만의 노하우를 축적해야만 할 것이다. 실제로 오랜 전통을 가지고 있는 영국의 탐정기업들은 감시업무의 기업매뉴얼을 구성하여 이를 소속 탐정들에게 지속적으로 교육함은 물론 불법과 합법의 차이에 대해서 명확하게 기준을 정해주고 있는 실정이다.

감시(surveillance)는 탐정의 입장에서 더 없이 좋은 정보의 수집도구(collecting tool)이자 무기이다. 따라서 효과적인 감시기법을 새롭게 지속적으로 개발해야 함은 물론 다른 탐정기업과 업자들의 성공적 감시기법을 도입받거나 채용하는 데 결코 주저해서는 안 된다. 개인정보 보호나 사생활 보호에 대한 국가의 규제가 강화되면서 이제는 불법적인 방법으로 손쉽게 조사대상자의 수집대상 정보를 얻는 것은 절대 가능하지 않다. 오로지 탐정이 몸을 움직이고 관찰하고, 분석하여 얻은 정보만으로 의뢰인의 요구에 맞는 정보를 취득해야만 한다. 따라서 감시는 21세기 탐정업무의 핵심적인 기능이자 직업의 근간이라고 볼 수 있다.

2) 탐정감시업무의 목적

탐정의 감시업무는 여러 가지 목적을 가진다. 이를 학문적 관점에서 정리하면 다음의 내용이 될 수 있다. 첫째, 탐정감시업무는 의뢰인이 원하는 정보를 확보하는 과정이다. 이것이 직접적이면서도 가장 큰 목적이다. 배우자의 불륜, 실종된 사람의 위치파악, 내부자에 의해 횡령당한 돈의 위치, 경제적으로 피해 입힌 사람의 소재지, 회사의 정보를 외부로 대가를 받고 유출하는 내부 유출자의 접선대상자 등에 대한 파악이 대표적인 탐정업무 내용인데, 이들 모두가 의뢰인이 원하는 정보수집 대상이다. 따라서 탐정은 감시업무수행을 통해서 의뢰인의 피해를 구제하기 위해 결정적으로 필요한 정보를 수집하고 분석한 내용을 제공해야 한다.

둘째, 감시업무수행을 통해서 탐정은 의뢰인으로부터 정당한 대가를 받을 수 있다. 말로만 업무를 행하는 탐정은 탐정이 아니다. 실제로 의뢰인이 이야기한 장소에 가보고, 중요한 증인을 만나야 하며, 몸과 발로 뛰면서 직접정보 이외에도 필요하다고 판단되는 간접정보도 수집해야 한다. 특히, 감시활동을 통해서 의뢰인이 원하는 정보를 적정하게 수집할 가능성이 높기 때문에 감시를 반드시 업무의 핵심으로 삼아야 한다. 아울러 감시활동이 하나의 노동가치를 지니고 있기 때문에 이러한 노력의 과정을 통해서 의뢰인으로부터 정당한 보수와 수임료를 받을 수 있다.

셋째, 사전에 확보한 기초정보에 나와 있지 않거나 부족한 내용들을 감시활동을 통해서 상당부분 보충할 수 있다. 산업스파이 조사사건에서 감시업무의 효용성이 크게 드러나는 경우가 많다. 이는 한 명의 산업스파이에 대한 감시미행 과정에서 또 다른 조력자 내지는 공범이 나타나는 경우가 많기 때문이다. 탐정감시업무는 원하는 정보의 수집 이외에도 사건의 본질에 다가갈 수 있는 추가적인 정보를 그 수행과정에서 얻을 수 있는 가능성을 가지고 있기 때문에 결코 소홀히 해서는 안 되며, 이에 대한 탐정교육은 철저해야 한다. 감시를 제대로 하지 못하는 탐정으로서의 자격이 없다고 볼 정도로 아주 중요한 자질이면서 핵심적인 기능이다.

넷째, 정보수집에 실패하더라도 성실한 탐정감시업무를 통해서 의뢰인과의 신뢰관계 훼손을 일정 수준으로 막을 수 있다. 서비스업무의 성격을 가지고 있는 탐정업은 의뢰인과의 신뢰관계가 가장 중요하다. 따라서 의뢰인과 탐정 사이에 신뢰관계가 무너진다면 절대로 탐정업무는 성공하기 어렵다. 만약 조사과정에서 의뢰인이 원하는 정보를 성공적으로 수집하지 못하였다면 탐정에게 원망하거나 불신을 표시하는 의뢰인이 발생하게 된다. 다만, 의뢰인의 입장에서 객관적으로 보았을 때, 극히 성실하게 감시업무와 정보수집업무를 수행하였음에도 불구하고 얻은 게 없다면 의뢰인의 비난이나 실망은 크게 감소한다. 의뢰인도 인간이고, 탐정도 인간이기 때문에 모든 일이 다 성공할 수 없다는 점은 잘 알고 있다. 설령 실패한다 하더라도 성실한 감시활동을 수행하였다면, 이러한 노력에 대해서 좋은 평가를 고객은 충분히 내릴 수 있다.

3) 탐정감시업무의 유형 구분

탐정의 감시업무는 이동을 통한 감시업무와 고정적인 관찰을 통한 감시업무, 그리고 이 두 가지를 섞어놓은 감시업무의 세 가지로 분류된다(Travers, 2005: 101). 첫째로, 이동을 통한 감시업무(moving surveillance)가 있는데, 이는 탐정이 직접 조사대상자의 동선이나 다른 사람과의 만남 등을 감시하는 업무를 말한다. 실제로 상당수의 탐정업무가 직접감시업무의 유형에 해당한다.

둘째로, 고정적인 관찰을 통한 감시업무(stationary surveillance)는 고정된 위치에서 장시간에 걸쳐서 조사대상자를 감시하는 경우를 말한다. 주로 탐정업무 차량 안이나 카페, 근처의 은신이 쉬운 장소에서 탐정이 조사대상자의 활동내역을 파악하는 것을 의미한다.

셋째로, 혼합형 감시업무가 있는데, 이동과 고정을 반복하는 조사대상자의 동선을 그대로 따라가면서 이뤄진다. 보통 마약범죄나 보이스피싱범죄, 수배가 내려진 범죄자의 공범을 같이 잡으려 할 때에서 수사기관에서도 자주 활용하는 방법이다.

탐정의 감시업무는 탐정 스스로 갖추고 있는 능력과 자질도 중요할 수 있지만, 외부의 두 가지 환경적 요인으로부터 많은 영향을 받는다. 우선적으로, 탐정이 감시업무를 수행해야 하는 위치(location)가 큰 영향을 미친다. 사람이 많은 장소와 거의 없는 장소가 대표적인 예인데, 유동인구가 많은 버스터미널이나 기차역, 백화점 등에서는 감시가 상대적으로 용이하다. 이는 다수의 사람들이 수시로 이동하기 때문에 감시대상자가 특정인에 대해서 의심을 할 가능성이 낮아지기 때문이다. 반대로 사람이 거의 없는 장소에서는 탐정이 밀착하여 감시업무를 수행하기가 극히 어려워진다. 바로 탐정의 위치나 신분이 노출될 가능성이 크기 때문이다.

두 번째의 영향요인으로서 환경(circumstance)이 중요한 작용을 한다. 특히, 기후(climate circumstance)가 대표적인 예일 수 있는데, 비가 많이 오거나 폭설이 오는 상황하에서 탐정은 조사대상자에 대한 감시가 극히 어렵다. 특히, 멀리서 바라보려 해도 악천후로 인해서 가시성이 떨어짐으로 인해 정확한 정보의 취득이 어려울 수 있다. 교통환경(traffic circumstance)도 결코 무시할 수 없는 환경적 요인이다. 차가 많이 밀리는 지역이라면 자동차를 이용한 이동감시업무 중에 쉽게 탐정의 차량이 발각될 수 있다. 고속주행이나 상대적으로 빠르게 차량의 흐름이 이어지는 지역에서는 교대로 차량이 접근하기 때문에 조사대상자가 의심 없이 자신의 일상적 활동을 하게 되지만, 심하게 정차되거나 정체되는 상황에서는 탐정이 탑승한 차량을 쉽게 인식할 수 있기 때문에 주의가 필요하다.

2. 탐정감시업무의 대상

1) 산업스파이(Industrial espionage)

가장 보편적인 탐정감시업무의 대상은 산업스파이이다. 산업스파이에 대한 통일된 정의는 아직까지 확정되어 있지 않으며, 이를 정의하는 국가, 기업, 학자에 따라 그 의미가 약간씩 다르게 정의되고 있다. '스파이(spy)'라는 개념은 상대방의 허점을 공략하고 보안조치를 무력화시켜 사용 가능한 정보를 얻는 일련의 과정을 가리킨다. 스파이라는 단어의 어원은 '멀리 본다' 또는 '숨겨져 있는 것을 목격 또는 발견한다'라는 의미의 고대 프랑스어 'espier'가 바뀐 것으로 알려져 있다.

현대에 이 정의는 국가 간에 외교, 군사에 대한 정보를 한 나라의 정부 요원이 비밀리에 정탐, 수집하는 행위를 가리키는 것이 되었다. 이러한 스파이는 미국의 CIA와 구소련의 KGB 간의 스파이전이 대표적이다. 냉전 당시에는 국방, 외교, 정치상의 비밀이 중요한 스파이 행위의 대상이었다. 이것은 주로 정부 간의 스파이 전쟁에 의하여 진행되었다. 그러나 냉전체제가 붕괴하여 더 이상 미국과 소련, 자본주의와 공산주의의 대결이 의미가 없어지자, 국제 패권주의에 의하여, 외교, 정치적 정보와 함께 첨단기술을 개발한 산업체를 대상으로 산업기밀을 수집, 탐지하는 산업스파이의 문제점이 떠오르게 되었다.

이렇게 경제적 목적으로 산업비밀 등의 정보를 비밀리에 입수하기 위해 상대국의 기업, 회사를 대상으로 스파이활동을 전개할 때, 이를 통상적으로 산업스파이 혹은 경제스파이라고 한다. 이렇게 볼 때, 산업스파이란 상대국 기업, 회사가 소유하고 있는 물품의 제조방법, 판매방법, 기타 산업상 · 영업상 이용 가능한 기술이나 경영정보 등 산업체의 업무에 관한 비밀, 즉 영업비밀을 부정하게 입수하거나 정탐하는 일체의 행위 또는 이러한 행위를 자행하는 사람을 정의한다고 할 수 있다. 그러므로 이해가 상충되는 국내 · 외 경쟁 기업의 최신 산업정보를 입수하거나 교란시키는 공작 등을 전문적으로 하는 사람, 즉 다른 기업의 산업 및 기술 관련 기밀 정보를 입수하여 고의적으로 유출하는 사람으로 요약할 수 있다.

첫째, 산업보다 더 포괄적인 경제라는 용어를 사용하여 정의한 경우이다. 즉, 경제스파이는 특정 국가의 경제적 경쟁력을 제고하기 위한 목적으로 첩보수집이 이루어지며, 국가가 이를 지시 · 지원 또는 조정하는 첩보 수집활동을 말한다. 반면에 산업스파이는 시장경제에 있어서 경쟁적 상위를 차지하기 위하여 행해지는 정보활동에 대한 산업체나 개인기업의 주된 차이점은 파견자가 누구이냐에 따른 것이다. 국가가 파견하면 경제스파이이고 기업이 파견하면 산업스파이라는 견해이다.

둘째, 경제스파이와 산업스파이를 같은 의미상의 단어로 접근하는 경우이다. 즉, 경제적 목적으로 산업비밀 등을 비밀리에 입수하기 위하여 상대국의 기업, 회사를 대상으로 스파이활동을 전개할 때, 이를 통상적으로 산업스파이 또는 경제스파이라고 한다는 것이다. 이러한 관점에서, 산업스파이란 상대국의 기업이나 회사가 소유하고 있는 물품의 제조방법, 판매방법, 기타 산업상 · 영업상 이용 가능한 기술이나 경영정보 등 산업체의 업무에 관한 비밀, 즉 영업비밀을 부정하게 입수하거나 정탐하는 일체의 행위를 의미한다.

셋째, 타인의 물건을 몰래 훔치는 행위, 즉 절취행위를 중심으로 정의하는 경우이다. 즉, 절취자(산업스파이)가 해당 행위로 인하여 본인 나라의 정부(자국 정부), 기업, 고용인의 이익을 초래할 것이라는 상황을 알고서 경제적 가치가 있는 정보를 몰래 훔치는 행위를 자행하는 사람이다. 이러한 관점은 산업스파이가 절취하고자 하는 대상이 재산권으로써 가치가 있는 존재로 본다는 측면으로 이해 가능하다. 위와 같이 산업스파이의 용어와 개념은 파견 주체나 절취행위 등에 따라 여러 가지 의미로써 정의되고 있음을 짐작할 수 있다. 즉, 산업스파이는 일차적으로 국가안보의 목적이 아닌 상업적 목적에서 수행되는 스파이 활동이라고 할 수 있다.

현대적 개념의 산업스파이의 초기 사례는 중국의 징더전(Jingdezhen)에 있는 프랑수아 자비에 당드르콜(Francois Xavier d'Entrecolles) 신부가 1712년에 중국 도자기의 제조방법을 유럽에 공개한 사건이었다. 이 사례는 예수회의 신부이자 중국에 파견 중이던 당드르콜 신부가 1712년과 1722년 두 번에 걸쳐 쓴 편지에 중국의 자기그릇을 만드는 기법을 적어 프랑스에 전해진 것이다. 고려 시대에 중국으로부터 목화 씨앗과 재배법을 몰려 들여와 우리나라에 전파했던 문익점 선생님의 사례가 대표적 산업스파이 사건으로 볼 수 있다.

2) 실종자 및 가출자

다음으로, 실종자 및 가출자에 대한 추적감시활동이 있으며, 이 두 유형이 탐정감시 업무의 대상이 된다. 그간 계속 국회에 제출되었던 탐정법안에서 실종자와 가출자에 대한 탐색을 업무의 주요한 내용으로 명기하고 있을 정도로 핵심적 대상이다. 우리나라는 한 해 5만 명 정도의 가출 및 실종자가 발생하고 있으며, 이 가운데 90% 가량이 가정으로 돌아오거나 안전하게 소재지가 파악되고 있는 것으로 알려져 있다. 문제는 약 10% 가량의 사람들이 소재가 전혀 파악이 되지 않는다는 점이다. 물론 이 중에서도 개인적인 신상문제나 채권채무관계로 인해 스스로 사회적 종적을 감추는 사례도 있다. 하지만 범죄 또는 불법적인 문제와 연루되어 납치나 감금되는 경우도 있다는 점에서 탐정의 수색 및 감시업무는 중요한 해결책이 될 수 있다.

일찍부터 탐정업이 발전한 미국이나 영국의 탐정 분야에서도 실종자(missing person)에 대한 수색 및 감시업무를 주요 내용으로 삼고 있다. 생활반응에 대한 조사와 실종자 또는 가출자와 긴밀한 관계를 맺고 있었던 자에 대한 감시와 접근, 이들을 통한 행적추적, 관계자의 미행을 통한 실종자나 가출자의 위치 확인 등이 얼마든지 가능하기 때문에 발로 뛰면서 애타게 찾는 가족들의 요구를 해결하고 있다.

실종자 및 가출자와 관련하여 탐정의 필요성이 제기되는 가장 큰 이유는 범죄에 대한 혐의나 의심이 거의 발생하지 않는 순수 가출에 대해서 경찰이 더 이상 경찰력을 사용하기 어려운 상황으로 전환되고 있기 때문이다. 우리나라의 법체계상에서 경찰조직의 운영과 활동은 광범위한 개념의 경찰행정법(警察行政法)의 영향을 받게 된다. 특히, 경찰관 직무집행법에는 범죄의 의심이 가는 경우와 국민의 안녕을 위한 사안에 대해서만 공적 자원인 경찰을 투입하도록 명확하게 규정하고 있는 실정이다.

경찰 입장에서 본다면 명확하게 납치와 같은 범죄사건의 혐의가 있다면 장기미제사건 또는 장기실종사건으로 분류하여 지속적인 수사를 하면 되지만 부모에 의한 아동분실이나 자발적 가출사건에 대해서는 수사를 위한 경찰력의 투입이 사실상 어렵다고 보여진다. 실제도 경찰행정이 크게 발달한 미국의 경우에도 단순가출사건에 대해서는 경찰의 개입이나 경찰력의 투입을 제한하고 있으며, 이와 관련한 사회적 비용부담의 어려움에 대해서 다양한 논쟁이 일어나고 있는 실정이다.

자녀가 실종되거나 가족이 가출한 부모와 나머지 가족의 입장에서는 자신의 세금에 의해 운영되는 경찰의 개입과 지원을 필요로 한다. 하지만 장기적으로 사라진 가족을 찾기 위해 경찰력을 무한정 투입할 수도 없는 상황이기에 자구책으로서 남은 가족이 사라진 가족을 찾기 위해서 직접 나서는 이들이 비일비재한 상황이다. 모든 생업이나 경제활동을 포기하고 사라진 가족을 찾는데에만 집중한다면 오히려 가정의 경제적 상황을 피폐하게 만들 수 있다는 점에서 이러한 행동은 극히 유의가 필요하다.

국회에 제출된 대부분의 탐정법안에 미아, 가출인, 실종자 찾기를 탐정의 주요 업무영역으로 명기한 것은 남아 있는 가족들이 생업을 포기하지 않고 탐정을 고용하여 지속적으로 실종된 가족을 찾도록 하기 위함이다. 아울러 자신의 경제활동이나 생업에 매진할 수 있도록 함으로써 가족실종으로 인해 발생하는 한 가정의 경제적 파탄을 막고자 하는 목적을 가진다. 물론, 이 점에 대해서 비판을 가하는 입장도 있다. 국민의 안녕을 지키기 위해서 설립된 경찰이 자신들의 업무를 포기하는 것은 일종의 직무유기

(職務遺棄)라는 비판이 그것이다.

이러한 주장이 맞을 수도 있겠으나 한정된 경찰자원과 경찰력을 무한적 실종사건에 투입하는 것도 현실적으로 많은 어려움이 있기 때문에 보완적 기능으로서 탐정의 기능을 활용할 수 있도록 하는 것이 오히려 맞다고 사료된다. 영국에서 보편화되어 있는 반려동물 실종전문탐정(약칭 Pet PI)은 자신이 키우던 반려동물의 실종으로 인해 상심이 큰 주인들의 입장을 반영하여 제도화된 것이다. 마찬가지로 우리나라의 탐정도 가족의 소재를 알고자 하는 남은 가족들에게 그나마 쉬운 방법으로 실종자를 찾도록 돕기 위한 일종의 공공재적 서비스로 바라보는 것이 옳을 것이다.

자발적 가출자의 경우에는 보다 복잡한 과정이 발생할 수 있다. 실제 사례를 들어 설명하면, 한 아버지가 탐정을 찾아와 자신의 딸이 가출한 것을 이야기하면서 집을 나간 딸을 찾아줄 것을 의뢰하였다. 이 사건을 담당한 탐정은 우선 납치와 같은 범죄가능성에 대해서 사전검토를 하였는데, 아버지는 자신과의 단순한 의견충돌을 이겨내지 못하고 집을 나갔다는 식으로 탐정에게 사전정보를 제공하였다. 사건 수임계약을 체결한 담당 탐정은 본격적인 딸에 대한 소재 파악에 나섰으며 얼마 지나지 않아 딸들의 지인과의 접촉을 통해 어디 있는지를 알 수 있었다.

파악된 소재지로 찾아간 탐정은 딸로부터 충격적인 이야기를 듣게 되었는데, 단순하게 아버지와 말싸움을 한 수준이 아니라 성인이 된 이후에도 지속적으로 술을 마시면 폭력을 행사하는 것을 이겨내지 못하고 일종이 탈출 성격으로 집을 나가게 되었다는 진술을 듣게 된 것이다. 이에 탐정은 업무수행상 딜레마(dillema)에 빠지고 말았다. 의뢰인에게 신뢰를 지키기 위해서는 반드시 딸을 찾아서 집으로 데리고 가는 것이 맞지만, 그렇게 될 경우 오히려 상습적으로 가정폭력의 피해자가 되고 있었던 딸에게 또 다른 피해상황을 만드는 일이 일어나게 되기 때문이었다.

현재 탐정업법 또는 탐정자격관리법의 부재 상황은 이와 같은 문제를 불러온다. 지금과 같이 자유업종의 성격으로 탐정이 남아 있으면, 민법상의 신의성실의 원칙을 적용받기 때문에 가정폭력의 피해자였던 딸의 상황에 대해서는 일단 무시하고 그 소재나 위치를 가정폭력 가해자인 아버지에게 알려줘야 하기 때문이다. 탐정법안에서 자발적 가출자에 대한 소재 파악업무를 탐정의 업무 영역으로 지목한 것은 이러한 상황이 발생하였을 경우에 법의 규정에 따라서 자신의 서비스제공에 대한 이익은 확보하면서도 억울한 사람이나 약자를 보호할 수 있도록 하기 위함이다.

탐정법이 제정되면 앞에서 예로 든 상황 하에서 일단 탐정이 소재 파악 대상자인 딸과 면접을 진행해야 하며, 자의에 의해서 아버지에게 돌아가지 않고자 한다는 의사를 정확하게 확인할 수 있다. 이를 근거로 담당 탐정은 의뢰인인 아버지에게 딸의 생존 여부와 안전 여부에 대해서는 알려주어야 하지만 소재나 어디서 사는지 등에 대해서는 알려주지 않아도 되는 일종의 불고지 권리가 발생하게 된다. 탐정은 아버지의 상습적 폭력이 딸이 가출하게 된 주 원인이라고 판단되기 때문에 딸의 소재를 알려줄 수 없음을 아버지 측에 고지한다.

이럴 경우, 아버지는 자신이 의뢰한 일을 성실하게 하지 않았음을 이유로 하여 의뢰 당시에 지급했던 비용 전부를 돌려달라고 요구할 것이다. 이 상황 하에서 탐정법은 탐정은 모든 일을 성실하게 수행하였으며, 다만 원청자인 의뢰인 아버지가 일으킨 문제로 인해 딸이 가출할 것이기 때문에 비용 반환의 의무가 없음을 통보할 수 있게 된다. 의뢰인인 아버지는 어떠한 법적 근거에 의해서 비용을 반환하지 않는지를 따지겠지만 탐정법안상의 의뢰인의 중대한 귀책사유(歸責事由)에 해당하는 내용이라면 비용 반환 의무가 발생하지 않는다. 시급하게 탐정업에 대한 법률이 만들어져야 하는 것은 정당하게 일을 하고서도 자칫 잘못하여 앞의 예와 같은 상황에 탐정이 빠지게 되면 자신의 이익과 정당성을 보장받지 못하는 상황을 막기 위함이다.

다른 사례에서도 실종자나 소재불명자에 대한 소재 파악은 탐정법의 입법을 통해서 보호를 받을 수 있어야 한다. 자신이 돈을 제대로 갚지 않은 사람의 소재 파악을 의뢰받았던 한 탐정은 소재 파악 대상자를 만나고 나서 충격을 받고 말았다. 사실은 의뢰인이 소재 파악 대상자를 상대로 수년 간 스토킹을 저지른 전 남자친구였기 때문이다. 관련법이 없는 상황에서 탐정이 소재 파악 대상자를 보호하려 한다면 의뢰비용을 반환해야만 가능하다.

하지만 탐정법이 제대로 구성되어 적용된다면 정당한 수임계약을 맺고 업무수행을 성실히 이행한 탐정은 비용 반환의 의무와 책임이 없어진다. 자치법규에 의해서 탐정업 운영이 가능하도록 하고 있는 미국에서도 이와 같이 책임이 의뢰인에게 큰 사건에 대해서는 수임료를 돌려주지 않거나 조사의 진행을 정지할 수 있는 권리를 탐정에게 부여하고 있다. 우리도 이와 같은 미국이 탐정관련 자치법규의 원칙을 반드시 따라야만 한다고 생각한다.

3) 불법행위자

불법행위자에 대한 탐정조사업무도 역시 가능하다. 이는 탐정법이 굳이 없어도 가능한 부분이며, 공익신고자 보호법이나 기타 공익목적 제보와 신고에 대한 관련 규정에 의거하여 얼마든지 탐정에 의한 불법행위자의 소재지나 불법행위에 대한 제보나 신고는 가능하다. 문제는 불법행위자에 대한 검거나 체포가 가능한지에 대한 논란인데, 현행 법체계 내에서는 범죄를 진행 중인 범죄자에 대해서 긴급체포가 가능하다. 다만, 도주가 불가능한 최소한도 내에서 물리력이나 강제력을 행사해야 하며, 이동을 못하도록 조치한 후에는 반드시 사법기관에 신고 또는 고발하여 출동한 사법경찰관에게 불법행위자를 인계해야만 한다.

신고나 고발을 하지 않은 상태에서 이동하지 못하도록 조치만 한다면 사후에 불법체포나 감금죄 등으로 오히려 처벌을 받을 수 있다는 점에서 이에 대한 주의가 요구된다. 대표적인 불법행위자로서 상표권 침해를 들 수 있다. 소위 '짝퉁'으로 불리는 상표권 침해 유사제품을 만들어 판매하는 유통상의 행위에 대해서 탐정은 공익제보자 또는 공익신고자 신분으로 그 사실이나 내용을 조사하여 고소나 고발, 제보가 가능하다. 선거기간 동안에 불법 선거운동을 하는 후보자나 선거진영의 관계자에 대해서도 불법선서운동에 대한 조사를 통해 고발이나 고소가 가능하다.

이외에도 저작권 침해사범에 대한 조사, 초상권 침해사범에 대한 조사, 특정 연예인이나 유명을 대상으로 한 사이버 명예훼손에 대한 조사, 불법 소프트웨어 유통 및 사용에 대한 조사, 불법 부동산 매매에 대한 조사, 카드결제를 거부하고 현금만 내도록 하는 자영업자의 의도적 탈세행위에 대한 조사 등 다양한 영역의 불법행위 및 불법행위자에 대한 조사를 탐정이 얼마든지 할 수 있으며, 이를 바탕으로 고발을 하거나 또는 국가기관으로 보상금이나 포상금을 지급받을 수 있다.

국가에서 운영하는 사행산업(경정, 경마, 경륜, 스포츠토토, 강원랜드 내국인 카지노 등)의 영업권을 침해하거나 훼손시키는 불법행위에 대한 조사업무도 최근에 탐정이 많이 개입하고 있다. 특히, 불법 마권(馬券)을 발매하여 경마산업에 큰 손해를 끼치는 불법 마권업자, 불법 유사스포츠 배팅도박 사이트를 개설하고 운영하여 스포츠토토 산업에 손실을 끼치는 행위자의 조사와 고발업무도 이 분야에 대한 전문적 지식을 가지고 있는 탐정이 얼마든지 개입할 수 있다. 앞서 잠시 업급한 바와 같인 국가기관이 모든 불법업무 영역에 대해서 감시하고 단속하는 것은 현실적으로 거의 불가능하기 때문에 이러한 내용들을 세밀하게 집중적으로 조사, 고발, 제보하는 공익적 탐정의 육성이 반드시 이뤄져야 하며, 협업에서 종사하는 탐정들도 이러한 영역으로 자신들의 전문성을 확대하기 위해서 여러 가지 노력을 기울여야만 할 것이다.

4) 가사분쟁의 당사자

과거 간통죄(姦通罪)가 존재했을 당시만 하더라도 불륜흥신소, 가사문제 해결사 등의 불법적 냄새를 풍기는 유사불법탐정업이 성행하였다. 하지만 헌법재판소의 판결에 의해 형법상 간통죄 규정에 대한 위헌판결이 나면서 한동안 유사불법탐정들이 해야 할 일이 없어지는 상황이 발생하였다. 사실, 간통죄 폐지는 우리나라의 유교적 사회문화의 변화와 같은 선상이 놓여 있는 문제였다. '개인의 성적 자유'는 거의 대부분의 선진화된 헌법을 가진 국가에서는 절대적으로 보장하고 있으며, 이는 프라이버시권과도 상통(相通)하는 개념으로 보고 있다.

따라서 간통죄와 같이 성적 비행을 저지르는 행위에 대해서 처벌하는 국가는 거의 존재하지 않으며, 설령 처벌을 한다 하더라도 신분을 기준으로 한 처벌이 진행된다. 대표적으로 대만의 경우에는 간통죄가 존재하기는 하지만 현직 군인이나 공무원에 대해서만 처벌하고 있으며, 민간인에 대한 간통죄 적용은 하지 않고 있다.

제2절 탐정의 현장조사활동 사전계획

탐정이 취급해야 할 사건이 날이 갈수록 복잡해지고, 불법이나 탈법을 저지르는 사람들의 수법이 고도화되면서 이를 해결해야 하는 민간탐정들의 어려움 역시 날이 갈수록 커지고 있다. 물론 사건의 복잡화와 난이도의 심화에 발맞춰서 탐정의 현장조사기법도 다양하게 개발되고는 있지만, 현장에서의 탐정이 보이는 순발력과 대응능력의 중요성도 높아지고 있는 실정이다. 탐정의 현장조사활동이 인공지능을 통해 하는 것이 아닌 순수하게 사람의 노력에 의해서 이뤄지는 것이라는 점에서 탐정들의 인적 조사기법에 대한 개발과 업그레이드 노력도 지속적으로 진행되어야만 할 것이다.

의뢰받은 사건에 대해서 탐정은 다양한 사전정보를 파악하고자 노력하고 이를 기반으로 조사과정을 설계한다. 문제는 조사과정 설계를 아무리 잘하였다 하더라도 현장에서 발생하는 여러 가지 제약상황으로 인해 실제로 좋은 성과를 얻지 못하는 경우가 생각보다 많다는 사실이다. 탐정 분야에 대한 사회적 관심이 증대되고 있고, 탐정조사심리학 등에 대한 학문적 발전이 가속화되면서, 이들 영역에 대한 연구는 많이 이뤄지고 있지만 실제 현장에서 목격자나 관계인, 증언자, 정보원을 대상으로 하여 면접조사를 시행하는 과정에 대한 연구는 기본적인 수준을 벗어나지 못하고 있는 실정이다. 이 부분에서는 국내·외 탐정현장조사 매뉴얼의 내용을 근간으로 하여 어떠한 방식으로 탐정의 현장조사과정이 진행되어야 하는지를 다루어 보고자 한다.

1. 현장조사의 원칙

1) 성실성의 원칙

현장조사는 탐정이 직접 사건 관련 자료와 정보를 수집하는 과정이기 때문에 성실성을 반드시 갖추어야만 한다. 특히, 조사대상자의 신원을 전혀 알지 못하는 사건인 경우에 이들이 누구인지를 파악해야 한다는 점에서 현장조사활동시 만나게 되는 증언자와 정보원들과 성실한 자세로 접촉을 해야 한다. 영화나 드라마에서 현장조사를 하는 탐정들이 정보원을 압박하거나 협박하는 장면들이 많이 나오지만 현실에서는 탐정의 이미지나 인권보호의 문제, 프라이버시 보호의 문제로 인해서 전혀 그렇게 진행되지 않는다. 더욱이, 결정적인 제보와 증언을 제공하기를 거부하거나 회피할 가능성이 높아지기 때문에 강압적인 자세나 고압적인 자세로 정보제공자와 접촉하거나 면접을 시행하는 것은 금해야 할 것이다.

탐정의 성실성 준수 원칙은 조사 현장에서 거짓을 사용하여 정보원이나 정보제공자, 면담자로부터 여러 가지 정보를 얻어내는 것 자체가 탐정활동 및 탐정산업 전반에 대한 불신을 초래할 가능성을 높인다는 점에서 절대적으로 적용된다. 과거에는 수단과 방법을 가리지 않고 정보를 수집하는 현장조사가 자주 진행되었으나, 이는 공정한 정보수집 및 사실조사의 원칙에 어긋나며, 차후 탐정이 제공한 정보조사 결과 및 보고서의 공정성이나 합법성의 시비에 휘말릴 가능성이 크다는 점에서 절대적으로 금지하고 있다.

현장조사기법을 교육하는 탐정교수요원이나 현장전문가들은 다양한 대상자와의 접촉을 통해 많은 정보를 확보해야 한다고 이야기한다. 정보원이나 정보제공자가 내놓는 정보의 중요성이나 난이도 등을 평가하지 않고 일단 무조건 수집, 보관한 후에 이를 시간을 두고 정리·분석하여 보고서 작성에 도움이 되는 자료로 가공해야만 하는 것이다. 이때 탐정이 유력한 정보원을 대상으로 '사전에 내용을 알고 있다'는 식으로 거짓 증언을 유도하거나 약점을 잡아 압박을 가하는 방식으로 성실성의 원칙을 위반해서는 안 된다.

마지막으로, 자신이 몸을 직접 뛰면서 조사한 내용이 아님에도 불구하고 스스로 확보한 것처럼 다른 탐정의 수집정보를 가로채는 것, 조사과정에서 절대로 유출해서는 안 되거나 보안사항으로 정리된 내용을 유출하는 것 모두 성실성의 원칙에 어긋난다. 일부 사례이기는 하지만 탐정기업 소속의 탐정이 다른 후배 탐정의 조사내용을 자신의 실적으로 올리거나, 탐정기업의 간부가 부하직원의 조사내용을 자신의 업무성과로 포장하는 등 실적을 놓고 비리가 발생하는 사건이 일어나고 있기 때문에 이에 대한 윤리적 기준이 반드시 있어야만 한다.

2) 인내성의 원칙

탐정 현장조사의 핵심적 활동은 상대방에게 '묻기'를 자주 하는 것이다. 상대방에게 여러 가지를 물어보고 그에 대한 답변을 청취하는 과정에서 좋은 내용, 활용할 수 있는 내용을 알아내게 된다. 문제는 조급하게 자기가 원하는 것을 듣고자 하는 탐정의 태도일 것이다. 신중하게 진술자의 이야기를 들어주면서 집중하는 태도를 보여야 하며, 자신이 원하는 대답이 나오지 않는다고 해서 상대방을 다그치거나 압박하는 형식의 태도를 보여서는 결코 안 된다. 탐정의 현장조사를 '인내(忍耐)와 정성(精誠)의 과정(過程)'이라고 부르는 것은 그만큼 힘든 프로세스이기 때문이며, 상대방의 말을 중간에 끊거나 옳고 그름을 평가하는 태도, 신경질적이고 고압적인 태도는 고쳐야만 한다.

예를 들어, 75세 이상의 고령자를 대상으로 하여 현장에서 질문조사를 해야 한다면, 대상자의 이야기를 차분하게 장시간 들어줄 준비를 하고 접근해야 한다. 고령의 조사대상자들은 본론을 이야기하기 전에 여러 가지 다양한 상황에 대한 설명을 더 해주고자 한다. 이는 고령자들의 친절성에서 나오는 현상으로서 기승전결(起承轉結)을 전부 설명해 줌으로써 상대방이 이해가 쉽게 되도록 돕고자 하는 것이다.

이러한 고령 조사대상자의 마음을 읽지 못하고 원하는 답만을 자꾸 요구하게 되면, 탐정이 자신의 이야기에 대해서 듣고자 하는 자세가 되어 있지 않다고 생각하여 더 이상 핵심적 증언을 하지 않을 가능성이 높아진다. 따라서 상대방의 모든 이야기에 대해 집중하는 자세를 인내심을 가지고 표현해야 함은 물론이거니와 장시간의 조사과정에 대한 마음의 준비도 갖추고 접촉을 시도해야만 할 것이다.

3) 존중의 원칙

탐정의 기본적인 인간적 자질 가운데에는 냉정함도 포함된다. 조사대상자가 불법행위자일 수도 있고, 조사대상자와 불법행위를 같이하는 동료일 수도 있으며, 조사대상자로부터 피해를 당한 자 또는 그 관계인, 아니면 그냥 평범한 목격자일 수도 있다. 그 대상이 누구건 간에 현장과정에서 탐정은 냉정함을 잃지 않도록 노력해야 한다. 이렇게 탐정이 좋고 나쁜 감정을 이입하지 않고 냉정해야 하는 이유는 면접조사대상자와의 논쟁이나 시시비비를 따지는 다툼을 사전에 막기 위함이다.

면접을 통한 조사를 시행하던 탐정이 진술자나 면접대상자와 논쟁을 벌인다면 이는 이미 실패한 현장조사활동으로 볼 수밖에 있다. 진술자에게 잘못된 정보라는 식으로 이야기를 하거나 제대로 된 정보를 주지 않는다는 식으로 비난을 하게 되면 결국 현장조사활동에 큰 도움이 되는 정보를 얻지 못하는 결과를 낳는다. 따라서 반드시 현장조사 중인 탐정은 심리적으로 힘들거나 불편한 과정을 이겨내고 조사내용과 관련한 정보를 제공하고자 하는 진술자에 대한 존중감을 가지고 접근하는 태도를 견지해야 한다. 탐정이 상대방에 대한 인격적 존중의 원칙을 지키지 못하여 진술자가 탐정으로부터 인격적으로 하대(下待)받거나 무시당한다는 생각을 하게 되는 순간, 탐정은 핵심적인 진술, 좋은 정보를 얻어내기 힘들어진다.

탐정이 자신의 신분을 밝히고 현장조사를 하는 경우(open interview)와 신분을 숨기고 현장조사를 하는 경우(undercover interview)로 나뉠 수 있는데, 전자의 경우에 더욱더 상대방을 존중하는 태도를 유지하도록 유의해야 할 것이다. 앞서 언급한 바와 같이 탐정에 대한 사회적 이미지를 제고하기 위해서 많은 탐정업자와 탐정기업들이 노력하고 있음에도 불구하고 무례한 태도로 인해 신분이 노출된 탐정에 대한 부정적 이미지가 생성되면, 이는 곧바로 탐정업계 전반에 대한 부정적 인식을 심어주기 때문이다.

2. 탐정 현장조사의 사전작업

1) 면접조사대상자의 선정

가장 우선적으로 해야 하는 절차는 탐정이 면접을 하고자 하는 대상이 누구인지를 특정(特定)하는 것이다. 일단 면접대상자와 접촉을 시작하면 멈출 수 없기 때문에 시간자원과 조사자원을 낭비하지 않기 위해서라도 면접대상자를 정확하게 지정하는 과정이 필요하다. 면접대상자로서 최적인 사람은 조사대상자에 대해서 잘 아는 지인, 조사대상 사건(교통사고나 보험범죄 등)을 직접 목격하거나 몸소 체험한 사람이다. 따라서 사건을 직접 목격하였거나 조사대상자에 대해서 잘 아는 경우, 또는 최소한 조사대상자나 내용에 대해서 간접적인 경험이 있는 사람을 지목하여 면접을 진행해야 할 것이다.

만약 직접경험자(직접피해자, 간접피해자, 현장목격자, 피해자 가족이나 유족)에 대한 면접이 불가능하거나 해당자가 면접에 비협조적으로 나온다면 간접경험자(제3자를 통해 내용을 들은 자 또는 풍문을 아는 자)에 대한 면접을 대상자를 선정하여 진행할 수밖에 없다. 직접경험자의 경우에는 자신의 보고 들은 내용을 생생하게 증언하기 때문에 면접내용에서 오류나 착오가 상대적으로 적게 나타난다. 하지만 간접경험자에게서 나오는 진술은 몇 단계를 거쳐서 확인하는 내용이기 때문에 오류나 착오의 문제를 일으킬 가능성이 높다. 간접경험자가 탐정에게 제공하는 내용 중에 추정 또는 상상의 내용이 얼마든지 포함될 수 있다는 점을 인식하고 정보수집을 진행해야만 한다.

2) 면접대상의 순서 지정

면접대상자를 선정 또는 지목하였다면 다음 단계로 면접순서를 정해야만 한다. 현장조사를 시행하는 탐정의 입장에서 가장 빨리 만날 수 있는 사람을 우선적으로 만나는 것은 바람직한 순서의 지정은 결코 아니다. 잘 모르는 내용의 윤곽을 만들고 그 윤곽 안에 내용을 채우는 것이 탐정의 조사활동이다. 따라서 편의적으로 면접대상의 순서를 정해서는 안 되며, 윤곽을 잡아줄 수 있는 사람을 먼저 만나는 것이 기본이다. 냉정함을 가지고 사건구성, 정보구성을 위한 순서에 따라 면접대상자의 우선순위를 결정해야 한다.

탐정조사학에서 원칙으로 제시하는 것 중의 하나가 객관성이다. 사건이나 조사대상자와 관련한 내용을 알고 있거나 또는 알 수 있는 사람 가운데 객관적으로 상황을 바라볼 수 있는 사람을 우선순위로 놓아야만 한다. 그렇다면 왜 객관적인 입장을 가진 사람을 우선적인 면접대상으로 삼아야 하는가? 인간의 심리에는 특정한 관심대상에 대해서 가장 먼저 자세하게 이야기해주는 사람의 말을 절대적으로 믿거나 또는 평가기준으로 삼으려는 속성이 있다. 탐정도 인간이기 때문에 이러한 심리적 원칙에서 벗어나기는 어렵다. 따라서 처음으로 면접을 시행하는 사람이 중요할 수밖에 없으며, 극도로 주관적이거나 자신의 의견을 섞어서 진술하는 면접대상자를 처음부터 만나게 되면 탐정이 사건이나 조사대상자에 대한 선입견을 가지게 되어 조사관점이 오염될 가능성이 높아진다.

가장 좋은 순서는 감정적인 이입(移入)의 가능성이 가장 낮은 사람을 가장 먼저 면접하는 것이다. 예를 들어, 보험사기로 의심되는 인사교통사고 조사를 의뢰받은 탐정이라면 가장 먼저 사고 당사자를 면접하고자 할 가능성이 높다. 이는 사건의 가해자와 피해자가 그 내용을 잘 알기 때문이다. 하지만 교통사고 위장 보험사기범죄는 가해자와 피해자가 서로 짜고서 일을 벌이기 때문에 감정이나 이익, 주관이 이입되는 사건 당사자는 기초면접조사에 오히려 방해가 될 수 있다. 오히려 사건을 목격한 사람이나, 피해자가 장기간 입원한 병원의 의료진, 보험금 지급을 담당한 손해사정인과의 우선적인 면접을 통해 객관성을 유지한 상태에서 윤곽을 잡기가 손쉬워진다.

3) 면접대상자에 대한 사전 연구와 이해

탐정의 현장조사활동은 심리학의 적용 영역이기 때문에 탐정 스스로 연구하는 자세를 결코 멀리하면 안 된다. 현장조사를 시행하는 탐정은 면접과정에서 만나게 될 대상자에 대한 면밀한 사전정보 검토와 함께 이들의 상황이나 환경에 대한 명확한 이해를 해야만 한다. 면접대상자에 대한 제대로 된 분석과 이해, 정보 파악이 없이 무턱대고 면접을 진행한다면 상대방의 비협조를 불러오거나 업무에 필요한 정보를 제대로 확보하지 못하는 어려움에 직면할 가능성이 높아질 것이다.

탐정은 우선적으로 면접대상자의 나이와 성별, 직업, 사회적 지위와 교육 수준, 소속된 사회집단이나 직장의 성향을 등을 체크해야 한다. 면접대상자의 현재 처지와 상황, 이들의 성격, 조사대상자 또는 수집해야 할 정보와의 관련성 정도, 사건이나 조사대상자에 대한 긍정적, 부정적 성향 등을 최대한 수집하여 알고 있어야 한다. 이를 바탕으로 면접이나 접촉을 진행하면 보다 적극적인 대상자의 진술정보를 확보할 수 있으며, 탐정이 바라보고 있던 사건이나 조사대상자에 대한 관점과는 전혀 다른 새로운 시각에서 바라보는 유의미한 진술정보를 확보할 수 있을 것이다.

4) 면접계획의 구체적 수립

탐정현장조사의 면접계획을 수립함에 있어서 5W 1H원칙(When, Who, Where, What, Why & How)에 따라서 조사내용 순서를 정리해야 한다. 언제 면접을 할 것인지를 정하는 면접일시(When), 면접장소와 면접환경(Where)을 정하는 어디서의 문제, 어떠한 이유(Why)에서 면접을 진행하는지, 누구(Who)와 면접을 할 것인지, 어떠한 방식

(How)으로 면접을 진행할 것인지 등을 정하고 이를 바탕으로 면접을 진행한다. 다만, 방법의 선정은 대화의 요지를 사전에 정리하고 예상되는 상대방의 답변 태도(부정 또는 긍정, 모름), 면접의 집행방법 등을 고려하여 프로세스가 명확히 정리되어야 한다. 이와 같이 6하 원칙에 의해 면접조사계획을 수립하였다면 그 실효성에 대한 검증과정도 수행할 필요가 있다.

조사대상자를 면접하는 시간대를 결정짓는 데에는 크게 두 가지의 기본원칙이 적용된다. 먼저, 사건을 고객으로부터 수임받은 시간으로부터 최대한 빠른 시간 안에 현장조사 절차를 진행해야 한다. 고객으로부터 의뢰사건이 접수된 시간 이후로 많은 시간이 경과되면 목격자 등의 면접대상자가 가진 기억이 지워지거나 변질될 수 있기 때문이다. 탐정은 사건접수 이후로 최대한 빠른 시간 안에 접촉할 대상자와 탐문대상자를 찾아가는 것이 원칙이다. 다음으로, 조사대상자가 편하게 느끼는 시간에 면접을 하거나 접근을 시도해야 한다. 일하는 시간에 방문하거나 사생활이 침해되는 시간에 면접 또는 접근을 시도한다면 좋은 결과를 얻기가 어렵다는 의미이다.

적합한 조사장소와 최적화된 조사환경을 검토하는 과정도 필수적이다. 주변에 잡음이나 소음이 많거나, 사람이 많이 지나가는 공공장소에서의 면접조사는 극히 불가피한 경우를 제외하고는 가급적 삼가하는 것이 좋다. 이는 탐정의 현장조사가 대화를 통해 진행되는 경우가 많기 때문이며, 가급적 정숙한 분위기에서 안정된 환경을 갖추고 질문과 답변이 오가는 것이 유리하다. 최적화된 환경의 구성과 적용을 통해 탐정은 유의미한 정보와 자료, 진술을 확보할 가능성을 높인다.

성공적인 현장조사가 되려면 조사대상자, 접촉대상자에게 적용할 질문방법을 사전에 충분히 검토해야 한다. 질문방법의 선정이 중요한 것은 실제 조사대상자와 접촉할 수 있는 기회가 흔하게 주어지지 않기 때문이다. 목격자나 피해자, 그 관계인 등에 대해서 직접적으로 진행하는 당사자 면접을 할 것인지, 아니만 제3자를 통해서 우회적인 정보수집을 진행할 것인지를 정해야 한다. 여기에 또 한 가지 추가한다면 사건에 대해 궁금해하는 단순한 질문자 정도로 탐정이 접근할 것인지, 아니면 본인이 사건조사를 수임한 탐정임을 밝히고 접근할 것인지 등을 정하는 것도 필요하다.

3. 현장조사과정의 유의사항

대면접촉을 중심으로 한 현장조사를 수행하는 과정에서 탐정이 유의해야 할 여러 가지 사항이 있으며 이를 정리하면 다음과 같다.

1) 원천 정보제공자의 파악

먼저, 탐정은 현장조사과정에서 얻은 정보의 최초 제공자를 확인하는 과정을 반드시 진행해야만 한다. 많은 정보를 수집하기보다는 정보의 상선(上線)을 파악하는 것이 더 중요하다는 의미이다. 현장조사를 수행하다 보면 여러 가지 다양한 사건관련, 인물 관련 정보가 확보된다. 하지만 그 내용이 과도하게 와전(訛傳)되거나 왜곡된 경우가 많기 때문에 이를 정확하게 확인할 필요가 있다. 조사과정에서 얻은 정보가 사건해결를 위한 핵심적인 내용이라고 판단되면 그 즉시 근원(origin)을 찾아가는 절차에 들어가야 한다. 이는 직접 경험하였거나 목격한 사람, 관련 증거를 가지고 있는 사람을 찾아야만 한다는 의미이다.

2) 수집한 정보의 진위 여부 검토

다음으로, 현장조사를 통해 얻은 자료의 진위(眞僞) 여부에 대한 검토와 분석작업을 따로 진행되어야 한다. 아무리 직접 목격하였거나 경험한 사람이라 하더라도 기억의 왜곡이나 인지적 오류로 정황에 대한 진술이 사실과 다를 수 있다. 또한 조사대상자가 자신과 경쟁관계나 적대관계에 있는 사람을 곤란하게 만들고자 거짓된 정보를 제공하는 사례도 많기 때문에 현장조사시에 이에 대한 필터링(filtering)을 탐정은 잘해야만 한다.

악의적이고 의도적으로 허위의 정보를 제공하여 자기가 미워하는 사람이 곤란을 겪도록 할 목적을 가진 사람들이 생각보다 많다. 이런 의도를 가진 정보제공자, 조사대상자에게 탐정은 더 없이 좋은 이용도구가 될 수 있다는 점을 명심하여, 정보제공자의 정확한 의도가 무엇인지를 뚫어보는 능력을 탐정은 가지고 있어야만 한다. 일부 정보제공자들은 탐정의 조사과정에 혼선을 줄 목적으로 허위의 내용을 알려주어 조사과정을 망치도록 하는 경우까지 존재한다. 따라서 탐정은 조사방해 가능성에 대해서 유념하여 정확성을 검토하는 과정을 반드시 가져야 한다.

무엇보다도 현장조사를 진행하는 탐정은 면접대상자가 진지한 태도로 성실하게 진술할 경우에 그 내용을 전부 옳거나 맞는 것으로 확신하고 활용하는 오류를 범할 수 있다. 진정성을 보인 조사대상자는 좋은 정보를 줄 수도 있지만 그 정보가 잘못된 내용이면 현장조사에 혼선을 주어 오히려 방해가 될 수 있기 때문에, 조사대상자의 진술태도와 관계 없이 진술내용의 정확성과 객관성을 판단하는 과정이 있어야 한다. 가능하다면 다른 조사분석 전문탐정에게 내용을 보여주고 제3자적 입장에서 수집한 정보가 논리적 오류가 없는지, 편향적인 것은 아닌지, 숨의 의도가 있는 것은 아닌지 등에 대한 분석을 받을 필요도 있다.

3) 면접대상자에 대한 면밀한 관찰

탐정은 현장조사에 임하기 전에 판단력과 관찰력을 높이는 노력을 스스로 해야 한다. 탐정은 최대한 많은 정보를 확보하는 것이 자신이 업무목적이기 때문에 면접자, 정보제공자, 진술자의 진술정보 이외에도 얼굴 표정이나 음성의 떨림이나 높낮이, 손과 발 등의 미세한 움직임, 눈의 움직임, 바디 랭귀지(boby language) 등을 순간적으로 포착하여 이를 복합적으로 분석할 수 있는 관찰력과 판단력을 가져야 한다.

4) 연결고리의 발견

현장조사는 '연쇄적 과정(serial process)'이라고 표현된다. 여기서 말하는 연쇄적 과정이라 함은 하나의 내용을 알게 된 순간에 이를 매개 또는 도화선으로 하여 새로운 내용을 계속해서 찾아가는 과정이라는 의미이다. 최초 정보제공자로부터 뺑소니 차량 도주사건의 용의자로 추정되는 사람에 대한 진술이 나왔다면 이를 바탕으로 용의자를 특정(特定)하는 과정에 들어가야 한다. 현장조사가 개시되면 계속해서 접촉하거나 조사해야 할 대상이 추가되는데 이를 곤란하거나 귀찮은 일로 생각해서는 안 되며, 자신의 능력치 안에서 최대한 연쇄조사를 통해 정보의 핵심에 다가갈 수 있는 노력을 기울여야 한다.

5) 물리력이나 위협사용 배제

조사대상자의 상황이나 사정, 환경 등을 적극적으로 이용하는 지혜가 탐정에게는 반드시 요구하다. 이는 조사대상자 또는 면접대상자의 어려운 사정(궁핍, 궁박)을 이용하여 협박하는 것과는 분명히 구분된다. 실제로 과거에 많은 심부름센터 직원이나 흥신소 직원들이 자신이 원하는 정보를 파악하기 위해 조사대상자나 정보제공자들을 대상으로 불법적인 협박이나 엄포를 놓은 사례들이 많았다.

이와 같은 방식으로 이뤄지는 탐정의 현장조사활동은 결코 사회적으로 용납될 수 없다는 점을 명확하게 인지해야만 할 것이다. 회유와 협박을 통해 얻은 정보와 자료는 나

중에 소송과 관련하여 법적인 증거와 자료로서의 지위를 잃을 수 있다. 융통성을 가장 많이 발휘할 수 있는 것은 조사대상자의 감정이다. 예를 들어, 유력한 정보를 가진 사람이 탐정이 조사해야 할 대상자와 갈등관계에 있다면 이를 적극적으로 활용하는 것도 좋은 방법일 것이다.

제3절 탐정의 탐문조사의 유형과 방법

1. 탐문조사의 유형

1) 신분노출방식의 직접탐문정보조사

직접탐문조사란 조사를 담당하는 탐정이 면접대상자, 정보원 등을 직접 만나 여러 가지 내용을 청취하며, 그 내용을 정리하여 조사에 활용하는 과정을 말한다. 직접탐문조사의 반대 용어는 간접탐문조사이며, 직접탐문조사는 탐정의 신분을 밝히는 경우와 신분을 밝히지 않는 경우로 나뉘고 있다.

탐정이라는 신분을 밝히고 정보수집을 진행하는 직접탐문조사는 고객이 조사를 의뢰한 대상자(object)와 탐문조사대상자가 직접적인 관련성이 낮은 경우에 시행하는 방법이다. 만약 탐문대상자가 의뢰대상자와 직접 관련이 있거나 이들에게 도움을 줄 수 있는 사람인 경우라면 신분을 밝히고 진행하는 정보조사는 피하는 것이 유리하다. 탐정이 정보조사 중임을 조사대상자가 알게 되면 관련된 자료를 은폐, 파기하거나, 자신의 동선(動線)을 변경하여 탐정탐문조사활동을 무력화시킬 수 있기 때문에 신분을 밝히는 과정에 대해서는 신중함을 기해야 할 것이다.

직접탐문조사의 또 다른 단점으로서 조사대상자나 면접대상자 등이 탐정이 추적하는 상황을 조작할 수 있다는 점이다. 예를 들어, 다수의 피해자에게 금융사기를 벌이고 도주한 A라는 탐문대상자가 있을 경우에 A와 친한 직접탐정 조사대상자 B가 A의 도주할 시간을 더 벌어주기 위해서 허위의 동선이나 이동경로를 탐정에게 이야기할 가능성이 높으며, 이를 그대로 가감(加減) 없이 믿어버리면 신속하게 종적을 파악해야 할 A에서 훨씬 많은 도피 시간을 벌어주는 셈이 될 수 있다. 따라서 탐정은 자신에게 직접탐문대상자가 탐정을 위한 진술을 할 것인지에 대한 정확한 사전 진단을 내려야 하며, 이 진단을 기반으로 신분을 밝힐지 여부를 신중하게 결정해야 한다.

보통의 경우 바로 탐정 신분을 밝히지 않고 기초적인 탐문대상자에 대한 대화를 나누는 과정에서 대화 상대방이 탐문대상자에 대해서 호의적인지, 그렇지 않으면 적대적인지, 중립적인지 등이 파악된다. 만약 탐문대상자에게 적대적이거나 중립적인 입장을 보인다면 탐정 신분을 밝히고 직접탐문조사과정으로 전환하는 것이 탐정 입장에서는 유리하다. 특히, 탐문대상자에 대해서 부정적 이미지를 강하게 가지고 있거나 또는 탐문대상자에 의해서 피해를 입은 경험이 있는 사람이라면 쉽게 관련 탐문정보를 확보할 수 있다.

직접탐문조사는 탐정에 대한 초기 이미지가 대화에 응하는 자의 협조성을 높이거나 또는 낮출 수 있다는 점을 인식해야만 한다. 너무 캐쥬얼한 차림(반바지에 슬리퍼 차림 등)으로 탐정임을 밝힌다면 이는 오히려 탐문조사를 진행하는 탐정의 신뢰성을 떨어뜨릴 가능성이 높다. 따라서 직접탐문조사업무를 시행하는 탐정은 언제든지 신뢰성이 있는 인물로 상대방에게 보여야 한다는 점을 인지하여 복장과 대화의 태도에 주의를 기울여야 한다. 또한 명함이나 신분증 등을 제시하는 경우에도 전문성이 보이는 좋은 디자인의 명함과 신분증을 사용하여 상대방의 긍정적 마인드 제고를 유도하는 것이 필요하다.

예를 들어, 일정 시간 초기 대화를 한 후에 본격적으로 직접탐문 조사과정에 들어가면서 코팅기로 허접하게 만든 신분증을 제시하거나 또는 "심부름센터", "사람찾기 전문가" 등의 명함을 제시한다면 하던 진술도 끊기는 일이 발생할 수 있다. 오히려 명함의 내용을 "민간탐정기업 ○○", "채권분쟁 전문탐정 ○○○", "의뢰인의 벗, 경제문제 피해자 지원탐정 ○○○" 등과 같이 일반인들이 부정적으로 인식하고 있는 기존의 용역이나 심부름센터 등과 차별성을 두는 명함이나 신분증 사용을 통해서 상대방이 탐문을 수행하고 있는 탐정에 대해서 전문가로서 인식할 수 있도록 하는 심리적 과정의 설계가 중요하다.

직접탐문조사에서 또 다른 중요한 점은 언어의 구사와 사용에서 품격이 있어야 한다는 점이다. 간접탐문조사의 경우에는 탐정 자신의 신분을 노출시키면 안 되기 때문에 현장상황에 맞는 용어나 표현을 적절하게 구사하는 능력이 필요하다. 하지만 직접탐문조사는 질문을 하거나 정보를 물어보는 상대방이 탐정이라는 신분임을 알고 있다는 점에서 품격 있는 언어와 단어의 사용이 요구된다. 예를 들어, "선생님께 지금 종적을 감춘 A씨는 어디로 간다고 하던가요?", "저희가 의뢰를 받아조사 중인 도주자 A씨가 자주

들리던 곳을 선생님께서는 알고 계시나요?"와 같이 존대함을 포함한 격식 있는 질문이 필요하다는 의미이다.

탐정을 밝힌 상태에서 "그 양아치 어디로 숨어들었을까요?"라던가, "제가 경찰이 못 잡는 놈을 잡고자 하는데요, 그 인간이 어디로 간다고 하던가요?" 등의 표현은 탐정의 이미지를 심각하게 손상시킬 뿐만 아니라 종적을 감춘 사람이나, 그 사람을 찾아내기 위해 탐문을 하는 사람(탐정)이나 별반 차이가 없는 인격의 소유자라고 각인시킬 수 있는 문제점이 있다는 점을 강조하고자 한다. 직접탐문조사는 유효한 정보, 좋은 정보를 얻기 위한 과정이면서 탐정의 품격을 보여주는 중요한 장(場)임을 반드시 인식하고 주의를 기울여야만 한다.

직접탐문조사를 함에 있어서 가장 애를 먹는 부분은 자신이 주로 활동하는 지역이 아닌 데에서 직접탐문을 진행해야 하는 경우이다. 이때에 필요한 것이 탐정업자 또는 탐정기업 간의 협업(cooperation)이다. 우리나라 땅이 좁다고 이야기를 많이 하지만 막상 도 단위를 넘어가서 연고가 전혀 없는 지역과 사람을 대상으로 직접탐문조사를 시행하는 것은 결코 만만한 일이 아니다. 따라서 출장을 가야 하는 지역에 대해서 잘 아는 다른 탐정업자나 탐정기업에 협력을 요청하여 현장에서 여러 가지 다양한 협조를 받는 것도 좋은 방법일 것이다.

타 지역에서 활동하는 탐정업자나 탐정기업은 해당 지역에서 일어나는 문제점을 정확하게 인지하고 있으며, 탐정활동의 지역기초자료 및 인적 기반을 충분히 확보하고 있다. 따라서 이들을 통해 직접탐문 조사대상자에게 상대적으로 손쉽게 접근할 수 있으며, 많은 정보제공자 가운데에서도 옥석(玉石)을 가릴 수 있는 기준점을 제시할 수 있다. 방문하는 지역탐정 및 탐정기업이 가지고 있는 사회적 네트워크와 인간관계를 적극 활용하여 직접탐문 조사대상자들로부터 좋은 정보를 얻어낼 수 있음은 물론 향후 좋은 정보가 확인되면 연락을 주는 정보원으로도 활용이 가능해진다.

특히, 탐문을 수행 중인 탐정은 자신이 주로 활동하는 지역이 아닌 곳에서 탐문을 진행할 때 여러 가지 어려움에 접할 수 있다. 이 경우 해당 지역에서 활동 중인 지역탐정의 도움을 받음으로써 현재 탐문조사가 단순한 대화가 아닌 중요한 탐정조사 관련 자료를 확보하는 중임을 간접적으로 알릴 필요성이 있는 것이다. 사전 협의를 통해 조사대상 지역에서 전문적으로 활동 중인 탐정이 동행한다면 사전에 사건 관련 내용을 충분히 숙지할 수 있도록 해당 협조탐정과 탐정법인에 정보를 제공해야 한다.

일부 대도시에서 큰 규모로 탐정업을 운영하거나 대형 탐정법인에서 활동하는 탐정들이 지역으로 탐문조사를 가는 과정에서 협조 목적으로 나온 다른 지역탐정들을 무시하는 태도를 보이는 경우도 자주 발생한다. 만약 지역활동 탐정에 대해서 큰 탐정법인의 소속탐정이나 탐정업계서 일정 수준의 명성을 가진 탐정이 지원을 나온 탐정들을 무시하는 태도를 보인다면 직접탐문은 성공하기 힘들 것이다. 따라서 일종의 협업자(cooperator)로 볼 수 있는 지역탐정에게 정확한 인터뷰나 탐문 관련 사정정보를 제공함은 물론, 조사를 위해서 공조하는 동료로서 존중하는 태도를 명확하게 해야 하고, 과정 중이나 과정 후에 감사함을 표하는 자세가 필히 갖춰져야만 할 것이다.

2) 탐정 신분을 밝히지 않고 진행하는 직접탐문

직접탐문의 또 다른 유형으로서 탐정이라는 신분을 밝히지 않고 진행하는 직접탐문이 있다. 이러한 직접탐문을 해야 하는 조건도 다양하기 때문에 이에 대해서 우선적으로 설명하고자 한다. 첫째로, 탐문대상자가 면접자가 탐정이라는 사실을 알게 되었을 때, 경계하거나 무서워서 진술을 제대로 하지 못할 것으로 판단되면 신분을 노출시키면 안 된다. 탐정에 대한 이미지를 좋게 보는 경우도 있지만 과거의 조직범죄자나 불법행위자들이 행하였던 불법 채권추심이나 불법심부름센터의 이미지를 가진 민간인들도 많기 때문에 이 부분에 대해서는 심각한 고민을 하고 결정하는 조치가 따라야만 한다.

둘째로, 직접탐문의 내용이 일종의 정보로서 전달될 가능성이 높은 경우에는 탐정의 신분을 밝히는 직접탐문을 해서는 안 된다. 탐정이 의뢰인의 의뢰를 받아 공식적인 탐문조사활동을 진행하고 있다는 사실이 알려지면 오히려 탐문과정에서 얻을 수 있는 정보들이 극히 제한적이 되는 경우가 많기 때문에 최대한 조사대상자가 방심하고 활동하도록 탐정의 탐문조사 자체를 은폐해야 한다.

경찰청에서는 수사관의 신분을 밝히지 않고 진행하는 직접탐문과 관련하여 경찰청의 수사메뉴얼에는 다음의 사건에 적용하도록 제시하고 있다.

첫째로, 마약범죄나 조직범죄에 대한 수사에서는 수사관의 신분을 밝히고 진행하는 직접탐문은 금할 것을 권고하고 있다. 마약범죄는 그 특성상 은밀하게 거래가 이뤄지고 있으며, 마약 공급책과 유통책, 그리고 투약자들 사이에 일종의 점조직으로 관계성이 유지된다. 따라서 이들에게 경찰이 접근한다는 소문이 돌게 되면 순식간에 관련된 모든 마약범죄자들이 숨어버리거나('잠수 탄다'고 표현) 증거를 철저하게 은폐하는 방식으로 방어를 개시한다. 따라서 마약범죄에 대한 탐문의 경우에는 수사관의 수사개시나 수사관의 동선, 접촉 등이 노출되어서는 안 된다. 조직범죄도 마약범죄와 유사한 속성이 있기 때문에 이 유형의 범죄수사과정에 대해서도 수사관의 신분을 밝히지 않고 진행하는 직접탐문으로 진행토록 하고 있다.

둘째로, 상습적인 강도범, 절도범과 이들의 물건을 처리해주는 장물업자(속칭 '장물아비')에 대한 수사과정에서도 수사관의 신분을 밝히고 진행하는 직접탐문은 삼가하도록 권고하고 있다. 강도범과 절도범의 공통점은 형사법상의 남의 재물을 빼앗거나 훔쳐갔다는 점이다. 금괴를 훔치거나 강도행위를 통해 강탈했다 하더라도 이를 현금화하지 못하면 전혀 범죄자 입장에서는 도움이 되지 않기 때문에 반드시 불법적인 방법으로 현금거래를 해야만 한다. 이를 해결해주는 역할을 장물업자들이 담당하며, 그 과정에서 마약범죄와 같은 끈끈한 커넥션이 성립한다. 이 경우 각 연결자에 대한 개별적 조사와 면담을 해야 하는데, 그 과정에서 경찰의 수사동향이 노출되는 것은 결코 바람직하지 않다. 따라서 수사관은 가급적 자신의 신분을 숨기고 직접탐문에 나서야 한다.

셋째로, 선거사범 수사과정에서 수사관의 신분을 밝히지 않고 진행하는 직접탐문이 강조된다. 우리나라는 많은 선거가 이뤄진다. 기초의회 의원 및 기초자치단체장 선거, 광역의원 선거 및 광역단체장 선거, 국회의원 선거, 대통령 선거, 광역교육감 선거, 각종 조합(지역단위농업협동조합, 지업단위축산업협동조합, 임산업협동조합, 광물업협동조합, 수산업협동조합, 지역재개발조합, 생활협동조합 등) 선거 등 다양한 선거가 진행되는 상황에서 불법적인 매표행위, 후보매수행위, 비방행위 등에 대한 수사를 해야 한다. 선거 관련 불법행위나 범죄행위도 점조직 행태로 진행되는 경우가 아주 많기 때문에 수사관은 신분 노출이 되지 않은 상태에서 직접탐문에 임해야 한다.

넷째로, 공무원범죄(뇌물수수, 공공정보유출, 관급공사비리 등)에 대한 탐문수사과정에서도 수사관의 신분을 밝히지 않고 진행하는 직접탐문이 진행된다. 앞서 언급한 범죄 유형 모두가 점조직 형태로 연결고리가 형성되며, 이러한 연결고리를 뚫고 탐문수사를 진행하는 일은 결코 쉽지 않은 과정이다. 특히, 뇌물을 수수하거나 불법행위에 연루된 공무원들은 자신에 대한 수사를 눈치채는 순간 철저하게 관련 증인이나 증거를 인멸하기 위해서 노력하기 때문에 절대로 수사의 개시를 알려서는 안 된다.

탐문을 진행하는 탐정이 신분을 밝히지 않는 것은 사실상 비밀스러운 탐문으로 보아야 한다. 때문에 탐정은 탐문과정에서 자신의 신분이 노출되지 않도록 각별한 노력을 기울여야 한다. 우선적으로 탐정으로 인식될만한 복장이나 외형을 갖춰서는 안 된다. 특히, 탐정법인의 마크가 인쇄된 수첩이나 탐정신분증, 탐정 특유의 걸음걸이 등은 조심할 필요가 있으며, 질문과정에서도 탐정조사와 관련한 질문임을 인식하지 못하도록 유의해야 한다. 만약 탐정이 자신의 신분을 위장할 목적으로 다른 직업임을 밝히게 되면 공무원 직업은 피해야만 한다. 탐문을 위해서 신분을 속이는 것에 대해서는 어느 정도 용인되지만 다른 유형의 공무원임을 밝히게 되면 '관명사칭죄' 등으로 처벌받을 수 있기 때문이다.

3) 간접탐문

간접탐문이라 함은 탐문을 담당하는 탐정이 탐문대상자에게 직접 접촉을 하지 않고 간접적으로 이들로부터 정보나 진술을 파악하는 과정을 말한다. 직접면담을 하지 않기 때문에 탐정의 신분이 노출될 가능성이 적고, 조사과정이나 조사활동이 개시된 사실을 숨길 수 있다는 장점이 있는 반면에, 직접면담이 아니기 때문에 얻게 되는 정보의 내용과 양이 극히 제한적일 수 있다는 단점이 존재한다. 제3자의 도움을 통해서 탐문을 진행하기 때문에 탐정이 얻고자 하는 것과 실제 얻는 내용이 다를 가능성이 매우 높다.

하지만 현실적으로 탐정의 직접면담이 큰 부작용이나 조사활동의 장애를 불러올 수 있기 때문에 어쩔 수 없이 간접탐문을 진행해야 하는 경우가 발생하는데, 이때에는 탐문조사를 대신해주는 조력자를 잘 선택해야 한다. 조력자를 잘못 선정하게 되면 오히려 조사개시나 탐정의 조사진행 상황을 간접탐문대상자에게 노출시키는 실수를 저지를 수 있다. 따라서 이들에게 정확한 내용 숙지와 주의사항을 알려주어야만 하며, 이를 제대로 따르지 못한다고 판단되면 그 즉시 조력자를 교체하거나 다른 방법을 찾아야만 한다.

탐문을 진행하는 탐정이 우수하면서도 진정성을 가진 조력자를 찾는다면 직접탐문 수준의 좋은 조사 관련 정보와 진술을 받아낼 수 있다. 예를 들어, 지역의 공인중개사나 자원봉사단체의 임원, 지역의 유지, 해당 지역에서 오랫동안 자영업을 운영한 자영업자 등을 통해서 그동안의 신뢰관계를 바탕으로 한 간접증언들이 많이 확보될 수 있으며, 이를 통해 조사의 효과적 진행이 가능하다. 따라서 진정성이나 진실성, 인간관계의 광범위성, 지역사회의 평판 등을 고려하여 조력자를 선정하는 것이 중요하다.

2. 탐문조사의 청취과정

1) 탐문의 목적에 대한 설명

탐문을 수행하는 탐정은 먼저 탐문의 목적을 면접대상자에게 반드시 알려야 한다. 물론 신분을 밝히는 직접탐문 유형이라면 탐정조사 목적임을 밝히는 편이 낫다. 반대로 탐정 신분을 밝히지 않거나 간접탐문을 진행한다면 정보의 필요성에 대한 별도의 이유를 만들어야 한다. 조사의 진행을 알리지 않기 위해서는 정보가 필요한 다른 이유를 대야 하기 때문이다. 예를 들어, 종적을 감춘 사람을 쫓는 탐문을 진행한다면, '전달해 줄 서류가 있어서 어디 있는지 알아야 한다'는 식의 상대방이 의심하지 않을 수 있는 목적을 제시해야 한다.

탐문목적에 대한 설명에서 세밀함까지는 필요하지 않다. 탐문조사의 면접상대방이 심리적 안정감을 갖고, 탐문을 진행하는 탐정 또는 조력자에 대해서 적개심이나 경계심을 가지지만 않으면 된다. 따라서 질문 또는 대화의 목적을 적절하게 알려주어 탐문대상자가 편하게 진술을 할 수 있도록 유도해야 한다.

2) 면담대상자에 맞는 언어와 용어 사용

직접탐문을 진행한다면 면담대상자가 불편함을 느끼지 않는 언어법와 용어의 사용이 필요하다. 상대방의 사회적 신분이나 현재 하고 있는 직업활동, 주변의 상황 등을 고려하여 그에 맞는 용어와 언어 사용이 필요하다. 예를 들어, 유흥업소 종사자를 대상으로 탐문을 한다면 일부 해당 영역에서는 사용되는 용어를 사전에 학습하여 상대방의 대화 내용에 잘 적응하는 모습을 보이거나 잘 이해하는 모습을 보여야 하며, 화이트칼라 집단을 대상으로 탐문을 하는 경우에는 비속어나 욕설이 전혀 없는 표준어를 구사해야 하는 경우도 있다.

표현도 중요하다. 탐문조사과정에서 조사 전문용어나 조사용 은어, 법률적 표현을 사용하게 되면 상대방이 탐정임을 인식하거나 또는 거부감을 표현할 수 있다. 설령 그렇지 않다 하더라도 탐정의 질문내용을 이해하지 못해 다시 면담대상자가 질문을 하는 상황이 초래될 수 있기 때문에 이에 대한 주의가 필요하다. 예를 들어, 일반인들은 '사라진 사람'이라는 표현을 사용하는데, 탐정은 '도주범'이라는 식으로 표현함으로써 상대방이 탐정의 신분과 목적을 한번에 알아버리는 실수를 저지를 수 있다.

면담대상자가 싫어하는 표현도 결코 사용해서는 안 된다. 예를 들어, 사건 현장을 목격한 야근 중인 60대 경비원을 대상으로 "나이도 있으신데 힘드시겠어요"라고 하는 것은 탐정 입장에서는 상대방을 위로하는 표현이었다 하더라도 정작 당사자는 자신을 경비원이라고 하대하는 것으로 이해할 수 있기 때문에 삼가하는 것이 좋을 것이다. 오히려 "바쁘신 업무에도 협조해주셔서 감사드립니다"와 같이 종합적으로 상대방의 헌신과 지원에 대해서 극찬을 하는 표현이 더 바람직하다고 사료된다.

3) 유도질문과 암시질문의 금지

탐문조사에서 주의해야 할 또 다른 내용으로서 유도질문과 암시질문의 금지를 들 수 있다. 먼저, 유도질문이란 탐정이 원하는 방향으로 질문을 함으로써 진술이나 답변의 진정성을 훼손하는 경우를 말한다. 예를 들어, "그 사람을 범인으로 생각할 수밖에 없지 않나요?"와 같이 탐정의 의도에 맞는 답변을 유도하는 것이다. 암시질문은 특정한 답변을 하도록 암시적인 질문을 던져 답변자가 탐정의 의도에 말려 진정성이 훼손되는 경우이다.

예를 들어, "그 공간에 남편만 있었잖아요"와 같은 식으로 조사대상 사건의 주원인이 남편임을 암시하는 이야기를 하여 면담자 또는 정보제공자가 남편이 유일한 책임자라고 인식하도록 만드는 경우가 있다. 탐문조사를 진행하는 탐장의 입장에서 사건을 빨리 끝내고 싶을 것이고, 조사내용의 진실을 정확하게 잡고 싶을 것이다. 하지만 그렇다고 해서 유도질문이나 암시질문을 면담자에게 제시하여 그 진술의 순수성을 훼손하면 나중에 탐문조사가 실패하는 일로 이어질 수밖에 없음을 명심해야 할 것이다.

4) 질문 유형의 선택

일반적으로 탐정의 질문에는 개방형 질문과 폐쇄형 질문의 두 가지가 존재한다. 개방형 질문은 주관적으로 길게 답변하도록 유도하는 질문유형을 말한다. 예를 들어, "당시 이 사건을 주도했던 사람이 어떠한 이야기를 주로 하던가요?"와 같이 특정한 내용이 아닌 들은 내용 전부에 대해서 자유롭게 진술할 수 있도록 질문을 하는 것이다. 반대로 폐쇄형 질문은 거의 단답형 방식으로 '예', '아니오'와 같은 답변이 나오게 하거나 또는 짧은 진술이 나오도록 유도하는 경우를 말한다. "그 시간대에 같이 있었나요?"와 같은 질문이 대표적인 폐쇄형 질문이다.

탐문조사를 담당하는 탐정의 입장에서 개방형 질문과 폐쇄형 질문을 혼용하여 사용할 수밖에 없다. 일방적인 개방형 질문은 너무 많은 이야기를 듣는 과정에서 탐문조사에 혼선이 올 수 있는 부작용이 있으며, 폐쇄형 질문은 너무 적은 정보만을 알 수 있는 단점이 존재한다. 따라서 부족하다고 생각되는 정보영역에 대해서는 개방형 질문을 던지고, 반대로 이미 많은 자료와 정보를 가지고 있어서 사실확인만 하면 되는 경우에 대해서는 폐쇄형 질문을 활용하는 것이 적절할 것이다.

5) 탐문정보의 기록과 정리

탐문을 하는 것은 조사과정에 필요한 정보를 취득하는 과정이다. 따라서 반드시 그 내용은 유용한 자료로 체계적으로 가공하여 보관해야만 한다. 탐정조사학에서는 탐문조사과정에서 보고, 듣고, 느낀 내용을 즉각적으로 기록하기보다는 현장에서 이탈한 이후에 면담자나 정보제공자가 보지 않는 상태에서 정리할 것을 권고하고 있다. 일단 탐문현장에서 노트필기를 많이 하거나 녹음을 하게 되면, 면담자가 부담감을 느끼는 경우가 많아 오히려 제대로 된 정보제공을 하지 못하는 상황이 초래될 수 있기 때문이다.

만약 중요한 정보를 취득해야 하고, 이를 정리하지 않으면 안 될 상황이라면 탐문조사과정에서 면담자에게 사전에 양해를 구하고 내용을 적는 요령도 필요하다. 대신 필기보다는 상대방의 진술에 집중하는 태도를 보이면서 키워드만 정리하는 방식으로 자료를 생성하는 것이 중요한 요령일 것이다. 또한 필기에 집중하는 과정에서 면담자 또는 정보제공자의 행동이나 표정 등을 파악하기 어렵다는 점에서 오히려 정보의 중요성이나 진술에 담겨 있는 내부의 또 다른 의미를 제대로 캐내지 못하는 실수를 저지를 수 있다. 최근에는 소형 녹음기의 성능이 아주 좋아졌고, 스마트폰의 녹음기술도 좋기 때문에 이들 첨단 기기를 이용하여 녹취하는 것도 유용한 방법이다.

다만, 일부 탐문조사탐정들이 스마트폰을 이용하는 녹음하는 과정에서 전화가 오는 것을 차단하지 않음으로 인해 수시로 녹음이 끊기거나 아예 녹음이 되지 않는 경우가 있어, 반드시 비행기모드(수신불가모드)로 전환하고 녹취를 진행해야 한다. 또한 스마트폰 안에 개인적인 사진이나 조사 관련 자료가 너무 많이 저장되어 있어 메모리 부족으로 현장에서 녹음이 불가능한 사태도 발생하며, 녹음기의 경우에는 메모리 부족이나 배터리 충전 부족으로 인해서 녹음이 되지 않는 경우도 일어난다. 따라서 전자기기를 이용한 녹음을 시도하고자 하는 탐문탐정은 사전에 녹취장비에 대한 점검을 철저하게 해야만 한다.

3. 탐문조사 마무리 절차

1) 정보제공자 보호조치

직접적인 탐문조사사건, 간접적인 탐문조사사건 간에 탐정이 가장 주의해야 할 점은 탐문조사에 적극적으로 임하고, 유용한 정보를 제공한 인적 정보원(정보제공자)을 보호하는 것이다. 자신에게 좋은 정보를 제공한 정보제공자를 그대로 방치하거나 또는 보호조치를 제대로 하지 않는다면 이는 탐정윤리 위반일 뿐만 아니라 정보제공자에게 추가적인 피해나 보복의 상황이 발생할 수 있기 때문에 탐문조사의 실패를 불러올 가능성이 높다. 더욱이 적극적으로 정보를 제공한 사람을 제대로 보호하지 않는다면 이로 인해 다음 조사업무에서 낮아진 평판, 나빠진 평판으로 인해 적극적인 자세를 가지는 정보제공자를 만들기 어려운 상황이 발생한다.

탐정으로서의 직업적 윤리의식이 결여되었거나 낮은 수준을 가진 사람은 필요한 정보만 얻으면 모든 목적을 달성한 것으로 생각한다. 실제로 이러한 낮은 의식수준으로 인해 탐정의 탐문조사과정을 달갑게 생각하지 않거나 비협조적인 태도를 보이는 사례들이 많다. 이는 그간 흥신소와 불법업무를 주로 하는 심부름센터 운영자들이 무조건 필요한 정보만 알아내면 된다는 식의 맹목적 목적주의를 가지고 업무를 수행한 결과라고 생각된다. 탐문수사기법을 사용하는 경찰이나 검찰 또한 정보제공자를 보호하지 않는 경우들이 종종 발생함으로 인해 낯선 사람이 묻는 것에 대해서 정확하게 자신이 아는 내용을 말하지 않는 경우가 많아지고 있다고 생각된다.

탐문조사를 시행하는 탐정의 입장에서 자신이 필요한 정보를 확보하였다면, 이를 사건을 의뢰한 의뢰인 또는 변호사에게 다 정리해서 보내면 일은 끝난다. 하지만 이렇게 일을 끝맺는 과정에서 한 정보제공자가 심각한 보복이나 사회적 명예의 실추와 같은 2차적 피해를 당하게 된다면 성공적인 탐문정보조사업무를 수행하였다고 스스로 평가할 수 있을런지는 모르겠으나 근본적으로는 잘못되었으며, 실패한 탐문조사활동으로 보아야 한다.

조직적인 불법행위자나 사기범, 법망을 교묘하게 피해가면서 많은 사람에게 경제적 피해를 입히는 자들은 자신에게 불리한 상황을 조성한 사람들에 대해서 직접적, 간접적인 보복을 가할 준비를 하고 있다. 왜냐하면, 자신에 대한 정보를 제공하는 것 자체가 자신의 사회적 명예와 숨겨놓은 재산을 잃어버리는 원인이 될 수 있기 때문이다. 따라서 탐문정보조사를 진행하는 탐정은 상시 정보제공자에게 보복 등의 문제가 발생할 수 있음을 경고해줘야 하며, 실제로 공격의 징후가 보인다면 직접 경호를 하거나 또는 안전인력 배치나 파견 등을 통해서 정보제공자가 위험한 상황에 빠지지 않도록 해야 한다.

미국의 대표적 탐정기업인 핑커톤사(Pinkerton Inc.) 등의 대형 탐정기업들은 자신들이 맡은 사건과 관련하여 핵심적인 진술을 해준 탐문조사대상자에 대해서 경호비용을 지원하거나 또는 민간경비업체와 계약을 통한 물리적 경호지원에 나서고 있다. 만약 정보제공자가 긴급하게 안전비용을 요청한다면, 이 역시도 신속한 결정을 통해 집행하고 있다. 아직까지 우리는 탐문조사과정이 은밀하기 때문에 양질의 정보를 제공해준 정보제공자에게 특별한 사후관리가 필요 없다고 생각하는 경우가 많다. 분명히 우리 탐정업이 발전하기 위해서는 설령 탐문정보조사와 같은 은밀한 형식의 사실조사활동이라 하더라도 피해가 발생할 수 있는 여지를 사전에 차단하는 데 비용과 지원을 아끼지 말아야 할 것이다.

탐정관리에 관한 법안에 매 국회 때마다 제출되었지만 거의 내용이 동일하며, 20년 동안 크게 바뀐 법률안 내용을 찾아보기 어렵다. 앞으로 탐정산업이 고품질 서비스업으로서의 이미지를 국민들에게 제대로 각인하기 위해서는 사후관리라는 측면에 대한 전문적인 연구와 투자가 반드시 있어야 한다.

특히, 탐정의 탐문조사과정에서 우연히 만나 결정적인 정보나 진술을 준 사람에 대해서는 신변상, 신분상에 큰 불이익이나 피해가 발생하지 않도록 돕는 노력을 아끼지 말아야 하며, 이를 탐정관리법률 안에 반드시 의무조항으로 넣어 이를 위반할 시에 자격박탈이나 영업정지, 형사적 처벌이 가능하도록 하는 조치가 있어야만 할 것이다. 한 가지 더 추가하면, 탐정업자들의 회비로 구성되는 정보제공자 피해구조기금 또는 공제지원 시스템을 반드시 구축해야 한다고 생각한다.

2) 탐문내용의 정확한 보호

탐문조사과정이 마무리 된 탐정은 이를 정리하여 탐정법인 상급자에게 바로 보고를 해야 한다. 물론 보고의 형태는 구두보고나 서면보고 등이 있겠지만 형식에 관계 없이 보고 들은 내용은 전부 보고를 해야 한다. 확보한 정보가 별 필요가 없다거나 조사에 큰 도움이 되지 않을 것이라고 예단하고 일부를 누락하여 보고하는 것은 절대로 있어서는 안 되는 행위이다. 상급자와의 협의와 조사팀원과의 회의를 통해 유의미한 정보와 전혀 도움이 되지 않는 정보를 체계적으로 분류하여 덜어내는 작업을 해야 하며, 탐정 본인이 자의적으로 판단하는 것은 바람직하지 않다.

3) 법정 증거능력의 작성

탐문과정에서 결정적인 진술을 해 준 목격자를 대상으로 하는 탐문에서 목격장면의 내용과 목격장소, 목격일시, 목격자의 신원 및 인적사항 등을 보고서로 작성하여 고소나 고발, 재판과정에서 중요한 증거자료로 활용되도록 지원해야 한다. 다시 한 번 강조하지만 합법적으로 얻은 자료를 기반으로 법률적인 절차가 진행되기 때문에 불법적인 요소가 전혀 개입되지 않도록 보고서 자료의 확보와 정리에 만전을 기해야 한다.

CHAPTER

11

개인정보 보호와 탐정

제1절 EU 및 주요 국가의 개인정보 보호 현황

탐정업무 수행 과정에서 가장 문제가 되고 있는 윤리적 문제는 바로 사생활 침해와 개인정보 보호법 위반이다. 아직 우리나라에서는 민간조사를 국가 차원에서 제도화하는 탐정업 관리법이 법제화되지는 않았지만, 사실의 확인과 조사를 중심으로 하는 탐정업무의 상당부분이 개인의 프라이버시권과 개인정보 침해를 야기할 소지가 다분해 이에 대한 각별한 주의를 기울일 필요가 있다. 이미 지난 2011년 1월 11일 행정안전부 개인정보보호과에서는 복수의 민간조사협회에 흥신소나 심부름센터 등 운영자의 개인정보유출 사례가 발생하지 않도록 조치해 달라는 내용의 공문을 발송한 바 있다(개인정보보호과-74).

국회의 탐정업법 발의법안 심의과정에서 항상 제기되고 있는 문제도 탐정제도를 합법화할 경우 사생활 침해와 개인정보 유출이었다. 그만큼 탐정의 감시·조사업무 수행 과정에서 개인정보 보호는 각별히 유의해야 할 윤리라 할 수 있다.

이와 관련하여 우리나라 개인정보 보호법의 주요 내용과, 영국과 미국에서 진행된 관련 법제도 동향을 살펴보고, 국내 개인정보 보호와 관련된 법제도 현황과 제반사항을 살펴보도록 한다. 이를 통해 탐정의 정보수집 및 조사과정에서 준수해야 할 개인정보의 종류와 유형, 개인정보 보호 원칙 등에 대해 살펴보도록 한다.

1. EU 및 주요국 입법 동향 및 주요 내용[1)]

1) EU의 개인정보 보호

유럽연합(EU)은 2018년 5월 25일부터 「일반 개인정보 보호법(General Data Protection Regulation)」(이하 "GDPR")을 시행하고 있다.[2)] EU GDPR 제32조 제1항은 개인정보처리자 및 수탁처리자가 개인정보 침해 및 유출을 막기 위하여 합리적으로 실행해야

1) 신용우(2020). 유럽의 개인정보 안전성 확보 강화. 국회입법조사처. 『외국 입법 동향과 분석』, 제43호. 2020.6.3 참조.

2) 유럽연합(European Union) 약칭 EU는 주로 유럽에 위치한 26개의 회원국 간의 정치 및 경제 통합체이다. 유럽연합의 인구수는 5억 1,300만 명이며, 회원국 전체에 적용되는 표준화된 법을 통해 유럽 단일 시장을 발전시키고 있다.

할 기술적·관리적 조치를 의무화하고 있다. 구체적으로 개인정보를 가명처리하거나 암호처리할 것, 개인정보 처리 시스템 및 서비스가 지속적으로 기밀성·무결성·가용성·복원력을 보장할 수 있도록 할 것, 물리적 또는 기술적 사고가 발생하는 경우 개인정보에 접근할 수 있도록 신속하게 복원할 수 있는 능력을 갖출 것, 개인정보 처리에 있어 보안기술 및 관리조치가 효율적인지 정기적으로 평가하는 절차를 갖출 것을 명시하고 있다.

GDPR은 해당 법률 위반에 대하여 상당한 과징금을 부과할 수 있도록 규정한 것이 특징이다. GDPR 제83조 제4항은 개인정보처리자 또는 수탁처리자가 위 제32조의 기술적·관리적 조치의무를 위반한 경우 전 세계 연간 매출액 2% 또는 1천만 유로 중 더 큰 금액에 이르는 과징금 처분을 받도록 규정하고 있다.[3] 다만, 이러한 의무 위반으로 인하여 개인정보가 유출되었다고 하더라도 과징금을 가중하는 규정을 두지 않고 있다.

한편, GDPR은 개인정보 안전성 확보 조치의무 위반을 비롯하여 해당 법률 위반에 대하여 형사벌칙을 직접 규정하고 있지 않으며, 제84조에서 각 회원국이 형사벌칙을 규정하여 EU 집행위원회에 통보하도록 규정하고 있다.

[표 11-1] EU 및 주요국 입법 현황 비교

국가	조치의무	과징금	형사벌
EU	• 개인정보 가명처리·암호처리 • 지속적인 기밀성·무결성·가용성·복원력 보장 • 사고 발생 시 개인정보 복원 • 기술적·관리적 조치의 효율성 정기적 평가	전 세계 연간 매출액 2% 또는 1천만 유로 중 더 큰 금액	미규정
프랑스	상동(개인정보 자동처리 관련 별도 규정)	상동	5년 이하의 징역 또는 30만 유로 이하의 벌금
영국	상동(수사·형사 절차/정보기관 정보처리 관련 별도 규정)	상동	미규정
독일	상동(수사·형사 절차 정보처리 관련 별도 규정)	상동	미규정

출처: 개인정보 보호 포털(https://www.privacy.go.kr).

3) GDPR은 위반의 심각성에 따라 과징금 금액을 두 가지로 구분하고 있다. 심각한 위반의 경우 전 세계 연간 매출액 4% 또는 2천만 유로 중 더 큰 금액, 그 외의 경우 전 세계 연간 매출액 2% 또는 1천만 유로 중 더 큰 금액의 과징금을 규정하고 있는데, 여기서 심각한 위반이란 '동의'를 비롯한 개인정보 처리의 기본원칙을 위반한 경우, 정보주체의 권리를 보장하지 않은 경우, 제3국 등으로 개인정보를 이전할 때 준수해야 할 규정을 위반한 경우 등을 말한다.

2) 프랑스

프랑스는 개인정보 보호 관련 법률로서 「정보, 파일과 자유에 관한 1978년 법률(Loi n° 78-17 du 6 janvier 1978 relative à l'informatique, aux fichiers et aux libertés)」(이하 "1978년 법률")을 두고 있는데, GDPR 시행에 대비하여 2018년 6월 20일 위 1978년 법률을 개정하였다.[4)]

GDPR은 모든 EU 회원국에게 직접적으로 법적 구속력을 가지므로 프랑스도 GDPR의 적용을 받아 GDPR 제32조의 기술적 · 관리적 조치의무 및 과징금 조항이 적용되는데, 이외에 별도로 1978년 법률 제4조 제6항은 개인정보 처리 시 적정한 보안 수준을 유지하기 위해 기술적 · 관리적 조치가 적용되어야 한다고 규정하고 있으며 위 법률 제99조 제2항은 개인정보 자동 처리 시 권한 없는 자의 접근 금지 등을 규정하고 있다. 특히 2018년 12월 12일 개정된 프랑스 「형법(Code pénal)」 제226조의17은 EU GDPR 제32조, 프랑스 1978년 법률 제4조 제6항 및 제99조 제2항에 따른 보안 조치를 취하지 않고 개인정보를 처리한 자에 대하여 5년 이하의 징역 또는 30만 유로 이하의 벌금에 처해질 수 있다고 규정하고 있다.

3) 영국

영국은 GDPR 시행에 맞춰 2018년 5월 23일 「2018년 개인정보 보호법(Data Protection Act 2018)」을 개정하였으며, GDPR에 대한 보충 · 조정 조항을 담고 있다. 개인정보 보호에 있어 원칙적으로 GDPR이 적용되며, 이에 따라 GDPR 제32조에서 규정한 기술적 · 관리적 조치의무에 관한 조항 및 과징금 조항이 동일하게 적용된다. 다만, 「2018년 개인정보 보호법」은 수사 · 형사절차 및 정보기관의 개인정보 처리 시 기술적 · 관리적 조치의무를 별도로 규정하고 있다.[5)]

한편, 「2018년 개인정보 보호법」 제196조는 고의적인 침해행위에 대하여 벌금형을 부과할 수 있도록 하고 있는데, 기술적 · 관리적 조치 미흡 또는 그로 인한 개인정보 유

---

4) 프랑스는 별도의 법률 제정을 통하여 기존 법률을 개정하는 방식을 취하기도 하는데, 2018년 6월 20일 제정된 「개인정보 보호법(Loi n° 2018-493 du 20 juin 2018 relative à la protection des données personnelles)」이 위 1978년 법률에 대한 개정 내용을 담고 있다.

5) 영국 「2018년 개인정보 보호법」 제66조는 수사 · 형사절차상, 제107조는 정보기관의 개인정보 처리 시의 기술적 · 관리적 조치의무를 별도로 규정하고 있으며, 구체적으로 △ 시스템 무단 처리 · 간섭 방지, △ 개인정보 처리의 정확한 세부사항 확립, △ 개인정보 처리 시스템의 적절한 동작 및 중단 시 적절한 복구, △ 오동작 시 저장된 개인정보의 손상 방지를 명시하고 있다.

출을 범죄의 구성요건으로 두지 않고 있다.

4) 독일

독일은 GDPR 시행에 대비하여 2017년 6월 30일 「연방 개인정보 보호법(Bundesdatenschutzgesetz, Federal Data Protection Act)」을 전면 개정하였다. 독일도 원칙적으로 GDPR의 적용을 받으며, 이에 따라 GDPR 제32조에서 규정한 기술적·관리적 조치의무에 관한 조항 및 과징금 조항이 동일하게 적용된다. 다만, 「연방 개인정보 보호법」은 수사·형사 절차상 개인정보 처리 시 기술적·관리적 조치의무를 별도로 규정하고 있다.[6)]

위 법률 제42조는 상업적 목적으로 권한 없이 고의적으로 대량의 개인정보를 제공한 경우 3년 이하의 징역 또는 벌금형을 부과하도록 하고 있는데, 기술적·관리적 조치 미흡과 관련하여 별도로 형사벌을 규정하지 않고 있다.

2. 미국과 영국의 개인정보 보호 현황[7)]

우리나라에서는 개인정보에 대한 자기결정권(self-determination right)이 헌법적 가치를 가지는 기본권들 중 한 가지로 인정되고 있다. 프라이버시권이 외부로부터의 간섭에서 자유로우려는 소극적 측면을 강조한 개념이라면, 개인정보에 대한 자기결정권은 자신의 정보를 스스로 통제하고 관리한다는 적극적 개념이다.

하지만 프라이버시권과 개인정보 자기결정권 모두 개인의 자유로운 의사를 기초로 한다는 공통점이 있기 때문에, 개인정보의 보호에 대한 제도적 접근법은 일반적으로 개인정보에 대한 개인의 자유로운 의사를 어떻게 보장하는지의 문제로 귀결된다.

정보주체의 사전동의(opt-in)와 사후철회(opt-out) 제도가 그 대표적인 예이다. 사전동의는 정보주체의 개인정보에 대한 처리를 정보주체가 아닌 제3자가 하려는 경우 그 개인정보의 처리에 대한 동의를 미리 정보주체로부터 받는 경우를 의미한다. 이와 다르게 사후철회가 적용되면 정보주체의 개인정보를 처리하려는 제3자는 우선적으로

6) 독일 「연방 개인정보 보호법」 제64조는 수사·형사절차상 개인정보 처리 시 적절한 수준의 보안이 보장되도록 기술적·관리적 조치가 취해져야 한다고 하면서 익명화·암호화의 기준, 자동처리 시 필요한 제어 조치 등을 규정하고 있다.

7) 김은수(2019). 미국과 영국에서의 Opt-in과 Opt-out의 제도적 현황. 한국인터넷진흥원(KISA). 2019. 4.10. https://blog.naver.com/n_privacy/221509405876

그 개인정보를 처리할 수 있지만, 그 정보주체가 자신의 개인정보에 대한 처리를 추후에 거부할 수 있다. 이런 개념 구분을 전제로 해외 국가들 중 미국과 영국에서 사전동의와 사후철회에 대한 제도적 운영이 이루어지는 현황을 간략하게 제시하려고 한다.

1) 미국의 제도적 현황

연방법과 주(state)법으로 이원화된 미국은 개인정보의 보호에 포괄적으로 적용되는 연방법률을 가지고 있지 않다. 금융, 의료 등 개별 영역에만 적용되는 연방법률이 마련되어 있을 뿐이다. 연방법 차원에서 일반적인 개인정보에 대한 규율은 대체적으로 소비자 보호란 경쟁법적 측면에서 접근하고 있다. 그래서 경쟁법적 위반 행위에 대해 집행 권한을 가지고 있는 연방거래위원회(Federal Trade Commission)가 소비자의 개인정보에 대한 보호문제를 주로 관할하고 있다. 연방거래위원회는 소비자의 보호 측면에서 개인정보의 문제에 접근하고 있기 때문에 개인정보의 보호 침해와 관련된 행위가 연방거래위원회법(Federal Trade Commission Act)에서 규정한 “불공정 또는 기만적 행위(unfair or deceptive act)”에 해당하는지가 침해 여부를 판단하는 기본적인 법적 기준이 된다. 소비자의 개인정보를 보유하고 있는 개별 기업은 해당 개인정보의 전체적인 처리에 대한 사항을 개인정보의 보호에 대한 약관 형태로 고지를 함으로써 소비자가 자신의 개인정보가 어떻게 활용되고 보호되는지를 인식할 수 있다. 연방거래위원회는 이 약관의 내용이 불공정한 행위에 해당하는지 또는 개별 기업이 이 약관의 내용을 제대로 준수하지 않는 기만적 행위를 하는지를 중심으로 판단을 한다. 이와 같이 개인정보의 보호에 대한 문제를 기업과 소비자 사이의 계약에 대한 소비자의 신뢰 측면에서 살펴보기 때문에 연방거래위원회는 기업이 약관 등의 형태로 개인정보의 보호에 대한 기업의 기준을 소비자에게 제대로 고지를 하는지에 대해 초점을 두고 있다. 이런 제도적 시스템 하에서 원칙적으로 개별 기업은 어떤 구체적인 개인정보의 보호 방법을 해당 고지의 내용에 포함할지에 대한 자율적 판단이 가능하기 때문에 정보주체의 사전동의를 반드시 약관의 내용에 포함할 필요가 없다. 그래서 연방법적 차원에서 일반적으로 미국은 개인정보의 규제에 대해 정보주체의 사전동의가 아닌 사후철회 방법이 허용된다고 평가된다.

하지만 위에서 언급한 것과 같이 개인정보의 보호에 대한 연방법률이 마련된 특정 영역에 대해서는 정보주체의 사전동의를 기본원칙으로 하는 경우가 있다. 이에 해당하는 대표적인 분야가 의료 부문이다. 1996년에 제정된 ‘건강보험 이동 및 책임에 대한 법률(Health Insurance Portability and Accountability Act: "HIPAA")가 개인의 보건의료정보에 대한 보호를 규율한다. HIPAA가 제정된 후 HIPAA의 실행규칙인 'HIPAA 프라이버시 규칙(HIPAA Privacy Rule)'이 마련되면서 HIPAA와 HIPAA Privacy Rule이 적용되는 구조가 되었다. HIPAA 프라이버시 규칙에 따르면 보건의료정보의 수집을 포함한 처리를 위해서는 정보주체의 사전적인 인증(authorization)이 필요하다. 동의(consent)라는 표현이 직접적으로 사용되지는 않았지만 정보주체가 개인정보의 처리 이전에 해당 처리에 대한 허락을 부여해야 한다는 내용이기 때문에, 이 인증은 개념적으로 사전동의에 해당한다.

2018년에 캘리포니아 주에서 '캘리포니아 소비자프라이버시법(California Consumer Privacy Act: "CCPA")이 제정되어 2020년 1월부터 시행되었다. CCPA는 비록 주법이지만 IT 분야를 포함한 미국의 전반적인 산업 생산에서 캘리포니아 주가 차지하는 비중을 고려하면 CCPA를 주목할 필요가 있다. CCPA는 기업이 보유하는 소비자의 개인정보에 포괄적으로 적용되는 개인정보의 보호를 위한 법률이다.

HIPAA와 같은 연방법들을 참조해서 CCPA가 제정된 것으로 알려져 있지만, CCPA는 일반적으로 정보주체로서의 소비자의 사전동의를 개인정보의 처리를 위한 필수 요건으로 하지 않는다. CCPA에 따르면 소비자는 자신의 정보를 수집하는 기업에게 해당 정보의 내용을 제공한 것을 요청할 권리가 있고, 이런 요청을 받은 기업은 해당 소비자에게 그 내용을 공개할 의무가 있다. 또한 개인정보의 수집에 대한 사항을 고지받을 권리 이외에도 소비자는 자신의 개인정보를 삭제할 것을 요청할 권리가 있다. 이외에 CCPA는 기업이 소비자의 개인정보를 제3자에게 판매할 경우 해당 사실을 고지할 의무를 부담하면서 소비자는 이 판매를 거부할 권리가 있다고 규정한다. 이러한 거부권이 동의철회(opt-out)에 해당한다고 CCPA는 명시적으로 밝히고 있다.

단지 예외적으로 소비자가 미성년자(minor children)에 해당하는 경우에만 소비자의 사전동의를 필요로 한다고 규정되어 있다. CCPA는 소비자가 미성년자인 경우를 제외하고는 개인정보의 처리에 대해 소비자의 사전동의가 필수요소가 아니라고 규정함으로써 개인정보수집 사실에 대한 권리를 포함한 동의철회 제도 중심으로 CCPA가 운용되고 있음을 확인할 수 있다.

2) 영국의 제도적 현황

영국은 개인정보의 보호에 대한 일반적인 법률 체계인 '데이터보호법(Data Protection Act 2018)'을 보유하고 있다. 이 법률은 기존의 Data Protection Act 1998을 2018년에 개정한 것으로서 2018년 5월에 시행된 EU 「일반 개인정보 보호법(General Data Protection Act: GDPR)」을 반영하고 있다.

GDPR은 정보주체의 사전동의를 개인정보 처리의 적법한 요건들 중 한 가지로 규정하고 있다. 영국의 데이터보호법은 사전동의의 요소에 대한 내용을 GDPR로부터 그대로 수용하고 있어서 영국의 데이터보호법 또한 정보주체의 사전동의를 개인정보 처리의 적법한 요건들 중의 한 가지로 규정하는 하는 것이 된다.

영국의 개인정보 보호 기구인 정보위원회사무국(Information Commissioner's Office: ICO)은 이런 맥락에 따라 GDPR에서 규정한 동의의 의미를 해석하는 가이드를 ICO 홈페이지를 통해 공개하고 있다. 이 가이드에 따르면 GDPR은 엄격한 수준의 사전동의 요건을 제시하고 있으면서, 좀 더 명확하고 세부적인(granular) 사전동의의 적용을 요구하고 있다. 예를 들어, 동의를 철회할 수 있는 권리, 동의를 계약의 조건으로 설정할 수 행위의 금지, 동의의 기록들의 보관에 대한 규정이 있다. 그리고 ICO는 GDPR의 동의는 좀 더 역동적인 개념이라는 사실을 강조한다. GDPR의 동의는 한 번 확인을 하고 잊어버리는 일회성 장치가 아니라 지속적으로 관리가 필요한 선택의 문제가 된다.

3. EU와 미국의 개인정보 보호제도 비교

미국과 비교해서 유럽은 전반적으로 정보주체의 자기결정권 측면에서 정보주체의 사전동의를 좀 더 강력하게 적용하고 있어서 영국 또한 이런 경향에서 크게 다르지는 않다. 하지만 영국은 의료 영역의 경우에는 보건의료정보의 처리에 대해 정보주체의 사전동의 요건을 그대로 적용하는 것에 신중한 태도를 보인다. 이러한 차별적 접근의 배경에는 영국의 건강보험 체제가 있다.

영국은 대한민국과 마찬가지로 국가가 유일한 보험자인 국민건강보험 제도를 운영하기 때문에 건강보험과 관련된 개인의 정보 대부분이 NHS Digital(National Health Service Digital)이란 공공 기관에 집적되는 구조를 가지고 있다. 이와 같이 집적된 데이터의 활용성을 높이기 위한 정책적 고민을 반영한 의견서들이 지속적으로 산출되고 있다. 보건의료정보의 보호문제에 대한 공식적인 자문 역할을 맡은 National Data Guardian이 2016년에 "Review of Data Security, Consent and Opt-outs"라는 의견서를 제출했다. 다양한 이해관계인들에 대한 집단초점면접(Focus Group Interview)을 통해 환자의 보건의료정보를 연구적 목적으로 활용할 경우에는 사전동의가 아니라 사후철회의 방법을 적용해야 한다는 견해를 이 의견서는 표명하고 있다.

그리고 사후철회의 예시적 모형을 두 가지로 제시하고 있다. 첫 번째 모형은 처음부터 정보주체에게 자신의 개인정보가 활용되는 범위와 정도에 따라 표준형(standard setting), 한정형(limited setting), 엄격제한형(restricted setting)의 세 가지로 제시해서 이 중 한 가지 선택지를 고르는 방법이다. 두 번째 모형은 정보주체의 개인정보가 그 정보주체의 치료 목적으로 이용되는 것을 허용한다는 질문지와 연구 목적으로 활용되는 것을 허용한다는 질문지란 두 개로 구성된다. 개별 질문지에 따른 질의 사항에 대해 허용한다는 답변을 하려면 어떤 표시도 할 필요가 없고, 허용을 거부할 경우에만 표시를 하는 구조이다.

위에서 살펴본 것과 같이 미국의 경우 HIPAA는 정보주체의 사전동의 원칙을 적용하고 있지만 CCPA는 미성년자의 보호를 제외하고는 사후철회의 방법을 전반적으로 채택하고 있다. 영국은 적법요건들 중 하나로서의 정보주체의 사전동의 제도를 데이터보호법에 명시적으로 반영하고 있다. 단지 의료 분야의 경우 최소한 연구 목적 한도 내에서는 사전동의가 아닌 사후철회의 방법을 적용할 필요가 있다는 사회적 목소리가 높아지고 있음을 알 수 있다. 사전동의와 사후철회 모두가 정보주체의 자기결정권에 근거한 제도적 방법이라는 가치중립적 관점을 전제로 한 활발한 논의를 통해, 데이터의 보호 및 분석 기술이 급속도로 변모하는 상황에 적합한 제도적 도구를 찾으려는 노력이 필요하다.

제2절 우리나라의 개인정보 보호제도의 이해

1. 우리나라의 개인정보 보호법 현황

1) 개인정보 보호법의 연혁

우리나라의 개인정보 보호법은 개인정보의 유출·오용·남용으로부터 사생활의 비밀 등을 보호하기 위하여 2011년 3월 29일 제정되어 같은 해 9월 30일부터 시행되었다. 이 법은 각종 컴퓨터 범죄와 개인의 사생활 침해 등 정보화사회의 역기능을 방지하기 위해 1995년 1월 8일부터 시행되었던 법률인 '공공기관의 개인정보 보호에 관한 법'을 폐지하고 새로 제정한 법률이다.

이후 2020년 1월 9일 '데이터 경제 3법(개인정보 보호법, 정보통신망 이용촉진 및 정보보호 등에 관한 법, 신용정보의 이용 및 보호에 관한 법)'이 국회 본회의를 통과하고 2월 4일 공포되어 2020년 8월 5일 시행되었다.

2020년 8월 5일 개정 시행된 개인정보 보호법(법률 제16930호)의 구체적 내용은 다음과 같다.[8)]

첫째, 가명정보 개념이 도입되어 데이터 활용이 제고되었다. 개인정보 관련 개념을 개인정보, 가명정보, 익명정보로 구분한 후 가명정보를 통계 작성 연구, 공익적 기록보존 목적으로 처리할 수 있도록 허용하고 가명정보 이용 시 안전장치 및 통제 수단을 마련했다. 서로 다른 개인정보처리자 간의 가명정보 결합은 기술적·물리적 적정기준을 갖춘 전문기관을 통해서만 안전하게 결합하여 활용할 수 있게 되었다.

둘째, 동의없이 처리할 수 있는 개인정보가 합리화되었다. 개인정보의 수집 정황, 민감 정도 등을 고려하여 당초 수집목적과 합리적으로 관련된 범위라고 판단되는 경우 동의 없이 추가로 이용·제공할 수 있다.

셋째, 개인정보의 범위가 명확해졌다. 개인정보의 개념 중 다른 정보와 쉽게 결합하여 알아볼 수 있는 판단 기준을 다른 정보 입수 가능성 등 개인을 알아보는 데 소요되는 시간과 비용, 기술 등을 합리적으로 고려하여 판단하도록 구체화되었다. 다른 정보와 결합하여도 개인을 알아볼 수 없는 정보, 소위 익명정보는 법 적용대상이 아님을 명확히 하였다.

넷째, 개인정보처리자의 책임이 강화되었다. 가명정보 처리에 대한 기업 등 개인정보처리자의 책임성을 확보하기 위해서 관련된 기록을 보관하게 하는 등 안전조치 의무를 부과하고, 개인을 알아볼 목적으로 가명정보를 처리하는 행위는 엄격히 금지한다. 고의적인 재식별 시에는 연매출액의 3%까지 과징금을 부과할 수 있도록 하여 기업들이 가명정보를 오·남용하지 못하도록 엄격히 관리하도록 했다.

다섯째, 개인정보 보호 체계가 일원화되었다. 개인정보보호위원회를 국무총리 소속 중앙행정기관으로 격상하고, 행정안전부와 방송통신위원회, 개인정보보호위원회 등으

8) 손병희(2020). 데이커 3법 개정이 국내 산업에 미치는 영향. 중소기업기술정보진흥원. 『이슈 레포트』, Vol.2, 5aus.

로 나뉘어 있던 개인정보 보호 감독 기능을 개인정보보호위원회로 일원화하였다. 또 관련 법률도 유사·중복 규정을 정비하여 개인정보 보호법으로 일원화하였다.

우리나라의 경우 「개인정보 보호법」 제29조는 개인정보가 분실·도난·유출·위조·변조·훼손이 되지 않도록 안전성 확보에 필요한 기술적·관리적·물리적 조치를 하도록 규정하고 있으며, 동법 제73조 제1호에서는 위와 같은 조치를 하지 않아 개인정보 분실 등을 한 경우 2년 이하의 징역 또는 2천만 원 이하의 벌금에 처하도록 규정하고 있고, 아울러 동법 제75조 제2항 제6호는 위와 같은 조치를 하지 않은 경우 5천만 원 이하의 과태료도 부과하고 있다. 한편, 「정보통신망 이용촉진 및 정보보호 등에 관한 법률」은 개인정보 안전성 확보를 위한 조치의무 위반으로 개인정보 유출 등이 발생한 경우 일정한 과징금을 부과하고 있다.

개인정보 보호법(법률 제16930호)의 주요 개정 내용

- 개인정보 개념체계 명확화(제2조 제1호 각목)
  - 개인을 알아볼 수 있는 정보
  - 다른 정보와 쉽게 결합하여 개인을 알아볼 수 있는 정보
  - 가명정보(위 정보들을 가명처리함으로써 원래의 상태로 복원하기 위한 추가 정보의 사용, 결합 없이는 특정 개인을 알아볼 수 없는 정보)
  - 익명정보는 적용제외 명시(제58조의2)
- 가명정보의 처리 허용 및 안전조치의무(제28조의2, 4)
  - 개인정보처리자는 통계작성, 과학적 연구, 공익적 기록보존 등을 위하여 정보주체의 동의 없이 가명정보를 처리할 수 있도록 함
  - 가명정보 처리 시 원상복구를 위한 추가정보를 분리 보관하는 등 기술적, 관리적, 물리적 조치 요구
- 가명정보의 결합 제한 및 안전조치의무(제28조의3 내지 6)
  - 개인정보처리자 간의 가명정보 결합은 개인정보보호위원회 또는 관계 중앙행정기관의 장이 지정하는 전문기관이 수행하도록 함
- 동의 없는 개인정보 처리 범위 확대(제15조 제3항, 제17조 제4항)
  - 당초 수집목적과 합리적으로 관련된 범위에서, 정보주체에 대한 불이익 등 사정을 고려하여 동의 없이 이용, 제공 가능
- 개인정보보호위원회 기능 강화(제7조, 제63조)
  - 국무총리 소속 중앙행정기관으로 격상하고, 개인정보 보호법 위반 협의에 대한 자료 제출요구권, 관계 중앙행정기관장에 대한 검사요구권, 처분에 대한 의견제시권 부여

- 정보통신 서비스제공자 등의 개인 정보처리 특례규정 도입(제6장)
  - 정보통신망법상 개인정보 관련 규정을 삭제하는 대신, 개인정보 보호법에 정보통신 서비스제공자에게만 적용되는 특례규정을 도입
  - 개인정보 처리위탁에 대한 동의 특칙은 삭제, 국외이전시 동의 규정은 존치하나 정보 공개로 대체 가능(제39조의12)

출처: 국가법령정보센터 법령 개인정보 보호법 제16930호 정리

2) 개인정보 보호의 목적과 주요 내용

(1) 개인정보 보호의 목적

개인정보 보호법은 당사자의 동의없는 개인정보를 수집 및 활용하거나 제3자에게 제공하는 것을 금지하는 등 개인정보 보호를 강화한 내용을 담고 있다. 만약 상대방의 동의 없이 개인정보를 제3자에게 제공하면 5년 이하의 징역이나 5,000만 원 이하의 벌금에 처할 수 있다.

이 법은 개인정보의 수집 · 유출 · 오용 · 남용으로부터 사생활의 비밀 등을 보호함으로써 국민의 권리와 이익을 증진하고, 나아가 개인의 존엄과 가치를 구현하기 위하여 개인정보 처리에 관한 사항을 규정함을 목적으로 한다.

(2) 개인정보의 정의

여기서 개인정보란 살아 있는 개인에 관한 정보로서 성명, 주민등록번호 및 영상 등을 통하여 개인을 알아볼 수 있는 정보(해당 정보만으로는 특정 개인을 알아볼 수 없더라도 다른 정보와 쉽게 결합하여 알아볼 수 있는 것을 포함함)를 말한다.

즉, '개인정보'란 살아 있는 개인에 대한 정보로서, 이름, 주민등록번호, 주소, 신체정보, 재산 정보, 사회적 지위 등 개인을 알아볼 수 있는 모든 정보를 말한다. 예를 들어, 누군가의 이름만 알고 있다면, 누구인지 알아볼 수 없지만, 다니는 학교와 이름을 함께 알고 있다면, 누구인지를 알 수 있게 된다. 이처럼 두 종류 이상의 정보를 합쳐서 누구인지를 식별할 수 있게 된다면 개인정보에 속하게 된다.

(3) 개인정보의 종류와 유형

개인정보는 개인의 성명, 주민등록번호 등 인적사항에서부터 사회 · 경제적 지위와

상태, 교육, 건강 · 의료, 재산, 문화 활동 및 정치적 성향과 같은 내면의 비밀에 이르기까지 그 종류가 매우 다양하고 폭넓다. 또한 사업자의 서비스에 이용자(고객)가 직접 회원으로 가입하거나 등록할 때 사업자에게 제공하는 정보뿐만 아니라, 이용자가 서비스를 이용하는 과정에서 생성되는 통화내역, 로그기록, 구매내역 등도 개인정보가 될 수 있다.

구체적으로 개인정보의 종류는 인적사항(일반정보, 가족정보), 신체적 정보(신체정보, 의료 · 건강 정보), 정신적 정보(기호 · 성향 정보, 내면의 비밀정보), 사회적 정보(교육정보, 병역정보, 근로정보, 법적정보), 재산적 정보(소득정보, 신용정보, 부동산정보, 기타 수익정보), 기타 정보(통신정보, 위치정보, 습관 및 취미정보) 등으로 구성되어 있다. 개인정보의 종류는 [표 11-2]와 같으며, 다음의 내용이 해당된다.

[표 11-2] 개인정보의 유형과 종류

구분		내용
인적사항	일반정보	성명, 주민등록번호, 주소, 연락처, 생년월일, 출생지, 성별 등
	가족정보	가족관계 및 가족구성원 정보 등
신체적 정보	신체정보	얼굴, 홍채, 음성, 유전자 정보, 지문, 키, 몸무게 등
	의료 · 건강 정보	건강상태, 진료기록, 신체장애, 장애등급, 병력, 혈액형, IQ, 약물테스트 등의 신체검사 정보 등
정신적 정보	기호 · 성향 정보	도서 · 비디오 등 대여기록, 잡지구독정보, 물품구매내역, 웹사이트 검색내역 등
	내면의 비밀정보	사상, 신조, 종교, 가치관, 정당 · 노조 가입 여부 및 활동내역 등
사회적 정보	교육정보	학력, 성적, 출석상황, 기술 자격증 및 전문 면허증 보유내역, 상벌기록, 생활기록부, 건강기록부 등
	병역정보	병역 여부, 군번 및 계급, 제대 유형, 근무부대, 주특기 등
	근로정보	직장, 고용주, 근무처, 근로경력, 상벌기록, 직무평가기록 등
	법적정보	전과 · 범죄 기록, 재판 기록, 과태료 납부내역 등
재산적 정보	소득정보	봉급액, 보너스 및 수수료, 이자소득, 사업소득 등
	신용정보	대출 및 담보설정 내역, 신용카드번호, 통장계좌번호, 신용평가정보 등
	부동산정보	소유주택, 토지, 자동차, 기타 소유차량, 상점 및 건물 등
	기타 수익정보	보험(건강, 생명 등) 가입 현황, 휴가, 병가 등
기타 정보	통신정보	E-Mail 주소, 전화통화내역, 로그파일, 쿠키 등
	위치정보	GPS 및 휴대폰에 의한 개인의 위치정보
	습관 및 취미정보	흡연 여부, 음주량, 선호하는 스포츠 및 오락, 여가활동, 도박성향 등

개인정보의 주체는 자연인이며, 법인 또는 단체의 정보는 해당되지 않는다. 따라서 법인의 상호, 영업 소재지, 임원정보, 영업실적 등의 정보는 개인정보 보호법에서 보호하는 개인정보에 해당되지 않는다.

(4) 개인정보 침해 현황

개인정보의 침해 유형은 개인정보 무단수집, 개인정보 무단이용제공, 주민번호 등 타인정보도용, 회원탈퇴 또는 정정 요구 불응, 법적용 불가 침해사례를 기준으로 개인정보 침해 현황을 보면 [표 11-3]과 같다.

[표 11–3] 개인정보 침해 현황(2015~2019년)

(단위: 건)

	2015	2016	2017	2018	2019
합계	152,151	98,210	105,122	164,497	159,255
- 개인정보 무단수집	2,442	2,568	1,876	2,764	3,237
- 개인정보 무단이용제공	3,585	3,141	3,881	6,457	6,055
- 주민번호 등 타인정보도용	77,598	48,557	63,189	111,483	134,271
- 회원탈퇴 또는 정정 요구 불응	957	855	862	1,149	1,292
- 법적용 불가 침해사례	60,480	38,239	30,972	37,156	8,745
- 기타	7,089	4,850	4,342	5,488	5,655

출처: e나라지표 '개인정보 침해신고' 통계 바로가기.

개인정보의 침해는 지속적으로 증가하고 있는 추세이다. 가장 많이 발생되고 있는 개인정보 침해는 주민등록번호 등 타인 정보 도용이고, 개인정보 무단이용 제공, 개인정보 무단수집 등의 비율로 높게 나타나고 있다.

■ **데이터 3법이란?**

- ○ 제4차 산업혁명 시대 신성장 동력인 '데이터' 활용에 대한 시대적 요구를 반영 2020.1.9. 일명 '데이터 3법(개인정보 보호법, 정보통신망 이용촉진 및 정보보호 등에 관한 법률, 신용정보의 이용 및 보호에 관한 법률)'이 국회 본회의 통과 개정안이 2월 4일 공표, 8월 5일 시행되었다.
- ○ 개인정보 보호법 · 정보통신망법 · 신용정보법 등 3법의 개정안을 일컫는 말로 개인정보 보호 소관 부처를 하나로 모아 중복 규제를 없애고 제4차 산업혁명 도래에 맞춰 개인과

기업이 정보를 활용할 수 있는 폭을 넓히기 위해 마련되었다.

■ '데이터 3법'의 주요 내용

개인정보 보호법 개정안	신용정보법 개정안	정보통신망법 개정안
• 가명정보 개념 도입, 상업적 목적으로 활용 가능 • 개인정보 관리감독 개인정보 보호위원회로 일원화 • 통합법제 컨트롤타워 있어야 GDPR 인증	• 가명정보 금융 분야 빅데이터 분석에 이용 가능 • 가명정보 주체 동의없이 활용 허용	• 온라인상 개인정보 감독기능 개인정보보호위원회로 이관

■ '데이터 3법'의 주요 특징

ㅇ 가명정보 개념 도입

- 추가정보 없이는 특정 개인을 알아볼 수 없는 '가명정보' 개념 도입

ㅇ 개인정보 보호 거버넌스 체계 효율화

- 개인정보의 유출 등을 감독할 감독기구는 개인정보보호위원회로 일원화

ㅇ 개인정보처리자 책임 강화

- 향후 특정 개인을 식별할 가능성이 증가될 우려가 있어 데이터 활용 시 준수해야 할 필수 안전조치 사항을 명확히 함

ㅇ 개인정보의 판단기준 명확화

- '개인정보' 범위를 보다 명확히 하고 요건에 해당하지 않는 익명화된 정보는 '개인정보 보호법'을 적용하지 않음을 명확히 함

■ 기대와 우려

ㅇ 제4차 산업혁명 시대의 핵심 자원인 데이터를 활용할 수 있는 근거가 마련되어 본격적인 가명정보 데이터를 활용한 연구와 제품개발이 활성화될 것으로 기대된다.

ㅇ 또한 개인정보의 주체, 즉 본인의 정보를 '본인'이 활용할 수 있는 마이데이터 산업의 활성화도 기대된다.

ㅇ 그러나 민감정보를 활용해 기업이 수익을 창출하는 과정에서 개인정보의 오·남용이 발생할 여지도 있기에 이에 대한 적절한 규제도 필요하다.

2. 개인정보 보호의 원칙

1) 개인정보 보호의 원칙과 권리 및 책무

다음에서는 개인정보 보호의 원칙과 탐정의 책무에 대해 살펴보도록 한다.

(1) 개인정보 보호의 기본원칙

① 적법수집과 최소수집의 원칙

개인정보처리자(탐정 및 사무원)는 개인정보의 처리 목적을 명확하게 하여야 하고, 그 목적에 필요한 범위에서 최소한의 개인정보만을 적법하고 정당하게 수집해야 한다.

② 적법처리와 목적부합의 원칙

개인정보처리자는 개인정보의 처리 목적에 필요한 범위에서 적합하게 개인정보를 처리하여야 하며, 그 목적 외의 용도로 활용하여서는 안 된다.

③ 정확성, 완전성, 최신성 보장 원칙

개인정보의 처리 목적에 필요한 범위에서 개인정보의 정확성, 완전성 및 최신성이 보장되어야 한다.

④ 안전관리 원칙

개인정보처리자는 개인정보의 처리방법 및 종류 등에 따라 정보주체의 권리가 침해받을 가능성과 그 위험 정도를 고려하여 개인정보를 안전하게 관리해야 한다.

⑤ 정보주체 권리보장 원칙

개인정보처리자는 개인정보 처리방침 등 개인정보의 처리에 관한 사항을 공개하여야 하며, 열람청구권 등 정보주체의 권리를 보장해야 한다.

⑥ 사생활 침해 최소화 원칙

개인정보처리자는 정보주체의 사생활 침해를 최소화하는 방법으로 개인정보를 처리해야 한다.

⑦ 익명처리 우선의 원칙

개인정보처리자는 개인정보의 익명처리가 가능한 경우에는 익명에 의하여 처리될 수 있도록 해야 한다.

⑧ 책임과 의무준수 원칙

개인정보처리자는 이 법 및 관계 법령에서 규정하고 있는 책임과 의무를 준수하고 실천함으로써 정보주체의 신뢰를 얻기 위하여 노력해야 한다.

(2) 정보주체(의뢰인)의 권리

개인정보의 주체는 다음과 같은 권리를 보유한다. 탐정에게 사건을 의뢰한 고객도 동일한 권리를 갖는다.

① 개인정보의 처리에 관한 정보를 제공받을 권리

② 개인정보의 처리에 관한 동의 여부, 동의 범위 등을 선택하고 결정할 권리

③ 개인정보의 처리 여부를 확인하고 개인정보에 대하여 열람(사본의 발급을 포함)을 요구할 권리

④ 개인정보의 처리 정지, 정정·삭제 및 파기를 요구할 권리

⑤ 개인정보의 처리로 인하여 발생한 피해를 신속하고 공정한 절차에 따라 구제받을 권리

(3) 국가 등(탐정 및 탐정법인)의 책무

국가와 지방자치단체를 비롯하여 탐정과 탐정사무소는 개인정보 보호와 관련하여 다음과 같은 책무가 있다.

첫째, 국가와 지방자치단체는 개인정보의 목적 외 수집, 오용·남용 및 무분별한 감시·추적 등에 따른 폐해를 방지하여 인간의 존엄과 개인의 사생활 보호를 도모하기 위한 시책을 강구하여야 한다.

둘째, 국가와 지방자치단체는 정보주체의 권리를 보호하기 위하여 법령의 개선 등 필요한 시책을 마련해야 한다.

셋째, 국가와 지방자치단체는 개인정보의 처리에 관한 불합리한 사회적 관행을 개선하기 위하여 개인정보처리자의 자율적인 개인정보 보호활동을 존중하고 촉진·지원해야 한다.

넷째, 국가와 지방자치단체는 개인정보의 처리에 관한 법령 또는 조례를 제정하거나 개정하는 경우에는 개인정보 보호법의 목적에 부합되도록 해야 한다.

2) 정보수집의 원칙

(1) 개인정보의 수집과 이용

① 정보주체의 동의를 받은 경우
② 법률에 특별한 규정이 있거나 법령상 의무를 준수하기 위하여 불가피한 경우
③ 공공기관이 법령 등에서 정하는 소관 업무의 수행을 위하여 불가피한 경우
④ 정보주체와의 계약의 체결 및 이행을 위하여 불가피하게 필요한 경우
⑤ 정보주체 또는 그 법정대리인이 의사표시를 할 수 없는 상태에 있거나 주소불명 등으로 사전 동의를 받을 수 없는 경우로서 명백히 정보주체 또는 제3자의 급박한 생명, 신체, 재산의 이익을 위하여 필요하다고 인정되는 경우
⑥ 개인정보처리자의 정당한 이익을 달성하기 위하여 필요한 경우로서 명백하게 정보주체의 권리보다 우선하는 경우. 이 경우 개인정보처리자의 정당한 이익과 상당한 관련이 있고 합리적인 범위를 초과하지 아니하는 경우에 한함

(2) 정보주체에게 알리고 동의를 구해야 하는 경우

① 개인정보의 수집
② 개인정보의 이용 목적
③ 수집하려는 개인정보의 항목
④ 개인정보의 보유 및 이용기간
⑤ 동의를 거부할 권리가 있다는 사실
⑥ 동의 거부에 따른 불이익이 있는 경우에는 그 불이익의 내용

(3) 개인정보의 수집 제한

① 개인정보를 수집하는 경우에는 그 목적에 필요한 최소한의 개인정보를 수집해야 함
② 최소한의 개인정보수집이라는 입증책임은 개인정보처리자가 부담
③ 최소한의 정보 외의 개인정보수집에는 동의하지 아니할 수 있다는 사실을 구체적으로 알리고 개인정보를 수집해야 함
④ 최소한의 정보 외의 개인정보수집에 동의하지 아니한다는 이유로 정보주체에게 재화 또는 서비스의 제공을 거부해서는 안 됨

(4) 개인정보의 제공

① 제3자에 대한 제공이 가능한 경우

㉮ 정보주체의 동의를 받은 경우

㉯ 이 법에 따라 개인정보를 수집한 목적 범위에서 개인정보를 제공하는 경우

② 제3자 제공 시 정보주체에 알릴 내용

㉮ 개인정보를 제공받는 자

㉯ 개인정보를 제공받는 자의 개인정보 이용 목적

㉰ 제공하는 개인정보의 항목

㉱ 개인정보를 제공받는 자의 개인정보 보유 및 이용기간

㉲ 동의를 거부할 권리가 있다는 사실

㉳ 동의 거부에 따른 불이익이 있는 경우에는 그 불이익의 내용

③ 국외의 제3자에 대한 정보제공

㉮ 개인정보를 국외의 제3자에게 제공할 때에는 그 내용을 정보주체에게 알려야 함

㉯ 개인정보처리자가 정보주체로부터 동의를 받아야 함

㉰ 법을 위반하는 내용으로 개인정보의 국외 이전에 관한 계약을 체결해서는 안 됨

3) 개인정보의 목적 외 이용 및 제공 제한

(1) 개인정보의 목적 외 이용 및 제공 제한

① 개인정보처리자는 개인정보를 범위를 초과하여 이용하거나 범위를 초과하여 제3자에게 제공하여서는 안 됨

② 예외로 제공이 가능한 경우

㉮ 정보주체로부터 별도의 동의를 받은 경우

㉯ 다른 법률에 특별한 규정이 있는 경우

㉰ 정보주체 또는 그 법정대리인이 의사표시를 할 수 없는 상태에 있거나 주소불명 등으로 사전 동의를 받을 수 없는 경우로서 명백히 정보주체 또는 제3자의 급박한 생명, 신체, 재산의 이익을 위하여 필요하다고 인정되는 경우

㉱ 통계작성 및 학술연구 등의 목적을 위하여 필요한 경우로서 특정 개인을 알

아볼 수 없는 형태로 개인정보를 제공하는 경우

㉮ 개인정보를 목적 외의 용도로 이용하거나 이를 제3자에게 제공하지 아니하면 다른 법률에서 정하는 소관 업무를 수행할 수 없는 경우로서 보호위원회의 심의·의결을 거친 경우

㉯ 조약, 그 밖의 국제협정의 이행을 위하여 외국 정부 또는 국제기구에 제공하기 위하여 필요한 경우

㉰ 범죄의 수사와 공소의 제기 및 유지를 위하여 필요한 경우

㉱ 법원의 재판업무 수행을 위하여 필요한 경우

㉲ 형(刑) 및 감호, 보호처분의 집행을 위하여 필요한 경우

③ 정보주체에게 동의를 얻어 제3자에게 정보를 제공하는 경우에 반드시 고지해야 할 내용

㉮ 개인정보를 제공받는 자

㉯ 개인정보의 이용 목적(제공 시에는 제공받는 자의 이용 목적을 말한다)

㉰ 이용 또는 제공하는 개인정보의 항목

㉱ 개인정보의 보유 및 이용기간(제공 시에는 제공받는 자의 보유 및 이용기간을 말한다)

㉲ 동의를 거부할 권리가 있다는 사실

㉳ 동의 거부에 따른 불이익이 있는 경우에는 그 불이익의 내용

④ 정보주체로부터 정보보호 요청을 받은 자는 개인정보의 안전성 확보를 위하여 필요한 조치를 해야 함

(2) 정보주체 이외로부터 수집한 개인정보의 수집 출처 등 고지

① 개인정보처리자가 정보주체 이외로부터 수집한 개인정보를 처리하는 때에는 정보주체의 요구가 있으면 즉시 다음의 모든 사항을 정보주체에게 알려야 함

② 개인정보의 수집 출처 고지

③ 개인정보의 처리 목적 고지

④ 개인정보 처리의 정지를 요구할 권리가 있다는 사실 고지

4) 개인정보의 파기와 민감정보, 고유식별정보의 처리 제한

탐정은 수집된 개인정보의 파기와 민감정보나 고유식별정보를 처리하는 데 있어서

다음과 같은 제한 규정에 유의해야 한다.

(1) 개인정보의 파기

① 개인정보처리자는 보유기간의 경과된 경우에 보관 정보를 파기해야 함
② 개인정보의 처리 목적 달성 등 그 개인정보가 불필요하게 되었을 때에는 지체 없이 그 개인정보를 파기해야 함
③ 다른 법령에 따라 보존하여야 하는 경우에는 파기하지 않고 보관해야 함
④ 개인정보를 파기할 때에는 복구 또는 재생되지 아니하도록 조치해야 함
⑤ 개인정보를 파기하지 아니하고 보존하여야 하는 경우에는 해당 개인정보 또는 개인정보파일을 다른 개인정보와 분리하여서 저장·관리해야 함

(2) 민감정보의 처리 제한

① 정보주체의 사생활을 현저히 침해할 우려가 있는 개인정보(민감정보)의 처리 제한
　㉮ 사상 및 종교
　㉯ 신념
　㉰ 노동조합과 정당의 가입 및 탈퇴
　㉱ 정치적 견해
　㉲ 건강
　㉳ 성생활
　㉴ 취미
② 정보주체에게 그 사항을 알리고 다른 개인정보의 처리에 대한 동의와 별도로 동의를 받은 경우, 법령에서 민감정보의 처리를 요구하거나 허용하는 경우에는 민감정보의 처리가 가능함
③ 개인정보처리자가 민감정보를 처리하는 경우에는 그 민감정보가 분실, 도난, 유출, 위조, 변조 또는 훼손되지 아니하도록 안전성 확보를 해야 함

(3) 고유식별정보의 처리 제한

① 고유식별정보의 유형
　㉮ 이름, 주소
　㉯ 생년월일

㉰ 주민등록번호

㉱ 지문, 족문, 성문, 안구문(홍체문)

㉲ 운전면허번호, 여권번호

㉳ 학생고유번호, 회사원번호

㉴ 외국인등록번호

② 개인정보처리자는 법령에 정한 경우를 제외하고는 개인을 고유하게 구별하기 위하여 부여된 식별정보를 처리할 수 없음

③ 개인정보처리자가 법령에 따라 고유식별정보를 처리하는 경우에는 그 고유식별정보가 분실, 도난, 유출, 위조, 변조 또는 훼손되지 않도록 암호화 등 안전성 확보에 필요한 조치를 해야 함

④ 행정안전부 장관은 전문기관에 위탁하여 민감정보처리자 및 기관에 대해서 정기적인 조사가 가능함

5) 주민등록번호 관리와 업무위탁

(1) 주민등록번호 관리

① 원칙적으로 개인정보처리자는 주민등록번호를 처리할 수 없음

② 예외적으로 주민번호의 처리가 가능한 경우

㉮ 법률, 대통령령, 국회규칙, 대법원규칙, 헌법재판소규칙, 중앙선거관리위원회 규칙 및 감사원규칙에서 구체적으로 주민등록번호의 처리를 요구하거나 허용한 경우

㉯ 정보주체 또는 제3자의 급박한 생명, 신체, 재산의 이익을 위하여 명백히 필요하다고 인정되는 경우

㉰ 주민등록번호 처리가 불가피한 경우로서 행정안전부령으로 정하는 경우

③ 개인정보처리자는 주민등록번호가 분실, 도난, 유출, 위조, 변조 또는 훼손되지 않도록 암호화 조치를 통하여 안전하게 보관해야 함

④ 암호화 적용대상 및 대상별 적용시기 등에 관하여 필요한 사항은 개인정보의 처리 규모와 유출 시 영향 등을 고려하여 대통령령으로 정함

⑤ 개인정보처리자는 주민등록번호를 처리하는 경우에 정보주체가 인터넷 홈페이지를 통하여 회원으로 가입하는 단계에서는 주민등록번호를 사용하지 아니하고도

회원으로 가입할 수 있는 방법을 제공해야 함

(2) 업무위탁에 따른 개인정보의 처리 제한

① 제3자에게 개인정보의 처리업무를 위탁하는 경우에는 다음의 내용이 포함된 문서에 의해야 함

㉮ 위탁업무 수행 목적 외 개인정보의 처리 금지에 관한 사항

㉯ 개인정보의 기술적·관리적 보호조치에 관한 사항

㉰ 개인정보의 안전한 관리를 위하여 대통령령으로 정한 사항

② 개인정보의 처리 업무를 위탁하는 개인정보처리자(이하 "위탁자"라 한다)는 위탁하는 업무의 내용과 개인정보 처리업무를 위탁받아 처리하는 자(이하 "수탁자"라 한다)를 정보주체가 언제든지 쉽게 확인할 수 있도록 공개해야 함

③ 위탁자가 재화 또는 서비스를 홍보하거나 판매를 권유하는 업무를 위탁하는 경우에는 대통령령으로 정하는 방법에 따라 위탁하는 업무의 내용과 수탁자를 정보주체에게 알려야 함

④ 위탁하는 업무의 내용이나 수탁자가 변경된 경우에도 정보주체에게 알려야 함

⑤ 위탁자는 업무위탁으로 인하여 정보주체의 개인정보가 분실, 도난, 유출, 위조, 변조 또는 훼손되지 아니하도록 수탁자를 교육하고, 처리현황 점검 등 대통령령으로 정하는 바에 따라 수탁자가 개인정보를 안전하게 처리하는지를 감독해야 함

⑥ 수탁자는 개인정보처리자로부터 위탁받은 해당 업무범위를 초과하여 개인정보를 이용하거나 제3자에게 제공하여서는 안 됨

⑦ 수탁자가 위탁받은 업무와 관련하여 개인정보를 처리하는 과정에서 이 법을 위반하여 발생한 손해배상책임에 대하여는 수탁자를 개인정보처리자의 소속 직원으로 봄

6) 정보유출통지 및 처벌

(1) 개인정보 유출통지

① 개인정보 유출 시 지체없이 정보주체에 알려야 하는 내용

㉮ 유출된 개인정보의 항목

㉯ 유출된 시점과 그 경위

㉰ 유출로 인하여 발생할 수 있는 피해를 최소화하기 위하여 정보주체가 할 수 있는 방법 등에 관한 정보

㉱ 개인정보처리자의 대응조치 및 피해 구제 절차

㉲ 정보주체에게 피해가 발생한 경우 신고 등을 접수할 수 있는 담당부서 및 연락처

② 개인정보처리자는 개인정보가 유출된 경우 그 피해를 최소화하기 위한 대책을 마련하고 필요한 조치를 해야 함

③ 개인정보처리자는 대통령령으로 정한 규모 이상의 개인정보가 유출된 경우에는 정보주체에 대한 통지 및 조치 결과를 지체 없이 행정안전부 장관 또는 대통령령으로 정하는 전문기관에 신고해야 함

④ 이 경우 행정안전부 장관 또는 대통령령으로 정하는 전문기관은 피해 확산방지, 피해 복구 등을 위한 기술을 지원할 수 있음

(2) 처벌조항

① 10년 이하의 징역 또는 1억 원 이하의 벌금

㉮ 공공기관의 개인정보 처리업무를 방해할 목적으로 공공기관에서 처리하고 있는 개인정보를 변경하거나 말소하여 공공기관의 업무 수행의 중단, 마비 등 심각한 지장을 초래한 자

㉯ 거짓이나 그 밖의 부정한 수단이나 방법으로 다른 사람이 처리하고 있는 개인정보를 취득한 후 이를 영리 또는 부정한 목적으로 제3자에게 제공한 자와 이를 교사, 알선한 자

② 5년 이하의 징역 또는 5천만 원 이하의 벌금

㉮ 정보주체의 동의를 받지 아니하고 개인정보를 제3자에게 제공한 자 및 그 사정을 알고 개인정보를 제공받은 자

㉯ 불법적으로 개인정보를 이용하거나 제3자에게 제공한 자 및 그 사정을 알면서도 영리 또는 부정한 목적으로 개인정보를 제공받은 자

㉰ 불법적인 방법으로 민감정보를 처리한 자

㉱ 불법적인 방법으로 고유식별정보를 처리한 자

㉲ 업무상 알게 된 개인정보를 누설하거나 권한 없이 다른 사람이 이용하도록 제공한 자 및 그 사정을 알면서도 영리 또는 부정한 목적으로 개인정보를 제

공받은 자

㉳ 다른 사람의 개인정보를 훼손, 멸실, 변경, 위조 또는 유출한 자

③ 3년 이하의 징역 또는 3천만 원 이하의 벌금

㉮ 영상정보처리기기의 설치 목적과 다른 목적으로 영상정보처리기기를 임의로 조작하거나 다른 곳을 비추는 자 또는 녹음기능을 사용한 자

㉯ 거짓이나 그 밖의 부정한 수단이나 방법으로 개인정보를 취득하거나 개인정보 처리에 관한 동의를 받는 행위를 한 자 및 그 사정을 알면서도 영리 또는 부정한 목적으로 개인정보를 제공받은 자

㉰ 직무상 알게 된 비밀을 누설하거나 직무상 목적 외에 이용한 자

④ 2년 이하의 징역 또는 2천만 원 이하의 벌금

㉮ 안전성 확보에 필요한 조치를 하지 아니하여 개인정보를 분실, 도난, 유출, 위조, 변조 또는 훼손당한 자

㉯ 법에 따른 정정, 삭제 등 필요한 조치를 하지 아니하고 개인정보를 계속 이용하거나 이를 제3자에게 제공한 자

㉰ 법에 따른 개인정보의 처리를 정지하지 아니하고 계속 이용하거나 제3자에게 제공한 자

3. 시사점

데이터 경제가 부상하면서 개인정보의 수집·활용도가 높아지고 있는 만큼 보안 강화 등 개인정보의 안전한 관리가 더욱 중요해지는 상황에서, 국제적 기준이 되고 있는 EU GDPR의 관련 조항을 참고할 필요가 있다. EU GDPR 및 유럽 주요국은 개인정보 해킹·유출 방지 등을 위한 기술적·관리적 조치의무를 규정하고 위반시 거액의 과징금을 부과하고 있으며, 프랑스 외에는 대체로 중대한 고의적 침해행위에 대해서만 형사처벌을 규정하고 있다.

우리나라의 경우 개인정보 보호 법제상 형사처벌이 다른 국가에 비하여 과도하다는 지적이 있어왔다. 현행 우리나라 「개인정보 보호법」 제29조는 개인정보가 분실·도난·유출·위조·변조·훼손이 되지 않도록 안전성 확보에 필요한 기술적·관리적·물리적 조치를 하도록 규정하고 있으며, 동법 제73조 제1호에서는 위와 같은 조치를 하지 않아 개인정보 분실 등을 한 경우 2년 이하의 징역 또는 2천만 원 이하의 벌금에

처하도록 규정하고 있고 아울러 동법 제75조 제2항 제6호는 위와 같은 조치를 하지 않은 경우 5천만 원 이하의 과태료도 부과하고 있다. 한편, 「정보통신망 이용촉진 및 정보보호 등에 관한 법률」은 개인정보 안전성 확보를 위한 조치의무 위반으로 개인정보 유출 등이 발생한 경우 일정한 과징금을 부과하고 있다.

향후 관련 법안 개정 논의 시 고의성이 없는 단순한 기술적·관리적 조치의무 위반의 경우 그로 인하여 개인정보 유출이 있었다고 하더라도 담당자를 형사처벌하는 것보다 해당 기업에 과징금을 부과하되 실효성을 높이기 위해 유럽 법제와 같이 상당한 금액의 과징금을 부과하는 방안에 대해서도 참고할 필요가 있다.

특히, 지난 2020년 8월 5일 시행된 개정 시행된 개인정보 보호법상, 개인정보의 개념을 개인정보, 가명정보, 익명정보로 구분한 후 가명정보의 경우 통계작성 연구, 공익적 기록보존 목적으로 처리할 수 있도록 허용하여 제4차 산업의 빅데이터(Big Data), 인공지능(AI) 등의 활성화를 위한 제도적 장치를 마련해 두었다. 이 점에서 탐정의 조사업무에 있어서도 접근가능한 공개출처정보(Open Source Intelligence: OSINT)를 포함하여 인간정보(HUMINT, 휴민트), 신호정보(SIGINT, 시긴트), 영상정보(IMINT, 이민트), 측정정보(MASINT, 매신트), 기술정보(TECHINT, 테킨트) 등을 활발히 활용하여 조사전문가로서의 전문성을 제고시켜 나갈 필요가 있다.

특히, 오늘날에는 컴퓨터의 발달로 기술정보의 중요성이 급부상했다. 탐정조사업무 역시 컴퓨터와 인터넷을 이용한 공개출처정보(OSINT)와 기술정보(TECHINT)를 중심으로 민간조사 전문가로서의 역량을 계발하기 위한 노력을 지속적으로 심화시켜 나가야 할 것이다.

나아가 디지털 포렌식과 모바일 포렌식을 활용한 증거분석 능력을 뛰어넘어 디지털 인텔리전스(digital intelligence)에 대한 이해도 요구된다. 정확한 증거 획득과 빠른 사건 해결을 위해 현장에서 직접 디지털 증거를 수집하고 모바일 기술을 활용해 증거를 저장 및 공유하는 기술도 익혀야 한다.

그러나 무엇보다 탐정은 개정된 개인정보 보호법 위반이 발생하지 않도록 법규에 대해 충분한 이해를 토대로 조사과정에서 실제 적용될 수 있도록 만전을 기해야 한다. 법규에 대한 이해 부족으로 부지불식간에 위법행위가 발생되지 않도록 사전 충분한 학습과 이해가 선행되어야 하는 이유가 여기에 있다. 이를 통해 적법한 범위 내에서 업무수행이 이루어질 수 있도록 해야 할 것이다.

CHAPTER

12

탐정윤리

제 1 절 탐정윤리의 의의

1. 윤리와 직업윤리의 개념

1) 윤리에 대한 개념 정의

윤리(ethics)를 단순하게 도덕성을 다루는 철학의 한 분야(a branch of philosophy)로 생각하는 사람들도 있을 것이다. 그러나 윤리에 대한 정의를 명확하게 내리는 것은 쉽지 않으며, 매우 다의적인 의미를 가지고 있다. 사실 윤리라는 용어는 다양한 의미로 정의되고 있다. 어떤 이들은 윤리란 사실 존재하지 않는 추상적 개념이라고 주장하기도 한다. 그리고 윤리에 대한 다양한 정의만큼이나 윤리는 너무나 많다고 주장하는 사람들도 있다. 기존 문헌과 제 학자들의 윤리에 대한 개념 정의를 보면 다음과 같다.

『철학 백과사전(*The Encyclopedia of Philosophy*)』(1967)에서 윤리라는 용어의 사용방식은 다음과 같다. 첫째, 일반적 형식 또는 생활방식으로 정의하는 것으로 이것은 불교나 유대-그리스도적 윤리를 의미하기도 한다. 둘째, 일련의 행위규칙이나 도덕규범으로 정의하는 것으로 전문직업적인 윤리(professional ethics)에서 발견되는 규약의 개념(concept of a code)을 의미하며, 셋째, 생활방식과 행동규칙에 대한 탐구로 철학의 한 분야를 의미기도 하는데 인간의 행위를 규제하는 옳은 규범들이 발견될 수 있다는 것과 인간이 이 규범을 준수해야 한다는 것을 단정적으로 규정(Denhardt, 1988)하는 접근방식이다.

브란트(Karl Brandt)는 윤리를 "윤리적 사실에 관한 의문에 답하거나 답하려고 노력하는 총체"라고 정의하면서 윤리이론(ethics theory)을 두 분야로 구분한다. 즉, 어떤 윤리적 진술이 왜 옳고 유효한가 하는 것을 다루는 규범적 윤리(normative ethics)와, 윤리적 진술의 의미와 기능을 분석하고 정당화하는 문제를 다로는 비판적 윤리(critical ethics)로 구분(Brandt, 1959; qtd. in Denhardt, 1988)한다.

덴하르트(Denhardt, 1988)에 의하면, 행정윤리모형에서 사용하고 있는 윤리라는 말은 브란트의 규범적 윤리와 가장 유사한 데, 그 이유는 그것이 행정의 의사결정에서 행태를 지도할 수 있고 진실되고 타당한 윤리적 진술의 탐색을 포함하기 때문이다. 한편, 보우만(Bowman, 1981: 61)은 윤리를 "인간행동이 옳은가 또는 그른가를 결정하는 일련의 기준"이라고 정의한다.

이러한 다양한 윤리의 정의는 다양한 이론들로부터 나오고 있지만 사실 이러한 정의들은 윤리 및 도덕행동에 따라 일련의 결정을 할 때 타당한 이유를 제공하는 보편적 법칙에 초점을 맞추는 의무론적 관점(deontological view)과 행동의 결과에 따라 그 행동이 옳고 그른가를 판단하는 목적론적 관점(teleological view)에 근거를 두고 있다.

이 두 가지 접근방법의 차이는 전자(前者)가 행위의 이유에 따라 그 행위의 도덕성을 판단하는 반면, 후자(後者)는 그 행위의 결과나 성과에 따라서 도덕성을 판단하는데 있다. 미국의 1940~1980년 초반까지의 행정학 관련 저서에서 윤리에 관한 부분을 문헌 분석한 덴하르트(Denhardt, 1988: 26)는 행정윤리를 "개인적이고 전문직업적인 책임성을 적용할 수 있는 조직 경계 내에서 발견될 수 있는 핵심적인 사회적 가치에 근거하여 독자적으로 결정기준을 비판하는 과정"으로 정의하고 있다.

2) 직업윤리의 개념[1)]

모든 사람이 같은 방법으로 생각할 필요도 없고, 모두가 같은 방법으로 일해서도 안 된다. 뿐만 아니라 직업세계는 복잡성과 역동적 과정을 거치고 있다. 직업은 고정된 의미에서의 '세계'가 아니라 '세계들'이며, 항상 변화하고 있다.

그래서 직업윤리는 변화한다. 개인은 일에 대한 경험을 평가하는 기초로서 항상 같은 직업윤리를 사용하지는 않는다. 서로 다른 선호도와 사상 때문에 서로 다른 직업윤리가 여전히 남아있게 된다. 이는 특별히 모든 일들에 있어 개인이 새로운 직업윤리 기준을 충족시키도록 자신의 직업윤리를 재설계할 수 없기 때문이다. 직업윤리는 인간의 직업경험을 통하여 만족하는가에 대한 평가적 관점을 제공한다. 직업윤리는 개인이 갖는 사회적 규준과 노동에 대한 가치를 의미한다. 직업윤리는 변화하고 있는데 이는 개인이 사회와 직업을 보는 관점이 변화하기 때문이다

직업윤리는 크게 두 가지로 나눌 수 있다. 하나는 진로 일반의 윤리, 즉 어떠한 직업에서도 요구되는 행동규범을 말하며, 다른 하나는 특정한 직업이 사회의 역할분담적 입장에서 가져가야 할 행동규준인 특수직업의 윤리이다.

그러나 개인의 관점에서 보자면, 개인은 갈등을 일으키는 기제로서의 사회적 현실성(social reality)에 대한 어떤 관점을 필요로 하며 그들 관점들 사이에서 사회가 전통적으로 직업에게로 돌리는 사회적 의미의 모든 유형의 의미들(meanings)이 직업윤리

---

1) 김병숙 외(2006). 재직 근로자의 직업윤리 의식조사. 노동부 연구용역보고서. 『진로교육연구』, pp. 6-8 참조.

(career ethics)이다. 즉, 일에 직면하여 사회적 규준과 노동의 가치가 개인 또는 사회적 현실성 체계에 연관을 제공하는 구조가 직업윤리이다. 이러한 윤리는 서로 다양한 갈등들과 협력관계에서 공존한다. 서로 다른 이들 윤리관들이 점차로 다른 것을 이해하려고 하지만 갈등은 항상 남아있다. 이는 사회참고 틀의 구조 안에서의 개인에 대한 그리고 사회에 대한 투자자본 때문이다. 윤리는 변화하여 새로운 윤리들 또는 반대되는 윤리들을 유도할 것이다.

우리가 만일 "모든 직업인은 각자 자기가 맡은 직무에 투철한 사명감과 책임감을 가지고 그것을 충실히 수행해야 한다"고 하면, 그것은 모든 직업인에게 요구되는 '직업일반의 윤리'가 될 것이며, "농민은 무엇보다도 근면해야 하고, 상인은 정직해야 하야 한다"는 등의 표현을 하면 이는 그 직업에서 강조되어야 할 윤리, 즉 '직업별 윤리'라고 할 수 있다. 이와 같이 일반적으로 요구되는 직업윤리와 세부적인 직업별 직업윤리가 있다.

현대는 대도시에 위치한 산업단지들에서 기계기술 중심으로 일과 생산품을 조직화한다. 개인의 사회적 지위는 생산조직체 내에서의 위치에 따라 부여된다. 도시화, 개인주의화, 세속화, 차별화, 상품화, 합리화 등은 현대성을 형성하며, 소위 소명의식이라고 불리우는 직업적 일 윤리에서 한 개인으로 접근하는 직업윤리로 전환시켰다. 직업으로서의 일은 포괄적이고 자기표현적이며 본질적인 의미를 갖는다. 조직 내에서 진로로서의 일은 제한되고 세분화되기 시작하였는데, 이는 노동부분에서 증가하는 상태를 가져왔다. 현대 직업윤리가 붕괴되면서 직업역할에 대한 새로운 관점과 사회에 기여하도록 강조하는 포스트모던적 일 윤리로 대체되었다. 이러한 직업윤리에서 일 윤리로서의 전환은 낭만적 열정, 창조성, 자기표현 등을 대체하고 현대의 이성, 관찰, 정확성 등을 강조하였다. 그러므로 19세기 개념주의가 20세기 논리적 실증주의로 대체됨으로써 직업윤리가 일 윤리로 변화되었다.

따라서 탐정의 직업윤리는 탐정의 사명과 탐정산업의 기반을 정립하는 데 매우 중요한 요소이다.

2. 탐정윤리의 개념 정의

탐정윤리의 개념 정의는 어떻게 할 수 있는가? 탐정윤리는 탐정직업에게 요구되는 전문직업윤리로 탐정의 목표 및 역할에 관련된 모든 행동이 준거해야 할 당위적인 행위규범으로서 탐정이 행해야 할 바를 적극적으로 규정하거나, 행하지 말아야 할 바를 규정한 행위규범이다.

탐정윤리는 법(law; liability)과 윤리(ethics; responsibility)에서 논의되는 '책임'으로 양분할 수 있다. 즉, 탐정윤리는 크게 법적 책임성(accountability, legal responsibility)과 사회적 책임성(social responsibility)으로 구분할 수 있다. 법적 책임성은 탐정업무와 관련된 관계 법령에서 규정하고 있는 제반 준수사항과 법적 의무사항을 충실히 이행하는 것을 의미한다. 다만, 현재까지 아직 국내 탐정업을 규율하는 '탐정업 관리법'이 제정되지 않은 상황에서 탐정 직업윤리의 법적 성격을 논의하는 것은 이른 측면이 있다. 그럼에도 불구하고 기존 국회에서 제출된 탐정법안에서 규정된 탐정의 사명과 업무범위를 토대로 탐정의 법적 의무을 유추·제시할 수 있다. 나아가 OECD 선진 외국의 탐정업법과 탐정 관련 협회에서 규정하고 있는 탐정(private investigator)의 윤리강령과 행동강령 등의 직업윤리를 토대로 국내 탐정의 직업윤리를 도출할 수 있을 것이다.

구체적으로 탐정 직무를 수행하기 위해서는 탐정업무수행과 관련된 법률지식과 교양, 품성뿐만 아니라 확고한 윤리의식이 요구된다. 때문에 OECD 선진 외국의 탐정법과 기존 우리나라 역대 국회에서 발의된 탐정업 관리법안에서는 탐정의 자격기준과 결격사유를 구체적으로 적시하고 있다.

향후 제정될 탐정업법에서는 탐정 자격을 엄격하게 제한하면서 높은 윤리기준을 구체적으로 명시하고 엄정한 집행이 이루어질 수 있도록 하위법령에 관련 의무규정을 구체화하여 입법이 이루어져야 할 것이다.

구체적으로 다음과 같은 사항이 법제화 과정에서 충실히 담겨야 한다. 탐정의 자격과 결격사유뿐만 아니라 탐정사무소 소속 직원(조사원, 사무원 등)의 자격기준과 결격사유,[2] 탐정 자격 취득 과정에서 필수 과목으로 탐정윤리를 포함한 교과목 이수,[3] 탐

2) 탐정법제도를 운영하고 있는 대부분의 OECD 국가에서 탐정자격을 취득하기 위한 기본 요건으로 탐정자격(Private Investigation License) 취득, 연령기준, 고등학교 졸업 또는 대학 졸업 이상 등 일정 수준 이상의 교육요건 확보, 탐정 자격취득을 위한 체계적인 교육수료 등을 요구하고 있다.

미국에서 현재 사립탐정의 면허에 대한 학문적 요구사항은 없지만, 지망하는 초보자는 형사사법, 행정학, 경찰학, 보안행정 또는 이와 유사한 프로그램을 갖춘 준학사학위 또는 학사학위 과정을 이수하면 유리하다. 미국 전역의 대학들은 현재 탐정조사에만 전념하는 사립학교를 포함하여 이러한 학문 분야의 커리큘럼을 제공하고 있다.

이들 탐정 분야의 교과목으로 법의학(forensic sciences), 법적 원칙, 의사소통능력, 컴퓨터 조사(computer investigation), 사건 준비 및 법원 증언·진술, 증거수집 및 절차, 정보 및 기업스파이 활동, 관찰, 조사, 인터뷰, 심문 등의 기술 등을 제공한다. 또한 일부 사립탐정학교와 다양한 전문

정 자격 취득 이후 일정주기마다 자격 갱신 과정에서 직무교육 과정에서도 탐정윤리 관련 직무수행과정의 윤리적 딜레마 해결방안과 관련된 사례교육 실시, 탐정윤리 위반자에 대한 과태료 처분, 자격정지, 면허취소 등의 행정처벌과 법 위반자에 대한 형사처리를 통한 벌금형과 징역형에 대한 명확한 기준 제시 등이 법규에 명시되어야 한다.

탐정의 직업윤리는 탐정법규에 명시된 사명과 자격기준 및 결격사유, 기본적으로 준수해야 할 의무사항 등이 법적 책임성의 구체적 내용이 될 것이다. 이를 살펴보면 다음과 같다. 우선, 탐정사무소의 수임사건 기록부 작성 및 보관 의무, 의뢰인과의 관계에서 신의성실의 원칙에 기초한 탐정의 직무수행 원칙 준수의무, 고객과의 관계에서 비밀준수 의무, 탐정 수임료 기준 제시 및 수수료 책정의 적정성 확보 의무, 사건수임계약서의 문서화 및 보관의무, 과대광고 및 허위광고 금지 의무, 정부 공공안전(public security)을 담당하는 경찰 및 검찰 등 국가 형사사법기관의 수사관 사칭 행위 금지 및 의뢰인의 오인이나 착각을 불러일으키는 문서 · 복장 · 언행 등 일체의 행위 금지 의무, 계약서에 민간조사를 담당하는 탐정이라는 문구 게시, 형사사법기관과의 협업 및 관계자료 · 정보 요청 시 제공의무, 탐정사무소 개소 시 관할 관청(법제정에 따른 주무기관)에 등록의무, 탐정 및 탐정사무소의 책임보험 가입의무, 일정 주기의 자격갱신 의무, 휴업 · 폐업 시 관할 관청에 신고의무 등의 규정이 법과 대통령령 · 시행 규칙 등의 하위법령에 구체적으로 명시되어야 할 것이다.

나아가 관계법령에 규정된 탐정의 사명과 의무, 윤리규정 등을 집행하고 탐정자격과 교육훈련, 탐정업체 지도관리 업무를 담당할 가칭 '한국탐정협회'와 '탐정자격관리운영위원회' 등의 법정 기관 · 단체를 설립하여 탐정에게 요구되는 법적 책임이 충실하게

보안 및 수사 기관에서 방화, 범죄, 보험 또는 금융 사기 조사에 대한 현직 교육 또는 세미나 등 특정 분야에 대한 전문 교육을 제공한다.

기업 부문에 고용된 조사관은 일반적으로 준학사 또는 학사 학위가 요구된다. 또한 대기업 내에서 더 높은 직책을 위해서는 경영학 석사학위가 필요할 수 있다[Manley, Anthony D.(2010). *The Elements of Private Investigation*, p.5].

3) 미국에서 탐정이 되기 위해서는 대부분의 주정부에서 탐정 자격증을 요구한다. 아울러 형사 사법 또는 관련 프로그램의 2년 또는 4년 학위는 PI(사설탐정) 지망생에게 도움이 된다. 또한 많은 기업 조사관은 회계, 내부 감사 또는 경영 관리와 같은 특정 유형의 인증과 함께 학사학위를 소지해야 한다.

오늘날 대부분의 사설 수사 기관과 사립탐정은 전직 경찰, 전직 다른 분야(각종 연방법 집행기관, 보험, 자동차) 수사관, 전직 정부 정보기관의 기밀 또는 잠복 요원으로 구성된다. 그들의 전문 분야는 전문적인 재능과 능력을 요구한다. 최근 사립탐정의 범위는 대학, 사립학교, 보안기관 등의 지식인으로 확대되었다[Manley, Anthony D.(2010). *The Elements of Private Investigation*, p.3].

이행되고 있는지 점검·평가하여 탐정의 직업윤리가 엄정하게 준수될 수 있도록 제도적 기반을 정립해야 할 것이다.

이에 더하여 탐정은 사건 의뢰인의 이익에 충실히 기여하는 공익적 지위와, 탐정 자신의 수익성을 지향하는 이익대표자로서의 지위를 갖는다. 탐정의 공익적 지위와 이익대표자적 지위 중에서 어느 하나를 강조하느냐는 그 사회의 법문화적 토양과 법정책적 결정에 좌우된다. 법문화적으로 탐정 양성 법제도가 체계적으로 갖추어지지 못한 현재 상황에서 명확한 방향 설정을 하는 것은 이르나 기본적인 방향제시를 하면 다음과 같다.

향후 탐정자격 도입방식을 국가공인자격이나 공인민간자격으로 되든, 아니면 현재와 같이 신고제를 근간으로 한 민간자격으로 제도화되는 것과 상관없이 탐정산업이 합법적 범위 내에서 국민의 권익을 향상하는 민간조사(private investigation)의 주체로서 역할을 충실히 수행하기 위해서는 이익대표자적 성격과 함께 공익수호자로서의 지위도 외면할 수 없다. 오히려 건전한 탐정산업 육성을 위해서 탐정의 공익적 지위는 관계 법령의 근거 규정 마련과 한국탐정협회의 자율준수 프로그램(compliance program)의 작동을 통해 강조되고 실천될 때 국민적 신뢰를 확보해 나갈 수 있다는 점에서 중요하다.

법제도에 의거하여 탐정 양산체제를 갖추고 있고 탐정의 업무활동이 경제적 수익성에 지향되어 있는 국가에서 탐정의 지위는 이익대표자적 성격이 강할 수밖에 없을 것이다. 탐정의 공적 기능에 관한 직업윤리가 확립되어 있는 국가에서는 탐정의 공익적 지위가 강조될 것이다. 그러나 탐정이 이 두 가지 지위에 근거하여 윤리적 측면이 강조되는 직업적 의무를 지닌다는 점은 부인할 수 없을 것이다. 탐정업이 하나의 산업으로 성장하기 위해서는 경제적 수익성을 결코 외면할 수 없다.

이에 대하여 탐정의 업무활동이 경제적 수익성뿐만 아니라 각종 사건·사고로 인해 권익을 침해당하고 있거나 적극적으로 자신의 궁금증 해소나 권익을 실현하려는 의뢰인의 권익보호에 기여하고, 궁극적으로 공익과 사회정의 실현에 기여할 수 있는 방향으로 작동되도록 직업적 의무를 강조할 필요가 있다.

한편, 사회적 책임성은 탐정업무 수행과정에서 요구되는 업무수행규범 준수와 관련된 직업윤리를 말한다. 구체적으로 표적(tarket)을 잠복, 미행, 추적, 감시하는 과정에서 준수해야 할 제반 행동강령과 의뢰인으로부터 요청받은 조사서비스 제공자로서의 의무, 고객과의 관계에서 기밀 및 개인정보 보호, 탐정업무 수행과정에서의 이해충돌(conflict of interest) 방지, 신의성실의 원칙에 기초한 고객에 대한 공정한 대리업무 수행, 경쟁자(탐정기업 및 탐정)와의 관계에서 준수해야 할 행위규범, 서면계약서에 조사기간 · 조사범위 · 조사비용 등의 구체적 명시, 조사 결과 보고서의 작성과 보고 윤리 준수, 보상, 광고, 법정 진술 등에 있어서 탐정의 목표 및 역할에 관련된 모든 행동이 준거해야 할 당위적인 행위규범으로서 탐정이 행해야 할 바를 적극적으로 규정하거나, 행하지 말아야 할 바를 규정한 행위규범이다.

특히 탐정업무 수행과정에서 일반적인 조사 기술로 사용되는 감시 비디오, 위장(pretext), SNS 등 소셜 미디어, GPS 위치추적의 경우 개인정보 보호법 위반 및 사생활 침해가 발생할 소지가 많아 관련 법규 위반이 발생하지 않는 범위에서 감시 및 조사활동이 이루어지는 게 중요하다.

3. 탐정 및 탐정법인의 의무와 원칙

1) 탐정의 기본원칙

모든 직업에는 자체 원칙 강령과 행동 규칙이 있다. 탐정직업도 예외는 아니다. 탐정윤리의 기본원칙은 조사 전문가로써 탐정이 윤리강령을 준수하는 것이다. 이는 탐정업이 의뢰인을 돕기 위해 신뢰를 기반으로 한다는 것을 의미한다. 어떠한 경우에도 탐정은 고객의 신뢰를 위반해서는 안 된다. 탐정과 탐정법인의 권리와 의무에 있어서 기본원칙은 다음과 같다.

(1) 신뢰의 원칙

어떤 경우에도 탐정은 그에게 위임된 신뢰를 위반할 권리가 없다. 신뢰를 훼손하는 모든 행위는 전문직업으로서 탐정과 양립할 수 없다. 탐정은 의뢰인과의 관계에서 신의성실의 원칙에 기초하여 신중하고 성실하게 업무를 수행해야 한다. 탐정의 의무를 방해하는 어떠한 행위도 하지 않는다. 탐정은 오직 관계 법령과 탐정협회의 윤리강령을 준수하는 가운데 양심에 따라 사실관계에 대한 조사업무를 중립적으로 수행해야 한다.

(2) 전문성의 원칙

탐정에 대한 신뢰의 전제조건은 탐정이 독립적인 위치에서 전문적으로 조사업무를 수행하는 데 있다. '탐정업무'는 법률적 지식이나 일반상식, 사회시스템의 이해, 인간행동 심리학, 탐정 장비 및 기자재 취급 기술, 미행 · 잠복 · 감시 기술 등 다양한 분야에 있어서 고도의 지식과 기술이 요구되는 업무이다.

탐정업은 탐정업무 분야의 전문성과 제반 자격요건을 갖추고 난 다음에 열정과 의지가 따라야 하는 직업이기도 하다. 탐정법제도가 정착된 OECD 국가에서 탐정이 되기 위해서는 기본적으로 탐정자격증 취득과, 실무조사 역량 및 탐문·수색·감시 기술 연마, 책임보험 가입, 개인정보 보호법·신용정보법·위치정보법 등 관련 법령의 준수, 탐정직업윤리의 이해와 내면화, 비즈니스 마케팅 등의 자격과 역량이 요구된다.

(3) 비밀유지의 원칙

탐정은 의뢰인의 탐정사무를 처리함에 있어서 지득한 의뢰인의 비밀을 누설하지 않고 준수할 의무가 있다. 탐정은 고객과의 관계에서 철저히 비밀을 준수해야 한다. 고객으로부터 받은 자료와 조사과정에 확보한 정보, 탐정과 동료 직원 사이의 서신 교환을 포함하여 모든 탐정 직무수행에서 얻은 정보는 기밀을 준수해야 한다.

(4) 형사사법기관과의 협력의 원칙

탐정은 경찰·검찰·법원 등 공권력을 행사하는 법집행기관과 협조적 관계를 유지해야 한다. 이들 법집행기관에서 합법적인 절차를 통한 협조요청이 있을 경우, 조사과정에서 취득한 정보를 제공하고, 자료협조 사실을 의뢰인에게 설명할 의무가 있다. 이때 의뢰인이 형사사법기관의 자료협조에 동의하지 않을 경우, 관계법령에 의거하여 적법하게 처리해야 한다. 또한 탐정은 소송과정에서 의뢰인의 권익을 위해 법정 증언과 진술의 의무가 있다.

(5) 합법성의 원칙

탐정은 조사과정에서 불법적인 방법을 동원하여 자료 및 정보수집을 해서는 안 된다. 불법적인 자료수집 기술을 조언하거나 사용해서도 안 된다.

(6) 공개성의 원칙

탐정활동은 공개적으로 수행한다. 다만, 의뢰받은 사건 조사에 자신의 관여를 은폐할 수 있으며, 대리인(front man) 역할을 할 수도 있다.

(7) 독립성의 원칙

탐정은 고객과의 관계에서 독립성을 유지해야 한다. 의뢰인의 요구사항보다 법적 책임, 의무 및 양심 등 사회적 책임을 우선해야 한다. 탐정업무 수행과정에서 법률을 준수하지 않거나 의무를 위반하도록 요구하는 의뢰인의 어떠한 제안이나 요청도 수용해서는 안 되며, 계약서에 그 같은 내용을 기록해도 안 된다.

또한 탐정은 의뢰받은 사건의 결과에 대해 어떤 형태로든 의뢰인에게 확실하고 만족스러운 결과를 약속하지 않는다. 그렇게 하면 조사 결과가 조작 또는 훼손될 수 있기 때문이다.

(8) 이해충돌 방지의 원칙

탐정은 고객과의 관계에서 이해충돌을 발생시키는 어떠한 행위도 해서는 안 된다.

탐정은 의뢰받은 사건 상대방 당사자의 고문, 자문 또는 대변자가 될 수 없으며, 화해에 기여해서도 안 된다. 또한 의뢰받은 사건 상대방 및 상대방 탐정으로부터 일체의 금전 등 부당이득을 수수해서도 안 된다.

탐정은 의뢰받은 사건을 처리하기 위해 동료 탐정 등과 공동논의하거나 협업을 할 수 있다. 다만, 이때에도 의뢰인의 이익과 부합되어야 한다. 다른 사람과의 모든 협업적 행동은 의뢰인의 이익을 완전히 구현할 수 없는 경우에만 정당화될 수 있다.

(9) 적정보수(Honorarium)의 원칙

탐정은 의뢰받은 사건의 수임 관련 수수료 및 제반 비용을 책정하는 데 있어 관계 법규나 협회 내규에 따라 적정 수수료를 징수해야 한다. 의뢰받은 사건의 난이도와 복잡성, 사건처리 예상 소요기간, 관련된 이해관계의 중요성 등에 비해 과도한 수수료를 청구해서는 안 된다. 이들 사항을 고려하여 사회적으로 용인할 수 있는 적정 비용을 받아야 한다. 조사과정에서 추가된 비용은 의뢰인이 이해할 수 있도록 설명하고 추가 수수료를 청구해야 한다.

(10) 허위 과장광고의 금지의 원칙

탐정 및 탐정사무소는 고객을 유치하기 위해 홍보마케팅 과정에서 허위 과장광고를 해서는 안 된다. 예컨대, “100% 조사 성공, 확실한 조사, 사기당한 피해금 100% 회수” 등과 같은 문구를 광고에 사용해서는 안 된다. 탐정은 의뢰받은 사건의 결과에 대해 어떤 형태로든 의뢰인에게 확실하고 만족스러운 결과를 약속하는 광고를 하면 안 된다.

광고는 소비자에게 자신 또는 타인의 제품 및 서비스를 다양한 전달 수단으로 매체를 통해 알리는 행위이다. 광고 매체는 인터넷 매체[홈페이지, 블로그, 밴드, 카페, 이메일, SNS(인스타그램, 페이스북 등) 등], 인쇄매체(신문, 브로슈어, 광고전단지 등), 기타 자격 홍보 목적의 휴대전화 문자, 서신, 우편, 공문 등을 모두 포함한다.

소비자에게 사건 수임 광고를 비롯해, 자격 및 자격과 관련한 교육과정 안내, 자격검정 및 합격자 공고, 자격취득을 위한 교재 등도 모두 광고에 해당한다.

현재 우리나라의 탐정자격은 한국직업능력연구원에서 관할 관청의 승인을 거쳐 등록한 민간자격이다. 민간자격 광고 시 유의사항은 [그림 12-1]과 같다.

[그림 12-1] 한국직업능력연구원의 민간자격 광고 시 유의사항

절대 하지 말아야 할 것	꼭 표시해야 할 것
거짓 또는 과장된 표현	**소비자 보호를 위한 표시(표시의무)**
• 등록된 자격명 및 등급과 다르게 표현 • 국가·공인자격으로 오인할 수 있는 표현 • 국가의 인정·승인으로 오인할 수 있는 표현 • 등록·공인·국가자격 예정 또는 변경으로 표현 • 객관적 사실에 근거하지 않은 취업 및 소득 보장 표현	• 자격의 종류 • 등록 또는 공인번호 • 해당 자격을 관리·운영하는 자 • 자격취득·검정에 드는 '총비용', '세부 내역별 비용', '세부 비용별 환불규정' • 민간자격관리자의 전화번호 • 등록자격의 경우 공인자격이 아니라는 내용
소비자의 관점에서 거짓·과장 광고로 해석될 가능성이 있는지 점검	소비자가 한눈에 알아볼 수 있도록 광고의 상단 또는 하단에 표시

(11) 보고의무의 원칙

탐정은 의뢰인의 청구가 있는 때에는 탐정사무의 처리상황을 보고하고, 위임이 종료된 때에는 지체없이 그 전말을 보고하여야 한다.[4] 그러나 탐정은 탐정사무의 처리가 단계적으로 진행되는 경우에는 의뢰인의 특별한 청구가 없더라도 탐정사무처리의 진행과정을 의뢰인에게 보고하여야 한다. 예를 들면, 주별, 월별로 사무처리한 중간 결과

4) 민법 제683조 수임인은 위임인의 청구가 있는 때에는 위임 사무의 처리상황을 보고하고 위임이 종료한 때에는 지체 없이 그 전말을 보고하여야 한다.

내용을 의뢰인에게 보고하여야 한다.

(12) 인도의무 및 이전의무의 원칙

탐정은 탐정사무의 처리로 인하여 받은 금전 기타의 물건 및 그 수취한 과실을 의뢰인에게 인도하여야 한다.[5] 예를 들면, 탐정은 의뢰인에게 인도받은 서류와 물건 등을 의뢰인에게 교부하여야 한다. 또 탐정은 의뢰인을 위하여 자기의 명의로 취득한 권리도 의뢰인에게 이전하여야 한다.[6]

탐정이 탐정사무의 처리로 인하여 받은 물건을 의뢰인에게 인도하거나 또는 취득한 권리를 의뢰인에게 이전하는 경우에는 인도 또는 이전이 있기까지 탐정은 물건과 권리를 선량한 관리자의 주의로 보존하여야 한다. 따라서 물건이나 권리가 대체성이 있는 것이라고 할지라도 탐정은 다른 것으로 대체할 수는 없다.[7]

또한 계약이 취소되면 탐정은 즉시 사건의 모든 원본 문서를 의뢰인에게 반환해야 한다.

(13) 금전소비에 대한 이자지급 의무의 원칙

탐정이 의뢰인에게 인도할 금전 또는 의뢰인의 이익을 위하여 사용할 금전을 자기를 위하여 소비한 때에는 소비한 날 이후의 이자를 지급하여야 하며 그 외에 손해가 있으면 이를 배상하여야 한다.[8]

(14) 조사 상담과 법률사무의 분리 원칙

탐정은 민법에 규정된 의무 이외에도 여러 가지 의무를 부담한다. 그 중 중요한 것을 들어 보면 첫째, 탐정은 수시로 의뢰인을 상담하고 협의하여야 할 의무가 있다. 대부분의 경우 의뢰인은 조사 관련 지식이 전혀 없거나 매우 미약하고, 심지어 탐정사무의 처리를 위탁함에 있어서 어떠한 지시를 할 것인지도 알지 못하는 경우가 많으므로 탐정에게는 의뢰인을 상담하고 조언을 주어야 할 의무가 있다.

의뢰받은 사건과 관련하여 탐정은 의뢰인이 자신의 의견을 밝히거나, 결정 또는 지시를 내릴 수 있게 하기 위해서 필요한 범위 내에서 관련 사항에 대하여 설명하여야

5) 민법 제684조 제1항 준용.
6) 민법 제684조 제2항 준용.
7) 대판 1969.12.16, 67다1525 준용.
8) 민법 제685조 준용.

할 의무가 있다.

다만, 법률사무의 경우에는 변호사에게 인계하여 관련 사무를 처리하도록 인도해야 한다. 예를 들면, 의뢰인에게 법률상담을 원하거나, 소송의 제기, 화해, 집행가능성 등에 관하여 설명이 필요한 경우 그 업무는 변호사의 업무라는 것은 고지하고 인계하여야 한다.

(15) 자율성 존중의 원칙

자율성이란 개인이나 협회·단체가 스스로 선택한 계획에 따라 행동과정을 결정하는 행동자유의 한 형태이다. 자율성은 윤리문제를 해결하는 데에 중요하게 작용하는 개념이다. 따라서 자율성 존중의 원칙이란 탐정의 권리와 스스로의 삶을 결정할 권리를 존중해야 한다는 원칙으로, 탐정 직업윤리 준수의 자율성을 최우선으로 존중해야 한다는 원칙이다.

이것은 탐정이 어떠한 탐정사무를 수행할 때에 관계 법규에 규정된 법적 책임성을 준수하는 것을 넘어서 전문직업으로서 탐정에게 요구되는 사회적 책임을 자율적으로 존중하고 이행한다는 것을 의미한다.

(16) 사건수임을 위한 알선 청탁의 금지 원칙

탐정은 누구든지 탐정사건 수임을 목적으로 재판기관 또는 수사기관의 소속 공무원에게 탐정사건 또는 탐정사무의 수임에 관하여 청탁하거나 알선 또는 유인하는 행위를 해서는 안 된다.

또한 재판 또는 수사업무에 종사하는 공무원이 직무상 관련 있는 탐정사건 또는 탐정사무의 수임에 관하여 당사자 또는 기타 관계인을 특정 탐정 또는 그 사무직원에게 소개하거나 알선하거나 유인하는 행위 또한 금지한다.

2) 의무의 정도: 선관주의 원칙

탐정은 의뢰인이 위탁한 탐정사무를 선량한 관리자의 주의로써 처리하여야 한다. 여기서 선관주의란 민법상의 대원칙인 의무자의 의무 정도를 가리키는 것이고, 이러한 정도의 주의를 하지 않은 것이 바로 과실 또는 귀책사유를 구성한다. 선관주의란 거래상 일반적으로 평균인에게 요구되는 정도의 주의를 말한다.

여기서 탐정에게 요구되는 주의 정도를 판단하는 기준인 평균인이란, 일반사회인이 아니라 조사 전문가로서의 평균적인 탐정이다. 따라서 수임받은 탐정사무를 처리함에 있어서 탐정은 보통 일반적으로 평균적인 탐정에게 마땅히 요구되는 정도의 노력을 기울여야 할 의무가 있다.[9] 탐정이 일반 조사 전문가에게 요구되는 조사 지식을 가지고 선관주의를 기울여 탐정사무를 처리하였을 경우에는, 설령 의뢰인이 원하는 결과가 초래되지 않았다고 하더라도 계약의 위반이 되지 않는다.

제2절 탐정윤리의 주요 내용과 윤리강령

1. 전문직업윤리로서 탐정윤리의 중요성 및 주요 내용

1) 탐정윤리의 중요성

전문직의 행동을 인도하는 가치를 윤리라고 한다. 과거의 많은 윤리지침이 오늘날에는 법과 규정이 되었다. 기업은 홍보 자료 또는 사명 선언문에서 윤리적 고려사항을 강조하지만 실제로 의미하는 바는 무엇인가? 그들은 모두 기업 윤리에 대한 약속을 표명하지만 고객은 기업의 직업윤리강령을 어떻게 해석해야 하며 그 강령은 무엇을 명시해야 하는가?

윤리적 행동은 무엇이 옳고 그른지를 아는 것 이상이다. 그것은 간단히 말하면 옳은 일(what is right)을 하는 것이다. 윤리적인 업무수행(ethical business practices)의 목적은 법률준수와 함께 불법적이거나 비윤리적인 업무수행으로부터 전문직과 대중의 이익을 최대한 증진하고 보호하는 기틀(structure)을 제공하는 것이다.

업무수행과정에서 윤리적인 선택을 하는 것은 법규 준수적 행동(legal behavior)을 보장하고, 강력한 공익지향의 대중적 이미지(public image)를 조장한다. 이를 위해서는, 독립적인 팩트 파인더로 활동하는 민간조사산업의 고유성(uniqueness)을 인정해야 한다. 법률 및 사기 조사를 담당하는 탐정(legal and fraud investigators)이 수행하는 전문탐정산업(professional investigation industry)의 특수성(uniqueness)이 인정되어야 한다.

9) 그러나 탐정은 다른 전문가 영역에서와 마찬가지로 고도의 조사 관련 지식과 경험을 갖는 전문가이기 때문에, 그에게는 조사 전문가가 아닌 일반 사회평균인에게 요구되는 주의의무보다 더 중한 고도의 주의의무를 이행할 것이 요청된다 할 것이다.

전문탐정의 행동은 항상 윤리적이어야 한다. 전문조사관은 정직(honesty), 선의(good-will), 정확성(accuracy), 신중함(discretion) 및 성실성(integrity)의 원칙을 준수하고 이행되어야 한다. 전문탐정은 임무를 수행하고 자신의 직업적 책임을 수행함에 있어 충실하고 근면하며 명예로워야 한다.

탐정의 정보수집에 있어서 논란이 없는 것은 아니다. 합법적일 수는 있지만 그것이 윤리성을 담보하고 있는 것인가에 대한 의문은 항상 제기될 수 있다. 이런 이유로, 사안에 따라 매우 다양한 가치가 존재하기 때문에 조직이나 직장에서 윤리를 관리하는 것은 어려운 일이다.

오늘날 기업정보요원(corporate intelligence operatives)은 정직한 질문과 속임수 사이에서 미세한 구분을 짓고 있다. 회사의 경우, 경쟁사 영업부서에 전화하여 요금, 상품 생산 시작부터 완성까지 걸리는 소요시간인 리드 타임(lead times) 및 제품 가용성(product availability)에 대한 정보를 얻는 것은 합법적이지만 자신을 허위로 진술하는 것은 비윤리적인 행위이다. 무역 박람회에서는 다른 사람들처럼 정확한 이름표를 착용하는 것이 윤리적인 행위이다. 회사가 정보수집과정에서 합법과 불법 간의 경계를 긋는 것은 문서화하기 어렵고 논의하기를 꺼린다.

일부 기관은 실제 민간부문 조사 경험이 거의 없고 적용 가능한 합법성과 윤리에 대한 기본 지식조차 부족한 실정이다. 심지어 민간조사를 담당하는 많은 사람들이 무보험자이다. 다른 기관은 탐정직무수행에 필요한 교육훈련을 거의 또는 전혀 받지 않고 현장에 파견된 저임금의 경험이 없는 조사원으로 구성되어 있기도 하다. 이들 이직률이 높은 조사담당 직원의 활동을 지시하고 수정하기 위해 경험 많은 감독자 한 명에 의존하기도 한다.

업무수행 중 야기되는 이러한 윤리적 오류나 실수에 자신을 노출시켜서는 안 된다. 당신은 당신이 의뢰받은 사건을 어떻게 수행하는지에 따라 판단되며, 전문탐정으로 당신이 판단하는 방법은 당신의 수입에 영향을 미칠 것이다.

오늘날과 같이 경쟁이 치열한 비즈니스 환경에서 성공하려면 법적 및 윤리적 실행기준을 갖춘 전문적 행동원칙을 준수하는 것이 필요하다.

윤리적 비즈니스 관행(ethical business practice)을 촉진하는 목적은 모든 탐정(investigators)에게 요구되는 명확하게 정의된 윤리적 기준(standards)을 수립하고 촉진하는 것이다. 이러한 기준은 전문직, 고객 및 일반대중을 보호하는 데 도움이 된다. 탐정직업의 성실성(integrity)과 신뢰를 유지하는 것은 최고의 도덕원칙에 따라 조사 전문가로서 탐정이 지속적으로 노력해야 한다.

다음은 정직성(honesty), 적법성(legality), 청렴성(integrity) 및 윤리강령(code of ethics)으로 업무를 수행하는 탐정이 우려하고 준수해야 하는 주요 사항이다.

이러한 원칙을 실행하면 직업과 기관 또는 개인의 평판에 해로운 행동을 피할 수 있을 것이다. 또한 개인과 기관은 일반 비즈니스 커뮤니티(business community)에 공통적으로 적용되는 모든 기준 및 관행을 준수해야 한다.

아래에서 조사 전문가로서 탐정이 준수해야 할 기본 의무사항과 윤리를 살펴보면 다음과 같다.

2) 탐정윤리의 주요 내용[10)]

(1) 비밀준수 및 개인정보 보호(Confidentiality and privacy)

비밀준수의 목적은 업무수행과정에서 취득한 통신내용 및 정보를 보호하는 것이다. 정보공개(disclosure of information)는 고객의 개인정보 보호권(right to privacy)과 관련하여 필요하고 관련성이 있으며, 검증 가능한 것으로 제한된다. 조사관은 의뢰인, 고용주 또는 동료가 자신에게 부여한 신뢰를 어떤 방식으로든 공개(disclose)하거나, 말하거나(relate) 배신(betray)해서는 안 된다. 의뢰인의 의뢰(instructions)를 받아들일 때 탐정은 비밀을 보장(guarantees confidentiality)하고, 의뢰인의 이익을 보호하고 증진해야 한다.

제3자가 관련된 경우, 개인정보 또는 비밀정보를 고려할 때 핵심은 고객에게 통지(notified)하는 것이다. 진실하고 합법적인 운영방식을 발전시키려면 고객의 권리가 존중되어야 한다. 비밀정보를 신문, 출판물 또는 기타 매체에 누설하는 것을 자제하여 고객을 보호하고, 사법 집행 또는 법원에서의 공정한 재판에 대한 간섭을 방지할 수 있다.

고객의 신뢰는 또한 기간을 초과하여 보존되어야 한다. 탐정이나 고용된 조사직원의 사적인 이익을 위해 기밀을 공개하거나 사용하거나, 고객에게 사전 통지나 동의없이 의뢰인에게 불리하게 사용하는 경우(다른 이용 가능한 정보 출처가 있을 수 있음에도 불구하고) 기밀 유지 위반이 된다. 전문 파일, 보고서 및 기록은 적절한 경우 파기할 수 있다는 규정과 함께, 보안조건(under conditions of security)에서 비밀준수가 되어야

10) McMahon, Rory J.(2007). *Practical handbook for professional investigators*, Ch.16 Ethics, pp. 341-348.

한다.

(2) 진실성(Truth)

고객의 이익을 최우선한다는 업무수행 의무(obligation of commitment)는 가장 중요하지만 사실을 확인하고 정직하고 편향되지 않은 보고서를 제공해야 하는 의무를 소홀히 하라는 것은 아니다. 조사관은 진실을 찾고 고용주 또는 고객의 이익을 증진하는 데 전념해야 한다. 진실을 찾는 것은 모든 경우에 의뢰인의 이익을 위한 공정성과 정의의 이상을 확립하는 것을 가능하게 한다. 모든 전문조사자의 의도는 접촉하는 모든 사람을 정직(honestly)하고, 정당(justly)하고, 정중(courteously)하게 대하는 것이어야 한다. 고객의 이익을 위해 사실관계를 조작하거나 위조·변경해서는 절대 안 된다.

(3) 최신 정보 제공(Keep informed)

탐정은 의뢰인이 탐정의 업무 분야에서 제공할 수 있는 최고 품질의 서비스를 제공받을 수 있는 수준에서 기술 역량을 유지할 의무가 있다. 따라서 탐정은 법률문제, 발의된 법안(proposed legislation), 공공정책, 법의학 또는 기술 발전, 직업에 영향을 미치는 기술문제의 발전 및 변경사항을 지속적으로 파악하는 것이 중요하다. 지역, 주 및 연방 수준의 정보는 탐정이 정보에 입각한 의견을 제공하고 전문 분야 및 제안된 과제의 실행 가능성 영역에서 고객에게 적절하게 조언할 수 있도록 최신 상태여야 한다.

(4) 탐정 교육 및 탐정산업 증진(Promote education and advocacy)

탐정윤리는 탐정산업 프로그램(industry programs)을 홍보하고 지원해야 한다. 탐정윤리교육의 의도는 표준(standards)을 높이고, 효율성(efficiency)을 향상하며, 효과성(effectiveness)을 높이고 민간조사산업을 강화하도록 설계되어야 한다. 높은 개인적·직업적 행동의 지원, 발전 및 촉진을 위해 직접적이고 단호한 노력을 기울여야 한다. 탐정의 전문성 개발 및 발전을 위한 기회, 훈련 및 교육을 제공하려는 노력은 성과의 기준을 높이고 탐정업계에 대한 인식을 향상시킬 것이다.

(5) 비즈니스 행동(Business conduct)

탐정은 대중이나 직업의 이익을 해치는 어떤 행위(any practices)도 해서는 안 된다. 해당 국가 또는 지역 관할권의 법령 및 판례에 정의된 불법적이거나 비윤리적인 행위에 가담해서는 안 된다. 또한 동료, 고객 또는 고용주의 직업적 명성이나 관행을 악의적으로 손상시키거나 명예를 훼손해서도 안 된다. 적절한 기회가 있을 때마다, 형사사법 행정(administration of justice)을 증진하는 데 있어 탐정직업의 긍정적 역할을 일반국민에게 설명해야 한다.

다른 사람의 생명, 신체(limb) 또는 안전을 위협할 수 있는 기술을 사용하거나, 그러한 장비나 장치를 사용하지 않도록 주의해야 한다. 자신과 이해관계에 있는 제3자를 보호하기 위해 전문 책임보험에도 가입하는 것이 필요하다.

업무수행의 기준을 높이기 위해 근면하고 부단히 노력하고, 자신의 사적 이익이나 재정적 이득을 위해 고의로 다른 탐정에게 손해나 부상을 입히는 행위나, 자신의 사적 이익이나 재정적 이득을 위해 고의적으로 다른 사람의 이익을 침해하는 파렴치한 사업계약을 체결하는 것을 용납하지 않는다.

(6) 이해충돌 방지(Avoid conflicts of interest)

임무가 개인적으로나 직업적으로 이해충돌을 일으킬 경우, 사건의뢰 임무 수락이나 고용을 거절해야 한다. 이러한 이해충돌 방지를 위한 행위가 고객 및 고용주의 이익을 침해하지 않는 한, 다른 조사자 및 관련 전문직과 협력하여 전문직으로서 탐정의 효과성(effectiveness)을 증진해야 한다. 함께 일하는 사람들의 청렴성(integrity)을 존중해야 한다. 이해충돌이 있는 경우 탐정직업에 대한 충실성(loyalty)과 책임성(responsibilities)의 성격과 방향을 명확히 해야 하며, 모든 당사자에게 그러한 윤리강령 이행(commitment)을 계속 알려야 한다. 또한 사립탐정은 이해 상충을 일으키거나 어떤 문제에서 증언에 영향을 미칠 가능성이 있는 수수료 약정을 체결해서는 안 된다.

(7) 고객에 대한 공정한 보고 및 표현(Fair representation to clients)

고객에게 탐정의 서비스를 허위로 표현하거나 과장해서는 안 된다. 의뢰인은 탐정이 제공하는 서비스에 대한 공정한 사실 보고서 또는 요약을 받아야 한다. 이때 탐정은 높은 수준의 성과를 유지하고 고객의 이익에 유리하거나 해로운 작업과 노력의 결과로 확인된 모든 사실을 보고함으로써 고객의 입장에서 최선의 이익을 보장해야 한다. 고객에게 어떤 사실도 보류해서는 안 된다. 또한 탐정은 자신을 허위로 표현(misrepresent)하거나, 의무사항(duties)이나 자격 증명(credentials)을 고의로 허위 진술해서도 안 된다.

(8) 경쟁자에 대한 대응(Treatment of competitors)

귀하의 의견을 구하지 않는 한 경쟁업체의 업무처리를 공개적으로 비판하거나 경쟁업체의 업무수행에 대한 의견을 자발적으로 제시하지 않아야 한다. 다른 조사기관에서 적극적으로 관리하고 있는 사건에 대해 논평을 요청받은 경우, 결론을 내리기 전에 직접 대면 평가를 실시하고 다른 구성원에게 응답할 기회를 주어야 한다.

탐정이 응답하는 것이 적절하다고 판단되는 경우, 그러한 의견은 엄격한 전문직의 성실성과 예의를 갖추어 제시되어야 한다. 이때 다른 조사자의 직업적 명성, 전망 또는 업무수행을 직·간접적으로 손상시키는 발언을 해서는 안 된다. 동료 조사자나 조직에 대한 모든 토론, 논평 또는 비판은 긍정적이고 건설적이어야 한다. 동료 탐정의 이익을 증진하고 보호해야 한다.

다만, 다른 탐정이 비윤리적, 불법적, 비전문적, 부당한 행위를 한 사실을 알게 된 경우에는 해당 기관에 신고하여 징계를 받을 수 있도록 해야 한다. 아울러 탐정직업의 불법부정에 대한 모니터링을 담당하는 모든 규제기관(형사사법기관 및 탐정 관리감독기관)을 적극적으로 지원해야 한다.

다른 탐정과 불법 또는 불공정하게 경쟁해서도 안 된다. 관할 지역의 관리감독기관, 주정부 또는 연방법 규정에 따라 부적절하거나 불법으로 간주되는 사건을 권유하거나, 불공정한 거래로 이익을 추구해서도 안 된다. 나아가 한 기관에서 일하는 사립탐정은 서면으로 지시하지 않는 한, 다른 기관의 고객에게 직접 연락하는 것이 금지되어 있다.

(9) 법규 준수(Legal issues)

탐정은 법의 범위 내에서 서비스를 수행하고, 직원이나 동료 회원에게 법 위반이나 사기를 허용하거나 요구하지 않는다. 관할 지역의 헌법이나 주 및 연방정부의 법률에 의해 보장되거나 제공될 수 있는 개인의 권리(right)나 권한(privilege)을 고의로 위반해서는 안 된다.

국가 또는 지방정부 등 관할 영역 내의 문제에 대해 인정되고, 책임 있는 모든 법집행기관 및 정부기관과 협력해야 한다. 탐정은 해당 관할권의 법령 및 판례에 정의된 불법적이거나 비윤리적인 업무수행에 관여해서는 안 된다. 어떤 방식이나 정도, 목적을 불문하고 함정에 빠지도록 제안, 묵인 또는 참여해서도 안 된다. 오직 법률에 따라 전문적인 직무와 업무를 수행하고, 법률의 세부내용에 대해 숙지하여 적법행위와 불법행위를 판단할 수 있어야 한다.

(10) 자격에 맞는 서비스만 제공(Render services that match your qualifications)

귀하가 수행할 능력이 있고 자격이 있는 서비스만 제공해야 한다. 귀하가 해당 서비스에 유능한 사람의 도움을 받지 않는 한, 귀하의 능력을 벗어나는 전문적인 조사서비스를 제공하려고 해서는 안 된다.

불법행위에 가담해서는 안 된다. 전문 분야가 아니어서 조사서비스를 제공할 수 없거나, 제공할 수 없다고 믿을 만한 이유가 있는 서비스나 조사 결과를 약속하거나 제공해서도 안 된다.

(11) 보고(Reporting)

모든 보고는 진실과 사실에 근거하고 정직한 의견만을 표현한다. 서비스 및 보고서 제출은 적시에 제공되어야 하며, 조사 목적에 부합해야 하며, 적절한 경우 제안사항(recommendations)을 포함해야 한다. 모든 보고서는 제공자의 전문 지식과 경험(expertise) 및 전문 영역(discipline) 내에서, 사실에 기반(factual determinations)한 객관적(objective)이고 독립적(independent)인 의견을 반영해야 한다. 나아가 서비스 및 조사 결과에 대한 보고서는 적절한 당사자에게 배포되어야 하며, 모든 해당 법률 규정을 준수해야 한다.

(12) 보상(Compensation)

귀하가 담당하는 업무와 관련하여 귀하의 클라이언트, 고용주 또는 동료와 거래하는 독립 계약자 또는 기타 당사자로부터 직·간접적으로 커미션이나 수당을 받아서는 안 된다. 고객에게 변호사를 구해줘서도 안 된다. 조사업무에 종사하는 사람들에 대한 적절하고 적당한(appropriate and adequate) 보상의 원칙을 준수하고 절대 남용하지 않아야 한다.

탐정은 서면 계약의 업무지시에 따라 수행되는 작업에 대해 다른 기관에서 발생하는 모든 적절한 수수료와 경비를 책임진다. 일반적인 지불 관행(normal payment practices)에 따라 비용 청구서(invoices)를 지불해야 한다.

고객이나 고용주를 공정하고 공평하게 대하고, 각 작업에서 귀하의 의무와 청구 근거를 명확하게 설명해야 한다. 탐정은 서비스를 제공하기 전에 고객에게 요금구조를 알려야 하며 고객의 요청 시, 상세하고 정확한 시간 기록을 제공해야 한다. 양 당사자가 합의한 조건이나 수수료를 명시한 서면 계약이나 서신을 사용하여 보상에 관한 모든 논쟁을 피해야 한다.

항상 조사업무는 전문직업이며 고객과의 모든 재정 거래는 이를 기반으로 다루어야 함을 기억해야 한다. 탐정은 의뢰인의 인지와 동의 없이 다른 사람으로부터 어떠한 보상(compensation), 커미션(commission), 리베이트(rebate) 또는 기타 이익(advantage)도 받아서는 안 된다.

(13) 광고(Advertising)

서비스나 제품을 마케팅할 때 광고는 사실에 입각하여 정확해야 하며 비용이나 결과에 대한 과장된 주장을 피해야 한다. 전문적이지 않은 매체(unprofessional media)를 이용하여 광고에 사용하지 않아야 한다. 전문적인 자격을 갖추지 못한 개인 커뮤니케이션이나 인터뷰는 해로울 수 있다.

고객에게 제공되는 서비스를 허위 진술하거나 과장하지 않아야 한다.

직업, 기술 또는 장점을 비전문적인 방식으로 또는 극적(dramatic)이고 오해의 소지가 있는 방식으로 광고하지 말고, 직업의 존엄성과 명예를 훼손하거나 손상시킬 수 있는 모든 행동이나 관행을 피해야 한다.

또한 경쟁 광고(Competitive advertising)는 사실에 근거해야 한다.

(14) 고객관계(Client relations)

고객으로부터 제안된 문의가 실행 가능하지 않다고 판단되는 상황에서 고객의 사건의뢰를 수락해서는 안 된다. 고객에 대한 서비스 제공과 관련하여 규제기관이 설정한 표준과 충돌하는 업무수행에 참여하는 것을 단호히 거부할 수 있어야 한다.

최초 의뢰 시 고객에게 어떤 서비스를 이용할 수 있는지 확인해야 한다.

클라이언트와 주고받는 모든 지침(instructions)을 확인해야 한다. 불법적이거나 비윤리적인 행동에 대해 고객을, 상담을 통해 합법적으로 처리해야 한다. 고객의 불만을 처리하기 위한 효율적인 절차를 제공하고, 중재인(arbitrator)이나 법원(court)에서 결정한 모든 결정을 따른다.

(15) 증언(Testimony)

탐정은 요청 시 객관적인 증언을 제공할 책임이 있다. 조사 전문가는 법률 시스템 내에서 서비스를 제공하고 그들이 알고 있는 사실에 대해 증언하거나 사건의 결과에 영향을 미치는 질문이나 요인에 대해 전문적인 의견을 제시하도록 요청받는다.

탐정의 증언은 훈련, 교육 및 경험에 의해 입증된 개인의 특정 전문 분야로 제한되어야 한다. 증언에 필요한 숙련도(proficiency)의 정도는 해당 전문가가 증언하는 법적 관할권(legal jurisdiction)에 따라 결정된다.

(16) 동등한 권리(Equal rights)

탐정은 인종, 피부색, 종교, 성별, 장애, 성적 취향 또는 출신 국가를 이유로 누구에게나 동등한 전문 서비스를 거부하지 않으며, 앞의 내용을 근거로 사람을 차별하는 계획이나 합의에 참여하지 않는다.

사실적이고 진실한 공개(factual and truthful disclosures)를 방해하는 개인적인 감정이나 편견을 허용해서도 안 된다.

2. 탐정의 윤리와 도덕적 요구사항[11)]

1) 탐정 직업윤리의 의의

전 세계 여러 국가의 사립탐정의 윤리적 행동과 윤리헌장에 대해 분석하고, 탐정제도의 특징과 그 특징을 나타내는 도덕적 처방을 분석한 결과, 거의 모든 국제 사립탐정 윤리강령에서 주요 윤리적 가정 중 하나는 "공공의" 이익을 위해 "개인의" 이익을 거부하는 것으로 나타났다. 사립탐정의 활동이 어떤 식으로든 의뢰인과 국민의 권리와 정당한 이익에 영향을 미치고 의뢰인의 정당한 명령을 이행하기 위해서는 윤리적 결정과

11) 호리에로바(Horielova, 2020)는 이 논문에서 전 세계 여러 국가의 사립탐정의 윤리적 행동과 윤리헌장 조항에 대해 분석하고, 사립탐정제도의 특징과 그 특징을 나타내는 여러 도덕적 처방을 분석하였다. 또한 탐정의 도덕적 자질의 "증가된 수준"을 분석한 결과를 토대로 세계의 모든 사립탐정의 윤리강령은 실제로 탐정직업의 도덕적·윤리적 개선의 필요성을 강조하면서 현대 탐정이 갖추어야 할 기본요건을 제시하고 있다.

다음 글은 다음 논문을 참고하였다. Horielova, V.(2019). The ethics and morality of a private detective in the field of the legal requirements of the modern universe. "KROK" University, No. 34st. Tabirna, pp.105-113.

행동에 대한 의무감이 높아져야 한다. 이를 통해 탐정의 윤리적 원칙과 기준을 준수하고, 탐정업무의 합법적 권위를 강화해 나가는 것이 중요하다.

이를 위해서는 탐정의 "신의성실의 원칙 준수 및 선량한 관리자로서의 의무"가 중요하다. 이는 모든 상업 조직에 있어서 매우 중요한 가치다. 탐정업무는 기본적으로 이윤창출을 목표로 한다. 그러나 이윤창출을 추구하는 가운데 의뢰인과 국민의 권익을 향상시키며, 공정하고 성실한 조사활동을 통한 정의의 실현 등 공익적 기능을 중시해야 하는 것이 탐정의 의무이다.

이에 따라 경제가 발달한 현대 사회에서 어떤 업무를 수행하고 이윤을 남길 때 도덕적·윤리적 기반을 중시하며, 특히 고객에게 서비스를 제공하는 직원의 윤리적 수준을 모니터링하는 데 주의를 기울이고 있다. 왜냐하면, 그것은 모든 회사의 이미지를 형성하고 그에 따라 미래의 성패가 달려 있기 때문이다. 최근 환경사회지배구조(ESG) 경영이 주목을 받고 있는 이유도 그것이 기업의 사회적 가치 구현을 중시하는 시대적 흐름을 반영하고, 더불어 사는 공동체의 삶을 지탱하는 측면도 있지만, 궁극적으로 잠재적 고객의 지지를 확보하여 기업의 지속가능성을 높여주기 때문이다.

고객의 의뢰사항을 적법하게 이행하려면 윤리적 원칙과 도덕적 기준을 준수하는 결정과 행동에 대한 의무감이 높아야 한다. 때문에 탐정활동도 도덕적·윤리적 근거를 바탕으로 해야 한다. 일반적으로 탐정활동은 의뢰인 개인을 지원하는 조사서비스이지만 탐정활동은 사회적 안전과 국민의 고충을 해소하는 공익적 가치를 함께 갖고 있기에 탐정의 개인적 자질을 지속적으로 개선시켜 나가야 한다.

따라서 탐정의 직무활동이 합법적으로 정당화되고(justified), 책임있고(accountable), 비례적으로(proportionate), 적절하고(appropriate), 필요한(necessary) 범위 내에서(JAPAN) 이루어지기 위해서는 적절한 규제가 이루어져야 한다. 이는 탐정 직업윤리의 확립과 실천을 통해 가능하며, 탐정 스스로 자신의 의무를 깨닫는 경우에만 가능하다. 따라서 탐정의 직업윤리를 준수하는 것은 의무가 아니라 명예의 문제가 된다.

우리나라에서도 머지않아 탐정업무를 관리하는 법률이 도입될 것이며, 법제화는 한편으로 국가의 활동과 정책을 평가하는 기준이 되어 중요한 역할을 할 것임에 틀림없다. 오늘날 세계의 거의 모든 국가에서 "윤리적 혁명"이 일어나고 있다. 이는 오늘날 정치적·경제적으로 불안정한 상황과도 관련이 있다. 불안정한 현재 상황을 슬기롭게 극복하기 위해서도 윤리는 중요하다. 따라서 각국 탐정협회의 윤리원칙과 기준을 검토하여 탐정 직업윤리의 핵심적 가치를 분석해 보고자 한다.

2) 탐정의 윤리강령 및 원칙

현대 사회에서 윤리적 수준은 점점 더 중요해지고 있지만 다른 사람의 운명을 결정하는 직업을 수행하는 사람들이 윤리적·도덕적 요구사항을 이행하는 게 특히 중요하다. 의심할 여지 없이, 이 문제의 우선 순위는 법집행기관, 검사, 법원, 변호사와 직결되지만 동시에 민간부문의 사립탐정에도 적용된다. 이는 탐정업법 제정과 관련하여 입법 가능성을 결정하는 데 있어서도 중요한 결정요인이기도 하다.

모든 산업에서 윤리적 원칙과 법제도적 통합의 필요성에 대한 인식은 사회정의와 법적 안정성을 확보하는 데 있어서 일종의 "엔진"과 같다. 탐정의 직업활동에 있어서 기본방향은 주로 법조문을 전제로 한 진실에 바탕을 둔 지식에 근거한다. 그러나 이는 탐정이 적법한 활동의 기본틀을 명확하게 인식해야 하기 때문에 쉽지 않은 일이다.

오늘날 탐정은 "금지되지 않고 허용된다"는 원칙에 따라 법의 틀을 준수하는 가운데 윤리적 측면에서 업무수행이 이루어질 것을 요구받고 있으며, 탐정의 활동 분야는 지속적으로 확대되고 있다. 탐정의 활동범위가 확대되기 위해서는 일반국민의 의지와 자신의 의지를 일치시켜야 한다. 따라서 법규에 따라 탐정은 자신의 의지를 대중의 요구사항과 일치시켜야 한다. 그리고 이 의지는 확실히 이성과 윤리적 지침에 따라 행동해야 함을 의미한다. 사실, 분석적으로 사고하는 능력이 부족한 탐정은 상상하기 어렵다. 탐정 실무에서는 정보를 얻는 능력뿐만 아니라 고객에게 제공하기 위해 분석하는 능력도 필요하기 때문이다.

세계 대부분의 국가에서 탐정은 자율적으로 의사결정하는 사람이며, 특별한 지식을 보유하고 사회봉사 정신과 높은 윤리적 기준을 요구받으며, 높은 수준의 훈련을 받았으며, 자기 자신을 스스로 규율하고 책임 준수가 가능한 사람이다. 따라서 탐정에 대한 "도덕적 요구 수준의 증가"는 폴란드 사립탐정윤리강령12)에 잘 설명되어 있다.

스페인 사립탐정의 윤리강령은 사립탐정의 주요 자질인 정직성에 대해 말한다. 자신의 직업을 수행하면서 탐정은 자신의 이익을 포함한 모든 이익보다 고객의 이익을 우선시해야 한다.13)

또한 발렌시아 커뮤니티 공인 사립탐정협회 윤리강령(Code of Ethics of the Official

12) Berent, M.(2016). "Ethics of the detective profession in the context of the minimum standard". Krytyka Prawa, vol.8, pp.18.

13) "Code of Ethics Professional Association of Private Detectives of Spain"(2006). Retrieved from http://www.omniaveritas.com/en/ (Accessed 29 Ocrober 2018).

Association of Private Detectives of the Valencia Community)은 탐정의 직업적 관행을 규제해야 하는 기본원칙이 포함되어 있다. 정직성(honesty, 탐정은 자신의 역할을 수행하고 고객, 동료 및 공공기관과의 관계에서 갈등과 무례한 상황을 피하면서 진실하고 충실하며 양심적이어야 함), 존엄성(dignity, 사립탐정은 직업의 명예와 품위의 규칙에 따라 행동해야 하며 법을 위반하거나 신용을 훼손하는 것을 포함하는 모든 부정적인 행동을 삼가야 함), 의뢰인의 이익 보호(탐정은 의뢰인의 이익, 동료 또는 일반 전문가와 상충하더라도 성실히 따라야 함), 조사의 비밀준수(탐정은 고객으로부터 받은 모든 정보를 비밀로 유지해야 함), 진실성(truthfulness, 탐정은 실제 사실 정보만 보고해야 함), 의뢰인에게 제공된 정보의 정확성(accuracy of the information) 등이 그 원칙이다.[14]

유사한 윤리원칙은 2008년 3월 10일 국가위원회(National Council)와 전국탐정연합(National Union of Detectives)에서 승인한 브라질 사립탐정전문윤리강령(Code of Professional Ethics of Private Detectives of Brazil)에서도 제시된다.

브라질의 사립탐정은 "자신을 존중하고 자신의 가치를 확신하며 부패를 방지하고 수상한 사람의 선물을 거부해야 한다. 이러한 선물은 부정적인 의도가 있을 수 있기 때문이다"[15] 하고 규정되어 있다. 따라서 브라질 사립탐정의 윤리강령은 "공익에 봉사하는 것으로 인정"되는 탐정의 행동규범이다. 윤리강령 자체는 탐정의 윤리적 기준을 제시하고 있는 것이다.[16] 이는 결국 탐정의 업무활동에서 이윤을 추구하는 기업조직에는 중요하지 않은 "신의성실(good faith)"에 초점을 맞추고 있음을 알 수 있다.

브라질의 탐정윤리강령에서 보다시피 탐정의 활동은 다른 상업적 조직과 마찬가지로 수익 창출을 목표로 하는 사업체이다. 현대 경제가 발달한 국가에서 사업을 하고 이익을 내는 것을 고려할 때, 도덕적 측면에 정확히 강조점을 두고 있음을 알 수 있다. 이는 회사의 이미지와 그에 따른 미래가 도덕적 문제에 달려 있기 때문이다."[17] 사실,

14) The official site of Governing Board(2004). "Professional ethics and code of ethics". Retrieved from: http://www.colegiodetectives.com/colegio-codigo (Accessed 29 Ocrober 2018).

15) Code of Ethics Sao Paulo(2008). Retrieved from: http://www.conselhodosdetetivesdobrasil.org/codig.htm (Accessed 29 October 2018).

16) "Material and formal assumptions of the federal intervention in brazil", São Paulo(2017). p.114. Retrieved from: https://www.amazon.com/Pressupostos-Materiais-Formais-Intervenção-Federal/dp/8545004885 (Accessed 29 Ocrober 2018).

17) Daymond, J.(2016). *The Power of Broke: How Empty Pockets, a Tight Budget, and a Hunger for Success Can Become Your Greatest Competitive Advantage*. New York, USA, p.9.

조직 자체가 일과 사람에 대한 태도로 얻어지는 이미지라고 할 수 있다. 그렇지 않다면 대중의 관심을 끄는 인기 있는 광고와 같을 뿐이다.

탐정에 대한 그런 믿음과 존경의 태도는 탐정이 윤리적・도덕적 원칙을 지켜야만 얻을 수 있는 반면에, 탐정이 사회에서 부정적인 평판을 받는 것은 부정직하고 부도덕한 행위 때문이다. 탐정이 법규를 따를 것인지 여부에 관계없이 탐정 서비스 시장은 특정 탐정업체나 탐정이 법규와 윤리원칙을 준수하지 않을 경우 탐정직업의 일반적인 명성이 손상될 수 있다는 점이다. 그렇기 때문에 전 세계의 사립탐정협회는 부도덕한 행동으로 다른 탐정들의 직업활동의 명예를 훼손한 회원을 탐정협회에서 제외시키고 있다.

탐정활동은 정교함(delicacy), 신속한 대응(quick response), 기밀 정보 발췌(confidentiality excerpts) 등이 요구되고 때로는 사업수행 불가(inability to conduct business further)를 결정해야 할 때도 있다. 그래서 탐정은 준비되어 있어야 하며, 이 같은 결정이 윤리규범에 따라 이행되도록 "훈련"을 받아야 한다.

미래에 탐정학을 학문적으로 탐구하고자 하는 사람의 가슴 속에도 도덕적 단호함(moral imperativeness)은 굳건히 자리잡고 있어야 한다. 하여 대학과 대학원 등 탐정 고등교육의 모든 학습과정에서 미래 탐정의 경력 개발의 "기초(foundation)"로서 탐정윤리 교육을 강조하는 것이 중요하다. 결국 미래의 탐정 활동은 윤리적 딜레마 상황에서 평소 얼마나 올바른 윤리적 결정을 내릴 수 있는지 여부에 달려 있기에 탐정 전문가를 양성하는 과정에서 탐정윤리에 대한 교육훈련은 필수불가결한 교과목이라 할 것이다.

탐정은 업무수행과정에서 "거짓의 영역(realm of lies)"과 탐정윤리에 대한 "보편적인 무관심(universal indifference)" 사이에서 "사실의 논리(logic of facts)"에 기초하여 행동하고 결정할 수 있는 윤리적 역량을 배양해야 한다. 따라서 탐정윤리는 필수 과목이다.

이때 탐정직업의 조사 및 감시 기술과 법제도 등을 가르칠 때 완전한 도덕적 무결성(moral integrity)의 측면에서 탐정윤리를 교육하는 것이 중요하다. 윤리적 기준을 이행하는 것만이 탐정산업의 건전한 안착과 탐정 법제화에 반대하는 논리를 극복하는 가장 유일한 방법이기 때문이다.

1925년에 설립된 세계탐정협회(World Association of Detectives, 세계 60개국에 걸쳐 1,000여 명의 최고의 사립탐정 및 보안전문가를 통합한 탐정협회) 창설의 주요 목표가 "사립탐정직업에서 가장 높은 도덕적 관행을 지원한다"고 한 이유도 바로 여기에 있다. 연례 WAD 컨퍼런스는 탐정 간의 경험을 교환하고 전문기술을 향상하며 지역 특성, 전통 및 조사 관행에 익숙해지기 위해 세계 여러 도시에서 개최된다. 그러나 WAD의 주요 목표는 탐정이라는 직업의 가장 높은 윤리적 표준을 개발하고 실질적으로 지원하여 회원 간의 협력, 상호 신뢰, 친선 및 우정의 정신을 강화하는 데 있다. 이 같은 탐정의 윤리적 표준은 국제적으로 탐정의 실행, 배치 및 이전에서 신속한 상호작용을 보장한다.[18]

어떤 의미에서 탐정활동에 있어서 탐정윤리는 탐정이 직면하고 있는 문제와 상황, 정신 상태 및 신체 건강이 어떠하든지와 상관없이 윤리원칙을 따라야 하며, 이에 대한 책임을 져야 한다는 것을 의미한다. 따라서 윤리적 요구사항은 탐정활동의 전 과정에 걸쳐 준수해야 할 기본원칙이다.

인도 사립탐정을 위한 윤리강령(2007, Code of Ethics for Private Detectives of India)은 탐정이 "명예, 진실성, 정직성, 성실성, 선량한 양심(honor, sincerity, honesty, loyalty, good conscience)"으로 직업적 의무를 이행할 것을 의무화하고 있으며, 강령 1.7항에 따라 "법에 따른 의무를 준수하고 동료의 법 위반을 허용하지 않고 부정행위를 방지하고 행동강령 1.16항에 따라 "사실에 대한 인식의 정확성과 제반 규정을 항상 준수해야 한다"고 규정되어 있다.[19]

국제탐정협협회(International Investigators Council)(미국)는 2018년에 도입된 사립탐정 윤리강령(code of ethics for private detectives)에서 특별히 탐정은 다음과 같은 의무가 있다고 명시되어 있다.[20]

- 고객과의 모든 관계에서 정직성, 진실성, 성실성, 도덕 및 선량한 양심(honesty, sincerity, loyalty, morality and a good conscience)을 준수한다.
- 고객의 이익이 형법과 상충하는 경우를 제외하고 모든 상황에서 고객과의 신뢰를 유지한다.
- 합법성, 도덕성 및 직업윤리(legality, morality and professional ethics)의 틀 내에서 조사를 수행한다.

18) The official site of World Association of Detectives(2014). "Code of ethics as members of World Association of Detectives". Retrieved from: http://www.wad.net/code-of-ethics (Accessed 29 May 2018).

19) The association of private detectives and investigators, india(2011). Code of ethics. Retrieved from: http://www.apdi.in/Code%20of%20Ethics.pdf (Accessed 29 May 2018).

20) Council of International Investigators(2010). Retrieved from: https://www.cii2.org/code-of ethics (Accessed 29 May 2018).

- 불법적인 국가에서는 어떤 형태로든 도・감청 등의 청취방법을 사용하는 것을 거부한다.
- 제3자의 요청, 특히 국가적 명성 또는 홍보와 관련된 문제에서 고객의 이익에 대한 가장 엄격한 비밀준수를 유지한다.
- 관할권 내의 문제에 대해 인정되고 책임 있는 모든 법집행기관 및 정부기관과 협력한다.
- 불법적이거나 비윤리적인 행동에 대해 고객에게 조언한다.
- 고객에게 실제 비용 보고서를 제공한다.
- 동료 탐정 및 전문 동료의 평판은 물론 전문가로서의 평판을 유지한다.

사우스 캐롤라이나(미국)의 사립탐정 윤리강령은 다음과 같이 규정하고 있다.

- 무엇보다 탐정이 직업, 능력 또는 장점을 비전문적인 방식으로 또는 "극적인 망상" 또는 자신의 장점을 과장하며, 자신의 직업의 존엄성과 명예를 훼손하거나 훼손할 수 있는 그러한 행동이나 관행을 피해야 한다.
- 다른 조사자의 작업을 비판해서는 안 된다.
- 개인적인 이해충돌이 있는 경우 의뢰 사건수락이나 업무수행을 삼가해야 한다.21)

워싱턴 형사협회 윤리강령은 허위 또는 오해의 소지가 있는 광고 또는 기타 형태의 문의를 통해 고객을 접대하는 행위에 대한 금지를 명시하고 있다.22)

미국 플로리다 사립탐정협회의 윤리강령에서도 다른 직원의 전문성을 인정하고 존중해야 하는 사립탐정의 책임을 명시하고 있다. 또한 플로리다의 탐정은 의뢰인의 동의 없이 동일한 문제에 대해 다른 사람이나 조직으로부터 보상을 받는 것이 금지되어 있다. 그리고 이 윤리강령 제13조에는 사립탐정의 선서에 대해 다음과 같이 쓰여 있다. 나 자신, 직업, 고객 모두를 더 잘 대변할 수 있도록 하는 일이다.23)

---

21) The official site of South Carolina Association of Legal Investigators(2008). "Code of Ethics". Retrieved from: https://www.scalinv.com/code-of-ethics (Accessed 29 October 2018).
22) The official site of The Washington Association of Legal Investigators(2009). "Code of ethics and professional conduct". Retrieved from: https://www.wali.org/codeethics.asp (Accessed 29 October 2018).
23) The official site of Florida Association of Private Investigators(2010). Professional Code of Ethics. Retrieved from: http://www.myfapi.org/codeofethics (Accessed 29 September 2018).

한편, 영국의 탐정윤리강령의 흥미로운 점은 다음과 같다.

- 사립탐정이 자신의 활동과정에서 존중, 정의, 예의, 공정하고 공평하게 행동해야 한다.
- 성별, 인종, 피부색, 언어, 종교 또는 신념, 정치적 또는 기타 의견, 국가 또는 사회적 출신, 소수 민족과의 연관성, 장애, 연령, 성적 취향, 재산, 출생 또는 기타 지위를 이유로 불법적으로 차별하지 않는다.24)

영국 탐정윤리강령에서 도덕적 신조 중 하나는 탐정 개인의 이익을 거부한다는 것을 쉽게 알 수 있다. 그리고 이것은 탐정의 활동이 어떤 식으로든 개인의 권리와 정당한 이익에 관심을 갖고 합법적인 고객의 의뢰사항(주문)을 실행하기 때문에 그의 결정과 행동에 대한 높은 의무감을 요구하고 있다는 점이다.

그렇기에 윤리강령은 이해가능하고 수용가능한 것이어야 하며, 윤리원칙과 표준을 준수하고 탐정의 명예와 권위를 전반적으로 보호하는 기능을 수행한다.

일본 사립탐정업계에서의 합의는 윤리적 규범을 지키는 것이다. 가장 최소한의 필수 윤리기준은 다음과 같다.25)

- 탐정의 사회적 사명을 인식하고 사람들의 삶을 더 향상하기 위해 고객의 지시를 성실하게 수행한다.
- 정의의 가장 높은 척도인 믿음과 일치하게 성실하게 업무를 수행한다.
- 항상 법과 규칙을 준수하고 상식에서 벗어나지 않는다.
- 인권을 존중하고 다른 사람들의 이익을 보호한다. 사람에 대한 차별을 조장하는 조사를 수행하지 않는다.
- 고객의 비밀을 공개하지 않는다.
- 지속적으로 자질을 증진하고 지식을 향상시키기 위해 노력한다.
- 서로 조화롭게 협력하고 화합하고 탐정산업을 발전시키기 위해 노력한다.
- 부정한 방법, 기만 또는 거짓 결과 보고에 의한 정보 수신을 삼가한다.
- 부적절한 광고 게재를 허용하지 않으며 불법적인 마케팅활동을 하지 않는다.

24) The official site of British Investigators(2009). "Code of Conduct for Private Investigators". Retrievedfrom: https://private-investigator-training.org.uk/news/code-of-conduct-for-private-investigators (Accessed 9 May 2018).

25) G8 research Tokyo(2018). "History and History/Professional". Retrieved from: https://www.g-eight.jp/category/1994841.html (Accessed 29 May 2018).

위와 같은 윤리강령은 해당 국가에서 수 세기 동안 발전해 온 윤리적·문화적(종교적) 요소의 부산물이라 할 수 있다.

독일에서 사립탐정업무는 정부에서 "가장 통제되는 직업 중 하나"라고 불리며, 사립탐정업무에 대한 허가를 얻는 복잡한 시스템과 여러 일반 법률 준수와 관련된 엄격한 모니터링을 통해 법규 준수와 직업윤리를 정당화한다. 독일은 2000년부터 개인정보 보호법(Data Protection Act) 시행을 통해 탐정이 업무수행과정에서 "자신의 판단에 따라(accordance with their own instructions) 내린 결정에 대한 책임을 져야 한다"고 규정되어 있다.26)

따라서 각 탐정업체는 시행 중인 법률과 일반적인 윤리강령 및 제반 법규에 주의하면서 도덕적·윤리적 행동 규칙을 설정해야 한다. 독일의 탐정업체에서 행동강령(윤리강령)은 "개인적 명예", "높은 문화", "기밀성"("personal honor", "high culture", "confidentiality")과 같은 요구사항으로 구성된다.27)

현재 호주에서 사립탐정의 윤리적 행동은 일반법의 적용을 받는다. 동시에 탐정의 윤리적 행동의 경계는 정확히 법조계의 한계 안에 있다. 호주 사립탐정의 윤리는 "합법적이지 않은 것은 윤리적이지 않다(What is not legal is not ethical)"는 상황에 딱 들어맞는다고 할 수 있다. 호주에서 탐정의 윤리강령은 사립탐정절차법(Procedural Code of Private Detectives 2014)에 나와 있다. 구체적인 내용은 다음과 같다.

- 탐정은 위험하거나 지킬수 없는 약속(empty promises)을 할 권리가 없으며, 뇌물을 주고 받아서는 안 되며, 조사와 관련된 정보만 수집해야 한다.
- 조사대상자가 감시28) 등을 알게 된 것으로 의심되는 경우 감시(관찰)를 계속해서는 안 된다.
- 또한 당혹감, 조롱 또는 수치심과 같은 부정적인 결과를 초래하거나 조사대상이

26) "Private shadowing by detectives-what is the legal situation?"(2009). Retrieved from: https://www.kennstdueinen.de/magazin/privatbeschattung-durch-detektive-wie-ist-die-rechtslage/ (Accessed 29 May 2018).

27) The official site of detective agencies in Germany(2007). Retrieved from: https://www.lb-detektei.de/privatdetektei.html; https://www.lentz-detektei.de/firmenprofil/honorare; https://www.kurtz-detektei-bielefeld.de/wirtschaftsdetektei-bielefeld/ (Accessed 1 September 2018).

28) Work safe, 1 November(2014). "Code of practice for private investigators effective" available at: http://www1.worksafe.vic.gov.au/vwa/claimsmanual/Content/2InvestigationsAndCompliance/PDFs/VWA%20Code%20of%20Practice%20for%20PI%27s%20Final%20Authorised%202014.pdf (Accessed 29 May 2018).

모니터링되고 있음을 발견하는 경우 조사대상에 대한 정보를 수집하는 것은 불법적이고 비윤리적인 것으로 간주된다.

- 그리고 동시에 정보수집은 조사대상의 눈에 띄지 않는 경우 도덕적 · 윤리적 규범을 준수하며 수행되어야 하며, 그랬을 때 사건 의뢰인을 혼란스럽게 하지 않을 것이다.[29)]

그러나 호주 법은 사람을 기소하는 것에 대한 처벌을 규정하지 않지만 1979년 '사립요원 면허에 관한 법률(Law on Licensing Private Agents)'에 규정된 바와 같이 탐정의 비윤리적 행위에 대한 민원은 탐정 면허를 취소하는 사유가 된다. 호주의 사립탐정의 파렴치한 행동의 예로는 부정행위(탐정이 다른 사람으로 가장한 경우), 개인정보 공개[오류 정보화(misinformatization), 부주의한 제안(careless recommendations) 제시, 부주의한 보고서 작성 포함]가 있다.[30)]

3) 결론 및 제언

어느 나라 탐정의 윤리강령이든 무엇보다 내면화된 의지가 외적인 행동으로 구체화되는 것이 중요하다. 그렇기에 탐정활동의 윤리강령은 각국의 특성에 맞게 계발되고 자율적으로 시행되는 것이 바람직하다.

윤리강령은 탐정과 탐정업이 지니는 사회적 가치를 증진하기 위하여 지속적으로 개인의 자질을 향상시키는 자율 규제장치로서 역할을 한다. 이는 탐정 자신이 사회에 대한 직업적 의무를 깨닫고 단지 도덕적 의무가 아닌 탐정으로서 명예를 지키고 직업적 자긍심을 높이고자 할 때 구현 가능하다.

---

29) Prenzler, T.(2001). *Private Investigators in Australia: Work, Law, Ethics and Regulation*. Sydney, Australia, p.22.

30) Federal Register of Legislation 2019 year, "Australian Government (1988 year) Privacy Act 1988 (Cth). See also Privacy Committee Act 1975 (NSW)." Retrieved from: https://www.legislation.gov.au/Details/C2020C00025 (Accessed 29 October 2018).

3. 탐정의 윤리강령

1) 탐정의 일반적인 윤리강령

조사 전문가로서 탐정은 개인 및 고객과의 모든 계약의무 및 업무수행에 있어서 신의성실의 원칙에 기초해 정직하고 신중하게 처리해야 하며 다음의 윤리강령을 준수해야 한다.31)

- 시민에게 보장된 제반 법적 권리나 권한을 고의로 침해하지 않는다.
- 적법하고 진실된 조사 기록 및 보고 절차를 유지한다. 모든 조사활동은 사실에 근거하고 의견이 있는 경우 정직하게 처리한다.
- 개인의 감정, 신념, 편견이 사실 및 정보의 진실에 관한 조사를 방해하도록 허용하지 않는다.
- 동의가 없는 한 고객, 고용주 또는 동료가 자신에게 부여한 신뢰를 배신하거나, 비밀유지 의무를 위반하지 않는다.
- 어떤 목적으로든 고객과 의뢰인을 함정에 빠뜨리지 않는다.
- 법으로 금지되거나 다른 사람의 생명과 안전을 위협할 수 있는 기술, 장비 또는 장치를 사용하지 않는다.
- 개인적인 이해충돌이 발생할 소지가 있는 임무나 의뢰는 수락하지 않는다.
- 광고 또는 모집에서 다른 탐정과 불법 또는 허위 · 과장광고를 동원해서(비전문적으로) 경쟁하지 않는다.
- 자신이 책임져야 하는 업무나 계약과 관련하여 고객, 고용주 또는 상대방 탐정 등 다른 이해관계자로부터 어떤 방식으로든 커미션, 부당이득 또는 금품수수를 받지 않는다.
- 고객 또는 고용주와의 모든 거래에서 공정하고 정직하며 공평하게 처리한다[이는 실제 및 승인된 비용을 초과하는 과도한 지출 및 비용청구에서 불법적인 "경비조작이나 부풀리기(padding)"를 하지 않는다].
- 의뢰인이 만족하거나 만족하지 않을 수 있는 조사의 다양성과 다양한 결과를 설명한다.
- 의뢰인에게 확실하고 만족스러운 결과를 약속하지 않는다. 그렇게 하면 조사 결과

---

31) Manley, Anthony D.(2010). *The Elements of Private Investigation*, pp.9-10.

가 훼손될 수 있기 때문이다.

2) 영국탐정협회의 탐정 전문직업윤리

탐정의 직업윤리를 영국 탐정협회의 윤리강령을 통해 살펴보자. 영국탐정협회(Association of British Investigators: ABI)에서 규정하고 있는 탐정의 전문직업윤리강령(Code of Ethics and Professional Standards 14/05/2020)은 열 가지 원칙(principle)으로 구성되어 있다.

먼저, 정책 성명(Policy Statement)에서 조사관직업윤리강령은 ABI(영국조사관협회) 관리위원회(Governing Council of the ABI)에서 승인한 것으로, 모든 구성원이 엄격한 윤리 및 법적 기준에 따라 비즈니스를 수행해야 하는 방식을 담고 있다. 윤리강령은 전문직업으로서 탐정의 윤리적 가치를 유지하고 직무수행과정에서 이를 준수하려는 자발적 결의라고 명시하고 있다.

1. 도덕적 책임과 법적 책임을 진다(Be responsible and accountable).
2. 정직하고 성실하게 업무를 수행한다(Be honest and operate with integrity).
3. 신중하고 철저하게 업무를 수행한다(Be cautious and thorough).
4. 법을 준수하고 부적절한 행위에 대해서는 반대한다(Be law abiding and challenge improper conduct).
5. 개방적이고 투명하게 업무를 수행한다(Be open and transparent).
6. (의뢰인을) 존중하고 포용한다(Be respectful and inclusive).
7. (직무수행에 있어서) 전문가가 된다(Be professional).
8. 이해충돌을 회피한다(Avoid conflicts of interest).
9. 자료의 기밀을 유지한다(Keep data confidential).
10. (탐정으로서) 모범을 보이고 최고의 일반적인 행위기준을 준수한다(Lead by example and keep the highest standard of general conduct).

원칙 1: 책임과 책무(Responsibility and Accountability)

영국탐정협회의 모든 구성원은 자신의 행동이나 부작위(omissions)에 대해 개인적으로 책임을 진다. 이는 조사를 지원하기 위해 참여하는 직원 및 기타 사람들도 마찬가지다. 특히 후자(탐정업체 직원, 조사원 등)가 이 윤리강령 및 직업표준(Code of Ethics and Professional Standards)을 준수하도록 해야 한다.

원칙 2: 정직과 성실(Honesty and Integrity)

영국탐정협회의 모든 구성원은 정직(honesty)하고 성실(integrity)하게 행동하여 자신의 말과 행동이 실행되도록 하고 작성된 계약(written agreements)을 준수하도록 해야 한다.

회원은 자신의 직무책임성(their position)과 명예, 본 협회 또는 고객의 명예를 훼손하는 어떠한 타협(compromise)도 해서는 안 된다.

원칙 3: 주의와 철저(Caution and Thoroughness)

영국탐정협회의 모든 구성원은 (a) 고객이 조사를 요청할 적법하고 윤리적인 이유가 있는지 확인하기 위해 고객의 자격 증명(credentials of clients)을 확인하고, (b) 고객이 기대에 부응하기 위하여 적합한 전문성(suitable competency)과 자격(resources)을 확보해야 한다. 또한 회원은 자료보호 영향평가(Data Protection Impact Assessments: DPIA)를 완료한 후 관련 계약 및 계약조건이 적절하게 설정되어 있는지 확인하여 모든 경우에 있어서 개인 자료(정보)를 처리하기 위한 (개인정보 보호법 준수를 위한) 법적 근거(lawful basis)를 확보해야 한다.

원칙 4: 준법 및 부적절한 행위에 대한 도전(Be law abiding and challenge improper conduct)

영국탐정협회의 모든 회원은 법을 준수(obey the law)해야 하며, 불법적이거나 협회 정책에 위배되는 것으로 알고 있거나 알아야만 하는(ought to know) 모든 불법행위를 삼가야(refrain) 한다.

모든 구성원은 이 강령의 위반과 다른 전문가의 부적절한 행위에 대해 이의를 제기하고 적절한 조치를 취하고 강령 위반행위에 대해 공식적으로 보고해야 한다.

원칙 5: 개방성과 투명성(Be open and transparent)

영국탐정협회의 모든 회원은 고객 및 고객과의 모든 거래에서 명확하고 개방적이며 투명(clear, open and transparent)해야 한다. 회원은 적절한 시간을 내어 필요한 사항을 주의깊게 듣고 정확하게 기록(record)해야 한다. 의뢰받은 사건을 해결하기 위한 접근 계획은 집중(focused)되어야 하고, 계약문건은 계약조건의 기초를 오롯이 담고 간결(concise)해야 한다. 계약(contract)문건의 내용은 고객과 합의해야 하며, 반드시 적법

(must be lawful)하고 윤리적이며 현실적(ethical and realistic)이어야 한다. 합의된 계획에 대한 변경사항이 있는 경우 이를 고객에게 알리고 동의를 얻는 것은 영국탐정협회(ABI) 회원의 책임(responsibility)이다.

원칙 6: 평등, 다양성, 존중 및 포용(Equality, Diversity, Respect & Inclusion)

영국탐정협회의 모든 구성원은 자기통제(self-control)와 관용(tolerance)을 가지고 행동해야 하며, 모든 상호작용에서 모든 사람을 존중하고 예의바르게 대해야 한다. 회원은 직위(position)를 남용해서는 안 되며, 모든 개인의 권리를 존중해야 한다. 회원은 국적, 언어, 종교 또는 신념, 정치적 또는 기타 의견, 국가 또는 사회적 출신, 장애, 연령, 성적 취향(sexual orientation), 결혼 또는 동거(civil partnership), 가족 환경, 성별, 성전환(gender reassignment), 임신 또는 출산 상태(status), 나이, 재산, 출생 또는 기타 지위 또는 기타 부당한 구별을 이유로 차별하지 않는다. 협회는 따돌림(bullying), 괴롭힘(harassment) 또는 모든 유형의 강압적 통제 또는 위협적인 행동을 용납하지 않는다.

원칙 7: 전문가 되기(Be Professional)

영국탐정협회의 모든 회원은 전문적인 방식(professional manner)으로 행동해야 한다. 그들은 협회 또는 그들의 고객에게 신뢰를 훼손하거나 훼손할 가능성이 있는 방식으로 행동해서는 안 된다. 협회 회원은 협회나 고객과의 신뢰를 해치거나 협회의 규약(Memorandum), 정관(Articles of Association), 자율규정(Bye-Laws) 또는 윤리강령(Code of Ethics) 및 직업 표준(Professional Standards)을 위반하거나 위반을 허용해서는 안 된다.

원칙 8: 이해충돌(Conflict of Interest)

자신이 관련된 문제에 개인적 또는 상충되는 이해관계를 가진 영국탐정협회의 회원은, 고객 또는 이해 관계자의 이해와 상충하는 경우 해당 이해관계를 공개해야 한다.

원칙 9: 자료의 기밀 유지(Keep data Confidential)

영국탐정협회의 모든 구성원은 업무과정에서 (자신에게 위임된) 정보를 보호하고 의도된 조사목적을 위해서만 정보에 접근하거나 공개해야 한다. 현행 개인정보 보호법(privacy legislation)의 원칙 내에서, 특히 정보위원회(Information Commissioner' Office:

ICO)에 등록할 개인 데이터를 처리하거나 통제하는 경우 모든 지침을 준수해야 한다. 모든 영국탐정협회(ABI) 회원은 개인 데이터를 처리할 때 그들이 하는 모든 일에서 '일반 데이터 보호 규정(General Data Protection Regulations: GDPR)'의 범위를 준수하는 가운데, 정보를 운영하고, 처리해야 한다.

원칙 10: 일반행동 및 모범(General Conduct and leading by example)

영국탐정협회의 모든 구성원은 모범을 보여야 하며, 공정하고 공평하며 일관성이 있어야 한다. 영국탐정협회(ABI) 회원은 최소한 ABI 또는 회원의 평판을 떨어뜨리지 않아야 한다. 회원은 자신의 광고물에 협회의 윤리강령을 광고해야 한다. 회원들은 협회 창립자들이 의도한 정신으로 ABI의 목표를 달성하고, 회원들이 목표를 성취하기를 기대한다.

3) 일본의 탐정윤리와 윤리강령 내면화

일본의 경우 탐정업 적정화에 관한 법률 제6조에 탐정업무 실시 원칙을 다음과 같이 규정하고 있다. 탐정업자 및 탐정업무에 종사하는 자(탐정업자 등)는 탐정업무를 행함에 있어서 탐정업법에 의해 다른 법령에 금지 또는 제한되어 있는 행위를 할 수 없음에 유의함과 동시에 다른 사람의 생활의 평온을 저해하는 등 개인의 권리이익을 침해하는 일이 없도록 하여야 한다.

이어 제9조에 탐정업무 실시 규제 조항을 담고 있는 바, 탐정업자는 당해 탐정업무에 관계된 조사 결과가 범죄행위, 사회에서 위법으로 규정한 차별적 취급, 기타 위법행위에 사용되는 것을 인지한 때에는 당해 탐정업무를 수행해서는 안 되며(제1항), 또한 이러한 경우 탐정업자는 탐정업무를 다른 탐정업자에게 위탁해서도 안 된다(제2항)고 규정하고 있다.

따라서 탐정 직무 수행과정에서 직업윤리에 충실한지 스스로에게 지속적으로 묻고 행위기준을 설정해야 한다.

다음은 탐정들이 사건 조사 전에 자신 스스로에게 몇 번이나 묻게 되는 윤리적인 질문들이다.

1. "이 조치가 합법적으로 간주되는 것인가?"라고 스스로에게 물어볼 필요가 있다.
2. "나는 모든 법률과 규정, 정책을 위반하고 있지는 않은가?"라고 스스로에게 질문해 본다.

3. “나는 사건 조사에 있어서 객관적으로 행동하고 있는가?”라고 자신에게 질문해야 한다.
4. “나는 시나리오에 관해 이야기할 수 있으며 취했던 행동과 결정들이 공정성과 정의를 위한 것이라고 느끼고 있는가?”라고 물어 본다.

위에서 제시한 사항들에 스스로 질문해 보고 비윤리적이라는 생각이 든다면 탐정조사의 모든 측면들을 재검토하고 신중한 접근이 필요하다.

CHAPTER

13

탐정기업의 경영관리

제1절 탐정 창업 및 경영을 위한 사전 준비사항

1. 탐정업체 창업 및 경영을 위한 제반 점검사항

탐정업무는 법률적 지식이나 일반상식, 사회시스템의 이해, 인간 행동 심리학, 탐정 장비 및 기자재 취급 기술, 미행 잠복 감시 기술 등 다양한 분야에 있어서 고도의 지식과 기술이 요구되는 업무다. 그러나 탐정업 창업과 경영은 아무나 할 수 있는 일이 아니다. 탐정업 창업과 경영을 위해서는 사전 숙지하고 이해해야 할 부분이 많다. 이 장에서는 그것이 무엇인지 개괄적으로 살펴보도록 한다.

1) 탐정업 창업 및 경영전략, 왜 필요한가?

(1) 경영의 제반요소에 대한 이해와 효과적인 경영관리활동에 대한 이해

탐정업도 하나의 기업경영을 하는 것이기에 경영의 제반요소에 대한 이해와 효과적인 경영관리활동이 중요하다. 일반적인 기업경영의 두 기둥은 크게 내적지향적 기업활동과 외적지향적 기업활동으로 구분할 수 있다. 내적지향적 기업활동에는 노사관계, 노무관리, 생산성 향상, 품질관리, 비용절감 등이 있다. 외적지향적 기업활동에는 협력사 관리, 해외진출, 전략적 제휴, 고객관리, 경쟁사 대응 등으로 구성되며, 이들 요소들은 탐정기업의 지속가능경영을 위한 필수요소들이기도 하다.

탐정업을 둘러싼 경영환경에 대한 이해도 필요하다. 구체적으로 다음 사항에 대한 이해와 적응이 요구된다. 경쟁사와의 차별성 확보, 급속도로 발전하는 탐정장비 및 기술(탐정장비, 스마트 기기)의 응용능력 확보, 탐정업을 둘러싼 법적·제도적 환경 이해, 탐정업 창업경영을 위한 재무적 환경과 자원, 사회관계적 자원, 인적 자원의 확보와 관리, 고객 및 협력사와 긴밀한 관계를 만들어가는 경영자로서의 역할도 중요하다.

이러한 제반 경영환경 요소들과 탐정기업 경영을 위한 제반요소들에 대한 효과적인 경영을 통해 탐정기업의 지속가능성을 제고하고 사업체 확장 및 발전을 추진하는 것이 중요하다.

(2) 탐정업 창업과 경영관리를 위한 제반 준비 및 요구되는 역량

탐정기업의 창업과 경영관리를 효과적으로 수행해 나가기 위해서는 구체적으로 다음 사항에 대한 이해와 적응이 요구된다. 우선, 탐정기업의 문제 해결 역량, 마케팅 역량, 조직관리 및 인적 자원 관리, 의뢰사건 조사 및 자료수집 관리 역량, 보고서 작성 역량, 탐정기업 브랜드 홍보 및 브랜드 마케팅 전략 수립과 실행 등 제반요소들에 대한 이해와 효과적인 경영관리 역량이 요구된다. 고객 및 협력사와 긴밀한 관계를 만들어 가는 경영자로서의 역할도 중요하다.

아울러 탐정업 창업을 하고자 하는 사람들에게 필요한 제반사항에 대한 이해도 필요하다. 구체적으로 창업준비와 경영을 위해 탐정법인 설립방안, 전문 분야 설정 및 틈새 시장 찾기, 마케팅, 교육훈련, 자격증 취득방안 등을 준비해야 한다.

(3) 탐정기업의 창업과 경영을 위한 제반 준비사항

탐정업 시장에 진출하기 위해서는 다음과 같은 제반사항을 준비하고, 창업을 하기 위한 제반요건과 자격기준을 충족하고 있는지 점검해야 한다.

1. 설립 유형 결정(개인사업자, 법인사업자, 협동조합 및 비영리법인 등)
2. 창업기업 명칭 선정
3. 탐정법인으로 설립 시 주주 구성
4. 설립 적정 자본금 및 투자금 확보
5. 주거래 은행 선정
6. 사업 영역 및 목적사업 선정
7. 주소지 결정 및 임대차 계약
8. 도메인 선점
9. 홈페이지 구축 및 SNS 홍보
10. 사업자등록 절차 완료와 계약서 등 관련 서식 구비

탐정기업 경영을 위해 다음과 같은 제반사항들에 대한 이해와 적응도 요구된다.

첫째, 성공적인 사업계획을 작성하는 방법과 재무회계관리 시스템의 구축 및 활용, 저작권 및 상표 문제, 브랜드 마케팅, 조직 및 인력관리, 홍보 및 마케팅 기법, 계약체결 및 계약서 작성방법, 의뢰사건 예산 및 계약금액 책정방법 등에 대한 준비와 숙지가 필요하다.

둘째, 탐정자격요건을 갖추고 결격사유를 배제한 전문 직원 고용관리방법, 탐정 직업윤리 준수방법, 직원 관리 및 교육방법, 마케팅 아이디어를 구현하는 방법 등도 알아

야 한다.

셋째, 저렴하고 비용이 들지 않는 마케팅 및 고객 창출 방법과 매출을 늘리고 고객이 다른 사람을 추천하게 하는 방법, 개인정보 보호를 포함한 계약서 작성방법 등에 대한 숙지도 필요하다.

넷째, 탐정의 시간 관리 기술, 미디어 및 스마트 기기 사용방법, 틈새시장 찾기, 마케팅 방법, 성공적인 비즈니스 운영 및 구축방법, 네트워킹 및 탐정 관련 협회의 활용방법 및 비즈니스를 증가시킬 기타 영역 등에 대한 이해와 활용역량도 필요하다.

이들 제반요소들은 성공적이고 재정적으로 안전한 탐정업체를 운영하기 위한 사항으로 탐정업체 창업과 경영을 하고자 하는 예비 창업자나 이미 탐정업체를 경영하고 있는 사람들 모두 숙지해야 할 사항이다.

(4) 탐정업무 수행 시 필요로 하는 10개 항목[1)]

탐정업무 수행 시 필요로 하는 제반 장비와 도구 등은 대체로 다음과 같다.

1. 보험 가입 및 탐정면허 라이선스 취득
2. 최신 컴퓨터, 가급적이면 노트북 구비
3. 웹사이트 개설
4. 전문 명함 및 브로슈어 제작
5. 무채색과 눈에 띄지 않는 외관의 신뢰할 수 있는 차량
6. 고객 및 조사대상 정보를 안전하게 보관하고 컴퓨터, 프린터, 분쇄기가 구비된 사무공간
7. 손떨림 보정, 줌 렌즈 및 자동 제어 기능이 있는 저조도 비디오 캠코더
8. 다양한 크기와 용도의 삼각대
9. 통신장비, 무전기, 성능이 우수한 휴대전화 구비
10. 웨어러블 또는 휴대용 은밀한 카메라

2) 왜 탐정이 되려 하는가?

탐정 자격을 취득하거나 탐정기업 창업을 하고자 하는 예비 창업자들은 탐정이 되기 위한 길을 떠날 준비가 되었는지 스스로에게 다음과 같은 질문을 던져 보고 스스로 마

1) Stephens, Sheila L.(2008). *The Everything Private Investigation Book: Master the techniques of the pros to examine evidence, trace down people, and discover the truth.*

음의 자세가 되었는지, 탐정업에 뛰어들기 위한 제반 준비가 되었는지 사전 점검하는 것이 필요하다.

탐정기업 창업 전 자기진단 Checklist

왜 탐정이 되려 하는가? 탐정업에 뛰어들기 전에 이것이 정말로 당신을 위한 것인지 심사숙고(深思熟考)하여 결정해야 한다. 그러기 위해서는 스스로에게 많은 질문을 해야 한다. 다음 질문에 대해 '예' 또는 '아니오'로 정직하게 대답해 보라.

- 나는 평범한 낮시간에 일하는 것을 선호하고, 직장에서 집에 가고, 전화기를 끄고 다음 날까지 업무에 대해 생각할 필요가 없는 것을 좋아한다.
- 나는 급여 삭감을 감당할 수 없으며, 탐정 교육훈련을 받고 창업 후 일정 기간 동안 수입없이 몇 달 동안 버티어낼 수 없을 것 같다.
- 나는 사람들과 불편한 대화를 나누는 것을 좋아하지 않고, 대결을 좋아하지 않는다.
- 나는 꾸준한 월급을 좋아한다. 나는 매달 내가 얼마나 벌 수 있는지 정확히 알고 싶어한다.
- 나는 쉽게 지루해지고 기다리는 것을 좋아하지 않는다. 아무 일도 일어나지 않고 몇 시간 동안 차에 앉아있을 수 없다.
- 나는 보고서 작성을 좋아하지 않는다.
- 나는 어떤 일의 세부사항에 별로 관심이 없다.
- 나는 항상 안전하고 편안한 느낌을 원한다. 나는 어떤 위험도 좋아하지 않는다.

위 질문 중 하나 이상 '예'라고 답한 경우 탐정업이 자신에게 적합한 직업인지 진지하게 생각해 보아야 한다. 자격이 없는 것은 아니나 '예'를 '아니오'로 바꾸는 방법을 찾지 못하면 귀하는 어려운 시간을 보내게 될 것이다. 그렇지 않고 대부분의 모든 질문에 '아니오'라고 답했다면 축하드린다. 귀하는 다음 단계로 넘어갈 준비가 되었다.[2)]

2. 탐정이 되려면 어떤 자질과 능력이 필요한가?

탐정의 자질 중 필수적인 것은 배우고 실행할 수 있는 재능과 추론을 통해 사건(문제) 해결을 위한 직관적인 추리를 할 수 있어야 한다. 탐정으로 일하는 것은 많은 스릴

2) Breetvelt, Kurt(2017). *How to Become a Private Investigator: Break into the industry with little or no experience*. New Zealand: Kindle Edition.

을 동반하지만, 민간조사는 오랜 시간 대기하고 추적 · 감시하는 인내심이 요구되고, 보고서 작성 등 많은 서류작업을 수행하고 세부사항을 파악하고 처리하는 능력도 요구되기 때문이다.

국내 탐정시장은 이제 본격적인 시작을 하고 있는 단계이다. 그러나 남들이 다하고, 할 수 있는 분야를 뛰어들어서는 탐정업체로써 경쟁력을 확보하기가 쉽지 않을 것이다. 따라서 남들이 하지 못하고, 잘 알지 못하는 영역을 개척할 필요가 있다. 바로 탐정업의 틈새시장을 개척해야 하는 이유이다.

탐정업에서 세계적인 기업을 일군 핑커톤(Allan Pinkerton) 역시 1850년 미국에서 민간조사사업을 시작할 때 기존 정부의 군과 경찰이 할 수 없는 분야에서 두각을 나타내어 오늘날 세계적인 보안기업으로 성장한 것이다. 현재 국내 탐정시장은 블루오션(blue ocean)이다. 경찰, 검찰 등 형사사법기관의 수사관이 시간과 전문성, 비용문제 등으로 사각지대에 방치되어 있는 무수한 사건들로 인해 국민의 권익이 침해되고 있는 분야는 여전히 많다. 구체적으로 각종 보험사기사건, 교통사고조사, 산업기술침해사건, 의료분쟁사건, 미아 · 가출인 · 실종자 수색, 배우자의 부정 조사, 기업 신규 채용자 및 임원에 대한 신원조회 등 무수히 많은 사건들이 탐정의 새로운 틈새시장으로 열리기를 기다리고 있다. 이를 자기 사업으로 만드는 것은 여러분의 열정과 노력에 달려있다.

현재 국내에는 아직까지 탐정업법이 제정되지 않은 상황이다. 따라서 한국직업능력연구원에서 인증한 민간조사(Private Investigation) 또는 탐정 관련 민간자격증이 없이도 탐정업에 뛰어들 수 있다. 그러나 탐정업 창업과 경영을 위해서는 순수한 열정과 의지만으로는 힘들다. 탐정업무 분야의 전문성과 제반 자격요건을 갖추고 난 다음에 열정과 의지가 따라야 업무수행이 가능하기 때문이다.

탐정 자격요건과 전문성을 축적하기 위해서 탐정자격증 취득과, 실무조사 역량 및 탐문 · 수색 · 감시 기술 연마, 책임보험 가입, 개인정보 보호법 · 신용정보법 · 위치정보법 등 관련 법령의 준수, 탐정직업윤리의 이해와 내면화, 비즈니스 마케팅 등이 필요하다.

그러나 무엇보다 필요한 역량은 조사 · 감시 능력이다. 따라서 탐정업 창업 전에 경찰, 검찰 등 법집행기관이나 국가정보원, 군수사기관 등에서 수사 실무경험이나 정부공공기관 등에서 감사업무 담당경력이 있으면 탐정업에 진입하기가 상대적으로 수월할 것이다. 아니면 법무법인의 사무장 및 사무보조, 보험사건 조사, 손해사정업무 처리 경험 등이 있어도 유용하다. 나아가 제4차 산업혁명 시대에 요구되는 빅데이터(Big Data) 전문가나 온라인으로 법원 판결결과 검색이나, 정보수집 처리능력이 요구되기도 한다.

나아가 예기치 않은 상황이나 의뢰인의 피해보상이 필요할 경우 책임보험 가입도 필요하다. 또한 고객확보와 탐정업체 홍보 등을 위해 홈페이지 구축도 필요하다. 미국 탐정업체의 경우 사건의뢰의 30~40%가 웹사이트를 통해 연락이 오는 것으로 파악되고 있기 때문이다.[3]

3. 탐정업 창업 및 경영전략, 어떻게 할 것인가?

1) 차별화된 탐정기업 창업 및 설립방법

수익창출형 탐정기업으로 경영하기 위해서는 사업계획 수립과, 탐정기업의 조직 및 고객관리와 마케팅 방법에 대한 철저한 이해가 되어 있어야 한다. 구체적인 사항은 다음과 같다.

1. 탐정기업의 비즈니스 모델(BM) 설계
2. 탐정기업의 비전과 사업계획 수립
3. 탐정기업의 매출향상 방안
4. 탐정기업의 수익창출 방안
5. 탐정기업의 사건수임과 계약 체결 방안
6. 탐정기업의 고객관리 및 수임료 처리 방안
7. 탐정기업의 수임한 사건별 처리방법
8. 탐정기업의 법무법인 및 수사기관과의 업무협조방법
9. 탐정기업의 마케팅 브랜드화
10. 탐정기업의 조직 및 인력관리
11. 탐정기업의 운영자금 및 투자재원 확보
12. 탐정기업의 세무 및 회계관리
13. 탐정기업의 지적재산권(IP) 확보
14. 탐정기업의 글로벌화 전략

3) Brown, Steven Kerry(2013). *The Complete Idiot's Guide to Private Investigating, Third Edition: Discover How the Pros Uncover the Facts and Get to the Truth*. 3rd Edition. Kindle Edition.

2) 현대 탐정직업의 핵심 네 가지 요소

현대 탐정의 목적은 고품질의 합법적인 조사서비스를 고객에게 제공하는 것으로 탐정업은 고품질 서비스 제공, 합법성, 조사 역량, 문제 해결 역량을 갖춘 서비스 제공 역량 등과 같은 몇몇 핵심요소들로 정의할 수 있다.

(1) 고품질의 조사서비스 제공

고품질은 탐정 교육이나 기술에 대한 이해와 활용능력 구비가 되어 있어야 함을 의미한다. OECD 국가나 유럽연합(EU) 회원국의 탐정은 대체로 대학 및 대학원 수준 이상의 고학력자들이 제공하는 서비스이거나 전문교육훈련기관에서 탐정전문가로 인정받을 수 있는 일정 수준 이상의 학력을 갖춘 사람들이 수행하는 업무다. 이들 조사 전문가에 의해 탐정업무나 활동이 이루어지고 높은 수준의 조사서비스 품질을 고객에게 제공하는 것을 말한다.

(2) 합법성

합법성은 법률이나 규칙을 준수하는 가운데 합법적인 탐정활동을 수행한다는 의미로 탐정직업 구직자나 종사자는 직업윤리에 충실해야 한다는 의미이다. 윤리적인 탐정은 의뢰인의 비윤리적인 요구사항이 있어도 고용주나 고객을 위해 옳은 일을 할 것이기 때문이다. 윤리적인 탐정이 되기 위해서는 해당 국가와 지역의 관계 법령에서 요구하는 탐정 관련 교육과 면허 취득이 반드시 필요하다.

(3) 조사 역량

조사는 무엇인가 또는 누군가를 체계적으로 조사하는 것을 말한다. 따라서 탐정은 합리적으로 질문하는 호기심과 사건이나 상황을 논리적으로 추론하고 분석하는 비판적 분석역량이 있어야 하고, 이를 위해 전문조사기법과 조사역량을 가져야 한다. 또한 사무실에서 자료수집과 조사를 할 수도 있지만 현장에서 탐문, 추적, 감시 등을 조사하는 능력도 갖춰야 한다.

(4) 문제 해결 능력을 겸비한 서비스 제공 역량

조사서비스는 다른 사람에게 제공되는 행동이나 기술을 말하는 것으로 직무 기술이나 능력이 될 수 있다. 탐정은 고객이 원하는 것이나 편익을 제공해 줄 수 있는 능력을 갖고 있어야 한다. 유능한 탐정이 되고자 꿈꾸는 사람이라면 누구나 직업과 관련된 직무 교육을 수시로 받아 자신의 능력을 개발할 자세를 갖춰야 된다.

3) 탐정 직무수행과정의 직업윤리 준수

탐정은 의뢰받은 사건을 조사할 경우 옳고 그름을 무시한 비윤리적 행동으로 문제가 발생되지 않도록 해야 한다. 탐정은 법률을 준수할 의무가 있으며 탐정이 제반 윤리와 법률을 위반하는 것은 매우 심각한 문제가 된다.

실제 과거 흥신소나 심부름센터의 경우 금품을 주고 고객의 정보를 입수하거나 범죄 이력 정보를 포함한 뇌물수수사건, 공갈, 불법 도·감청 및 위치추적, 주거침입, 살인 등의 불법행위가 발생되기도 했다.

또한 조사내용의 불충분, 해약 시 고액의 요금청구, 조사내용을 비밀로 하는 대신 금품을 요구하거나, 조사대상자에게 비밀보장 대가를 청구하는 등 입수한 개인정보를 이용하여 의뢰인이나 조사대상을 위협하거나 계약금액의 몇 배 이상을 요구하는 사례 등 각종 불법행위가 적지 않았다.

나아가 "100% 조사 성공, 확실한 조사, 사기당한 피해금 100% 회수" 등과 같은 탐정업계의 과대 및 허위광고가 증가하면서 소비자 피해가 증가하고 있다. 우리나라에서 현재 일부 탐정업체의 광고문구에 채권추심을 대행해 준다는 문구가 있으나 피해금의 회수, 채권추심, 채권회수 대행은 원칙적으로 변호사에게 인정된 업무로 법률상 위법행위이다.

제2절 탐정업체 경영을 위한 제반사항

1. 탐정업체 경영을 위한 제반요건

1) 탐정업체 경영을 위한 제반 요건사항

탐정의 전문적인 조사는 다양한 비즈니스 환경에서 이루어진다. 탐정과 관련된 조직과 기관의 예를 들면 다음과 같다.[4)]

4) Alberta Ministry of Justice and Solicitor Genera(2012). *Alberta Professional Investigator Training*

- 법조계
- 금융 서비스 전문기관
- 표준 행동강령 규정과 기준을 규제하고 회원의 비리에 대한 혐의를 조사하는 기관
- 근로자 보상 또는 기타 형태의 보험 청구를 규제하고 조사하는 기관
- 전문기관을 대신하여 환경조사를 수행하는 기관
- 사설 탐정회사

위와 같이 탐정 비즈니스를 둘러싼 외부 조직과 기관은 다양하다. 탐정은 이들 이해관계자들과 다양한 의사소통을 통해 의뢰받은 사건 해결을 위한 제반 조사업무를 단독 또는 협업적 관계를 형성하여 추진한다. 따라서 탐정은 전문적인 조사역량과 의사소통 능력, 보고서 작성 역량 등 다양한 역량을 요구받는다.

모든 직장과 마찬가지로 각 탐정업체에는 전문적인 업무 기준과 탐정에 대한 기대치가 있다. 많은 사람들이 조사보고서의 최종 사용자와 협력하며, 조사보고서에는 탐정과 탐정을 고용한 회사(탐정업체)에 부과하는 정책이 있을 수 있다.

조사 분야에 입문하는 일부 사람들은 이전에 탐정조사의 일부 측면에서 사전 관련 경험이 있지만 반드시 비즈니스 차원에서 일한 것은 아니다. 이는 그들이 성공적인 비즈니스를 관리·운영하고, 법률을 적절히 준수하고, 탐정산업의 고유한 위험을 극복할 준비가 되어 있지 않을 수 있음을 의미한다.

이는 특히 영리를 목적으로 하는 예산편성, 자원 및 인사 관리, 세금, 기반 시설 및 비용 관리, 보험 및 라이선스에 대한 경험이 부족한 공공부문에서 민간부문으로 전직하는 사람들에게 해당된다.

따라서 민간 탐정산업에 종사하는 사람들의 경우, 성공적인 탐정이 되는 것보다 성공적인 비즈니스 리더 및 관리자가 되는 것이 더 중요한 경우가 있다.

대부분의 영화와 TV 프로그램에 나오는 탐정조사업무와 달리 탐정조사는 화려하거나 흥미롭거나 위험한 경우가 거의 없다. 실제로 대부분의 작업은 일상적인 문의, 사실 확인, 조사, 보고서 작성 및 의뢰인과의 대화로 구성된다. 많은 작업이 사무실에서 책상과 전화 또는 컴퓨터로 수행된다.

이제 탐정업을 막 시작하는 개인사업자라도 기업은 사업계획, 운영 자본, 초기 고객

Course, Participant Manual, pp.21-22.

확보, 라이선스 및 장비가 필요하다. 단순히 좋은 탐정만으로는 충분하지 않다. 특히 고객 및 직원과 관련하여 우수한 커뮤니케이션 기술과 더불어 건전한 비즈니스 지식과 경험도 필요하다.5)

2) 탐정업체 경영을 위한 자격 획득 및 기반 정립

탐정법제도가 활발히 운영되고 있는 EU 국가나 OECD 회원국의 경우, 우선 탐정면허 취득을 해야 한다. 이를 캐나다 앨버타 주를 중심으로 살펴보자. 앨버타 주는 법무부와 법무 장관을 통해 앨버타의 탐정조사산업을 규제하고 있다. 탐정면허 취득 등 탐정산업에 규제를 하는 목표는 모든 앨버타 주민들의 이익을 위해 탐정의 교육, 책임 및 전문성의 최소 기준을 준수하도록 하는 데 있다. 이 목표는 앨버타 주의 '보안서비스 및 탐정법, 규정, 그리고 국방부에서 제작한 정책 매뉴얼을 통해 달성된다.6)

캐나다 앨버타 주의 보안서비스 및 탐정법(Security Services and Investigators Act)은 탐정을 보수를 위해 다음과 같은 일을 하는 사람으로 정의하고 있다.

탐정은 보수를 받기 위해 다음과 같은 일에 대해 조사, 감시 활동 수행 또는 정보를 찾거나 얻고자 하는 사람으로 정의하고 있다.

(a) 범죄, 규정 위반(offences), 법령 위반 또는 위법행위나 주장
(b) 교통사고, 사건, 재산 피해의 원인, 개인 상해 또는 건물 손상
(c) 사람의 활동, 행동, 성격 또는 평판
(d) 재산의 위치
(e) 사람의 소재

(1) 개인면허 발급

개인탐정으로 활동하기 위해서는 면허증을 발급받아야 한다. 앨버타 주에서 탐정으로 일할 수 있는 적절한 허가를 받는 것은 개인의 책임이다.

개인탐정 자격증을 면허받기 위한 기본 자격요건은 다음과 같다.

- 보안서비스 및 탐정법(Security Services and Investigators Act)에 따라 탐정 자격을 신청하는 개인은 다음 요구사항을 충족해야 한다.

---

5) Alberta Ministry of Justice and Solicitor General(2012). *Alberta Professional Investigator Training Course, Participant Manual*, p.276.

6) 정책 매뉴얼의 온라인 사본은 http://www.securityprograms.alberta.ca 참조.

- 18세 이상
- 캐나다 시민권자 또는 캐나다에서 합법적으로 일할 수 있는 자격이 있는 자
- 유능하고 좋은 성격
- 사면이 승인되지 않은 심각한 범죄기록 없음
- 미결 범죄 혐의 없음
- 범죄수사 대상이 아닌 경우
- 유창한 영어 말하기. 유창함의 기준은 비상 상황에서 대중 및 비상 대응 시스템 구성원과 효과적으로 의사소통하는 능력이다.
- 찾고 있는 면허의 유형별 교육 요건의 성공적인 수료 자격 증명서 제공 외에도 지원자는 자신의 자격을 증명하는 신청서에 선서 진술을 해야 한다. 허위 진술을 하면 면허가 정지되거나 취소된다.

위와 같은 자격을 증명할 수 있는 요구 서류를 제출하고 관할 관청에서 검사를 받아 통과되어야 한다. 허위정보를 제출 시 면허정지나 취소가 될 수 있다. 면허증은 항상 휴대하고 다녀야 하며, 상대방이 열람 요구 시 보여주어야 한다. 단, 그렇게 하는 경우 개인탐정 면허 소지자가 자신의 업무를 효과적으로 수행하는 데 방해가 될 수도 있다.

그러나 일반국민이 탐정에게 불만을 제기하려는 경우 탐정의 이름, 면허번호 및 탐정의 고용주 이름을 알 권리가 있다(s. 24-29 Act, s. 4.4 Policy Manual). 고객이 이 같은 사항을 요청 시 탐정이 정보를 제공하지 않는 것은 법률 위반이 될 수 있으며 면허, 정지 또는 취소에 대한 조건이 부과될 수 있다.7)

이 면허 등급을 원할 경우 제복 착용이 면제된다. 제복을 입는 경우 법규를 준수해야 한다.

개인탐정 면허 신청자는 면허를 신청하기 전에 기본 면허 요건과 교육 자격을 충족해야 한다. 개인탐정 면허는 유효기간이 2년이며 법, 규정 및 정책의 조건이 적용된다. 면허 신청자는 다음과 같은 문서와 법률에 따른 권리와 책임을 숙지해야 한다.

- 보안서비스 및 탐정법
- 보안서비스 및 탐정 시행령

7) 아래 사이트를 들어가면 앨버타 주의 탐정 신청서, 보안서비스 및 탐정법(Security Services and Investigators Act), 규정 및 정책 매뉴얼(Regulation and Policy Manual)을 확인할 수 있다(www.securityprograms.alberta.ca).

[그림 13-1] 캐나다 앨버타 주의 탐정면허 앞뒷면

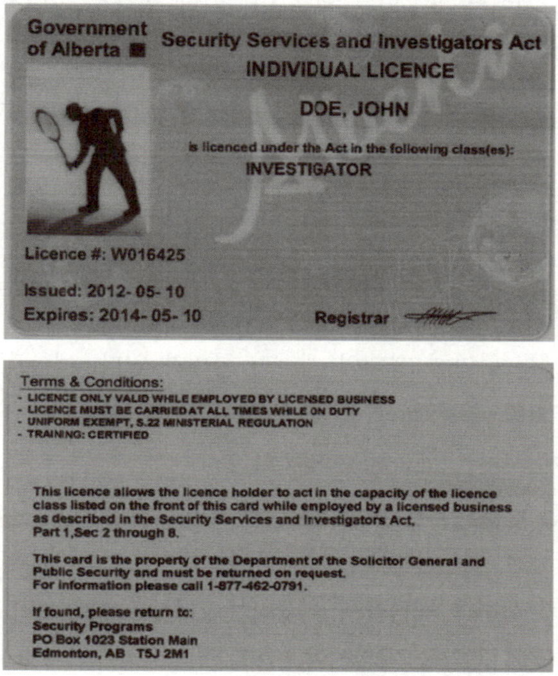

- 보안서비스 및 탐정(장관) 부령
- 보안서비스 및 탐정법 정책 매뉴얼

개인탐정 면허는 개인에게 전속(專屬)된다. 즉, 개인이 직업을 변경할 때 면허가 개인에게 남아 있고 원하는 경우 개인 면허 소지자가 둘 이상의 회사에서 일할 수 있다. 고용주가 아닌 개인면허 소지자는 면허를 신청, 갱신 및 유지 관리할 책임이 있다.

(2) 기업면허

앨버타(Alberta) 주 보안서비스 및 탐정법(Security Services and Investigators Act)에 따라 조사서비스를 제공하는 회사의 계약 사업체 및 사내 부서는 허가를 받아야 하지만 일부 예외가 적용된다. 면허증 없이 라이선스가 부여된 서비스를 수행하거나 제공하는 것은 이 법에 따른 범죄이며 벌금이나 법원 출두를 초래할 수 있다.

다른 연방 및 주정부 법률에 따라 규제되는 사업체는 앨버타 보안서비스 및 탐정법에 따라 면허가 면제될 수 있다.

모든 지방자치단체에서 요구되는 것은 아니지만 회사는 합법적으로 운영하기 위해 지방자치단체 면허도 필요하다.

앨버타 주에서 조사를 수행할 수 있는 적절한 허가를 받는 것은 회사의 책임이다.

2. 탐정사업 경영관리의 단계적 요소별 대응방안

1) 계약 및 합의

탐정조사 분야에는 다양한 형태의 계약과 합의가 있다. 예를 들어:

- 신규 직원은 기밀 유지 계약 및 고용 계약에 서명한다.
- 고객과 회사가 서비스 계약에 서명한다.
- 회사는 사무실 공간, 장비 및 차량에 대한 계약에 서명한다.

고객과 관련하여 서비스 계약을 공식화하는 가장 중요한 초기 단계는 다음 사항을 정하여 고객과 서명된 계약을 체결해야 한다.

- 예산(시간당 요금, 청구 가능한 총 비용, 킬로미터당 마일리지, 식사, 기타 청구 가능한 비용을 포함한 허용 비용)
- 예상 결과, 프로젝트 범위, 완료해야 할 작업
- 발생할 수 있는 모든 분쟁 해결을 위한 승인된 메커니즘
- 조사 중에 생성될 수 있는 모든 지적 재산(예: 보고서, 비디오)의 소유권
- 계약 명세서(invoice) 발행 및 결제 처리방법

예를 들어, 감시 수행방법에 대한 제한을 포함하여 조사 수행방법에 대한 클라이언트의 기대와 합의를 도출하는 것이 중요하다. 예를 들어, 일부 고객은 학교나 운동장 또는 예배 장소 등의 공개된 장소에서 감시 또는 비디오 녹화를 허용하지 않을 수 있다.

클라이언트 서비스 계약서도 양식을 갖추어 준비해 두어야 한다. 통상 계약서에서는 요금을 다루지만 수행할 작업의 범위는 다루지 않는다. 일부 탐정회사는 별도의 문서에서 작업의 범위와 한계를 명시할 수 있다.

2) 인력 및 시스템

회사를 운영하려면 일반적으로 관리, 운영 및 관리 지원 범주에 속하는 인력이 필요하다. 따라서 기업은 채용 전략, 심사 및 채용 절차, 신입 사원 오리엔테이션 및 교육, 성과 관리 시스템, 운영 정책 및 절차가 필요하다. 모든 회사에서 정책 및 절차는 일반적으로 운영, 인적 자원 및 관리 영역 중 하나에 중점을 둔다. 탐정회사 역시 예외가 아니다.

(1) 탐정조사산업에서 운영요소 및 절차

탐정조사산업에서 운영요소 및 절차는 다음과 같은 사항을 다룬다.

- 장비 사용
- 안전 운전 습관
- 감시 및 보고서 제출에 대한 지침

(2) 인사정책 및 절차

인사정책 및 절차는 다음과 같은 사항을 다룬다.

- 직무기술
- 급여
- 작업 시간
- 휴가 및 기타 혜택
- 기간종료

(3) 행정요소 및 절차

행정요소 및 절차는 다음과 같은 사항을 다룬다.

- 회사 이메일 및 컴퓨터 사용
- 직원들의 유대감
- 계약 서명 권한
- 세금
- 이해 상충 및 윤리 정책
- 산재 보상 청구 및 보고

- 장비 구매

비즈니스를 성공적으로 운영하려면 이러한 정책과 절차가 필요하다.

(4) 개인정보 보호 및 자료수집 관리 요소 및 절차

이외에도 정책과 절차는 파일 기밀성, 데이터 보안 및 저장과 같은 중요한 시스템도 다룬다. 여기에는 컴퓨터 네트워크 수준, 사무실에 대한 제한된 접근이 포함될 수 있다.

또는 자료 보호 및 관리시스템, 특히 개인정보 보호법은 자료수집방법, 수집 허용 항목, 자료 공유방법 및 저장 및 보호방법을 규정한다. 이는 데이터가 어떻게, 누구에게, 어떤 상황에서 공개될 수 있는지에 대한 추가 정보이다. 이러한 법률을 준수하지 않을 경우 법적 처벌을 받을 수 있다.

(5) 탐정업체의 자격 및 관리시스템

추가적으로 조직의 관리시스템을 사용하여 개인 및 회사 라이선스, 인증 및 보험의 보류 중인 만료 날짜를 모니터링한다. 경우에 따라 조사서비스를 계약하려는 고객은 탐정회사가 특정 정책, 절차, 보험, 인증 및 기타 세부사항을 보유하고 있는지 증거를 요구할 수 있다.

3) 장비 및 자료수집

대부분의 탐정과 그들이 일하는 회사는 최소한 다음 사항을 요구한다.

(1) 제반 시설과 장비

- 차량(일부는 감시 목적으로 특별히 설계될 수 있음)
- 컴퓨터(보고서 작성, 동영상 편집, 데이터 검색 등)
- 감시 장비(스틸 및 비디오, 저조도 및 야간 기능)
- 작성된 보고서를 위한 안전한 저장 공간(잠금 및 내화성)
- 안전한 사무실 시설
- 통신 장비(휴대전화, 유선전화, 이메일)

오디오 녹음 장비 또는 전문적인 조사를 위한 구독 기반 데이터베이스에 대한 접근과 같은 특수 조사에 필요한 기타 장비가 있을 수 있다.

(2) 자료수집 및 관리를 위한 제반요소

앞의 인사 및 시스템 부분과 관련하여 조사 중에 사용되거나 개발된 하드 카피 및 디지털 데이터를 적절하게 보호하기 위한 특별 조치를 제정하기 위한 규제, 법률, 보험 또는 고객이 요구하는 제반사항이 있을 수 있다.

여기에는 모든 디지털 파일의 외부의 특정 장소(off-site)에서의 야간 데이터 백업, 자료실에 들어갈 수 있는 사람을 제한하는 접근 제한 조치, 잠금장치가 있는 파일 캐비닛, 컴퓨터 네트워크 및 이메일 아카이브에 대한 제한된 접근을 허용하는 권한 확보 등의 보안요소도 포함될 수 있다. 정부 프로젝트의 경우 탐정은 조사작업을 수행하고 관련 데이터에 액세스하기 위해 추가 보안 허가 확인을 받아야 할 수 있다.

4) 보험 가입

보험은 모든 기업에 매우 중요하다. 선진 외국의 탐정기업은 산업재해 보상보험 외에도 일반적으로 화재 및 재해보험, 차량보험 외에도, 비즈니스 연속성, 오류 및 누락 및 일반 책임 등 회사의 특성에 따라 추가 보험이 필요할 수 있다.

직원 없이 집 밖에서 일하는 개인 사업체 탐정은 직장 자산과 사업을 충당하기 위해 추가 주택 보험이 필요할 수 있다.

5) 데이터베이스 및 익명성

수행 중인 조사사건의 성격에 따라 탐정 개인과 회사(탐정법인)는 재산 검색, 유치권, 모기지, 민사 소송 및 형사 사건과 같은 법원 기록, 보험 청구 또는 기타 전문 기록을 위한 데이터베이스에 접근해야 할 수 있다. 모든 경우에 어떤 데이터에 법적으로 접근할 수 있는지, 그러한 데이터의 수집 · 저장 및 배포에 어떤 제한사항이 적용될 수 있는지 아는 것은 조사를 담당하는 탐정의 책임이다.

동시에 탐정의 성공 여부는 익명성을 유지하는 능력에 달려 있다. 이를 위해 탐정은 온라인과 소셜 미디어를 통해 자신이나 고용주(의뢰인)에게 쉽게 접근할 수 있는 정보가 무엇인지 파악하는 것이 좋다. 여기에는 사무실 전화나 휴대전화를 사용할 때 통화 디스플레이에 표시되는 통화기록을 조사하는 것도 포함된다.

6) 고객

모든 면허가 있는 탐정이 고객과 서비스를 계약하는 것은 아니지만 일부는 계약을 체결한다. 탐정의 비즈니스는 고객을 찾고 계약서에 서명하고 유지 · 관리하는 데 달려 있다. 여기에는 마케팅 및 판매가 포함된다.

마케팅은 고객이 될 수 있는 잠재 고객에게 도달하고, 실제 고객으로 만들기 위해 수행되는 모든 것이 포함된다. 구체적으로 시장분석과, 시장 세분화, 표적고객 선정, 마케팅 목표를 효과적으로 달성하기 위하여, 기업 · 제품 · 상표 등의 마케팅 대상이 잠재 고객들에게 긍정적으로 인식되도록 하는 포지셔닝(positioning), 그리고 제품 · 가격 · 유통 · 촉진 등의 요소를 결합하는 마케팅믹스에 이르는 마케팅 관리 전(全) 과정이 포함된다.

판매 프로세스는 판매를 종료하고 계약서에 서명하기 위해 수행되는 모든 것이다. 둘 다 비즈니스 성공에 필요하며 윤리적이고 전문적인 방식으로 수행되어야 한다.

고객과 함께 일하는 탐정은 다음을 조사하고 계획하는 것이 좋다.

- 서비스를 마케팅하는 방법과 특정 대상에게 마케팅하는 방법
- 서비스 판매 전략
- 고객과 서비스 합의 및 계약 체결방법
- 시간이 지남에 따라 고객관리를 위한 시스템 개발 및 구축방안
- 고객을 유치하고 유지할 전문 서비스 라인의 생성을 포함한 비즈니스 구축 계획

이상적으로 마케팅은 고객이 상호 존중과 서비스 제공 품질을 기반으로 하는 장기간의 전문적인 관계를 형성하는 것이다. 비윤리적인 사업 관행, 부실한 서비스 및 고객 기밀 위반은 고객을 잃고 사업을 중단하는 일반적인 이유이다.

7) 규정 준수 및 위험 완화 시스템

어떤 사업이든 위험(risk)이 있다. 각 위협이 제기하는 위험 수준은 위협에 대한 비즈니스의 취약성, 위험 발생 가능성 및 잠재적 영향의 조합이다. 위험은 자연재해(화재, 홍수, 지진, 전염병) 또는 비즈니스 관행의 결과(예: 법률, 정책 또는 고객 지침을 따르지 않거나 고객이 비용청구서를 지불하지 않는 경우) 등의 형태를 취한다.

비즈니스 연속성 계획(business continuity plans)은 모든 기업에 나타날 수 있는 위

협과 위험(threats and the risks)을 해결하기 위해 만들 수 있다. 기업은 상황에 따라 고유한 위험관리시스템(risk management system)에 시간과 에너지를 투자하는 것이 좋다.

탐정조사 분야에서 일반적인 위협에는 부분적으로 다음 사항이 포함된다.

- 규제 메커니즘을 준수하지 않는 경우(예: 라이선스)
- 법률 준수 실패(예: 사생활 보호 및 개인정보 보호)
- 고객 지침 준수 실패(예: 무단 감시 수행)

기업정책 및 절차는 특히 새로 고용된 직원의 오리엔테이션 및 정기적인 내부 교육 세션과 결합될 경우 이러한 모든 위협을 어느 정도 완화하는 데 도움이 될 수 있다.

모든 조사회사(탐정업체)는 직면할 수 있는 위협, 각각이 제기할 수 있는 위험, 각각이 제기하는 위험의 발생 및 수준을 완화하기 위한 적절한 시스템에 대한 자체 내부 위기관리시스템을 개발할 책임이 있다. 여기에는 모든 관련 전문 관행, 제반 법규정을 완벽하게 준수하도록 보장하는 시스템이 포함된다.

8) 지속적인 전문성 개발

전문가의 특성 중 하나는 지속적인 학습과 전문성을 개발하는 데 헌신하는 것이다. 이를 위해 탐정조사산업의 전문지를 정기적으로 구독하거나, 사기 또는 지적재산 사건, 보험사기, 환경 사건 등과 같은 특정한 주제 영역을 전문으로 하는 사람들을 만나 전문성을 지속적으로 향상시켜야 한다.

또한 전문성 개발에는 탐정업계 협회 및 고객 네트워크에 가입하고 비공식 및 공식 학습 과정과 이벤트(세미나, 워크숍 등)에 참여하는 것이 포함된다. 탐정산업이 정착한 선진 외국의 많은 전문협회에서 공식적인 지정을 받을 수 있는 공인 교육 프로그램을 제공하고 있다.

탐정업체가 보유하고 있는 지식과 기술이 업계 모범 사례에 따라 최신 상태인지 확인하는 것은 각 탐정회사와 각 탐정 개인의 책임이다.

CHAPTER

14

탐정의 의사소통과 보고

제1절 탐정의 의사소통과 보고서 작성의 이해

1. 커뮤니케이션 및 보고서 작성의 필요성[1)]

탐정 조사서비스는 커뮤니케이션 비즈니스에 속한다고 할 수 있다. 성공적인 탐정이 되기 위해서는 의사소통 기술이 단연코 중요하다. 탐정업무의 모든 단계가 일정 형태의 의사소통과 관련되어 있기에 탐정조사과정에서 커뮤니케이션 및 보고서 작성은 중요하다.

탐정의 주된 임무는 의뢰인에게 긴급한 도움을 주고, 사건 현장을 확보하고, 증거와 정보를 수집하여 정보를 메모하고 보고서를 작성하고 민·형사 법정에서 증언하는 것이다. 즉, 탐정조사업무는 크게 사건 관리, 물리적·전자적 감시 및 조사에 의한 증거 수집, 사건보고의 세 가지로 구성된다. 이 과정에서 의사소통과 보고는 사건 해결에 결정적 영향을 미치는 요소이다.

의사소통은 구어(oral language)나 문어(written language)를 통한 언어적 요소는 물론 제스처나 자세, 얼굴표정, 눈맞춤, 목소리, 억양 등과 같은 비언어적 요소를 통해서도 이루어질 수 있다.

효율적인 의사소통은 정보를 전달하고, 문제 해결 방향을 안내하며, 실체적 사실을 확인하고, 이해관계자를 설득하며 동기를 부여하고, 협상을 이끌어내는 역할을 한다. 이에 반해 비효율적인 의사소통은 혼란, 잘못된 기대와 결론, 부정적 고정관념 형성, 좌절과 분노 및 적대감 형성, 상대방에 대한 공격성과 물리적 충돌을 불러오게 된다.

따라서 탐정의 말하기, 쓰기 및 공식적인 법정 증언을 포함한 언어적 및 비언어적 의사소통 기술은 중요하다. 탐정은 다양한 상황에서 다양한 청중과 언어와 비언어적 요소로 의사소통의 전략을 숙지하고 활용할 필요가 있는 것이다.

탐정은 다른 사람들과 의사소통할 때 목소리 톤, 바디 랭귀지 및 기타 비언어적 메시지의 중요성을 배우고 익혀야 한다. 또한 현장 노트를 작성하고 보고서를 작성하는 방법을 배우고, 토론하고, 연습하는 것도 필요하다. 진행 중인 사례연구를 통하여 증거를 비판적으로 분석하고, 이 증거를 토대로 완전한 보고서도 작성해야 한다. 마지막으

---

1) Alberta Ministry of Justice and Solicitor General(2012). *Alberta Professional Investigator Training Course, Participant Manual*, pp.225-259.

로, 법원 절차 또는 기타 청문회에서 증언하는 방법에 대해서도 숙지해야 한다.

이 장을 성공적으로 이해하고 숙지하면 여러분들은 다음 사항을 이해할 수 있을 것이다.

1. 효과적인 구두 의사소통의 핵심 구성요소를 이해한다.
2. 도전적이거나 공격적이거나 위협적인 상황에서 전술적 의사소통 기술을 적용하는 방법을 이해한다.
3. 효과적인 의사소통 기술을 이해한다.
4. 화가난 사람들을 효과적으로 진정(defusing)시키는 기술을 익힐 수 있을 것이다.
5. 행정(administrative)보고서, 고객 지시(client-directed)보고서, 조사(investigative) 보고서 및 검사에게 제출하는 보고서(report to crown counsel) 유형 간의 차이점을 설명하고 이해할 수 있을 것이다.
6. 구체적인 조사보고서 작성능력을 배양한다.
7. 정확한 현장 메모 작성방법을 시연
8. 국제 음성 알파벳(예: Alpha, Bravo, Charlie 등)의 적절한 사용을 이해한다.
9. 행정, 규제 또는 민·형사 소송에서 증언을 제공하기 위한 적절한 기술을 이해한다.

2. 의사소통의 방법 이해

1) 언어적 의사소통과 비언어적 의사소통의 이해

의사소통은 언어적 의사소통과 비언어적 의사소통으로 구분할 수 있다. 전자는 말과 문자로 의사소통하는 것이고, 후자는 눈동자의 움직임, 얼굴 표정, 자세, 복장, 목소리 콘, 바디랭귀지, 몸짓, 시간사용 및 이미지, 거리공간과 접촉 등 다양한 요소로 의사소통하는 것이다.

우리는 주로 구두(7%)와 비언어적(93%) 방법 두 가지로 의사소통을 나눈다. 이때 말을 통해 전달하는 것은 7%에 불과하며, 목소리 톤, 말의 속도, 높낮이 등이 38% 작용하고, 표정·몸짓·손짓 등이 55%로 비언어적 의사소통이 훨씬 크게 작용한다. 하여 입을 열어 말하기도 전에 첫인상이 빨리 결정되기에 비언어적 의사소통이 중요하다.

탐정이 조사업무를 수행하는 과정이나 법정 증언을 할 때, 자신의 신뢰를 약화시키는 행동은 가급적 삼가한다. 예컨대, 방어적이거나 회피적인 목소리 톤, 불편하거나 초조해 보이는 모습, 상대방과 눈맞춤을 못하고 회피하거나 방어적으로 팔짱을 끼는 행위, 일반적인 용어를 적확하게 표현하지 못하고 얼버무리는 행위, 삐딱하게 앉거나 다리를 떠는 행위, 반대신문 동안에 변호사의 도움을 요청하는 눈길로 바라보는 행위, 부적절한 유머를 사용하거나 '아', '어' 등의 불필요한 말은 신뢰를 떨어뜨리는 요소들이다.

전문적인 의사소통은 다음과 같은 경우에 발생한다.

- 메시지를 듣고 이해하며, 듣는 사람이 따라할 수 있는 속도로 말하고 단어를 명확하게 발음하는 것을 포함한다.
- 메시지 내용 전달이 예의바르고(courteous), 정중(respectful)하다.
- 메시지에 비속어, 인종적 비방 및 욕설이 포함되어 있지 않다.
- 메시지에 복잡한 단어, 두문자어 또는 모호한 문구가 포함되어 있지 않다.

의사소통에서 중요한 요소는 목소리의 음색(tone)과 크기(volume)이다. 목소리 톤은 [표 14-1]과 같아야 한다.

[표 14-1] 긍정적인 목소리와 부정적인 목소리 비교

긍정적인 목소리 톤		부정적인 목소리 톤
자신감 있는 목소리 침착하다, 안심하다	대	오만한 목소리 당신에게 힘이 있음을 보여주려는 듯한 목소리
친숙한 목소리 접근 가능하고, 열려있는 느낌을 주는 목소리	대	무시하는 듯한 목소리 무관심을 보이거나 다른 사람이 하는 말이 당신에게 중요하지 않다고 느끼도록 내버려 두는 것
단호한 목소리 간단한 방법으로 요청하기	대	공격적인 목소리 자신의 의견이나 의제를 다른 사람에게 강요

정상적인 목소리 크기는 발생할 수 있는 다른 소음에 비해 들을 수 있을 만큼 충분히 커야 한다. 이에 비해 볼륨이 너무 작으면 사람들이 당신의 말을 듣기 위해 긴장하게 되어 일시적으로 의사소통이 끊기거나 대화의 흐름을 놓칠 수 있다. 때때로 사람들은 당신이 소심하고 자신감이 없다고 생각할 수도 있다. 또한 너무 시끄럽게 말하면 사람들은 위협을 느낄 수 있고 단순히 당신이 말한 방식 때문에 당신이 전달하고자 하는 말을 거부할 수 있다.

2) 음성 알파벳(Phonetic alphabet)

음성 알파벳은 의사소통과정의 혼란을 줄이기 위해 알파벳 문자를 명확하게 표현하기 위해 다른 전문가와 이야기할 때 탐정이 사용한다. 예를 들어, 'M'과 'N'과 같은 문자는 라디오나 전화를 사용하여 자동차 번호판 번호를 설명할 때 쉽게 오해될 수 있다.

다음은 탐정을 비롯해 무선통신에서 보편적으로 사용하는 기존의 음성 알파벳이다.

[표 14-2] 음성 알파벳 코드(Phonetic alphabet code)

A – Alpha	J – Juliet	S – Sierra
B – Bravo	K – Kilo	T – Tango
C – Charlie	L – Lima	U – Uniform
D – Delta	M – Mike	V – Victor
E – Echo	N – November	W – Whiskey
F – Foxtrot	O – Oscar	X – X-Ray
G – Gulf	P – Papa	Y – Yankee
H – Hotel	Q – Quebec	Z – Zulu
I – India	R – Romeo	

3) 효율적인 의사소통을 위한 요인

의사소통의 장벽은 다양한 요인들이 있다. 따라서 탐정 교육과정에서 토론과 집단토론을 통해 어떤 장애요인이 있는지 인식하고, 증인이나 목격자와 효과적으로 의사소통하는 지식과 기술을 익히는 것이 바람직하다.

효율적인 의사소통을 위해서는 다음과 같은 요소가 필요하다.2)

(1) 경청하기(Active listening)

상대방의 말을 그저 듣기(hearing)만 하는 것이 아니라 진정으로 경청하는 자세가 필요하다. 경청은 귀를 기울여 듣는 것 이상을 의미한다. 경청은 상대방의 말을 귀가 아닌 가슴으로 듣고, 머리가 아닌 마음으로 이해하려고 노력하는 것이다.

이를 위해 눈을 맞추거나 고개를 끄덕이거나 특정 대화의 지점에서 동의나 공감을 한다는 적절한 대꾸나 추임새를 한다. 또한 대화 중 다른 일이나 행동을 하지 않고 상

2) 이는 다음 자료를 참고하여 정리하였다.
Alberta Ministry of Justice and Solicitor General(2012). *Alberta Professional Investigator Training Course, Participant Manual*, pp.228-230; 양경희(2019). 『건강한 인간관계를 위한 의사소통 기술』, pp.115-125.

대방의 말에 집중하고, 상대방이 말하는 중 끼어들지 않고 듣는 자세가 필요하다.

개방적인 태도를 취하고, 상대방을 바라보고 그 쪽으로 몸을 기울이고, 자연스러운 시선 접촉을 유지한다. 편안하고 자연스러운 자세를 유지하고 팔짱을 끼거나 다리를 꼬지 않는다. 자연스러운 목소리의 어조와 속도를 유지한다. 상대방을 수용하고 있다는 것을 표현하기 위해 고개를 끄덕이거나 미소를 짓는다. "그렇군요", "아~" 같은 수용반응을 한다.

(2) 질문하기(Ask)

상대방이 당신에게 말하는 것을 이해했는지 확인해야 한다. 당신이 들을 수 없는 것을 반복하거나 완전히 이해하지 못하는 것을 명확히 해달라고 요청하는 것은 잘못된 것이 아니다. 상대방은 이미 상황이 악화되어 질문이 추가되어 좌절감과 절망감이 더해지는 것을 원하지 않을 수 있다.

따라서 상대방에게 설명을 요청할 때 다음과 같은 자세를 취한다.

그 사람이 어리석거나 열등하다고 느끼게 만들지 마라. 이해가 안 되는 부분이 있으면 다시 말해 달라고 하거나, 다른 방식으로 말해 달라고 하는게 좋다.

설명이 필요한 사항은 명확히 해야 한다. 예를 들어, 그들이 여러 사람에 대해 이야기하다가 "그"와 "그녀"와 같은 단어를 사용하기 시작했다면 "그"와 "그녀"가 누구를 가리키는지 정확히 요청해야 한다. 누가 무엇을 말했는지 또는 무엇을 했는지 물어봐야 한다.

긴급 상황이 아닌 한 대화 중 상대방의 말을 방해하지 않는 것이 중요하다. 사실을 명확히 하기 위한 목적일지라도 말을 방해하는 것은 종종 자신의 생각을 표명하거나 목격한 사건을 회상시키는 기억력에서 주의를 산만하게 할 수 있다. 설명이 필요한 질문은 말하기가 끝날 때까지 기다렸다가 한다.

(3) 공감하기(Empathize)

공감(Empathy)은 상대방의 느낌, 감정, 사고 등을 정확히 이해하고, 이해된 바를 정확하게 상대방과 소통하는 것이다. 즉, 공감은 감정이입으로 상대방의 관점과 입장에서 상황을 충분히 이해하는 것으로 말의 이면에 내포된 감정적 의미를 포착하여 이와 관련된 자신의 느낌을 상대방에게 전달하는 것이다.

다른 사람들과 공감한다는 것은 그들의 관점에서 상황을 이해하려고 노력하는 것이다. 이것은 그들과 같은 방식으로 느끼도록 설득되는 것과는 다르다. 화자(話者)와 공감하는 행위는 종종 그들의 불안 수준을 낮추고 그들이 당신과 협력하는 정도를 높일 수 있으며, 당신의 지시에 따르고, 귀중한 정보를 제공할 수 있다.

하지만 당신이 말하는 사람에게 공감하기 어려울 수 있는 것은 당연하다. 특정 안건이 있어서 조사를 방해하려는 사람을 만날 수 있다. 이때 그들의 동기에 초점을 맞추지 말고, 그 사람을 다른 선택지가 없고 절망적인 위치에 있다고 느끼는 사람으로 바라볼 때 공감하기가 더 쉬울 것이다.

즉, 공감은 누군가를 불쌍히 여기는 것과는 다르다. 그것은 단순히 그 사람이 특정한 방식으로 행동하는 이유를 파악하여 효과적인 의사소통을 하기 위해 사용할 수 있도록 노력하는 것이다.

(4) 반영(Reflecting)

반영은 상대방이 말하는 내용(생각), 경험(행동), 느낌(감정)을 듣는 사람이 다른 용어로 표현하여 다시 상대방에게 표현해 주는 것이다. 상대방이 말한 내용을 서술적이고 인지적인 단어를 사용하며 말하는 것이다.

(5) 명료화(Clarification)

명료화는 상대방이 말한 내용이나 느낌이 모호할 때 명확히 하도록 유도하는 것이다. 사람들은 각기 생각과 경험이 다르기 때문에 같은 말이라도 다른 의미로 해석할 수 있다. 또한 말하기 곤란한 내용이나 감정을 직접적으로 표현하기보다는 비유적이고 은유적으로 표현할 때가 있다.

(6) 바꾸어 말하기(Paraphrasing)와 반복해서 말하기(Restating)

바꾸어 말하기는 상대방의 말을 같은 의미로 쓰이는 다른 단어와 문장으로 표현하는 것이다. 특히, 긴 문장이나 전체적인 내용을 확인할 때 사용한다. 이는 상대방의 말을 정확히 듣고 이해했는지 다시 점검할 수 있게 하는 이점이 있다. 많은 경우 의사소통에 있어서 큰 갈등은 상대방의 말을 잘못 이해했기 때문에 발생한다. 바꾸어 말하기는 이 같은 위험을 최소화시켜 줄 것이다.

(7) 침묵(Silence)

침묵은 가장 어려우면서도 종종 가장 효율적인 의사소통 기술이 되기도 한다. 침묵은 언어적 상호작용을 하는 동안 대상자가 말을 시작하거나 다시 생각할 때까지 중지시키지 않고 의도적으로 말을 하지 않는 것이다. 이러한 침묵에는 경청하며 기다리는 시간이 필요하다. 즉, 상대방에게 생각을 정리할 시간을 주어 통찰력을 얻도록 도와주며 대상자가 자신의 속도로 차근차근 말할 수 있게 한다.

(8) 수용(Acception)

수용은 판단하지 않고 관심있는 태도로 상대방을 있는 그대로의 모습으로 받아들임으로써 상대방을 지지하는 것이다. 면담자 판단으로 옳다거나 그르다거나 하는 데에서 나오는 태도가 아니라 대상자의 입장을 있는 그대로 받아들이는 것으로 단순한 동의나 칭찬과는 다르다.

(9) 개방적 질문(Open-ended question)하기

질문은 대상자의 자기탐색과 이해를 돕는 유용한 기법이다. 그러나 잘못 사용될 경우 오히려 대상자를 혼란시키거나 위축시키기도 한다. 예컨대, “그 말을 들었을 때 당혹스러웠나요?”라는 폐쇄적 질문은 “예” 또는 “아니오”로 대상자에게 특정한 답변만 요구하게 되며, 대화를 쉽게 중단시키거나 대상자의 습관에 따라 반응이 표현될 수 있기에 “그 말을 들었을 때 어떤 생각이나 느낌이 드셨나요?”라는 개방형 질문을 하는 것이 좋다.

(10) 초점 맞추기(Focusing)

초점 맞추기는 대상자가 산만하게 얘기하는 경우 한 가지 주제에만 집중하게 하는 것이다. 중요한 주제에 관한 이야기를 좀 더 진행되도록 도와주는 방법이다. 이 기법은 여러 문제가 있지만 어디서부터 해결해야 할지 모르는 대상자에게 유용하며, 대상자로 하여금 문제를 확인하고 상대적 중요성에 따라 처리 순서를 정하도록 도와준다.

(11) 직면(Confrontation)하기

직면은 대상자의 말과 행동 사이의 모순점에 주의를 환기시킬 목적으로 대상자에게 직접적으로 현실을 인식시켜 주는 것이다. 사람은 누구나 의식 또는 무의식 중에 자신을 은폐하고 포장하려는 심리를 갖고 있는데, 이런 심리는 은연 중 혼란스러운 대화로 나타난다. 대상자의 대화 내용 속에 발견되는 모순, 불일치, 왜곡, 변명이나 다양한 방어기제 등은 직면의 대상이 된다. 직면은 상대방에게 문제 상황에서 불일치한 점이 있는지 점검해 보도록 도우며, 대상자 스스로를 통찰하고 긍정적으로 변화할 수 있는 계기를 마련하는 기술이다.

(12) 정보제공(Providing information)하기

정보제공은 상대방이 원하거나 꼭 필요한 경우에 전문가로서 상대방에게 필요한 지식을 알려주고 질문에 답해주는 것이다.

(13) 요약하기(Summarizing)

요약은 상대방이 표현한 말의 내용, 사실적 정보, 감정, 의미를 한데 묶어 간추려서 간략하게 정리해서 표현한 것으로 주제를 명확하게 하는 기법이다. 요약은 때때로 상대방의 진술과정에 대해서 언급함으로써 현재의 대화나 관계가 어떻게 진행되고 있으며 현재 어느 수준이나 어느 단계에 있는지를 파악하는 데 도움을 준다.

(14) 유머(Humor)

유머는 자신이나 타인에게 불쾌한 감정을 느끼지 않게 하면서 자기 느낌을 공개적으로 표현하는 것으로 건설적인 유머는 의사소통의 장벽을 깨는 효율적 의사소통 기법이다.

(15) 자기 노출(Self exposure)하기

자기 노출은 면담자 자신이 상대방이 말한 유사한 경험을 노출시키는 것으로 상대방은 면담자가 어떤 사람인지를 알게될 때 보다 충실한 관계가 맺어질 수 있다.

효율적인 의사소통을 가로막는 장애요인에는 대체로 다음과 같은 다양한 요인들이 있다.

- 편견(bias): 개인의 성별, 민족성, 종교 또는 성적 취향과 같은 특정 특성에 대해 선호하거나 반대하는 것은 금물이다.
- 차별(discrimination): 인종이나 종교와 같이 특정 계급이나 집단에 속해 있다는 이유로 다른 개인을 차별 대우하거나 누군가를 편애하는 것도 금물이다. 이러한 행

동은 전문 조사자로서의 역할에서 용인되지 않는다.

- 괴롭힘(harassment): 당면한 상황과 관련이 없는 상황으로 인해 개인이나 집단을 부정적인 방식으로 대우하는 텃세, 갑질, 왕따(bullying) 등의 괴롭힘은 의사소통을 방해하는 요소들이니 탐정은 이 같은 태도를 절대 가져서는 안 된다.

따라서 위와 같은 부정적 태도는 금물이며 의사소통을 촉진하기 위해서는 편향되거나 차별적이거나 상대방을 괴롭히는 커뮤니케이션을 피해야 한다.

또한 효과적인 의사소통을 위해 다음 사항도 숙지해 두어야 한다.

- 말을 천천히 하라. 왜냐하면, 구두로 의사소통을 하는데 있어서 빠르게 말을 하면 지방 방언이나 사투리 등의 엑센트는 이해하기 힘들기 때문이다.
- 발음(pronouncing)을 주의깊게 신경써서 정확하게 하라.
- 표준어가 아닌 속어(slang)나 격이 낮은 비속어(卑俗語)의 사용을 피하라. 비속어를 습관적으로 사용하거나 경우에 어긋나게 쓸 경우에는 다른 사람에게 불쾌감을 주거나 교양 없는 사람이라는 인상을 주게 된다.
- 특히 듣는 사람의 행동에 관해 지시하거나 요청한 경우 듣는 사람이 이해했는지 확인한다.

3. 효과적인 의사소통을 위한 방법

1) 효과적인 의사소통을 위한 7단계

탐정은 조사업무 수행과정에서 다양한 의사소통 문제에 직면하게 될 것이다. 당신과 다른 언어를 구사하는 사람을 대할 때 여러 외국어를 배우거나 번역가에게 접근할 가능성은 거의 없다. 그러나 의사소통 장벽의 원인에 관계없이 취할 수 있는 몇 가지 간단한 단계가 있다.

1. 비언어적 의사소통에 주의해야 한다. 서로 간의 장벽으로 인해 상대방과 말로 의사소통하는게 힘들다면 신체 언어가 중요하게 작용할 수 있다. 따라서 자신의 비언어적 의사소통과 다른 사람이 보내는 메시지에 유의해야 한다. 이를 위한 몇 가지 기본 팁은 다음과 같다.
   - 좋은 자세와 태도를 유지하라. 이것은 자신의 자존심과 명예를 보이는 것이자

다른 사람에 대한 존중을 나타낸다.

- 당신의 얼굴표정과 제스처가 당신이 의사소통에 관심을 기울이고 있음을 보여주도록 하라.
- 좌절감이나, 조바심 또는 분노를 나타내지 않는다. 이것은 말하는 사람을 당황하게 하거나 화나게 할 뿐이며, 효과적인 의사소통을 훨씬 더 어렵게 만들 뿐이다.

2. 평이한 언어를 사용한다. 복잡한 단어나 속어는 사용하지 않는다.
3. 대화에 집중하라.
4. 한 번에 하나의 질문을 하라. 상대방이 대답을 귀담아 듣고, 다음 질문으로 넘어가기 전에 말한 내용을 정확하게 이해했는지 확인하라.
5. 가능하면 다양한 의사소통 수단을 사용하라.
   - 어떤 경우에는 서면 의사소통을 사용하는 것이 도움이 될 수 있다. 예를 들어, 청각 장애가 있는 경우 서면 메모를 사용하여 의사소통할 수 있다.
   - 설명을 돕기 위해 제스처 등 비언어적 의사소통방법을 함께 사용하라. 때로는 제스처가 메시지를 전달하는 데 도움이 될 수 있다. 예컨대, 상대방에게 손바닥을 보이는 것은 일반적으로 더 이상 진행하지 말라는 신호로 받아들여진다.
6. 상대방이 이해했는지를 확인한다. 대화 중 다양한 지점에서 "이해하시겠어요?"라고 정중하게 묻는 것은 괜찮다.
7. 인내심을 유지하라. 면담자가 좌절하거나 실망에 빠져있으면 의사소통이 어려울 수 있다. 당신보다 훨씬 더 좌절감을 느끼는 상대방과 공감하려고 노력하라. 상대방이 당신이 질문한 것에 대해 생각하고 답을 할 수 있는 적절한 시간을 주는 것도 필요하다.

2) 비협조적인 사람들과의 의사소통

(1) 정상적인 의사소통을 방해하는 경우 관리전략

상대방을 존중하고 효과적인 의사소통을 최대한 활용하기 위해 최선을 다하지만, 당신의 지시에 따르기를 원하지 않는 사람을 만나는 것은 불가피하다. 비협조적인 사람을 대하는 것은 확실히 즐거운 일이 아니다. 그러나 이때 탐정은 침착하고 전문적인 태도를 유지하는 능력을 갖추는 게 필요하다.

효과적인 의사소통을 가로막은 촉발요인은 무례하거나, 무시하거나, 자신의 행동에 대한 책임을 거부하거나, 따돌림하거나, 욕설을 퍼붓거나, 상대방의 동의를 구하지 않고 "개인적 공간"에 들어가는 경우 등이 있다.

어떤 시점에서 누군가가 정상적인 의사소통을 방해하는 경우 이를 관리하기 위한 전략에는 다음이 포함될 수 있다.

- 일반적으로 좌절감을 유발할 수 있는 대화나 상황을 끝내기
- 주제와 논점을 당면한 문제로 다시 변경
- 상대방이 대답하고 싶은 질문을 함으로써 대화의 방향을 전환한다. 당신은 그들에게 "여기에 와본 적이 있습니까?"라고 물을 수도 있고, "마지막으로 신분증 없이 입장하려고 했을 때 무슨 일이 있었나요?"라고 물음으로써 대화의 방향을 바꿀 수 있을 것이다.

(2) 적대적이거나 폭력적인 사람을 제어하는 방법

상황이 악화될 수 있다는 징후는 다음과 같다.

- 대화량이 갑자기 증가하거나 초조하거나 화를 내고 있음을 암시하는 비언어적 신체 언어나 몸짓을 보이는 경우
- 위협하거나 문을 두드리거나 장벽을 제거하려고 하는 것과 같은 부적절한 행동

대화 중 이러한 유형의 행동을 모니터링하고 대화 상대방이 적대적인 행동을 보이는 경우 이를 제어하는 방법을 찾고, 필요시 안전한 장소로 이동한다.

(3) 끓는 주전자와 같은 화난 사람을 상대하는 방법

적대적이거나 폭력적인 사람을 다루는 비유는 흔히 끓는 주전자(boiling kettle)에 비유할 수 있다. 이때 다음 전략을 활용하도록 한다.

- 증기 배출(venting steam): 적절한 공간을 제공하는 동시에 그 사람이 자신의 감정을 배출하도록 허용한다. 일반적으로 화가 난 사람은 누군가가 자신의 개인 공간을 침범할 경우 훨씬 더 위협을 느끼는 경향이 있다. 따라서 외부의 야외공간으로 이동하거나 분위기를 바꿔 감정을 배출할 수 있도록 한다. 이것은 더 많은 증기가 주전자에서 빠져나오도록 하는 것과 유사하다.
- 열 제거하기(removing heat): 가능하면 상대방의 짜증을 유발하는 원인을 제거한

다. 이것은 열원에서 주전자를 제거하는 것과 유사하다.

- 열 낮추기(Don't increase heat): 상대방의 화를 떨어뜨리기 위해 침착함을 유지하고, 목소리를 높이지 마라. 평정을 유지하면 화가 난 사람을 진정시키는 효과가 있다. 이것은 주전자의 전반적인 "열" 또는 압력을 줄이는 것과 유사하다.

아울러 다음과 같은 분위기 전환을 시도할 수도 있다.

- 다른 장소나 야외 공간으로 함께 가자고 요청하여 분위기를 전환한다. 다만, 난폭한 행동을 하는 사람과 함께 한적한 곳으로 이동하는 것은 자신의 안전에 유의해야 하므로 주의해야 한다.
- 상대방 스스로 개인적인 선택을 하도록 제안한다. 사람들은 자신의 권위나 권력을 박탈당했다고 느낄 때 종종 화를 낸다.
- 사안에 대한 설명은 하지만 문제에 대해 논쟁하지 않는다.
- 상대방이 화난 모습을 보이더라도 토론으로 해결방안을 찾도록 유도한다.

(4) 술 취한 사람을 상대하는 방법

술에 취한 사람을 효과적으로 대할 수 있는 첫 번째 단계는 알코올이나 약물 중독의 징후를 인식하는 것이다. 술이나 약물의 영향을 받는 사람은 다음과 같은 특징을 보인다.

- 몸을 가누지 못하거나 비틀대는 모습을 보이며 신체 균형을 유지하지 못한다.
- 말을 중얼거리거나, 욕설을 퍼붓거나, 말을 할 때 이해하기 어렵다.
- 눈이 충혈되거나 눈에서 눈물이 난다.
- 주어진 상황에서 적절한 것보다 목소리보다 더 크게 말한다.
- 흐트러지거나 정돈되지 않은 것처럼 보인다.
- 말을 이해하거나 답변을 하지 못한다.
- 약물 사용을 암시하는 물건(예: 빈 병, 마약 도구, 주사기)을 소지하고 있다.
- 숨을 쉴 때 알코올 냄새가 난다(이것만으로 취했다고 생각해서는 안 된다. 당뇨병 응급 상황이 있는 사람은 숨쉴 때 알코올 냄새가 날 수 있다).

술에 취한 사람을 대할 때는 다음 사항을 염두에 두고 대응한다.

- 술이나 약물에 취한 사람은 예측할 수 없다. 주변 사람과, 일반시민 및 자신의 안전을 보장하기 위해 계속 관찰하라.

- 술이나 약물에 취한 사람이 제멋대로 행동하는 경우 가능하면 도움을 요청하라.
- 상대방을 적대시하거나, 조롱하거나, 괴롭히지 마라. 그들에게 침착하고 편견없이 명확한 입장이나 의견을 전한다.
- 짧고 명확하게 말한다. 귀하의 요청에 응답할 개인적인 시간을 주라.
- 술이나 약물에 취한 사람과 이성적으로 논쟁하려고 하지 마라. 필요한 경우 상황 해결을 위해 도움을 요청하거나 경찰의 개입을 요청하라.

(5) 속이려는 사람을 파악하는 방법

누군가가 당신을 속이려고 하는지 여부를 판단하는 것은 정확한 과학이라고 할 수는 없다. 다만, 누군가가 거짓말을 하거나 의도적으로 속이고 있는지에 대한 인상은 일반적으로 다음과 같은 상대방의 행동을 통해 추측할 수 있으나 신뢰할 수 없는 경우가 있으니 주의해서 판단을 내릴 필요가 있다.

① 눈빛 접촉(Eye contact)

당신의 눈을 똑바로 쳐다보지 못하는 사람들은 무언가를 숨기고 있을 수 있다. 다만, 문화적 관습이나, 인지된 권력 불균형(나이, 성별, 권위)에 대한 존중, 수줍음과 두려움 등으로 인해 그렇게 할 수도 있으니 신중하게 판단을 내려야 한다.

② 몸의 자세

어떤 사람들은 사람이 서고, 앉거나, 팔과 다리를 움직이는 방식이 상대방을 속이려는 외부 행동이라고 믿지만, 탐정이 그 사람이 속임수를 쓰려 하고 있다는 결론을 내리기에는 그들의 독특한 행동에 대해 설명할 것이 너무 많다.

③ 구두로 반응하는 방법

일부 사람들은 억양, 지연된 답변이나 질문에 직접 응답하지 않고 침묵하는 행위가 속임수의 지표라고 생각하지만, 현실은 사람들이 인지적으로 정보를 다른 방식으로 처리하고, 그 사람이 일반적으로 의사소통하는 방법에 대한 기본 지식이 없는 한, 그들의 언어적 반응을 잘못 해석할 가능성이 높다.

따라서 인간의 비언어적 소통방식에 대해 보다 완벽하게 인식하고 조사할 수 있는 역량을 배양하기 위해서는 범죄심리학 및 행동심리학을 비롯한 전문교육과정을 이수하여 역량을 배양하는 것이 좋다.

제2절 탐정의 메모 작성과 보고서 작성방법

1. 탐정의 현장 메모 작성방법

1) 현장 메모의 유용성

현장 메모(field memo)는 일반적으로 의뢰사건을 조사하는 동안 작은 노트북에 빠르게 작성하는 메모이다. 메모는 기억에 대한 보조수단으로 관찰한 사건이나 상황, 탐정 자신과 다른 사람들이 취한 행동을 잘 기억할 수 있도록 도와준다. 현장 메모는 공식 보고서의 토대가 되고 만약 법정에 출석하여 증언하게 될 경우 큰 도움이 될 수 있다.

효과적인 현장 메모는 정확성, 간결성, 명확성, 완결성이 중요하다. 정확성은 정보를 거꾸로 반복해 보고나 이름의 스펠링과 숫자를 확인함으로써 담보될 수 있다. 간결성은 축약하여 기술하는 것으로 관사를 생략하거나 불필요한 단어를 생략하고, 공통적인 약어를 사용하여 메모를 작성하는 것이다. 명확성은 특정되고 구체적인 사실을 기록하는 것으로 사건 현장 자체가 복잡할 경우 다이어그램이나 스케치를 사용할 수 있다. 이때 이후 메모를 활용하여 보고서를 작성할 때 이해할 수 있도록 읽을 수 있게 작성해야 한다. 완결성은 탐정이 누가, 무엇을, 언제, 어디서, 어떻게, 왜 했는지에 대한 답을 메모로부터 얻을 수 있도록 작성하는 것이다.

좋은 현장 메모는 객관적이고, 사실에 국한하여 작성하며, 추정이나 개인적 의견은 최소화하여야 한다.

현장 메모의 유용성은 다음과 같다.

- 보다 포괄적인 보고서 작성에 도움이 될 메모
- 정보를 정확하게 기억하는 조사자의 능력을 향상시키는 메모
- 법원, 재판소, 행정청문회 등에서 증언할 때 참고할 수 있는 메모(법원, 재판소 등의 허가가 있는 경우)
- 사건이 발생한 후 가능한 한 빨리 사건을 기술하는 방법
- 책임을 보장하는 방법

현장 메모 작성에 대한 법원의 기준은 매우 높다. 기본적으로 법원은 수사의 무결성을 보여주고 오해의 대상이 되지 않는 방식으로 작성된 메모를 가능한 한 빨리 사건에

기록하기를 원한다.

2) 현장 메모 작성 시 일반적인 규칙

현장 메모 작성에 대한 몇 가지 일반적인 규칙은 다음과 같다.

- 검정 잉크를 사용한다(더 잘 복사됨).
- 날짜, 위치 및 파일 참조를 포함한다.
- 한 번에 하나의 공책만 사용한다['거칠거칠한 갱지(rough)' 공책은 절대 사용하지 않는다].
- 정보를 어떻게 얻었는지에 따라 시간순으로 메모를 작성한다.
- 24시간제를 사용하여 메모한다.
- 이름 철자나 고유명사의 경우 블록 대문자를 사용하여 읽기 쉽게 쓴다.
- 메모의 각 줄의 내용을 완성하여 기술한다.
- 오류가 있는 경우 줄을 긋고, 작성자의 이니셜을 써서 오류를 기록해 둔다. 오류를 수정한 뒤에 올바른 버전의 메모가 완성된다.
- 메모 내용 중 지워지거나 검게 변한 것이 없어야 한다.
- 행 위 또는 아래에 추가 메모를 작성하지 않는다. 설명이나 추가 정보가 필요한 경우 별도의 줄에 작성하고 참조하는 내용을 표시한다.
- 개인 쇼핑 목록과 같은 개인적인 메모는 기입하지 않는다.
- 개인정보 보호법의 적용을 받는 현장 메모를 하는 경우, 조사의 무결성에 영향을 미칠 수 있는 메모는 없어야 한다(증인, 대상의 개인 의견).
- 페이지에 번호를 매긴다.
- 페이지 번호가 매겨진 메모공책을 사용하여 나중에 확인할 수 있도록 한다.

여기서 논의된 기준은 일반적인 메모의 기준이다. 이 기준에서 벗어나면 법정에서 증거능력을 인정받는 데 약간의 어려움이 생길 수 있다.

현장 메모 노트를 참고할 수 있는 사람은 다음과 같다.

- 공동 조사자
- 사건 관련 진술을 한 사람
- 판사와 변호사, 경찰관
- 탐정 자신

2. 탐정의 보고서 유형 및 작성 시 유의사항

전문적인 조사보고서는 조사 결과 발견한 사실을 기술한다. 보고서는 사실에 기초하여 작성하고, 비판적인 시각으로 작성하며, 의뢰인 등 독자의 관점에서 그들이 알고 싶어하는 보고서를 작성해야 한다.

1) 보고서의 유형

(1) 행정보고서(Administrative reports)

행정보고서는 탐정업체나 보안부서의 일상적인 기능에 관한 사항을 기재하고 규정이나 절차, 적절한 보고 절차, 보안설문, 평가보고와 업무수행 보고 등이 포함된다.

행정보고서는 종종 짧고 때로는 완전한 문장이나 단락이 필요하지 않고, 일상적인 일과 관련이 있는 사항을 포함하는 것이 특징이다. 예를 들어, 조직의 기능, 장비 요청, 장비 손상 또는 손실 보고, 비용 청구 설명, 휴가 시간 요청 또는 업무 관련 고급 교육 등록 허가가 포함될 수 있다.

(2) 운영보고서(Operational reports)

운영보고서는 특정 사건에 대해 탐정이 취한 조치들이 기재된다. 대부분의 탐정회사들은 자신의 고유한 양식과 절차가 있지만 이들 양식들은 공통적인 요소를 갖고 있다. 일반적으로 보고서 상단에는 빈 칸들이 있는데 탐정 등 보안요원들이 기입하는 사항들이다.

이때 완전한 문장과 단락이 필요한 경우가 많지만 요점 형식으로 작성하는 능력도 필요하다. 예를 들어, 조사자는 다음와 같은 인터뷰를 보고할 수 있다.

다음 두 가지 방법으로 기술한다.

■ 최초 기술 양식 예:

- 2021-5-29 10:30 파스쿠조(A. Pascuzzo)와 그의 제조 공장에서 상자 도난에 대해 이야기했다.
- 2021-5-28 3명이 20:00시에 상자를 차량으로 옮겼다.

■ 완전한 문장 예:

2021년 5월 29일 화요일 약 10시 30분에 저는 파스쿠조(Albert Pascuzzo)씨와 그의 제조 공장에서 직원 절도 혐의에 대해 이야기했다. 파스쿠조씨는 2012년 5월 28일 월요일 20 : 00시경에 세 명의 남성이 창고에서 상자를 남성용 차량으로 옮기는 것을 보았다고 말했다.

[표 14-3] 탐정의 행정보고서 양식 예시

Security Incident Report

General Offense Number

Investigator Use Only:
☐ Refer to Law Department (LD)

Date Reported	Time Reported	Date Occurred (Month, Day, Year)	Time Occurred (24hr.)

Incident Location/Address

Offense #1 (Primary) (Check one as applicable)	Offense #2
☐ Theft (Shoplift) ☐ Other__________ ☐ Criminal Trespass	☐ Theft (Shoplift) ☐ Other__________ ☐ Criminal Trespass

Suspect #1

Suspect Name (Last, First, Middle) | **Sex** ☐ Male ☐ Female | **Race** ☐ White ☐ Black ☐ Asian ☐ Indian ☐ Unknown | **HT** | **WT** | **Hair** | **Eyes** | **DOB:** / /

Mailing Address (Include apartment numbers) | **City/State** | **Zip Code** | **Phone** ☐Home ☐Work

Occupation | **Employer/School** | **Military Branch** ☐Army ☐Navy ☐AirForce ☐Marine **CO:**

Type of Identifications Provided:
☐ No I.D. Verbal Only
☐ Drivers License #__________ State:_____
☐ Social Security #__________
☐ No I.D. Identified by Police-Officers Names:
☐ Other (Clarify in narrative)
☐ State ID Card #__________

Resident? ☐**Yes** ☐**No** **Statement?** ☐**Yes** ☐**No**

Clarify suspect release disposition and police response information in the report narrative: ☐**Juvenile Suspect** ☐**Adult Suspect**
☐Released to Parent/Guardian (Name):__________
☐Released to Police (Officer's Name):__________
☐Released by Security ☐Police Responded ☐Police Assisted Only

Suspect #2

Suspect Name (Last, First, Middle) | **Sex** ☐ Male ☐ Female | **Race** ☐ White ☐ Black ☐ Asian ☐ Indian ☐ Unknown | **HT** | **WT** | **Hair** | **Eyes** | **DOB:** / /

Mailing Address (Include apartment numbers) | **City/State** | **Zip Code** | **Phone** ☐Home ☐Work

Occupation | **Employer/School** | **Military Branch** ☐Army ☐Navy ☐AirForce ☐Marine **CO:**

Type of Identifications Provided:
☐ No I.D. Verbal Only
☐ Drivers License #__________ State:_____
☐ Social Security #__________
☐ No I.D. Identified by Police-Officers Names:
☐ Other (Clarify in narrative)
☐ State ID Card #__________

Resident? ☐**Yes** ☐**No** **Statement?** ☐**Yes** ☐**No**

Clarify suspect release disposition and police response information in the report narrative: ☐**Juvenile Suspect** ☐**Adult Suspect**
☐Released to Parent/Guardian (Name):__________
☐Released to Police (Officer's Name):__________
☐Released by Security ☐Police Responded ☐Police Assisted Only

☐ **Additional Suspects** (Document additional suspects on a second SIR form. Print or Type the assigned police offense number and attach together.)

Victim/Witness

Store Name | **Address**

Institution Type
☐ 76 Clothing Store ☐ 80 Electronics Store ☐ 87 Music/Movie/Game Store
☐ 78 Department Store ☐ 82 Grocery Store ☐ 90 Sporting Goods Store
☐ 79 Drug Store ☐ 84 Hardware/Home Improvement ☐ 89 Other

Phone

Mail entire report to: Seattle Police Department, Data Distribution Section PO Box 34986 Seattle, WA 98124-4986 **Within 48 hours of Incident.**

Page 1 of___

[표 14-4] 탐정의 운영보고서 양식 예시

Confidential Investigation Report

This template report format is for guidance purposes only and may be changed to reflec individual circumstances/needs of a case.

Department:	
Allegation/Issue	
Type of Investigation e.g. Disciplinary/Grievance etc	
Name/Post of employee(s) subject to investigation	
Name of complainant (if appropriate)	
Investigator (s)	
HR Support Link	

Background
This may cover: • How did the issue come to light • Have any other actions been taken prior to the investigation
Remit Of The Investigation
This may cover: • What specific allegations/concerns (by bullet points) were investigated
Investigation Process
This may cover: • A brief description of method(s) used to gather information • A record of what interviews/statements were undertaken and documents reviewed
Witnesses
• List of witnesses interviewed
Findings
This should cover: • A summary of findings and observations for each specific allegation/issue of concern investigated, cross-referencing any documentation where needed
Conclusions
This may cover: • For each concern/allegation investigated an overall opinion based 'on the balance of probabilities' on whether there is evidence to support allegations made • Recommendations on whether further actions under the relevant employment procedure should be taken

[표 14-5] 탐정의 사건조사보고서 양식 예시

Erie Insurance Group
100 Erie Ins. Pl. • Erie, PA 16530

SUPERVISOR'S ACCIDENT INVESTIGATION REPORT

"Why is understanding never accepted— until experience is gained?"	**RETAIN A COPY OF REPORT AND MAIL ORIGINAL TO ERIE INSURANCE**

The only way to avert accidents is to locate and eliminate accident causes. There is always some reason for an accident (an unsafe act or an unsafe condition, or both). Sometimes the cause cannot be removed in a practical manner, but usually can be controlled and a repetition avoided.

INSURED: **POLICY NUMBER:** **CLAIM NUMBER:**

IDENTIFICATION	DATE OF ACCIDENT	HOUR ☐ A.M. ☐ P.M.	EMPLOYEE'S NAME	
	COMPANY OR BRANCH			DEPARTMENT/SECTION
	LOCATION OF ACCIDENT			
TYPE	TYPE OF INJURY OR DAMAGE			
DESCRIPTION	DESCRIPTION OF HOW ACCIDENT OCCURRED NAMES OF WITNESSES:			
CAUSE	DID AN UNSAFE ACT OF AN EMPLOYEE CONTRIBUTE TO THIS ACCIDENT?			
	DID AN UNSAFE CONDITION ON THE PREMISES CONTRIBUTE TO THE ACCIDENT?			
REMEDY	WHAT CAN BE DONE OR WHAT HAS BEEN DONE TO PREVENT A RECURRENCE?			

Any person who knowingly and with intent to defraud any insurance company or other person files an application for insurance or statement of claim containing any materially false information or conceals for the purpose of misleading, information concerning any fact material thereto commits a fraudulent insurance act, which is a crime and subjects such person to criminal and civil penalties.

DATE OF THIS REPORT	EMPLOYEE'S SIGNATURE	SUPERVISOR'S SIGNATURE

ECS-64B PA 06/06 PROVIDED THROUGH THE COURTESY OF ERIE INSURANCE GROUP—COMMERCIAL SERVICES DEPARTMENT—LOSS CONTROL SECTION

[표 14-6] 탐정의 사건의뢰계약서 양식 예시

SUBMIT PRINT

Private Detective Services

Private Investigators and Process Servers

INVESTIGATION REQUEST FORM

Client Name:	______	Date:	______
Address:	______	Court:	______
City, State, Zip	______	Case No.:	______
Telephone:	______	Case Title:	______
Ext./Direct Line:	______		______
Your Fax No.:	______		______
Attention:	______	Claim/File No.:	______
E-Mail:	______	Date of Loss:	______

Please check the Searches & Services required:

☐Asset – Level 1	☐ Real Property Search	☐ Statements & Interviews
☐Asset – Level 2	☐ Employment Search	☐ Surveillance - Domestic
☐ Asset – Level 3	☐ Pre Employment Background	☐ Surveillance – Activity Check
☐ Address Verification	☐ Background Investigation	☐ GPS Rental / Tracking
☐ Locate – Basic Skip Trace	☐ Criminal Records Search	☐ Public Records Retrieval
☐ Locate – Extensive Skip Trace	☐ Civil Records Search	☐ International Investigations
☐ Locate – Due Diligence	☐Other ______	

TYPE: ☐ Individual ☐ Business

Subject Information

Please complete the Subject Information as completely as possible. Results are based on information provided.

Full Name: ______ Spouse: ______

AKA's: ______ Date of Birth: Subject: ______ Spouse: ______

Business Name: ______ Check if Known: ☐ Corporation ☐Partnership ☐ DBA

Last Known Residence: ______

City: ______ State: ______ Zip: ______ Telephone: ______

Last Known Address: ______

City: ______ State: ______ Zip: ______ Telephone: ______

Employed By: ______ Telephone: ______

Address: ______ City: ______ State: ______ Zip: ______

Social Security Nos.: Subject: ______-______-______ Spouse: ______-______-______

Dirver's License Nos.: Subject: State ______ # ______ Spouse: State ______ # ______

Business Tax ID No.: ______

Please attach copies of credit application, police report, or any other pertinent information. Remember, the more information we possess, the greater the probability of our success. Provide spousal information when available.

I agree that the above services will be provided for a fee of $ ______. I agree that there will be a cancellation fee of $______ for all investigation assignments. I agree that the information provided above is accurate to the best of my knowledge and I authorize Private Detective Services to provide the above listed services.

______

Client Signature

751 S. Weir Canyon Road #157-681, Anaheim Hills, CA 92808 CA PI License 6103

Phone: (714) 546-7373 Fax: (714) 546-7474 Email: status@pdssearch.com

(3) 공식보고서

공식보고서는 더 복잡하다. 거의 항상 완전한 문장과 단락이 특징이다. 공식보고서는 매우 상세하고 여러 하위 목차를 포함하며 별도의 내용으로 작성될 수 있다. 예를 들어, 한 제목에서 법적 문제를 논의할 수 있고, 다른 제목에서는 증인 진술, 법의학 또는 과학적 분석 등을 자세히 설명할 수 있다. 또 다른 제목에서는 모든 증거 또는 결과가 실제로 의미하는 바에 대한 분석을 수행할 수 있다. 결과적으로 제목과 세부 목차로 구성된 보고서를 통해 독자의 이해를 돕도록 일목요연하게 작성해야 한다.

2) 보고서에서 전문증거의 역할

탐정의 조사보고서는 목격자나 증인의 진술과 증언에 기초하여 사실관계를 증명하는 경우가 많다. 이때 사실인정의 기초가 되는 사실을 목격을 체험한 목격자 자신이 직접 공판정에서 진술하는 대신에 타인의 증언이나 진술서로 간접적으로 법원에 보고하는 증거를 전문증거(傳聞證據, hearsay evidence)라고 한다.

예컨대, 피고인의 살인현장을 목격하였다는 갑(甲)이 을(乙)에게 그 목격사실을 얘기한 것을 을이 들었다고 법원에서 진술한 경우, 또는 을이 들은 사실의 진술을 기재한 서면 등이다. 목격자인 갑이 법정에 나와 증언하는 경우의 원시증거 또는 본래의 증거(증언)와 대립된다.

대륙법계에서는 증인 자신이 체험한 사실이 아니고 타인으로부터 들은 사실을 진술하는 경우의 증언을 의미하였으나, 영미법에서는 반대신문을 거치지 않은 진술 및 그 진술에 대신하는 서면을 전문증거라고 한다. 이러한 전문증거는 그 진술의 진실성을 당사자의 반대신문에 의하여 확증할 수 없다는 것을 이유로 원칙적으로 증거로 할 수 없게 하고 있는 데 이를 전문증거배제의 원칙이라 한다.[3)]

---

3) 우리나라 형사소송법 제308조의2는 '위법수집증거의 배제'라는 제목으로 "적법한 절차에 따르지 아니하고 수집한 증거는 증거로 할 수 없다"라고 정하고 있다. 이는 위법한 압수·수색을 비롯한 수사과정의 위법행위를 억제하고 재발을 방지함으로써 국민의 기본적 인권보장이라는 헌법 이념을 실현하고자 위법수집증거 배제 원칙을 명시한 것이다. 헌법 제12조는 기본적 인권을 보장하기 위하여 압수·수색에 관한 적법절차와 영장주의 원칙을 선언하고 있고, 형사소송법은 이를 이어받아 실체적 진실 규명과 개인의 권리보호 이념을 조화롭게 실현할 수 있도록 압수·수색절차에 관한 구체적 기준을 마련하고 있다.

이러한 헌법과 형사소송법의 규범력을 확고하게 유지하고 수사과정의 위법행위를 억제할 필요가 있으므로, 적법한 절차에 따르지 않고 수집한 증거는 물론 이를 기초로 하여 획득한 2차적 증거 또한 기본적 인권보장을 위해 마련된 적법한 절차에 따르지 않고 확보한 것으로서 원칙적으로 유즉, 전문증거에 대한 증거능력을 인정하지 않는 것이 전문(傳聞)증거 배제원칙(hearsay rule)이다. 왜냐하면, 소문증거는 법원 외에서 한 진술로 법정에서 증인선서를 하지 않은 증언이기에 대부분의 법원에서 소문증거는 증거능력이 허용되지 않는다.

한국의 형사소송법은 이러한 영미법의 전문법칙을 도입하여 원칙적으로 전문증거의 증거능력을 제한하고 있으나 예외가 인정되고 있으며(제310조의2, 제316조, 제312~315조), 간이공판 절차에서는 그 제한이 완화되어 있다(제318조의3).[4]

요컨대, 탐정이 정보수집과정에서 위법하게 수집한 증거는 증거능력을 인정받을 수 없다. 적법한 절차를 따르지 않고 수집한 증거를 기초로 하여 획득한 2차적 증거도 원

죄 인정의 증거로 삼을 수 없다고 보아야 한다.

그러나 법률에 정해진 절차에 따르지 않고 수집한 증거라는 이유만을 내세워 획일적으로 증거능력을 부정하는 것은 헌법과 형사소송법의 목적에 맞지 않는다. 실체적 진실 규명을 통한 정당한 형벌권의 실현도 헌법과 형사소송법이 형사소송 절차를 통하여 달성하려는 중요한 목표이자 이념이기 때문이다. 수사기관의 절차 위반행위가 적법절차의 실질적인 내용을 침해하는 경우에 해당하지 않고, 오히려 증거능력을 배제하는 것이 헌법과 형사소송법이 형사소송에 관한 절차 조항을 마련하여 적법절차의 원칙과 실체적 진실 규명의 조화를 도모하고, 이를 통하여 형사 사법 정의를 실현하려 한 취지에 반하는 결과를 초래하는 것으로 평가되는 예외적인 경우라면, 법원은 그 증거를 유죄 인정의 증거로 사용할 수 있다고 보아야 한다. 이에 해당하는지는 수사기관의 증거수집과정에서 이루어진 절차 위반행위와 관련된 모든 사정, 즉 절차 조항의 취지, 위반 내용과 정도, 구체적인 위반 경위와 회피가능성, 절차 조항이 보호하고자 하는 권리나 법익의 성질과 침해 정도, 이러한 권리나 법익과 피고인 사이의 관련성, 절차 위반행위와 증거수집 사이의 관련성, 수사기관의 인식과 의도 등을 전체적 · 종합적으로 고찰하여 판단해야 한다. 이러한 법리는 적법한 절차에 따르지 않고 수집한 증거를 기초로 하여 획득한 2차적 증거에 대해서도 마찬가지로 적용되므로, 절차에 따르지 않은 증거수집과 2차적 증거수집 사이 인과관계의 희석이나 단절 여부를 중심으로 2차적 증거수집과 관련된 모든 사정을 전체적 · 종합적으로 고려하여 예외적인 경우에는 유죄 인정의 증거로 사용할 수 있다(대법원 2019.7.11. 선고 2018도20504 판결).

4) 우리 형사소송법 제308조의2는 "적법한 절차에 따르지 아니하고 수집한 증거는 증거로 할 수 없다"고 정하고 있다. 이는 위법한 압수 · 수색을 비롯한 수사과정의 위법행위를 억제하고 재발을 방지함으로써 국민의 기본적 인권보장이라는 헌법 이념을 실현하고자 위법수집증거배제 원칙을 명시한 것이다.

헌법 제12조는 기본적 인권을 보장하기 위하여 압수 · 수색에 관한 적법절차와 영장주의 원칙을 선언하고 있고, 형사소송법은 이를 이어받아 실체적 진실 규명과 개인의 권리보호 이념을 조화롭게 실현할 수 있도록 압수 · 수색절차에 관한 구체적 기준을 마련하고 있다.

이러한 헌법과 형사소송법의 규범력을 확고하게 유지하고 수사과정의 위법행위를 억제할 필요가 있으므로, 적법한 절차에 따르지 않고 수집한 증거는 물론 이를 기초로 하여 획득한 2차적 증거 또한 기본적 인권보장을 위해 마련된 적법한 절차에 따르지 않고 확보한 것으로서 원칙적으로 유죄 인정의 증거로 삼을 수 없다고 보아야 한다[이창현(2021). 이창현 교수의 형사교실. 형사증거법에서의 최근 중요 판례(2). 『법률저널』, 2021.11.15. 보도(http://www.lec.co.kr/news/articleView.html?idxno=731863)].

칙적으로 증거능력이 없다.

형법의 전문증거 배제원칙에 대한 예외가 있지만 기본규칙은 다음과 같다.

- 보고서에는 검증 가능한 증거가 포함되어야 한다. 의견, 추측 및 가정은 보고서에 포함되어서는 안 되며 포함된 경우 해당 의견은 단순히 의견, 추측 및 가정이며, 사실로 간주되어서는 안 된다는 점을 독자에게 알려야 한다.
- 법원에서 전문가로 인정되지 않는 증인이 의견을 제시하면, 그 의견이 옳더라도 사실로 간주되어서는 안 된다.
- 증인이 자신이 목격한 것에 대해 다른 사람이 그들에게 말한 것을 보고하면 그 사람이 보고한 것이 사실일지라도 그것은 사실로 간주될 수 없다.
- 목격자가 실제로 감각으로 목격한 것만 포함해야 한다(시각, 청각, 후각 등).
- 전문증거에 관한 규칙은 대부분 형사 법원에서 발생한다. 민사 및 행정 청문회에서 전문증거에 관한 제한사항이 적다. 그러나 일반적인 추세는 실제로 무언가를 직접 "목격한" 증인의 증거만 사용하고 있다.

3) 개인정보 보호법을 준용한 보고서 작성

탐정의 현장 메모를 포함하여 모든 보고서는 개인정보 보호법을 엄격하게 준수하는 가운데 작성되어야 한다. 따라서 탐정은 다음 사항을 알고 있어야 한다.

- 모든 보고서는 개인정보 보호법을 준수했는지 검토될 수 있다. 탐정과 탐정회사의 신뢰성은 보고서의 질에 의해 판단된다. 가급적 전문적인 언어를 사용하고 적절하지 않은 의견은 제공하지 않는 것이 바람직하다.
- 보고서의 결론은 사실에 의해 뒷받침되어야 하며 그러한 사실은 확증되어야 한다.
- 개인정보 보호법이 허용하는 범위 내에서 수집·작성된 보고서는 사람의 이름을 가려야 할 수 있으므로, 보고서에서 직위나 직함을 사용하여 사람들을 언급하는 것이 더 나은 경우가 있다. 이 검게 칠해진 블랙아웃된 보고서의 수신자는 무언가가 숨겨져 있다고 믿을 수 있기 때문에 직위나 직함을 사용하여 기술하는 것이 좋다.
- 비밀정보제공자가 제공한 증거를 통해 신원을 확인할 수 있는 경우, 비밀정보제공자의 정보를 자세히 설명하는 데 주의를 기울여야 한다. 왜냐하면, 정보제공자의 신원이 드러날 수 있기 때문이다.
- 개인의 병력 또는 심리 기록 등 개인의 민감정보를 보고할 때는 주의해야 한다.

[표 14-7] 보고서 작성의 일반적인 오류

문제	수정
철자 오류	맞춤법이 중요하다. 사람들은 보고서의 철자를 기반으로 조사의 신뢰성을 결정한다. 철자법에 문제가 있다는 것을 알고 있다면 다른 사람에게 보고서를 교정해 달라고 요청하거나 사전을 사용하여 교정해야 한다. 다만, 맞춤법 검사 프로그램은 때때로 유용하지만 종종 잘못된 경우도 있다.
전문 용어 또는 두문자어 사용	전문 용어와 두문자어는 종종 매우 산만하고 혼란스럽게 한다. 두문자어를 사용하는 경우 단어를 처음 철자한 다음에 두문자어를 사용한다[예: 자급식 수중 호흡 장치(SCUBA)]. Self-Contained Underwater Breathing Apparatus(SCUBA)
약어	특히 독자가 약어의 의미에 익숙하지 않은 경우, 약어는 주의를 산만하게 할 수 있다. 예를 들어, Smith, Singh and Sutter LLC에서 "LLC"는 유한 책임 회사를 말하는데 나타내는 데 독자의 이해를 방해할 수 있다.
문법 문제	부정확한 문법은 보고서 독자들 사이에서 큰 혼란을 야기한다. this, that, they, he and she 등의 대명사 사용에 주의한다. 독자들이 이 대명사가 누구 또는 무엇을 가리키는지 알도록 해야 한다.
성 중립적 언어	그 또는 그녀 등 성 중립적 언어를 사용한다. 이때 특정인을 지칭할 때 혼동되지 않도록 주의하여 기술해야 한다.
불필요한 언어	화려한 형용사, 모호한 어휘 등 불필요한 문장은 보고서에 담지 않는다. 예를 들면: "탐정 Smith는 고소인의 거주지에 갔다. 이른 아침 햇살의 부드러움을 잘 잡아낸 햇살 가득한 길가에 위치한 귀여운 집 같았다."
구조	보고서 문장구조는 다음과 같은 사항이 없이 작성되어야 한다. • 편견이 있거나 증거가 지원되지 않는 진술 • 관련 없는 정보 포함 • 관련 정보의 누락 • 사실관계의 오류 • 빈약한 조직 • 가독성이 낮은 보고서(손으로 쓴 경우) 이를 방지하기 위하여 사전 동료가 보고서를 읽고, 새로운 관점에서 놓친 문법이나 구조적 오류를 식별할 수 있도록 하는 것이 유용하다.

3. 탐정의 보고서 작성방법과 평가

1) 좋은 보고서 작성방법

보고서는 탐정의 조사업무에 있어서 조사 결과의 질을 결정하는 것이기에 좋은 보고서를 쓰기 위한 전문성을 배양하는 것이 중요하다. 잘 작성된 보고서는 사실적이고 정확하며, 객관적이고 완결성을 띠고, 간결하며 명확하고 정확하며, 표준어로 작성되어 있고 읽기 편해야 하며, 조사기간 내에 시간을 준수하여 작성되어야 한다.

(1) 사실관계만 기술

조사보고서는 사실, 증명가능한 진술만을 기술해야 한다. 추정이나 판단, 주관적 의견은 배제한다. 특히, 사건보고서에는 가정이나 결론적 단어를 사용하지 않는다. 예컨대, "그 사람은 탐정의 질문에 답을 할 수 없었다"가 아니라 "그 사람은 탐정의 질문에 답을 하지 않았다"라고 기술해야 한다.

또한 보고서에는 결론이 아니라 결론으로 이어질 수 있는 정보들을 담고 있어야 한다. 예를 들어, 조사대상자가 "긴장했다"라고 쓰기보다는 "그 사람은 떨기 시작했고 땀을 많이 흘렸고 목소리는 떨렸다. 그는 반복적으로 자신의 어깨 너머로 문 쪽을 바라보았다"라고 기술하는 것이 좋다.

(2) 정확한 기술

보고서에는 시간과 날짜, 관련된 모든 사람들의 이름, 전화번호, 주소가 정확하게 기록되어 있어야 하고, 자산·차량·피의자에 대한 정확한 설명이 담겨 있는 것이 좋다. 내용은 구체적으로 작성하는 것이 좋다. 단순히 피의자의 키가 "작다"라고 하기보다는 "약 165cm 정도이다"라고 정확하게 기술하는 것이 좋다.

(3) 객관적인 기술

보고서는 사실적인 내용으로 기술하되 객관적이어야 한다. 객관적이라는 것은 공정하고 형평성을 잃지 않은 것을 의미한다. 객관성을 확보하기 위해서는 구체적 사실에만 집중하고 감정적으로 치우진 단어는 사용하지 않으며, 양쪽의 주장을 모두 담는 것이 좋다.

예컨대, 그 사람은 울었다. 그 사람은 눈물을 흘렸다. 그 사람은 흐느꼈다.

위의 표현 중 감정적 효과가 없는 "그 사람은 울었다"로 기술하는 것이 객관적인 기술이다. 나머지 둘은 함축적 언어로 독자들에게 전달될 수 있다.

(4) 완결성 있게 기술

좋은 보고서는 누가, 무엇을, 언제, 어디서, 왜, 어떻게 했는지 6하 원칙에 의거하여 완결성있게 작성되는 것이 좋다.

즉, 보고서는 5W1H의 6하 원칙에 기초하여 다음 질문에 대한 답변이 포함되도록 작성되어야 한다.

"누가(Who)"는 다음과 같이 관련된 사람들을 설명해야 한다.

- 피해자
- 용의자
- 증인
- 조사관
- 전문가(경찰, 소방관, 보험 전문가)
- 부동산 소유자
- 클라이언트

"무엇을(What)"은 일어난 일을 나타낸다.

- 어떤 활동이 일어났는지
- 어떤 증거를 찾았고, 누구에 의해, 어디에 저장되었는지
- 손상, 제거, 분실된 것은 무엇인지
- 증인이 진술한 내용은 무엇인지(전문증거에 대한 이전 의견 참조)
- 다음 단계는 무엇인지

"어디서(Where)"는 위치를 설명한다.

- 사건이나 활동이 있었던 장소
- 훼손 또는 상해가 발생한 장소
- 목격자, 피해자, 조사대상 표적이 있는 곳

"언제(When)"는 사건의 순서를 나타낸다.

- 활동이 발생한 때
- 파손, 도난이 발생한 때
- 조사가 시작되었을 때

"왜(Why)"는 활동이 발생한 이유를 나타낸다.

- 사건이나 활동이 발생한 이유

"어떻게(How)"는 다음을 의미한다.

- 사건이 일어난 경위
- 때때로 결론과 함께 분석이 포함된다.

(5) 간결한 기술

가능한 한 적은 단어를 사용하여 관련된 모든 정보를 포함하고 있는 보고서가 좋다. 그렇다고 해서 중요한 정보를 누락하거나 '에, 는, 의' 등의 관사를 빼도 안 된다. 불필요한 정보는 제거하고 가능한 적은 단어를 사용하여 간결하게 작성하는 보고서가 좋다.

(6) 명확한 기술

보고서의 내용은 하나의 의미로만 해석되어야 한다. 명확하게 문장을 쓰기 위해서는 수식하는 단어와 문장을 그들이 수식하고자 하는 단어에 가깝도록 해야 한다. 또한 가급적 짧은 단문을 사용하거나 짧은 문단으로 정리하는 것이 좋다. 중장문체는 읽은 사람에게 혼란을 줄 수 있다.

(7) 문법적으로 정확한 보고서

보고서는 문법과 철자법, 대문자 쓰기와 구두법 등에 맞추어 작성되어야 신뢰를 줄 수 있다.

(8) 표준어의 사용

전문용어(jargon)의 사용이나 약어 사용은 자제하는 것이 좋다.

2) 보고서 평가

좋은 조사보고서 평가 체크리스트는 다음과 같다.[5]

5) Hess, Karen M. 저, 이민식 · 김성언 · 박현호 · 이주락 · 황세웅 역(2014). 『민간보안론』. 박영사. pp.364-373을 재구성하여 기술함.

[표 14-8] 조사보고서 평가 체크리스트

보고서 평가 체크리스트	
보고서가 다음을 충족하고 있는가? • 사실적인가? • 정확한가? • 객관적인가? • 완결성이 있는가? • 간결한가? • 명확한가? • 독자에게 쉽게 읽힐 수 있는가?	문장이 기술적으로 정확한가? • 철자법 • 따옴표 사용 • 약자 • 숫자 • 대문자 쓰기 • 마침표
보고서가 다음을 사용하는가? • 1인칭 시점 • 능동형 진술 • 정확한 수정방법 • 정확한 대명사 사용 • 평행적 문장구조	문장이 문법적으로 정확한가? • 대명사의 사용 • 주어와 동사의 일치 • 형용사와 부사의 사용 • 부정어의 사용 • 관사의 사용
문장이 다음 요소들을 갖고 있지는 않은가? • 분절된 문장 • 중장문 • 여러 아이디어를 하나의 문장에 집어넣기	보고서의 가독성이 있는가? • 읽은 사람으로 하여금 무슨 일이 발생했는지 그려볼 수 있도록 기술되어 있는가?

출처: Hess, Karen M. & Christin H. Orthmann(2008). *For the Record: Report Writing in Law Enforcement*, 6th ed., Bloomington, MN: Innovative Systems Publisher.

3) 보고서의 구조

보고서의 구조는 보고서의 목적에 따라 다르다. 행정보고서와 사건사고 발생 보고서에는 탐정이 단순히 정보를 삽입하는 머리글이 있는 경우가 많다.

운영보고서는 훨씬 더 복잡할 수 있다. 다음 사항은 운영보고서를 구성하는 방법을 간략하게 설명한다.

정보를 다음과 같은 의미 있는 부분으로 그룹화한다.

- 증인 진술
- 물리적 증거
- 수사관의 행동
- 법적 또는 민사문제
- 제목명과 하위 목차는 사건의 복잡성에 따라 달라진다.

정보를 제시하기 위한 논리적 순서를 결정한다. 보고서에는 일반적으로 시작(서론),

중간(사건의 사실), 결론(결론 및 요약과 권고 사항을 포함)으로 구성되는데 일반적인 보고서 구조는 다음과 같다.

1. 초기 불만사항
2. 조사의 위임 및 범위
3. 사건 관련 관계 법령 또는 계약상 약정
4. 조사계획
5. 의뢰인이 주장하는 부상, 손실 또는 손해에 대한 기술
6. 증인 진술
7. 획득한 물리적 증거(예: 사진, 비디오, 설명 문서), 증거를 확보한 사람(증인, 목격자), 증거의 상태 및 장소, 현재 위치 등 기술
8. 핵심인력의 배경조사 결과
9. 결과 및 권장사항 분석(필요한 경우)

보고서 목차 구성에 대한 몇 가지 주의사항은 다음과 같다.

- 하나의 목차에 정보가 너무 많으면 더 작은 세부 목차로 나누어 기술하는 것이 좋다.
- 하나의 목차에 정보가 너무 적은 경우, 세부 목차의 정보를 관련 목차로 합치는 것을 고려하되 추가된 정보가 눈에 띄게 하는 방법을 찾아 기술한다.
- 모든 목차에 동일한 문법 및 서식 스타일을 사용한다.

4) 세 가지 유형의 보고서 조직구조

(1) 시간순(時間順) 기술

시간순 보고는 짧은 보고서나 기록해야 하는 모든 사건이 차례로 발생한 경우에 적합하다. 다만, 복잡한 보고서에서 동시에 발생하는 활동이 있거나 발생한 상황을 이해하기 위해 독자가 시간을 앞뒤로 이동해야 하는 경우 문제가 발생한다.

(2) 논문 형식 보고

논문 형식 보고는 필자가 증명하고자 하는 하나의 큰 논문이나 진술이 있을 때 가장 잘 사용된다. 대부분의 경우 이러한 유형의 보고서는 논리적으로 이어지는 각 단락을

포함하고 있다. 일반적으로 이 스타일은 조사에 사용되지 않고 고위 관리자를 위해 작성된 입장 문서에 사용된다.

(3) 비교 및 대조 보고서

비교 및 대조 보고서 구조는 일반적으로 공통점과 차이점을 분석하여 두 가지 상반된 주장을 하는 데 중점을 둔다. 이 스타일은 광범위한 조사에서 유용할 수 있다. 주로 증인 진술을 분석하기 위한 보고서로 많이 사용되는 기술방식이지만 보고서의 전체 구조로 사용되지는 않는다.

제3절 탐정의 법정 증언방법

1. 법정 증언의 절차

효과적인 조사와 전문적인 보고서의 중요성은 사건이 법원까지 가게 되었을 때 가장 잘 드러나게 된다. 탐정 및 보안요원은 형사 또는 민사 법원, 행정재판, 청문회 또는 기타 판결 기관에서 법정 증언하도록 호출을 받는다. 이때 탐정이 조사한 조사보고의 무결성이 검증받게 된다. 법원은 엄숙한 장소이며 법원, 특히 형사 법원에서 말할 수 있는 내용을 규율하는 규칙은 복잡하다.

재판이 있기 전에 질문서와 진술서가 사용될 수 있다. 질문서는 피고가 답변해야 하는 질문들로 구성되어 있다. 법정에서 진술은 녹음되기에 공판과정에서 의도하지 않은 실수를 최소화해야 한다.

법정 재판 준비는 모든 메모와 보고서에 대한 검토부터 시작하여 가능하다면 사전에 변호사나 검사와 사건에 대해 논의하고 증언과 관련해서 발생할 수 있는 문제점들을 예상하여 대비하는 것이 좋다.

통상적인 형사재판 절차는 다음과 같다.

① 배심원 선정	⑥ 배심원에 대한 교양
② 검사와 변호사의 모두진술	⑦ 배심원 심사
③ 검사의 사건 관련 진술	⑧ 판사의 평결 낭독
④ 변호사의 사건 관련 진술	⑨ 판사의 판결 선고
⑤ 검사와 변호사의 최후 진술	

2. 탐정의 법정 증언 시 지침 및 유의사항

1) 법정 증언 시 일반적인 지침

법정에서 복장은 정장으로 하되 탐정회사의 유니폼을 입고 갈 수도 있다. 효과적인 증언을 위해 행동가 태도가 중요하다. 모든 사람들이 잘 들을 수 있도록 크고 분명하게 말하고, 법정 참석자들에 대해 존중하는 호칭을 사용한다.

탐정은 증언을 할 때, 주관적 의견이나 전해들은 말, 전과를 비롯한 피의자의 성격이나 세평에 대한 말은 하지 않도록 주의해야 한다. 법정에서의 증언은 녹음이 되고 필요시 검사나 변호사에 의해 재생되고 이용되므로 신중하게 답변해야 한다.

다음은 법정 증언 시 일반적인 지침이다.

- 모든 사건 관련 문서와 증거를 준비하여 법원에 도착한다. 증거자료를 잘 정리하고 안전하게 보관하라. 당신이 무질서한 것처럼 보이면 조사의 질에 대한 의문이 제기될 수 있다.
- 탐정의 메모를 검토할 권리가 있는 다른 사람이 있을 수 있음을 기억하고 현장 메모는 사실에 기초하여 정확하게 기술한다.
- 법정 분위기에 맞게 적절하게 옷을 입는다. 남성의 경우 일반적으로 양복, 셔츠 및 넥타이 또는 유니폼을 입고, 여성의 경우 일반적으로 비즈니스 복장 또는 유니폼을 입는다.
- 정시에 도착하라.
- 법정 책임자(예: 판사)를 존중하라. 법정에 들어서면 판사에게 약간 고개를 숙이는 것이 관례이다.
- 성경에 맹세하라는 요청을 받을 수도 있다. 성경에 맹세하고 싶지 않다면 진실을 말할 것이라고 법정 "선서"하는 것이 허용된다. 선서를 원하면 미리 검사나 변호

사에게 말해 두어야 한다.

- 탐정은 자신이 알고 있는 진실만을 이야기해야 한다. 사건에 대해 알고 있는 사실을 있는 그대로 진술하라. 검사와 변호사의 질문에 직접적이고 확실하며 적극적인 자세로 대답하고, 예의바른 태도로 답변해야 한다.
- 탐정은 거짓말을 하거나 거짓말을 하는 듯한 모습을 보여서는 안 된다. 또 논쟁하거나 비꼬거나 위트를 사용하지 않아야 한다.
- 일반적으로 증언하는 동안 서거나 앉을 수 있다. 이때 안절부절하거나 팔을 흔드는 등 비언어적 표현은 최소화하여 탐정의 품위를 지키는 것이 중요하다.
- 모든 사람이 들을 수 있는 충분한 볼륨으로 명확하게 분명하게 진술하라.
- 묻는 질문에만 답하고 다른 일에 대해 엉뚱한 말은 하지 않는다. 먼저, 자발적으로 정보를 제공하지 않도록 하라.
- 답변을 하기 전 잠시 멈춰 생각을 정리한 후 답변하라.
- 세부적인 내용이 잘 기억나지 않으면 메모를 참조하도록 하라.
- 전문 용어(jargon), 두문자어(acronyms) 또는 약어(abbreviations)를 사용하지 않는다.
- 질문에 답하기 전에 질문을 모두 이해했는지 확인하라. 질문을 이해하지 못하면 정중하게 다시 말해 달라고 요청하는 것이 좋다.
- 질문에 대한 답변을 모른다면 모른다고 말하라. 특별히 요청하지 않는 한 추측하거나 추정해서 답변하지 말라.
- 증언에서 실수를 했다고 깨달은 경우, 반드시 오류를 인정하고 답변을 명확히 정정하라.
- 음어, 비꼬는 말은 삼간다.
- 판사 및 변호사와 말싸움을 하지 말고, 말꼬리를 잡거나 그들을 속이려 하지 말라. 당신이 말장난으로 그들을 힘들게 하려고 한다면, 사건을 듣는 사람들(판사, 검사, 배심원 등)도 그것을 알아차릴 것이다. 이 같은 행위는 결과적으로 재판에 부정적인 영향을 미친다.
- 변호사와 논쟁을 벌이지 마라.
- 법정에서 유머를 사용하려고 하지 마라.
- 자신이 알고 있는 진실만을 이야기하라. 탐정의 임무는 자신이 목격하고 행동한 것을 보고하는 것이다. 객관적이고 공정한 사실만을 이야기하고 주관적 의견은 가

급적 배제하라.

- 전해들은 말(傳聞)이나 소문은 말하지 말라.
- 피고인의 범죄경력을 포함한 피고의 성격과 세평에 대한 진술은 하지 않는 것이 좋다.
- 피고인이나 피고인의 무죄를 입증하는 증거가 있으면 그 증거를 인정하라. 법정에서 판단하고 결정하는 것은 판사의 일이지 탐정의 몫이 아니다.
- 법정 진술 시, 확신을 갖되 전문적이고 객관적이어야 한다. 이는 법정 밖에서도 전문가로서 품위와 전문성을 지키는 것이 포함된다.
- 판사나 청문회를 담당하는 사람이 그렇다고 인정할 때 책임에서 면제된다. 의심스러울 때는 질문하여 바로잡는 것이 좋다.
- 법정 밖에서 다른 사람에게 하는 말에 주의하라.
- 자신의 증언에 대해 다른 사람과 이야기하지 말라. 다른 사람들도 증언해야 할 수 있으며, 당신이 진술한 내용에 대해 얘기를 해야 할 때, 그가 진술하는 내용에 영향을 미칠 수도 있기 때문이다.

2) 검사나 변호사의 반대신문에 대한 법정 증언방법

검사나 변호사의 반대신문은 탐정의 진술에 대해 의문을 제기하는 질문들로 이때 탐정이 무능하거나 거짓말을 하는 듯한 인상을 주게 함으로써 탐정의 신뢰성에 흠이 가도록 하기 위한 질문들이 제기된다. 예컨대, 진술내용 중 취약한 부분을 공격하고, 혼동시키고, 짜증나게 함으로써 의도한 목표를 달성하려 한다. 반대신문에서 검사나 변호사는 다음과 같은 전략을 사용할 수 있다.[6)]

- 경계심을 무너뜨릴 정도로 친근하거나 무서울 정도로 무례하게 대한다.
- 증인의 신뢰성과 편향성을 공격한다.
- 증인의 조사기법을 공격한다.
- 모순이나 불일치한 점이 생기도록 유도한다.
- 유도신문을 하거나 의도적으로 증인이 한 말을 잘못 인용하도록 한다.
- 복잡한 질문에 대해 간단히 답할 것을 요구한다.
- 속사포 질문을 하여 혼란을 유도한다.

6) Hess, Karen M. 저, 이민식 · 김성언 · 박현호 · 이주락 · 황세웅 역(2014). 『민간보안론』. 박영사. pp.375-376을 재구성하여 기술함.

- 침묵의 전략을 사용하여 필요 이상의 말을 이끌어내려 한다.

위와 같은 반대신문에서 검사나 변호사의 전술에 효과적으로 대처하기 위한 전략은 대체로 다음과 같다.7)

- 대답할 시간을 거의 주지 않고 연달아 속사포 질문을 하여 탐정을 혼란시키고, 일관성 없는 답을 유도하려 할 수 있다. 이때 탐정은 시간을 갖고 대답할 내용을 생각한 다음 주의깊게 답변한다.
- 변호사의 질문 요지를 이해하지 못했을 경우 질문을 다시 해 달라고 요구하고, 모르는 질문에는 답변을 하지 않는다.
- 반대신문에서 변호사는 탐정을 비롯한 증인의 경계심을 무너뜨리기 위해 친근하게 대하거나 무서울 정도로 무례하게 대할 수 있다. 자상한 척 다가와 조롱하듯이 대하거나 동정심을 표시하기도 한다. 이는 증인의 경계심을 약화시켜 탐정의 자질이 부족하고 자신감이 결여되었다거나 믿을만한 목격자가 아니라는 인상을 주기 위함이다. 이때 탐정은 확신을 갖고 명확하게 대답하고, 부적절한 표현이 있으면 다시 질문해 줄 것을 요청한다.
- 때로는 검사 또는 변호사가 매우 정중하고 예의바르게 대하면서 탐정을 구슬려 유리한 진술을 유도하는 경우도 있다. 이는 탐정이 증언한 진술의 증명력을 떨어뜨리거나 부정하려는 목적을 갖고 있음을 상기하고 탐정은 침착성을 유지하고 사실에 기초한 진술을 분명하게 한다.
- 때로는 얼굴을 똑바로 쳐다보면서 "그렇지 않아요?"라고 소리지르며 의도적으로 적대적으로 대하는 경우도 있다. 이는 증인을 화나게 해서 논리적인 사고를 못하도록 하기 위함이다. 이때 탐정은 침착을 유지하고 안정된 목소리로 말하고 검사나 변호사에게 이의를 제기할 시간을 주도록 한다.
- 때로는 검사나 변호사가 이름과 직책을 의도적으로 잘못불러 증인의 주의를 모르는 사이 흩뜨려 질문에 집중하지 못하게 함으로써 실수를 유도하려 할 수 있다. 이때 탐정은 잘못된 발음에는 신경쓰지 말고 질문내용에 집중하도록 한다.
- 유도질문을 통해 의도하는 대답을 이끌어내려 할 수도 있다. 이때 탐정은 유도하는 내용은 무시하고 질문의 핵심에 집중한다.

---

7) Rutledge, Devallis(2000). *Courtroom Survival: The Officer's Guide to Better Testimony*. CA: Wadsworth Publishing, p.118.

- 때로는 설명이 필요한 내용에 "예", "아니오"로 대답할 것을 요구할 수 있다. 이는 판사나 배심원이 고려해야 하는 세부 관련 사항을 말하지 못하게 하기 위함이다. 이때 탐정은 질문에 대한 설명을 해야 한다. 검사나 변호사가 "예"나 "아니오"로만 대답하라고 하면 판사가 충분히 답변을 하라고 할 때까지 기다리거나 "세부적인 추가 설명이 필요하다"고 말한 다음 추가진술을 하는 것이 좋다.
- 때로는 목격자의 말을 뒤집어 증인을 혼란스럽게 하고 탐정에 대한 불신을 유도하려 할 수 있다. 예컨대, 당신이 "사고가 사거리에서 27미터 떨어진 곳에서 발생했습니다"라고 말하면, 변호사가 "사고가 사거리에서 72미터 떨어진 곳에서 발생했다구요?"라고 말하는 방식이다. 이때 탐정은 변호사가 탐정이 한 말을 반복할 때마다 주의깊게 듣고, 잘못된 부분이 있으면 정정하도록 한다.
- 약간씩 말을 바꾸어 다시 같은 질문을 반복적으로 하여 증인의 진술이 일관설이 없고 모순되다는 것을 유도하려 할 수 있다. 이때 탐정은 질문을 주의깊게 듣고 "그 질문에 대해 방금 전 대답했습니다"라고 말한다.
- 때로는 모순이나 불일치한 점을 부각시키기 위해 모순되는 답변을 유도하려 할 수 있다. 이는 주로 조사 결과 측정치와 시간 등에 대한 질문을 할 때 사용되는 신문 전략인 데, 조사의 일관성 부족을 보여 주기 위함이다. 이때 탐정은 침착을 유지한 체 모순되는 측정치와 시간에 대한 진술이 정확하지 않을 경우 '대략'이라는 말을 사용하고 현장 메모를 참조하여 답변한다.
- 증인이 답변을 한 후에 검사나 변호사는 더 나올 것이 있다는 듯 지긋이 응시하며 바라볼 수도 있다. 이는 질문을 일시적으로 정지하고 침묵한 체 바라보면 그 공간을 무언가로 채우게 되어 필요 이상의 말을 하게 되는 데, 이를 노리고 하는 신문 전략이다. 이때 탐정은 할 말만 하고, 추가적인 엉뚱한 말은 삼가면서 다음 질문을 기다린다.

CHAPTER

15

위치정보 보호와 탐정조사

제1절 위치정보 추적조사의 의의 및 법률 현황

1. 문제의 제기

탐정업무 수행과정에서 가장 문제가 되고 있는 윤리적 문제는 위치추적기 등을 이용한 위치정보 추적을 통한 조사 관행이다. 위치정보는 개인정보 보호와 마찬가지로 사실의 확인과 조사를 중심으로 추적·미행·잠복·감시를 위주로 하는 탐정조사업무에서 개인의 사생활 침해와 개인정보 침해를 야기할 소지가 다분하기에 주의를 기울일 필요가 있다.

이와 관련하여 우리나라의 위치정보 추적조사 현황과 관련 법령 현황을 살펴보고, 탐정이 조사업무 수행 시 유의해야 할 제반사항에 대하여 살펴보도록 한다.[1)]

다양한 최신장비 및 기술의 상용화로 인해 위치정보 추적수사가 가능해짐에 따라 수사의 효율성을 높이고 있으나, 본질적으로 기본권을 제한하는 강제처분이기 때문에 이에 대한 통제도 필수적이다. 특히, 지난 2020년 초부터 발발한 코로나 사태로 감염병 예방 및 감염 전파의 차단의 목적으로 보건복지부 장관이 위치정보를 요청할 수 있는 「감염병의 예방 및 관리에 관한 법률」 제76조의2에 근거 규정이 있다.

아울러, 범죄수사 역시 국민의 생명과 안전을 지키기 위한 목적으로, GPS 추적기 활용, 휴대전화 위치정보 추적, 기지국 수사 등 다양한 방법을 사용하여 위치정보를 얻어 이를 범죄수사 및 증거수집을 수행할 수 있도록 하고 있다. 민간조사업무를 담당하는 탐정 역시 의뢰인의 문제 해결을 위하여 특정 개인에 대한 위치 추적과 감시가 빈번하게 이루어진다.

그러나 이 같은 위치정보 추적수사는 통신 및 사생활의 자유와 정보자기결정권의 침해와 관련이 있기 때문에 이에 대한 적절한 통제가 필요하다. 특히 탐정의 경우, 법제화 전 단계에 탐정의 권한과 업무범위가 정해지지 않았고, 강제 수사권을 갖고 있지 않아 위치추적에 있어 법집행기관의 공무원과 달리 관련법 위반이 발생되지 않도록 특별히 유의할 필요가 있다.

이와 관련하여 헌법재판소는 2018년 6월 28일, 수사를 위하여 필요한 경우 「전기통

---

1) 아래 내용은 박혜림(2020). 위치정보 추적수사 현황과 개선방안. 국회입법조사처. 『NARS 현안분석』, 제146호, pp.1-20, 2020.6.16을 참고하였음.

신사업법」에 의한 전기통신사업자에게 통신사실 확인자료의 열람이나 제출을 요청할 수 있도록 한 「통신비밀보호법」 제13조 제1항에 대하여 헌법불합치 결정을 내린 바 있다.[2] 헌법재판소는 "입법자는 수사기관의 강제처분에 관한 법률을 제정함에 있어, 헌법 제12조 제3항을 준수하는 범위 내에서 해당 강제처분의 특수성, 그 강제처분과 관련된 우리 사회의 법 현실, 국민의 법 감정 등을 종합적으로 고려해 정책적인 선택을 할 수 있다"고 근거를 제시하였다.[3]

다만, 수사기관의 위치정보 추적 자료 제공의 필요성만으로 강제처분이 가능하도록 한 것은 과잉입법 금지원칙에 반한다고 판시하여, 처분 대상범죄를 한정하거나 요건을 강화하고 적법절차원칙의 준수가 필요하다고 보고 있다.

이러한 헌법재판소의 불합치 결정을 받아들여 2019년 11월 27일 「통신비밀보호법」이 일부 개정된 바, 수사목적이 있는 경우 법원의 허가를 받아 활용할 수 있고 기지국수사와 실시간 위치 추적수사의 경우, 필요성 이외에 보충성이라는 요건을 추가하고 대상자에게 추적된 사실을 통지하는 절차를 마련하는 내용으로 개정되었다.

그러나 위치정보수집을 영장의 대상으로 보는 해외 법원의 판결들이 나오고 있고 근거 법률도 위치 추적수사의 방법과 기간 등에 따라 비례적으로 그에 맞는 제한이 차등적으로 규율하고 있는 점을 고려할 때, 대상자의 사생활의 보호 및 정보자기결정권 측면에서 현행 「통신비밀보호법」이 보다 개선될 필요가 있다.

외국의 사례를 보면, 미국 연방대법원은 통신기기를 이용한 위치정보수집은 수색에 해당하여 영장 없이 법원의 허가에 의해 이루어진 수집행위는 위법수집증거라고 판시하였다. 일본은 형사소송법의 '검증'에 해당되어 영장의 대상이라고 하며, 독일은 과학

---

2) 「통신비밀보호법」 제13조(범죄수사를 위한 통신사실 확인자료제공의 절차)
① 검사 또는 사법경찰관은 수사 또는 형의 집행을 위하여 필요한 경우 전기통신사업법에 의한 전기통신사업자(이하 "전기통신사업자"라 한다)에게 통신사실 확인자료의 열람이나 제출(이하 "통신사실 확인자료제공"이라 한다)을 요청할 수 있다.
② 제1항의 규정에 의한 통신사실 확인자료제공을 요청하는 경우에는 요청사유, 해당 가입자와의 연관성 및 필요한 자료의 범위를 기록한 서면으로 관할 지방법원(보통군사법원을 포함한다. 이하 같다)또는 지원의 허가를 받아야 한다. 다만, 관할 지방법원 또는 지원의 허가를 받을 수 없는 긴급한 사유가 있는 때에는 통신사실 확인자료제공을 요청한 후 지체 없이 그 허가를 받아 전기통신사업자에게 송부하여야 한다.

3) 「헌법」 제12조는 신체의 자유, 적법절차의 원칙, 변호인 선임권, 영장제도 등을 규정한 조항이며, 제3항(영장주의)은 체포·구속·압수 또는 수색을 할 때에는 적법한 절차에 따라 검사의 신청에 의하여 법관이 발부한 영장을 제시하여야 한다. 다만, 현행 범인인 경우와 장기 3년 이상의 형에 해당하는 죄를 범하고 도피 또는 증거인멸의 염려가 있을 때에는 사후에 영장을 청구할 수 있다.

통신의 발달로 인한 새로운 유형의 수사의 방법과 기간에 따라 허가요건을 차등화하여 형사소송법에 규정을 두고 있다.

따라서 이 장에서는 현재 위치정보 추적수사와 관련된 법제 및 판례 현황을 살펴보고, 위치정보를 활용한 수사에 대하여 보다 발전된 입법 방향과 정책을 제시하고자 한다. 위치정보 추적자료 관련한 현행 법률 및 헌법재판소의 판결을 검토하고 해외 입법례를 통해 얻을 수 있는 시사점을 중심으로 입법 및 정책적 개선방안을 살펴봄으로써, 위치정보 추적자료 관련한 현행 수사기법들이 어떤 측면에서 보완되어야 할지 살펴보도록 한다.

여기에 탐정조사과정에서 위치추적과 관련하여 유의해야 할 제반사항과 윤리에 대해 검토하도록 한다.

2. 위치정보 추적수사 관련 법률과 현황

1) 위치정보 추적수사 관련 법률

위치정보와 관련한 현행 법률은 「통신비밀보호법」, 「형사소송법」, 「위치정보의 보호 및 이용 등에 관한 법률」 등이 있다. 휴대폰 등 전기통신기기를 사용한 통신사실 확인자료를 통해 위치정보를 얻은 경우에는 「통신비밀보호법」, GPS 위치정보의 경우에는 「위치정보의 보호 및 이용 등에 관한 법률」, 이외 수사방법의 일환으로 GPS 추적기를 부착한 경우에는 「형사소송법」이 적용될 수 있다.

(1) 통신비밀보호법

통신비밀보호법 제13조(범죄수사를 위한 통신사실 확인자료제공의 절차)[4]에 따르면 일반적인 통신사실 확인자료의 경우 수사에 필요한 경우 요청가능하고 실시간 추적자

---

4) 통신비밀보호법 제13조(범죄수사를 위한 통신사실 확인자료제공의 절차)
① 검사 또는 사법경찰관은 수사 또는 형의 집행을 위하여 필요한 경우 전기통신사업법에 의한 전기통신사업자(이하"전기통신사업자"라 한다)에게 통신사실 확인자료의 열람이나 제출(이하 "통신사실 확인자료제공"이라 한다)을 요청할 수 있다.
② 제1항의 규정에 의한 통신사실 확인자료제공을 요청하는 경우에는 요청사유, 해당 가입자와의 연관성 및 필요한 자료의 범위를 기록한 서면으로 관할 지방법원(보통군사법원을 포함한다. 이하 같다) 또는 지원의 허가를 받아야 한다. 다만, 관할 지방법원 또는 지원의 허가를 받을 수 없는 긴급한 사유가 있는 때에는 통신사실 확인자료제공을 요청한 후 지체없이 그 허가를 받아 전기통신사업자에게 송부하여야 한다.

료나 특정한 기지국에 대한 통신사실 확인자료를 요청하는 경우, 수사에 필요하고 다른 방법으로는 범죄의 실행을 저지하기 어렵거나 범인의 발견·확보 또는 증거의 수집·보전이 어려운 경우에만 전기통신사업자에게 해당 자료의 열람이나 제출을 요청할 수 있다고 규정하고 있다.

이는 헌법재판소의 헌법불합치 결정 이후 2019년 11월 27일 「통신비밀보호법 일부개정법률안」에 의해 기지국 수사와 실시간 위치정보에 대한 수사는 기존의 필요성 외에 보충성이라는 요건을 추가하였다.

즉, 발신기지국 위치 추적자료나 위치정보 추적자료를 열람, 제출할 수 있게 한 규정에서 수사의 필요성 이외 다른 방법으로는 범죄실행을 저지하기 어렵거나 범인의 발견, 확보 또는 증거의 수집, 보전이 어렵다는 등의 보충적인 요건을 갖춘 경우에만 요청할 수 있도록 개정된 것이다. 다만, 제5조 제1항 각 호의 어느 하나에 해당하는 범죄 또는 전기통신을 수단으로 하는 범죄에 대하여 실시간 위치정보 혹은 기지국 수사에 따른 통신사실 확인자료가 필요한 경우에는 수사기관이 보충성 없이 열람이나 제출을 요청할 수 있다. 감청대상 특정 범죄에 대하여는 실시간 위치정보 수사의 경우에는 허가 요건으로 필요성만을 요구하고, 기지국 수사의 경우에도 감청대상 범죄와 그 외 일부 통신 관련 범죄에 대한 수사는 필요성만 있으면 보충성 없이 위치정보 허가를 요청할 수 있다. 요컨대, 기지국 수사와 실시간 위치정보를 제외하고는 모든 범죄에 대하여 수사의 필요성이 있으면 통신확인자료를 요청할 수 있다.

(2) 형사소송법

형사소송법 제106조(압수)와 제109조(수색) 조항을 근거로 압수·수색영장의 대상에 해당될 경우, 검사가 영장을 신청하고 이에 대하여 법원이 영장 발부 여부를 판단한다. 그러나 위치정보를 수집하는 행위가 압수·수색 검증의 대상이 될 수 있는지에 대한 법원의 판단 및 입법이 명확하지 않아 제한적으로 이루어지고 있다.

GPS 발신기를 부착하여 이를 이용하여 압수·수색을 함에 있어서는 「통신비밀법」 및 「위치정보의 보호 및 이용 등에 관한 법률」에 규정이 없어 형사소송법 압수 및 수색 규정에 의하여 이루어질 것으로 보인다.

(3) 위치정보의 보호 및 이용 등에 관한 법률

위치정보의 보호 및 이용 등에 관한 법률 제15조 제1항 제2호에 따라 경찰관서의 요청이 있는 경우, 긴급구조에 한하여 경찰이 영장 청구 없이 위치정보사업자에게 개인위치정보를 요청할 수 있으나 일반적인 위치정보 수사의 근거 법률로 활용되기는 어려운 실정이다. 왜냐하면, 생명 · 신체를 위협하는 급박한 위험으로부터 구조가 필요하거나 실종아동 등에 대한 긴급구조가 필요한 경우 물리적 시간확보가 어려워 개선이 필요하다.

2) 위치정보수집 관련 헌법재판소 판결

영장주의에 반하고 개인정보자기결정권을 침해한다는 이유로 본 규정의 위헌법률심판을 제청하였고, 헌법재판소는 관할하는 기지국을 이용하여 착 · 발신한 전화번호, 착 · 발신 시간, 통화시간, 수 · 발신 번호 등의 통신사실 확인자료 제공을 요청하여 불특정 다수인의 통신사실 확인자료를 제공받은 행위는 영장주의에 반하지 않으나 과잉금지원칙에 반하고, 개인정보자기결정권과 통신의 자유를 침해한다고 헌법불합치 결정하였다.5)

(1) 영장주의

위 내용과 같이 헌법재판소는 법원의 영장이 아닌 허가만으로 위치정보 추적자료 제공을 하는 것은 헌법상 영장주의에 반하지는 않는다고 판시하였다. 헌법재판소는 "입법자는 수사기관의 강제처분에 관한 법률을 제정함에 있어, 헌법 제12조 제3항을 준수하는 범위 내에서 해당 강제처분의 특수성, 그 강제처분과 관련된 우리 사회의 법 현실, 국민의 법 감정 등을 종합적으로 고려해 정책적인 선택을 할 수 있다"고 판시한 바 있다.

영장주의의 본질은 인적 · 물적 독립을 보장받는 중립적인 법관의 구체적 판단을 거쳐야 한다는 것이다. 따라서 영장제도를 거치지 않더라도 법원의 허가를 통해 법관의 구체적 판단을 거친 것으로 보아 영장주의에는 반하지 않는다고 본 것이다.

(2) 과잉입법금지 및 적법절차원칙

헌법재판소는 수사의 필요성만으로 통신사실 확인자료 수집이라는 강제처분이 가능하도록 한 것은 과잉입법금지원칙에 반한다고 판시하여, 수사의 필요성 이외 보충성이

5) 2018.6.28. 2012헌마538.

라는 요건을 추가하고 정보주체자에게 통지하는 적법절차원칙의 준수가 필요하다고 판시하였다.

통신사실 확인자료는 비록 비내용적 정보이지만 여러 정보의 결합과 분석을 통해 정보주체에 관한 정보를 유추해낼 수 있는 ① 민감한 정보인 점, ② 수사기관의 통신사실 확인자료 제공요청 요건을 필요성만으로 규정하여 제대로 된 통제가 이루어지기 어려운 점이 있어 통신사실 확인자료 요청 대상 범죄를 한정하거나 요건을 강화하는 보완이 필요해 보인다고 판시하였다.

유괴·납치·성폭력범죄 등 강력범죄나 국가안보를 위협하는 각종 범죄와 같이 피의자나 피해자의 통신사실 확인자료가 반드시 필요한 범죄로 그 대상을 한정하는 방안 또는 범죄수사가 어려운 경우(보충성)를 요건으로 추가하는 방안 등 수사에 지장을 초래하지 않으면서도 불특정 다수의 기본권을 덜 침해하는 수단이 존재하는 점을 고려할 때 과잉금지원칙에 반하여 청구인의 개인정보자기결정권과 통신의 자유를 침해한다고 판시한 것이다.

제2절 위치정보 추적조사의 쟁점과 개선방안 및 시사점

1. 위치정보 추적수사 관련 쟁점사항

위치정보 추적수사는 개인의 내밀한 사생활과 밀접한 관련이 있기 때문에, 사생활의 자유 및 통신의 자유라는 국민의 기본권을 제한한다. 이때 과잉금지원칙에 반하지 않도록 정보수집의 허가요건과 방식을 구성해야 하고, 그 과정 및 절차에서 개인의 청문권과 알권리를 침해하지 않도록 적법절차원칙을 준수해야 할 것이다.

기본권 침해의 우려가 있는 쟁점사항들로, 다음 세 가지가 지적되고 있다.

첫째, 통신사실 확인자료 수집의 남용이다. 통신비밀보호법에 따르면 그 목적이 된 범죄나 이와 관련되는 범죄를 수사·소추하거나 그 범죄를 예방하기 위한 경우 등에 한정한다고 규정되어 있다. 그러나 이를 해석함에 있어서 그 사용범위가 넓어질 수 있고, 법원의 허가를 통해서 통신사실 확인자료를 수집할 수 있는데, 허가도 법원의 판사에 의한 판단 대상이 되기는 하나, 허가 여부 판단의 기준은 영장 발부 기준에 비하여 완화되어 있다고 볼 있다.

둘째, 기지국 수사의 폐해이다. 기지국 수사란 문서 1건을 통하여 특정한 피의자의 번호에 대한 통신사실 확인자료를 요청하는 것이 아니라 피의자를 특정하지 못한 시간이나, 초동수사를 빠르게 수행하기 위하여 범죄 장소와 관련한 관할 기지국을 이용하여 통신사실 확인자료 제공을 요청하여 불특정 다수인의 통신사실 확인자료를 제공받고 있기에 개인정보의 침해가능성이 높다.

헌재는 기지국 수사로 인한 통신접속 정보수집은 민감한 정보인 점이고 수사기관의 통신사실 확인자료 제공요청 요건을 필요성만으로 규정하여 제대로 된 통제가 이루어지기 어려운 점을 들어, 수사의 대상범위를 한정하거나 다른 방법으로 얻기 어려울 경우라는 보충성 요건을 추가하는 것이 필요하다고 판시하여 2019년 12월 통신비밀보호법이 개정된 바 있다.

셋째, 통신사실 확인자료 수집기간 및 통지의무와 관련된 문제이다. 장기간의 위치정보 추적은 실질적으로 사용자의 사생활에 대한 감시를 수행하는 것으로, 통신사실 확인자료 기간의 제한이 없기 때문에 범죄와 관련하여 장기간의 통신사실 확인자료 요청이 가능하다. 그러나 통신제한조치의 경우, 집행에 관한 통지를 하지 않는 경우 형사처벌의 대상이 되고 있으나 통신사실 확인자료의 경우에는 통지의무는 있으나 이를 위반하는 경우 별도의 벌칙규정이 없어 통지에 대한 실효성이 없고 통지유예의 사유로 '공공의 안녕질서'의 경우 그 개념이 명확하지 않아 지나치게 넓게 설정하여 수사기관에서 이를 남용할 우려가 있다.

2. 개선방안

개인의 위치정보 추적수사와 관련한 개선방안은 다음과 같다.

첫째, 통신사실 확인자료 수집에 대한 통제가 필요하다. 통신사실 확인자료 수집에 대한 허가의 요건이 영장에 비하여 완화된 점, 일반 영장에 비하여 발부율이 높다는 점, 통신사실 확인자료의 사용범위가 "관련성"이라는 요건의 해석에 의하여 확대될 수 있다는 점 등을 종합적으로 살펴보았을 때, 보다 엄격한 통제가 필요하다.

이를 통제하기 위한 방안으로, 통신사실 확인자료 수집대상 범죄를 한정하는 방안, 통신사실 확인자료 수집방법 및 시기에 따라 그 요건을 차등화하는 방안, GPS기 부착으로 인한 수사에 대한 규정 신설을 검토할 수 있다.

둘째, 기지국 수사 통제로써 GPS 정보를 활용하는 방안이다. 기지국 수사의 경우 피의자 또는 피내사자 이외 불특정 다수의 통신사실 확인자료를 문서 1건으로 수집한다는 점에서 수사기관에 개인의 사생활이 무분별하게 노출될 수 있다는 문제점을 해결하기 위해 기지국 수사를 금지하는 법안이 국회에서 발의된 바 있으나, 임기 만료로 폐기된 바 있다. 범죄 관련성이 있는 자 이외의 다수가 통신사실 확인자료의 범위에 포함시키는 기지국 수사는 통신비밀 및 사생활 침해가 크다는 점에서 현행 통신사실 확인자료의 범위 내에 GPS 정보를 추가하는 방안도 검토될 수 있을 것이다.

셋째, 통신사실 확인자료 기간 및 통지의무 관련 개선이 필요하다. 통신사실 확인자료의 기간 제한을 두어 그 기간을 늘릴 필요가 있는 경우 연장 승인을 받을 수 있도록 기간 통제 조항을 입법하는 방안이 검토될 필요가 있으며, 통지의무 실효성 확보를 위하여 통지유예 사유를 명확히 하고 의무 위반 시 벌칙조항을 둘 필요가 있다.

3. 탐정의 감시 · 조사에 주는 시사점

새로운 과학적 수사방법의 하나로 위치추적 수사방법이 등장하면서 범죄수사의 효율성이 높아졌으나, 대상자의 통신 및 사생활의 자유와 정보자기결정권을 침해할 수 있는 양면성을 가지고 있기 때문에 이에 대한 적절한 통제가 필요하며, 장기간 사생활 침해가 될 수 있으므로 기간을 제한하고 수집 대상자에게 통지하는 의무를 보다 실질화하는 방안을 검토해야 할 것이다.

탐정 감시(surveillance)와 조사과정에서 GPS 장치를 이용한 위치정보 추적조사는 상당히 일반적으로 행해지고 있으며, 미국 등 탐정제도가 발달한 선진 외국의 공인탐정에게 공개된 장소에서의 GPS 장치를 이용한 위치추적은 정당한 권한으로 인정받고 있다.

그러나 우리나라의 경우 아직까지 탐정업법 제정이 이루어지지 않은 상황에서 GPS 장치를 이용한 특정 개인의 위치추적은 통신 및 사생활의 자유와 정보자기결정권의 침해를 수반하게 된다.

더구나 수사권을 전혀 갖고 있지 못한 탐정의 경우, 현재 위치정보 추적과 관련한 제반 법률(통신비밀보호법, 형사소송법, 위치정보보호법)을 준수하는 가운데 합법적 범위 내에서의 조사만 가능한 상황이기에 GPS 장치를 이용한 위치추적 행위 자체가 불법으로 간주되는 상황이다. 물론 미성년 자녀의 경우 가족의 동의가 있거나, 심신미약자로 민법의 한정치산자로 가족의 동의가 있는 경우, 그리고 치매환자, 실종 · 미아 ·

가출인 수색의 경우 현행 법 범위 내에서 위치추적을 할 수 있다. 그러나 이때에도 성인 가출인의 경우 위치추적기를 이용하여 미행 감시하는 것은 불법으로 간주될 수 있기에 업무수행에 경계의 끈을 놓치않아야 할 것이다.

그렇다면 향후 탐정업법이 제정된 이후 탐정의 위치정보 추적 권한은 어디까지 부여할 수 있을까? 기본적으로 탐정업법에 개인정보 및 위치추적과 관련된 권한과 책임이 명시적으로 규정된다면 이를 따라야 할 것이다. 그러나 그럼에도 불구하고 개인정보 보호법, 통신비밀보호법, 위치정보의 보호 및 이용에 관한 법에서 규정한 제반 규정을 준수하는 가운데 조사대상자에 대한 감시 및 조사가 이루어지는 것이 바람직하다.

구체적으로 단순 가출이나 실종의 경우 위치추적은 불가하고, 경찰관서에 실종등록이 된 자에 한해 위치추적이 가능할 수 있을 것이다. 나아가 스토킹 범죄 등으로 인한 범죄피해자나 사회적 약자, 장기미제사건의 경우 관계 법령의 규정범위 내에서 제한적으로 위치추적이 가능하도록 허용하는 것도 의미있다.

향후 탐정업관리법이 제정되면 탐정의 감시 조사과정에서 조사대상자의 사생활 보호 및 정보자기결정권 측면에서 위치정보 추적조사의 범위와 한계도 구체화할 필요가 있다. 왜냐하면, 위치추적 정보는 개인의 내밀한 사생활 영역이기 때문에 위치추적 방법 등에 있어 민간보안 영역에 있는 탐정은 제약을 받을 수밖에 없기 때문이다. 더구나 GPS 장치를 이용한 위치추적은 탐정업법 제정 이후라도 관련법인 「통신비밀보호법」의 제반 규정을 침해하지 않는 범위에서 허용될 가능성이 다분하다.

따라서 탐정을 대상으로 위치정보의 보호 및 이용에 관한 법과 통신비밀보호법의 제반 규정에 대한 교육이 체계적으로 이루어져 통신사실 확인자료 수집요건을 엄격하게 하고, 위치정보의 추적에 있어서도 적법절차를 준수하는 가운데 감시 및 조사가 이루어지는 것이 바람직하다.

미국에서는 GPS 장치를 이용한 위치추적을 일종의 무단침입이자 수색에 해당하기 때문에 영장이 필요하다. 그러나 탐정은 형사사법기관의 아니기에 위치정보 추적을 하는데 있어 영장발부도 못할 뿐만 아니라 필요성과 보충성 규정을 적용받기도 힘들다.

영국에서는 조사권 규제법(Regulation of Investigatory Powers Act 2000: RIPA)에 따라 GPS 추적은 이제 사법부의 승인이 필요하며 은밀한 감시를 유발하는 행위는 최소 6개월의 징역형에 처하고 있다.

유럽인권재판소(European Court of Human Rights: ECtHR)는 GPS 추적과 이를 이용해서 획득한 데이터 처리가 유럽인권협약(ECHR) 제8조 제1항의 개인정보 보호권 위반에 해당한다고 판결했다(2010년 9월 2일). 정보의 자기결정권은 유럽연합 기본권 헌장 제7조 및 제8조와 밀접한 관련이 있는데 GPS 장치를 이용한 위치추적은 정보의 자기결정권을 침해하는 것으로 간주하고 있다. 이에 따라 유럽인권재판소는 GPS 데이터를 '개인정보'로 간주해야 한다고 명시하고 있다. 기술적으로는 특정한 위치만을 보고하고 있지만, GPS 정보를 대상자의 이름과 조합하여 수집 및 처리하면 개인정보로 전환되어 데이터(개인정보) 보호법상 개인정보에 해당되어 처벌의 대상이 된다.

따라서 위치추적을 통한 탐정의 조사방법은 제반 법규에서 규정하고 있는 필요성, 보충성, 비례성의 원칙에 부합하면서도 탐정윤리에 위반되지 않도록 세심한 주의를 기울일 필요가 있다.

CHAPTER

16

공익탐정과 공익신고자 보호

제1절 공익탐정의 의의와 이해

1. 공익탐정의 의의

1) 공익탐정의 개념과 업무범위

탐정은 공익신고와 관련하여 다양한 업무를 수행할 수 있다. 공중(公衆)의 이익을 위하여 각종 공익침해행위 조사와 신고로 공공의 이익과 사회적 공헌을 중심으로 각종 사실관계 조사업무를 수행하고, 소송에 필요한 각종 증거의 확보 등 소송 지원을 위한 조사, 인권보호 및 시민권 보호를 위한 조사 등을 수행하는 탐정을 공익탐정(Public Interest Investigator)이라 한다.

공익탐정은 사익을 목적으로 하는 이윤추구 목적의 영리탐정과는 구분되는 개념으로 공익신고자에게 지급되는 보상금·포상금·구조금과 같은 보상시스템과 각종 불법 부정행위에 대한 신고 포상금을 통해 일부 변용적 차원에서 운영되고 있는 제도이다.

공익보호 차원에서 활동하는 것이 공익탐정이다. 때문에 공적 영역의 범죄수사나 위법행위에 대한 조사활동과는 명백하게 구분되는 개념이며, 주로 위법행위에 대한 신고활동, 선거과정에서의 불법행위에 대한 사실확인과 조사, 공익 목적의 불법행위자에 대한 불법·위법행위 내용 조사 등을 다룬다.

공익조사(Public Interest Investigations)는 공익 증진을 위하여 기업보안·사회안전·사이버 조사·산업기술보안·금융보험·부동산 등 개별 전문 분야의 사실관계 조사와, 국가기관의 수사력이 미치지 못하거나 미흡한 각종 범죄나 사건에 대한 사실관계 조사, 각종 위법행위 및 사고 피해 확인, 실종자 및 행방불명자 소재 파악, 소송에 필요한 각종 증거의 확보, 미아·가출인·실종자·행방불명자 수색 및 소재 파악 등에 걸쳐 민간조사업무를 수행하는 것이다.

즉, 공익탐정은 기업부문과 공공부문을 대상으로 직장 조사, 사기 및 공익신고자 조사, 공평한 고용기회 조사, 연구·환경 감사, 직장 내 폭력·괴롭힘 조사, 차별·성희롱 조사 등을 수행하여 고용주나 관리자에게 정보를 제공함으로써 의사결정을 지원한다. 나아가 숨겨지거나 가려진 사건의 실체적 진실(integrity)을 파악하여 억울한 피해자를 최소화하고 그들의 권익을 보호하고 증진하는 데 기여한다.

따라서 공익탐정은 공익적 목적의 업무수행을 위하여 공익탐정 이론과 관련 법제도 및 이론 교육은 물론 다양한 탐정의 조사기술에 대한 실무 교육훈련을 이수할 필요가 있다. 나아가 공익탐정이 갖추어야 할 직업윤리를 익히고, 공익탐정 업무에 대한 체계적인 이론적 · 법제도적 지식과 조사 · 분석기법을 습득함으로써 전문 실무지식과 조사능력을 갖추어야 한다.

공익탐정의 업무 내용은 대체로 다음과 같다.

- 공중(公衆)의 이익을 위하여 공익침해행위의 조사와 신고로 공공의 이익과 사회적 공헌을 중심으로 각종 사실관계 조사 업무 수행
- 공익 증진을 위하여 기업보안 · 사회안전 · 사이버 조사 · 산업기술보안 · 금융보험 · 부동산 등 개별 전문 분야의 사실관계 조사
- 피해자의 다양한 권리구현을 위해 합법적인 범위 내에서 관련 자료 및 정보수집과 조사업무 수행
- 국가기관의 수사력이 미치지 못하거나 미흡한 각종 범죄나 사건에 대한 사실관계 조사
- 정부공공기관 및 지방자치단체의 각종 위법행위 및 사고 피해 확인
- 미아 · 가출인 · 실종자 · 행방불명자 수색 및 소재 파악
- 소송에 필요한 각종 증거의 확보 등 소송 지원을 위한 조사
- 기업부문의 경우, 직장 조사, 사기 및 공익신고자 조사, 공평한 고용기회 조사, 연구 · 환경 감사, 직장 내 폭력 · 괴롭힘 조사 등 수행
- 공공부문의 경우 직장 조사, 차별 · 성희롱 조사, 경찰 · 소방 조사, 사기 및 공익신고자 조사, 직장 내 폭력 · 괴롭힘 조사 등 수행
- 교육기관의 각종 위법행위 및 사건 · 사고 조사
- 인권보호 및 시민권 보호, 인신매매 방지 등에 대한 조사
- 국민의 건강, 안전, 환경, 소비자의 이익, 공정한 경쟁 관련 조사
- 부정선거 등 선거 관련 비리 및 불법행위 조사

2) 공익탐정의 필요성과 전망

탐정은 21세기 최첨단 유망 전문직으로 각종 사건 · 사고 조사는 물론 각종 미제사건에 대한 사실확인 · 정보 자료수집 등 민간 차원에서 전문 조사업무를 수행한다. 현재 한정된 경찰력으로 완벽한 실체적 진실발견에 한계가 있다. 이를 민간안전(private security) 차원에서 탐정이 피해자의 민·형사 소송 지원을 위한 정보수집 및 행정적 구제와 공공안전(public security)의 사각지대를 보완·대체하여 국민의 안전과 권익을 증진시키는 것이 필요하다.

현 시대가 요구하는 국민의 안전과 권익보호 및 사생활 보호를 위해서는 조속한 시일내에 한국에도 탐정업관리법이 제정·시행되어야 한다. 이를 통해 탐정업무의 적법성을 담보하면서 공권력의 부족한 부분을 보완·대체해 주는 역할을 수행하여 탐정제도의 건전성 확보와 탐정 자격의 공익보호 기능 강화, 그리고 국민권익이 증진될 수 있도록 제도적 기반을 마련해야 한다. 나아가 한국에서도 탐정산업(Private Investigation Industry)이 민간보안산업(Private Security Industry)으로 안착할 수 있도록 견인해 줘야 할 것이다.

탐정은 국가기관의 수사력이 미치지 못하는 부분을 법률이 허용하는 범위 내에서 피해자들의 고통과 어려움을 도와줌으로써 국민권익 향상에 이바지하고, 국민의 생명과 재산을 보다 두텁게 보호할 수 있다. 특히, 현대 사회가 복잡화·다양화됨에 따라 공익탐정의 업무 영역이 급속히 넓어지고 수요가 광범위하게 확대되고 있으나 공익탐정 분야의 전문탐정은 매우 부족한 실정으로 향후 많은 인원의 확충이 요망되고 있다.

따라서 의뢰인의 개인적 궁금증 해소를 위한 문제 해결뿐만 아니라 공중(公衆)의 이익을 위하여 공익침해행위 조사와 신고로 공공의 이익과 사회적 공헌을 중심으로 각종 사실관계 조사업무 수행과, 공익 증진을 위하여 기업보안·사회안전·사이버 조사·산업기술보안·금융보험·부동산 등 개별 전문 분야의 사실관계 조사를 수행하여 사회의 공익적 목적에 부합하는 조사활동을 지속적으로 확대할 필요가 있다.

이미 선진 외국의 경우에는 공익조사(Private Interest Investigation) 분야가 지속적으로 확대되고 있다. 우리나라에서도 공익탐정 분야에 대한 수요가 확대되고 있어 시장전망은 매우 밝은 편이다. 그러나 국내에서는 아직까지 공익탐정에 대한 인식이 부족한 실정으로 탐정의 공익적 기능과 사회적 기여에 대한 사회적 공감대도 확보하지 못한 상태라 할 수 있다. 따라서 탐정제도에 대한 국민의 긍정적 인식을 확대하기 위해서라도 공익탐정에 대한 적극적 관심과 확대가 필요하다.

다행스럽게도 현재 한국탐정정책학회에서 공익탐정지도사 민간자격을 발급하고 있다. 한국탐정정책학회는 2021년 산하에 '탐정업법 입법추진위원회'를 구성, 신문에 전문가 인터뷰와 입법 챌린지를 지속적으로 보도하여 한국형 탐정업법 법제화를 위한 지속적인 노력을 경주하고 있는 학술교육연구단체이다. 자격기본법 제17조에 의거 한국직업능력연구원에서 공익탐정지도사 자격이 등록(등록번호 제2022-000021호)되어 한국탐정정책학회의 자격검정 인증 · 평가를 거쳐 발급하고 있다.

2. 공익탐정의 조사 서비스

1) 공익조사의 서비스 범위

공익탐정이 수행하는 공익조사는 영미권 국가에서는 이미 1980년대부터 본격적으로 시작되었다. 1984년 미국과 국제적으로 민사 및 범죄 수사를 수행한 광범위한 경험을 가진 공인탐정인 케이스 로먼(Keith Rohman)은 1984년 미국 로스앤젤레스(Los Angeles)에 공익조사社(Public Interest Investigations, Inc., 이하 PII)라는 민간조사업체를 설립했다.[1] 이후 현재까지 공익조사社(PII)는 사건의 진실을 밝히고 이해하려는 법률회사(law firm), 기업 및 정부 공공기관에 각종 정보를 제공하고 있다.[2]

공익조사社(PII)는 업계 동향, 건강 및 안전 규정 준수 또는 특정 지역의 범죄 가능성에 대한 정보를 수집하여 관리자에게 중요한 의사결정 도구를 제공한다. PII는 고객의 요구를 인식하고 그들이 추구하는 정보를 신속하고 비용 효율적으로 제공하기 위해 노력하고 있다. PII의 탐정은 개별적으로 또는 팀으로 사건의 실체적 진실(integrity)을 파악하는 데 있어 엄격하고 분석적이며 외부의 압력에 흔들리지 않는다. PII의 서비스 제공 영역은 대체로 다음과 같다.

2) 공익조사의 부문별 서비스 제공 영역

(1) 기업 대상 서비스

기업의 경우, 직장 조사(Workplace Investigations), 사기 및 공익신고자(Fraud & Whis-

1) https://piila.com/pii-team/

2) 공익조사社(PII)는 영국과 유럽의 주요 사회, 정치, 환경 및 건강문제에 대한 조사를 수행하는 독립적인 비영리 단체이다. 2004년에 설립된 공익조사(PII)는 웹사이트 Spinwatch(www.spinwatch.org)와 조사 위키 사이트 Powerbase(www.powerbase.info)를 통해 광고홍보, 조사를 지원받고 있다. 스핀워치(Spinwatch)는 EU의 투명성 및 윤리 규제 로비 동맹인 ALTER-EU의 창립 회원이자, 로비 투명성을 위한 영국 연합(ALT-UK), 로비 투명성을 위한 스코틀랜드 동맹(SALT)의 회원이다. 스핀워치는 홍보(PR) 및 로비회사를 추적하여 사실 관련 정보를 제공하고, PR 및 로비산업과 기업 및 정부의 선전이 대중의 논쟁을 왜곡하고 민주주의를 훼손하는 각종 조사를 실시하여 발표한다(https://www.wikicorporates.org/wiki/Public_Interest_Investigations#mw-head).

tle-blower) 조사, 공평한 고용기회 조사[EEO(Equal Employment Opportunity) Investigations], 연구 · 환경 감사(Research · Environmental Audits), 직장 내 폭력 · 괴롭힘(Workplace Violence · Bullying), 실체적 진실을 발견하기 위한 조사기술 교육(The Truth Matters® training) 등을 제공한다.[3)]

직장 조사(Workplace Investigations)는 직장 내 차별, 성희롱, 폭력, 괴롭힘, 협박, 사기, 횡령, 절도, 안전 및 환경문제, 영업 비밀의 무단 공유 등에 대한 조사를 실시한다. 이들 사안에 대해 임직원이 고객의 조직 문화와 요구에 민감하게 반응하며, 각 기업의 비즈니스 환경의 특정 관심사와 조직 내 각종 내부 규약(protocol) 및 자율적 내부통제 시스템에 신속하게 적응하고 있는지에 대한 조사도 수행한다.

사기 및 공익신고자(Fraud & Whistle-blower) 조사는 사기, 횡령, 불법 리베이트 및 영업 비밀 공유와 관련된 혐의에 대해 조사하고, 공익신고자 조사는 공익신고의 진실성과 타당성에 대해 조사하여 고용주에게 제공한다.

공평한 고용기회 조사(EEO Investigations)는 직장 내 보복과 갑질, 직장 내 차별이나 괴롭힘에 대한 원인 조사, 고용 차별과 성희롱 · 성폭력에 대한 조사를 포함하여 인종, 성별, 연령, 국적, 종교, 장애 또는 성적 지향에 관한 조사를 하여 고용주에게 제공하는 것이다.

연구 · 환경 감사(Research · Environmental Audits)는 기업이 중요한 결정을 내리는 과정에서 판단을 위한 사실관계 조사를 실시하여 고용주에게 중요한 정보를 제공하는 서비스이다. 이는 법률 위반이나 내부 기업 정책 위반과 반드시 관련이 없는 기업조직 내 개별 부서의 환경에 대한 감사나 사실 조사를 통해 기업의 의사결정을 지원하는 것이다. 조사방식은 대면 또는 전화 인터뷰 실시, 사이트 방문, 카탈로그 및 문서 검토, 복잡한 주제에 대한 배경 연구, 데이터베이스의 설계 및 유지 관리 등을 통해 기업 경영상의 제반 의사결정을 지원한다.

직장 내 폭력 · 괴롭힘(Workplace Violence · Bullying)은 모든 작업환경에서 폭력, 위협 및 직원 괴롭힘을 조사하는 것이다. 상사가 부하직원을 괴롭히는 행위, 갑질 등 직장 내 적대적인 근무환경을 조성하는 행위, 기업 오너의 갑질, 부하직원을 위협하는 관리자에 이르기까지 각종 물리적 · 언어적 폭력 및 괴롭힘에 대한 사실 조사를 제공하는 서비스이다. 갑질 등 직장 내 폭력과 괴롭힘은 사회에 만연한 생활적폐로 개인과 사

---

3) https://piila.com/services/corporate/

회에 심각한 피해를 초래하고 건전한 발전을 저해하고 있다. 조사 결과, 공익탐정은 고용주에게 직원과 시설을 보호하기 위한 적절한 조치를 취하도록 조언하거나 위협 자문을 제공한다.

실체적 진실을 발견하기 위한 조사기술 교육(The Truth Matters® training)은 실체적 진실을 확인하기 위한 조사기술 교육을 제공하고, 전문지식을 활용하여 직원을 교육하고 최첨단 내부 조사 프로세스를 개발하려는 기업 및 공공부문을 지원하는 서비스이다. 조사전문 교육은 강의실 교육, 사례연구, 역할극 및 시뮬레이션 조사의 조합을 사용하여 조사자 교육 모델을 개발·제공한다. 실체적 진실 파악을 위한 교육프로그램은 인사 관리자, 변호사, 법집행 기관 및 사내 조사관을 위한 교육 도구로 사용된다. 이 교육은 참가자의 분석능력과 인터뷰 기술을 연마하는 동시에 조사의 편향성(investigative biases)과 진실을 발견하지 못하게 할 수 있는 일반적인 가정에 대한 인식을 선명하게 하는 데 중점을 둔다. 이 프로그램은 모든 조직에 맞게 사용자를 지정하여 변용할 수 있다.

(2) 공공부문 대상 서비스

공익탐정은 정부, 지방자치단체, 공공기관 등 공공부문(Public Sector)에 대한 조사서비스도 제공한다.[4)]

공공기관은 위법행위 의혹이 제기되면 바로 잡으라는 엄청난 압력을 받는다. 의혹이 제기된 공직자들은 언론, 선출직 공무원 및 지역사회 이해관계자로부터 철저한 조사 압박에 직면하게 된다. 민감하고 복잡한 사안이 발생하면 공무원 규칙, 노조 계약, 적법절차 요건 및 법규, 재량권 행사 정도 등 공공부문의 제반 요구사항 준수 여부에 대한 조사를 받게 된다.

공공부문 조사에는 사기 혐의, 입찰 조작, 공공 기금 오용, 내부 공익신고자 불만, 차별, 성희롱 및 건강 및 안전 규정 위반에 대한 조사가 포함된다. 구체적으로 공공부문(Public Sector)에 대한 조사서비스 영역은 직장 조사(Workplace Investigations), 차

4) PII의 공공부문 고객의 목록은 미국 연방정부 사회보장국(Social Security Administration: SSA)을 포함, 캘리포니아 주 및 로스앤젤레스 카운티 보안관의 부서, 캘리포니아 주립대학, 여러 커뮤니티 칼리지 지구, 로스앤젤레스 경찰국, 캘리포니아 주립 대학, 로스앤젤레스 카운티 소방서, 보건 서비스 특별구, 로스앤젤레스 통합 교육구, 남부 캘리포니아의 메트로폴리탄 워터 디스트릭트, 그리고 캘리포니아 전역의 지방자치단체의 변호사 역할을 하는 민간 법률회사를 아우르고 있다(https://piila.com/services/public-sector/).

별 · 성희롱(Discrimination · Sexual Harassment) 조사, 경찰 · 소방(Police · Fire) 조사, 사기 및 공익신고자(Fraud & Whistle-Blower) 조사, 직장 폭력 · 괴롭힘(Workplace Violence · Bullying) 조사와 훈련(Training) 등으로 구성된다.

① 직장 조사(Workplace Investigations)

경찰과 소방서, 국공립학교 및 대학, 공공사업 기관, 지방자치단체, 공공기관과 관련된 공공부문의 직장조사는 민간부문의 조사와 현저하게 다르다. 직장조사는 직원 및 관리 부정행위, 성희롱 불만, 초과근무시간의 부적정 보고 및 부당지급, 제3자에게 민감한 정보의 유출, 건강 및 안전 기준을 충족하지 못한 환경 규정 위반 등을 조사한다. 조사가 완료되면 공익탐정은 구두 및 서면으로 결과를 제시하고 기관장에게 비공개 회의 및 공청회를 통해 보고한다.

예를 들어, 수사 · 형사 경찰관이 강도 수사에 대해 거짓 진술을 했는지 여부를 결정하는 데 필요한 사실조사, 사회복지서비스 기관에서의 장애 차별 행위 조사, 공공기관의 연령 · 인종 및 성별에 대한 차별이나 괴롭힘 및 보복에 대한 불만 조사, 소방관의 방화 및 기물 파손 행위 여부에 대한 조사 등을 하여 사실관계 정보를 제공한다.

② 차별 · 성희롱(Discrimination · Sexual Harassment) **조사**

차별 · 성희롱 조사는 고용 차별, 성희롱 및 보복에 대한 조사를 실시하는 것으로 선출직 공무원과 공직자들에 대한 혐의부터 국공립 대학 및 교수, 경찰관에 이르기까지 인종, 성별, 연령, 장애, 성적 취향 및 기타 보호 범주에 따른 차별에 대한 불만을 조사한다. 보복 혐의는 차별에 대한 이의제기나 불만이 근거가 없는 경우에도 공공기관의 고용주가 소송 위험에 노출되는 경우가 있다. 이들 차별이나 성희롱에 대한 객관적이고 철저한 조사분석을 실시하여 사실관계 정보를 제공함으로써 부당한 무고나 관리자의 책임으로부터 자유롭게 하거나 소송 등 개인적 충돌을 방지한다.[5)]

③ 경찰 · 소방(Police · Fire) **조사**

경찰관과 소방관은 위험한 작업 조건에서 업무를 수행한다. 따라서 그들은 대부분의

---

5) 예컨대, 미국 사회보장국(SSA)은 미국 전역의 15개 주에 있는 SSA 사무실에서 차별 및 괴롭힘 조사를 수행하기 위해 PII를 고용하고 있다. 또한 공공기관 직원의 부적절한 접촉과 성희롱 조사, 정신질환으로 인해 직장을 잃은 사회봉사기관의 직원이 장애에 따른 차별이란 민원제기 조사 결과 정당한 해고였다는 정보 제공을 했다. 또한 공공기관의 직원이 나이, 인종 및 성별에 따른 차별과 괴롭힘을 당했다는 민원제기에 대한 조사 결과 타당한 주장이 아니었다고 판명되었다.

노동자보다 더 크게 직업에 대한 보호를 제공받을 필요가 있다. 공공안전 책임자인 경찰관이나 소방관이 업무수행 과정에서 성희롱 및 차별 혐의와 위법·부당행위에 관여했다는 혐의에 대한 조사를 공익탐정이 담당한다. 즉, 조직 내부의 감사부서를 도와 외부의 공익탐정이 민원인들의 괴롭힘 주장이나 위법·부당행위 혐의에 대한 조사를 실시하여 사실 여부 및 허위진술 여부에 대한 정보를 제공하는 등 다양한 형태의 서비스를 제공함으로써 형사사법기관 공직자와 소방관의 권리를 보호한다. 또한 경찰이 주거침입 강도에 대해 거짓 진술을 했다는 혐의도 조사하여 법원에 제공한다. 감옥의 재소자들에 대한 각종 차별행위 방지 규정 준수를 감독하는 모니터로 활동하기도 한다. 장애인 수감자에 대한 감옥의 치료 성과를 모니터링하여 교도관 및 형무소 관리자와 함께 감옥의 절차 및 물리적 디자인 변경에 대해 자문을 제공하기도 한다.

이처럼 공익탐정은 공공기관 내부 감사부서의 컨설턴트로 봉사하고, 공공안전을 담당하는 법집행관을 위한 교육 프로그램도 제공하며, 공공안전을 담당하는 공직자의 잠재적인 불법행위에 대한 공정하고 철저한 조사를 수행하고, 법원 모니터로도 활동한다.

④ 사기 및 공익신고자(Fraud & Whistle-Blower) 조사

공공기관의 경우 사기 및 공익신고자 혐의는 특히 민감하며 정치적으로 변동성이 있을 수 있다. 공익탐정은 이해충돌(conflict of interest), 리베이트, 입찰 조작, 뇌물수수, 사기 계약자 청구, 선거 사기, 화재 및 건물 검사의 특혜 제공과 부패, 승진·보직인사의 불공정성 혐의, 국공립학교의 건강 및 안전 코드 위반, 부당한 선물과 금품수수 등 광범위한 조사를 수행하여 제공한다. 공익조사를 통해 지방자치단체와 공공기관이 부정수익을 환수하여 공공기관의 수입의 회복·증대 또는 비용절감을 가져오거나, 재산상 이익 증대와 손실을 방지하고, 미래의 사기를 방지하는 데 도움을 준다.

이같이 공익탐정은 중립성과 전문성을 토대로 정부공공기관과 지방자치단체 차원에서 심각한 의혹에 직면한 공공부문 조직을 지원하면서 포괄적인 보고서와 조사 결과에 대한 상세한 분석을 제공함으로써 실체적 사실 확인에 기여한다.

한편, 내부고발자(Whistle-Blower) 또는 공익신고자가 조직에 해로운 폭로나 제보를 할 때, 공공기관은 외부 조사를 전문적으로 담당하는 공익탐정을 통해 편견없는 견해를 제공받고 사건의 실체적 진실을 밝히는 것이 현명하다. 특히, 제보 내용이 정치적으로 민감하거나, 증명하거나 반증하기 어려운 사안일 경우 더욱 유용하다. 제보가 사실이라면 제도적 변화와 개혁의 필요성을 촉발할 수 있고, 거짓이라 할지라도 내부고발자의 폭로는 조직에 상당한 충격을 줄 수 있기 때문이다.

제보한 의혹이 사실로 밝혀지거나 근거가 없는 터무니없는 주장으로 판명되든, 공익탐정의 보고서는 공공기관이 혐의를 심각하게 받아들이고 신속한 조치를 취했음을 보여줄 수 있다.

⑤ 직장 폭력 · 괴롭힘(Workplace Violence · Bullying) 조사

공익탐정은 직장 내 갑질과 괴롭힘에 대한 조사를 실시하여 보고하는 서비스를 제공한다. 공익탐정은 선출직 공직자, 감독자, 동료 및 대학 교수진에 의한 괴롭힘에 대한 조사와 정부기관에서 "적대적인 근무환경" 혐의를 조사 보고한다. 사건 발생 상황을 분석하고 필요한 경우 시설과 인력을 확보하기 위한 자문도 하고 있다.

모든 종류의 정부공공기관은 직장에서 폭력 및 직원 괴롭힘의 위협을 조사해야 한다. 우리나라의 경우, 2021년 10월 14일부터 개정 · 시행된 근로기준법 제76조의3 직장 내 괴롭힘 방지 규정에 따라 누구든지 직장 내 괴롭힘 발생사실을 알게된 경우 그 사실을 사용자에게 신고할 수 있으며, 사용자는 지체없이 그 사실 확인을 위하여 객관적으로 조사를 실시하여야 한다. 또한 남녀고용평등과 일 · 가정 양립 지원에 관한 법률 제2조 제2호에 따라 직장 내 성희롱 행위도 금지되고 있다.

정부는 공공기관 갑질 · 불공정 행위 근절 종합대책(2020.1)을 발표하였다. 공공 분야에서 각종 갑질과 불공정, 채용비리, 성희롱 등 우월적 지위를 내세워 권한을 남용한 갑질 근절에 나섰다. 또한 공무원이 '직장 내 괴롭힘'으로 얻게 된 정신적 충격 등의 피해를 공무상 재해로 인정해 보상하도록 하는 '공무원 재해보상법' 개정도 추진했다. 이에 따라 직장 내 괴롭힘, 민원인의 폭언 등을 당한 공무원은 산업재해와 동일하게 '공무원 재해보상법'에 따라 공무상 질병 보상을 받게 되었다.

국민권익위원회는 공무원 행동강령 중 갑질 범위 내에 직장 내 괴롭힘을 포함하고 갑질피해자 보호조치 강화를 위한 세부 행위기준을 보완하고 있다. 세부 내용으로 공무원이 소속된 부서 내 직원들에게 무시 및 과중한 업무부담, 부당한 지시 및 대우, 집단 따돌림 등이 모두 포함된다.

⑥ 훈련(Training)

공익탐정은 기업 및 공공부문 조직과 협의하여 직원에게 조사기술 교육을 제공하고 내부 조사 프로세스 개발을 지원한다.

(3) 교육기관 대상 서비스

공익탐정은 사립대학, 국공립 대학, 공립 및 사립 중고등학교 등의 교육기관에서의 성적 부정행위 조사, 교수 및 직원 부정행위 조사, 괴롭힘이나 차별에 관여하는 교사 또는 코치에 대한 학생의 불만, 교실과 캠퍼스 기숙사 및 교외환경에서 발생하는 사건 등 각종 조사를 수행한다.

이외에도 각급 학교 내 성희롱 및 성폭행, 데이트 폭력, 스토킹 및 성적 착취에 대한 조사, 각종 차별과 보복에 관한 조사를 실시하는 것 외에도 학교 교사 및 시설 공사에 대한 부정행위 조사, 교사와 학생의 괴롭힘, 운동부 코치의 학대 행위와 왕따 · 부상당한 선수의 치료 방치, 성별과 인종을 이유로 여성의 전임 교수직 거부행위, 교수 · 교사의 수업 중 음담패설 및 욕설 행위 등을 조사하여 기관장에게 제공한다.

(4) 인권보호 및 자본소송 서비스

공익탐정은 인권(Human Rights), 인신매매, 자본소송(Capital Litigation) 및 선고 완화에 관한 업무도 수행한다. 예컨대, 교도소의 고문행위, 경찰에 의한 인권 노동자 납치, 부당한 살인 유죄 판결 등에 대한 조사를 실시하여 실체적 진실을 발견하는 역할을 한다.

① 자본소송 및 완화 전문가(Capital Litigation · Mitigation Specialist)

공익탐정은 자본소송과 관련된 살인 사건에서 변호사를 지원하고, 유 · 무죄를 결정하는 소송 단계에서 증거 조사를 실시하여 증언함으로써 형량을 완화하여 재판의 성공적인 결과를 도출하는 데 기여하기도 한다. 또한 부당한 유죄 판결을 조사하여 바로 잡고, 석방된 후 민사소송의 재심청구 소송에서 변호사와 협력하여 새로운 무죄 증거를 수집하여 사건의 참된 사실을 정확하게 밝히고 억울함을 풀고 공정한 선고에 기여하기도 한다.[6)]

---

6) 우리나라 민사소송법 제451조(재심사유)에 따르면 다음 각호에 해당하는 경우, 종국 판결에 대해서 재심리의 소를 제기할 수 있다. 단, 재심을 할 수 있는 상황이라고 하더라도 상급 법원에 그 사유를 주장했거나 인지하고도 주장하지 않았다면 소 제기가 불가하다. 민사소송법에서 규정하고 있는 정당한 재심리 청구 사유로는 총 열한 개의 항목으로 정리되어 있으며, 그 사유는 다음과 같다.
1) 판결법원 구성이 법에 어긋났을 경우
2) 재판에 관계하여 참여할 수 없는 대법원장, 대법관, 판사가 존재했을 경우
3) 대리권을 가지고 있지 않은 사람의 소송행위가 있었을 경우
4) 재판에 참여한 법관이 사건에 관하여 직업상 책임을 맡은 사무와 관련하여 죄를 지었을 경우

② **인신매매**(Human Trafficking)

인신매매는 국제적이고 국가적 문제다. 공익탐정은 인신매매 피해자와 인신매매로 인해 이익을 얻은 기업에 대한 소송에서 인신매매 피해자를 대표하는 변호사를 지원한다. 중요한 증인을 찾아 인터뷰하고, 주요 증거를 수집하고 분류하며, 잠재적 피고인의 자산을 식별하는 데 도움을 주는 방식으로 공익 보호에 기여한다.

③ **국제 인권**(International Human Rights)

공익탐정은 분쟁지역 주민 대상 인권유린 및 학대, 감옥에서의 고문행위 조사, 민간인 대상 총격 사건 등에 대해 변호사를 도와 조사를 하여 국제사회의 인권보호에도 기여한다.[7] 인권소송의 조사는 탐정에게 위험하고, 변호사가 법정에서 사용할 수 있는 증거를 수집하기 위해 국경, 언어 및 문화를 이해해야 하는 등 지난하나 공익적 역할을 통해 국제 인권 침해사례를 지원할 수 있다.

(5) 소송 지원 서비스

공익탐정은 각종 소송 지원(Litigation Support)을 위한 조사를 통해 공익 증진에 기여한다. 사건이 민사 또는 형사이든, 법원에서 재판을 받는 과정에서 조사 결과를 판사 또는 배심원 앞에서 증언한다. 소송당사자가 승소하려면 증인을 찾고, 인터뷰를 하고, 문서를 확보하고, 잠재 고객을 발견하고, 사건에 대해 문헌적이고 창의적으로 생각하는

---

5) 형사책임을 지게 될 다른 자의 행위로 말미암아 자백을 했거나 혹은 판결에 영향을 미칠 공격 혹은 방어방법의 제출에 방해가 있었을 경우
6) 판결의 입증자료가 된 문서, 그 외의 물품이 위·변조되었을 경우
7) 증명을 하는 사람, 감정하는 사람, 통역하는 사람의 허위 진술 혹은 사건 당사자나 법정대리인의 허위 진술이 판결의 근거가 되었을 경우
8) 판결의 밑바탕이 된 민사 혹은 형사의 판결, 그 외의 재판 혹은 행정처분이 상이한 재판 내지는 행정 처분에 의해 변경된 경우
9) 판결에 영향을 미칠 주요 사항에 대하여 판단 누락이 있었을 경우
10) 재 심리를 제기할 판결이 이전에 선고한 확정판결에 어긋나는 경우
11) 당사자가 상대방의 거주소를 인지했음에도 불구하고 모른 척 혹은 허위로 하여 소를 제기한 때

위와 같은 사항에 대해 공익탐정은 재심청구에서 변호사를 도와 사실조사를 하여 사건의 참된 사실을 정확하게 밝히고 억울함을 푸는 데 기여하기도 한다.

7) 실제 PII는 아부 그라이브 감옥에서 고문을 당한 이라크인을 대표하는 변호사의 조사관으로도 참석했고, 이라크에서 민간인 대상 총격 사건에 대한 혐의 조사를 하기도 했다. 또한 PII는 볼리비아, 미얀마, 나이지리아, 온두라스에서 인권 유린 혐의로 외국인 불법 행위 법령(ATS) 소송에서 미국 변호사를 지원했다(https://piila.com/services/human-rights-capital-litigation/international-human-rights/).

탐정이 필요하다. 공익탐정은 소송 관련 증인 탐색과 증거조사를 통해 숨겨진 진실을 드러내고, 사건의 실체적 진실에 접근한다.

공익탐정은 소송 팀의 일환으로 다음과 같은 서비스를 수행할 수 있다.[8)]

- 증인 찾기(Locate witnesses), 증인 및 목격자 인터뷰, 사건 관련 문서 초안 및 서명된 선언문(Draft and secure signed declarations) 찾기
- 소환장 제공(Serve subpoenas), 관련 데이터베이스 및 법원 기록 검색(Search databases and court records)
- 감시(Conduct surveillance), 신원 확인(Conduct background checks)
- 화상 및 사진 증거수집(Collect video and photographic evidence)
- 배심원 선정에 대해 변호사와 상의(Consult with attorneys on jury selection)
- 재판에서 증언(Testify at trial)
- 배심원의 위법행위 조사(Investigate jury misconduct)
- 연구 및 증거 보고서(Research and write evidence reports) 작성
- 복잡한 다자 간 조사 조정(Coordinate complex, multi-party investigations)

① 고용 소송(Employment Litigation)

고용 소송에서 승리하는 데 필요한 증거는 대개 대량의 문서 또는 더 이상 회사에서 일하기를 꺼려하는 동료의 증언에 숨겨져 있다. 이와 같은 상황에서 공익탐정은 변호사 소송팀의 필수적인 일원으로 증인 찾기, 인터뷰 수행, 서명된 선언문 탐색, 단서 발굴(developing leads), 모호한 패턴과 추세를 보이는 대규모 증거의 분석 및 구성, 적시에 업무를 처리하고 예산범위 내(work timely and within budget)에서 소송 팀의 목표를 달성하는 방법을 숙지하여 변호사를 지원하여 사건해결에 결정적인 영향을 미친다.

② 인권 · 시민권(Human Rights · Civil Rights) 소송 지원

공익탐정은 인권이나 시민권의 잠재적 위반과 관련된 사건의 소송 지원을 한다. 인신매매, 성노예 및 염전노예 등 현대판 노예, 부당한 유죄 판결의 피해자는 범죄를 저지르는 사람과 조직이 형사 기소될 때조차도 재정적 회복을 위해 법적 도움이 필요한 경우가 많다. 또한 주택, 일자리 및 기타 기본적인 필요사항이나 노력에 대한 대가 지불을 거부하는 사람들을 대상으로 법적 청구를 지원할 수 있다.

8) https://piila.com/services/litigation-support/

공익탐정은 인권침해나 시민권을 침해당한 피해자들을 대상으로 증인을 인터뷰하고, 관련 신고, 문서 및 공공 기록을 수집하고 변호사의 소송을 지원한다. 민사 소송에 대한 증거를 수집하려면 인내심, 끈기 및 창의성이 필요하며, 수집한 증거는 법원 판결이나 중요한 합의를 이끌어 승리하는 데 결정적 기여로 이어진다. 이같이 공익탐정은 변호사, 시민단체와 협력하여 피해자의 권익침해를 구제하고 권리 증진에 기여하는 역할을 담당한다.

③ **재판 준비**(Trial Preparation)

재판을 준비하는 변호사를 돕는 것은 발견되고 싶지 않거나 단순히 알려지지 않은 증인을 찾고, 수백 페이지의 문서를 수집·분석하거나, 서명된 선언문을 수집하거나, 감시를 수행하는 것까지 모든 조사업무를 수반할 수 있다.

공익탐정은 시간과 예산 제약 하에서 조사에 대한 경험과, 예리한 분석 및 전략적인 감각을 토대로 조사 팀의 노력을 조정하여 건초 더미에서 바늘을 찾듯이 문제 해결에 기여한다. 예컨대, 재판 준비를 위한 탐정의 역할은 다음과 같이 다양하다.

- 변호사로 구성된 법률팀이 오래전에 은퇴한 수사경찰을 찾을 때 탐정은 그가 은퇴한 지역신문을 검색하여 형사를 찾기 위한 중요 단서를 발굴한다.
- 기계에 손을 잃은 작업장의 신체상해 조사에서 탐정은 사건 현장을 촬영하고 사건 날짜부터 경찰과 소방서 기록을 찾고 부상 발생 직후 현장에 있던 목격자를 추적한다.
- 노숙자의 개인 상해사건에서 증인을 찾아야 할 경우, 탐정은 형사법원 기록과 신발 자국의 조합을 사용하여 인근에 살고 있는 증인을 추적한다.
- 고등학교 수영장에서 익사한 학생의 사망 동기와 원인을 조사하기 위해 탐정은 당시 수영장에 있던 학생들을 찾아 인터뷰하고 교직원을 대상으로 학교에서 과거의 그의 행적에 대한 증거를 수집하여 제공한다.
- 세차장에서의 임금 및 시간 불만에 대한 조사에서 탐정은 세차장 직원과의 인터뷰 및 급여 기록 검토를 통해 보상되지 않은 휴식에 대한 근로자 불만이 정확한지 여부를 확인하고 변호사를 지원한다.
- 10대 청소년이 학교 등교 중 희미한 조명의 횡단보도에서 차에 치여 사망한 사건 조사의 경우, 탐정은 인근 주민 전체를 대상으로 이해관계자 지도를 만들고 수백 명의 사람들과 인터뷰하고, 목격자로부터 사고 원인에 대한 서명된 진술을 수집하

여 학생의 가족을 위한 소송 담당 변호사를 지원한다. 이를 토대로 공익탐정은 학교, 지역교육청 및 지방자치단체에 해당 횡단보도의 위험성에 대한 관리 소홀을 지적하고, 과거 발생한 여러 건의 사고에 대한 수십 건의 신고를 수집하여 담당 기관의 안전관리감독 부족을 밝힌다.

④ 집단 소송(Class Actions)

수많은 집단 소송에서 공익탐정은 상상할 수 있는 모든 종류의 불만에 대한 해결책을 추구하는 변호사에게 귀중한 파트너 역할을 한다. 공익탐정은 집단 소송을 제소할 원고를 찾아, 연락하고, 인터뷰하고, 조사하고, 증인을 배치하고, 산더미 같은 방대한 자료에 묻혀 있는 증거를 발견하고 단서를 찾는 것까지 담당한다. 또한 집단 소송에 필요한 범위에 맞게 조사팀을 구성하고 조정하여 소송을 승리로 이끄는 데 결정적인 역할을 담당한다.

⑤ 법원의 감독 모니터링(Court-Supervised Monitoring) **지원**

공익탐정은 법원 소송과정에서 해당 공공 및 민간조직을 대상으로 제반 법적 의무를 이행하고 있는지 모니터링하여 법원에 정보를 제공한다. 예를 들어, 중대 재해 규정, 환경 규정을 충족하는 산업 현장인지, 고용 규정을 준수하고 있는지, 인권침해를 해결하기 위해 적절한 조치를 이행하고 있는지 등에 대하여 공익탐정은 법원, 정부 및 형사사법기관 관계자, 회사 임원과 협력하여 법원의 명령 준수를 모니터링하고, 제반 법규 준수 여부에 대한 보고서를 작성·제공한다. 또한 기업의 제품이나 서비스 대상 고객 불만사항에 대하여 고객, 직원 인터뷰 및 관련 기록 검토 등을 조사하고 회사의 규정 준수 여부를 모니터링하여 제공하기도 한다.

3. 국내 법제도상 공익탐정의 업무범위

1) 현행 법제상 공익탐정의 업무범위

공익탐정은 현행 공익신고자 보호법, 공정거래법, 부패방지 및 국민권익위원회 설치운영법, 부정청탁 및 금품수수방지법, 공직자의 이해충돌방지법 등 관련 법률이 허용하는 범위 내에서 각종 공익침해 및 위법·탈법 사건·사고에 대한 민간조사 업무를 수행할 수 있다. [그림 16-1]은 현행 국내 법제도상 부패신고 및 공익신고 관련 법령을 제시하고 있다.

[그림 16-1] 국내 부패신고 및 공익신고 관련 법령

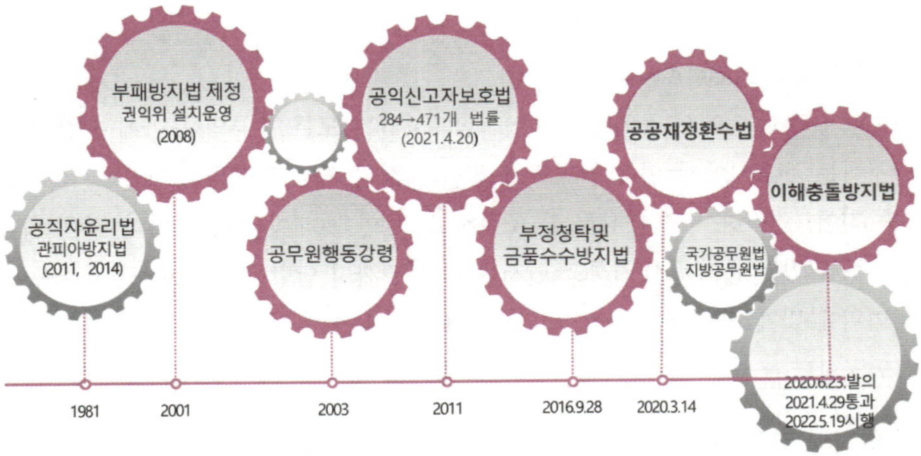

우리나라의 경우 부정청탁 및 금품수수 방지법, 공익신고자 보호법, 부패방지 및 국민권익위원회 설치 운영법, 공공재정 부정청구 금지 및 부정이익 환수법, 공직자 이해충돌방지법 등의 제반 법규에서 규정하고 있는 금지행위와 법규 위반행위가 모두 공익탐정의 조사대상이 될 수 있다. 구체적으로 다음과 같은 부정청탁 및 금품수수 방지법상의 금품수수 금지행위가 여기에 해당한다.

구체적으로 금품등의 종류로 금전, 유가증권, 부동산 등 일체의 재산적 이익, 음식물 · 골프 등 접대 · 향응 또는 교통 · 숙박 등 편의 제공 행위, 채무 면제 등 그 밖의 유형 · 무형의 경제적 이익 등이다. 다만, 예외적으로 허용되는 금품등 여덟 가지의 경우 금품수수에 해당하지 않는다.[9]

9) 예외적으로 허용되는 금품등 여덟 가지는 다음과 같다.

1. 공공기관 또는 상급 공직자등이 위로 · 격려 · 포상 등의 목적으로 공직자등에게 제공하는 금품등
2. 원활한 직무수행 · 사교 · 의례 · 부조의 목적으로 제공되는 음식물 · 경조사비 등으로서 대통령령으로 정하는 가액 범위 안의 금품등
3. 채무의 이행 등 정당한 권원에 의하여 제공되는 금품등
4. 공직자등의 친족(민법 제777조)이 제공하는 금품등
5. 장기적 · 지속적인 친분관계를 맺고 있는 자가 어려운 처지에 있는 공직자등에게 제공하는 금품등
6. 직무 관련 공식적 행사에서 참석자에게 통상적인 범위에서 일률적으로 제공하는 교통, 숙박, 음

[그림 16-2] 국내 부패신고 및 공익신고 관련 법제도의 개요

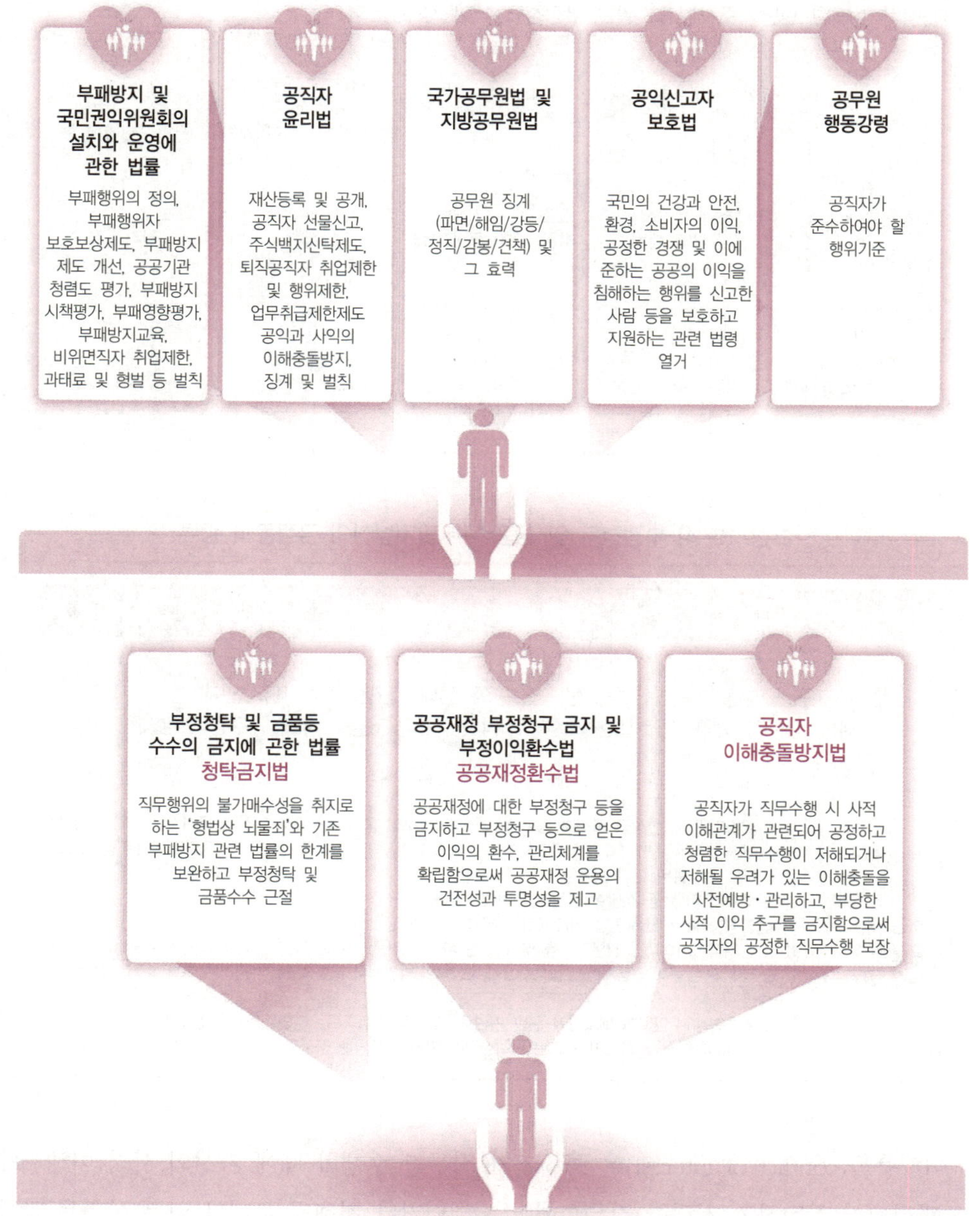

식물등의 금품등

7. 불특정 다수인에게 배포하기 위한 기념품·홍보용품 등 또는 경연·추첨을 통하여 받는 상품등
8. 그 밖에 다른 법령·기준 또는 사회상규에 따라 허용되는 금품등

[그림 16-3] 부정청탁 및 금품수수 방지법상의 부정청탁 행위 유형

부정청탁에 대한 판단기준 제시를 위한 부정청탁 15개 행위 유형

1	2	3	4	5
인가·허가 등 업무처리	행정처분·형벌부과 업무처리	채용·승진 등 인사 개입	공공기관 의사결정 관여 직위선정·탈락 개입	공공기관 주관 수상·포상 선정·탈락에 개입
6	**7**	**8**	**9**	**10**
입찰·경매 등에 관한 직무상 비밀 누설	특정인 계약선정·탈락에 개입	보조금 등의 배정·지원, 투자 등에 개입	공공기관이 생산·공급하는 재화 및 용역의 비정상적 거래	학교 입학·성적 등 처리·조작
11	**12**	**13**	**14**	**15**
징병검사 등 병역 관련 업무처리	공공기관이 실시하는 각종 평가·판정 업무 개입	행정지도·단속 등 결과조작, 위법사항 묵인	사건의 수사·재판 등 개입	1번~14번 유형에 대한 지위·권한 남용

[그림 16-4] 부정청탁 및 금품수수 방지법상의 금품등의 종류

금품등의 종류		
금전, 유가증권, 부동산 등 일체의 재산적 이익	음식물·골프 등 접대·향응 또는 교통·숙박 등 편의 제공	채무 면제 등 그 밖의 유형·무형의 경제적 이익

예외적으로 허용되는 금품등 여덟 가지

1. 공공기관 또는 상급 공직자 등이 위로·격려·포상 등의 목적으로 공직자 등에게 제공하는 금품등
2. 원활한 직무수행·사교·의례·부조의 목적으로 제공되는 음식물·경조사비 등으로서 대통령령으로 정하는 가액범위 안의 금품등
3. 채무의 이행 등 정당한 권원에 의하여 제공되는 금품등
4. 공직자 등의 친족(민법 제777조)이 제공하는 금품등
5. 장기적·지속적인 친분관계를 맺고 있는 자가 어려운 처지에 있는 공직자 등에게 제공하는 금품등
6. 직무 관련 공식적 행사에서 참석자에게 통상적인 범위에서 일률적으로 제공하는 교통, 숙박, 음식물 등의 금품등
7. 불특정 다수인에게 배포하기 위한 기념품·홍보용품 등 또는 경연·추첨을 통하여 받는 상품 등
8. 그 밖에 다른 법령·기준 또는 사회상규에 따라 허용되는 금품등

이해충돌(conflict of interest)은 공직자가 직무를 수행할 때에 자신의 사적 이해관계가 관련되어 공정하고 청렴한 직무수행이 저해되거나 저해될 우려가 있는 상황을 말한다. 공직자의 이해충돌 방지법상 공직자가 해야 할 5개의 신고·제출 의무와 하지 말아야 할 5개의 제한·금지 행위는 [그림 16-5]와 같다. 이들 행위들에 대한 조사 역시 공익탐정의 조사범위에 해당한다.

[그림 16-5] 공직자의 이해충돌방지법상 신고 · 제출 의무와 제한 · 금지 행위

	신고 · 제출 의무		제한 · 금지 행위
1	사적 이해관계자 신고 및 회피 · 기피 신청	1	직무 관련 외부활동의 제한
2	공공기관 직무 관련 부동산 보유 · 매수 신고	2	가족 채용 제한
3	직무 관련자와의 거래 신고	3	수의계약 체결 제한
4	고위공직자 민간부문 업무활동 내역 제출	4	공공기관 물품 등의 사적 사용 · 수익 금지
5	퇴직자 사적 접촉 신고	5	직무상 비밀 등 이용 금지

[그림 16-5]의 이해충돌 행위들은 「공직자 행동강령」의 행위기준 총 23개 중 9개의 이해충돌방지 행위가 포함된 것이다. 공직자 행동강령에 규정된 23개 행위기준 준수 여부에 대한 조사도 공익탐정의 조사대상이 된다.

[그림 16-6] 공직자의 이해충돌방지법상 이해충돌 행위

공정한 직무수행(11개)	부당이득의 수수금지 등(7개)	건전한 공직풍토의 조성(3개)
제4조 공정한 직무수행을 해치는 지시에 대한 처리	제10조 이권 개입 등의 금지	제15조 외부강의 등의 사례금 수수 제한
1 사적 이해관계의 신고 등	제10조의2 직위의 사적 이용 금지	3 조 직무관련자 거래 신고
4 의2 고위공직자의 민간 분야 업무활동 내역 제출	제11조 알선·청탁 등의 금지	제17조 경조사의 통지 제한
1 의3 직무관련 영리행위 등 금지	5 조 직무관련 정보를 이용한 거래 등의 제한	
2 의4 가족 채용 제한	4 조 공용물의 사적 사용·수익의 금지	2 + 공공기관 직무 관련 부동산 보유 · 매수 신고
3 의5 수의계약 체결 제한	제13조의2 사적 노무 요구 금지	
5 의6 퇴직자 사적 접촉의 신고	제13조의3 직무권한 등을 행사한 부당행위의 금지	
제6조 특혜의 배제	제14조 금품등의 수수 금지	
제7조 예산의 목적 외 사용 금지	제14조의2 감독기관의 부당한 요구 금지	
제8조 정치인 등의 부당한 요구에 대한 처리		
제9조 인사 청탁 등의 금지		

또한 공공재정 부정청구 금지 및 부정이익 환수법상, 공공재정에 손해를 입히거나 이익을 얻는 허위청구, 과다청구, 목적외 청구, 오지급 등을 신고할 경우에도 보상금과 포상금을 지급하고 있으며, 이들 행위도 공익탐정의 조사대상이다.

[그림 16-7] 공공재정 부정청구 금지 및 부정이익 환수법상 부정청구 행위 유형

공공재정에 손해를 입히거나 이익을 얻는 일체의 행위(법 제2조 제6호)			
가목	허위청구	거짓이나 그 밖의 부정한 방법으로 공공재정지급금을 청구할 자격이 없는데도 공공재정지급금을 청구하는 행위	환수대상, 제재부가금 부과, 명단공표 대상
나목	과다청구	거짓이나 그 밖의 부정한 방법으로 받아야 할 공공재정지급금보다 과다하게 공공재정지급금을 청구하는 행위	
다목	목적 외 청구	법령·자치법규나 기준에서 정한 절차에 따르지 아니하고 정해진 목적이나 용도와 달리 공공재정지급금을 사용하는 행위	
라목	오지급	그 밖에 공공재정지급금이 잘못 지급된 경우	환수대상

2) 공익탐정의 업무 및 진출 분야

공익탐정은 개인이나 단체 등이 침해를 받고 있는 각종 사건 해결을 위한 정보수집과 제공, 변호사의 사건을 의뢰받아 사실관계를 조사하고 관련 증거자료를 수집할 수 있다. 또한 기업위기 진단조사 및 사전예방, 개인이나 각종 단체·기업이 필요로 하는 정보탐색과 사실확인 조사업무를 수행할 수 있다. [표 16-1]은 공익탐정의 업무 영역과 진출 가능 분야를 예시하고 있다.

[표 16-1] 공익탐정의 업무 영역 예시

공익탐정의 업무 영역 및 내용	비고
공익신고 조사	사회안전 분야 공익탐정업무
수사기관 고발·제보	
신문·방송 등 언론 제보	
행정 및 감사기관 제보	
정당에 정책자료 제보	
시민단체 등 협조	
지역주민에 대한 지식 기부	
관련 자료 축적	

공익신고자 보호법에 의한 공익침해행위 조사 및 신고	국민권익위원회, 공정거래위원회, 중앙선거관리위원회 등 관련 법제도의 공익탐정업무
악성 고액체납자 은닉재산 조사 신고	
공직선거법 위반행위 조사 신고	
전국동시조합장선거 위반행위 조사 신고(농·수·산)	
공공기관 등 채용 비리 조사 신고	
불공정 거래행위(공정거래위반) 조사 신고	
증권 선물시장에서의 불공정 거래행위 조사 신고	
보험사기 및 보험범죄 조사 신고	
정부 복지·보조금 부정수급 조사 신고	
불법 사금융 조사 신고	
불량·부정식품 조사 신고	

다음 절에서 공익신고자 보호법을 중심으로 공익탐정의 업무범위에 대해 살펴보도록 하자.

제2절 공익신고자 보호제도의 이해

1. 공익신고자 보호법률의 의의

1) 공익신고자 보호법의 제정 배경 및 추진경과

공익신고자 보호법은 지난 2001년 공공부문의 부패행위를 신고대상으로 하는 부패방지 및 국민권익위원회의 설치와 운영에 관한 법(이하 '부패방지법'이라 한다)10) 제정 이후 만 10년 만인 2011년 3월 29일 제정되고 9월 30일자로 시행되었다.

공익신고자 보호법은 기존 '부패방지법'에 따른 신고자 보호가 공직자의 뇌물수수, 예산낭비 등 부패신고에 한정되어 있어 국민의 건강·안전, 환경 등에 대한 위해행위(공익침해행위) 신고로 인한 불이익을 받더라도 신고자가 보호받지 못하는 법제도적

10) 2002년 1월 25일부터 시행되었고, 2008년 2월 정부 통·폐합 과정에서 기존 국가청렴위원회와 국민고충처리위원회, 국무총리실 산하 행정심판위원회가 통·폐합되어 국민권익위원회가 신설되면서, 부패방지 및 국민권익위원회의 설치와 운영에 관한 법률(2008.2.29)이 제정되었다. 동법은 부패행위 신고자 보호 및 보상 규정을 그대로 승계하였다.

[그림 16-8] 공익신고자 보호법의 제정 배경과 경과

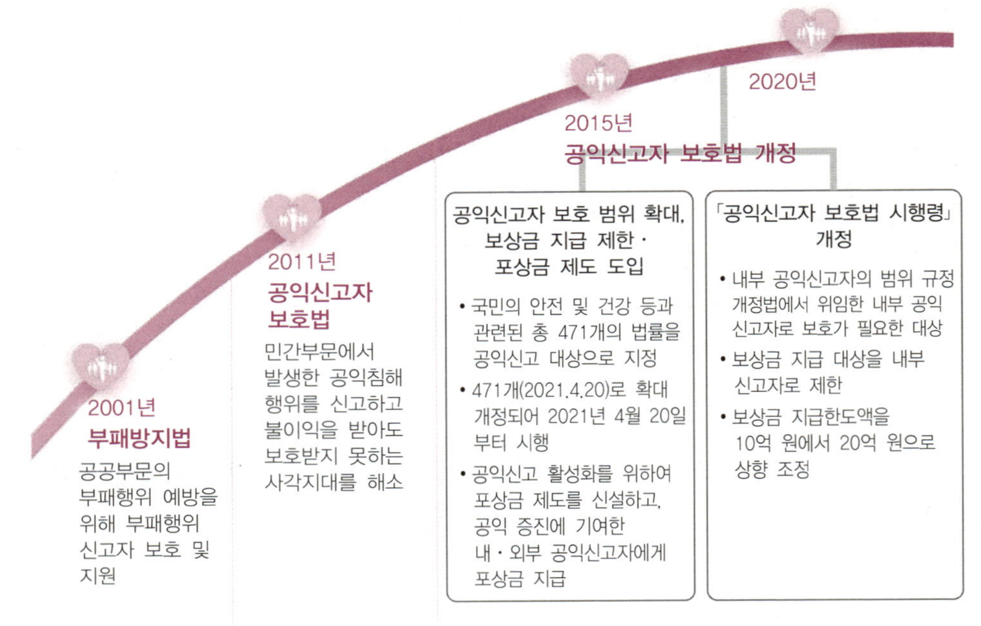

사각지대가 존재함에 따라 공익침해행위 예방 및 건전한 공익신고 활성화 필요성에 따라 제정되었다.11)

부패행위 신고에 한정되었던 기존 '부패방지와 국민권익위원회 설치 운영법'에 비해 공익신고자 보호법은 국민의 건강과 안전, 환경, 소비자의 이익 및 공정한 경쟁을 침해하는 공익침해행위의 신고까지 보호받을 수 있도록 제정되어 법제도의 적용범위가 민간부문까지 확대되었다는 점에서 의의가 있다.

법제정 이후 제도 확산을 위해 국민권익위원회는 지방자치단체 대상 공익신고자 등의 보호 및 지원에 관한 표준조례를 제정 · 배포(2012.5.18)하고, 민간기업 내부의 공익신고 활성화를 위하여 표준 취업규칙 개정의견을 고용노동부에 제시하는 등 공익신고자 보호제도 정착을 위한 기반 조성을 위해 다각적인 노력을 기울였다. 현재 국내 대다수의 공공기관이 공익신고의 활성화를 유도하기 위해 신고시스템을 구축하였고, Help

11) 공익신고자 보호법은 공익을 침해하는 행위를 신고한 사람을 보호하고 지원함으로써 투명하고 깨끗한 사회 풍토를 확립하기 위한 목적으로 2011년 제정되었다. 공익신고자의 인적사항 공개를 금지하고, 공익신고를 이유로 신고자에게 불이익 조치를 내릴 경우 징역 3년 이하 또는 3천만 원 이하의 벌금을 부과하는 게 골자다.

Line 등 공익신고 접수·처리시스템의 아웃소싱이 도입되고 있다. 홍보와 교육도 병행하는 등 법제도 구축 측면과 공익신고에 대한 공직자와 국민의 인식도 제고 측면에서 변화를 가져오고 있다.

2) 공익신고 및 공익신고자 보호법이란 무엇인가?

공익신고자 보호법은 공익침해행위를 신고한 자를 보호하고, 공익침해 행위를 예방하기 위해 2011년(2011.9.30. 시행)에 제정된 법으로 공익신고는 이 법에 따른 신고를 의미한다. 공익신고의 대상은 국민의 건강과 안전, 환경, 소비자의 이익 및 공정한 경쟁과 관련해 공익신고자 보호법에서 열거하고 있는 2022년 현재 471개 적용대상 법률의 벌칙 또는 행정처분의 대상이 되는 행위로 법 위반 사항에 대해 신고할 경우 신고자를 법에 따라 보호해주고 보상이나 포상을 하게 되어 있다.

공익신고는 누구든지 공익침해행위가 발생하였거나 발생할 것을 알게 된 때에 이를 시정하고자 공익신고 기관에 신고하는 것을 말한다. 또한 공직자가 그 직무를 수행하면서 공익침해행위를 알게 된 때에 법에서 정한 의무에 따라 이를 조사기관, 수사기관 또는 국민권익위원회에 신고하는 행위를 포함한다.

공익침해행위는 일시적으로는 공공기관과 기업에 이익을 가져다 줄 수 있으나 궁극

[그림 16-9] 공익신고의 개념

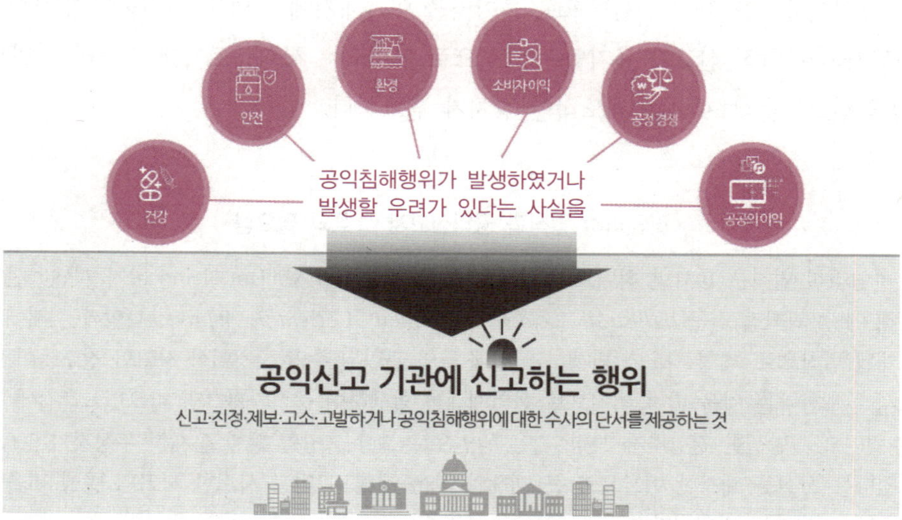

적으로 기업의 지속가능한 경영에 위험요인으로 작용한다. 따라서 공익신고를 통해 기업 스스로 공익침해행위를 예방할 수 있는 자율통제 시스템을 구축할 경우 기업의 경쟁력을 높이는 데 크게 도움이 될 것이다.

3) 공익신고는 왜 필요할까?

공공부문의 부패행위와 더불어 부실공사, 유해식품의 판매, 환경오염 등 민간의 공익침해행위는 국민의 건강·안전 및 우리 사회의 신뢰를 훼손하는 등 심각한 사회적 손실을 초래하고 막대한 사회적 비용을 발생시킨다. 현대 사회에서 발생하는 다양한 공익침해행위는 그 복잡성과 전문성이 크고, 그 피해의 규모도 커서 사후 대처로는 한계가 있다.

민간 분야에서 발생하는 공익침해행위가 은밀화되고 지능화되어 감에 따라 공익침해행위의 제거와 예방을 위해서는 공익신고자의 정보 제공이 필수적이다. 특히 기업이나 조직 내부 문제를 가장 많이 알고 있는 내부 구성원들이 정보를 제공해주지 않으면 감독기관이나 수사기관의 노력만으로는 공익침해행위에 대한 구체적인 증거를 확보하여 이를 적발·시정하는 것이 현실적으로 어려울 수 있다. 이러한 이유에서 공익신고자에 대한 보호제도가 필요하다는 공감대가 형성되어 공익신고자 보호제도가 만들어지게 되었다.

그러나 공익신고자를 조직의 배신자, 부적응자 정도로 취급하는 사회적 편견 등으로 인해 공익신고자가 자신의 힘만으로 불이익을 이겨내기에는 많은 어려움이 있으며, 공익신고자의 자발적 신고가 용기있는 양심으로 인정되는 사회풍토가 뿌리내리기 위해서는 공익신고자를 보호하는 제도적인 장치가 필요하다.

하인리히 법칙과 공익신고자 보호의 필요성

하인리히 법칙은 1931년 허버트 윌리엄 하인리히(Herbert William Heinrich)가 펴낸『산업재해 예방: 과학적 접근(*Industrial Accident Prevention: A Scientific Approach*)』이라는 책에서 소개된 법칙으로, 대형 사고가 발생하기 전에 그와 관련된 수많은 경미한 사고와 징후들이 반드시 존재한다는 것을 밝힌 법칙으로 산업재해가 발생하여 중상자가 1명 나오면 그 전에 같은 원인으로 발생한 경상자가 29명, 같은 원인으로 부상을 당할 뻔한 잠재적 부상자가 300명 있었다는 사실을 제시한 이론으로 큰 재해와 작은 재해, 그리고 사소한 사고의 발생 비율이 1 : 29 : 300이라는 법칙이다.

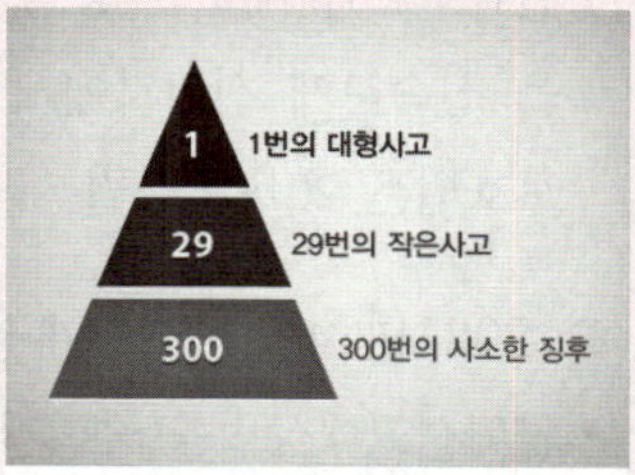

하인리히의 법칙 '1:29:300'

1930년대 미국의 보험회사에 근무한 허버트 윌리엄 하인리히가 산업재해의 사례분석을 통해 제시한 통계적 법칙으로 하인리히 법칙(1대 29대 300법칙)이 있다. 이는 산업재해로 인해 중상자가 1명 나올 경우 그 전에 같은 원인으로 발생한 경상자가 29명이 있었고, 부상을 당하지는 않았지만 같은 원인으로 경미한 사고를 겪었던 잠재적 부상자가 무려 300명이 있었다는 것으로 한 번의 큰 사고가 일어나기 전에는 300번의 징후와 29번의 경고가 있다는 것이다.

우리 사회를 뒤흔든 각종 대형 참사들은 사전에 그 징후와 경고에 조치를 취했으면 충분히 막을 수 있거나, 그 피해를 최소화할 수 있을 것이다.

공익신고자 보호법은 이러한 300번의 징후를 알려주는 공익신고자들이 용기를 낼 수 있도록 그들의 양심에 안심을 더해주기 위해 제정되었다. 공익신고를 활성화하고 신고자를 보호하는 것은 국민 스스로 생활 주변의 위험요인이나 내부의 불법행위를 신고하여 사회 전체의 안전을 제고하는 것으로 우리 모두가 보다 안전하고 건강하게 살 수 있게 하는 우리 사회의 안전판이라 할 수 있다.

4) 공익신고자 보호 강화 정책

법제정 이후 공익신고자 보호 및 처리 수준의 향상을 위한 다각적 조치가 취해지고 있다. 공익침해 신고 활성화와 내실 있는 사건 처리, 신고자 보호 및 보상을 통해 부패통제 효과를 극대화하고, 신고에 대한 부정적 인식 전환을 위한 교육·홍보를 강화하는 등 공익신고 활성화 대책이 추진되었다. 그간 개정된 공익신고자 보호법의 주요 내용은 다음과 같다.

○ 2017년 10월 31일 개정 내용

• 징벌적 손해배상 제도, 불이익 조치 추정, 긴급구조금 제도 도입
  - 징벌적 손해배상 제도는 신고로 인해 신고자가 손해를 봤을 때 그 손해의 3배까지 손해배상을 할 수 있도록 해서 보복적인 해고나 불이익을 받지 않도록 예방하는 조치
  - 불이익 조치 추정은 신고자가 불이익조치와 관련해 국민권익위원회에 보호조치 결정을 신청하거나 법원에 소송을 제고하면, 불이익 조치를 한 자가 그 불이익 조치의 정당성을 입증해야 하는 제도

- 긴급구조금 제도는 공익신고와 관련된 치료비용, 이사비용, 소송비용 등의 구조금을 신속하게 신고자에게 지급하는 것을 말한다. 이번에 공포된 개정 공익신고자 보호법은 2018년 5월부터 시행됨

○ **2021년 4월 20일 개정 시행 주요 내용**

- 공익신고대상법률(국민건강 · 안전 · 환경 · 소비자이익 · 공정한경쟁 · 이에 준하는 공공의 이익 침해하는 471개 법률)에, 근로기준법, 사립학교법, 초중등교육법, 고등교육법 위반행위 신고자 등 교육현장과 근로현장에서의 공익침해행위가 공익신고자보호법 대상으로 확대
- 집중 신고대상(2021년 5월 한 달 간): 임산부에게 야간 근로를 시키거나 출산휴가를 주지 않는 행위, 폭행 · 협박 · 감금 등으로 근로를 강요하는 행위, 학교법인의 수익을 사립학교 경영 외 목적에 사용한 행위, 부정한 방법으로 국가나 지방자치단체로부터 교육비를 지원받는 행위, 학생 학교생활기록을 동의없이 제3자에게 제공하는 행위, 대입시험문제를 유출 · 유포하는 행위 등

○ **2021년 7월 21일 개정 시행 주요 내용**

- 법원에 대한 의견제출권을 신설(2021.7.21. 시행)하여 국민권익위원회가 필요하다고 인정하거나 법원이 요청하는 경우, 공익신고와 관련된 민 · 형사 소송 및 행정소송에 대해 국민권익위원회가 의견을 제출할 수 있게 됨
- 공익신고자가 신고와 관련된 자신의 위법행위로 형이나 징계, 불리한 행정처분의 대상이 되더라도 소송에서 감면받을수 있도록 국민권익위원회가 의견 제출 가능

○ **2021년 10월 21일 개정 시행 주요 내용**

- 공익신고를 했다는 이유로 명예훼손 등으로 민 · 형사 소송을 당하는 경우, 공익신고로 인한 모든 쟁송절차비용(변호사 선임료 등)에 대한 구조금을 국민권익위원회에 신청 가능
- 국민권익위원회가 요구하지 않더라도 각 기관이 필요시에 공익신고자에 대한 징계 등을 스스로 감면할 수 있는 법적 근거 마련으로 공익신고자를 보다 신속하고 선제적으로 보호 가능

공익신고자 보호법제의 국제 동향

주요 외국의 공익신고자 보호법제의 발전과정을 보면 다음과 같다. 국가 차원의 공익신고자 보호 일반법을 가진 나라로는 미국(Whistleblower Protection Act, 1989; False Claims Act, 1986), 영국(Public Interest Disclosure Act, 1998), 뉴질랜드(Protected Disclosures Act, 2000), 남아프리카공화국(Protected Disclosures Act, 2000), 일본(공익통보자 보호법, 2004), 캐나다(Public Servants Disclosure Protection Act, 2005), 루마니아(Act on the Protection of Whistle-blowers), 자메이카(Protected Disclosures Act, 2011), 인도(Whistleblowers' Protection Act, 2011), 한국(공익신고자 보호법, 2011)을 비롯하여 가나와 우간다도 도입하는 등 10여 개 국가가 있다. 약 50여 개 국가는 반부패법(Anti-Corruption Act), 정보공개법(Freedom of Information Act), 근로관계법(Labor Relation Law) 등에 공익신고자 보호가 포함되어 있다.

| 참고1 | 해외 입법례

구분	공익신고자 보호법(한국)	Public Interest Disclosure Act(영국)	공익통보자 보호법(일본)
신고 주체	• 누구든지	• 기업의 근로자 • 일반공무원	• 기업의 근로자 • 일반공무원
신고 대상	• 국민의 건강 · 안전 • 환경 • 소비자이익 • 공정한 경쟁 ※ 279개 법률 벌칙 · 행정 처분 대상행위	• 범죄행위 • 법칙준수의무 위반 • 부정행위 • 근로자의 건강 · 안전 위협	• 개인의 생명 · 신체 보호 • 환경의 보전 • 소비자이익 옹호 • 공정한 경쟁 확보 ※ 약 450개 법률 위반행위
신고 기관	• 기업, 행정 · 감독기관, 수사기관, 국민권익위원회, 국회의원, 공공단체 중 선택가능	• 기업(1차) → 정부기관(2차) → 대외제보(3차)	• 기업(1차) → 행정 · 감독기관(2차) → 외부 기관(3차)
신고 방법	• 인적사항 기재 및 증거 제출	• 별도 방법 미규정	• 별도 방법 미규정
신고 요건	• 허위 · 부정목적 신고 배제	• 신의성실의 원칙에 따른 합리적 믿음	• 허위 · 부정목적 신고 배제
처리 절차	• 기업은 조치방안 마련 • 행정 · 감독기관은 조사 및 조치 실시 • 국민권익위원회는 확인 후 조사 · 수사기관 이첩 • 국회의원과 공공단체는 타 접수기관 송부	• 별도 처리 절차 없음 (개별 법령에 따라 조치)	• 별도 처리 절차 없음 (개별 법령에 따라 조치)
보호 사항	• 신분비밀보장, 신변보호 • 보호조치 및 불이익 금지 권고 • 민 · 형사상 책임감면 • 불리한 행정처분 책임감면	• 부당해고 등 불이익 금지 • 노동법원 판결 시까지 신분보장 • 신고금지 규정의 무효	• 해고 무효, 파견계약 해제 무효 등 원상회복 • 불이익취급 금지
보호 절차	• 국민권익위원회에 보호 요청	• 부당해고 등 불이익 금지 • 노동법원 제소	• 민법 등에 따라 재판청구
지원 제도	• 보상금(최대 20억 원, 내부신고자), 포상금(내 · 외부 신고자, 최대 2억 원) 및 구조금(내 · 외부 신고자) 지급	• 보상금 · 구조금제도 없음	• 보상금 · 구조금제도 없음
강제 규정	• 보호 위반 시 최대 3년 이하의 징역 또는 3천만 원 이하의 벌금	• 불이익 조치자에 대한 배상판결 가능(상한액 없음)	• 강제 · 제재 조항 없음

2. 공익신고자 보호법의 주요 내용

건전한 공익신고 문화 정착과 공익신고자 보호를 위해 탄생한 공익신고자 보호제도는 크게 비밀보장, 신변보호, 보호조치 등으로 구성되어 있다. 더불어 공익신고자등의 보호와 관련하여 이 법을 우선 적용하지만, 다른 법률을 적용하는 것이 공익신고자등에게 유리한 경우에는 그 법률을 적용하여 공익신고자등이 두텁게 보호받을 수 있도록 하였다.

[그림 16-10] 공익신고자 보호법의 주요 내용

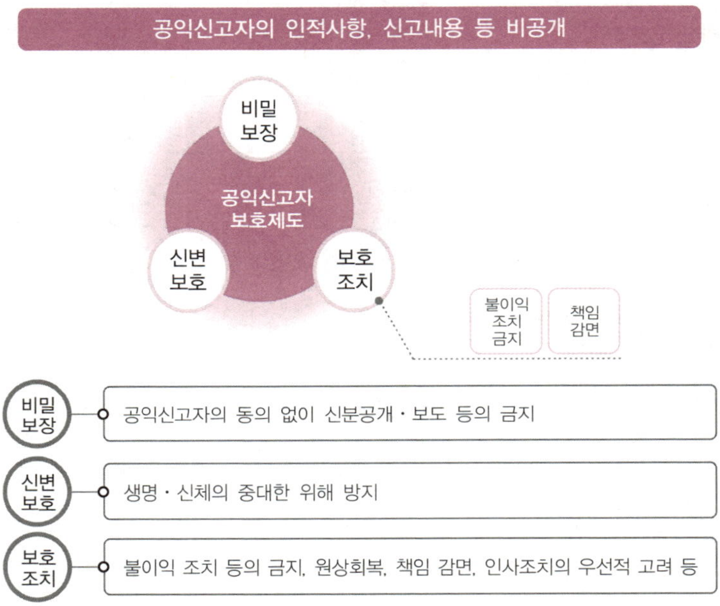

2016년 1월부터 시행된 개정법에서는 공익신고자 보호 규정 위반과 관련하여 양벌규정이 신설되었다. 법인의 대표자, 법인 또는 개인의 대리인 · 사용인 기타 종업원이 비밀보장 의무 위반, 불이익조치, 보호조치 결정 미이행 등 공익신고자 보호 규정을 위반한 경우, 사업 주체인 그 법인 · 개인도 처벌받게 되었다. 다만, 책임주의 원칙에 따라 사업 주체인 법인 · 개인이 관리감독상 주의의무를 다한 때에는 처벌을 면하도록 하였다. 법인 등의 감독책임을 강화하기 위한 양벌규정의 도입은 'UN 반부패협약' 및 'OECD 뇌물방지협약' 권고사항을 따른 것이다.

- 공익침해행위에 대한 신고자 및 협조자 등을 보호하기 위해 시행 (2011년 9월 30일 시행)
- OECD 뇌물방지협약에 따라 민간부문 신고자까지 보호범위를 확대함

신고대상	국민의 건강·안전, 환경, 소비자 보호 및 공정거래 등에 관련된 법률의 벌칙이나 행정처분의 대상에 해당하는 행위
비밀보장	신고자의 인적사항 등을 공개 또는 보도해서는 안 됨
신분보장	신고로 인한 불이익 시 3개월 이내의 원상회복 등 보호조치 신청 ※ 불이익조치를 한 자는 2년 이하의 징역 또는 1천만 원 이하의 벌금
신변보호	신고자 등과 친족 또는 동거인 등은 신고를 이유로 생명·신체에 중대한 위해를 입은 경우 신변보호에 필요한 조치를 요구
책임감면	공익신고와 관련하여 자신의 범죄가 발견된 경우 그 형을 감경하거나 면제할 수 있음

공익신고자 보호제도를 비밀보장, 신변보호, 보호조치 등으로 나눠 살펴보면 다음과 같다.

1) 비밀보장

(1) 인적사항 공개·보도 등의 금지

비밀보장은 공익신고자 보호의 첫걸음이자 가장 중요한 보호수단이다. 공익신고자의 신원이 밝혀지지 않으면 이후 공익신고로 인한 불이익 자체가 발생하지 않기 때문이다. 법 제12조는 누구든지 공익신고자등의 동의없이 인적사항이나 공익신고자등임을 미루어 짐작할 수 있는 사실을 다른 사람에게 알려주거나 공개 또는 보도하는 것을 금지하고 있다. 또한 시행령 제13조는 조사기관(행정·감독기관) 등 모든 공익신고 기관은 공익신고의 접수·처리 등의 과정에서 공익신고자등의 신분이 공익신고자등의 동의 없이 공개되지 않도록 필요한 조치를 마련하도록 규정하고 있다.

인적사항 공개·보도 등의 금지를 위반한 사람은 3년 이하의 징역 또는 3천만 원 이하의 벌금에 처해진다. 또한 국민권익위원회는 공익신고자등의 인적사항이나 공익신고자등임을 미루어 알 수 있는 사실이 공개·보도한 사실을 확인한 경우, 징계권자에게 그 사람에 대한 징계 등 필요한 조치를 요구하거나 고발할 수 있다.

피신고자 등이 각종 소송 또는 행정심판을 위해 공익신고 관련 문건 제출을 임의로 요구할 경우 신고자임을 알 수 있는 자료를 제공하는 것도 법 제12조 비밀보장 위반에

해당한다. 법원의 제출명령 또는 압수수색영장에 의하여 자료제공을 요구하는 경우에 한하여 신고자와 관련된 자료를 제공할 수 있다.

(2) 「특정범죄신고자 등 보호법」 준용

공익신고자, 협조자나 그 친족·동거인이 공익신고등을 이유로 피해를 입거나 입을 우려가 있다고 인정할 만한 상당한 이유가 있는 경우 조사·형사 절차에서 「특정범죄신고자 등 보호법」이 준용된다.

(3) 피신고자의 인적사항 및 신고내용 비공개

공익신고 기관의 종사자 등은 조사 결과 공익침해행위가 발견되기 전에는 피신고자의 인적사항 등을 포함한 신고내용을 공개할 수 없다. 신고내용 비공개 의무를 위반한 사람은 3년 이하의 징역 또는 3천만 원 이하의 벌금에 처해진다. 이는 허위 신고내용 등의 공개로 기업에 회복할 수 없는 손실이 발생하는 것을 예방하기 위함이다.

2) 신변보호

공익신고자 보호법은 신고자의 보호를 위해 조사 및 형사 절차에서의 인적사항 기재 생략, 신원공개에 대한 처벌, 책임의 감면, 신변보호 조치, 보호조치, 불이익 조치의 금지 등을 규정하고 있다.

신변보호는 신고자나 그의 친척 또는 동거인이 신변에 위해를 이미 입었거나 앞으로 입을 우려가 명백한 경우 국민권익위원회에 요청하고, 공익침해 행위와 관련된 범죄행위가 발견된 경우 그 형을 감면하거나 면제받을 수 있다.

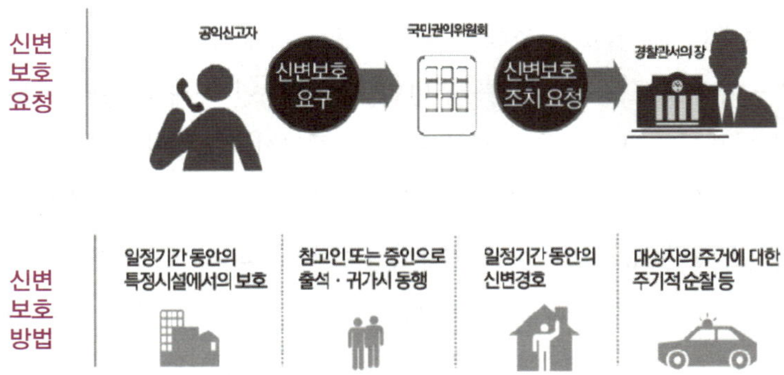

공익신고자는 신고로 불이익을 받은 경우, 국민권익위원회에 원상회복이나 보호조치를 신청할 수 있다. 불이익은 파면이나 해임과 같은 신분상의 불이익, 징계나 정직 등의 부당한 인사, 전보, 전근 등 본인의 의사에 반하는 인사, 근무조건, 평가, 임금 또는 상여금, 교육 또는 훈련 기회 등에서의 차별, 기타 주의 대상자 명단 작성, 집단 따돌림, 폭언 또는 폭행을 비롯한 정신적, 신체적 손상을 초래하는 행위, 부당한 감사나 결과의 공개, 인허가의 취소, 물품이나 용역계약의 해지와 같은 경제적 불이익 등을 포함하는 것으로, 범위를 매우 광범위하게 규정(동법 제3장)하고 있다.

민간부문의 공익신고자에 관한 보호를 담고 있는 공익신고자 보호법은 국민의 건강과 안전, 환경, 소비자의 이익 및 공정한 경쟁을 침해하는 공익침해행위로서 적용 법률 471개 법률을 위반하여 공익침해행위가 발생하였거나 발생할 우려가 있다는 사실을 신고·진정·제보·고소·고발하거나 공익침해행위에 대한 수사의 단서를 제공하는 공익신고자를 보호하고 있다.

[그림 16-11] 신분보호 및 신변보호 업무처리 흐름도

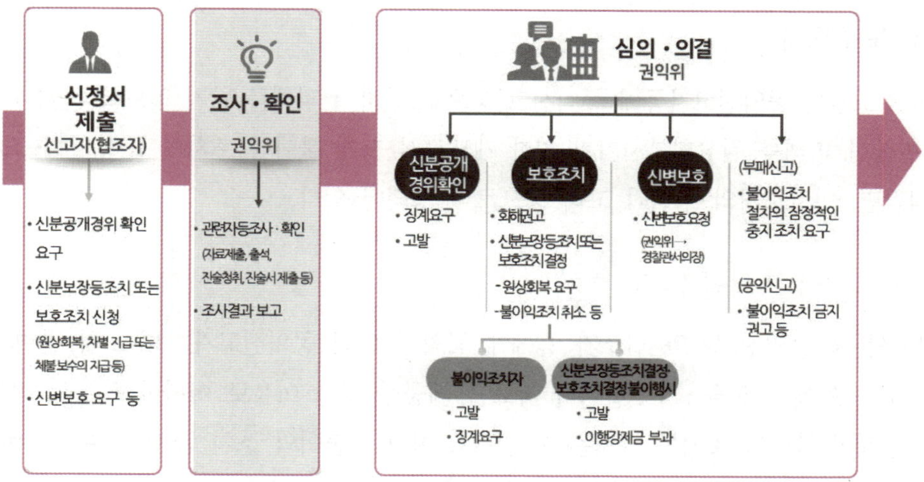

(1) 신변보호 조치 요구

공익신고자에 대한 신변보호는 공익신고자 주변에 가해지는 심리적이거나 물리적 위험상황을 예방하고 제거하여 신고자를 보호하는 기능을 하는 예방적 보호수단으로 긴급성, 신속 대응성을 특징으로 한다.

공익신고자, 협조자와 그 친족 · 동거인은 공익신고등을 이유로 생명 · 신체에 중대한 위해를 입거나 입을 우려가 명백한 경우 국민권익위원회에 신변보호 조치를 요구할 수 있고, 국민권익위원회는 경찰관서의 장에게 신변보호 조치를 요구할 수 있다.

(2) 신변보호 조치 및 해제

국민권익위원회의 요청을 받은 경찰관서의 장은 국민권익위원회와 협의를 거쳐 「특정범죄신고자 등 보호법 시행령」 제7조에 따른 신변안전 조치 중 필요한 조치를 하고, 지체없이 그 사실을 국민권익위원회에 통보하여야 한다. 경찰관서장은 신변보호 조치의 필요성이 없다고 판단될 때에는 국민권익위원회와 협의하여 신변보호 조치를 해제할 수 있다.

한편, 신변안전 조치(특정범죄신고자 등 보호법 시행령 제7조)도 요청할 수 있는 바, 일정 기간 동안의 특정 시설에서의 보호 및 신변경호, 참고인 또는 증인으로 출석 · 귀가시 동행, 대상자의 주거에 대한 주기적 순찰, 기타 신변안전에 필요하다고 인정되는 조치를 요청할 수 있다.

3) 보호조치

보호조치는 공익신고자등이 공익신고 등으로 인하여 피해를 받지 않도록 하거나 이미 발생한 피해를 원상회복시키기 위한 제도로서 크게 불이익 조치의 금지, 보호조치, 책임감면, 인사조치의 우선적 고려 등으로 구성되어 있다.

(1) 불이익 조치의 금지

누구든지 공익신고자와 협조자 등에게 공익신고 및 공익신고자 보호조치 관련 조사 · 소송 등에서 진술 · 증언하거나 자료를 제공한 것을 이유로 어떠한 신분상 · 행정적 · 경제적 불이익 조치를 해서는 아니된다. 이러한 불이익 조치 금지 의무를 위반한 사람은 형사처벌 대상이 되며, 구체적인 처벌 수위는 불이익 조치의 유형에 따라 다르다. 파면, 해임, 해고, 그 밖에 신분상실에 해당하는 신분상의 불이익 조치를 한 경우 3년 이하 징역 또는 3천만 원 이하의 벌금형에 처해지고, 그 밖의 불이익 조치 경우(행정적 · 경제적 불이익 제외) 2년 이하 징역 또는 2천만 원 이하의 벌금형에 처해진다.

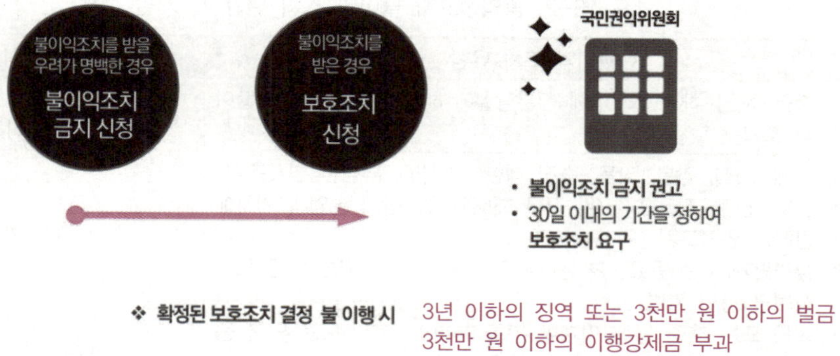

불이익 조치의 종류는 다음과 같다(법 제2조 제6호).

- 파면, 해임, 해고 등 신분상실
- 징계, 정직, 감봉, 강등, 승진제한 등 부당한 인사조치
- 전보, 전근, 직무 미부여, 직무 재배치 등 본인의 의사에 반하는 인사조치
- 성과평가·동료평가의 차별 및 그에 따른 임금·상여금 차별 지급
- 교육·훈련 등 자기계발 기회 취소, 예산·인력 등 가용자원의 제한·제거, 보안정보·비밀정보 사용 정지 및 취급자격의 취소 등 근무조건상 차별
- 주의대상자 명단 작성·공개, 집단 따돌림, 폭행·폭언 등 정신적·신체적 손상
- 직무에 대한 부당한 감사·조사 및 그 결과의 공개
- 인·허가 취소 등 행정적 불이익
- 물품·용역 계약의 해지 등 경제적 불이익

공익신고의 방해·취소 강요를 금지하고 있다. 누구든지 공익신고등을 하지 못하도록 방해하거나 공익신고자등에게 공익신고등을 취소하도록 강요하여서는 아니된다. 공익신고 방해 및 취소 강요 금지 의무를 위반한 사람은 2년 이하의 징역 또는 2천만 원 이하의 벌금형에 처해진다.

[표 16-2] 공익신고자 불이익 조치 위반 시 처벌 수위

불이익 조치 유형	불이익 조치 시 형사처벌
가. **파면, 해임, 해고,** 그 밖에 신분상실에 해당하는 **신분상의 불이익 조치**	3년 이하 징역/ 3천만 원 이하 벌금
나. **징계, 정직, 감봉, 강등, 승진 제한,** 그 밖에 **부당한 인사조치** 다. **전보, 전근, 직무 미부여, 직무 재배치,** 그 밖에 **본인의 의사에 반하는 인사조치** 라. **성과평가** 또는 동료평가 등에서의 차별과 그에 따른 **임금 또는 상여금 등의 차별** 마. **교육 또는 훈련 등 자기계발 기회의 취소,** 예산 또는 인력 등 가용자원의 제한 또는 제거, 보안정보 또는 비밀정보 사용의 정지 또는 취급 자격의 취소, 그 밖에 **근무조건 등에 부정적 영향을 미치는 차별 또는 조치** 바. 주의 대상자 명단 작성 또는 그 명단 작성 또는 그 명단의 공개, **집단 따돌림, 폭행 또는 폭언,** 그 밖에 **정신적 · 신체적 손상을 가져오는 행위** 사. 직무에 대한 **부당한 감사** 또는 **조사**나 그 **결과의 공개**	2년 이하 징역/ 2천만 원 이하 벌금
아. **인 · 허가 등의 취소,** 그 밖에 **행정적 불이익**을 주는 행위 자. 물품계약 또는 용역**계약의 해지,** 그 밖에 **경제적 불이익**을 주는 조치	권고사항 (벌칙조항 없음)

※ 적용 법령: 부패방지권익위법 제2조 제7호, 공익신고자 보호법 제2조 제6호.

(2) 원상회복 등의 보호조치

공익신고자뿐만 아니라 공익신고에 대해 조사 · 수사 · 소송 및 공익신고자 보호조치에 관련된 조사 · 소송 등에서 진술 · 증언하거나 자료를 제공한 것을 이유로 불이익조치를 받은 때에는 국민권익위원회에 원상회복 등 필요한 보호조치 신청이 가능하다.

공익신고 후에 발생한 불이익 조치뿐 아니라 공익신고 전 공익침해행위에 대한 증거자료의 수집 등 공익신고를 준비하다가 불이익 조치를 받은 경우에도 이후 공익신고를 하였다면 불이익 조치가 발생한 날(불이익 조치가 계속된 경우 그 종료일)로부터 3개월 이내에 국민권익위원회에 보호조치 신청이 가능하다.

불이익 조치 금지 신청은 아직 발생하지 않은 불이익 조치에 대한 금지를 요구하는 것으로서 별도의 신청기간이 규정되어 있지 않다.

(3) 책임감면 등

공익신고자는 다음과 같은 책임감면을 받을 수 있다.

형벌, 징계 · 불리한 행정처분의 감경, 면제 가능	
형의 감경 · 면제	• 부패 · 공익신고와 관련하여 신고자(협조자)의 **범죄행위가 발견된 경우, 형의 감경 · 면제 가능**
징계 및 행정처분의 감경 · 면제	• 부패 · 공익신고와 관련하여 신고자(협조자)에 **징계처분의 감경 · 면제 가능** ✓ [공익신고자(협조자)의 위법 행위가 발견되어 **행정처분하는 경우 처분권자는 정당한 사유가 없다면 국민권익위원회의 징계감면 요구에 따라야 함**]
직무상 비밀준수 의무 배제	• 부패 · 공익신고 내용에 직무상 비밀이 포함되어 있어도 다른 법령, 단체협약, 취업규칙 등에 다른 **직무상 비밀준수 의무를 위반하지 않은 것으로 간주**
손해배상의 청구금지	• 피신고자가 공익신고 등으로 손해를 입은 경우에도 **공익신고자(협조자)에게 손해배상을 청구할 수 없도록 규정**

[적용 법령: 부패방지권익위법 제66조, 공익신고자 보호법 제14조]

첫째, 공익신고자가 공익신고등을 함으로써 그와 관련된 자신의 범죄행위가 발견된 경우에는 형이나 징계를 감경하거나 불리한 행정처분의 면제를 받을 수 있다. 또한 공익신고와 관련하여 발견된 위법행위 등을 이유로 공익신고자등을 징계하는 경우 권익위는 징계권자에게 징계의 감경이나 면제를 요구할 수 있으며, 요구를 받은 자는 정당한 사유가 없는 한 이에 따라야 한다.

둘째, 직무상 비밀준수 의무 배제이다. 법에 의한 공익신고인 경우 그 신고내용에 직무상 비밀이 포함되었더라도 다른 법령, 단체협약, 취업규칙 등에서 정하고 있는 직무상 비밀준수 의무를 위반하지 않은 것으로 본다. 또한 단체협약, 고용계약 또는 공급계약 등에서 공익신고등을 금지하거나 제한하는 규정을 둔 경우 그 규정은 무효가 된다.

셋째, 손해배상 청구 금지이다. 피신고자는 공익신고등으로 인하여 손해를 입은 경우에도 공익신고자등에게 손해배상을 청구할 수 없다. 다만, 허위 · 부정목적의 신고인 경우에는 공익신고에 해당하지 않으므로 피신고자도 공익신고자등에게 손해배상을 청구할 수 있다.

넷째, 인사조치의 우선적 고려를 요청할 수 있다. 공익신고자등의 사용자 또는 인사권자는 공익신고자등이 전직 · 전출 · 전입 · 파견근무 등 인사에 관한 조치를 요구하는 경우 그 요구내용이 타당하다고 인정할 때에는 이를 우선적으로 고려하여야 한다.

3. 공익신고의 처리 절차 및 보상

1) 공익신고 기관과 처리 절차

(1) 공익신고 기관

공익신고자가 공익침해행위를 신고할 수 있는 "공익신고 기관"은 법 제6조에서 조사기관(행정 · 감독기관) 등 4개의 공익신고 기관을 정하고 있으며, 시행령 제5조에서 국회의원, 공공단체 등 2개의 공익신고 기관을 규정함으로써 총 6개 유형의 공익신고 기관이 규정되어 있다.

공익신고 기관은 다음과 같다(법 제6조, 시행령 제5조).

- 공익침해행위를 하는 사람이나 기관 · 단체 · 기업 등의 대표자 또는 사용자
- 조사기관: 공익침해행위에 대한 지도 · 감독 · 규제 또는 조사 등의 권한을 가진 행정기관이나 감독기관
- 수사기관: 검사, 일반 · 특별사법경찰관리
- 국민권익위원회
- 국회의원
- 공익침해행위와 관련된 법률에 따라 설치된 공사 · 공단 등의 공공단체

[그림 16-12] 공익신고 주체 및 신고기관

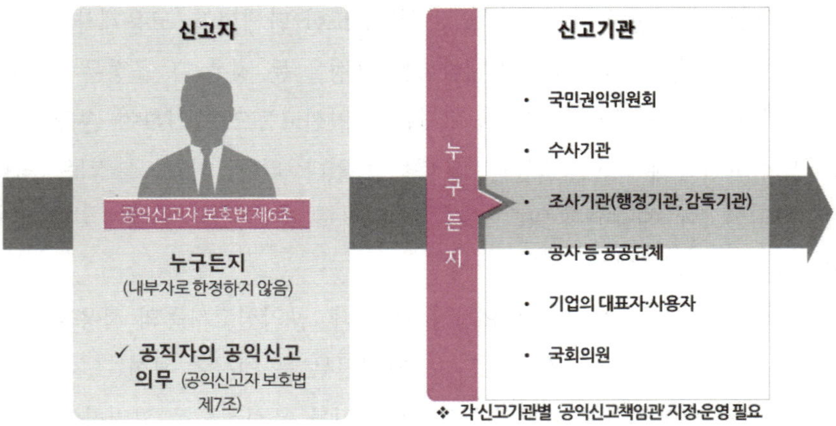

(2) 공익신고 처리 절차

공익신고는 어떤 절차를 통해 처리되며, 이 과정에서 국민권익위원회의 역할은 무엇인가? 공익신고는 국민권익위원회뿐만 아니라 소관 중앙부처나 관할 지방자치단체, 수사기관에 할 수 있다. 국민권익위원회에 접수된 공익신고의 경우 신고에 대해 사실 여부를 심사하고, 필요에 따라 관계기관과 공동으로 조사를 한다. 이후 공익침해행위 발생 여부에 대해 본격적인 조사가 필요하다고 판단되면 보다 전문적인 조사를 위해 해당 사건을 소관 기관으로 넘긴다. 해당 기관에서 조사가 완료되면 국민권익위원회에 조사 결과를 보내게 되고, 국민권익위원회는 조사 결과의 요지를 신고자에게 통지한다.

현재 국민권익위원회에서 담당하고 있는 신고는 크게 부패방지 및 국민권익위원회 설치 운영법상 부패신고와, 공익신고자 보호법상 공익신고로 나눌 수 있다.

[그림 16-13] 공익신고자 보호업무 처리 흐름도

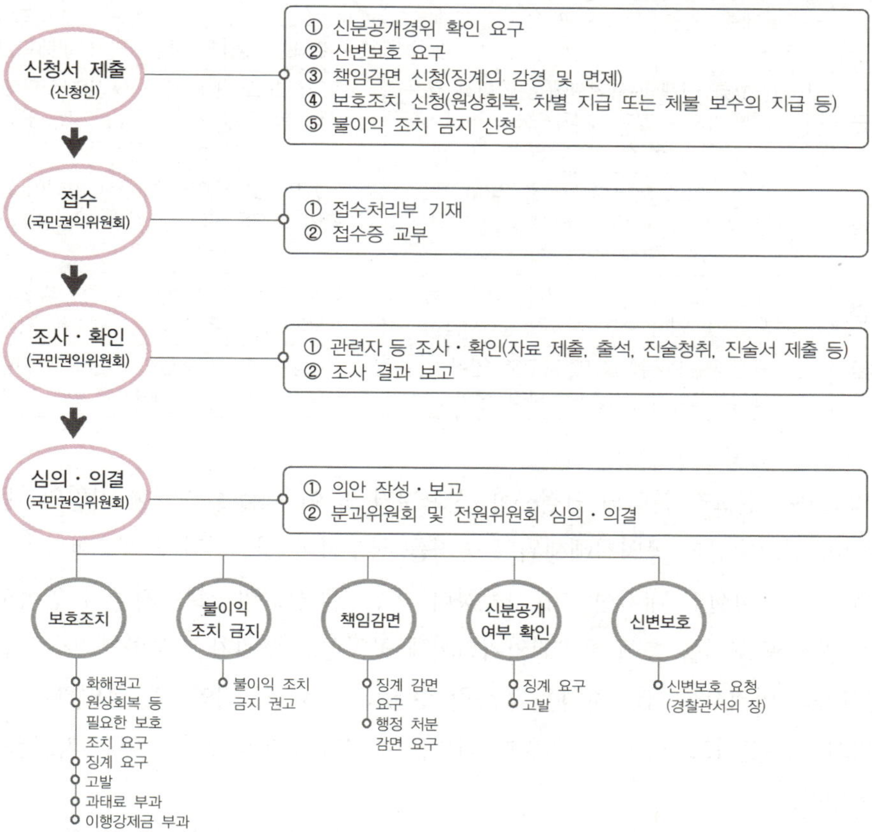

[표 16-3] 부패방지법상 부패신고 vs. 공익신고자 보호법상 공익신고의 비교

구분	부패신고 공직자가 직무와 관련된 지위나 권한을 남용하여 사익을 도모하거나 공공기관에 재산상 손해를 가한 경우	공익신고 공적 부문 외에도 사적 부문에서 국민의 안전 및 이익을 침해하는 행위를 알게 된 경우
근거법	부패방지 및 국민권익위원회의 설치와 운영에 관한 법률	공익신고자 보호법
신고 대상	법 제2조 제4호의 부패행위 (부패행위란 공직자가 직무와 관련하여 지위·권한남용 또는 법령위반을 통해 사익을 도모하는 행위)	법 제2조 제1호의 공익침해행위 (공익침해행위란 국민의 건강과 안전, 환경, 소비자 이익, 공정한 경쟁 및 이에 준하는 공공의 이익과 관련하여 공익신고자 보호법에서 열거하는 471개 적용대상 법률의 벌칙 또는 행정처분의 대상이 되는 행위)
신고 기관	국민권익위원회, 수사기관/감사원, 피신고자 소속 공공기관 및 그 감독기관	공익침해행위 발생기관 및 기업/소관 행정·감독기관 및 수사기관, 국민권익위원회 및 국회의원/신고대상 법률의 집행 관련 공공단체
제재 수준	✓ 불이익 조치자 징계요구 및 과태료 부과 ✓ 신분비밀보장 위반자 징계요구 및 형사처벌 ✓ 보호조치요구 불응자 형사처벌 ✓ 자료제출·진술·조회요구 불응자 과태료 부과	✓ 신분비밀보장 위반자·불이익 조치자 징계요구 및 형사처벌 ✓ 보호조치결정 불응자 형사처벌, 이행강제금 ✓ 특별보호조치 불응자 과태료, 이행강제금 ✓ 자료제출·출석·진술거부자 과태료 부과
보상금	부패신고로 인해 공공기관에 수입회복 등을 가져온 경우 보상금 지급 상한액: 30억 원	공익신고로 인해 국가·지방자치단체에 수입회복 등을 가져온 경우 보상금 지급 상한액: 30억 원
포상금	부패신고로 의해 재산상 이익이나 공익 증진을 가져온 경우 포상금 지급 상한액: 2억 원	공익신고로 인해 재산상 이익이나 공익 증진을 가져온 경우 포상금 지급 상한액: 2억 원
구조금	부패신고로 인한 치료·이사·쟁송비용 지출 및 임금 손실 시 구조금 지급	공익신고로 인한 치료·이사·쟁송비용 지출 및 임금 손실 시 구조금 지급
보상금 상환	공공기관의 수입회복 등으로 인한 보상금을 공공기관으로부터 상환	지방자치단체 수입회복 등으로 인한 보상금을 지방자치단체로부터 상환

공익신고는 신고자 본인의 인적사항, 신고취지 및 이유 등을 기재한 기명의 문서로 신고하며, 신고대상과 공익침해행위의 증거를 첨부하여 신고기관에 제출한다.

공익신고는 비실명 대리신고가 가능하다. 즉, 공익신고의 경우 자신의 인적사항을 밝히지 않고 변호사를 통해 국민권익위원회에 공익신고 대리가 가능하다. 이때 변호사는 신고자의 인적사항, 신고자임을 입증할 수 있는 자료 및 위임장을 봉인하여 국민권익위원회에 제출하고, 국민권익위원회 직원은 신고자의 동의없이 봉인된 자료를 열람할 수 없다.

공익신고자 보호법상 공익신고 처리 흐름과, 부패방지법상 부패신고 처리 흐름은 [그림 16-14], [그림 16-15]와 같다.

[그림 16-14] 공익신고자 보호법상 공익신고 처리 흐름도

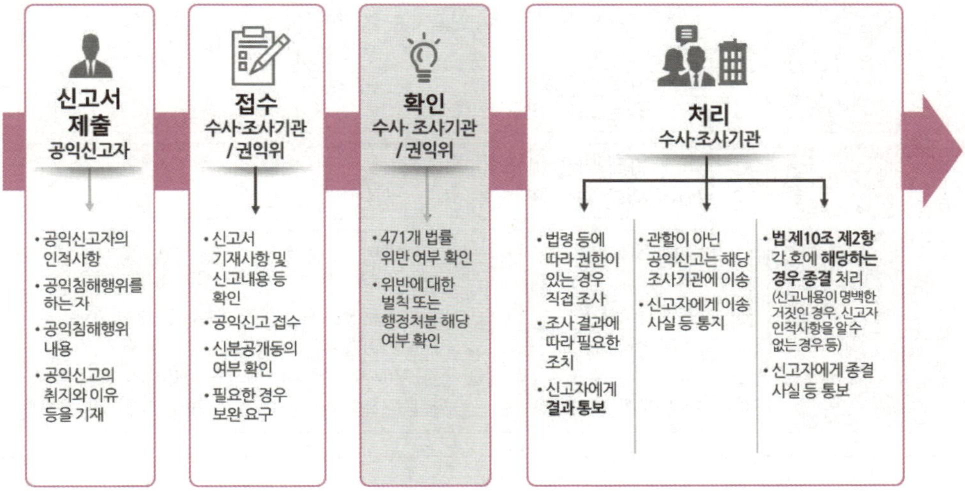

[그림 16-15] 부패방지법상 부패신고 처리 흐름도

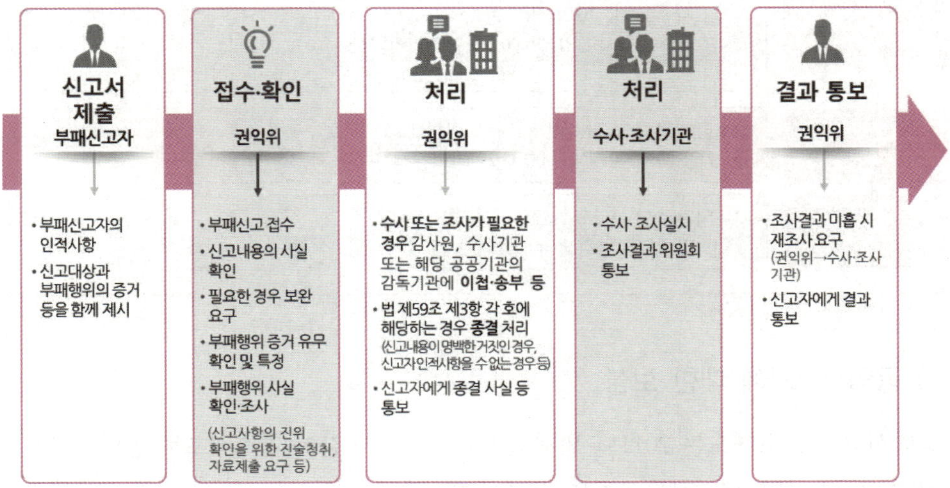

수사·조사기관 자체 접수 공익신고 사건 접수·처리 절차와, 국민권익위원회 이첩·송부 공익신고 사건 접수·처리 절차는 다음 [그림 16-16], [그림 16-17]과 같다.

[그림 16-16] 수사·조사기관 자체 접수 공익신고 사건 접수·처리 절차

접수 (수사·조사기관)	① 신고서 기재사항, 증거 및 신고내용 등 확인 ② 공익신고 접수 ③ 신분 공개동의 여부 확인 ④ 필요한 경우 보완 요구		
확인 (수사·조사기관)	① 471개 법률 위반 여부 확인 ② 위반에 대한 벌칙 또는 행정처분 해당 여부 확인		
처리 (수사·조사기관)	법령 등에 따라 권한이 있는 경우 ① 직접조사 및 조사 결과에 따라 필요한 조치 ② 신고자에게 결과 통보	관할이 아닌 경우 ① 해당 수사·조사 기관에 이송 ② 신고자에게 이송 사실 등 통지	법 제10조 제2항 각 호에 해당하는 경우 ① 조사 불개시 또는 중단 ② 신고자에게 조사 불개시 사실 등 통보

[그림 16-17] 국민권익위원회 이첩·송부 공익신고 사건 접수·처리 절차

처리 (조사기관)	① 법령 등에 따라 권한이 있는 경우 직접 조사 ② 조사 결과에 따라 필요한 조치 ③ 조사종료 후 10일 이내에 국민권익위원회에 결과 통보	다른 기관에서 처리하는 것이 적절한 경우 국민권익위원회와 협의하여 다른 조사기관 등에 이첩
후속조치 요구 (국민권익위원회)	① 공익침해 확산방지를 위한 의견제시(제품회수 등) ② 재조사 요구(공익신고자의 이의신청 또는 위원회 직권)	
조치 (조사기관)	① 의견제시, 재조사 요구에 따른 조치 ② 국민권익위원회에 결과 통보	

2) 공익신고자에 대한 보상

공익신고자 보호제도는 2011년 법제정 이후, 다음과 같이 지속적으로 공익신고자 보호 강화와 위반행위에 대한 벌칙을 강화해 왔다.

보호제도	개선사항
불이익 조치에 대한 보호조치 신청기간	1년 (기존: 3개월)
보상금 지급 한도액	30억 원 (기존: 20억 원)
긴급구조금 불이익조치에 대한 심의·의결 이전에 우선 지급	도입
징벌적 손해배상 불이익조치로 발생한 손해, 3배의 범위에서 배상책임 부과	도입

위반행위	벌칙사항
신고자 신분공개, 조사종료 전 신고내용 공개	5년/5천만 원 (기존: 3년/3천만 원)
신고자 파면·해임, 보호조치결정 불이행	3년/3천만 원 (기존: 2년/2천만 원)
신고자 징계 등, 신고 방해 및 취소 강요	2년/2천만 원 (기존: 1년/1천만 원)

현행 공익신고자 보상제도는 보상금, 포상금, 구조금으로 구성되어 있다. 이를 구체적으로 살펴보면 다음 [그림 16-18]과 같다.

[그림 16-18] 공익신고자 보상·포상·구조금 제도

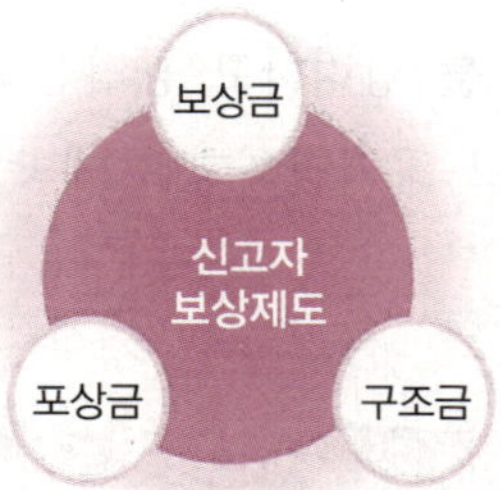

보상금	포상금	구조금
국가나 지방자치단체의 직접적인 수입 회복이나 증대를 가져온 경우 최고 30억 원	직접적인 재산상 이익을 가져오거나 손실을 방지한 경우, 또는 공익 증진을 가져온 경우 최고 2억 원	공익신고자등과 그 친족·동거인이 공익신고 등으로 인하여 피해를 받았거나 치료, 이사, 쟁송 절차 등과 관련하여 비용을 지출한 경우
신고자의 신청에 따라 행정 처분액의 4~20% 지급	예산의 범위 내에서 국민권익위원회의 심사를 통해 지급	공익신고등으로 비용을 지출한 경우 국민권익위원회에 신청
내부 공익신고자	내·외부 공익신고자	공익신고자등 (친족, 동거인)

(1) 보상의 필요성 및 의의

공공기관에 공익침해행위를 신고해 국가·지방자치단체에 직접적인 수입의 회복·증대를 가져오거나 그에 관한 법률관계가 확정된 경우, 신고자는 국민권익위원회에 보상금을 신청할 수 있으며, 국민권익위원회는 보상금심의위원회의 심의를 통해 보상금을 지급해주고 있다. 공익신고자가 공익신고로 인해 입을 수 있는 불이익을 감수하고 신고함으로써 공익침해행위를 예방하고 더 큰 피해로 확산되는 것을 방지하여 공익 증진을 가져온 것에 대해 금전적 인센티브를 제공하는 것은 공익신고 활성화를 위해 필요하다.

공익신고자는 이 법에 따른 공익신고로 인하여 국가 또는 지방자치단체에 직접적인 수입의 회복 또는 증대를 가져오거나 그에 관한 법률관계가 확정된 때에는 국민권익위원회에 보상금의 지급을 신청할 수 있다.

국민권익위원회에서 지급 의무를 가지는 보상금은 내부 공익신고자로 제한하여 공익신고로 불이익 조치를 받을 개연성이 높은 내부 공익신고자에 대한 보호·보상을 강화하고 보상금을 목적으로 한 전문신고자로 인한 부작용을 해소하고자 하였다.

반면, 공익 증진에 기여한 경우 국민권익위원회에서 재량으로 지급하는 포상금제도를 신설하여 보상금 요건에 해당하지는 않으나, 공익 증진에 기여한 바가 인정되는 경우 포상금을 지급할 수 있도록 하였다. 아울러, 공익신고자등과 그 친족·동거인이 공익신고등으로 인하여 피해를 받았거나 비용을 지출한 경우 국민권익위원회에 구조금을 신청할 수 있다.

한편, 공익신고등을 이유로 불이익 조치를 하여 공익신고자에게 손해를 입힌 자는 발생한 손해에 대하여 3배 이하의 범위에서 배상책임을 부과하여 신고자에 대한 보호를 강화하고 있다.

이러한 공익신고자 보상·포상 및 구조금 제도는 공익신고를 장려하고 공익신고자가 받을 수 있는 손해를 보전함으로써 공익신고를 활성화하고 공익침해행위 예방 및 제거에 기여하는 데 그 의의가 크다고 할 수 있다.

공익신고자 보호법 공익신고자에 대한 보상

보상금	포상금 등	구조금
내부 공익신고자가 공익신고로 인하여 국가 또는 지방자치단체에 직접적인 수입의 회복 또는 증대를 가져오거나 그에 관한 법률관계가 확정된 때 지급신청 가능 지급한도액: 30억 원	공익신고등으로 인하여 현저히 국가 및 지방자치단체에 재산상 이익을 가져오거나 손실을 방지한 경우 또는 공익의 증진을 가져온 경우 포상금을 지급하거나 포상을 추천 지급한도액: 2억 원	공익신고자등과 그 친족 또는 동거인은 공익신고 등으로 인하여 피해를 받았거나 비용을 지출한 경우에 구조금의 지급을 신청 가능

징벌적 손해배상

공익신고등을 이유로 불이익 조치를 하여 공익신고자들에게 손해를 입힌 자는 발생한 손해에 대하여 **3배 이하의 범위에서 배상책임**을 진다.

(2) 보상금 지급 대상과 사유

공익신고는 누구든지 할 수 있는데 비해, 공익신고 보상금은 공익신고로 신분상, 인사상, 경제적 불이익 조치를 받을 개연성이 높은 관계에 있는 내부 공익신고자에 대해서만 지급한다.

내부 공익신고자는 다음과 같이 크게 네 가지로 구분된다.

① 소속 근로자, 인턴직원과 같은 피신고자와 근무관계에 있는 자
② 납품업체 직원, 하도급 업체 직원과 같은 피신고자와 계약에 따라 업무를 수행하는 자
③ 계열회사나 산하단체 직원과 같이 피신고자의 사실상 영향력 관계에 있는 자
④ 학생 등 피신고자의 지도 또는 관리 · 감독 관계에 있는 자가 내부 공익신고자에 해당

내부 공익신고자는 공익신고로 인하여 국가 · 지방자치단체에 직접적인 수입의 회복 · 증대를 가져오거나 그에 관한 법률관계가 확정된 때에는 국민권익위원회에 보상금 지급을 신청할 수 있다. 이러한 공익신고 보상금은 공익신고가 없었더라면 발생하지 않았을 국가 및 지방자치단체의 수입이 공익신고로 인하여 회복되었으므로 그 기여분에 대한 보상적 성격을 가진다.

공익신고자가 공익신고로 인해 벌칙 · 통고처분, 몰수 · 추징금의 부과, 과태료 · 이행강제금의 부과, 과징금의 부과, 국세 · 지방세의 부과, 부담금 · 가산금 부과, 그리고 손

[그림 16-19] 보상금 신청요건이 되는 수입 회복 · 증대 사유

부패신고자 보상금 지급 사유	공익신고자 보상금 지급 사유
• 몰수 · 추징금 부과 • 국세 · 지방세 부과 • 벌금 · 과료 · 과징금 또는 과태료 부과 · 통고처분 • 손해배상 · 부당이득 반환 등에 의한 환수 • 계약변경 등에 의한 비용절감 • 그 밖의 처분이나 판결	• 벌칙, 통고 처분 • 몰수 · 추징금 부과 • 과태료 · 이행강제금 부과 • 과징금(인 · 허가 취소 · 정지에 갈음하는 과징금 포함) 부과 • 국세 · 지방세 부과 • 부담금 · 가산금 부과 • 손해배상 · 부당이득 반환 등의 판결

[적용 법령: 부패방지권익위법 제68조 및 영 제72조, 공익신고자 보호법 제26조 및 영 제21조]

해배상 · 부당이득 반환 등의 판결을 통하여 국가 또는 지방자치단체에 직접적인 수입의 회복 또는 증대를 가져오거나 그에 관한 법률관계가 확정된 때에는 국민권익위원회에 보상금의 지급을 신청할 수 있다.

보상금 산정기준은 20만 원을 초과하는 금액부터 최대 30억 원까지 지급할 수 있으며, 행정처분액의 4~20% 수준에서 결정한다.

보상금 산정기준(시행령 별표2)

보상대상가액	지급기준
1억 원 이하	20%
1억 원 초과 5억 원 이하	2천만 원+1억 원 초과금액의 14%
5억 원 초과 20억 원 이하	7천 6백만 원+5억 원 초과금액의 10%
20억 원 초과 40억 원 이하	2억 2천 6백만 원+20억 원 초과금액의 6%
40억 원 초과	3억 4천 6백만 원+40억 원 초과금액의 4%

※ 보상대상가액: 법 제26조 제1항 및 이 영 제21조 각 호의 어느 하나에 해당하는 부과 등을 통하여 국가 또는 지방자치단체에 직접적인 수입의 회복 또는 증대를 가져오거나 그에 관한 법률관계가 확정된 금액을 말한다.

[그림 16-20] 보상금 지급신청 접수 및 처리 절차

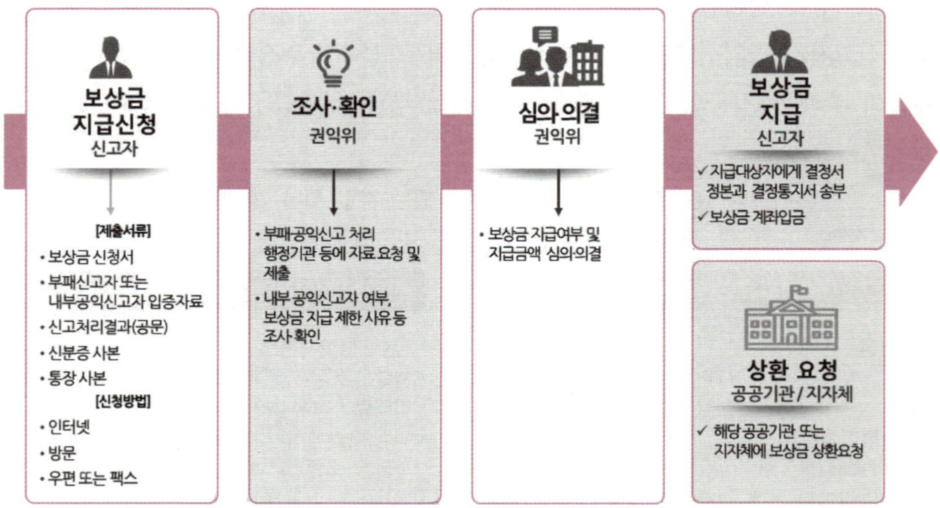

(3) 포상금 지급 사유 및 기준

공익신고로 인하여 국가·지방자치단체의 직접적인 수입의 회복이나 증대가 발생하지는 아니하였더라도, 공익침해행위를 한 자가 징역형을 받거나, 부실시공에 대한 보강공사가 이루어져 더 큰 공익침해행위를 예방하는 등 공익 증진을 가져온 경우 포상금을 지급할 수 있다.

포상금은 공공기관 또는 국가 및 지방자치단체에 재산상 이익을 가져오거나 손실을 방지한 경우 또는 공익의 증진을 가져온 경우 최고 2억 원 한도 내에서 지급된다. 내부 공익신고자로 보상금 지급 상이 제한됨에 따라 내·외부 공익신고자에게 지급되는 포상금은 공익신고 활성화를 위한 중요한 지원 제도라 할 수 있다.

포상금 지급 사유는 다음과 같다.

- 공익침해행위를 한 자에 대하여 기소유예, 형의 선고유예·집행유예 또는 형의 선고 등이 있는 경우
- 시정명령 등 특정한 행위나 금지를 명하는 행정처분이 있는 경우
- 공익침해행위 예방을 위한 관계 법령의 제정 또는 개정 등 제도개선에 기여한 경우
- 과태료 또는 과징금의 부과처분이 있는 경우(내부 공익신고자로서 보상금을 지급받은 경우 제외)
- 사회재난의 예방 및 확산방지 등에 기여한 경우

[그림 16-21] 신고자 포상금 지급 사유

부패신고자 포상금 지급 사유	공익신고자 포상금 지급 사유
• 부패행위를 한 자에 대해 공소제기·기소유예·기소중지, 징계처분 및 시정조치 등이 있는 경우 • 법령의 제정·개정 등 제도개선에 기여한 경우 • 신고에 의해 신고와 관련된 정책 등의 개선·중단 또는 종료 등으로 공공기관의 재산상 손실을 방지한 경우 • 그 밖에 보상심의위원회가 인정한 경우	• 공익침해행위를 한 자에 대해 기소유예, 형의 선고유예·집행유예 또는 형의 선고 등이 있는 경우 • 시정명령 등 특정한 행위나 금지를 명하는 행정처분이 있는 경우 • 공익침해행위 예방을 위한 관계법령의 제·개정 등 제도개선에 기여한 경우 • 사회재난의 예방 및 확산방지 등에 기여한 경우

포상금 지급기준은 다음과 같다. 포상금 지급 한도액은 2억 원으로, 보상심의위원회에서 처분의 경중, 기간, 금액, 인원 수, 내부 공익신고자 여부, 공익 증진 기여도 등에 따라 포상금 지급 금액을 조정한다.

[그림 16-22] 포상금 지급신청 접수 및 처리 절차

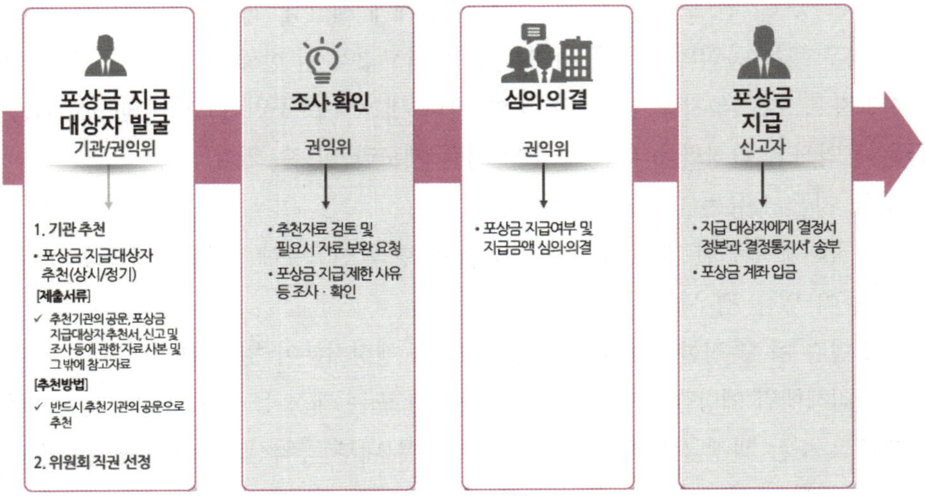

(4) 구조금 지급 사유

공익신고자, 그의 친족, 동거인은 공익신고로 인하여 발생한 육체적 · 정신적 치료 등에 소요된 비용, 전직, 파견근무 등으로 소요된 이사 비용, 원상회복 관련 쟁송 절차에 소요된 비용, 불이익 조치 기간의 임금 손실액, 그리고 그 밖에 중대한 경제적 손해에 대하여 국민권익위원회에 구조금 지급을 신청할 수 있다.

공익신고자 등과 그 친족 · 동거인이 공익신고 등으로 인하여 피해를 받았거나 비용을 지출한 경우에도 국민권익위원회에 구조금 지급 신청이 가능하다.

구조금 신청 사유는 다음과 같다.

- 육체적 · 정신적 치료 등에 소요된 비용
- 전직 · 파견근무 등으로 소요된 이사비용
- 원상회복 관련 쟁송 절차에 소요된 비용
- 불이익 조치 기간의 임금 손실액, 다만 36개월을 초과하지 못함

[그림 16-23] 신고자 구조금 지급 사유

구조금

신고자(협조자)와 그 친족 · 동거인이 부패 · 공익신고 등으로 인해 피해를 받았거나 비용을 지출한 경우

❖ 부패신고자 구조금 지급제도는 2019.10.17. 이후 부패신고를 하는 경우부터 적용

피해 · 비용 지출 사유

- 육체적 · 정신적 치료 등에 소요된 비용
- 전직 · 파견 근무 등으로 소요된 이사비용
- 원상회복 관련 쟁송 절차에 소요된 비용
- 불이익 조치 기간에 임금 손실액
- 그 밖에 중대한 경제적 손해

긴급구조금

- 피해의 구조를 위하여 긴급한 필요가 인정되는 경우에 국민권익위원회 심의 · 의결 이전에 우선 지급 가능(공익신고만 해당)

- 그 밖에 중대한 경제적 손해, 다만 '인 · 허가의 취소, 그 밖에 행정적 불이익을 주는 행위'와 자목의 '물품계약 또는 용역계약의 해지, 그 밖에 경제적 불이익을 주는 조치'는 제외

[그림 16-24] 구조금 지급신청 접수 및 처리 절차

구조금 지급신청 신고자

[제출서류]
- 구조금 지급 신청서
- 신분증 사본
- 신청인의 금융기관 예금통장 사본
- 수급자 증명서 (긴급구조금에 한함)
- 그 밖에 참고 자료

[신청방법]
- 방문, 우편, 팩스, 전자문서 등

조사 확인 권익위

- 신청인등에 대한 조사 (부패·공익신고등과 신청인이 받은 피해 또는 지출한 비용의 상당인과관계, 지출한 비용의 종류 및 규모 등)
- 구조대상가액 산정
- 다른 법령에 따른 구조금, 보상금 등 지급대상여부 등 확인 (행정기관 등에 구조금 중복지급 방지를 위한 정보 제공 요청)

심의의결 권익위

- 구조금 지급여부 및 지급금액 등 심의·의결

구조금 지급 신고자

- 지급 대상자에게 '결정서 정본'과 '결정통지서' 송부
- 구조금 계좌 입금

이때 공익신고에 따른 피해의 구조를 위하여 긴급한 필요가 인정되는 경우에 국민권익위원회 심의·의결 이전에도 우선 지급이 가능하다. 단, 구조금의 지급을 신청한 자가 공익신고 등으로 인한 피해나 비용지출을 원인으로 손해배상을 받았으면 그 금액의 범위에서 구조금을 지급하지 않는다.

(5) 중복지급의 금지 및 환수 사유

보상금·구조금을 지급받을 자가 다른 법령에 따른 보상금·구조금을 청구하는 것은 금지되지 않는다. 그러나 다음 각 사항의 사실이 발견된 경우에는 이미 지급한 보상금·포상금·구조금을 환수하여야 한다.

- 허위 또는 그 밖의 부정한 방법으로 지급받은 경우
- 동일한 원인으로 중복 지급받은 경우
- 착오 등의 사유로 잘못 지급된 경우

제3절 공익신고자 보호제도의 한계와 개선 방향

1. 현행 공익신고자 보호제도의 한계

언제나 그렇듯 법제도와 제도시행으로 인한 효과 간에는 적지않은 간극(間隙)이 존재한다. 공익제보자를 보호하는 제도로서 「공익신고자 보호법」과 공공 분야 부패신고자를 대상으로 하는 「부패방지 및 국민권익위원회의 설치와 운영에 관한 법률」 내의 공익제보자 보호조항이 있으나, 두 법 모두 신고대상 및 보호범위가 협소하여 다양한 공익제보자들을 완전하게 보호하고 있지 못한 실정이다.

예컨대, 차명계좌, 분식회계, 비자금 조성과정에서의 배임·횡령·탈세 등 기업부패를 포함하여 아직 보호되지 못하는 신고 영역이 있을 뿐만 아니라, 공익신고 대상 및 보호범위가 관련 법률 확대로 지속적으로 확대되고 있으나 국민의 건강·안전, 환경, 소비자의 이익, 공정경쟁 등에 대한 공익침해행위 신고로 불이익을 받더라도 공익침해행위 대상법률에 포함되지 않았다는 이유로 보호되지 않는 등 공익신고자 보호에 있어 한계가 있는 실정이다.

공익신고자 보호제도의 성패는 신고자의 신분보장과 신변보호에 있다. 그럼에도 불구하고 현실적으로 공익신고자에 대한 보호 수준은 법제도적 흠결과 신고 기반의 미흡으로 인해 아직까지 완전치 못한 실정이다.

그 결과 공익제보자에게 공익신고 사유가 아닌 근무태도 불량, 명령 불복종, 조직 내 질서문란 등을 사유로 해고·파면·정직·감봉 등의 징계를 하거나, 한직으로 전보 또는 지방전출 등 보복성 인사조치에 적응하지 못해 자발적 퇴직으로 이어지기도 한다. 이외에도 공익신고자는 조직 내 왕따, 정신적 괴롭힘과 그로 인한 대인기피증 또는 외상후스트레스증후군(Post Traumatic Stress Disorder: PTSD)과 같은 트라우마(Trauma)로 자살충동과 우울증에 휩싸여 건강악화를 겪기도 한다. 공익신고자들은 지루한 법정투쟁과 생활고 속에서 고단한 삶을 살며 자신이 한 신고행위 자체에 대해 후회하거나, 자신의 진정성을 몰라주는 사회에 대해 때로는 원망하거나 냉소하기도 한다.

공익신고 후 제보자로 지목되거나 관련 조사에 응했다는 이유로 인사상 불이익을 당하는 경우도 적지 않다. 공익신고자에 대한 색출과 불이익 조치가 지능적으로 은밀하게 발생하기도 하고, 공익신고자에 대한 불이익 금지 긴급구제조치 등의 결정도 권고사항이기 때문에 이행하지 않을 경우에는 그 사유를 서면으로 제출하게 하고 징벌적 차원에서 공표하는 정도를 할 수 있다. 국민권익위원회가 보호조치를 취해도 일시적으로 따르는 척하다 다시 징계를 시도하는 경우도 적지 않았다. 국민권익위원회의 조치 이후에도 징계를 하거나 괴롭히거나 감찰을 하거나 할 수 있기 때문에, 보호조치 이후 일정 기간 동안 조치가 잘 이행되고 있는지, 추가적인 보복은 없었는지 모니터링을 실시할 필요가 있다. 이들 업무가 모두 탐정의 조사대상이 될 수 있다.

국민권익위원회가 공익제보와 관련한 연구자와 교수 등을 대상으로 한 조사에 따르면 79%가 현행 공익신고 보호제도가 허술하다고 응답했다. 개선이 시급한 사항으로는 '신고자에 대한 비밀보장'(54.8%)과 '불이익조치로부터 보호'(29%) 등을 꼽았고, 우선 도입해야 할 대책에서도 '익명·대리 신고'(43.5%)와 '국민권익위원회 권한 강화'(32.3%) 순으로 꼽았다. 결국 공익신고자의 신분 노출과 불이익 조치 문제 해결이 공익신고자를 보호하는 데 가장 시급한 대책인 것이다.

공익신고는 사회적 공익침해행위에 대한 제보를 통해 작게는 조직 내 투명성을 확보하고, 크게는 건전한 사회문화 조성을 통해 국가 경쟁력을 제고하는 데 이바지하기 위한 것이다. 따라서 공익신고 대상 업무에 대한 조사를 포함하여 공익신고자에 대한 불이익조치 역시 탐정의 조사업무 대상이 될 수 있다. 향후 공익신고자 보호제도의 실효

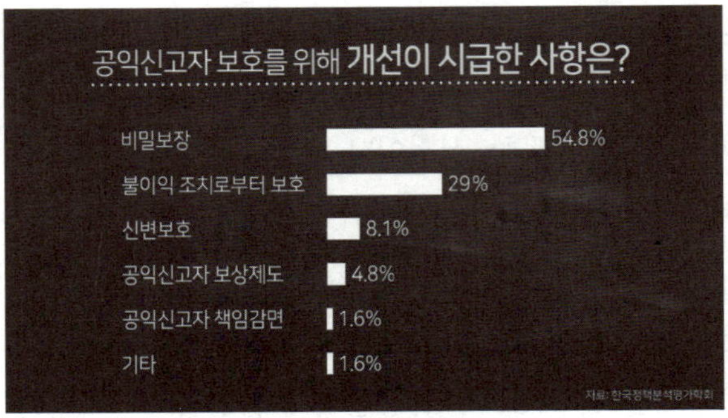

성을 확보하기 위하여 탐정의 사실관계 확인조사가 더욱 요청될 것이다.

2. 공익신고자 보호의 강화 방향

공익신고자 보호제도의 실효성 강화를 위한 방향은 다음 [그림 16-25]와 같다.

[그림 16-25] 공익신고자 보호제도의 강화 방향

국정과제	공익신고 활성화 및 신고자 보호 강화				
비전	국민생활의 안정과 투명하고 깨끗한 사회풍토 확립				
주요 정책 방향	공익신고자 보호 강화	공익신고자 보호제도 운영기반 확대	공익침해행위 선제적 예방	공익신고자 보호제도 인식도 제고	민간기업과의 협력적 네트워크 활성화
세부 추진 과제	• 공익신고자 인적사항 등 비밀보장 철저 준수 • 신고자에 대한 적극적 지원 체계 강구	• 운영지침, 조례 제·개정 접수 창구 마련 등 • 보상금 관련 상환금 예산 확보	• 빈발 분야 모니터링 및 제도 개선 • 국민권익위원회 이첩·송부 사건 처리를 위한 협업	• 공익신고자 보호제도 교육 실시 • 다양한 홍보 활동 전개	• 관계기관 간 정책협의 적극 추진 • 자율적 협업 체계 강구

1) 공익신고자에 대한 철저한 보호 및 적극적 지원

첫째, 공익신고자의 인적사항 등 비밀보장을 철저히 준수해야 한다. 공익신고 접수·처리 과정에서 공익신고자의 인적사항이 임의로 노출, 공개, 보도되지 않도록 신고자 보호 규정을 철저히 준수하여야 한다. 공익신고자뿐 아니라 공익신고 및 공익신고자 보호조치에 관련된 조사·소송 등에서 진술·증언하거나 자료를 제공하는 등 협조행위를 한 사람도 공익신고자와 동일하게 보호된다. 탐정이 바로 여기에 해당한다. 따라서 공익신고 접수·처리 과정에서 공익신고자뿐 아니라 관련 조사를 수행한 탐정 등 협조자에 대해서도 철저한 비밀보장이 이루어져야 한다.

둘째, 공익신고자에 대한 적극적 지원 체계 강구가 이루어져야 한다. 공익신고자등은 공익신고와 관련하여 범죄, 위법행위가 발견된 경우 형벌·징계뿐 아니라 불리한 행정처분까지 감면받을 수 있다. 국민권익위원회에서 책임감면 요구나 책임감면 필요성 확인을 위해 자료제출, 의견진술을 요청하는 경우 협조하여야 한다.

공익신고자등이 공익신고등을 이유로 불이익조치를 받아 보호조치가 필요한 경우 즉시 국민권익위원회에 도움을 요청할 수 있도록 공익신고자에게 공익신고자 보호제도에 대해 사전에 충분히 안내하는 것이 신고자 보호를 위해 중요하다. 상담실에 공익신고자 보호제도 안내문을 비치하고 홈페이지에 상세한 안내문을 게시하는 등 신고 접수 단계부터 적극적으로 안내하고, 공익신고 처리과정에서도 신변보호, 보상금·구조금 지급 신청 등 주요한 보호제도에 대해 안내가 필요하다.

2) 공익신고자 보호제도 운영 기반 확대

첫째, 공익신고 처리 및 신고자 보호를 위한 내부 규정이 마련되어야 한다. 공익신고 접수기관에서는 공익신고 접수방법, 처리 절차, 신고자 보호를 위해 준수할 사항 등 신고 처리 및 신고자 보호를 위한 자체 규정 마련도 필요하다.

둘째, 공익신고 접수 창구 마련 및 담당관 지정이 이루어져야 한다. 원칙적으로 공익신고 기관에서는 별도의 공익신고 접수 창구를 마련할 필요가 있다. 자체 창구는 기관 홈페이지에 별도 코너를 마련하거나 국민신문고 공익신고를 링크로 연결하는 등 기관 사정에 따라 운영할 수 있을 것이다. 공익신고의 접수·처리, 공익신고자 보호·지원, 공익신고자 보호제도 교육 등의 업무를 총괄하는 공익신고 책임관 등을 지정하여 체계적 관리도 필요하다. 탐정은 이 같은 장치가 구비되어 정상적으로 작동되고 있는지 조사과정에서 면밀히 사실확인을 해야 할 것이다.

3) 공익침해행위의 선제적 예방조치 확대

첫째, 공익신고 빈발 분야에 대한 모니터링 강화가 필요하다. 공익신고자 보호제도는 공익신고 처리를 통해 위반자를 적발하는 것이 아니라 공익침해행위를 사전에 예방하는 것을 목적으로 한다. 이를 위해 공익신고 빈발 분야, 사회적 파급효과가 큰 분야의 이해관계자를 대상으로 공익신고자 보호법과 공익침해 대상 법률 준수를 위한 예방교육 실시가 필요하다. 공익침해행위 예방을 위한 공익신고 활성화를 위해 집중 신고기간 등을 운영하는 경우 관련 접수기관을 함께 안내하여 관계기관 간 협업을 유도하고, 신고방법, 신고자 보호·보상 제도를 충분히 안내하는 것도 중요하다.

둘째, 국민권익위원회 이첩 처리를 위한 협업 강화다. 국민권익위원회에서 신고자 보호를 위해 인적사항을 제외하고 이첩하는 공익신고 사건을 처리하는 과정에서 신고자에 대해 자료요구 등이 필요한 경우에는 국민권익위원회에 자료제출 협조 요청을 하여 해당 신고 사건에 대한 철저한 조사가 이루어질 수 있도록 신중한 처리가 필요하다. 공익신고자의 이의신청권, 국민권익위원회의 재조사·재수사 요구권에 따라 공익신고 사건에 대한 조사·수사가 종료되면 10일 이내에 신속히 국민권익위원회에 상세한 결과를 통보하여야 한다. 탐정이 공익조사를 할 경우, 국민권익위원회 및 수사기관과의 협업을 통해 실체적 사실관계 조사가 이루어져야 한다.

4) 민간부문과의 협력적 네트워크 활성화

지속 가능한 민·관 거버넌스 체계 확대가 필요하다. 특히 기업 활동에서 공익침해행위를 예방하고 관련 법령을 준수하면서 책임경영, 윤리경영을 확대하기 위해 탐정과의 협업체계 마련을 통해 기업의 안전관리(security management)와 위험자문(risk advisory) 역량을 육성할 필요하가 있다.

이를 통해 기업의 자율적인 공익침해행위 예방과 신고자 보호의 인프라 마련 등 민관 협업체계의 실효성 확보를 통한 공익신고제도의 활성화가 필요하다. 특히, 조사 전문가인 탐정과의 협업체계를 강화하여 공익신고를 활성화하고, 신고자에 대한 불이익 조치사항 조사 등을 통해 공익신고 제도의 실효성과 건전성을 제고시켜 나가야 할 것이다.

참고문헌

강동욱(2018). 탐정제도의 법제화에 관한 소고: 20대 국회 법안을 중심으로. 『한양법학』, 29(2). 한양법학회.

강동욱(2019). 『탐정과 법: 탐정학 시리즈 1』. 서울: 박영사.

강동욱 · 윤현종(2019). 『탐정학개론』. 서울: 박영사.

강영숙(2006). 한국의 공인탐정제도 도입에 관한 연구. 용인대학교 박사학위논문.

강영숙 · 김태환(2008). 미국의 탐정제도에 관한 연구. 『경호경비연구』, 12.

강영숙 · 김태환 · 유우종 · 이경근(2009). 『탐정학개론』. 인천: 진영사.

강영숙(2016a). 『탐정학개론』. 인천: 진영사.

강영숙(2016b). 『탐정(민간조사)실무』. 인천: 진영사.

경찰청(2015). 민간조사제도 어떻게 도입해야 하나? 입법정책 설명자료.

경찰청(2017). 세계아동의 날 실종아동관련 언론보도자료. 경찰청.

경찰청(2019). 2019년도 실종자 통계. 국회제출자료.

국회(2008). 국회의원 이인기 주최 민간조사제도(공인탐정) 도입을 위한 입법공청회 자료집. 서울: 이인기 의원실.

국회(2015). 국회의원 윤재옥 · 경찰청 · 대한민간조사연구학회 주최 민간조사업(탐정) 도입 관련 학술세미나 자료집. 서울: 윤재옥 의원실.

국회(2017). 제353회 행정안전위원회 소위원회 회의록. 2017.8.28.

국회(2018). 국회의원 윤재옥 · 표창원 · 경찰청 주최 신직업으로서의 공인탐정제도 도입방안 정책토론회 자료집.

국회 안전행정위원회(2016). 윤재옥 의원 대표발의 공인탐정법안 검토보고서.

권영희(2007). 사설탐정제도의 도입필요성에 관한 연구. 한세대학교 석사학위논문.

권예진(2018). 한국 상담학의 학문적 정체성에 관한 탐색. 평택대학교 박사학위논문.

권창기 · 김동제 · 강영숙(2011). 『탐정학』. 인천: 진영사.

기획재정부(2018). 제3차 경제활력대책회의 겸 제23차 경제관계장관회의 '신서비스 분야 중심의 신직업 활성화 방안' 자료. 2018.12.26.

김계원 · 서진석(2016). 민간조사(탐정) 학과의 교과과정 연구. 『한국공안행정학회보』, 25(1).

김규식(2014). 민간조사제도에 관한 비교법적 고찰. 『한국테러학회보』, 7(1).

김규식(2015). 민간조사제도의 도입에 관한 법적 쟁점 논의. 『한국테러학회보』, 8(4).

김동제 · 조성구 · 한삼석(2015). 경비업법 개정을 통한 민간조사 제도 도입의 검토. 국회입법조사처. 『입법과 정책』, 7(1).

김병숙 외(2006). 재직 근로자의 직업윤리 의식조사. 노동부 연구용역보고서. 『진로교육연구』.

김상균(2007). 민간조사원의 업무범위와 타 법률과의 관계에 관한 연구. 『한국공안행정학회보』, 16(2).

김순석(2016). 한국 공인탐정 제도의 입법전략에 관한 연구. 『한국민간경비학회보』, 39.

김승태(2014). 민간조사제도의 양성화를 위한 입법방향에 관한 탐색적 연구. 홍익대학교 법학연구소. 『홍익법학』, 15(4).

김원중(2006a). 민간조사제도의 정착 및 수사기관과의 관계에 관한 연구. 제16회 한국경호경비학회 학술세미나 자료집 발표논문.

김원중(2006b). 민간조사제도 도입 필요성에 관한 연구. 『한국공공관리학보』, 20(1).

김원중 외(2019). 공인탐정제도 비교법적 연구를 통한 체계화 방안. 경찰대학 치안정책연구소. 연구용역보고서.

김은수(2019). 미국과 영국에서의 Opt-in과 Opt-out의 제도적 현황. 한국인터넷진흥원(KISA). 2019.4.10.

김재웅(2012). 분과학문으로서 교육학의 위기에 대한 비판적 고찰. 『아시아교육연구』, 13(3).

김정규 · 강맹진(2017). 탐정 공인 자격화 방안에 관한 연구. 한국치안행정학회. 『한국치안행정논집』, 14(2).

김정명(1997). 체육학의 정체성과 그 방법론에 관한 초방법론적인 고찰. 『한국체육학회지』, 36(4).

김종식(2010). 『민간조사학 개론: 역사적인 민간조사제도 도입 국가자격시험에 대비한 이론 및 실무지침서』. 서울: 예응.

김종식(2015). 『민간조사제도의 실제: 칼럼으로 짚어보는 탐정에 대한 편견과 진실』. 한국지식개발원.

김종식(2019). 문재인 대통령 공약 탐정업 직업화 현재의 선업후법 패턴 바람직해. 『헤럴드경제』, 2019.10.21.

김종식(2020). 탐정업이 가능해졌음을 아직 모르셨나요? 『헤럴드경제』, 2020.1.2.

김종식 · 황인학 · 조달환 · 한승희 · 최승규 외(2016). 『민간조사 탐정학술편람: 민간조사원의 역할과 역량 제고를 위한 탐정실무 기본서』. 한국지식개발원.

김종열 · 정원훈(2013). 한국의 민간조사제도 필요성과 도입에 관한 연구. 『한국시큐리티융합경영학회지』, 2(2).

김태수 · 염건령(2018). 공인탐정법안의 주요 내용에 관한 고찰. 『미스터리』, 16(1). 서울: 한국추리작가협회.

김태영(2013). 한국 도시행정학 교육과정 분석. 『도시행정학보』, 26(4).

김한준 · 김중진 · 김동규 · 장재호 · 이윤선 · 강은영 · 김준영 · 한상근(2013). 『국내 · 외 직업비교분석 및 분야별 창직연구』. 한국고용정보원.

김향겸(2011). 민간조사업 도입에 관한 경찰공무원의 인식조사. 경기대학교 박사학위논문.

김현(2017). 공인탐정, 법안부터 문제투성이다. 『아시아경제』, 2017.6.19.
김현수(2014). 민간조사원의 법적지위에 관한 법제도적 고찰. 『한국민간경비학회보』, 13(3).
나영민(2005). 탐정제도의 도입방안에 관한 연구. 연세대학교 석사학위논문.
나영민(2015). 민간조사업 관리체계의 입법정책 방향. 경호경비학회 주최 민간조사제도 도입과 육성세미나 발표논문.
노진거(2016). 민간조사제도(탐정제도) 쟁점 분석과 정책적 대안 연구. 중부대학교 석사학위논문.
노진거 · 정일홍(2016). 민간조사제도(탐정제도) 쟁점 분석 및 정책적 대안. 한국융합보안학회. 『융합보안논문지』, 16(6).
대한변호사협회(2016a). 공인탐정법안에 대한 검토의견. 2016.10.12.
대한변호사협회(2016b). 성명서: 국민의 사생활을 침해하고 국가공권력의 염결성을 해치는 공인탐정법안을 반대한다. 2016.11.29.
대한변호사협회(2021). 국회 행정안전위원회의 법안심사 소위원회 공인탐정법안에 대한 검토의견. 2021.1.19.
류호진(2015). 일자리 창출 정책의 우선순위 결정에 관한 연구. 배재대학교 박사학위논문.
문경환(2009). 민간조사제 도입에 대응한 경찰정보 기능의 발전방안. 연세대학교 석사학위논문.
박규종(2012). 민간경비 제도 정립을 위한 경비업법 현장적용 개선방안. 용인대학교 석사학위논문.
박노섭(2007). 범죄수사학의 학문성과 그 발전가능성에 관한 연구. 『경찰법연구』, 5(2).
박동균 · 김태민(2012). 미국 민간조사산업의 특징 및 함의. 『한국민간경비학회보』, 11(4).
박미정(2006). 가정과 교육의 미래발전 전략 탐색: 정체성과 임파워먼트 및 비전을 중심으로. 한국교원대학교 박사학위논문.
박병식(2007). 일본 탐정업법과 그 시사점. 『비교법연구』, 8(1). 동국대학교 비교법문화연구소.
박재욱(2016). 민간조사제도 도입상의 쟁점과 과제에 관한 연구. 영산대 석사학위논문.
박해주(2014). 공인탐정제도의 국내 도입방안에 관한 연구. 한세대 박사학위논문.
박해주 · 배철수(2015). 공인탐정제도에 대한 신뢰확보 및 효율적 관리 방안에 관한 연구. 『한국민간경비학회보』, 34.
박혜림(2020). 위치정보추적수사 현황과 개선방안. 국회입법조사처. 『NARS 현안분석』, 146.
백승철 · 이범관(2003). 지적학의 연구방법에 관한 연구. 『한국지적학회지』, 19(2).
손동운 · 김동제(2014). 민간조사제도가 민간경비 산업에 미치는 영향. 『한국위기관리논집』, 10(8).
손병희(2020). 데이터 3법 개정이 국내 산업에 미치는 영향. 중소기업기술정보진흥원. 『이슈 레포트』, 2.
송상철(2005). 『민간조사학개론』. 서울: 백산출판사.
송하성(2014). 『(공인탐정)민간조사원 가이드』. 인천: 진영사.
승재현(2017). 『공인탐정 또는 민간조사제도의 실행방안 연구』. 서울: 한국형사정책연구원. 연구총서 17-BB-03.
신용우(2020). 유럽의 개인정보 안전성 확보 강화. 국회입법조사처. 『외국 입법 동향과 분석』, 43. 2020.6.3.
신재헌 · 김상운(2019). 일본 탐정의 장기미제 실종자 조사. 『한국콘텐츠학회논문지』, 19(7).

안동현(2007). 민간조사업과 관련기관의 바람직한 관계정립 방안에 관한 연구. 한세대 석사학위논문.
양경희(2019). 『건강한 인간관계를 위한 의사소통 기술』. 한국간호연구학회. 서울: 퍼시픽북스.
염건령 · 신진수(2016). 외국 사례를 중심으로 한 사설탐정과 법률 소송의 관계 이해. 『미스터리』, 14(3). 서울: 한국추리작가협회.
유정애(2014). 한국여성체육학회의 학문적 정체성과 미래 과제 탐색. 『한국여성체육학회지』, 28(4).
윤석천 외(2016). 『신직업 규제 완화 고용영향평가 연구』. 한국노동연구원.
이건수(2019a). 『탐정학: 실종사건 추적기법』. 서울: 그린.
이건수(2019b). 민간조사제도 도입 및 관리에 관한 법률 연구. 『이론실무연구』, 7(3).
이규녀 · 이병욱 · 박기문(2013). 발명교육의 정체성 확립을 위한 유사학문과의 비교 분석 연구. 『한국기술교육학회지』, 13(2).
이규환(2007). 도시행정론에 관한 소고: 학문의 정체성 분석. 『한국지방자치학회지』, 19(4).
이대선(2019). 탐정제도 도입을 위한 입법방안 연구. 단국대학교 박사학위논문.
이동영(2001). 공인탐정제도의 필요성. 『수사연구』, 2001년 4월호. 서울: 수사연구사.
이민식 · 김성언 · 박현호 · 이주락 · 황세웅 역(2014). 『민간보안론』. 서울: 박영사.
이민형 · 박주상(2012). AHP 기법을 활용한 민간조사제도 도입을 위한 정책 우선순위 분석. 『한국경찰학회보』, 14(3).
이상수(2019). 탐정학의 학문적 정체성 정립에 관한 연구. 한국행정학회 동계학술대회 발표논문.
이상수(2020). 탐정업법 제정, 어떻게 할 것인가?: 입법방향과 전략, 국회의원 윤재옥 · 임호선 · 서범수 · 한국행정학회 경찰발전연구회 공동주최 국회 세미나 발표논문.
이상수(2021). 지금 시대의 탐정법: 한국형 탐정업 법제화의 방향. 『수사연구』, 2021.8.
이상원 · 박윤규(2007). 한국 민간조사제도의 발전방향: 시험제도와 교육중심으로. 『한국경호경비학회지』, 14.
이상원 · 박주현(2007). 특수경비제도의 발전방안에 관한 연구. 『한국경호경비학회지』, 13.
이상원 · 이승철(2007). 민간조사업법안의 발전방안에 관한 연구. 『한국민간경비학회보』, 9.
이상원 · 이승철(2019). 탐정학. 인천: 진영사.
이상철 · 이민형 · 장정범(2016). AHP 기법을 활용한 민간조사업무의 상대적 중요도 분석. 『한국치안행정논집』, 13(2).
이상훈(2018). 신 직업으로서 탐정제도의 필요성과 업무 영역에 관한 연구. 한국경찰연구학회. 『한국경찰연구』, 17(4).
이성용(2012). 민간조사 규제에 대한 법해석론: 개인정보보호법 시행에 즈음하여. 『치안정책연구』, 26(1).
이성용 · 최천근 · 최대현(2015). 민간조사업의 관리에 관한 입법정책과 자격시험 · 교육의 구체화 방향. 경찰청 연구용역보고서.
이세환 · 김용학 · 신의수 · 박승별 · 서진영(2015). 『(핵심)탐정(민간조사)학』. 인천: 진영사.
이영래(2009). 선진외국 민간조사제도의 시사점. 『한국치안행정논집』, 6(1).
이종엽(2014). 민간조사(탐정)분야 교육과정 개발을 위한 시론. 대전과학기술대학교 논문집-인문

사회과학편, 40.

이준복(2017). 민간조사(공인탐정)제도의 함의와 실효성에 관한 법 · 제도적 논의. 『경찰학연구』, 17(1).

이찬구 · 오현정 · 김은미(2018). 과학기술정책학의 패러다임 논의. 『기술혁신학회지』, 21(1).

이창현(2021). 이창현 교수의 형사교실. 형사증거법에서의 최근 중요 판례(2). 『법률저널』, 2021. 11.15(http://www.lec.co.kr/news/articleView.html?idxno=731863).

이창훈(2011). 민간조사관 활동이 경찰활동에 미치는 영향 연구. 치안정책연구소. 『치안논총』, 27.

장정범(2010). 민간조사제도의 도입방안에 관한연구-민간조사원의 업무범위를 중심으로. 연세대 석사학위논문.

장현석 · 이상원(2014). 민간조사제도 도입 필요성에 대한 연구: 전국 규모 설문 조사를 통하여. 『한국경찰학회보』, 16(1).

장현석 · 이승철 · 이상원(2013). 『민간조사제도 법제화 필요성과 바람직한 도입방안』. 서울: 경찰청 연구용역보고서.

정덕영(2017). 공인탐정제도의 도입 방안. 『한국민간경비학회보』, 45.

정문성 · 김명엽(2016). 새로운 직업창출을 위한 민간조사제도의 도입 필요성과 기대효과. 『한국엔터테인먼트산업학회지』, 10(1).

정일석(2008). 민간경비 영역확정을 위한 민간조사제도 도입 방안. 용인대학교 박사학위논문.

정수상(2017). 경찰과 탐정, 공존 위한 법률적 적폐 청산 시급. 『경인일보』, 2017.9.12.

조규범(2013). 민간조사제도 도입 논의의 쟁점과 과제. 서울: 국회입법조사처. 『이슈와 논점』, 627.

조성구(2011). 한국 민간조사업 도입에 관한 경찰관의 인식연구. 경기대학교 박사학위논문.

조성구(2017). 한국 민간조사업 주무관청 설정: 경찰청과 법무부, 그리고 국가정보원. 『한국치안행정논집』, 14(1).

조호대(2019). 공인탐정제도 도입의 한계점 및 정책적 제언. 『한국융합과학회지』, 8(3).

최대현(2017). 국가별 민간조사 관리제도의 비교. 『수사연구』, 35(2).

최대현(2018). 민간조사 관리제도에 대한 국가별 비교 연구. 『경찰학연구』, 18(2).

최대현 · 장응혁(2018). 민간조사 관리제도에 대한 국가별 비교 연구. 『경찰학연구』, 18(2).

최선우(2014). 경찰학의 정체성과 학문분류체계에 관한 연구. 『한국경찰학회보』, 45(1).

최현락(2008). 민간조사업의 도입모델에 관한 연구. 동국대학교 박사학위논문.

치안정책연구소(2019). 『치안전망 2019』.

탁희성(2018). 민간조사제도 도입논의에 관한 비판적 검토와 입법적 제언. 『경찰학논총』, 13(2).

허만용 · 이해영(2012). 정책학의 학문적 정체성에 관한 시론적 연구. 『한국정책학회보』, 21(2).

홍기원(2009). 문화정책 연구에 대한 학문 분야로서의 정체성 탐구. 『문화정책논총』, 21(1).

황병돈(2009). 민간조사원(사설탐정)제도의 도입방안에 관한 연구: 민간조사업법안과 경비업법안의 쟁점을 중심으로. 대검찰청 검찰미래기획단 연구용역보고서.

황요완(2017). 공인탐정제도 도입시 문제점과 해결방안에 관한 입법론적 연구. 동아대학교 박사학위논문.

황정익 · 김윤철 · 백창현(2005). 공인조사(공인탐정)제도의 도입에 관한 연구. 경찰대학교 치안정책연구소 연구보고서.

개인정보보호 포털, https://www.privacy.go.kr
공익조사(PII), https://piila.com/pii-team/
공익조사(PII) 해설, https://www.wikicorporates.org/wiki/Public_Interest_Investigations#mw-head
국회 의안정보시스템, 역대 국회 탐정 및 민간조사 관련 발의 법안.
독일 탐정 탐정 및 조사산업협회(BuDEG), https://bdd.de/blog.php
미국, 영국, 프랑스, 독일, 호주, 일본, 캐나다, 스페인 등 각국 탐정 및 민간조사 관련법.
영국 국가직업인증(National Vocational Qualification: NVQ), https://www.sia.homeoffice.gov.uk/Pages/home.aspx
정부입법지원센터, 인허가제도 일반론, https://www.lawmaking.go.kr/lmKnlg/jdgStd/info?astSeq=2218&astClsCd
탐정교육센터, http://online.gpis.kr/license/license0.html

Alberta Ministry of Justice and Solicitor General(2012). *Alberta Professional Investigator Training Course, Participant Manual.*

ASIS Foundation(2009). Compendium of the ASIS Academic/Practitioner Symposium, 1997-2008. Retrieved July 30, 2010. from http://www.asisonline.org/foundation/noframe/1997-2008_CompendiumofProceedings.pdf

Berent, M.(2016). Ethics of the detective profession in the context of the minimum standard. Krytyka Prawa, 8.

Blake, William F.(2013). *A Manual of Private Investigation Techniques.* Illinois: Charles C Thomas Publisher, Ltd.

Breetvelt, Kurt(2017). *How to Become a Private Investigator: Break into the industry with little or no experience.* New Zealand: Kindle Edition.

Brown, Steven Kerry(2013). *The Complete Idiot's Guide to Private Investigating, Third Edition: Discover How the Pros Uncover the Facts and Get to the Truth.* 3rd Edition. Kindle Edition.

Button, Mark & Peter Stiernstedt(2018). Comparing Private Security Regulation in the Europe Union. *Policing and Society*, 28(4).

Cavallaro, Michael J.(2011). *Private Investigation: Business.* Florida: Atlantic Publishing Group, Inc.

Code of Ethics Professional Association of Private Detectives of Spain(2006). Retrieved from http://www.omniaveritas.com/en/

Code of Ethics Sao Paulo(2008). Retrieved from: http://www.conselhodosdetetivesdobrasil.org/

codig.htm

Council of International Investigators(2010). Retrieved from: https://www.cii2.org/code-of ethics.

Daymond, J.(2016). *The Power of Broke: How Empty Pockets, a Tight Budget, and a Hunger for Success Can Become Your Greatest Competitive Advantage*. New York, USA.

Federal Register of Legislation 2019 year, Australian Government (1988 year) Privacy Act 1988 (Cth). Privacy Committee Act 1975 (NSW). Retrieved from: https://www.legislation.gov.au/Details/C2020C00025

Fisher, R. P. & R. E. Geiselman(1992). *Memory enhancing techniques for investigative interviewing: The cognitive interview*. Springfield: Charles C. Thomas.

G8 research Tokyo(2018). History and History/Professional. Retrieved from: https://www.g-eight.jp/category/1994841.html.

Hess, Karen M. & Christin H. Orthmann(2008). *For the Record: Report Writing in Law Enforcement*, 6th ed., Bloomington, MN: Innovative Systems Publisher.

Hess, Karen M. & Henry M. Wrobleski(1996). *Introdutionto Private Security*. St. Paul, MN: West Publishing Company.

Horielova, V.(2019). The ethics and morality of a private detective in the field of the legal requirements of the modern universe. KROK University, Tabirna, 34.

King, Michael(2020). Out of obscurity: The contemporary private investigator in Australia. *International Journal of Police Science & Management*, 22(3).

Kuhn, T. S.(1970). *The structure of scientific revolutions*(2nd ed.). Chicago, IL: University of Chicago Press.

Lasswell, H. D.(1951). The Policy Orientation. In H. D. Lasswell and Daniel Lerner(ed.). *The Policy Science: Recent Developments in Scope and Methods*. California: Stanford University Press.

Learn How to Become(2019). Degrees & Careers for Detectives: How to Become a Detective. https://www.learnhowtobecome.org/detective/

Manley, Anthony D.(2010). *The Elements of Private Investigation: An Introduction to the Law, Techniques*, and Procedures. CRC Press.

Material and formal assumptions of the federal intervention in brazil. São Paulo(2017). Retrieved from: https://www.amazon.com/Pressupostos-Materiais-Formais-Intervenção-Federal/dp/8545004885.

McMahon, Rory J.(2007). *Practical handbook for professional investigators*. CRC Press: Taylor & Francis Group.

Osterburg, J. & R. Ward(1997). *Criminal investigation: A method for reconstructing the past*(2nd ed.). Cincinnati: Anderson.

Peña, M. S.(1993). *Practical criminal investigation*(3rd ed.). Placerville, CA: Copperhouse.

PInow Staff(2012). Top 25 Private Investigator Training and Education Programs, April 7, 2012.

(https://www.pinow.com/articles/1115/top-25-private-investigator-training-education-2012)

Prenzler, T.(2001). *Private Investigators in Australia: Work, Law, Ethics and Regulation*, Sydney, Australia.

Private shadowing by detectives-what is the legal situation?(2009). Retrieved from: https://www.kennstdueinen.de/magazin/privatbeschattung-durch-detektive-wie-ist-die-rechtslage/

Rossmo, D. K.(2006). Criminal investigative failures: Avoiding the pitfalls. *FBI Law Enforcement Bulletin*, 75(9).

Rutledge, Devallis(2000). *Courtroom Survival: The Officer's Guide to Better Testimony*. CA: Wadsworth Publishing.

Sennewald, Charles A. & John K. Tsukayama(2015). *The Process of Investigation: Concepts and Strategies for Investigators in the Private Sector*(4th ed.). Butterworth-Heinemann publications, Elsevier Inc.

Stephens, Sheila L.(2008). *The Everything Private Investigation Book: Master the techniques of the pros to examine evidence, trace down people, and discover the truth*. Adams Media: Illustrated ed.

Stryker, S. & Burke, P. J.(2000). The past, present, and future of an identity theory. *Social Psychology Quarterly*, 63(4).

The association of private detectives and investigators, india(2011). Code of ethics. Retrieved from: http://www.apdi.in/Code%20of%20Ethics.pdf

The official site of British Investigators(2009). Code of Conduct for Private Investigators. Retrieved from: https://private-investigator-training.org.uk/news/code-of-conduct-for-private-investigators

The official site of detective agencies in Germany(2007). Retrieved from: https://www.lbdetektei.de/privatdetektei.html; https://www.lentz-detektei.de/firmenprofil/honorare; https://www.kurtz-detektei-bielefeld.de/wirtschaftsdetektei-bielefeld/

The official site of Florida Association of Private Investigators(2010). Professional Code of Ethics. Retrieved from: http://www.myfapi.org/codeofethics

The official site of Governing Board(2004). Professional ethics and code of ethics. Retrieved from: http://www.colegiodetectives.com/colegio-codigo

The official site of South Carolina Association of Legal Investigators(2008). Code of Ethics. Retrieved from: https://www.scalinv.com/code-of-ethics

The official site of The Washington Association of Legal Investigators(2009). Code of ethics and professional conduct. Retrieved from: https://www.wali.org/codeethics.asp

Work safe, 1 November(2014). Code of practice for private investigators effective. available at: http://www1.worksafe.vic.gov.au/vwa/claimsmanual/Content/2InvestigationsAndCompliance/PDFs/VWA%20Code%20of%20Practice%20for%20PI%27s%20Final%20Authorised%202014.pdf

World Association of Detectives(2014). Code of ethics as members of World Association of Detectives. Retrieved from: http://www.wad.net/code-of-ethics

Hill & Associate 탐정사무소, https://www.hill-assoc.com/
Kroll 탐정사무소, https://www.kroll.com/en
Pinkerton 탐정사무소, http://www.pinkerton.com/
탐정산업전망, https://www.buildingsecurity.com/blog/recent-private-security-growth/
탐정조사도구, https://www.hg.org/legal-articles/private-investigator-tools-of-the-trade-42711

찾아보기

ㄱ

ㅈ

ㅍ

ㅎ

저자 소개

■ 이상수

- 가톨릭대학교 행정대학원 탐정학전공 주임교수
- 한국탐정정책학회 회장
- 사단법인 한국시민교육연합 상임대표
- 한국공공신뢰연구원 원장
- 한국청렴전문가협회 회장
- 전) 한국행정학회 경찰발전연구회 회장
- 전) 경찰대학교 치안정책연구소 선임연구관

■ 염건령

- 한국범죄학회 회장 및 한국범죄학연구소 소장
- 가톨릭대 행정대학원 탐정학전공 겸임교수
- 해양경찰청 과학수사 자문위원
- 법무부 법무연수원 초빙교수
- 행정안전부 지방자치인재개발원 초빙교수
- 전) 국립경찰대학 및 중앙경찰학교, 경찰수사연수원 외래교수

탐정학개론

펴낸날 제1판 제1쇄 2022년 3월 15일
지은이 이상수 · 염건령
펴낸이 임춘환
펴낸곳 도서출판 **대영문화사**
주소 (본사) 사무실: 경기도 고양시 일산서구 주화로 70
우신프라자 307호 (우) 10387)
(본사) 물류센터: 경기도 고양시 일산서구 덕산로
107번길 68-50 (우) 10205)
등록 1975년 12월 26일 제3-16호
전화 (031) 913-3062, (031) 914-3884~5
팩스 (031) 913-3839
홈페이지 http://www.dymbook.co.kr

ISBN 978-89-7644-864-4
값 35,000원